Geißendörfer/Leschinsky (Hrsg.)

Handbuch Fernsehproduktion

Geißendörfer/Leschinsky (Hrsg.)

Handbuch Fernsehproduktion

Vom Skript über die Produktion bis zur Vermarktung

Luchterhand

Mit Beiträgen von

Martin Berthoud
Thomas Beuthner
Martin Blum
Leo Danilenko
Michael Darkow
Sybille Diegelmann
Friedrich M. Dosch
Bernhard Eberhard
Tania Ehrentraut
Hans Funck
Norbert Gerwin
Silke Häußler
Julia Hansen
Holger von Hartlieb
Manfred Heid
Knut Hickethier
Eric Karstens
Klaus Keil

Guido Knopp
Fred Kogel
Mira von Kremling
Alexander Leschinsky
Alfred Maas
Felix Neunzerling
Marc H. Oetzel
Volker Rodde

Michael Rueger
Hans Schlosser
Andreas Schümchen
Jörg Schütte
Oliver Schütte
Anne Schulz
Andrea Stein
Günter Struve
Volker Szezinski
Stefan Thul
Johannes Webers

Die Deutsche Bibliothek – CIP-Einheitsaufnahme

Handbuch Fernsehproduktion: Vom Skript über die Produktion bis zur Vermarktung/Hans W. Geißendörfer ; Alexander Leschinsky (Hrsg.) – Neuwied ; Kriftel : Luchterhand 2002

ISBN 3-472-04615-5

Redaktion: Ludwig Janssen, Köln
Verlagsmanagement: Rainer Jöde
Objektbetreuung: Anja Witte

Umschlaggestaltung, Layout und Illustrationen:
Bremm Computergrafik, Köln

Fotos: Thomas Kost, Köln, insofern die Abbildungen keinen gesonderten Nachweis haben.
Carus Media, 62; Goffin, Th., 312; Halling, A., 6; Jander, Th., 70; Kassner, G., 174; Kirch-Media, 66; Krause-Buerberg, 183; Portrait-Studio Meinen, 54; Raune, H., 85; Trenken, B., 80; WDR-Bildarchiv, 33, 225, 228, 229, 230, 231, 234, 235; Weber, W. M., 72; Wilschewski, R., 164.
Die Fotos auf den Seiten 85, 116, 124, 134, 144, 164, 196, 238, 240, 247, 250, 282, 290, 301 wurden von den Autoren aus Privatbesitz zur Verfügung gestellt.

Herstellung: Rudolf Nägele, Justine Lipke
Druck, Binden: Wilhelm & Adam, Heusenstamm

Printed in Germany, Mai 2002

Gedruckt auf säurefreiem, alterungsbeständigem und chlorfreiem Papier.

www.luchterhand.de

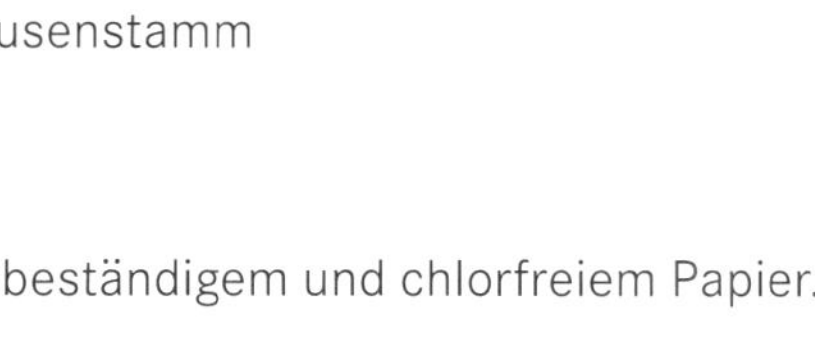

Inhalt

1 Berufsbilder und Arbeitsfelder

2 Sender

3 Zuschauer

4 Produktion

5 Technik

6 Marketing

7 Anhang

Vorwort

Wer ein Handbuch der Fernsehproduktion plant, steht vor der unmöglichen Aufgabe, alle Aspekte der heutzutage äußerst differenzierten Fernsehlandschaft zu berücksichtigen. Denn kaum ein Sender ist mit einem anderen vergleichbar und neben den organisatorischen und technischen Produktionsbedingungen sind die Zuschauer, ihre Bedürfnisse und Wünsche ebenso zu bedenken wie der Werbemarkt. Die Fernsehbranche ist ein wichtiger Wirtschaftsfaktor, ein hoch spezialisierter und differenzierter Bestandteil der Kulturindustrie. Als ein wichtiges Leitmedium prägt es Meinungen und Haltungen von Menschen. Auch darüber, in welche Richtung dies geschieht, ist zu diskutieren.

Vor 50 Jahren wäre es einfacher gewesen, ein solches Buch zu realisieren. Nach den Erfahrungen der Siegermächte mit den Deutschen wollten sie ein zwar staatsfernes, aber unter öffentlicher Kontrolle stehendes Fernsehen. Rundfunk und Fernsehen sollten nach zwölf Jahren Nationalsozialismus Bildung, Information und Kultur vermitteln. Dafür gab es in den Anfangszeiten einen einzigen öffentlich-rechtlichen Sender. Der damals gesetzlich festgeschriebene Auftrag der öffentlich-rechtlichen Fernsehsender prägt die Fernsehlandschaft in Deutschland noch heute.

Ebenso prägend für die Entwicklung des Fernsehens war die Entstehung privater Fernsehanstalten, die Einführung des dualen Systems Mitte der 80er Jahre. Wichtig waren aber auch die Diskussionen um das »Adenauer-Fernsehen« in den 50er Jahren, die Gründung des ZDF im Jahre 1961 und die Einrichtung der Dritten Programme im Jahre 1964, die Geburtsstunde der Einschaltquote mit dem Start des ZDF und die erstmalige Messung des Zuschauerverhaltens durch die Gesellschaft für Konsumforschung (GfK) im Jahre 1985. Die technische Entwicklung des Fernsehens wurde vor allem durch die Einführung von Farbe, der Fernbedienung, des Videorecorders und der Satellitentechnik geprägt.

Alle diese (und die nicht genannten) Aspekte ebenso differenziert wie ausführlich in einem Buch behandeln zu wollen, wäre vermessen. Wir haben uns deswegen dafür entschieden, in einem großen Bogen die komplette Produktionskette des Fernsehens von der Idee über die Realisierung bis zur Vermarktung zu behandeln. Die einzelnen Beiträge haben wir eher locker gruppiert. Sie behandeln die Rahmenbedingungen des Fernsehens, Arbeitsfelder und Ausbildungsmöglichkeiten, die Programmplanung, die praktische und technische Realisierung von Fernsehproduktionen sowie Fragen von Kommunikation, Marketing und Werbung.

Der Charakter der einzelnen Beiträge muss deshalb auch sehr unterschiedlich sein. Während beispielsweise der Beitrag von Leo Danilenko zur Physiologie und Psychologie der Wahrnehmung einen wissenschaftlichen Standpunkt einnimmt, beschreiben Andrea Stein und Anne Schulz die Arbeitsfelder und Berufsbilder in der Fernsehbranche an vielen konkreten Beispielen sehr praktisch und handwerklich nachvollziehbar. Beides liegt in der Natur der jeweiligen Sache begründet.

Wir empfehlen deswegen auch, die Beiträge des Buches je nach Bedürfnis, Frage- oder Problemstellung zu lesen. Für die Requisiteurin kann es beispielsweise hilfreich sein, sich mit Fragen des Versicherungsschutzes zu beschäftigen, während der Produktionsassistent wissen sollte, welche Anforderungen der PR-Abteilung bereits in der Produktionsphase berücksichtigt werden können. Der Autor sollte durchaus wissen, wie der Erfolg seines realisierten Drehbuches gemessen wird, und einer Kameraassistentin wird es die Arbeit erleichtern, wenn sie die Wirkungsweise von unterschiedlichen Lichtquellen kennt.

Wir haben das Buch also für die Fernsehbranche selbst gemacht. Es soll ein Nachschlagewerk für Mitarbeiter und Mitarbeiterinnen von Fernsehanstalten und freien Produktionsgesellschaften sowie für Selbstständige sein, die in den Prozess der Fernsehproduktion eingebunden sind. Es soll aber auch Studentinnen und Studenten der Film-, Fernseh- und Medienwissenschaften einen Einblick in die Rahmenbedingungen und die praktische Realisierung von Fernsehproduktionen bieten. Schließlich werden auch diejenigen Leserinnen und Leser, die nicht zur »Fernsehfamilie« gehören, in dem ein oder anderen Beitrag nützliche Informationen und Anregungen finden.

Wir danken allen Autorinnen und Autoren für ihre Beiträge und für ihre Geduld mit den Herausgebern. Von den Leserinnen und Lesern wünschen wir uns viele kritische Anmerkungen.

Köln, im Mai 2002

Hans W. Geißendörfer | Alexander Leschinsky

Berufsbilder und Arbeitsfelder

Andrea Stein
Anne Schulz

Ein Bild von einem Beruf

Berufsbilder und Arbeitsfelder für die Film- und Fernsehproduktion

Die Vielfalt der Berufsbilder im Fernsehbereich verursacht Verwirrung - nicht nur bei Einsteigern. Sogar Branchenprofis sind sich mitunter nicht einig, wie welche Funktion benannt werden soll und, fast noch wichtiger, welche Qualifikation ein Beruf voraussetzt. Auch die Unterscheidungen nach Produktqualitäten, Produktionslogiken und den daraus resultierenden Anforderungen bleiben oft im Dunklen. Diese Intransparenz von Branchenstrukturen und Berufsbildern erzeugt Reibungsverluste, kostet Zeit und Geld. Die branchentypische Mischung aus Mitteilsamkeit und Auskunftsverweigerung bei Basisfragen professioneller und verbindlicher Laufbahnplanung wirkt bestenfalls kapriziös und erweckt wenig Sympathie. Es verwundert schon, wie eine Branche, deren Hauptkompetenz in der Produktion zuschauergerechter und verständlicher Formate liegt, sich bei der Schilderung der eigenen Arbeitsrealität so schwer tut. Eine fundierte Entscheidung über Qualifizierung und Berufswahl ist jedoch nur möglich, wenn man sich zuvor mit der Komplexität von Produktionsstrukturen und den daraus resultierenden Anforderungsprofilen auseinander setzt. Dabei werden keine Staatsgeheimnisse verraten, wenn hier die Berufsbilder in der Fernsehproduktion geschildert werden: Von der strategischen Planung bis zur Vermarktung – aufgeführt in der Reihenfolge der Produktionsschritte. Die Autorinnen beschreiben Berufswege und Qualifizierungsalternativen und nennen Angebote der Bildungsträger.

Essenz aus der Vielfalt

Die Beschreibung von Berufsbildern und Qualifizierungswegen zwingt zur Konzentration auf das Allgemeine und Grundsätzliche – also auch zur Vernachlässigung des Einzigartigen und Besonderen. Das ist wenig attraktiv in einer Branche, deren Profis sich häufig aus vollem Herzen im Bereich des „Ganz Besonderen“ ansiedeln. So interessante Anekdoten könnten wir wiedergeben von der individuellen Entwicklung der noch individuelleren Biographien. Wie sie es trotzdem geschafft haben, wie es eigentlich bei jedem immer wieder anders war und wie wenig der ach so deutsche Begriff der »richtigen Ausbildung« passt.

Doch nicht die vielen Facetten sind gefragt, sondern die Essenz aus dieser Vielfalt: Was machen eine Produktionsleiterin, ein Regieassistent, ein Materialassistent (falls es ihn überhaupt noch gibt, wenn statt Material alles digital wird)? Und was sollte man mindestens lernen oder können, um sich so zu nennen? Wie sollen wir diese Fragen kurz behandeln, während sich ganze Berufsverbände uneinig über ihre Antworten sind? Während zu fast jeder Überzeugung über den richtigen Weg mindestens eine kluge – oder zumindest vehemente – Gegenüberzeugung angeführt wird?

Und doch wissen wir alle, dass es Grundlagen gibt, Konstanten und empfehlenswerte Zugangswege; und auch künstlerische Projekte können nicht jedes Mal neu darüber verhandeln, welche Aufgaben und Funktionen die Einzelnen dieses

Mal haben sollen. Vergessen wir also für diesmal die schillernden Anekdoten von der Unberechenbarkeit der Film- und Fernsehproduktion und wenden uns seufzend dem Exemplarischen zu. Wie könnten sie grundsätzlich aussehen, die Berufe? Wer sollte sie wie erlernen?

Wenn Berufseinsteiger diese Fragen an Branchenexperten richten, werden sie häufig erst einmal verwirrt bis erschreckt. Das kann man eigentlich nicht wirklich lernen oder der einzige Schein, den man bei uns braucht, ist der Führerschein – das sind noch die präzisesten Äußerungen. Wer dennoch seine berufliche Zukunft über dieses Niveau hinaus vorbereiten will, wird gern auf den Königsweg des »training on the job« verwiesen. Das Problem ist dann nur noch: Wie kommt man an den Job für das Training, und wer ist der Trainer? Und vor allem: Wie heißt der Job genau? Denn zu den Namen der vermeintlichen Traumberufe gibt es keine gleichlautenden Ausbildungen, während wiederum die neuen Medien-Ausbildungsberufe Namen tragen, die in keinem Filmabspann auftauchen. Und dann sind da noch die Studiengänge, neuen Privathochschulen oder Akademien, in denen die Worte »Film und Fernsehen« oder einfach nur »Medien« leuchten und locken.

Doch auch diejenigen, die »drin« sind in der Branche (und dies auch bleiben wollen), müssen sich mit einer Vielzahl von neuen Berufs- und Funktionsbezeichnungen, technischen Neuerungen und entsprechenden Seminarangeboten auseinander setzen. Kaum ist ersichtlich, wo der fachliche oder finanzielle Nutzen eines Angebots für die eigene Karriere liegen könnte. Nachfragen bei Branchenkolleginnen oder Betrieben helfen oft nicht weiter, da neue Funktionen und Positionen durchaus nicht in allen Betrieben dasselbe bedeuten. Entscheidungshilfen und guter Rat sind noch rarer, wenn man sich für neue technologische Entwicklungen oder ihre technischen Anwendungen fit machen will. Denn die widersprüchlichen Prognosen über die Zukunft dieser oder jener Technologie kursieren unter Experten – „Das wird sich nie durchsetzen" steht gleichberechtigt neben „Wer da nicht jetzt schon mithalten kann, ist raus für immer".

Intransparenz ist wohl das richtige Wort für dieses Phänomen. Den Autorinnen sei die Anmerkung gestattet, dass die branchentypische Mischung aus Mitteilsamkeit und Auskunftsverweigerung bei Basisfragen professioneller und verbindlicher Laufbahnplanung oft kapriziös und wenig sympathisch wirkt. Es verwundert schon, wie eine Branche, deren Hauptkompetenz in der Produktion zuschauergerechter und verständlicher Formate liegt, sich bei der Schilderung der eigenen Arbeitsrealität so schwer tut.

So manche Übertreibung des »Unbeschreibbaren« von Medienberufen hat sicherlich auch ihre Ursache in einer Art Vernebelungstaktik. Schließlich will man im härter werdenden Wettbewerb nicht zu vielen potenziellen Konkurrenten Starthilfe leisten. So betont auch der Produktionsleiter und Dozent Hans-Peter Gumprecht in seinem Buch ***Ruhe bitte! Aufnahmeleitung bei Film und Fernsehen***: „Es gibt Kollegen, die erwecken allen Ernstes den Eindruck, für die Tätigkeit eines Aufnahmeleiters bedürfe es gewissermaßen seltener und geheimer Fähigkeiten. Das klingt gut, ist aber falsch." Darüber hinaus muss man den vielen Autodidakten, deren Weg in die Branche mühsam genug war, eine gewisse Liebe zur eigenen Biographie unterstellen und auch zugestehen. Self-made-Personen – nach wie vor prägend für weite Teile der Branche – propagieren nur ungern standardisierte Berufswege oder objektiv gültige Standards.

Doch, um den Schwarzen Peter weiter zu reichen, nicht alles, was undurchschaubar scheint, ist deswegen suspekt. Vieles könnte eigentlich ganz leicht erklärt werden. Das eine oder andere ist einfach komplex und differenziert – eine ganze Branche ebenso wie ein Berufsbild in seinen Wandlungen und Zuordnungen. Wer fundiert über seine Qualifizierung und Berufswahl entscheiden will, muss sich mit dieser Komplexität auseinander setzen – diffuse Vorstellungen vom Traumberuf und eine Handvoll Halbwahrheiten aus Presse oder Ratgeber-Büchern werden keine Türen öffnen.

Die Wahrheit liegt also – wie so oft – in der langweiligen Mitte. Sprechen wir im Folgenden über die langweilige Mitte.

„Ich interessiere mich irgendwie für die Medienbranche oder so…" „Welche Mitarbeiter braucht denn nun die Medienbranche?" Prima Fragen, gern gestellt von Journalisten, Berufseinsteigern, Politikern.

Wenn auf solche Fragen sofort eine kurze und definitive Antwort kommt, dann muss sie falsch sein. Wenn – wie meistens – eine eher umständliche, differenzierte und längere Ausführung erfolgt, empfinden viele Fragesteller dies als unbefriedigend. Da liegen sie aber daneben; denn in der Tat gibt es eben doch nicht nur falsche Antworten, sondern auch falsche Fragestellungen.

Um eine Analogie zu verwenden: Es würde wohl niemand auf die Idee kommen, einen Innenarchitekten, Maurer- oder Installationsmeister zu fragen: „Welche Leute braucht die Baubranche?"

Der Begriff »Branche« ist ein Sammelbegriff – ordnungspolitisch sicherlich nützlich, aber für die individuelle Berufswahl oder differenzierte Analysen eher untauglich. Er subsummiert höchst unterschiedliche Einzelgewerke und Unternehmen. Diese haben industrielle, handwerkliche, kreative oder planerische Schwerpunkte. Sie stellen unterschiedliche Produkte her, die wiederum unterschiedlichen Produktionslogiken unterliegen – mal industriell, mal handwerklich oder planerisch, konzeptionell und künstlerisch. Das Spektrum reicht vom Unikat oder Prototyp über die solide gefertigte Serienware bis zum preiswerten Ein-Mal-Produkt. Oder von der ganz speziellen Dienstleistung bis zur nützlichen und berechenbaren Fleißarbeit. Jeder dieser Herstellungs- oder Dienstleistungsprozesse definiert gleichzeitig das Spektrum der jeweiligen Qualifikationsanforderungen.

Offensichtlich ist es der Film- und Fernsehbranche bisher nicht gelungen, Unterscheidungen nach Produktqualitäten, Produktionslogiken und den daraus resultierenden Anforderungen transparent zu machen. Sicherlich ist dies auch schwieriger als in der bereits zitierten Baubranche (in manchen Bereichen ist es sogar unmöglich), da die Trennschärfen und Arbeitsfelder doch nicht so deutlich zu definieren sind wie in traditionellen Branchen. Hinzu kommt das auffällige Bedürfnis vieler Nachwuchskräfte und auch Profis, diese banalen Analogien zu ignorieren. Der Wunsch nach Zugehörigkeit zur oft romantisierten „Medienbranche" ist meist größer als die Suche nach klaren Funktionsbestimmungen und Rollenfestlegungen. Während der Maurermeister vor allem immer Maurermeister ist und die Baubranche höchstens dann erwähnt, wenn es dem Maurer an sich weni-

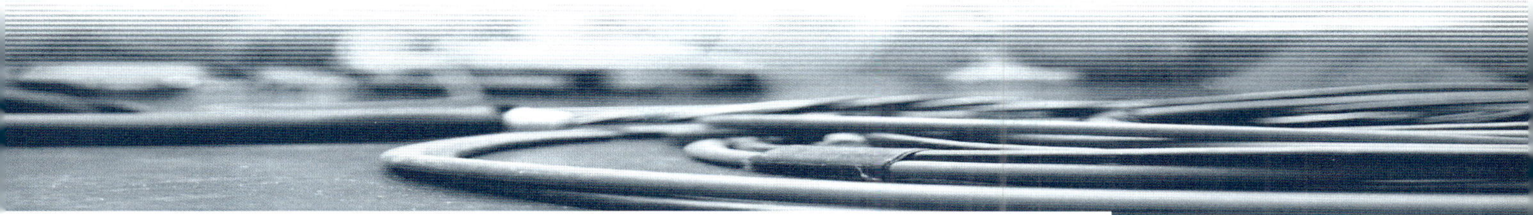

ger gut geht, werden Produktionsfahrer oder Maskenbildnerinnen immer in den Vordergrund stellen, dass sie „in der Medienbranche“ oder „beim Film“ arbeiten. Da ist es oft erst einmal egal, mit welchem Job man eingestiegen ist. Diese Haltung hat viele Vorteile – der Enthusiasmus für das Ganze rettet viele aus der Frustration über die realen Erfahrungen. So hält auch der langjährige Produktionsfahrer immer noch die Option auf den großen Drehbuch-Erfolg, die bewährte Continuity-Mitarbeiterin plant auch im zweiten Jahr in einer Daily den Sprung in den Filmschnitt; auch der EB-Kameramann macht schon wieder seinen endgültig allerletzten News-Einsatz, bevor er endlich die oft verschobene Bewerbung an der Filmhochschule einreichen wird. Die wenigsten fordern klare Zuordnungen oder Rollenfestlegungen ein – schließlich würde sie das ebenfalls zu klaren Plänen und Zeitvorstellungen zwingen. Früher oder später stellen diese »Durchreisenden« aber fest, dass die professionalisierte und ausdifferenzierte Film- und Fernsehbranche nur noch begrenzt einen Umstieg erlaubt. Spätestens dann werden sie zu frustrationsanfälligen Teamkollegen, die ganze Produktionen torpedieren können. Mit Maurern wäre das nicht passiert.

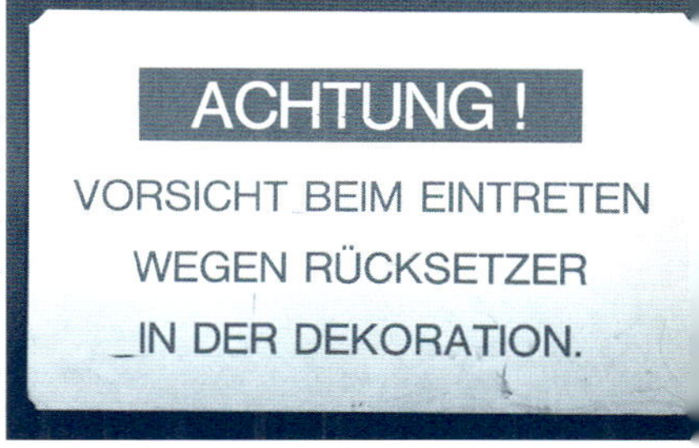

Es hat also auch massive Nachteile, wenn mangelnde Transparenz der Branchenstrukturen immer wieder falsche Erwartungen an die richtigen Unternehmen erzeugen oder umgekehrt. Denn so lange grundlegend unterschiedliche Unternehmen und Berufsgruppen unter der undifferenzierten Überschrift „Film und Fernsehen“ oder gar „Medien“ über einen Kamm geschoren werden, verfehlen die ausbaufähigsten Nachwuchskräfte und Mitarbeiter das Thema. Dies gilt natürlich auch für jede vernünftige Initiative für Aus- und Weiterbildung oder die best gemeinten Förderkonzepte – denn wer Äpfel fördert, kann keine Birnen ernten.

Die folgende Auflistung soll einen Beitrag dazu liefern, Unterscheidungskriterien für die Strukturen, Produktionsbedingungen und Mitarbeiterbedarfe der unterschiedlichen Arbeitgeber – also auch Ausbildungspartner – der Branche aufzuzeigen. Zugleich soll die Auflistung deutlich machen, dass es neben Potenzialen auch Grenzen gibt: Die meisten Unternehmen bieten solide Einsatzchancen oder auch Entwicklungsperspektiven innerhalb ihres Produktionsspektrums. Somit kann jedes Unternehmen auch nur innerhalb dieses Spektrums Sprungbrett sein. Wer höher springen, oder gar fliegen will, muss sich früher oder später umorientieren.

- Größte Arbeitgeber für Festangestellte sind nach wie vor die öffentlich-rechtlichen Sendeanstalten, die neben der beruflichen Erst- und Volontärsausbildung nach wie vor umfassende In-Haus-Weiterbildung betreiben oder sich an übergreifenden Ausbildungskooperationen beteiligen. So setzen (oder diktieren) sie für weite Teile der Medienmitarbeiter die Qualitätsstandards. Doch auch sie sind geprägt von Personalabbau und Outsourcing. Darüber hinaus werden zunehmend klassische Volontärsausbildungen zugunsten von Erstausbildung eingeschränkt.
- Die privaten Fernsehsender, in der Regel Unternehmen mit schlankem Stammpersonal, liefern nur bedingt Nachwuchspersonal für die Medienbranche. Sie »sourcen« nicht nur Bereiche wie Technik (Studio, Übertragung, Kamera, Schnitt) aus, sondern auch kreative Bereiche wie Design und Redaktion. Dies führt zu einer Auslagerung von Know-how und einer verstärkten Entkoppelung der unterschiedlichen Spezialbereiche von den vor- und nachgeschalteten Produktionsschritten. Das Gesamtverständnis dieser nun ausdifferenzierten Zusammenhänge fehlt vielen Mitarbeitern und wird häufig in Eigeninitiative über Weiterbildungen eingeholt.

Die kleinen und mittleren Betriebe der Medienwirtschaft zeigen grundsätzlich zwei gegenläufige Tendenzen:

- Zum einen sind die Allround-Produzenten zu nennen, die eine Vielfalt an Produkten (Image- oder Industriefilm, Schulungsfilme, Dokumentation, Werbung etc.) bis zu einer bestimmten Qualitätsstufe realisieren. Für weitergehende technische oder gestalterische Anforderungen werden externe Spezialisten engagiert. Die festen Mitarbeiter dagegen müssen meist vielfältige Querschnittsaufgaben übernehmen. Insbesondere stellen kundenorientiertes Arbeiten sowie Budgetverantwortung immer wichtigere Anforderungen auch an Mittelbau-Mitarbeiter dieser Unternehmen. Stärker arbeitsteilige Produktionsbedingungen finden sich in der Regel erst in Betrieben bzw. Projektteams mit mehr als 25 Mitarbeitern.
- Auf der anderen Seite stehen Spezialbetriebe mit engem Aufgabenfeld, zum Teil hochqualifizierte Teilgewerke von Großprojekten, Zulieferung von Gestaltung, Kreation, Technik, speziellen Dienstleistungen von Casting bis Locationsuche. Diese Mitarbeiter müssen in einem engen Arbeitsfeld spezialisiert sein und sich ständig auf dem »state of the art« ihres Fachgebiets bewegen.

In den Produktionen von Film (Kino und/oder Fernsehen) und Serie finden sich prinzipiell beide Aspekte – die Allrounder sowie die Spezialisten. In kleinen, meist multifunktionalen Kernmannschaften bereiten die Unternehmen Projekte vor und wickeln sie nach den Dreharbeiten ab. Von einigen Mitgliedern dieser Stammteams wird allerdings auch spezialisiertes Branchenwissen verlangt: So z.B. im kreativ-konzeptionellen Bereich (Stoff- und Formatentwicklung) oder im Management (Finanzierung bis hin zu multinationalen Koproduktionen, Rechtefragen, Kalkulation großer Budgets sowie Bearbeitung von Verleihverträgen und -abrechnungen). Während der Produktionsphase wird zusätzlich ein großes Team für wenige Wochen oder (bei Serienproduktionen) mehrere Monate befristet beschäftigt. Diese Mitarbeiter wiederum arbeiten stark arbeitsteilig und teilweise hochspezialisiert. Eine örtliche oder organisatorische Anbindung an das Produktionsunternehmen findet meistens nur punktuell statt. Nach Drehschluss wechseln die Teammitglieder aus den einzelnen Fachgebieten von Kostüm- und Maskenbild über Kamera und Regie zum nächsten Projekt – also meistens auch zu einer anderen Produktionsfirma.

Feste wie projektbezogene Mitarbeiter dieser Unternehmen stehen unter hohem Qualifikationsdruck: Vorbereitung und Durchführung der Projekte sind denkbar aufwendig und kostenintensiv. Die Anforderungen an Kreativität und Budgetverantwortung sind darüber hinaus kombiniert mit der hohen Unsicherheit bezüglich möglicher Folgeprojekte. Zusätzlich wird von den projektbezogenen Mitarbeitern nicht nur Fachwissen verlangt, sondern auch die Fähigkeit, sich innerhalb von wenigen Tagen in ein komplettes Team zu integrieren, Gehaltsverhandlungen zu führen, sich um Folgeaufträge zu kümmern und die Marktentwicklung im Auge zu behalten.

Dieser Schnelldurchlauf durch diverse Schauplätze der Film- und Fernsehproduktion macht deutlich, dass zwar unterschiedliche Begabungen, Fertigkeiten und Fähigkeiten in der Branche Platz haben, aber eben nicht alle in gleichem Umfang und zu gleichen Voraussetzungen. Ein besonders wichtiger Aspekt ist der Unterschied zwischen den so genannten Querschnittsberufen und den Spezialisten. Für beide herrscht Bedarf, und beide Gruppen werden benötigt, um die breite Palette von Medienprodukten wettbewerbsfähig abzudecken. Allerdings finden die Querschnittstätigkeiten – kaufmännisch-organisatorisch, technisch-gestalterisch oder konzeptionell-kreativ – eher ihren Platz innerhalb von Betrieben. Wer über Festanstellung oder in zumindest längerfristiger Beschäftigung arbeiten, lernen und sich entwickeln will, wird vor allem multifunktionale Aufgaben übernehmen müssen. Das bedeutet auch, in guten wie schlechten, aufregenden wie langweiligen Zeiten die Alltagsarbeit von überwiegend kleinen und mittleren Betrieben mit zu gestalten und, je nach Position in der Hierarchie, mit zu verantworten. Die große Einzelleistung, die hoch spezialisierte Sonderleistung wird dabei eher nicht abgefragt. Wer damit nicht leben kann und eher „sein eigenes Ding" verfolgen will, muss sich in die dünne Luft der Spezialberufe begeben. Als Spezialist für alle Bereiche von Gestaltung bis Technik, Buch bis Regie, Animation bis Kostümbild wird man für unterschiedliche Arbeitgeber arbeiten, die dann eher Auftraggeber sind.

Die wichtigsten Spielfelder des deutschen Arbeitsmarktes Film und Fernsehen sind nicht: Internationale Kino-Koproduktionen, gigantische Trick- und Animationsfilme im High-End-Bereich, historische Kostüm- und Ausstattungsfilme oder Langdokumentationen für den arte-Themenabend. Selbst die große Samstagabend-Show kommt – wie der Name schon nahe legt – samstags. An den übrigen Tagen gibt es jede Menge Anderes, das von vernünftigen Unternehmen mit vernünftigen Mitarbeitern und Mitarbeiterinnen zu (hoffentlich) vernünftigen Preisen produziert wurde. Bei den meisten Produktionen der Kategorie »Anderes«, ob Fiction oder Non-Fiction, bleibt die Speed-Kamera im Lager, der zusätzliche Lichtwagen in der Garage. Und das Interview mit dem hochkarätigen paraguyanischen Medizin-Experten wird durch Herrn Doktor aus Berlin-Wedding ersetzt. Dabei ist die Kategorie »Anderes« der Motor der so genannten Film- und Fernsehbranche, denn sie beschäftigt und qualifiziert kontinuierlich ein breites Spektrum unterschiedlicher Fachkräfte auf allen Produktionsfeldern und in allen Qualitätsstufen. Ein guter Teil dieser Fachkräfte ist auch in der Lage, in anspruchsvolleren Produktionen eingesetzt zu werden, doch diese werden eben nicht so kontinuierlich produziert.

Auch Restaurants leben nun einmal meistens besser vom Mittagstisch für das benachbarte Büropublikum als vom abendlichen Menü. Viele Architekten freuen sich lauter über den Auftrag zum Umbau von Sozialwohnungs-Komplexen als über den Wettbewerb um den innovativen Museums-Neubau. Denn: „Gebaut wird immer." Gegessen auch. Gesendet auch – das ist die Hauptsache, wenn man seinen Lebensunterhalt nun einmal mit Bauen, Kochen oder Fernsehproduktion verdienen muss.

Strategisches Management

Produzent/in

Wenn irgendein Beruf die Entwicklungsgeschichte und Buntheit der Film- und Fernsehbranche widerspiegelt, dann ist das der des Produzenten. Ist das überhaupt ein Beruf? Eine Branche, die, wie die Film- und Fernsehbranche, klein und mittelständisch geprägt ist, hat Unternehmerpersönlichkeiten aller Art und Ausprägung hervor gebracht. Viele sind, neben ihren unbestrittenen fachlichen Kompetenzen, eben auch Typen, die ihre Leidenschaft zu ihrem Beruf gemacht haben, die die finanzielle und organisatorische Verantwortung übernehmen wollten für ihre Ideen, ihre Pläne – und ihre Fehlentscheidungen. Fast jeder, der sich mit der Branche beschäftigt, kennt Persiflagen oder Porträts legendärer Produzentenpersönlichkeiten, hat den einen oder anderen in Talkshows gesehen und ist sicher: Das sind Self-Made-Personen, die eben ihr Hobby zum Beruf gemacht haben. Außerdem sind sie immer diejenigen, die das Geld besorgen – woher auch immer, wofür auch immer. Es gibt natürlich auch Produzenten, die in höchster Geschäftsführerposition das Tochterunternehmen eines größeren Medienkonzerns leiten. Doch selbst wenn sie hier weniger eigenständig und abgestimmt mit der Konzernleitung arbeiten: Sie sind die zentrale Figur jeder Filmproduktion, die Unternehmer, die das Filmprojekt letztlich initiieren und verantworten und die letzten Entscheidungen fällen. Eleganter ausgedrückt: „Leidenschaft, Beharrlichkeit und die Bereitschaft, Verantwortung zu tragen, sind unabdingbare charakterliche Voraussetzungen für den Produzenten, um seinen Beruf zur inneren Berufung werden zu lassen," schreiben Diana Iljine und Klaus Keil in dem Buch ***Der Produzent***. Sie nennen dies „Kunst des Produzierens". Der Produzent muss über umfangreiche künstlerische wie betriebswirtschaftliche Kenntnisse verfügen und benötigt einen großen Erfahrungsschatz, um komplexe Projekte zum Erfolg zu führen. Nach Iljine und Keil reicht die Spannweite der Tätigkeiten „ ... von der Gestaltung des Drehbuches und der Besetzung, über die Kunst des Finanzierens und das Handwerk der Planung bis zum Prozess des Verkaufens." Der Produzent sucht und entwikkelt neue Stoffe. Nach der Kalkulation des Projekts liegt es an der Überzeugungskraft des Produzenten, die Finanzierung des Projektes zu sichern. Drehbuchautor, Regisseur und Hauptdarsteller werden vom Produzenten ausgesucht und engagiert. Außerdem ist er für die Vermarktung des Films zuständig, ist Vertragspartner für Verleiher und Vertriebsfirmen. Während der Dreharbeiten ist der Produzent Ansprechpartner für Regisseur und Produktionsleiter bzw. Herstellungsleiter.

Wer halbwegs nachdenkt, wird ahnen: Das kann einer allein gar nicht sein, machen oder leisten – es sei denn, er macht mindestens die Hälfte schlecht. Aber der gute Produzent ist eben ein richtiger Unternehmer: Mindestens zwei dieser Bereiche kann er richtig, über den Rest kann er immer noch perfekt reden und verhandeln. Für seine Wissens- oder Zeitlücken setzt er die richtigen Mitarbeiter ein, baut sie auf und bindet sie. Aber am Ende bleibt es dabei: Das Geld ist und bleibt trotzdem seine Angelegenheit, fast alle Verträge tragen seine Unterschrift, alle Streitereien aus diesen Verträgen finden mit ihm statt, und am Ende ist er sowieso für alles verantwortlich.

Kann man so etwas lernen? Wir wollen zumindest einen idealtypischen Werdegang aufzeigen und wissen, dass viel mehr dazu gehört: Filmhochschulen bieten den Studiengang Produktion an. Ziel ist die kreative und betriebswirtschaftliche Doppelqualifikation: die Filmakademie Baden-Württemberg Ludwigsburg (www.filmakademie.de), die Hochschule für Film und Fernsehen „Konrad Wolf" in Potsdam (www.hff-potsdam.de), die Hochschule für Fernsehen und Film München (www.hff-muenchen.de). Nach dem Studium wird in der Regel eine längere Berufstätigkeit als Produktionsleiter, Herstellungsleiter, Producer oder in einzelnen Fällen auch als Redakteur/Dramaturg liegen, bevor man die Aufgabe eines Produzenten erfüllen kann und, wie Michael Bünte von der Münchner Filmhochschule es nennt, „die ganze Bandbreite zwischen Charme und Brutalität" beherrscht.

Herstellungsleiter/in

Herstellungsleiter betreuen bei großen Studio- oder Produktionsgesellschaften übergreifend alle laufenden Produktionen oder sie sind für eine bestimmte Langzeit-Produktion (z.B. *Tatort*, Serien oder Daily Soaps) verantwortlich. Aufgabe der Herstellungsleiter ist es, im Interesse des Unternehmens die Projektplanung nach innen und außen zu überwachen und die konkreten Einzelprojekte zu koordinieren. Hierbei haben sie vor allem im Bereich Finanzierung, Kalkulation und Endabrechnung große Verantwortung. Herstellungsleiter sind zusammen mit den wechselnden Produktionsleitern der Einzelprojekte für die Einhaltung des Gesamtbudgets verantwortlich. Eine betriebswirtschaftliche Qualifikation ist sinnvoll, bevor der Einstieg in die branchentypischen Anforderungen in der Praxis erfolgt. Die Grundqualifikation kann über ein BWL-Studium oder den Studiengang Produktion an einer Filmhochschule, z.B. an der Filmakademie Baden-Württemberg in Ludwigsburg (www.filmakademie.de), der Hochschule für Film und Fernsehen Konrad Wolf in Potsdam (www.hff-potsdam.de), der Hochschule für Fernsehen und Film München (www.hff-muenchen.de) oder eine kaufmännische Ausbildung (AV-Medienkaufmann/frau) erworben werden. Nach der Ausbildung oder dem Studium wird der Berufsweg zunächst über das Produktionsbüro zur Produktionsleitung führen, bevor die Herstellungsleitung übernommen werden kann.

Stoffentwicklung und Konzeption

Journalist/in

Journalist/in gehört heute zu den absoluten Traumberufen Jugendlicher. Dabei haben sie oft den Moderator, die Moderatorin vor der Kamera im Sinn. Der Arbeitsalltag sieht jedoch anders aus: recherchieren, Themen auswählen, Informationen bündeln, schreiben. Journalisten erstellen die Beiträge für Nachrichtensendungen, aktuelle Berichterstattung, Magazine und Reportagen. Der WDR-Reporter Norbert Hiller nennt sich einen „Geschichtenerzähler" und fährt fort: „Du musst jedes Mal aufs Neue versuchen, eine schöne Story zu erzählen und die Fakten in eine ordentliche Geschichte zu verpacken. Denn wenn man nur die Wirklichkeit nacherzählte, wäre es ja langweilig. Das ist eine Sache, die man lernen muss und das dauert Jahre." In Absprache mit dem Team koordinieren Journalisten die Bild- bzw. Tonaufnahmen. Journalisten spezialisieren sich häufig auf einen bestimmten Bereich wie z.B. Politik, Sport, Kultur oder Wissenschaft. In Magazinen und Talkshows moderieren Journalisten häufig die Sendungen. In der Auslandsberichterstattung sind neben Sprachkompetenz auch Kenntnisse der gesellschaftlichen und geschichtlichen Hintergründe gefordert. Peter Kuhlmann, ARD-Korrespondent in Lateinamerika, beschreibt seine Arbeit als Übersetzerfunktion: „In meinem Job ist es wichtig, eine gewisse Distanz zu behalten, um nicht den Überblick zu verlieren. Das Einzelschicksal muss immer in einem übergeordneten Zusammenhang gesehen werden. Natürlich darf man auch nicht abstumpfen. Aber ich habe gelernt, mit Themen wie Leid, Not, Hunger, Folter und Tod als Teil meiner Arbeit umzugehen und nicht als Teil meiner Persönlichkeit. Als Privatmensch würde ich mich auf bestimmte Themen viel mehr einlassen. Als Journalist muss ich immer im Hinterkopf behalten, wie ich dem deutschen Publikum das Thema verständlich rüberbringe und auch mal neue Perspektiven aufzeige."

Für den Bereich Journalismus gibt es eigene Studiengänge, z.B. an der Universität Dortmund (www.uni-dortmund.de), an der Universität Leipzig (www.uni-leipzig.de) oder der Katholischen Universität Eichstätt (www.ku-eichstaett.de). Aber auch der Werdegang über ein Fachstudium (von Geisteswissenschaften bis zu Medizin) mit anschließendem Volontariat ist nicht ungewöhnlich. Während der Volontariate können ergänzend Kurse absolviert werden, etwa im Haus Busch, dem Deutschen Institut für publizistische Bildungsarbeit (www.hausbusch.de).

Für Fachjournalisten gibt es zusätzliche Studienangebote wie den Studienschwerpunkt Sportpublizistik an der Deutsche Sporthochschule Köln (www.dshs-koeln.de) oder Fachjournalismus Geschichte an der Universität Gießen (www.uni-giessen.de). Andere wiederum absolvieren nur ein Volontariat oder schaffen den Quereinstieg. Die meisten arrivierten Sender setzen ein abgeschlossenes Studium voraus, wenn sie Volontärsstellen besetzen. Außerdem gibt es Journalistenschulen mit unterschiedlichen Zugangsvoraussetzungen, so die RTL-Journalistenschule für TV und Multimedia (www.rtl-journalistenschule.de), die Kölner Journalistenschule für Politik und Wirtschaft (www.koelnerjournalistenschule.de), die Henri-Nannen-Schule (www.hns.de) oder die Deutsche Journalistenschule (www.djs-online.de). Es gibt eine große Anzahl von Weiterbildungsangeboten, z.B. vom deutschen Journalistenverband (www.djv.de) oder auch für Mitarbeiter von ARD und ZDF durch die Zentrale Fortbildung für Programmmitarbeiter (www.zfp.de).

Wichtig ist in jedem Fall, über freie Mitarbeit Erfahrungen zu sammeln, auch um einen realistischen Einblick in den häufig stressigen Berufsalltag zu bekommen. Übrigens: die durchschnittliche Lebenserwartung von Journalisten liegt mit 61 Jahren deutlich unter der anderer Berufsgruppen. Der Stress zehrt an den Kräften und wird zum Gesundheitsrisiko. Im Vergleich leben z.B. protestantische Pfarrer rund 16 Jahre länger, ermittelte eine Versicherung. Das lässt sich in dem Buch ***Einführung Medien und Journalismus***, herausgegeben von Otfried Jarren, nachlesen. Weniger traumhaft.

Drehbuchautor/in

„Zu einem guten Film gehören drei Dinge. Ein gutes Buch, ein gutes Buch, ein gutes Buch," heißt es. Das Schreiben eines Drehbuchs ist ein Entwicklungsprozess (siehe dazu auch den Beitrag von Oliver Schütte). Auf Basis der ersten Idee für eine Story (ob Film oder Serie) schreibt der Drehbuchautor eine ausführliche Beschreibung der Handlung und entwickelt erste Beispiele für Dialoge und szenische Umsetzung (*Treatment*). In Zusammenarbeit mit Produzenten, ihren Dramaturgen/Producern und den Redakteuren der Sender wird dann das eigentliche Drehbuch geschrieben. Die Autorin Dorothea Neukirchen beschreibt ihre Arbeit so: „Die meiste Zeit sitze ich vor dem Computer. Es gibt auch Recherche-Phasen

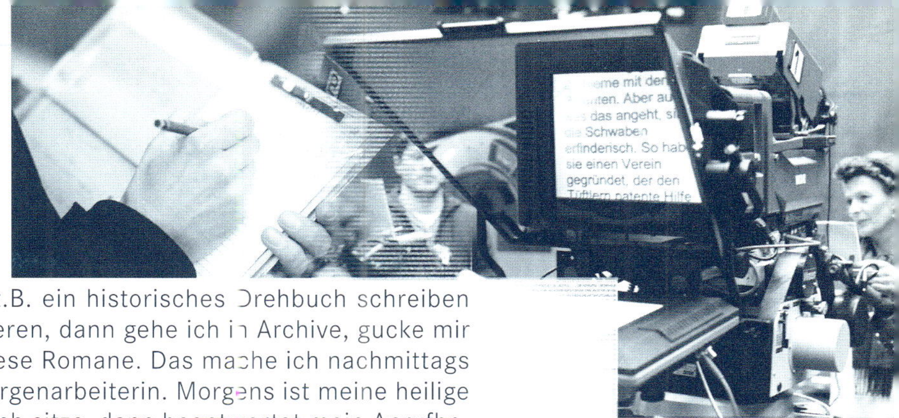

vor Beginn des Drehbuchs. Wenn ich z.B. ein historisches Drehbuch schreiben soll, dann muss ich sehr viel recherchieren, dann gehe ich in Archive, gucke mir entsprechende Filme aus der Zeit an, lese Romane. Das mache ich nachmittags und abends. Ich persönlich bin eine Morgenarbeiterin. Morgens ist meine heilige Schreibzeit. Wenn ich an einem Drehbuch sitze, dann beantwortet mein Anrufbeantworter in der Zeit alle Telefonate. Man muss wirklich in eine andere Welt eintauchen und sich abschotten."

Manchmal sind mehrere Entwürfe erforderlich, denn der Autor muss Vorgaben von Produzent, Regisseur und manchmal der Schauspieler berücksichtigen. Drehbuchautoren müssen immer auch beurteilen können, wie und mit welchem Aufwand die Geschichte umgesetzt werden kann. Bei Daily Soaps arbeiten mehrere Autoren unter der Leitung eines Chefautors. Manche Drehbuchautoren sind auf einen Bereich, z.B. Dialoge, spezialisiert.

In dem Buch ***Jenseits von Hollywood*** berichten Drehbuchautoren über ihre Kunst und ihr Handwerk. Dabei kommen auch kritische Aspekte zum Vorschein, etwa wenn Autoren für Probleme am Set als Sündenböcke herhalten müssen. Der Autor, so Felix Huby, „ist am weitesten weg und auf ihn kann man gefahrlos schimpfen. An allem, was schief geht, ist das Buch schuld, das dann schon lange nicht mehr Drehbuch, sondern im allgemeinen Konsens des Kollektivs 'dieses Scheißbuch' heißt." Dabei wird kein geringerer als Samuel Goldwyn als Kronzeuge dafür aufgeführt, dass ein Film nur so gut sein kann, wie die Geschichte, die er erzählt. Und die Geschichte schreiben eben die Autoren. Es gibt Drehbuchstudiengänge an Filmhochschulen: z.B. Hochschule der Künste Berlin, Studiengang Szenisches Schreiben (www.hdk-berlin.de), die Hochschule für Fernsehen und Film München (www.hff-muenchen.de) oder die Filmakademie Baden-Württemberg in Ludwigsburg (www.filmakademie.de). Zusätzlich bieten erfahrene Autoren oft Seminare und Workshops an, etwa bei der Drehbuchwerkstatt Niedersachsen (www.filmbuero-nds.de) und bei medien und kulturarbeit (www.medienundkultur.hamburg.de). Die IFS Internationale FilmSchule Köln GmbH (www.filmschule.de) plant neben Weiterbildungsangeboten für 2002 die Einrichtung eines dreijährigen Qualifizierungsangebotes.

Script-Doctor

Script-Doctoren sind erfahrene Drehbuchautoren, die häufig über internationale Erfahrungen verfügen und ein umfassendes Hintergrundwissen über Erfolge und Misserfolge der Film- und Fernsehgeschichte besitzen. Sender und Produktionsfirmen ziehen Script-Doctoren als neutrale Berater hinzu, um vorliegende Drehbücher zu beurteilen, zu überarbeiten und Verbesserungsvorschläge zu machen. Ziel ist es, die Geschichte stringenter, dramaturgisch gekonnter zu erzählen. Häufig dient das »Doctern« auch dazu, die Vorlage stärker an kommerziellen Erfolgsrezepten zu messen und das Funktionieren der Geschichte zu verbessern. Script-Doctoren wirken auch bei der Konzeption von Serien mit. Als Weiterbildungsangebot ist etwa das Programm Script Consulting der Master School Drehbuch GmbH zu nennen (www.filmboard.de).

Producer/in und Creative-Producer/in

Die Funktionsbezeichnungen Producer oder Creative-Producer gehören zu den jüngeren Berufen in der Film- und Fernsehproduktion. Entsprechend variieren die Definitionen über die exakten Aufgabenbereiche und Unterscheidungen dieser

Berufe. Grundlegende Voraussetzung für die Entstehung dieser Berufe ist sicherlich ein neues Dreieck zwischen Produzent, auftraggebendem Sender und Produktion. Während in Zeiten überschaubarer Senderaktivitäten im Bereich Auftragsproduktion meistens der Produzent alle entscheidenden Präsentationen, Kalkulationen, Autorengespräche und Produktionsbetreuungsarbeiten erledigte, entstand nach und nach ein wachsendes Bedürfnis nach mehr Delegation, mehr Stoffentwicklung, Präsentationsvorbereitung und Planung. Es gab rein quantitativ einen Zuwachs an potenziellen Kunden (durch die privaten Sender) und schneller wechselnde Formate oder Auftragsakquise. Aus diesem Grund entstand in vielen Produktionsunternehmen eine zusätzliche Ebene, in der *Development* kontinuierlich vollzogen wird, die aber zugleich Präsentationen, Verhandlungen und Projektbetreuung übernimmt, um den Produzenten zu entlasten und das Leistungsvolumen des Betriebs zu verstetigen und zu erhöhen.

Creative-Producer/in

Creative-Producer findet man vor allem in Unternehmen, die regelmäßig verschiedene Formate oder Einzelstoffe aus den Bereichen Fiction für unterschiedliche Auftraggeber entwickeln und vorhalten. Sie übernehmen dabei eine verantwortliche Mittlerrolle zwischen den Autoren und Produzenten bzw. den Redakteuren der Auftraggeber (Sender) und den Produzenten sowie Autoren. Ein erfolgreicher Produzent lebt davon, immer wieder neue Ideen an verschiedene Sender/Auftraggeber zu verkaufen. Hierfür ist die Stoffentwicklung (*Development*) wichtig. Eine in Grundzügen entwickelte Idee für eine Serie, Comedy oder auch einen Einzelspielfilm/Fernseh-Movie kann von dem einen Sender abgelehnt werden, für einen anderen aber hochinteressant sein. In der Vergangenheit verworfene Ideen können plötzlich aktuell und gefragt sein. Zu diesem Zweck vertraut der Produzent einem Creative-Producer die Weiterentwicklung, Überarbeitung und Betreuung von Ideen und Stoffen an. Dieser muss den Autoren Vorgaben machen und sie motivieren, Bücher zum Teil mehrmals umzuschreiben. Er muss vielfach aber auch Absprachen mit den Entscheidern treffen und umsetzen. Für diese Tätigkeit benötigt man ein sicheres Gespür für erfolgreiche Konzepte, aber auch Diplomatie und Durchsetzungsvermögen.

Für die Tätigkeit des Creative-Producers gibt es keine geregelte Ausbildung. Allerdings wurden an Filmhochschulen und Weiterbildungseinrichtungen Angebote entwickelt, um bereits erfahrenen Medienschaffenden die notwendigen Qualifikationen zu vermitteln. Ein Beispiel dafür ist die zertifizierte Weiterbildung zum Fiction-Producer am Kölner Filmhaus e.V. (www.k-filmhaus.de).

Producer/in

Producer sind angestellte Produzenten. Sie übernehmen sowohl organisatorische als auch konzeptionelle Aufgaben. Der Producer Andreas Lüderitz hat im Werbebereich gearbeitet und beschreibt seine Funktion dort so: „Producer sind, wie Produktionsleiter, verantwortlich für ein Budget. Aber man hat die Chance, Regisseure und Kameraleute selber auszuwählen, eigene Ideen zu entwickeln. Man betreut vom ersten Storyboard bis zum sendefertigen Tape die gesamte Produktion." Producer sind in der Regel bei einem Sender oder einer Produktionsfirma angestellt. Man findet sie sowohl im fiktionalen wie auch im News-Bereich. Dementsprechend unterscheiden sich die Aufgabengebiete. Im Unterschied zum Creative-Producer sind sie stärker mit der organisatorischen, technischen und kaufmännischen Betreuung eines Projekts betraut. Je nach Begabung übernehmen sie es auch, die in Entwicklung befindlichen Projekte zu verkaufen, das heißt Sendern zu präsentieren. Die Übergänge zwischen dem Producer und dem Creative-Producer, teilweise auch zwischen Redakteur, Aufnahmeleiter oder Produktionsleiter sind fließend und werden häufig unternehmensintern festgelegt.

Ein guter Producer – egal mit welchem Schwerpunkt er in dem jeweiligen Unternehmen eingesetzt ist – ist kein Spezialist für Einzelbereiche, sondern verfügt über Erfahrungen und fundierte Beurteilungskenntnisse, um die zahlreichen Spezialisten aus den Teams koordinieren und leiten zu können. Hierzu benötigt er fundierte Kenntnisse aus folgenden Bereichen: Dramaturgie und Development, Organisation und Zeitplanung, Mitarbeiterführung, Marktforschung und Verkaufsstrategien, Produktionsstrukturen und -bedingungen. Dazu kommen fundierte kaufmännische Kompetenzen wie Film- bzw. Fernseh-Finanzierung, Kalkulation und Budgetkontrolle. Nicht alle Unternehmen haben Verwendung und bieten Entwicklungsmöglichkeiten für Producer. Doch zunehmend gewinnt dieser verantwortungsvolle und für den Produzenten entlastende Tätigkeitsbereich an Bedeutung und Einfluss. Als Einstieg empfiehlt sich der Studiengang Produktion an einer Filmhochschule oder ein BWL-Studium. Es gibt auch Weiterbildungsangebote, z.B. an der Master School Drehbuch GmbH (www.filmboard.de).

Produktionsstab

Produktionsleitung

„Es ist ein Managerjob," sagt die Produktionsleiterin Annette Schilling, die sowohl Kino- als auch Serienproduktionen betreut. „Alle Abläufe sind Mathematik. Es gibt feste Regeln, die immer wieder auftreten. Die muss ein Produktionsleiter beherrschen." Produktionsleiter sind für die organisatorische und ökonomische Vorbereitung, Durchführung und Abwicklung des Projektes nach wirtschaftlichen Kriterien verantwortlich. Zunächst prüfen sie Realisierbarkeit des Drehbuchs und erstellen eine erste Kalkulation. Gegebenenfalls werden daraufhin noch Änderungen am Drehbuch vorgenommen. Der nächste Schritt ist der Drehplan. Darauf folgt eine genaue Kalkulation aller für die Produktion vorhersehbaren Kosten. Das betrifft nicht nur die eigentlichen Dreharbeiten, sondern auch die Weiterbearbeitung im Kopierwerk, im Schneideraum etc. Je nach Größe des Projektes werden bestimmte Aufgaben im Vorfeld, wie die Kalkulation, auch von der Herstellungsleitung übernommen, Produktionsleiter sind in jedem Fall für Kostenkontrolle und Abrechnung zuständig. Sie stellen das Team zusammen und treffen die Gagenvereinbarungen. Dabei muss neben den wirtschaftlichen Gesichtspunkten auch die Qualität berücksichtigt werden. „Ich muss die Qualität in das wirtschaftliche Denken einbeziehen. Ohne Einschaltquote produziere ich nicht lange. Ich muss ein gutes Produkt mit guten Einschaltquoten bekommen," beschreibt die Produktionsleiterin ihre Aufgabe. Diese Führungsposition erfordert einen umfassenden Überblick über alle Produktionsphasen und mehrjährige Berufserfahrung im Produktionsmanagement und am Drehort. Annette Schilling benennt als Anforderungen: „Ich brauche Ahnung aus allen Bereichen des Films, kein Wissen. Ich brauche kaufmännisches Wissen, damit ich schnell kalkulieren und arbeiten kann. Man muss ein logisch denkender, pragmatischer Mensch sein."

Wie beim Herstellungsleiter ist eine kaufmännische Ausbildung (z.B. AV-Medienkaufmann/frau) oder ein betriebswirtschaftliches Studium eine optimale Voraussetzung für die Laufbahn. Einige Filmhochschulen bieten den Studiengang

Produktion an, etwa die Filmakademie Baden-Württemberg in Ludwigsburg (www.filmakademie.de) und die Hochschule für Film und Fernsehen Konrad Wolf in Potsdam (www.hff-potsdam.de). Nach der Ausbildung oder dem Studium ist die Einstiegsposition das Produktionsbüro, die Assistenz der Produktionsleitung.

Aufnahmeleitung

Ebenso treffend wie banal ausgedrückt: „Die Aufnahmeleitung leitet die Aufnahme" (Klaus Dzuck, Produktionsleiter). Das bedeutet: Sie ist für den wahrscheinlich aufwendigsten und auch kostenintensivsten Teil jeder Produktion nicht nur zuständig, sondern auch verantwortlich – im schlimmsten Sinne: Hier gilt am härtesten der Satz von der Zeit, die Geld ist. Jeder schlecht geplante Drehtag, jeder nicht bedachte mögliche Störfall hat immer sofort Auswirkungen auf teuer gebuchte Stabmitglieder, Schauspieler und Komparsen, angemietete Technik und kostenintensive Motivmieten. Aufnahmearbeiten – gleichgültig, ob es um fiktionale Produktionen und Außendreharbeiten, Studioproduktionen, Live-Aufzeichnungen oder aufwendige multimediale Events handelt – basieren immer auf komplexen Absprachen und Koordinationsarbeiten mit vielen Beteiligten. Jedes Glied, das aus der Kette fällt, kann die Produktion lahm legen. Bei größeren Film- oder Serienproduktionen unterteilt man die Verantwortung auf die Erste (leitende) und die Zweite (am Set eingesetzte) Aufnahmeleitung. Bei Werbe- und Imagefilmen oder kleineren Formaten werden beide zusammengefasst.

Die Erste Aufnahmeleitung bereitet die Dreharbeiten vor, organisiert und besichtigt die Drehorte/Motive, mietet Fahrzeuge und teilweise Technik an, beantragt Drehgenehmigungen und informiert die Produktionsleitung über alles, was sich auf die Kosten der Dreharbeiten auswirken kann. Vor Ort, also während der Dreharbeiten, koordiniert die Aufnahmeleitung die Umsetzung der Vorplanungen, muss aber täglich Lösungen für veränderte Abläufe oder Pannen finden. In enger Zusammenarbeit mit Produktionsleitung und Regieassistenz wird tagesaktuell der Einsatzplan erstellt und über das Produktionssekretariat verteilt.

Die Zweite bzw. Set-Aufnahmeleitung ist der Krisenstab vor Ort: Sie ist am Drehort eingesetzt und überwacht dort die Einhaltung der Planung. Sie ist also die erste Anlaufstelle für Zwischenfälle aller Art: Unpünktlichkeiten und Ausfälle, unvorhergesehene Veränderungen von Licht- oder Wetterverhältnissen, vergessene Details, falsche Wegbeschreibungen auf der Dispo etc.

Wichtig ist eine gute Kenntnis aller Produktionsbereiche, da hier die Arbeitsabläufe des ganzen Teams berücksichtigt werden müssen. Aber auch die Stimmungsschwankungen und Empfindlichkeiten der einzelnen Teammitglieder haben hier ihre erste Auswirkung. Deshalb gehören auch Menschenkenntnis und das so genannte dicke Fell zu den wichtigen Fähigkeiten. Gumprecht dazu: „Aufnahmeleiter müssen sich ... durch souveränes, methodisches und zuverlässiges Arbeiten am Set ständig aufs neue bewähren, um anerkannt zu werden ... Wer zudem weiß, wie gern der Aufnahmeleiter von einigen Zeitgenossen zum Betriebsündenbock gestempelt wird, sollte sich ein paar Techniken aneignen, um für böse Überraschungen gewappnet zu sein."

Die Set-Aufnahmeleitung bzw. eine Assistenz in diesem Bereich gehören zu den typischen Einstiegswegen für Quereinsteiger. Eine Ausbildung zum AV-Kaufmann oder eine andere kaufmännische Ausbildung hilft. Einige Sender bieten Aufnahmeleiter-Volontariate an, setzen aber in der Regel eine bereits abgeschlossene Ausbildung voraus. Für die öffentlich-rechtlichen Sender übernimmt dies die

Arbeitsgemeinschaft zur Nachwuchsförderung für Film und Fernsehen, federführend ist dabei der NDR (www.ndr.de). Für Quereinsteiger gibt es Möglichkeiten der gezielten Weiterbildung, etwa beim Kölner Filmhaus e.V. (www.k-filmhaus.de).

Produktionsassistent/in

Die Aufgaben des Produktionsassistenten variieren. Je nachdem, wie frühzeitig eine Produktionsassistenz eingestellt wird, unterstützt sie den Produktionsleiter schon bei der Vorbereitung und Kalkulation des Projekts. In vielen Fällen – besonders bei Spielfilmen – startet der Produktionsassistent allerdings erst kurz vor Drehbeginn und ist im Produktionsbüro und am Drehort rechte Hand des Produktionsleiters. Produktionsassistenten müssen über organisatorische und kaufmännische Kenntnisse verfügen.

Als Einstieg ist eine Ausbildung zum AV-Kaufmann oder eine andere kaufmännische Ausbildung möglich. Die Produktionsassistenz gehört zu den klassischen Positionen für Quereinsteiger aus anderen Berufen, wird aber in vielen Produktionen aus Einsparungsgründen niedrig bezahlt oder mit den Aufgaben des Produktionssekretariats kombiniert.

Produktionssekretär/in

Das Produktionsbüro ist kein klassisches Sekretariat. Schauspieler und andere Stabmitglieder reisen an und ab, Flüge und Hotels müssen gebucht und geändert werden. Die Einsatzpläne für jeden Tag (Dispos) werden nach Vorgabe erstellt und an das Team verteilt. Hektische Anrufe und Planänderungen müssen weitergeleitet werden. Je nach Projektgröße übernimmt das Sekretariat auch organisatorische Aufgaben, z.B. Koordination von Fahrzeugen und Fahrern. Produktionssekretäre arbeiten für die Produktionsleitung und die Erste Aufnahmeleitung. In der Praxis ist dies ein typischer Einstiegsjob und eröffnet Perspektiven für den Schritt in die Produktionsassistenz, da man hier mit offenen Augen und Ohren die wichtigsten Funktionen und Abläufe kennen lernt. Gefragt sind organisatorische Fähigkeiten und Kenntnisse der gängigen Software, aber auch Kommunikations- und Improvisationstalent. Bei internationalen Filmproduktionen sind Sprachkenntnisse natürlich ein Plus. Gute Voraussetzungen bringen Reiseverkehrs- oder Werbekaufleute mit.

Produktionsfahrer/in

Zeit kostet Geld, die zeitliche Disposition ist eng. Viele Drehorte werden nur für kurze Zeit genutzt. Team und Darsteller arbeiten oft in fremden Städten oder an neuen Orten, haben einen knappen Zeitplan und müssen pünktlich zu ihrem nächsten Einsatzort. Produktionsfahrer haben deshalb die Aufgabe, Menschen und Material immer zum richtigen Zeitpunkt an den richtigen Ort zu befördern. Sie bringen Regisseur und Darsteller zum Drehort, transportieren Geräte usw. Wie wichtig ein mitdenkender Produktionsfahrer ist, beschreibt Käthe Niemeier in dem Buch ***Von der Idee zum Film*** (herausgegeben von Bastian Clevé): „Schauspieler A wurde morgens pünktlich im Hotel abgeholt, auf dem Weg zum Drehort passiert ein Unfall und die Straße wird komplett abgesperrt. Sie stehen also im Stau. Der Produktionsfahrer wird darüber sofort den Set-Aufnahmeleiter informieren, sodass man am Set die Dispo ändern kann.“ Produktionsfahrer lernen also die notwendigen Abläufe und die Strukturen einer Filmproduktion kennen.

Auch wenn es ein wenig romantisch klingt: So mancher Student oder Film-Fan hat als Produktionsfahrer angefangen und wurde danach Aufnahmeleiter. Ein guter Produktionsfahrer hat nicht nur einen gültigen Führerschein: Er kann sich wie ein versierter Taxifahrer nicht nur gut auf neue Strecken, sondern auch auf hektische Menschen einstellen, recherchiert nach Möglichkeit vor der Abfahrt den kürzesten Weg und ist absolut zuverlässig.

Filmgeschäftsführung

Filmgeschäftsführung ist keine Geschäftsführung im eigentlichen Sinne, wie der Name nahe legen könnte, sondern die Chefbuchhaltung eines Teams. Zuständig für die Abrechnung aller Zahlungen und Geldgeschäfte des Projekts, erstellt sie die Gehaltsabrechnungen für alle Teammitglieder, führt Kassenbücher, zahlt die anfallenden Rechnungen (nach Rücksprache mit dem Produktionsleiter) und wertet den jeweiligen Stand der Produktionskosten aus. Bei internationalen Koproduktionen müssen die Steuergesetze und rechtlichen Bestimmungen der beteiligten Länder beachtet werden. Die Filmgeschäftsführung arbeitet eng mit der Produktions-/Herstellungsleitung und dem Produzenten zusammen. Wer also keine Angst vor Zahlen hat: Filmgeschäftsführung ist nach wie vor ein zentraler und gesuchter Beruf, der optimale Einblicke in die Welt der Filmfinanzierung ermöglicht. Filmgeschäftsführer Jürgen Jansen nennt als Voraussetzungen: „Man sollte eine kaufmännische Grundausbildung haben, beispielsweise in einem Steuerbüro gearbeitet haben. Die Materie Buchhaltung sollte kein Neuland sein. Außerdem muss man sehr belastbar sein, 10 bis 14 Stunden am Tag arbeiten können, flexibel sein." Nach entsprechender Berufserfahrung werden Filmgeschäftsführer sehr gut bezahlt. Ansonsten lernt man als Einsteiger oder Profi in diesem Bereich so gut wie jeden Produktionsmitarbeiter kennen (schließlich geht es um Geld!) und erfährt sehr viel über die finanziellen und organisatorischen Aspekte der Produktion.

Als Einstieg eignet sich eine kaufmännische Ausbildung mit Schwerpunkt Lohn- und Gehaltsbuchhaltung sehr gut. Eine Einstiegsempfehlung ist auch die Ausbildung in dem neu geregelten Ausbildungsberuf Kauffrau/mann für Audiovisuelle Medien, eine andere ein Studium der Betriebswirtschaft oder eine Kombination von beidem. Weiterbildungsträger bieten Kurse zum Thema Filmgeschäftsführung an, z.B. das Institut für berufliche Weiterbildung mibeg (www.mibeg.de).

Kassierer/in

Bei größeren Projekten verwaltet ein Kassierer die Handkasse für die Filmgeschäftsführung. Er rechnet mit den Teammitgliedern die eingereichten Belege ab, zahlt Komparsen aus etc. Hierbei geht es oft um hohe Summen, da Kostüm- und Requisitenabteilung auch nach Drehbeginn noch einkaufen müssen oder Teammitglieder Vorschüsse auf ihr Gehalt benötigen, die dann später von der Filmgeschäftsführung verrechnet werden. Qualifizierte Einsteiger in diesem Bereich können sich später zum Filmgeschäftsführer weiterentwickeln oder – je nach Neigung – in den organisatorischen Bereich einsteigen (Produktionssekretariat, Produktionsassistenz). In vielen Produktionen wird die Kasse ohnehin bereits durch das Produktionssekretariat geführt. Verantwortungsbewusstsein und Genauigkeit sind in jedem Fall wichtige Voraussetzungen für diese Tätigkeit. Wer die Kassiererposition als Einstieg in eine kaufmännische Karriere im Fernseh- oder Filmbereich nutzen will, sollte eine kaufmännische Ausbildung absolvieren.

Regiestab

Regie

Der Regisseur ist der König der Dreharbeiten oder wie es im ***Lehrbuch für Film- & Fernsehregie*** von Alan A. Armer heißt: „Er ist Vater und Mutter, Priester, Psychologe, Freund, Autor, Schauspieler, Photograph, Kostümbildner, Elektronikfachmann, Musiker, graphischer Künstler und spielt noch ein Dutzend weitere Rollen." Er hat das Gesamtbild vor Augen und bestimmt die künstlerische Gestaltung eines Films. Die Deutschen haben dafür auch den Begriff des Filmemachers erfunden und ganz selbstverständlich sprechen wir über Filme „von" Chabrol, Spielberg, Hitchcock, Varda oder Fassbinder. Oft hat der Regisseur großen Einfluss auf das Drehbuch, wenn er nicht sogar selber als Co-Autor auftritt. Die Konzeption wird eng mit Autoren, dem Produzenten und gegebenenfalls der Redaktion beteiligter Sendeanstalten abgestimmt. Aufgabe der Regie ist es dann, vorgegebene Stoffe entsprechend dem Drehbuch unter Anwendung filmischer Gestaltungsmöglichkeiten zu inszenieren. Dabei beeinflusst der Regisseur das Endprodukt in künstlerischer Hinsicht durch seine Ausdrucks- und Gestaltungsideen sowie durch die Schauspielerführung. In Zusammenarbeit mit Produktionsleitung und Produzenten plant er die Vorbereitung der Aufnahmen. Gemeinsam werden die Darsteller und der Stab ausgewählt, Motive gesichtet und über den Technik-Einsatz entschieden. Während der Produktion erarbeitet die Regie mit den Darstellern die Rollen und bespricht die Auslegung der Charaktere. Die Regie legt die Einstellungen fest. Handlung, Ausstattung, Ton und Licht werden von ihr nach dramaturgischen Gesichtspunkten aufeinander abgestimmt. Regisseure sind für Schnitt, Nachbearbeitung und Endfertigung eines Films verantwortlich.

Neben umfassenden technischen und künstlerischen Kenntnissen müssen Regisseure über Psychologie und Menschenkenntnis verfügen. Sie führen nicht nur das Team, sondern müssen auch die Darsteller in schwierigen Situationen zu außergewöhnlichen Leistungen motivieren, Konflikte lösen und die widerstrebenden Interessen der beteiligten Künstler ausgleichen. Regie war wie das Dirigieren lange eine Männerdomäne, denn Frauen wurde keine Führungskompetenz zugetraut. Heute haben erfolgreiche Regisseurinnen wie Margarethe von Trotta oder Doris Dörrie längst bewiesen, dass dies natürlich ein Vorurteil war.

Filmhochschulen bieten den Studiengang Regie an, so die Deutsche Film- und Fernsehakademie Berlin (www.dffb.de), die Hochschule für Film und Fernsehen Konrad Wolf in Potsdam (www.hff-potsdam.de) und die Hochschule für Fernsehen und Film München (www.hff-muenchen.de). Außerdem gibt es Weiterbildungsangebote, z.B. am Kölner Filmhaus e.V. (www.k-filmhaus.de) oder und bei medien und kulturarbeit (www.medienundkultur.hamburg.de).

Regieassistenz

„Regieassistenz ist ein eigenständiger Beruf, unabhängig davon, ob er als Lebensberuf oder mit dem Ziel des Übergangs in die Regie-Tätigkeit ausgeübt wird," stellt der Bundesverband der Fernseh- und Filmregisseure fest, in dem auch die Regieassistenten organisiert sind. Im Gegensatz zum Theater ist die Regieassistenz bei Film und Fernsehen nicht nur die Vorstufe zur Regie. Die Funktion der Regieassistenz bei Film und Fernsehen umfasst viele organisatorische Aufgaben. Je nach Größe des Projektes gibt es eine Erste und eine Zweite Regieassistenz, die unter Anleitung der Ersten arbeitet. Die Tätigkeit umfasst während der Vorbereitung der

Dreharbeiten: Absprachen über technische und zeitliche Abläufe, Zeitplanung, Einrichten des technischen Drehbuchs, Motivbesichtigungen und Absprachen mit Produktionsleitung und Team, Mitarbeit an der Erstellung des Drehplans. Während der Dreharbeiten übernimmt die Regieassistenz die Koordination der künstlerischen und organisatorischen Erfordernisse für die Probenarbeit und für jede Szene. Die Regieassistenz übermittelt die Vorstellungen und Korrekturen des Regisseurs an die anderen Teammitglieder von Set-Aufnahmeleitung bis Kamera oder Ausstattung. „Die Erste Regieassistenz ist der/die wichtigste Mitarbeiter/in der Regie," so der Verband. Regieassistenten können auch Proben mit Darstellern oder Komparsen leiten. Bei aktuellen Produktionen (Nachrichten/Magazine) koordiniert der Regieassistent den Sendeablauf, bedient den Schriftengenerator und entwickelt bzw. erarbeitet Grafiken.

Filmhochschulen bieten den Studiengang Regie an, eine andere Möglichkeit ist etwa das Studium der Theater-, Film- und Fernsehwissenschaften an einer Universität. Der Regieverband nennt unter anderem als Voraussetzungen: ein geisteswissenschaftliches Studium, Fremdsprachen, Literatur- und Filmkenntnisse, Organisationstalent, Durchsetzungsvermögen, Teamfähigkeit, Kenntnisse der Film- und Fernsehbranche und eine präzise Vorstellung vom Ablauf einer Film- bzw. Fernsehproduktion. Als Einstieg empfehlen sich Praktika, einige Regieassistenten haben zuvor als Continuity gearbeitet. Es gibt auch Weiterbildungsangebote, z.B. bei medien + kompetenz (www.mekom.org) oder beim Kölner Filmhaus e.V. (www.k-filmhaus.de).

Script/Continuity

„Die größte Gabe ist, in einem absoluten Tohuwabohu immer die Konzentration zu bewahren." Continuity Alexandra Stanko hat in den USA und in Deutschland studiert, als Voraussetzungen für ihren Beruf nennt sie Filmkenntnisse, technisches Wissen, ein hervorragendes Gedächtnis, Konzentrationsfähigkeit, Genauigkeit und diplomatisches Geschick. Die Script-Continuity (auch Script-Girl, früher Ateliersekretärin) hält während der Dreharbeiten die aufgenommenen Einstellungen für die spätere Bearbeitung fest. Sie schreibt Berichte für die Cutter, trägt bei jeder Aufnahme Entfernung, Brennweite und Blende ein. Ebenso notiert sie die Regieanweisungen, verzeichnet Änderungen an Drehbuch, Dekoration oder Requisiten und erstellt die Tagesberichte. In der Funktion des Continuity überwacht sie die so genannten Anschlüsse: Da die einzelnen Szenen meist nicht in der späteren Reihenfolge (chronologisch) gedreht werden, ist es wichtig, dass Anfang und Schluss einer Szene logisch an die später vorgeschaltete oder nachfolgende Szene anschließen. Die so genannten Anschlussfehler (Heldin kommt mit nassen Haaren aus dem Bad, in der folgenden Nahaufnahme sind sie schon trocken) sollen damit vermieden werden. Typische Fehlerquellen sind Kostüm-, Requisiten-, Text-, aber auch Bewegungsanschlüsse. Continuities werden in den USA deshalb auch *Script-Supervisor* genannt und haben eine wichtige Position in Stab. In großen Produktionen werden die Funktionen Script und Continuity häufig getrennt. Franziska Werners spricht in ***Continuity & Script bei Fernsehen und Film*** von einem Hochleistungsberuf: „Continuity ist mit Sicherheit ein sehr anspruchsvoller Beruf, der mitunter auch einige physischen Strapazen mit sich bringt. Zugleich ist es aber auch einer der vielseitigsten Filmberufe, da Sie mit fast allen Bereichen der Filmproduktion in Berührung kommen!"

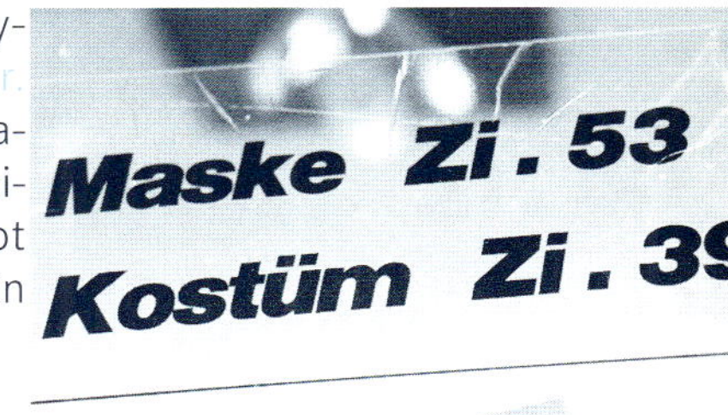

Als Einstieg empfiehlt sich ein Script-Praktikum. Es werden auch Continuity-Seminare angeboten, z.B. bei medien und kulturarbeit (www.medienundkultur.hamburg.de) oder dem Kölner Filmhaus e.V. (www.k-filmhaus.de). Eine fotografische Ausbildung ist ebenfalls eine gute Voraussetzung. Da Continuity ein Spezialistenberuf ist („Ich bin mein eigenes Department," sagt Alexandra Stanko), gibt es keine weitere Karriereperspektive in diesem Feld. Einige wechseln später in die Regieassistenz.

Darstellung und Präsentation

Schauspieler/in

Schauspielerinnen und Schauspieler geben den Kinofilmen, Fernsehserien und Theaterstücken ein Gesicht. Sie verkörpern die Menschen, deren Geschichte erzählt werden mit allen Gefühlen: Freude, Trauer, Wut, Liebe, Schmerz. Sie freuen sich oder weinen, sind intrigant oder gutmütig, liebenswürdig oder ein Ekel. Sie verleihen den Gedanken der Figuren Ausdruck, lassen die Lebensgeschichte, die sozialen und persönlichen Umstände sichtbar werden. Eine junge Bäuerin bewegt sich anders als ein alterndes Mannequin, der Bankangestellte hat andere Gewohnheiten, ein anderes Auftreten als ein Metzger. Je nach der Zeit, in der die Geschichte spielt, und der Handlung, sind besondere Fähigkeiten gefragt. Deshalb lernen Schauspielschüler fechten, tanzen, Prügeleien zu simmulieren, singen usw. Grundlage der Rollenarbeit ist das Drehbuch. Anschließend beginnt die eigentliche Probenarbeit mit dem Regisseur und den anderen Darstellern. Hierzu gehört die Arbeit am Text, aber auch die Beschäftigung mit dem sozialen und historischen Umfeld der Rolle. Besonders wichtig für die Arbeit der Schauspieler in Filmprojekten sind die wechselnden Kameraeinstellungen, die in so genannten Stellproben durchgegangen werden. Außerdem erfordert das Spielen vor der Kamera andere mimische Techniken als das Spiel auf einer Bühne.

Schauspielausbildung bieten z.B. die Hochschule für Schauspielkunst »Ernst Busch« (www.schauspielausbildung.de), die Hochschule der Künste Berlin (www.hdk-berlin.de), die Hochschule für Film und Fernsehen Konrad Wolf (www.hff-potsdam.de), die Otto-Falckenberg-Schule (www.schauspielausbildung.de), die Hochschule für Musik und Theater Leipzig (www.hmt-leipzig.de), Folkwang-Hochschule Essen (www.folkwang.uni-essen.de) an. Die Bewerber müssen künstlerische Eignungsprüfungen bestehen, die sich teilweise über mehrere Tage erstrekken. Einige Schauspielschulen bereiten besonders auf die Anforderungen in Fernsehen und Film vor. Zusätzlich sind verschiedene Lehrgänge und spezielle Qualifizierungsmöglichkeiten für Medienschauspieler entstanden, wo das Spiel vor der Kamera erlernt wird.

Moderator/in

Moderation ist weit mehr als bloßes Ablesen von anderer Leute Texten, deshalb spricht der Sprechpapst Stefan Wachtel (***Sprechen und Moderieren in Hörfunk und Fernsehen***) auch von „Sprechdenken" und „Hörverstehen". Moderation ist Kommunikation mit dem Publikum und entscheidet, ob dieses der Sendung auch gebannt folgt. Moderatoren sind oft Journalisten, die eine bestimmte Sendung vor der Kamera präsentieren. Neben journalistischen Fähigkeiten (Themenauswahl, Interview-Technik, Recherchieren, Formulieren) müssen sich Moderatoren mit

Atem- und Sprechtechnik und der Arbeit mit der Kamera vertraut machen. Bei Live-Einsätzen müssen sie ein sicheres und kompetentes Auftreten haben. Die fernsehtypischen Produktionsabläufe sind ihnen geläufig.

Moderatoren haben oft eine journalistische Ausbildung, die durch Moderatoren-Schulungen ergänzt wird. „Tatsachen, Interpretationen und Hintergründe sollte der Moderator so formulieren und anordnen, dass sie die Aufmerksamkeit vieler Zuhörer oder Zuschauer wecken," erklärt Wachtel und fordert: „Zuhörer und Zuschauer sollen nach dem Zuhören nicht nur mehr wissen, sondern auch besser verstehen als vorher." Er zitiert dabei den Star-Moderator und Journalisten Günther Jauch: „Authentizität und damit Glaubwürdigkeit funktionieren aber nur, wenn ich hinter dem Sprecher auch den Denker vermuten darf." Teilweise haben auch originelle Typen oder Personen des öffentlichen Lebens die Chance, den Einstieg als Moderator zu finden. Allerdings müssen auch sie sich – früher oder später – fundierte Kenntnisse über journalistische Arbeitsmethoden (z.B. Interviewführung), Stimmbildung usw. aneignen. Weiterbildungsangebote gibt es etwa bei der Deutschen Hörfunkakademie (www.hoerfunkakademie.de), der Bayerischen Akademie für Neue Medien (www.blm.de), der Evangelischen Medienakademie (www.evangelische-medienakademie.de), beim Deutschen Journalistenverband (www.djv.de), oder für Mitarbeiter von ARD und ZDF durch die Zentrale Fortbildung für Programmmitarbeiter (www.zfp.de).

Sprecher/in

Sprecher haben oft entweder eine Schauspiel-Ausbildung absolviert oder kommen aus dem journalistischen Bereich. Für Nachrichten werden eher Journalisten eingesetzt. Für die Synchronisierung von Spielfilmen oder die »Off-Stimme« in Werbung und Dokumentarfilmen ist dramatisches Sprechen gefragt: Hierfür werden Schauspieler gebraucht. Sprecher haben also je nach Einsatzgebiet eine schauspielerische oder journalistische Ausbildung, die bei Bedarf durch eine Sprecherausbildung komplettiert werden kann.

Kamera

EB-Kameramann/frau

Die Arbeitsstrukturen im Kameraberuf richten sich ganz wesentlich danach, mit welcher Technik und mit welchem Material aufgenommen wird. *EB* heißt Elektronische Berichterstattung. Aktuelle Berichterstattung, Sportübertragungen, Magazine werden nicht mit Filmmaterial (32mm, 16mm) gedreht, sondern auf elektronische Weise gespeichert und übertragen. Das garantiert die sofortige Sendefähigkeit. Der EB-Kameramann Jens Ufer beschreibt die Unterschiede von EB- und Filmkameramann so: „Man sagt: Der Kameramann beim Fernsehen ist der Schnelle, der beim Film der Intensive. Richtig ist, dass der Filmkameramann – wenn wir von einer szenischen Produktion ausgehen – anders in Schnitten und Auflösungen denkt und mehr mit Licht zu tun hat als der TV-Kameramann. Wobei ich beim Fernsehen nicht vom Fernsehspiel spreche, sondern von Magazinsendungen oder Dokumentationen, bei denen nicht inszeniert wird. Der Kameramann ist bei solchen Produktionen selber Regisseur, nachdem er zusammen mit dem Regisseur abgestimmt hat, wie die Idee aufgelöst werden soll." EB-Kameraleute sind für die Bild- und Lichtgestaltung zuständig. Im Gegensatz zu Filmkameraleuten übernehmen sie also – in enger Absprache mit dem Redakteur – auch oft Regiefunktionen

bei der Gestaltung der Bilder. Neben der technischen Kompetenz brauchen EB-Kameraleute gestalterische Fähigkeiten, Flexibilität und Stressresistenz, um in ständig wechselnden Teams arbeiten zu können.

Als Grundausbildung für EB-Kameraleute empfiehlt sich die Ausbildung zum Mediengestalter Bild und Ton, einige haben auch eine Fotografen-Ausbildung absolviert. Eine Alternative ist ein Studium, z.B. an der Technischen Fachhochschule Berlin (www.tfh-berlin.de).

Filmkameramann/frau

„In Deutschland hat der Kameramann eigentlich hauptsächlich zwei Aufgaben: Die erste ist die Bildgestaltung, also die optische Arbeit an einem Film, bei der er sehr stark mit dem Regisseur und teilweise auch mit dem Ausstatter eines Filmes korrespondiert. Klassischerweise wird bei uns oft eine Szene vom Regisseur durchgestellt, und anschließend sagt der Kameramann, wie er sich die Umsetzung vorstellt. Die zweite Aufgabe ist die des Lichtsetzens, der Lichtführung. Dabei arbeitet man eigentlich ziemlich alleine. Es gibt kaum Regisseure, die dabei Vorgaben machen. Da sind es eher die Beleuchter oder Oberbeleuchter, die Ideen einbringen," erklärt Filmkameramann Axel Block. Während sich die Regie mit den inhaltlichen, dramaturgischen Abläufen beschäftigt, setzt der Kameramann mit Hilfe des technischen Teams die Regievorstellungen in Bild und Licht um. Die Wahl und Gestaltung von Kameraposition, Bildausschnitt, Kamerabewegung, Lichtbestimmung sind von entscheidender Bedeutung für Ästhetik und Aussagekraft der Bilder. Block beschreibt als besonders spannend, „dass man aus einem bestimmten Milieu, einer bestimmten Dekoration fast unendlich viele Situationen, Stimmungen und Atmosphären erzeugen kann – mit Licht. Und dass man in der optischen Arbeit sehr großen Einfluss auf das Tempo und das gesamte Erscheinungsbild nehmen kann." Der verantwortliche Kameramann wird oft auch »lichtsetzender Kameramann« genannt. Dieser koordiniert sowohl das Kamerateam als auch die Mitarbeiter der Lichttechnik und deren Arbeitsabläufe. Bei großen amerikanischen Filmproduktionen kommen die lichtsetzenden Kameramänner (*Director of photography*) kaum noch mit der Kamera in Berührung. Bedienung und Überwachung der Technik werden von Operatoren, Schwenkern, Kamera- bzw. Lichtassistenten übernommen.

Einige Hochschulen bieten einen Studiengang Kamera an, so z.B. die Deutsche Film- und Fernsehakademie Berlin (www.dffb.de), die Fachhochschule Dortmund (www.fh-dortmund.de) oder die Hochschule für Film und Fernsehen Konrad Wolf in Potsdam (www.hff-potsdam.de). Einige Hochschulen setzen ein Praktikum voraus. Die Schule für Rundfunktechnik bietet ein breit gefächertes Kursangebot (www.srt.de).

Kameraassistent/in

Kameraassistenten übernehmen in der Vorbereitungsphase die Zusammenstellung der Geräte, die Funktionskontrollen, Objektiv-, Kamera- und Materialtests. Während der Dreharbeiten sind die Assistenten mit Auf-, Um- und Abbau der Kamera betraut. Assistenten kontrollieren die Objektive bzw. Blendeneinstellung und ziehen (als »dritte Hand« des Kameramanns) die Schärfe. Daher rührt auch die englische Bezeichnung *Focus-Puller*. Im Bereich der aktuellen Berichterstattung (elektronische Berichterstattung/EB) übernimmt der Kameraassistent auch Aufgaben aus dem Bereich Tonaufnahme. Der Bundesverband der Kameramänner

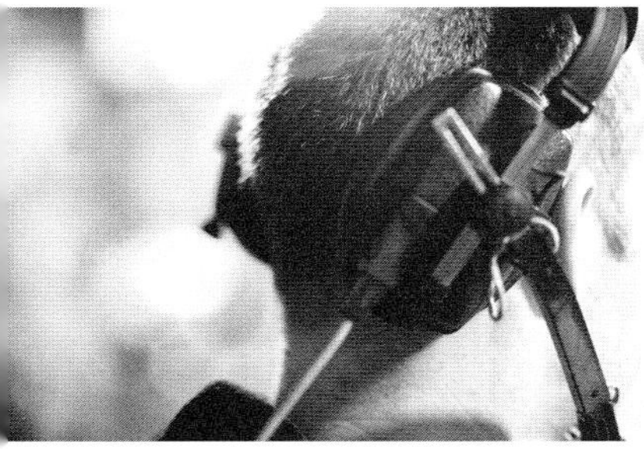

und -frauen (BVK) schätzt den Kameraassistenten als „eigenständigen Beruf, aber auch als die Vorstufe zum Kameramann" ein. Als Voraussetzungen nennt der Verband u.a. theoretische und praktische Kenntnisse in Fotografie, Optik und Filterkunde, Filmmaterialkunde, Kameratechnik, Filmlicht, Kopierwerkstechnik und Filmbearbeitung sowie Filmproduktionsablauf.

Als Einstieg ist eine Ausbildung zum Mediengestalter Bild und Ton oder zum Fotografen bzw. ein Studium möglich. Selbstverständlich gibt es auch Weiterbildungsangebote, z.B. bei der Filmwerkstatt Münster (www.muenster.org/filmwerkstatt), am Kölner Filmhaus e.V. (www.k-filmhaus.de) oder bei der Schule für Rundfunktechnik (www.srt.de). Der Berufsweg beginnt häufig zunächst beim Materialassistenten.

Materialassistent/in

Materialassistenten unterstützen den Kameraassistenten technisch und organisatorisch. Sie verwalten während der Drehzeit das Filmmaterial, laden die Akkus und pflegen die Ausrüstung. Zu ihren Aufgaben kann auch das Schlagen der Klappe („Einstellung XY, die Erste ..."/*clapperloader*) gehören. Nach den Dreharbeiten übernehmen sie die Rücklieferung der Ausrüstung und die Materialabrechnung. Notwendige Voraussetzungen sind neben technischem Geschick auch unbedingte Sorgfalt und Zuverlässigkeit. Denn durch unsachgemäße Behandlung des Filmmaterials kann die Arbeit eines ganzen Drehtages zunichte gemacht werden. Oder wie der Materialassistent Mathias A. Uhlig in ***Manual für Clapperloader*** schreibt: „1. Gebot: Ruhe bewahren, 2. Gebot: Sauberkeit, 3. Gebot: Sorgfalt, 4. Gebot: Kassetten ordentlich beschriften, 5. Gebot: Beim Auslegen Gebote 1 bis 4 beachten, 6. Gebot: Filmrollen ordentlich beschriften, 7. Gebot: Fehler melden!" Als Einstieg ist eine Ausbildung zum Mediengestalter Bild und Ton oder zum Fotografen möglich.

Beleuchtung

Lichttechniker/in

„Es gibt Kameraleute, die haben eine genaue Vorstellung. Da ist man dann als Oberbeleuchter reine Exekutive, derjenige, der die Lampe X von hier nach dort trägt und sie dann in zwei Meter Höhe installiert. Das sind die eher undankbaren Aufgaben. Befriedigender ist es natürlich, wenn der Kameramann den Oberbeleuchter in seine Arbeit mit einbezieht," beschreibt Niels Maier seine Tätigkeit.

Der Einsatz von Licht kann, je nach Aufwand und Größenordung einer Produktion, ein tragender Bestandteil der Inszenierungsästhetik sein. Licht kann betonen oder verhüllen, aufregen oder beruhigen. So kann die Lichttechnik die eigentliche Atmosphäre und Dramatik einer Produktion prägen. Bei Film- und Fernsehproduktionen hängt der kreative Einfluss der Licht- und Tonabteilung davon ab, wie viel Zeit und Aufmerksamkeit den gestalterischen Möglichkeiten dieser Mitarbeiter gewidmet wird. In jedem Fall ist die Lichttechnik bei Film- und Fernsehproduktionen für Montage, Einrichtung und Bedienung lichttechnischer Anlagen und Scheinwerfer im Studio und bei Außenmotiven zuständig.

Der verantwortliche Lichttechniker (auch Oberbeleuchter) koordiniert die Arbeit und den Einsatz der Lichttechniker (Beleuchter). In Absprache mit Kamera und Regie ist er für die Erstellung des Lichtplans verantwortlich. Im Vorfeld der Produktion kümmert er sich um die elektrischen Anschlüsse am Drehort, bedient während des Drehs die Lichtstellanlage, über die vorher festgelegte Lichtsituationen abgerufen werden. Er prüft und wartet Ausrüstung und Zubehör. Niels Maier weiter: „Als Oberbeleuchter leite ich die technische Crew – man muss also die Fähigkeit besitzen, Leute zu führen. Auf der anderen Seite muss ich mich gegenüber Regie und Kamera – wobei die Kameraleute meine direkten Ansprechpartner sind – unter Umständen sehr diplomatisch verhalten. Während der Produktion ist man als Oberbeleuchter außerdem dafür verantwortlich, dass Gesetze wie Nachtruhe, Pausen eingehalten werden."

Als Einstieg ist nach einem Praktikum z.B. bei einem Gerätedienstleister eine Ausbildung zur Fachkraft für Veranstaltungstechnik möglich. Eine Alternative ist ein Studium: z.B. der Theater- und Veranstaltungstechnik oder der Medientechnik, etwa an der Fachhochschule Hamburg (www.fh-hamburg.de) oder der Technischen Fachhochschule Berlin (www.tfh-berlin.de). Darüber hinaus gibt es z.B. die Fortbildung Meister für Veranstaltungstechnik, Fachrichtung Beleuchtung an der Hanseatischen Akademie für Marketing und Medien e.V. (www.hanamm.de).

Ton

Tonmeister/in und Tochtechniker/in

Der Aufgabenbereich des Tonmeisters umfasst die künstlerische und technische Mitarbeit bei der Herstellung von inszenierten Spielfilmen, Fernseh- und Videoproduktionen, Dokumentar- und Werbefilmen. Seine Aufgabe ist die kreative und eigenverantwortliche Tongestaltung des Films in Zusammenarbeit mit Regie und Redaktion. Der Tonmeister Lothar Segeler hat Musik studiert und danach eine Ton-Ausbildung in der USA erworben. Er schildert die Aufgabengebiete, zunächst während der Dreharbeiten: „Da arbeitet ein Tonmann am Set mit seinem Assistenten, dem so genannten Angler, und macht die Aufnahmen. Dazu gehören ganz bestimmte Qualifikationen und Erfahrungen." Das Arbeitsgebiet des Tontechnikers umfasst den Um- und Abbau sowie das Anschließen der gesamten tontechnischen Geräte im Studio und bei Außendrehs. Dazu kommt die Überprüfung der Tonverhältnisse insbesondere bei Außenaufnahmen, das Feststellen und Beheben von störenden Nebengeräuschen etc. Danach geht es ins Studio. „Wenn der Film fertig geschnitten ist, bearbeiten wir ihn weiter. Die Originaltonspuren werden gesäubert, Überblendungen gemacht, Teile herausgeschnitten ... Wir erstellen Sprachsynchronisation für Originaltonaufnahmen. Das wird immer dann wichtig, wenn z.B. ein Flugzeug durch die Aufnahme geflogen ist, das Mikrophon schlecht geangelt war, ein Aggregat gebrummt hat oder der Schauspieler sich versprochen hat ..." Außerdem werden Geräusche überspielt, um die Atmosphäre zu untermalen. „Wie alles im Film ist auch der Ton eine Illusion und ich kann, je nachdem wie weit ich mich von dieser Wirklichkeit, von dieser Realität entferne, Illusionen schaffen, die dem Film dazu dienen, das zu erreichen, was der Regisseur oder die Regisseurin ursprünglich wollte," so Segeler.

Tonmeister müssen über eine umfassende technische Ausbildung verfügen und die kreativen Gestaltungsmöglichkeiten kennen. Tontechniker, z.B. im Bereich der Aufnahmetechnik, haben eher eine technisch orientierte Ausbildung. Es gibt Studiengänge an Hochschulen, z.B. an der Hochschule für Musik in Detmold (www.hfm-detmold.de), der Robert-Schumann-Musikhochschule in Düsseldorf (www.rsh-duesseldorf.de), an der Hochschule für Künste in Berlin (www.hdk-berlin.de) oder an der Hochschule für Film und Fernsehen Konrad Wolf (www.hff-potsdam.de). Die Schule für Rundfunktechnik bietet ein breit gefächertes Kursangebot (www.srt.de). Eine Alternative zum Studium ist die Ausbildung zum Mediengestalter Bild und Ton oder auch zur Fachkraft für Veranstaltungstechnik.

Komponist/in

Sendungen und Filme werden oft musikalisch unterlegt. Während im Dokumentarbereich Musik aus Archiven oder bekannte Kompositionen eingesetzt wird, werden für größere Spielfilmproduktionen Kompositionen in Auftrag gegeben. Diese spielen eine wichtige Rolle für den emotionalen Eindruck. Die bedrohliche, amüsante oder elegische Wirkung wird zentral von der Musik mitbestimmt. Erfolgreiche Film- und Fernsehmusiken werden oft als CD weiter vermarktet. Als Berufseinstieg ist ein Studium der Komposition möglich, z.B. an der Folkwang-Hochschule Essen (www.folkwang.uni-essen.de), der Hochschule für Musik und Theater in München (www.musikhochschule.muenchen.mhn.de) oder an der Filmakademie Baden Württemberg (www.filmakademie.de).

Szenenbild

Szenenbildner/in

Monika Bauert hat an erfolgreichen Filmen mitbearbeitet. Für *Das Boot* entwarf sie die Kostüme, für *Der bewegte Mann* das Szenenbild. Sie sagt: „Ich erzähle Geschichten. Ich verstehe meinen Beruf so, mit gültigen Zeichen dem armen, armen Zuschauer, der keine Ahnung von dem Drehbuch hat, die Geschichte klar zu machen. Er muss die Geschichte verstehen, er muss wissen: Ist es Sommer? Ist es Winter? Sind die Leute reich? Sind die Leute arm? In welchen Nöten stecken sie?" Szenenbildner – auch Filmarchitekten oder Filmausstatter genannt – entwerfen, planen und realisieren die jeweiligen Schauplätze der Filme. Das können Räume, Häuser oder ganze Straßenzüge sein. Dafür werden entweder vorhandene Räume umgebaut oder Kulissen im Studio errichtet. Auch für Entertainment-Formate von großer Show bis zur Talksendung werden Studioeinrichtungen entworfen und gebaut. Die Gestaltung des Szenenbildes wird eng mit dem Regisseur und dem Produzenten abgestimmt, denn aufwendige Bauten können erhebliche Kosten verursachen. Auch mit den Kameraleuten und den Kostümbildnern müssen Details besprochen werden, z.B. die Farbgestaltung oder der erforderliche Bildausschnitt. Der Szenenbildner leitet den Ausstattungsbereich und koordiniert die Arbeit der Requisiteure oder auch Bühnenbauer. Der Szenenbildner und Hochschullehrer Harald Reichelt erklärt: „Die Grundvoraussetzung für einen Szenografen ist, dass er mit Bildern kommunizieren kann." Aber es sei auch „ein hohes Pensum an organisatorischer, wirtschaftlicher Abwicklung erforderlich." Dabei geht es um ganz unterschiedliche Anforderungen, so Reichelt: „Ein Szenenbildner muss sich im Redaktionsbereich ebenso gut bewegen können wie in der handwerklichen Abwicklung."

Szenenbildner brauchen Kenntnisse in Kunst- und Kulturgeschichte und müssen über schöpferische Phantasie und dramaturgisches Denken verfügen. Da sie die technische und handwerkliche Ausführung leiten, müssen sie mit technischem Zeichnen und Materialkunde vertraut sein. Für die Kostenkalkulation der teilweise aufwendigen Arbeiten ist auch kaufmännisches Denken erforderlich. Als Berufseinstieg ist ein Studium der Szenografie oder Bühnenbild möglich, z.B. an der

Hochschule für Film und Fernsehen Konrad Wolf (www.hff-potsdam.de) oder der Hochschule für Bildende Künste Dresden (www.hfbk-dresden.de). Andere absolvieren erst ein Studium der Innenarchitektur oder Architektur und erwerben dann zusätzliche film- und fernsehtechnische Qualifikationen, etwa durch einen Aufbaustudiengang Szenografie an der Hochschule für Film und Fernsehen München (www.szenografie.de).

Der Berufseinstieg läuft über eine Szenenbild-Assistenz. Dafür gibt es Weiterbildungsangebote, z.B. an der IFS Internationale FilmSchule Köln GmbH (www.filmschule.de).

Requisiteur/in

Vom Geschick des Requisiteurs hängt es ab, wie nahtlos und unauffällig sich die Requisiten in das Szenenbild einfügen. In einem Spielfilm über das Mittelalter werden selbstverständlich andere Gegenstände benötigt als bei einer Yuppie-Komödie aus den späten 80ern. Requisiteure beschaffen anhand einer Requisitenliste alle notwendigen Gegenstände, leihen diese teilweise aus oder bauen sie selbst. Dabei müssen sie über vielfältige Kontakte verfügen, um die Wünsche des Regisseurs oder des Szenenbildners erfüllen zu können. Requisiteure sind für die pünktliche Bereitstellung der Requisiten verantwortlich. Ebenso überwachen sie die Einhaltung der Kostenpläne und organisieren den Rücktransport geliehener Gegenstände. Requisiteure können auch für die Präparation von Requisiten für Spezialeffekte verantwortlich sein. Außenrequisiteure organisieren die Beschaffung der vielfältigen Gegenstände, während Innenrequisiteure die Requisiten am Drehort verwalten und die Motive einrichten. Das kann auch bedeuten, dass das Essen für eine Restaurantszene organisiert werden und darauf geachtet werden muss, dass die Gläser immer richtig gefüllt sind, sonst entstehen Anschlussprobleme. Als Voraussetzungen nennt die Requisiteurin Sabine Richter: „Man muss sehr konzentriert sein. Es passieren viele unvorhergesehene Dinge. Es kommt oft alles anders: weil jemandem spontan etwas einfällt, weil der Regisseur andere Wünsche hat, weil irgendetwas schief läuft, weil der Drehplan geändert wird. Da ist immer Flexibilität gefragt. Man muss für mindestens zwölf Stunden konzentriert, voll konzentriert sein."

Nach einer handwerklichen oder grafischen Erstausbildung (z.B. als Raumausstatter oder Schauwerbegestalter) ist als Einstieg ein Requisiten-Volontariat bei einem Fernsehsender oder einem Theater möglich. In dem Volontariat erwirbt man den Abschluss »Geprüfte/r Requisiteur/in«. Kurse zum geprüften Requisiteur führt auch die Hanseatische Akademie für Marketing und Medien e.V. (www.hhamm.de) durch. Weiterbildungsangebote gibt es z.B. bei der IFS Internationale FilmSchule Köln GmbH (www.filmschule.de).

Bühnenbau

Baubühnenarbeiter/in

Szenenbilder und Studiokulissen müssen fachgerecht gebaut und errichtet werden. Dafür sind handwerkliche Fähigkeiten im Bereich Holz und Metall erforderlich. Bühnenmeister überwachen die Einhaltung der Sicherheitsvorschriften, so dass Darsteller, Moderatoren, Mitarbeiter und Publikum nicht gefährdet werden. Als Einstieg ist eine Ausbildung in einem metall- oder holzverarbeitendem Handwerk möglich. Für die Herstellung und Gestaltung von Bühnenbildern und Studiokulissen ist der Beruf Bühnenmaler und -plastiker neu geschaffen worden. Als Bühnenmeister kann man sich bezeichnen, wenn man die entsprechende Prüfung abgelegt hat. Weitere Informationen gibt es bei der Deutschen Theatertechnischen Gesellschaft (www.dthg.de).

Veranstaltungstechniker/in

Veranstaltungstechnik umfasst den Einsatz von Licht- und Tontechnik sowie der Projektion von Bildern und Filmen. Veranstaltungstechniker bauen entsprechende technische Anlagen auf, richten sie ein und bedienen sie. Außerdem sind sie für Auf- und Abbau der Kulissen und Podeste verantwortlich. Sie wirken an der technischen Konzeption von Veranstaltungen bzw. Sendungen mit und betreuen während der Durchführung das Equipment. Veranstaltungstechniker arbeiten – außer bei Sendern und Studios – auch für Theater, in Mehrzweckhallen, im Messe- und Kongressbereich. Veranstaltungstechniker können sich auch auf einen Bereich wie Ton oder Licht spezialisieren. Sie wachen über die Einhaltung der erforderlichen Sicherheitsvorschriften, damit Mitwirkende und Publikum nicht gefährdet werden.

Als Einstieg ist ein Studium möglich, beispielsweise an der Fachhochschule Hamburg (www.fh-hamburg.de) oder der Technischen Fachhochschule Berlin (www.tfh-berlin.de). Eine Alternative ist die Ausbildung zur Fachkraft für Veranstaltungstechnik. Eine spätere Qualifikation zum Meister (in den Richtungen Bühne, Studio, Halle) ist z.B. an der Hanseatischen Akademie für Marketing und Medien e.V. (www.hhamm.de) möglich.

Kostüm und Maske

Kostümbildner/in

„Ein Kostümbildner drückt durch ein Kostüm einen Inhalt aus. Es ist nicht jemand, der mal kurz shoppen geht," stellt die Kostümbildnerin Christina Schnell klar. „Es wird besprochen, was das Eigentümliche, das Besondere bei den Rollen ist." Kostümbildner entwerfen Kostüme und überwachen deren Produktion. Dem Entwurf gehen oft Recherchen voraus: Wie haben sich die Menschen einer bestimmten Epoche (Barock oder 50er Jahre) gekleidet, welche Farben, Stoffe, Schnitte wurden verwendet? Als Grundlage dienen Fotos, Modejournale, zeitgenössische Bilder oder Beschreibungen. Beim Entwurf müssen auch die dramaturgischen Besonderheiten berücksichtigt werden. Die Kleidung darf nicht fabrikneu wirken, Tragefalten oder andere Abnutzungserscheinungen, Verschmutzungen müssen markiert werden. „Menschen, die das Richtige anhaben," definiert die Kostümbildnerin Peri de Braganca das Ziel ihrer Arbeit. Dabei müssen verschiedene Anforderungen berücksichtigt werden, erklärt Christina Schnell. „Es ist die Aufgabe des Kostümbildners, das Konzept des Regisseurs, die Idee des Kameramanns, die Wünsche des Schauspielers zu koordinieren. Das Wichtigste ist, dabei die eigene Idee für das Kostüm nicht zu verlieren."

Bei aktuellen Sendungen, Nachrichten und Magazinen beraten Kostümbildner die Moderatoren, wie sie sich kleiden sollen. Bei vielen Sendungen gibt es Kooperationen mit Modehäusern, die aus Werbezwecken ihre Produkte kostenlos zur Verfügung stellen. Hierfür müssen die Kostümbildner mit den Firmen verhandeln und Koordinationsaufgaben übernehmen.

Als Einstieg empfiehlt sich ein Studium Bühnenbild/Kostüm oder Mode, z.B. an der Hochschule für Bildende Künste Dresden (www.hfbk-dresden.de), an der Hochschule der Künste Berlin (www.hdk-berlin.de) oder an der Fachhochschule Hamburg (www.fh-hamburg.de). Weiterbildungsanbote sind z.B. bei der IFS Internationalen FilmSchule Köln GmbH (www.filmschule.de) zu finden. Der Berufseinstieg erfolgt in der Regel über eine Kostümbildassistenz oder eine Tätigkeit als Garderobiere.

Maskenbildner/in

Maskenbildner rücken den Darstellern im wahrsten Sinne zu Leibe. Bei aufwendigen Figuren kann ein Darsteller mehrere Stunden »in der Maske« zubringen. Bei Spielfilmen steht am Anfang das Erstellen eines maskenbildnerischen Konzeptes (Make-up, Frisuren). Dafür sind eventuell Recherchen, etwa die Suche nach historischen Vorlagen, notwendig. Dieses Konzept wird mit der Regie, den Szenenbildnern und Kostümbildnern abgestimmt. Danach werden die erforderlichen Einzelteile angefertigt: Perücken, Haarteile, Bärte, Glatzen, Narben, Wunden oder Zahnersatz. Je nach Film werden auch Vollmasken aus Leder, Textil oder Latex hergestellt. Während der Dreharbeiten oder Vorstellungen betreuen Maskenbildner die Darsteller: Frisieren, Schminken, Aufsetzen von Perücken, Ankleben von Bärten usw. In Deutschland übernehmen die Maskenbildner Maske und Frisur, in anderen Ländern ist dies geteilt, z.B. in *Make-up-Artist* und *Hair-Dresser*. Die Maskenbildnerin Christiane Sonnenberg beschreibt ihre Arbeit: „Man muss natürlich die Anatomie eines Gesichtes kennen. Es gibt bestimmte Fakten: Hell hebt heraus, fängt Licht. Dunkel nimmt zurück. Trotzdem hat jeder seine persönliche Handschrift. Jeder hat seinen ganz persönlichen Stil, ein Gesicht zu modellieren, ein Gesicht zu sehen." Maskenbildner müssen über psychologisches Geschick verfügen: „Man sagt, der Schauspieler ist am Set so, wie er bei Maske und Kostüm aus der Tür tritt. Wird er bei uns gehegt und gepflegt, fühlt er sich in seiner Person, seinem Kostüm und seiner Maske wohl. Dann geht er ans Set, ist selbstbewusst, gut drauf und da kommt etwas Gutes heraus."

Im August 2002 soll eine staatlich anerkannte, dreijährige Berufsausbildung Maskenbildner/in eingeführt werden. Bisher sah der gängige Ausbildungsweg so aus: Friseurlehre und anschließend ein zweijähriges Maskenbild-Volontariat bei einem Sender oder an einem Theater. Der Einstieg ist auch über ein Studium möglich, z.B. an der Hochschule für Bildende Künste in Dresden (www.hfbk-dresden.de). Es gibt auch Maskenbildschulen, etwa die Maskenbildnerschule Rheinland-Pfalz in Mainz oder die Ausbildung an der Bayerischen Theaterakademie in München (www.prinzregententheater.de).

Garderobier/e

Garderobieren verwalten die Kostüme während einer Filmproduktion. Sie helfen gegebenenfalls beim Ankleiden, führen Änderungen aus und beseitigen Verschmutzungen. Da sie während der Dreharbeiten direkt und eng mit den Darstellern zusammenarbeiten, benötigen sie Menschenkenntnis und Einfühlungsvermögen.

Als Grundvoraussetzung sind Schneiderkenntnisse erforderlich. Kostümschneider können sich über die Ausbildung zum Gewandmeister für die besonderen Anforderungen von Bühnen- und Fernseh-/Filmkostümen qualifizieren. Die Gewandmeisterausbildung kann an der Anna-Siemsen-Schule in Hamburg absolviert werden.

Schnitt

Cutter/in

„Der Film entsteht erst im Schneideraum," behaupten viele. Tatsache ist, dass der Schnitt entscheidenden Einfluss auf Ästhetik und Rhythmus des Films hat. Die Bezeichnung Cutter ist abgeleitet von dem englische Wort *to cut*, schneiden. Auch heute wird die Tätigkeit des Cutters immer noch als »schneiden« bezeichnet, obwohl dies fast in keinem Fall mehr zutrifft. Technisch handelt es sich eher um kopieren und montieren. Nur beim so genannten Filmschnitt trifft die Beschreibung noch zu: Negativstreifen werden am Schneidetisch geschnitten und aneinandergeklebt. Doch ist die Entwicklung in Richtung digitale (computergestützte) Bildbearbeitung und -montage unaufhaltsam. Diese technische Veränderung ändert aber nichts an den eigentlichen dramaturgischen Aufgaben der Cutter. Im Bereich der Filmproduktion kommt dem Cutter, auch Schnittmeister oder Editor genannt, eine große künstlerische Bedeutung zu: Szenen-Aufnahmen liefern lediglich das Rohmaterial, das durch den Schnitt eben den Rhythmus und die eigentliche Ästhetik erhält. Wie ein Film oder ein Fernsehbeitrag geschnitten werden soll, wird mit dem Regisseur oder dem Redakteur abgestimmt. „Die Anforderung, sich die gestalterischen Vorgaben von Inszenierung und Kameraführung zu eigen zu machen, erfordert ein großes Maß an Einfühlungsvermögen sowie kritischer Distanz, denn Drehbuch, Regie- und Kamerakonzeption werden erst im Schnitt überprüfbar," erklärt dazu der Bundesverband Filmschnitt-Cutter.

Als Einstieg ist eine Ausbildung zum Film- und Video-Editor, zum Mediengestalter Bild und Ton oder ein Studium z.B. an der Hochschule für Film und Fernsehen „Konrad Wolf" (www.hff-potsdam.de) möglich. Einige Fernsehsender bieten Schnitt-Volontariate an, die Voraussetzungen sind dafür unterschiedlich. Für die öffentlich-rechtlichen Sender übernimmt dies auch die Arbeitsgemeinschaft zur Nachwuchsförderung für Film und Fernsehen, federführend ist dabei der NDR (www.ndr.de). Die Ausbildung zum Film- und Video-Editor wurde neu geschaffen, um für den Schnittbereich zu qualifizieren. Da diese Ausbildung aber nicht im gleichen Umfang von den Unternehmen angenommen wurde wie die Ausbildung zum Mediengestalter Bild und Ton, wird zur Zeit diskutiert, wie die Berufsausbildung neu strukturiert werden kann.

Toncutter/in

Der Toncutter, auch Tonschnittmeister oder im Englischen *sound-editor* genannt, wählt mit dem Regisseur Toneffekte und Musikaufnahmen aus, gibt Komponisten Hinweise für die Bilduntermalung und bündelt die vielfältigen Tonquellen wie Dialog, Musik und Toneffekte zu einer zum Bild synchronen Tonspur. „Gerade die akustische Information trägt viel zur (häufig unbewusst wahrgenommenen) Definition von Ort und Zeit bei. Sie ist ein dramaturgisches Mittel zur Schaffung einer emotionalen Grundstimmung, die die Bildwirkung ergänzt und erweitert. Dramatische Bildeffekte entfalten häufig erst im Zusammenspiel mit Musik und Geräuschen ihre volle Wirkung," stellt der Bundesverband Filmschnitt-Cutter fest. Ob der Cutter auch den Ton-Schnitt übernehmen sollte oder ob es sinnvoll ist, einen

Extra-Toncutter zu engagieren, dazu gehen die Meinungen auseinander. Der Bundesverband dazu: „Für viele Cutter ist der Tonschnitt Teil ihres gestalterischen Gesamtkonzeptes und eine Arbeit, die sie selber durchführen wollen. Dagegen steht die Auffassung, dass mit der Hinzuziehung eines Toncutters auch ein zusätzliches kreatives Element den Tonschnitt bereichert, selbst wenn der Cutter sich die Supervision vorbehält."

Als Einstieg ist eine Ausbildung zum Mediengestalter Bild und Ton oder ein Studium der Ton- und Bildtechnik möglich, z.B. an der Robert-Schumann-Musikhochschule in Düsseldorf (www.rsh-duesseldorf.de). Der Studiengang wird in Kooperation mit der Fachhochschule Düsseldorf durchgeführt.

Spezialeffekte

TV-Designer/in und TV-Operator/in

Die Grenzen zwischen diesen Arbeitsbereichen sind fließend, teilweise liegen Entwurf und Ausführung in einer Hand. Durch die technischen Möglichkeiten ist die klassische Arbeitsteilung zwischen Konzeption und Durchführung oft aufgehoben.

TV-Designer (auch: *Broadcast-Designer*) gestalten die optische Form, in der sich Sender und einzelne Sendungen präsentieren. In der Funktion eines *Art-Directors* entwickeln und gestalten sie mit internen und externen Kreativen das audiovisuelle Erscheinungsbild eines Senders. Dabei sind sie von der Konzeption über den Entwurf bis hin zur Ausführung daran beteiligt. Sie entwickeln Gestaltungsvorgaben (*Design-Guides*) vom Logo bis zum grinsenden bewegten Osterhasen für den Werbeblock und führen auch immer wieder neue Gestaltungselemente ein. Dabei spielen Farben, Schriften und Kontraste eine Rolle. Neben Kenntnissen in Design, Kommunikationstheorie und Wirkungspsychologie müssen TV-Designer die entsprechenden Bearbeitungsprogramme (*Hal, Flint, Flame* etc.) kennen und anwenden können. Je nach Projekt und Unternehmen sind TV-Designer an der technischen Umsetzung der Ideen beteiligt, insofern sind die Grenzen zum TV-Operator fließend.

Als Zugang ist ein Studium oder eine Ausbildung möglich. Während sich die Studierenden (z.B. Grafik-Design) eher über die Gestaltungskonzeption der Technik nähern, führt der Weg der Auszubildenden (Mediengestalter Bild und Ton) über die Technik zur ästhetisch-grafischen Konzeption.

TV-Operatoren (*Digital-Artist* im 2- und 3-D-Bereich, *Compositing-Artist* im 2-D-Bereich) bearbeiten Vorspänne, Programmankündigungen, einzelne Beiträge. Dabei bedienen sie sich der entsprechenden Bearbeitungssoftware (*Hal, Flint, Flame*). Sie werden deshalb auch oft *Hal*-Operator, *Flint*-Operator oder *Flame*-Operator genannt. Es werden Bilder ausgestanzt, Farben eingefügt, Schrift und Grafiken eingebunden oder statische Bildelemente animiert. Während der TV-Designer eher im Konzeptionsbereich arbeitet, ist der Operator mit der Ausführung betraut. Allerdings können sich die beiden Funktionen auch überschneiden. TV-Operatoren sollten gründlich mit den technischen Bearbeitungsmöglichkeiten vertraut sein und müssen ästhetisch-grafisches Verständnis besitzen. Als Einstieg ist eine Ausbildung zum Mediengestalter Bild und Ton möglich.

Special Effect/Pyrotechniker/in

Für alle pyrotechnischen Effekte (Feuer, Explosionen, Rauch) ist eine Spezialqualifikation erforderlich. Ob es sich um die Markierung von Einschusslöchern oder Bombenexplosionen handelt: Der Umgang mit den erforderlichen Sprengstoffen und Effekten muss erlernt worden sein. Pyrotechniker müssen die notwendigen Sicherheitsvorschriften einhalten, Darsteller und Teammitglieder schützen und dennoch die gewünschte Wirkung erzeugen können. Unterschieden werden die Richtungen Bühnenpyrotechniker, Film- und Fernsehtechniker und Großfeuerwerker. Diese Qualifikationen werden in Kursen erworben, z.B. am Berufskolleg Technik des Kreises Siegen-Wittgenstein (www.berufskolleg-technik.de) oder der Dresdener Sprengschule (www.sprengschule-dresden.de). Auch in der Ausbildung zur Fachkraft für Veranstaltungstechnik wird in geringerem Umfang Pyrotechnik vermittelt.

Stunt

Bei gefährlichen Szenen aller Art werden Stuntmänner und -frauen eingesetzt. Sie dürfen sich von Häusern stürzen, auf fahrenden Autos herumklettern oder durchs Feuer gehen, während die Schauspieler ihre Knochen und der Produzent seine Nerven schont. Der Ausfall eines Darstellers, der vom Pferd purzelt oder bei einer Verfolgungsjagd vom Felsen rutscht, könnte sehr teuer werden. Also werden entsprechend Stuntleute als Doubles eingesetzt. Natürlich sind auch spezielle Kenntnisse und ein besonderes Training erforderlich, um aus den brenzligen Situationen unbeschadet heraus zu kommen. Diese können z.B. bei der Stuntschule (www.actionconcept.de) erworben werden. Bei aufwendigen Action-Produktionen geht die Arbeit von Stunt-Experten weit über den körperlichen Einsatz hinaus: Typische Gefahrensituationen, Kettenreaktionen mit technischen Geräten und menschlichen Körpern haben ihre eigene Gesetzmäßigkeit. Um überzeugende Action-Szenen glaubwürdig und nachvollziehbar – oder auch besonders originell und überraschend – zu inszenieren, werden Stunt-Experten schon für die Koordination der Szenen als Berater engagiert. Viele ambitionierte Produktionen von Serie bis Einzelspiel setzen zu diesem Zweck eine oder mehrere so genannte *units* ein, um die technischen und dramaturgischen Herausforderungen wirklicher Action an diejenigen zu delegieren, die sich damit auskennen.

Marketing und Presse

PR-Manager/in

Die Grenzen zwischen Pressearbeit, Promotion und Werbung bei Film und Fernsehen sind fließend. Bereits vor den Dreharbeiten der Produktion wird in Zusammenarbeit mit dem Produzenten oder der Redaktion die Vermarktung eines Filmes vorbereitet. Zu den Aufgaben gehören die strategische Planung, Konzeption und Überwachung der Marketingmaßnahmen und häufig auch die Presse- und Öffentlichkeitsarbeit. Während der Dreharbeiten wird die Pressekampagne für den

Film vorbereitet, Pressemitteilungen werden verfasst und der Kontakt zu Fachjournalisten gehalten. Dazu gehört auch das Arrangieren von Pressevorführungen und die Vorbereitung von Interviews mit Stars und Regisseuren. „Wer Filmpresse professionell betreibt, verabschiedet sich vom Achtstundentag. Den Zeitplan diktiert Ihnen die Produktion, danach richten sich Ihre Termine," erläutert Felix Neunzerling in dem Buch ***Presse und PR für Filmproduktionen***. „Ständig sind Sie im Dialog mit ganz unterschiedlichen Menschen, auch nach ihnen müssen Sie sich richten, ihre Stimmungen und Wünsche erahnen. Filmpresse ist ein Service – für die Produktion, für den Verleih, den Vertrieb und für die Journalisten."

Bei länger laufenden Serien müssen immer wieder neue Ideen entwickelt werden, wie die Sendungen dem Publikum besonders attraktiv präsentiert werden können. Auch das Internet spielt in der Vermarktung und der Zuschauerbindung eine immer größere Rolle: mit begleitenden Reportagen, ergänzenden Informationen oder Gewinnspielen. Im Fernsehbereich fügen sich die PR-Aktivitäten für einzelne Produktionen natürlich auch in die übergreifenden Promotion-Aktivitäten der Sender ein. Die Sender haben sich inzwischen selber zu Marken entwickelt und betreiben Werbung in eigener Sache. Sei es über Pressearbeit, Programmankündigungen oder auch Plakataktionen. Im Marketingbereich sind betriebswirtschaftliche Kenntnisse kombiniert mit Werbequalifikationen unabdingbare Voraussetzungen. PR-Manager benötigen journalistische Kenntnisse und Erfahrung im PR-/Werbe-Bereich.

Standfotograf/in

Attraktive Phasen und Szenen von Kino- und Fernseh-Produktionen werden fotografisch dokumentiert, um diese Fotos Zeitschriften, Zeitungen und gegebenenfalls Kinobesitzern für ihre Schaukästen zur Verfügung zu stellen. Bei fast allen größeren Dreharbeiten werden deshalb Standfotografen beschäftigt. Diese werden an einzelnen Drehtagen gebucht, um publikumswirksame oder eindringliche Aufnahmen zu machen. Hierbei ist besonders das Gefühl für Dramatik, Interaktion und Ausdruck gefragt – kein Standfotograf kann während der laufenden Dreharbeiten eine Szene wiederholen lassen, um ein eindringlicheres Bild einzufangen. Wichtig ist auch während der Dreharbeiten nicht zu stören, sich am Set professionell zu bewegen. „Ein Standfotograph stört im Grunde immer. Sein Ziel, die beste Perspektive für das Pressefoto zu finden, muss zwangsläufig zu Konflikten mit anderen führen," so Felix Neunzerling. Aber er weiß auch: „80 Prozent unserer Geschichten 'verkaufen' sich über das Bild. Wenn wir keine guten Fotos haben, die jeden Bildredakteur in Verzückung geraten lassen, werden wir eine Geschichte oder ein Interview nur schwer unterbringen können." Einige Standfotografen finanzieren sich hauptsächlich über ihre Arbeit für Filmproduktionen. Die meisten allerdings haben zusätzliche Einnahmequellen aus Werbung, Porträtaufnahmen oder sonstigen Arbeiten, für die sie mehr Zeit haben und selbst bestimmen können, wann ein Bild für sie perfekt ist. Die Grundqualifikation ist eine Fotografen-ausbildung, dazu gehört aber auch der spontane Blick für dynamische oder wirkungsvolle Momentaufnahmen.

Vertrieb

Filmhändler/in

Je größer das Publikum eines Fernseh- oder Kinoproduktes ist, desto höher sind die Einnahmen. Aber dieses Publikum besteht nicht allein aus denen, die bei der Erstaufführung vor dem Fernseher oder im Kino sitzen. Ein wichtiger Teil der Gewinne wird später durch den Verkauf von Rechten erzielt. Dies können Rechte für internationale Sender sein, ein- oder mehrmals einen Film oder eine Serie auszustrahlen, oder Rechte für den Video-Vertrieb in bestimmten Ländern. „Auch im deutschen Markt wird zunehmend begutachtet, ob Produktionen international verwertbar sind," stellen Andreas Kauschke und Ulrich Klugius in dem Buch ***Zwischen Meterware und Maßarbeit*** fest: „Das Potenzial einer internationalen Verwertung ist gewaltig, bedenkt man, dass die Grenzkosten für eine Mehrfachverwertung in der TV-Produktion gleich null sind."

Sender, Verleiher und Filmproduzenten leben zunehmend von der internationalen Vermarktung. Aus diesem Grund präsentieren sie ihre Produkte auf internationalen Messen und Festivals. Filmhändler (egal, ob sie kaufen oder verkaufen) müssen über detaillierte Branchen-, Markt- und juristische Kenntnisse verfügen. Sie beurteilen, wo welcher Film eine Chance hat und in welcher Kombination er für einen Kunden interessant ist.

Wer sich für diesen Bereich interessiert, benötigt entweder eine juristische oder eine betriebswirtschaftliche Ausbildung und bewirbt sich am besten bei den Programmplanungs-Abteilungen der Sender, bei den großen Filmhandels-Unternehmen oder bei Verleih- und Vertriebsfirmen.

Es ist noch kein Meister vom Himmel gefallen

Auch für die Film- und Fernsehbranche existieren inzwischen geregelte Lehrberufe, alias Berufsausbildungen im dualen System. Mediengestalter Bild und Ton, Fachkräfte für Veranstaltungstechnik, Kaufleute für audiovisuelle Medien werden so in Betrieb und Berufsschule ausgebildet. Die Berufsausbildungen wurden unter Beteiligung der Branche eingeführt. Die Frage nach verbindlicher Beschreibung von branchenüblichen Tätigkeiten und Funktionen, ihre Zuordnung und die Anforderungen schuf – häufig zum ersten Mal – die Herausforderung, Arbeitsabläufe und Qualifikationsanforderungen zu definieren. In vielen Fällen stellt sich die Einführung der neuen Ausbildungsberufe heute als Erfolgsgeschichte dar. Die Unternehmen können dadurch auf qualifizierte Mitarbeiter mit fundierten Kenntnissen und praxisbezogenen Fertigkeiten zurückgreifen. Die Evaluierung der ersten Ausbildungsjahrgänge zeigt, wo noch Optimierungsmöglichkeiten bestehen.

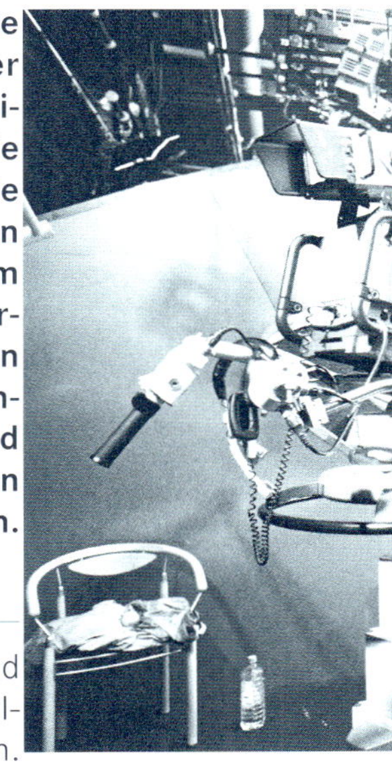

Warum ausbilden?

In den vergangenen Jahren wurden unter aktiver Beteiligung vieler kleiner und mittlerer Medienunternehmen und ihrer Verbände die ersten geregelten Ausbildungsberufe für die Film- und Fernsehproduktion geboren und groß gezogen. Nachdem jahrzehntelang allein größere Unternehmen und Sender mehrjährig ausgebildete Nachwuchskräfte geliefert hatten, wuchs durch den Auftragsboom der 80er und 90er Jahre das Bedürfnis, eigene Anforderungen zu definieren, Qualitätskriterien und Mindestanforderungen zu standardisieren und so einen verlässlichen Pool gut ausgebildeter Mitarbeiter zu entwickeln.

Der verfügbare Personal-Fundus für Produktionsbetriebe stellte damals eine bunte und sicherlich interessante Mischung dar: Quer Eingestiegene und Hochschulabsolventen aus den unterschiedlichsten Fachgebieten von Technik, Ingenieurwesen und Gestaltung bis Jura und Betriebswirtschaft, schnell rekrutierte teilqualifizierte Assistenz-Mitarbeiter, aber auch hoch spezialisierte Fachkräfte aus medienspezifischen Berufen. Die Letzteren kamen vor allem aus den öffentlich-rechtlichen Sendern. Die meisten dieser Mitarbeiter und Freiberufler waren hoch motiviert – und das war auch nötig. In vielen Fällen war es vor allem die hohe Identifikationsbereitschaft und die Hoffnung auf interessante Berufsperspektiven, die an die Stelle fundierter Grundlagenkenntnisse und routinemäßiger Abwicklung von Produktionen treten mussten. Der Zuwachs an Aufträgen beispielsweise aus den Bereichen Aktuelles, Show und Entertainment, serielle Fiction-Produktion erforderte weniger begeistertes und dafür realistischer arbeitendes Personal. Hinzu kam die simple betriebswirtschaftliche Erkenntnis, dass Honorar- und Gehaltsverhandlungen einfacher sind, wenn Vergleichskriterien und Leistungsstandards vorliegen.

Die Festlegungen von Ausbildungsstandards und Berufsbildern waren auf eine bezeichnende und interessante Weise schwierig. Die Frage nach verbindlicher Beschreibung von branchenüblichen Tätigkeiten und Funktionen, ihre Zuordnung und die Anforderungen stellte die Branche – häufig zum ersten Mal – vor die Herausforderung, sich selbst zu beschreiben, Unternehmensinhalte und

Ziele zu definieren. Dies erforderte grundsätzliche Überlegungen, die gemeinsam mit den Branchenkollegen in einer diskussionsfreudigen, aber eher ausbildungsunerfahrenen Branche einige Zeit in Anspruch nehmen mussten.

Die zentrale Frage ist die Bewertung der Produkte und Arbeitsprozesse. Ist Fernsehproduktion Industrie oder Handwerk, eher Kunst oder doch Technik und Dienstleistung? Entsprechend unterschiedlich werden die Berufsanforderungen beurteilt. Sind es Spezialisten oder Generalisten, die uns fehlen? Ausdauernde Indianer oder zukünftige Häuptlinge? Techniker oder Kreative? Wo liegt die Brot-und-Butter-Arbeit, wo die seltener geforderte Spitzenleistung? Welche Entwicklungsperspektiven müssen wir bieten, wenn wir junge Berufseinsteiger verantwortlich in die Startblöcke stellen wollen? Auch wenn die duale Ausbildung seit 1996 als zusätzlicher Baustein der Branchenqualifizierung etabliert ist, werden diese Fragen nach wie vor diskutiert und sind teilweise immer noch unbeantwortet.

Die neuen Ausbildungsberufe

„In immer mehr Bereichen der Medienwirtschaft wächst die Notwendigkeit, ständig oder projektbezogen Zugriff auf Mittelbau-Mitarbeiter zu haben, die ein klares Rollenverständnis mit einer soliden Grundlagenqualifikation kombinieren und multifunktional einsetzbar sind. Die AV-Medienbranche hatte jedoch... im Gegensatz zur Druckindustrie so gut wie keine Tradition in der dualen Ausbildung," stellen Bettina Baum und Mathias Laermanns im Jahrbuch Ausbildungspraxis fest.

1996 war es soweit: Mit dem *Mediengestalter Bild und Ton* und dem *Film- und Videoeditor* wurden neue Ausbildungsberufe für den Film- und Fernsehbranche eingeführt. 1998 folgten der *Kaufmann für AV-Medien* und die *Fachkraft für Veranstaltungstechnik.* Zwei weitere Berufe, die im erweiterten Bereich für Tätigkeiten in der Branche qualifizieren, wurden danach neu geschaffen: der *Bühnenmaler und -plastiker* (2000) sowie der *Veranstaltungskaufmann* (2001). Der Beruf des *Maskenbildners* hat sich als besonders schwieriger Fall erwiesen, der Arbeitnehmer- und Arbeitgebervertreter jahrelang vor erhebliche Probleme stellte. Jetzt sind die Stolpersteine augenscheinlich aus dem Weg geräumt und die Einführung des Berufes ist für das Jahr 2002 geplant.

Berufsausbildung im dualen System – also in einer Kombination aus Betrieb und Berufsschule – qualifiziert, wie in dem Eingangszitat festgestellt, für Tätigkeiten auf der so genannten mittleren Ebene. Dabei geht es schwerpunktmäßig nicht um die Herausbildung von kreativen Einzelbegabungen und Genies. Vielmehr sollen die Absolventen über ein breites Basiswissen, über Routine und die notwendige Erfahrung verfügen, um Projekte handwerklich exakt und organisatorisch reibungslos abwickeln zu können.

Die Ausbildungsordnungen werden im Dialog mit allen betroffenen Arbeitgeber- und Arbeitnehmerverbänden entwickelt. Diese legen im Konsens fest, welche theoretischen Kenntnisse und praktischen Fähigkeiten ein Auszubildender erwerben muss. Moderation und Federführung bei diesem Prozess hat das Bundesinstitut für Berufsbildung (BIBB). Am Ende dieses – nicht immer harmonischen und einfachen – Prozesses stehen bundesweit geregelte und anerkannte Ausbildungsberufe. Es wird festgelegt, welche Ausbildungsinhalte der Betrieb und welche Lehrstoffe die Berufsschule vermitteln muss. Darüber hinaus müssen die abschließenden Prüfungen definiert werden. Dies schafft Verlässlichkeit und Vergleichbarkeit für Arbeitgeber wie Arbeitnehmer, Ausbildungsbetriebe wie Auszubildende. Die Berufsausbildung in den neuen Berufen dauert drei Jahre, bei bestimmten Voraussetzungen kann sie in zwei Jahren absolviert werden. Es gibt keine formalen obligatorischen Zugangsvoraussetzungen (z.B. Schulabschlüsse). Die Ausbildungsbetriebe allerdings setzen bei ihrer Auswahl der Bewerber für die neuen Medien-Ausbildungsberufe erfahrungsgemäß in der Regel die Fachhochschulreife oder die Allgemeine Hochschulreife voraus. Bei Mediengestaltern Bild und Ton und den Film- und Videoeditoren verfügen 70 Prozent der Auszubildenden entweder über Abitur oder Fachabitur. Häufig wird auch die Volljährigkeit vorausgesetzt, da Jugendarbeitsschutzbestimmungen in vielen Unternehmen nur schwer mit dem Produktionsalltag vereinbar sind. Deshalb sind 85 Prozent der Ausbildungsanfänger 20 Jahre und älter.

Aus der Altersstruktur lässt sich ablesen, dass viele Auszubildende nicht direkt von der Schulbank kommen. Immerhin 22 Prozent der Mediengestalter sind 24 Jahre und älter, wenn sie mit der Ausbildung beginnen, bei den Film- und Video-Editoren liegt der Anteil bei 35 Prozent. Das ist im Rahmen der traditionellen beruflichen Erstausbildung ungewöhnlich. Ein Grund: Ausbildungsbetriebe der Film- und Fernsehbranche legen häufig Wert darauf, dass Auszubildende vor der Ausbildung Praktika absolviert haben. Viele Auszubildende bringen anschließend Grundlagenkenntnisse mit, haben erste Erfahrungen in Produktionsstrukturen gesammelt und können besser mit den spezifischen Anforderungen umgehen. Ein Ausbilder dazu: „Ich halte es für sehr sinnvoll, dass jemand zunächst mal mitarbeitet, um zu prüfen, ob das etwas für ihn oder sie ist."

Nebenbei bemerkt: Eine Konsequenz dieser Rekrutierungskriterien ist, dass viele nach der Ausbildung ein Studium beginnen, weil sie sich mit der üblichen „Mittelbau-Karriere" nicht zufrieden geben wollen. Wenn aber Abiturienten mit Bestnoten auf Dauer nicht bleiben werden, sollten die Unternehmen dann nicht im eigenen Interesse auch Bewerbern ohne Abitur größere Chancen einräumen?

Von 1997 bis 2000 wurden bundesweit rund 2.300 Ausbildungsverträge in den ersten beiden neuen Medienberufen abgeschlossen. Der Frauenanteil liegt bei den Mediengestaltern Bild und Ton bei einem Drittel. Der weibliche Anteil der Film und Video-Editoren beträgt rund die Hälfte.

Jeder neu eingeführte Beruf wird in den ersten Jahren fachlich und wissenschaftlich begleitet und bewertet (evaluiert). Dabei werden Ausbildungszahlen erhoben, Erfahrungen der Unternehmen, Berufsschulen und Auszubildenden gesammelt und dokumentiert, um gegebenenfalls das Ausbildungsprofil zu korrigieren. Diesen Praxistest haben die ersten neuen Berufe durchlaufen; die Untersuchungsergebnisse sind sehr unterschiedlich. Der Mediengestalter Bild und Ton ist in der Branche akzeptiert, die Absolventen haben hervorragende Beschäftigungsperspektiven, und die Ausbildungszahlen steigen stetig. Dem gegenüber ist der Film- und Video-Editor ein Sorgenfall. Ursprünglich gedacht, um dem Cutter-Beruf zu einer geregelten Berufsausbildung zu verhelfen, hat er sich nicht durchsetzen können. Die Zahl der Ausbildungsverträge stagniert auf einem sehr niedrigen Niveau. Im bevölkerungsreichen Medienland NRW wird seit Jahren ein Ausbildungsvertrag jährlich abgeschlossen.

In der Evaluierung heißt es dazu: „Grundsätzlich ist festzustellen, dass die beiden jungen Berufe fünf Jahre nach dem Start auf eine sehr unterschiedliche 'Kindheit' zurückblicken. Während der Mediengestalter Bild und Ton in der Familie der AV-Unternehmen als 'Wunschkind' aufgenommen wurde und bereits begonnen hat, die Generation der autodidaktischen Väter zu beerben, scheint der Editor in der Rolle des 'Aschenputtels' zu verharren." Die Studie kommt zu dem Ergebnis, dass das Berufsbild Film- und Video-Editor überarbeitet werden muss,

Ausbildungsberufe

Kaufmann/frau für audiovisuelle Medien

Kaufleute für audiovisuelle Medien sorgen dafür, dass die vielfältigen und kreativen Projekte in der Medienbranche kaufmännisch solide abgewickelt werden. Sie können in den Bereichen Fernsehen, Hörfunk, Film- und Videoproduktionen, Musik, Multimedia und Filmtheater tätig sein. Ihr Aufgabengebiet sind die kaufmännischen Tätigkeiten in der Produktionsorganisation, im Personalbereich, bei Vertrieb und Marketing, im Rechnungswesen und Controlling. Die Kaufleute sind mit den Produktionsabläufen vertraut, erstellen Kalkulationen, organisieren die Beschaffung von Material und technischem Equipment und planen den Personaleinsatz. Sie analysieren Marktentwicklungen und wirken an Marketingkonzepten mit.

Mediengestalter/in Bild und Ton

Die Mediengestalter arbeiten für Fernseh- und Rundfunkanstalten, für Produktionsfirmen und für Dienstleistungsunternehmen. Sie übernehmen bei Fernsehbeiträgen, Filmen oder Werbespots die technischen Aufgaben. So bereiten sie die erforderlichen Geräte und Materialien vor. Während der Aufnahmen überwachen sie die Bild- und Tonaufnahmegeräte und bauen diese anschließend wieder ab. Für die Nachbearbeitung prüfen und dokumentieren sie das Bild- und Tonmaterial. Die Mediengestalter sorgen für die Bereitstellung zusätzlicher Bildbestandteile (Grafiken, Schriften) und führen die Mischung selbstständig oder unter Anleitung durch. Im Produktions-Team führen sie die Anweisungen der Spezialisten (z.B. im Bereich Kamera, Ton, Schnitt) aus.

Film- und Videoeditor/in

Im englischen und amerikanischen Sprachraum wird der *Cutter* als *Editor* bezeichnet und genießt ein hohes Ansehen. Die Ausbildung zum Film- und Videoeditor ist geschaffen worden, um eine grundlegende Berufsausbildung im Bereich Filmschnitt zu ermöglichen. Die Editoren arbeiten für Rundfunk- und Fernsehsender, für Produktionsfirmen und für Postproduktionsunternehmen. Sie werten Drehbücher und Konzepte nach dramaturgischen und gestalterischen Gesichtspunkten für die Montage aus. Sie bereiten den Schnitt vor und führen ihn aus. Im Vergleich zu den anderen neuen Ausbildungsberufen sind die Zahlen der Auszubildenden beim Film- und Videoeditor sehr niedrig. Deshalb wird diskutiert, den Film- und Video-Editor entweder in die Ausbildung Mediengestalter Bild und Ton zu integrieren oder zu einer Fortbildung für Mediengestalter Bild und Ton mit dem Berufsziel Schnitt umzuwandeln.

Fachkraft für Veranstaltungstechnik

Die Fachkräfte arbeiten in Veranstaltungshallen, in Theatern, für Rundfunk- und Fernsehsender und für Dienstleistungsunternehmen. Sie beraten die Kunden bei der technischen Konzeption der Veranstaltungen. Sie stellen das erforderliche technische Gerät wie Tonanlagen, Lichtanlagen, Bühnenpodeste, Gerüste, Spezialeffekte zur Verfügung, bauen es auf und bedienen die Anlagen während der Veranstaltung. Anschließend übernehmen sie den Abbau, den Transport und die sachgerechte Lagerung der Geräte. Die Fachkräfte sind dafür verantwortlich, dass die erforderlichen Sicherheitsvorschriften zum Schutz von Mitwirkenden und Publikum eingehalten werden. Nach der Evaluierung des ersten Ausbildungsjahrgangs hat der Fachbeirat im Mai 2001 vorgeschlagen, zwei Fachrichtungen einzuführen:

- Aufbau und Durchführung
- Aufbau und Organisation

Bühnenmaler/in und Bühnenplastiker/in

Bühnenmaler und -plastiker arbeiten an Theatern, für Musik-, Film- und Fernsehproduktionen. Sie können auch bei Ausstellungen und im Messebau eingesetzt werden. Nach den Vorgaben des kreativen Entwurfs durch den Bühnen- oder Szenenbildner erstellen sie ein Konzept für die Umsetzung, fertigen Zeichnungen an, verarbeiten diverse Werkstoffe: Textil, Kunststoff, Metall. Sie modellieren und bearbeiten Dekorationsteile, gestalten malerisch und plastisch die Bühnen- und Szenenbilder (Landschaften, Innenräume). Sie erstellen dekorative Malereien und Skulpturen (Lebewesen, Ornamente usw.). Es gibt die Fachrichtungen Malerei und Plastik.

Veranstaltungskauffrau/Veranstaltungskaufmann

Veranstaltungskaufleute planen, organisieren und führen Veranstaltungen durch. Die Kaufleute arbeiten beispielsweise für Konzertveranstalter, Agenturen oder Kulturämter. Dabei ist neben sozialer und kommunikativer Kompetenz projekt- und teamorientiertes Arbeiten gefragt. Voraussetzung sind kaufmännische Kenntnisse kombiniert mit Kreativität und Improvisationstalent. In der Fernsehbranche werden Veranstaltungskaufleute zukünftig z.B. im Bereich der Event-Organisation eingesetzt werden können.

Maskenbildnerin/Maskenbildner

Im August 2002 soll dieser neue Ausbildungsberuf für die Oper, das Theater, sowie für die Film- und Fernsehproduktionsstätten bundesweit eingeführt werden. Maskenbildner und Maskenbildnerinnen arbeiten selbstständig nach konzeptionellen Vorgaben. Sie gestalten Masken und Frisuren der Darsteller entsprechend der Rolle. Dazu gehört das Erstellen von Perücken, Haarteilen, Bärten, plastischen Teilen und Masken. Sie gestalten Charaktertypen, historische und zeitgenössische Persönlichkeiten – auch unter Berücksichtigung ethnologischer Merkmale – sowie Phantasie- und Tiergestalten, entwerfen und realisieren Spezialeffekte wie Hautveränderungen, Aktionsverletzungen und Deformationen. Zur Vorbereitung erstellen sie Skizzen und zeichnerische Entwürfe.

um der mangelnden Akzeptanz in der Brache zu begegnen: „Die meisten Unternehmen bilden ihren Cutter-Nachwuchs entweder über Volontariate aus oder sie bieten interessierten und geeigneten Mediengestaltern Bild und Ton eine entsprechende Fortbildung an. Als Begründung wird neben der starken Orientierung des Berufsbildes Film- und Video-Editor am klassischen Filmschnitt (der in 99 Prozent der Unternehmen nicht mehr vorkommt) vielfach auch der hohe Grad der Spezialisierung der Editor-Ausbildung genannt. Änderungen des Berufsbildes bzw. des gesamten Ausbildungskonzeptes scheinen deshalb unabwendbar." Als mögliche Modelle werden eine Reformierung des Berufsbildes zugunsten neuer Anteile aus Bildmischung, Animation und Grafik, die Umwandlung des Editor-Berufes zu einer Fortbildung oder die Integration des Editors in die Ausbildung zum Mediengestalter Bild und Ton in Form einer Fachrichtung oder eines Schwerpunktes diskutiert.

Auch das »Wunschkind« Mediengestalter kann optimiert werden. So könnte durch eine größere Spezialisierung in Fachrichtungen (was einer sehr klaren Trennung entspricht) oder Schwerpunkte (das weichere Modell) der Arbeitsalltag in den Unternehmen besser berücksichtigt werden. In den ersten Ausbildungsjahrgängen hat sich gezeigt, dass spätestens im dritten Ausbildungsjahr mit einer Spezialisierung in Richtung Kamera, Ton oder Schnitt begonnen wird. Dies könnte durch die Einführung von Fachrichtungen/Schwerpunkten institutionalisiert und in der Ausbildung offiziell verankert werden. Gleichzeitig hat die Digitalisierung der Medientechnik zur stärkeren Konvergenz der alten und neuen Medien geführt. Die Studie schlägt vor, dieser Entwicklung auch im Ausbildungsprofil Rechnung zu tragen und z.B. Projektmanagement als neue Kompetenz in die Ausbildungsinhalte aufzunehmen.

Auch bei den Ausbildungsberufen AV-Kaufmann und Fachkraft für Veranstaltungstechnik werden die Erfahrungen und Bewertungen der ersten Ausbildungsjahrgänge ermittelt. Die Ausbildungszahlen lassen den Schluss zu, dass beide Berufe sich gut etabliert haben. Von 1998 auf 1999 stieg die Zahl der neu abgeschlossenen Ausbildungsverträge um 73,5 Prozent bei den Veranstaltungstechnikern und um 15,7 Prozent bei den AV-Kaufleuten. 2001 wurden die ersten regulären Abschlussprüfungen abgelegt. Als Ergebnis der Evaluation der Fachkraft für Veranstaltungstechnik hat der BIBB-Fachbeirat vorgeschlagen, zwei Schwerpunkte einzuführen und eindeutiger die elektrotechnischen Qualifizierungserfordernisse zu definieren.

Schon vor der Einführung der neuen Ausbildungsberufe haben Sender und Unternehmen wie Produktionsfirmen und Dienstleister in verwandten Grundlagenberufen ausgebildet, beispielsweise im kaufmännischen Bereich Kaufleute für Bürokommunikation. Einige Arbeitgeber tun dies neben den neuen medienspezifischen Berufsausbildungen im Übrigen immer noch. Parallel werden Berufseinsteiger auf mehr oder weniger geregelte Art und Weise in den notwendigen Arbeitsfeldern geschult. Wo es noch keine bundesweit anerkannten Berufsausbildungen gibt, wie beispielsweise im Bereich Requisite, wurden bracheninterne Absprachen getroffen, um gewisse Standards zu setzen.

Die Absolventen der neuen Ausbildungsberufe stehen in Konkurrenz zu den Berufskollegen, die sich ihr Wissen in den »wilden« Anfangs- und Aufbaujahren eklektisch angeeignet haben. Sie schicken sich an, „die Generation der autodidaktischen Väter zu beerben," heißt es dazu in der Evaluierung. Wenn das auch im Einzelfall nicht zutreffen mag, so entsteht doch durch die Existenz der geregelten Ausbildungsberufe ein Qualifizierungsdruck auf die übrigen Beschäftigten. Dazu tragen Besoldungseinstufungen bei, die sich an den neuen Berufsstandards orientieren. Aber auch für die Autodidakten ist es nicht zu spät und sie werden nicht alleine ihrem Schicksal überlassen. Wer will, kann die Abschlussprüfung nachträglich ablegen. Durch Externenprüfungen können Quereinsteiger und langjährige Profis ohne geregelte Ausbildung nachweisen, dass sie die selben Qualifikationen besitzen wie die Ausbildungsabsolventen. Zur Vorbereitung auf diese Externenprüfungen werden Kurse angeboten, die das vorhandene Wissen auffrischen und mögliche Lücken schließen, beispielsweise bei der Schule für Rundfunktechnik (www.srt.de).

Studieren geht über probieren

Hochschulstudiengänge für Film und Fernsehen

Eine Fülle von medienspezifischen Studiengängen qualifiziert für die unterschiedlichen Arbeitsfelder in der Fernseh- und Filmbranche. Die Auswahl reicht von kreativen über technische bis hin zu betriebswirtschaftlichen Studienangeboten, je nach Ausrichtung an Fachhochschulen, Universitäten oder Kunsthochschulen. Ein Studium ist auch in der Fernseh- und Filmbranche häufig die Voraussetzung für gehobene Positionen mit Leitungsfunktionen. Gleichzeitig übt die Branche eine hohe Faszination auf den akademisch gebildeten Nachwuchs aus. Eine gründliche Vorbereitung auf die oft differenzierten Bewerbungsverfahren für medienspezifische Studiengänge verbessert die Chancen, einen der begehrten Studienplätze zu bekommen. Studierende aus anderen Fachbereichen, die einen Quereinstieg in die Fernsehwirtschaft planen, sollten ihr Fachwissen durch zusätzliche Branchenkenntnisse ergänzen.

Eintrittskarte in gehobene Positionen

Ein Studium gilt immer noch als Eintrittskarte in gehobene Positionen mit Leitungsfunktionen. Das trifft auch auf die Fernseh- und Filmbranche zu. Die Studie ***AV-Medien in NRW - Arbeitsmarkt und Qualifizierung***, die die Michel Medienforschung vorgelegt hat, nennt dafür folgende Gründe: „Die Fähigkeit, in Zusammenhängen zu denken, die unvoreingenommene Auseinandersetzung mit neuen Dingen, die Bereitschaft zu lebenslangem Lernen – diese Kompetenzen sollen an einer Hochschule neben den fachlichen Qualifikationen vermittelt werden, wenn es nach den Vorstellungen der Medienunternehmen geht.“ Und die Forschungs- und Entwicklungsgesellschaft Hessen stellt für die hessische Medien- und Kommunikationswirtschaft fest, dass „41 Prozent der Unternehmen Arbeitskräfte mit einem Hochschulabschluss suchen.“ Eine akademische Ausbildung bietet demnach eine Erfolg versprechende Möglichkeit, vertiefte Kenntnisse zu erwerben. Sie dient weniger der direkten beruflichen Qualifizierung als vielmehr der intensiven Beschäftigung mit allen Aspekten des entsprechenden Fachgebiets.

Für die verschiedenen Fernseh- und Filmberufe gibt es eine ganze Palette an medienspezifischen Studienmöglichkeiten: von der Fachhochschule über die Universität bis hin zu einer Kunsthochschule.

Fachhochschulen haben die Aufgabe, durch eine stärker praxisorientierte Ausbildung auf berufliche Tätigkeiten vorzubereiten, die die Anwendung wissenschaftlicher Erkenntnisse und Methoden oder die Fähigkeit zu künstlerischer Gestaltung erfordern. Beispiele für fernsehspezifische Studiengänge sind z.B. Bild- und Tontechnik, Design, Fotoingenieurwesen, Medientechnik, Medieninformatik. Zugangsvoraussetzung ist die Fachhochschulreife.

Universitäten bieten wissenschaftliche Studiengänge, die ohne feste Stundenpläne und festgelegte Berufsabschlüsse analytische und übergreifende Methoden vermitteln. Beispiele sind: Theater-, Film- und Fernsehwissenschaft, Kommunikationswissenschaft, Publizistik, Medienwirtschaft. Zugangsvoraussetzung für Universitäten ist die Allgemeine Hochschulreife, einzelne Fächer können mit einem Numerus Clausus belegt sein.

An *Kunst-, Musik- und Filmhochschulen* sind die kreativen und künstlerisch orientierten Ausbildungen angesiedelt. „Ein Großteil der kreativen Spitzenkräfte, sozusagen die Elite der Film- und Fernsehwirtschaft... erhält seine Ausbildung an Filmhochschulen in den traditionellen Filmmetropolen," stellt die Michel-Studie dazu fest. Bei diesen Studiengängen werden Aufnahmeprüfungen durchgeführt, die ermitteln sollen, ob der Bewerber für das Studium geeignet ist. Beispiele für solche Studiengänge sind: Regie, Schauspiel, Szenenbild, Komposition, Kostümbild, Filmkamera. Da die künstlerische Eignung entscheidend ist, können Kunst- und Musikhochschulen auch Studierende ohne Abitur/Fachabitur aufnehmen, Eignung vorausgesetzt.

An *Filmhochschulen* werden Filme produziert, bei denen die Studierenden der verschiedenen Fachrichtungen zusammenarbeiten – so lernen sie Produktionsstrukturen und Konflikte in der Praxis kennen. „Bei uns wird rigoros darauf geachtet, dass man kooperiert, d.h. hier dürfen nur Drehbücher verfilmt werden, die hier von Autoren geschrieben wurden," beschreibt der Regisseur Hark Bohm in dem Buch ***Medienmacher heute*** das Konzept des Aufbaustudiengangs Film in Hamburg, „Die Teams werden zunächst ausschließlich aus Studenten gebildet, die Schlüsselfunktionen besetzen. Hier muss man sich an den vorgegebenen Zeit- und Kostenrahmen halten. Auch die Einhaltung ist ein Leistungs- bzw. Prüfungsgegenstand."

Über die Vielfalt der Studienangebote kann man sich auf der Homepage der Hochschulrektorenkonferenz (www.hrk.de) informieren. Dort ist unter dem »Hochschulkompass« eine Übersicht über die Studienmöglichkeiten in Deutschland mit mehr als 300 Hochschulen und rund 8.000 Studiengängen zu finden. Wen es ins Ausland zieht, der kann beim Deutschen Akademischen Austauschdienst (www.daad.de) recherchieren.

Nach den grundständigen Studiengängen kann zusätzlich ein Postgraduierten-Studium oder Aufbaustudium absolviert werden. Dies gibt es z.B. im Bereich Szenenbild für Architekten oder Innenarchitekten. Viele medienspezifische Studiengänge setzen Praktika, manche sogar längere Berufserfahrung voraus. Auch

Eignungstests oder die Vorlage von Arbeitsproben, insbesondere bei künstlerisch oder technisch hochspezialisierten Hochschulen, können hohe Anforderungen an die Bewerberinnen und Bewerber stellen. Generell gilt: Je begehrter Studienplätze an einer Hochschule sind, desto schärfer sind die Auswahlverfahren. Das führt auch dazu, dass sich Bewerber professionell unterstützen lassen, um die Aufnahmeprüfungen zu bestehen, etwa Schauspielunterricht nehmen, um Rollen für das Vorsprechen vorzubereiten. Von Filmhochschulen wird bei bestimmten Studiengängen als Arbeitsprobe ein Film gefordert. Hier zeigt die Erfahrung, dass Einzelkämpfer wenig Chancen haben, das verlangte Niveau zu erreichen. Wer sich auf schon bestehende Netzwerke und Freundschaften mit Branchenkollegen stützen kann, hat bessere Voraussetzungen, die erste Hürde zu nehmen und einen Studienplatz zu ergattern. Auch dafür sind Praktika und erste Berufserfahrungen wichtig, denn sie vermitteln die notwendigen Kontakte und Bekanntschaften. Und sei es nur, um technisches Equipment billig ausleihen zu können. Weitere Anlaufstellen sind Filmhäuser und Filmwerkstätten, wo in Workshops und Seminaren professionelles Know-how vermittelt wird und man Gleichgesinnte trifft. Beispiele dafür sind das Filmhaus Frankfurt oder das Kölner Filmhaus e.V. ( ).

Wie aufwendig Aufnahmeverfahren sein können, zeigt auch die Tatsache, dass inzwischen Weiterbildungsinstitutionen Kurse zum Thema »Wie komme ich auf eine Filmhochschule?« veranstalten.

Auch während eines Studiums sammeln viele weiter praktische Erfahrungen in der Branche, sei es über Praktika, Ferienjobs oder freie Mitarbeit. Ebenso gilt es, bei der Wahl des Themas von Examens- oder Diplomarbeiten, die spätere berufliche Perspektive zu berücksichtigen. Dadurch lassen sich Kontakte in die Branche knüpfen und potenzielle Arbeitgeber bekommen einen Eindruck vom Qualifikationsprofil des Absolventen.

Als Einstieg kommt allerdings nicht nur ein medienspezifisches Studium in Frage, denn in den Unternehmen werden vielfältige Qualifikationen benötigt. In der Medienbranche trifft man viele Quereinsteiger, die zunächst ein Studium in einem anderen Gebiet absolviert haben. „Die Medien üben eine starke Anziehungskraft auf Hochschulabsolventen aus," so die Michel-Studie. Dabei kommt es darauf an, die erworbene Qualifikation mit Branchenkenntnissen zu kombinieren. Wer beispielsweise ein Sprachenstudium vorweisen kann und sich journalistische Zusatzkenntnisse erwirbt, kann für eine Korrespondententätigkeit geeignet sein. Ähnliches gilt für Betriebswirte mit Kenntnissen der AV-Branche, für Juristen mit Spezialqualifikationen im Urheberrecht usw.

Zusätzlich zu den staatlichen Hochschulen etablieren sich in den letzten Jahren zunehmend auch private Hochschulen auf dem Bildungsmarkt. Ein Beispiel ist die private Fachhochschule des Mittelstands in Bielefeld, die Qualifizierungen im Wirtschaftsbereich, so den Diplom-Medienwirt, anbietet. Ein wichtiges Kriterium für den Besuch einer privaten Hochschule ist – neben den Kosten – natürlich die Frage, welcher Abschluss erworben wird und ob dieser Abschluss staatlich anerkannt ist. Ist das nicht der Fall, muss ein Studium an einer privaten Einrichtung, wie klangvoll auch immer der Name sein mag, eher als Weiterbildungsmaßnahme eingestuft werden.

Wichtig ist, was hinten rauskommt

Weiterbildung und Fortbildung für Profis in der Film- und Fernsehbranche

Technische Innovationen, neue Formate, Umstrukturierung von Unternehmen verändern die Arbeitsbereiche von Mitarbeitern und bringen Weiterbildungsbedarf mit sich. Viele Profis wollen sich weiter qualifizieren, stehen aber ratlos vor der Frage, welches Angebot tatsächlich nützlich und zukunftsweisend sein könnte. Bundesweit gibt es Institutionen, die auf Bildungsangebote für die Fernseh- und Filmbranche spezialisiert sind. Die Auswahl ist groß: Tages-Workshops, berufsbegleitende Wochenkurse und Vollzeitangebote gibt es für viele Themen und Berufsfelder. Aber auch Lernen will gelernt sein, und die Bildungskunden müssen Erfahrungen auf dem wachsenden Qualifizierungsmarkt sammeln. Am Anfang sollte immer die Frage nach dem tatsächlichen persönlichen Qualifizierungsbedarf stehen.

Lebenslanges Lernen?

Kaum ist es in der Welt – schon mag man es nicht mehr hören: das Wort vom »lebenslangen Lernen« terrorisiert Fachliteratur und Podiumsdiskussionen. Viele, die es besonders gern verwenden, haben in Wirklichkeit seit Jahrzehnten keine Prüfung mehr absolvieren müssen und keinen Seminarraum von innen gesehen. Wer denn nun genau zu welchen Inhalten und mit welchem Ziel lebenslänglich zum Lernen verurteilt ist, bleibt meist vage. Gleichzeitig aber ist allen klar, dass die Zeiten linearer Berufsbiographien, jahrzehntelanger Beschäftigung in einem einmal erlernten Beruf oder gar Betrieb zu Ende gehen: Das ist der Kern der »Zukunft der Arbeit« nach Beendigung der Industriegesellschaft. Das Postulat des lebenslangen Lernens ist nur die banale Folge dieser Tatsache: Die Mehrheit der Beschäftigten und Unternehmen muss sich auf Brüche und Veränderungen einstellen. Das erfordert Umlernen, neu Lernen und auch Verlernen des bisher für gültig Gehaltenen.

Für viele Medienprofis klingt dies weniger bedrohlich als vertraut, waren sie doch in ihren Arbeitsbereichen schon immer gerüstet, projektbezogen zu arbeiten, zu planen und zu denken. In den vielen Schattierungen zwischen befristetem Engagement, Freiberuflichkeit, Selbstständigkeit und Phasen der Festanstellung haben sie Überlebensstrategien entwickelt, Netzwerke aufgebaut und in der Regel erforderliche Schulungen oder Workshops zur Weiterbildung in Eigenregie ausgewählt und finanziert.

Doch selbst wenn die psychologischen Schrecken der neuen Flexibilitäts-Euphorie für Medienschaffende nicht so massiv sind wie für Beschäftigte anderer, traditioneller Industrien und Branchen: Unausweichlich erkennt jeder, dass es in den vergangenen Jahren schwieriger geworden ist, den Überblick über die Anforderungen und Strukturen der Film- und Fernsehbranche zu behalten.

- Die bereits spürbaren und noch zu erwartenden Auswirkungen der Digitalisierung von Aufnahme- und Postproduktionstechnik führen zu immer massiveren Veränderungen der Arbeitsgebiete und Teamstrukturen. Assistenzpositionen in Schnitt, Kamera oder Studio und Ton verändern sich oder entfallen.
- Neue Auftraggeber und Finanzierungsmodelle für Fiction und Non-Fiction bringen neue Möglichkeiten, aber auch geschäftsstrategische Herausforderungen mit sich.
- Sendeformate werden in immer schnelleren Zyklen jubilatorisch entwickelt, präsentiert, verworfen und abgesetzt.
- Produktionsunternehmen, Sender und Dienstleister, mit denen oder für die man seit Jahren gearbeitet hat, sind plötzlich Teil eines großen Konzerns: Die seit Jahren vertrauten Entscheider müssen andere Schwerpunkte setzen, höhere oder andere Einsparungen durchsetzen – und oft genug wurden sie kommentarlos durch neue Entscheider ersetzt, mit denen man komplett neu verhandeln muss.
- Neue Verwertungs- und Verbreitungsmöglichkeiten für Medienprodukte entstehen durch das Trägermedium Internet und durch Komprimierungs- und Streaming-Technologien; wer weiß hier noch, wer wie mit bewegten Bildern, Tönen oder Texten mehr Geld verdienen könnte? Während zugleich die ersten Rückschläge ausgerechnet dort zu verzeichnen sind, wo Experten auf Neue Medien und Online-Aktivitäten gesetzt haben.
- Immer schneller tauchen neue Begriffe auf, parallel bejubelt und geschmäht – wer soll das noch beurteilen oder gar in seinen Arbeitsalltag integrieren? Kommt das virtuelle Studio oder nicht, brauche ich noch Filmkameras, besteht das EB-Kamerateam bald nur noch aus einer Person?

Ältere, erfahrene Film- und Fernsehprofis müssen sich früher oder später mit den fachspezifischen und auch interdisziplinären Fragen der Branchenentwicklung auseinander setzen: Je nach Spezialgebiet spüren sie mehr oder weniger massiv die komplexen Auswirkungen der technischen Innovationen in der Branche. Dies erschwert den ohnehin komplizierten Arbeitstag noch weiter – schließlich kann man als Profi in dieser Branche nicht lernen, wenn man gerade arbeiten muss. Wer dann aber lernen will, stellt fest: Der Überblick über die Weiterbildungsangebote wird ebenfalls schwieriger. Mehr sind sie geworden, lauter sind ihre Rufe und neuer sind ihre Titel und Themen. Zugleich erfordern sie genauere Recherchen, Hinterfragen von Inhalten und Qualität. Viele interessante Angebote gehen weit über die reine Vermittlung von Anwendungswissen, Gerätebeherrschung oder die Auffrischung des Fachwissens hinaus. Das braucht mehr Zeit, mehr Aufmerksamkeit – und ist auch teurer.

Und nun sind da noch die Absolventen der neuen Ausbildungsberufe. Zunächst von vielen belächelt, noch heute von Spezialisten hinter der Kamera, am Schneidetisch, im Produktionsbüro skeptisch beobachtet, kommen die ersten Mediengestalter Bild und Ton, AV-Medienkaufleute und Fachkräfte für Veranstaltungstechnik durch die Türen. Sie sind Mitte Zwanzig, haben drei Jahre in Produktions- oder Dienstleistungsunternehmen gelernt und gearbeitet, in den Berufsschulen Theoriekenntnisse erhalten und kosten (noch) weniger als so mancher Profi ohne Ausbildung. Die meisten von ihnen sind nach drei Jahren Marsch durch die Betriebe ausreichend realistisch und respektvoll; sie wissen, dass sie noch viel lernen müssen, bevor sie nach der breit angelegten Grundausbildung gute Spezialisten für mindestens einen Film- und Fernsehberuf sein werden. Manche werden noch für einige Zeit in Filmhochschulen oder anderen Hochschulen verschwinden, um ihr theoretisches, dramaturgisches oder betriebswirtschaftliches Spektrum zu erweitern. Aber dann sind ihre Ausgangschancen besser als alles, was man ihren Vorgängern aus der Zeit des »learning by doing« jemals geboten hat. Keine einfache Situation für diejenigen, die mit Anfang/Mitte Dreißig auf mühevolle und eigeninitiative Lernjahre zurückblicken und sich ihren Platz in der komplexen Branche »zu Fuß« erkämpft haben. Sie erhalten Konkurrenz und gleichzeitig oft nur wenig Unterstützung und Loyalität von den Betrieben, für die sie bisher verlässlich gearbeitet haben.

Auch für Umsteiger innerhalb der Branche, die bisher aufgrund ihrer guten Kenntnis der Produktionsabläufe auch mal vom Produktionsbüro zum Regiestab, vom Licht zur Kamera oder vom Buch zur Produktion wechseln konnten, wird es schwieriger. Dasselbe gilt für die früher so beliebten Quereinsteiger aus anderen Branchen: Früher war ihr kaufmännisches, organisatorisches, gestalterisches oder juristisches Expertenwissen eine gute interdisziplinäre Einstiegschance in die Film- und Fernsehproduktion, das branchenspezifische Know-how mussten sie sich selbst im Job erarbeiten. Zunehmend stoßen sie auf Ausbildungsabsolventen, die ihre medienspezifischen juristischen, kaufmännischen, technischen und sonstigen Kenntnisse in der Berufsschule und im Betrieb schon erworben haben und somit über einen gewaltigen Vorsprung verfügen.

Es ist also wirklich an der Zeit, sich Gedanken über das lebenslange Lernen zu machen. Möglichst ohne schlaflose Nächte, dafür aber mit klaren Nachfragen und Qualitätskriterien. Und mit einer besseren, verlässlicheren Kommunikation mit den auftraggebenden Unternehmen, deren Anforderungen und Prognosen das Hauptkriterium für die Fortbildungsaktivitäten der Freiberufler sein müssen. Freie arbeiten für die Unternehmen, aber ohne wirkliche Einbindung in deren Strukturen. Außerhalb der Arbeitsprozesse können sie sich nur selten mit Berufskollegen austauschen, und ihre Qualifizierungsaktivitäten finden in Eigenregie und fast immer selbst finanziert statt. In Anbetracht der finanziellen, inhaltlichen und organisatorischen Hürden tendieren viele von ihnen dazu, einen Bogen um die komplizierten und unüberschaubaren Qualifizierungsangebote zu machen, so lange es eben geht. Das ist verständlich, aber auch gefährlich. Gerade die berufserfahrenen, wenn auch nicht immer geradlinig ausgebildeten Profis der Branche müssen motiviert und unterstützt werden, wenn es um den Ausbau bzw. den Erhalt ihrer Wettbewerbschancen geht. Denn die Leistungsfähigkeit einer Branche, die so intensiv mit freien Mitarbeitern bzw. projektbezogen engagierten Profis arbeitet, ist von der Qualifikation gerade dieser Klientel existenziell abhängig. Die Unternehmen, aber auch politische Entscheider und Institutionen der Medienstandorte werden sich daran messen lassen müssen, wie ernsthaft, solidarisch und verantwortungsvoll sie diese »Humanressourcen« unterstützen, binden und absichern wird.

Welche Angebote gibt es?

Zunächst: Unter *Weiterbildung* versteht man alles, was in irgendeiner Weise neue Kenntnisse und Fähigkeiten vermittelt. Sie ist nicht staatlich geregelt und kann ebenso der berühme Makramee-Kurs in der Volkshochschule wie die Avid-Schulung für Profis sein.

Fortbildung hat demgegenüber das Ziel, bestimmte Lernerfolge und überprüfbare, berufliche Qualifikationen zu vermitteln, eben das berufliche Fortkommen zu erleichtern. Fortbildung ist häufig mit Lernkontrollen verbunden und die erfolgreiche Teilnahme wird zertifiziert. Für diese Zertifizierung und die Kontrolle der Qualität sind in der Regel die Kammern (Industrie- und Handelskammern oder Handwerkskammern) zuständig. Unter Aufstiegs-Fortbildung wird verstanden, in einem Beruf die nächste Qualifizierungsebene zu erreichen, also beispielsweise eine Meisterprüfung abzulegen.

Im Medienbereich hat sich in den letzten Jahren eine Fülle von Bildungsanbietern etabliert. Es gibt Einrichtungen, die Schulungen von Mitarbeiter der öffentlich-rechtlichen Fernsehanbieter übernehmen, so die Zentrale Fortbildung für Programmmitarbeiter (www.zfp.de) oder die Schule für Rundfunktechnik (www.srt.de). Eine Reihe von Bildungsanbietern wird durch Institutionen und Unternehmen der Medienwirtschaft getragen, etwa in Form eines Vereins oder einer Stiftung. Dazu gehören die Bayerische Akademie für Fernsehen (www.fernsehakademie.de), die Adolf-Grimme-Akademie (www.grimme-institut.de) oder die Deutsche Hörfunkakademie (www.hoerfunkakademie.de). Je nach Konzeption und regionalem Personalbedarf stehen sowohl allgemeine Seminare als auch längerfristig angelegte Angebote, bis hin zu Aufbaustudiengängen, auf dem Programm, wie bei der Hamburger Filmwerkstatt (www.hamburger-filmwerkstatt.de) oder der IFS Internationalen FilmSchule Köln (www.filmschule.de).

Die Gründung von Filmhäusern/Filmwerkstätten eröffnete auch Einsteigern und ambitionierten Amateuren die Möglichkeit mit professionellem Equipment zu arbeiten und sich über Seminare und Workshops zu qualifizieren. Viele Filmemacher haben so erste Projekte realisieren können und die Filmhäuser sind heute ein wichtiger Nachwuchspool. Das Kölner Filmhaus e.V. (www.k-filmhaus.de) kann inzwischen auf eine zwanzigjährige Erfolgsgeschichte zurück blicken; aus der gleichen Generation stammen das Bielefelder Filmhaus (www.filmhaus-bielefeld.de), die Filmwerkstatt Münster (www.muenster.org/filmwerkstatt) oder die Medienwerkstatt Linden in Hannover (www.nananet.de/MedienWerkstatt-Linden). Rund zehn Jahre jünger ist das Filmhaus Frankfurt (www.filmhaus-frankfurt.de).

Andere Anbieter haben sich auf ein bestimmtes Spektrum konzentriert: sie bieten Seminare im Bereich Design, Stoffentwicklung, Betriebswirtschaft oder Technik am. Beispiele dafür sind die Drehbuchwerkstatt Niedersachen des Film- & Medienbüros Niedersachsen (www.filmbuero-nds.de) oder die Master School Drehbuch GmbH des Filmboard Berlin Brandenburg (www.filmboard.de) mit Seminaren im Bereich Drehbuch, Stoffentwicklung und Marketing.

Der Arbeitsmarkt, insbesondere im Mediensektor, internationalisiert sich. Das Media-Programm der Europäischen Union unterstützt deshalb Weiterbildungsangebote, beispielsweise Seminare im Bereich Marketing und Promotion, die das Unternehmen Salzgeber-Medien (www.salzgeber.de) in Kooperation mit der Mitteldeutschen Medienförderung durchführt. Informationen zu den Seminaren quer durch Europa von Cardiff bis Nissyros gibt es bei www.mediadesk.de. Diese Angebote sind unter anderem für Profis gedacht, die in internationalen Koproduktionen mitarbeiten.

Für die Beurteilung von Weiterbildungsangeboten gilt: Neben der Qualität der Schulungen, dem fachlichen und pädagogischen Können der Referenten und den Kosten sollte auch die Branchennähe der Institution eine Rolle spielen. Gerade wenn nicht staatlich anerkannte Abschlüsse erworben werden, sollten sich Teilnehmer vorher informieren, welchen Ruf diese spezielle Weiterbildung in der Branche hat und welcher Wert dem Abschluss beigemessen wird. Ebenso wichtig ist, den eigenen Weiter-/Fortbildungsbedarf richtig einzuschätzen und das passende Angebot zu finden. Wer in einem Seminar unter- oder überfordert ist, verliert schnell jede Lernmotivation. Zur Orientierung auf dem Bildungsmarkt werden auch Hilfestellungen angeboten, so gibt das Deutsche Institut für Erwachsenenbildung (www.die-frankurt.de) Informationen heraus, anhand derer Bildungsinteressierte die betreffenden Angebote überprüfen können, und auf den Seiten von AIM (www.aim-mia.de) lässt sich eine Checkliste abrufen.

Literatur

Die Interview-Zitate stammen, wenn nicht anders gekennzeichnet, aus MIA, dem Medien-Informations-Archiv von AIM- Koordinations Centrum für Ausbildung in Medienberufen: www.aim-mia.de.

AIM KoordinationsCentrum für Ausbildung in Medienberufen/Michel Medien Forschung: ***Begleitung und Evaluierung der Berufsausbildung zum/zur Mediengestalter/in Bild und Ton, Film und Videoeditor/in***. Köln/Essen, 2001

Christiane Altenburg/Ingo Fließ (Hg.): ***Jenseits von Hollywood***. Drehbuchautoren über ihre Kunst und ihr Handwerk. Verlag der Autoren: Frankfurt, 2000

Alan A. Armer: ***Lehrbuch der Film- und Fernsehregie***. Zweitausendeins: Frankfurt, 2000

Bundesverband der bildgestaltenden Kameramänner und -frauen in der Bundesrepublik Deutschland (Hg.): ***Camera Guide 2001***. bvk Medien: Babensham, 2001

Bundesverband der Fernseh- und Filmregisseure (Hg.): ***Regie Guide 1999/2000***. Regie, Assistenz, Continuity. München, 1999

Bundesverband Filmschnitt: ***Cutter***.
www.bfs-cutter.de

Bastian Clevé (Hg.): ***Von der Idee zum Film***. Produktionsmanagement für Film und Fernsehen. Bleicher Verlag: Gerlingen, 3. Auflage, 1998

Günter Cramer/Klaus Kiepe (Hg.): ***Jahrbuch Ausbildungspraxis 2001***. Fachverlag Deutscher Wirtschaftsdienst: Köln, 2001

Forschungs- und Entwicklungsgesellschaft Hessen mbH: ***Medien- und Kommunikationswirtschaft in Hessen***. Eine Untersuchung der Branchenstruktur und des spezifischen Arbeitskräftebedarfs. Wiesbaden, 2001

Hans-Peter Gumprecht: ***Ruhe bitte!*** Aufnahmeleitung bei Film und Fernsehen. UVK Medien: Konstanz, 1999

Diana Iljine/Klaus Keil: ***Der Produzent***. TR-Verlagsunion: München, 1997

Otfried Jarren (Hg.): ***Medien und Journalismus***. Westdeutscher Verlag: Opladen, 1994

Andre Kauschke: ***Zwischen Meterware und Maßarbeit***. Markt- und Betriebsstrukturen der TV-Produktion in Deutschland. Bleicher Verlag: Gerlingen, 2000

Friedrich Kohle/Camilla Döge-Kohle/Bastian Clevé (Hg.): ***Medienmacher heute***. Bleicher Verlag: Gerlingen, 1999

Michel Medienforschung und Beratung im Auftrag des Ministeriums für Wissenschaft und Forschung: ***AV-Medien in NRW - Arbeitsmarkt und Qualifizierung***. Essen, 1998

Matthias A. Uhlig: ***Manual für Clapperloader***. Camera Obscura Verlag: Hamburg, 2000

Stefan Wachtel: ***Sprechen und Moderieren in Hörfunk und Fernsehen***. UVK Medien: Konstanz, 2000

Franziska Werners: ***Continuity und Script bei Fernsehen und Film***. Emons Verlag: Köln, 2001

Sender

Holger
von Hartlieb

Rechtliche Grundlagen der Fernsehsender

Die historisch und politisch unterschiedliche Entstehung der Fernsehsender ist auch der Grund für ihre unterschiedlichen rechtlichen Grundlagen. Unterschiedlich sind insbesondere die Rechtsgrundlagen von öffentlich-rechtlichen Fernsehanstalten und privaten Fernsehsendeunternehmen, deren Nebeneinander als duales System bezeichnet wird. Ihre allgemeinen Rechtsquellen sind die Verfassungsrechtsprechung, die Rundfunk-Staatsverträge und das jeweilige Landesrecht. Viele der grundlegenden Regelungen gelten für öffentlich-rechtliche und private Sender gleichermaßen. Eine wesentliche Aufgabe des öffentlich-rechtlichen Fernsehens besteht in der Gewährleistung der Grundversorgung. Die Grundlagen für die Entstehung der privaten Sendeanstalten schaffte das Bundesverfassungsgericht mit einem Urteil im Jahre 1981, in dem es festgestellt hat, dass die Grundversorgung der Bevölkerung bereits durch die öffentlich-rechtlichen Fernsehanstalten gewährleistet sei und damit auch private Anbieter zuzulassen sind.

Artikel 30 GG
Die Ausübung der staatlichen Befugnisse und die Erfüllung der staatlichen Aufgaben ist Sache der Länder, soweit dieses Grundgesetz keine andere Regelung trifft oder zuläßt.

Rechtsprechung des Bundesverfassungsgerichts

Die wesentliche rechtliche Grundlage für die Einordnung des Rundfunks nach Bundes- bzw. Landeskompetenzen ist das so genannte Erste Rundfunkurteil (Deutschland-Fernsehen) des Bundesverfassungsgerichts (BverfG) vom 28. Februar 1961 (BverfG 12, S. 205 f. = NJW 1961, S. 547 f.). In diesem Urteil hat das Bundesverfassungsgericht grundlegend festgestellt, dass es sich bei der Veranstaltung von Rundfunk um ein kulturelles Phänomen handelt. Nach den Grundregeln des Art. 30 Grundgesetz (GG) falle dies „in die Gesetzgebungszuständigkeit der Länder". Der Bund sei alleine für den technischen Fernmeldebereich zuständig. Dieser habe nur „dienende Funktionen". Mit seiner Fernmeldekompetenz dürfe der Bund keine Medienpolitik betreiben.

Ein weiterer juristischer Eckpfeiler ist die Rundfunkfreiheit, insbesondere die Staatsfreiheit des Rundfunks. Darauf hat das Bundesverfassungsgericht in mehreren Urteilen immer wieder hingewiesen. Zu nennen ist insbesondere das so genannte Dritte Rundfunkurteil (Privatfunk im Saarland) vom 16. Juni 1981 (BverfG 57, S. 295f., NJW 1981, S. 1774f.). Staatsfreiheit bedeutet, dass es der Exekutive verwehrt ist, Einfluss auf den Inhalt von Rundfunkprogrammen zu nehmen. Darauf hat auch der Gesetzgeber bei der Gesetzesgebung sowie bei der Änderung oder Aufhebung rundfunkrechtlicher Regelungen zu achten. Hier ist besonders darauf zu achten, dass Neuregelungen der besseren oder zumindestens gleichwertigen Ausgestaltung der Rundfunkordnung dienen sollen (Fünftes Rundfunkurteil „Landesmediengesetz Baden-Württemberg", BverfG vom 24. März 1987) (BverfG 74, S. 297f. = NJW 1987, S. 2987f.).

Nach der Rechtsprechung des Bundesverfassungsgerichts (Drittes Rundfunkurteil) ist die Rundfunkfreiheit „primär eine Freiheit der Meinungsbildung in ihrem subjektiv- und objektivrechtlichen Elementen dienende Freiheit". Rundfunkfreiheit bildet unter den Bedingungen der modernen Massenkommunikation eine notwendige Ergänzung und Verstärkung der Freiheit der Meinungsbildung. Sie soll eine freie und umfassende Meinungsbildung durch den Rundfunk gewähr-

leisten. Dabei haben die Fernsehanstalten auch auf die interne Gewährleistung der Rundfunkfreiheit zu achten. Interner Aufbau und Organisation müssen Raum für Meinungsvielfalt und pluralistische Meinungsbildung bieten. Dies soll insbesondere durch pluralistisch zusammengesetzte Gremien, wie beispielsweise den Rundfunkräten, bewirkt werden.
Begründet wird die Rechtsprechung des Bundesverfassungsgerichts mit der so genannten Sondersituation des Rundfunks:

- ihm stünden nur begrenzte Frequenzen zur Verfügung (technische Sondersituation),
- er betreibe einen hohen finanziellen Aufwand für die Veranstaltung von Rundfunkprogrammen (finanzielle Sondersituation),
- er habe eine besondere Wirkungsmächtigkeit (Breitenwirkung und Aktualität) und
- er sei daher für die Meinungsbildung besonders wichtig (mediale Sondersituation).

Der Gesetzgeber war und ist verpflichtet, bei der Rundfunkgesetzgebung diese wesentlichen Aspekte der Rundfunkfreiheit zu beachten.

Der Rundfunkstaatsvertrag

Neben der Rechtsprechung des Bundesverfassungsgerichts ist der Rundfunk-Staatsvertrag (RfStV) mit seinen Änderungsverträgen eine wesentliche rechtliche Grundlage für die Fernsehsender. Zu nennen sind insbesondere:

- Rundfunkstaatsvertrag vom 6. Juni 1961: ZDF-Staatsvertrag
- Rundfunkstaatsvertrag vom 12. März 1987: Neuordnung des Rundfunkwesens (Duales Rundfunksystem)
- Rundfunkstaatsvertrag vom 31. August 1991: „Rundfunkstaatsvertrag zum vereinten Deutschland“
- Erster Rundfunk-Änderungsstaatsvertrag vom 1. August 1994: „Änderungen zum Jugendschutz und zum Sponsoring“
- Zweiter Rundfunkänderungsstaatsvertrag vom 19. August 1996 mit „Änderungen zum Medienkonzentrationsrecht und zu PHOENIX und Kinderkanal KI.KA“
- Dritter Rundfunkänderungsstaatsvertrag vom 20. Januar/12. Februar 1997 mit „Änderungen zur Abgrenzung von Rundfunk- und Mediendiensten“
- Vierter Rundfunk-Änderungsstaatsvertrag vom 1. Februar 2000 mit „Änderungen unter anderem zur Werbung und zum Jugendschutz, zur Frequenz-Aufteilung zwischen öffentlich-rechtlichem und privatem Fernsehen im digitalen Bereich“

Rundfunkstaatsvertrag
§2 Begriffsbestimmungen
(1) Rundfunk ist die für die Allgemeinheit bestimmte Veranstaltung und Verbreitung von Darbietungen aller Art in Wort, in Ton und in Bild unter Benutzung elektromagnetischer Schwingungen ohne Verbindungsleitung oder längs oder mittels eines Leiters. Der Begriff schließt Darbietungen ein, die verschlüsselt verbreitet werden oder gegen besonderes Entgelt empfangbar sind.

Der Rundfunk-Staatsvertrag gilt mit seinen grundlegenden Regelungen (§§1 bis 10) für die öffentlich-rechtlichen Rundfunkanstalten und für die privaten Fernsehveranstalter. Er orientiert sich an dem klassischen Rundfunkbegriff wie er in §2 definiert ist. Er regelt die „einseitig an die Öffentlichkeit gerichtete Ausstrahlung von Programmen in einem vorgegebenen zeitlichen Ablauf“. Hierzu gehört ebenfalls das Pay-TV in allen Erscheinungsformen (pay-per-view, pay-per-channel etc.).

Mediendienste Staatsvertrag
§2 Geltungsbereich

(1) Dieser Staatsvertrag gilt für das Angebot und die Nutzung von an die Allgemeinheit gerichteten Informations- und Kommunikationsdiensten (Mediendienste) in Text, Ton oder Bild, die unter Benutzung elektromagnetischer Schwingungen ohne Verbindungsleitung oder längs oder mittels eines Leiters verbreitet werden. Die Bestimmungen des Rundfunkstaatsvertrages bleiben unberührt. Ferner bleiben die Bestimmungen des Teledienstegesetzes in der in einem Bundesgesetz erstmalig beschlossenen Fassung sowie des Telekommunikationsgesetzes unberührt.

(2) Mediendienste im Sinne von Absatz 1 sind insbesondere Verteildienste in Form von direkten Angeboten an die Öffentlichkeit für den Verkauf, den Kauf oder die Miete oder Pacht von Erzeugnissen oder die Erbringung von Dienstleistungen (Fernseheinkauf), Verteildienste, in denen Meßergebnisse und Datenermittlungen in Text oder Bild mit oder ohne Begleitton verbreitet werden, Verteildienste in Form von Fernsehtext, Radiotext und vergleichbaren Textdiensten, Abrufdienste, bei denen Text-, Ton- oder Bilddarbietungen auf Anforderung aus elektronischen Speichern zur Nutzung übermittelt werden, mit Ausnahme von solchen Diensten, bei denen der individuelle Leistungsaustausch oder die reine Übermittlung von Daten im Vordergrund steht, ferner von Telespielen.

Der Rundfunkstaatsvertrag regelt in seinem allgemeinen Teil insbesondere:

- Jugendschutz
- Kurzberichterstattung
- Werbung
- Sponsoring

Mediendienstestaatsvertrag

Der Mediendienstestaatsvertrag der Länder regelt „das Angebot und die Nutzung von an die Allgemeinheit gerichteten Informations- und Kommunikationsdienste (Mediendienste) in Text, Ton oder Bild, die unter Benutzung elektromagnetischer Schwingungen ohne Verbindungsleitung oder längs oder mittels eines Leiters verbreitet werden" (§2 Abs. 1 Mediendienste-Staatsvertrag). Im Unterschied zum Rundfunkbegriff im Rundfunkstaatsvertrags fehlt es hier an der Veranstaltung von Darbietungen. Der Mediendienst muss sich allerdings an die Allgemeinheit richten.

Informations- und Kommunikationsdienstegesetz

Das Informations- und Kommunikationsdienstegesetz des Bundes regelt gemäß §2 Abs. 1 „alle elektronischen Informations- und Kommunikationsdienste, die für eine individuelle Nutzung von kombinierbaren Daten wie Zeichen, Bilder oder Töne bestimmt sind und denen eine Übermittlung mittels Telekommunikation zugrunde liegt (Teledienste)". Hierzu gehören insbesondere Angebote der Individualkommunikation, die sich im Unterschied zu den Mediendiensten nicht an die Allgemeinheit richten.

Die öffentlich-rechtlichen Sendeanstalten

Der Rundfunkstaatsvertrag, die Staatsverträge der Länder und die Landesrundfunkgesetze bilden die allgemeine Rechtsgrundlage für die öffentlich-rechtlichen Sendeanstalten.

Der gesetzliche Programmauftrag wird entweder in den Staatsverträgen in Verbindung mit dem Rundfunkstaatsvertrag erteilt (beispielsweise §1 ARD-Staatsvertrag für die ARD, §1 ZDF-Staatsvertrag für das ZDF, §19 Abs. 2 Rundfunk-Staatsvertrag für Kinderkanal KI.KA und PHOENIX, §19 Abs. 1 Rundfunk-Staatsvertrag für 3sat oder §19 Abs. 4 für arte) geregelt, oder es gilt eine Generalklausel, die allgemein zur Veranstaltung von Fernsehprogrammen berechtigt. Eine solche Generalklausel gilt zum Beispiel für die Veranstaltung der dritten Fernsehprogramme. In den Rundfunkstaatsverträgen sind die Programmgrundsätze für die öffentlich-rechtlichen Fernsehanstalten geregelt. Hierzu gehören insbesondere

- der Schutz der Menschenwürde,
- die Achtung der sittlichen, religiösen und weltanschaulichen Überzeugungen anderer,
- die Verfolgung allgemeiner Ziele wie Frieden, Völkerverständigung und diskriminierungsfreies Miteinander in der Gesellschaft sowie
- die Pflicht zur Ausgewogenheit.

Eine wesentliche Aufgabe des öffentlich-rechtlichen Rundfunks besteht in der Gewährleistung der Grundversorgung, zu denen nach dem Urteil des Bundesverfassungsgerichts vom 4. November 1986 (BVerfG 73, S. 118f. = NJW 87, S. 239f, Viertes Rundfunkurteil, Niedersachsen) drei Elemente gehören:

- „eine Übertragungstechnik, bei der ein Empfang für alle sichergestellt ist," d.h. nach heutigem Stand über terrestrische Frequenzen, Kabel und Satellit;
- „der inhaltliche Standard der Programme im Sinne eines Angebots, das nach seinen Gegenständen und der Art ihrer Darbietung oder Behandlung dem dargelegten Auftrag des Rundfunks nicht nur zu einem Teil, sondern voll entspricht," also eine thematische und inhaltliche Vielfalt des Programmes;
- „die wirksame Sicherung gleichgewichtiger Vielfalt in der Darstellung der bestehenden Meinungsrichtungen durch organisatorische und verfahrensrechtliche Vorkehrungen".

Verstärkt wird das Ziel der Grundversorgung durch die so genannte Bestands- und Entwicklungsgarantie. Die Grundversorgung als bedeutsamer Beitrag für die Meinungsbildung in der Bundesrepublik ist auch unter veränderten Umständen (etwa neue Techniken) fortzuentwickeln und geänderten Umständen anzupassen. Das Bundesverfassungsgericht hat in seinem WDR-Urteil vom 24. März 1987 („Landesmediengesetz Baden-Württemberg", Fünftes Rundfunkurteil) (BVerfG 74, S. 297f. = NJW 1987, S. 2987f.) festgestellt, dass das Programmangebot der öffentlich-rechtlichen Anstalten für neue Publikumsinteressen oder neue Formen und Inhalte offen bleiben muss.

Eine weitere wesentliche Stütze für die Gewährleistung der Grundversorgung ist die Programmautonomie. Das Bundesverfassungsgericht hat festgestellt, dass die Rundfunkanstalten in der Art und Weise der Funktionserfüllung grundsätzlich frei seien. Es sei primär Sache der Rundfunkanstalten, über Inhalt und Form sowie Anzahl und Umfang ihrer Programme selbst zu entscheiden (BVerfG 90, S. 60f. = Achtes Rundfunkurteil, „Gebührenurteil").

Die öffentlich-rechtlichen Sendeanstalten sind rechtsfähige Anstalten des öffentlichen Rechts. Sie haben das Recht zur Selbstverwaltung. Im Gegensatz zur typischen Form des öffentlich-rechtlichen Verwaltungsträgers sind die öffentlich-rechtlichen Fernsehanstalten auch fähig, Grundrechtsschutz in Anspruch zu nehmen. Sie können – wie private Personen – die Verletzung von Grundrechten geltend machen. Der Grundrechtsschutz bezieht sich nach der ständigen Rechtsprechung des Bundesverfassungsgerichts allerdings nur auf das Grundrecht der Rundfunkfreiheit gemäß Art.5 Abs.1 Satz 2 GG und etwa damit direkt zusammenhängende Grundrechte wie etwa das der Kunstfreiheit nach Art.5 Abs.3 GG oder das Recht auf rechtliches Gehör gemäß Art.103 GG.

Außerhalb der Rundfunkfreiheit stehen den öffentlich-rechtlichen Rundfunkanstalten grundsätzlich keine Grundrechte zu. Insbesondere (auch) nicht das Grundrecht auf Berufsausübung (Art.12 GG) und Eigentumsschutz (Art.14 GG).

Informations- und Kommunikationsdienstegesetz

§2 Geltungsbereich

(1) Die nachfolgenden Vorschriften gelten für alle elektronischen Informations- und Kommunikationsdienste, die für eine individuelle Nutzung von kombinierbaren Daten wie Zeichen, Bilder oder Töne bestimmt sind und denen eine Übermittlung mittels Telekommunikation zugrunde liegt (Teledienste).

(2) Teledienste im Sinne von Absatz 1 sind insbesondere Angebote im Bereich der Individualkommunikation (zum Beispiel Telebanking, Datenaustausch), Angebote zur Information oder Kommunikation, soweit nicht die redaktionelle Gestaltung zur Meinungsbildung für die Allgemeinheit im Vordergrund steht (Datendienste, zum Beispiel Verkehrs-, Wetter-, Umwelt- und Börsendaten, Verbreitung von Informationen über Waren und Dienstleistungsangebote), Angebote zur Nutzung des Internets oder weiterer Netze, Angebote zur Nutzung von Telespielen, Angebote von Waren und Dienstleistungen in elektronisch abrufbaren Datenbanken mit interaktivem Zugriff und unmittelbarer Bestellmöglichkeit.

Die interne Struktur der öffentlich-rechtlichen Rundfunkanstalten ist weitgehend einheitlich. Nach der Rechtsprechung des Bundesverfassungsgerichts ist die Staatsfreiheit zu beachten und ein möglichst großer Freiraum für die Meinungsbildung zu ermöglichen (Binnenpluralität) (vgl. oben „Drittes Rundfunkurteil" BVerfG. vom 16.06.1981, BVerfG 57, S. 295f. = NJW 1981, S. 1774f.). Die Organe der öffentlich-rechtlichen Rundfunkanstalten sind der Intendant, der Rundfunkrat und der Verwaltungsrat.

Der ***Intendant*** leitet die Rundfunkstalt und trägt die Programmverantwortung. Der ***Rundfunkrat*** (ZDF: Fernsehrat) vertritt die Interessen der Allgemeinheit auf dem Gebiet des Rundfunks. Er setzt sich aus Vertretern des Staates, der Parteien, der Verbände und sonstigen gesellschaftlichen Gruppierungen zusammen. Die Zahl seiner Mitglieder liegt je nach Rundfunkanstalt zwischen 16 und 77. Diese »Binnenpluralität« des Rundfunkrates soll die Unabhängigkeit und die Staatsfreiheit des Rundfunks gewährleisten. Der Rundfunkrat soll in erster Linie der Beratung des Intendanten in allen Rundfunkfragen dienen. Er achtet im Bereich der Programmgestaltung auf die Einhaltung der gesetzlichen Programmgrundsätze. Auch bei der Personalpolitik hat der Rundfunkrat entscheidende Mitwirkungsbefugnisse. Er wählt zum Beispiel den Intendanten. Der Rundfunkrat ist ebenfalls berechtigt, den Haushalt festzustellen und zu kontrollieren.

Der ***Verwaltungsrat*** ist für wirtschaftliche und technische Fragen zuständig. Er überwacht die Geschäftsführung des Intendanten außerhalb der Programmgestaltung.

Die ***Landesrundfunkanstalten*** unterliegen als juristische Person des öffentlichen Rechts der Rechnungskontrolle durch die zuständigen Landesrechnungshöfe. Eine Fachaufsicht besteht nicht. Die Rechtsaufsicht durch das zuständige Organ eines Bundeslandes ist allerdings nur auf evidente Rechtsverstöße beschränkt und greift erst ein, wenn die internen Kontrollgremien gegen einen Rechtsverstoß nicht eingeschritten sind.

Die Zahlung der Rundfunkgebühren ist im ***Rundfunkgebührenstaatsvertrag*** (RGebSTV) geregelt. Hier finden sich auch die Bestimmungen zur Höhe und zu Befreiungsmöglichkeiten. Im ***Rundfunkfinanzierungsstaatsvertrag*** (RfinStV) sind die Voraussetzungen und Anforderungen an die Festlegung der Höhe der Rundfunkgebühr geregelt.

Die Finanzierung des öffentlich-rechtlichen Rundfunks durch Werbeeinnahmen ist in den §§14 bis 18 des Rundfunkstaatsvertrages geregelt.

ARD (Arbeitsgemeinschaft der öffentlich-rechtlichen Rundfunkanstalten Deutschlands)

Die ARD stellt das Gemeinschaftsprogramm aller ersten Fernsehprogramme der jeweiligen Sendeanstalten der Länder dar (Bayerischer Rundfunk, Hessischer Rundfunk, Mitteldeutscher Rundfunk, Norddeutscher Rundfunk, Ostdeutscher Rundfunk Brandenburg, Südwestrundfunk, Sender Freies Berlin, Radio Bremen und Westdeutscher Rundfunk).

Rechtsgrundlage ist der ARD-Staatsvertrag, der als Art.2 des Staatsvertrags über den Rundfunk im Vereinten Deutschland von 1991 das Länderabkommen über die Koordinierung des Ersten Fernsehprogramms von 1959 ersetzt.

Die Rechtsnatur der ARD wird als „nicht rechtsfähige öffentlich-rechtliche Verbandseinheit" angesehen. Dies ergibt sich aus der Verwaltungsvereinbarung in „der Landesrundfunkanstalten über die Zusammenarbeit auf dem Gebiet des Fernsehens" (Fernsehvertrag) in der Fassung vom 26./27. November 1991, geändert durch die „Änderung der Verwaltungsvereinbarung der Landesrundfunkanstalten über die Zusammenarbeit auf dem Gebiet des Fernsehens" ARD-Fernsehvertrag vom 26. Juni 1996). Diese Verwaltungsvereinbarung regelt die Zuständigkeiten und Organisationen sowie weitere Verfahren zwischen den Landesrundfunkanstalten im Hinblick auf die ARD.

Urteil
des Zweiten Senats vom 28. Februar 1961 auf Grund der mündlichen Verhandlung vom 28., 29. und 30. November 1960 Art. 5 GG fordert zur Sicherung der Freiheit auf dem Gebiet des Rundfunks allerdings nicht die in den Landesrundfunkgesetzen gefundene und für die Rundfunkanstalten des Bundesrechts übernommene Form. Insbesondere ist es von der Bundesverfassung nicht gefordert, daß Veranstalter von Rundfunksendungen nur Anstalten des öffentlichen Rechts sein können. Auch eine rechtsfähige Gesellschaft des privaten Rechts könnte Träger von Veranstaltungen dieser Art sein, wenn sie nach ihrer Organisationsform hinreichende Gewähr bietet, daß in ihr in ähnlicher Weise wie in der öffentlich-rechtlichen Anstalt alle gesellschaftlich relevanten Kräfte zu Wort kommen, und die Freiheit der Berichterstattung unangetastet bleibt. Gegen eine solche Gesellschaft besteht von Verfassung wegen kein Bedenken, wenn beispielsweise durch Gesetz eine die spezifischen Zwecke des Rundfunks, insbesondere die Erhaltung seiner institutionellen Freiheit sichernde besondere Gesellschaftsform zur Verfügung gestellt und jede, den angegebenen Erfordernissen genügende Gesellschaft, die Rundfunksendungen veranstaltet, einer Staatsaufsicht ähnlich etwa der Banken- oder Versicherungsaufsicht unterworfen wird.

ZDF (Zweites Deutsches Fernsehen)

Das Erste Fernsehurteil des Bundesverfassungsgerichts vom 28. Februar 1961 hat die Grundlage für eine von den Bundesländern gemeinsam getragene Fernsehanstalt, das ZDF, geschaffen. Der Staatsvertrag über die Errichtung der Anstalt des öffentlichen Rechts »Zweites Deutsches Fernsehen« wurde am 6. Juni 1961 von den Ministerpräsidenten der Bundesländer unterzeichnet. Neben seinem unter dem Anstaltsnamen laufenden Hauptprogramm hält das ZDF einen 30-Prozent-Anteil an 3sat, ist am europäischen Kulturkanal arte beteiligt, trägt seit 1994 gemeinsam mit der ARD das DeutschlandRadio sowie seit 1997 den Kinderkanal KI.KA und den Sender PHOENIX. Die Rechtsnatur des ZDF entspricht der der ARD. Da das ZDF keinen Verbund verschiedener Landesrundfunkanstalten darstellt, sondern eine eigenständige Institution ist, ist es lediglich anders strukturiert und organisiert.

Die privatrechtlichen Sendeunternehmen

Allgemeine Rechtsgrundlage für das Entstehen privater Fernsehveranstalter ist das so genannte Dritte Rundfunkurteil des Bundesverfassungsgerichts vom 16. Juni 1981. Nachdem das Bundesverfassungsgericht die Grundversorgung der Bevölkerung durch die öffentlich-rechtlichen Anstalten als gewährleistet ansah, waren die Landesgesetzgeber frei und befugt, private Programmveranstalter zuzulassen. Es entstand das duale System.

In den 80er Jahren haben die Bundesländer jeweils eigene Landesmediengesetze erlassen. Diese regeln die Voraussetzungen für eine Lizenzerteilung zur Veranstaltung eines Fernsehprogrammes als Teil- oder Vollprogramm. Die Länder Bayern und Nordrhein-Westfalen bilden eine Ausnahme.

In Bayern war ein wesentlicher rechtlicher und tatsächlicher Einfluss der Landesmedienanstalt gegenüber den Programmveranstaltern in der Landesverfassung vorgesehen, der jedoch aufgrund jüngster Gesetzesnovellierungen in der Praxis keine wesentliche Rolle (mehr) spielt.

In Nordrhein-Westfalen wird zwischen landesweitem und lokalem Rundfunk unterschieden. Bei landesweitem Programm orientiert sich das Landesrundfunkgesetz an dem bundesweiten Lizenzierungsmodell. Beim lokalen Rundfunk gilt ein sogenanntes »Zwei-Säulen-Modell«. Dies ermöglicht eine Aufteilung des Rundfunkveranstalters in eine Veranstaltergemeinschaft und eine Betriebsgesellschaft. Das Bundesverfassungsgericht hat dieses »Zwei-Säulen-Modell« als verfassungsgemäß anerkannt (BverfG 83, S. 238f. = NJW 91, S. 899f., Sechstes Rundfunkurteil, „WDR-Urteil").

Landesmediengesetze

Nach § 1 Abs.2 RFStV gelten für die privaten Veranstalter die Vorschriften der Landesmediengesetze, soweit der Rundfunkstaatsvertrag keine anderweitigen Regelungen enthält oder zulässt. Die Regelungen im Rundfunkstaatsvertrag gehen vor. Für die privaten Fernsehveranstalter gelten deshalb die genannten Bestimmungen des Rundfunkstaatsvertrags im allgemeinen Teil

- zum Jugendschutz,
- zur Kurzberichterstattung,
- zu Werbeinhalten und
- zum Sponsoring.

Teilweise sind diese Bestimmungen auch in die Landesmediengesetze übernommen worden. Außerdem gelten für bundesweit verbreitete private Fernsehprogramme die Programmgrundsätze des Rundfunkstaatsvertrages,

- die Regelung über Wahlwerbung der politischen Parteien (§ 41 RFStV),
- die Sendezeiten der Kirchen (§ 42 RFStV) und
- Ordnungswidrigkeits-Tatbestände (§ 49 RFStV).

Da nahezu alle relevanten privaten Fernsehveranstalter ein bundesweites Programm ausstrahlen, haben sie diese Vorschriften zu beachten. Die Landesmediengesetze enthalten eine Vielzahl von Bestimmungen über die Programmvorschriften. Hierzu gehören insbesondere

- die Achtung der Menschenwürde bei der Berichterstattung,
- die Völkerverständigung,
- die Erhaltung der Umwelt,
- die Gleichberechtigung zwischen Mann und Frau und
- die Integration ausländischer Mitbürger.

Außerdem enthalten einige Landesmediengesetze Vorschriften über den Anteil an Eigenproduktionen oder Produktionen aus Ländern der Europäischen Gemeinschaft.

Weil sie die einzige bzw. hauptsächliche Finanzierungsquelle für die privaten Fernsehanstalten sind, gelten wesentliche Bestimmungen und Vorschriften zu den Werbezeiten.

Die Aufsichts- und Kontrollfunktion über die Einhaltung der Landesmediengesetze liegt bei den Landesmedienanstalten. Diese sind auch für die Lizenzierung von Fernsehveranstaltern (auf erstmalige Zulassung) zuständig.

In den Landesmediengesetzen ist für die Zulassungspraxis geregelt, dass eine so genannte Außenpluralität dadurch erreicht werden soll, dass unterschiedliche Programme miteinander konkurrieren. Dafür ist grundsätzlich keine Ausgewogenheit innerhalb des einzelnen Programms zwingend erforderlich (eine Ausnahme gilt, wenn nicht genügend konkurrierende Programme existieren). In den Landesmediengesetzen in Bremen, Hamburg und Nordrhein-Westfalen sind auch Vorschriften für eine Binnenpluralität der Programme innerhalb eines Senders zu finden.

Die Landesmedienanstalten sind auch für die Vorschriften in den Landesmediengesetzen über die Weiterverbreitung von Programmen über die Landesgrenzen hinaus zuständig, etwa solche, die mit Hilfe von Satelliten verbreitet werden. Dies hat wesentliche Bedeutung für die Weiterverbreitungsregelungen bundesweit ausgestrahlter Programme.

In den Landesmediengesetzen ist auch die Einspeisung und Weiterverbreitung in die Landes- bzw. örtlichen Kabelnetze geregelt. Die Landesmedienanstalten entscheiden über die Rangfolge der Einspeisung. Sie haben nach dem Landesmediengesetz insbesondere das Ziel der Wahrung der Meinungsvielfalt zu beachten. Die Landesmediengesetze sehen dafür unterschiedliche Modelle vor: das Vorrang- und das Auswahl-Modell.

Beim Vorrang-Modell, das in den meisten Bundesländern angewendet wird, handelt es sich um die Berücksichtigung einer konkreten Rangfolge, an die die Landesmedienanstalten gebunden sind. Erst wenn Kapazitätsengpässe vorliegen, wird je nach Rangordnung eine Auswahl getroffen.

Beim Auswahl-Modell, das nur in Bayern und Berlin-Brandenburg angewendet wird, hat nur eine kleine Gruppe von Sendern den Vorrang. Im Übrigen ist die Landesmedienanstalt bei der Auswahl der einzuspeisenden Sender frei. Allerdings ist auch dabei die Meinungsvielfalt zu beachten.

Die Landesmedienanstalten sind darüber hinaus zuständig für die Einhaltung der einheitlichen Richtlinien

- für Werbung und Jugendschutz,
- zur Förderung der Programmvielfalt,
- für die Förderung des Ausbaus der technischen Übertragungswege.

Die Landesmedienanstalten unterliegen einer staatlichen Rechtsaufsicht. Diese ist allerdings nur eingeschränkt zulässig, weil eine Ersatzvornahme oder eine Aufsicht in Programmangelegenheiten ausgeschlossen ist.

Literatur

Klaus Beucher/Ludwig Leyendecker/Oliver von Rosenberg: ***Mediengesetze***. Rundfunk, Mediendienste, Teledienste. Kommentar zum Rundfunkstaatsvertrag, Mediendienstestaatsvertrag, Teledienstgesetz und Teledienstdatenschutzgesetzt. Vahlen Verlag: München, 1999

Albrecht Hesse: ***Rundfunkrecht***. Vahlen Verlag: München, 2. Auflage, 1999

Horst von Hartlieb/Holger Schwarz: ***Handbuch des Film, Fernseh- und Videorechts***. C.H. Beck: München, 4. Auflage, 2001

Eric
Karstens

Die Senderlandschaft in Deutschland

Die Senderlandschaft in Deutschland ist seit 1984 durch das duale System geprägt. Neben den öffentlichen-rechtlichen Sendern sorgen heute auch die Privaten für die Grundversorgung der Zuschauer mit Information, Bildung und Unterhaltung. Das Jahr 2000 markiert allerdings einen grundsätzlichen Wandel in der deutschen Fernsehlandschaft: Die Kirchgruppe und die RTL Group (Bertelsmann) haben das frei empfangbare Privatfernsehen fast vollständig unter sich aufgeteilt. Welche Auswirkungen die Krise der Kirchgruppe haben wird, war bei Redaktionsschluss dieses Buches noch nicht absehbar. Die Zahl der von ihnen unabhängigen Sender ist klein geworden und wird immer kleiner. Die großen privaten Senderfamilien prägen die Fernsehlandschaft. Sie machen Fernsehen ökonomisch effizienter und finanziell erfolgreicher. Von Inhalten oder dem Kulturgut Fernsehen ist heute kaum noch die Rede. Konzerninteressen und standortpolitische Erwägungen stehen im Mittelpunkt der Diskussionen. In den Sendern haben die Programmmacher der Gründerjahre ihre Chefsessel fast vollständig an eine neue Riege hauptsächlich betriebswirtschaftlich denkender Manager abgegeben. Dafür ist die Zeit der finanziellen Verluste vorbei. Das private Fernsehen in Deutschland hat damit ein erstes Reifestadium erreicht. Nun steht es vor der Herausforderung, seine Position gegen oder mit den neuen internetbasierten Medien zu verteidigen.

Machtverhältnisse und Senderfamilien

Die Rahmenbedingungen des privaten Fernsehens sind im Rundfunkstaatsvertrag festgelegt (siehe dazu den Beitrag von Holger von Hartlieb). Damit soll eine zu große Zusammenballung publizistischer Macht verhindert werden. Er wurde seit seiner ersten Fassung von 1987 mehrfach novelliert. Von historischer Bedeutung ist der „Dritten Rundfunkänderungsstaatsvertrag“, der am 1. Januar 1997 in Kraft trat und mit dem neue Grenzen für die Beteiligung an Sendern festgelegt wurden. Bis zur dritten Staatsvertragsnovelle war der Besitz von mehr als 49,9 Prozent an einem Fensehkanal unzulässig. Nach dem so genannten Beteiligungsmodell mussten mehrere Eigentümer eine Veranstaltergemeinschaft bilden, in der niemand eine absolute Mehrheit der Anteile kontrollieren durfte. Außerdem durfte ein Unternehmen, dass an einem Voll- oder Informationsprogramm mit einem Anteil zwischen 25 und 50 Prozent beteiligt war, sich bei höchstens zwei weiteren Sendern mit jeweils weniger als 25 Prozent engagieren. Eine Ausnahme bildeten Spartenkanäle wie Sport- oder Kindersender. Eine zersplitterte Eigentümerstruktur war die Folge. Viele Sender – prominente Beispiele sind Sat.1 oder VOX – hatten mit mehreren Eigentümern zu kämpfen, die sich mit ihren unterschiedlichen Interessen gegenseitig blockierten. Wenn ein Sender wie RTL trotzdem konsequent eine strategische Linie verfolgte, ist das eher den Managerqualitäten der Geschäftsleitung als den strategischen Vorgaben der Gesellschafter zu verdanken.

Das Beteiligungsmodell

Das Beteiligungsmodell hemmte die Entwicklung des Privatfernsehens und war deswegen politisch nicht haltbar. Meinungsvielfalt lässt sich auch nicht an den Eigentumsverhältnissen von Sendern ablesen. Entscheidend ist nicht, wie viele Unternehmen einen Sender kontrollieren, sondern welchen Einfluss er auf die öffentliche Meinung hat. Der Chefredakteur eines viel gesehenen Kanals, der mehrere Gesellschafter hat, kann mehr Meinungsmacht ausüben, als der eines Minderheitenprogramms, das nur einen Besitzer hat. Wenn ein Nachrichtenkanal wie CNN Themen setzt und vor allem von wichtigen Multiplikatoren der öffentlichen Meinung ständig beobachtet wird, ist er tendenziell einflussreicher als ein großer Unterhaltungssender, der die Mehrheit der Bevölkerung erreicht – unabhängig von den Eigentumsverhältnissen.

Außerdem hatten nur wenige Konzerne die finanziellen Mittel und das Interesse, die enormen Investitionen für die Entwicklung von Programmen zu tragen. Nur große Medienunternehmen konnten zu der Zeit, als die Sender selbst noch Verluste machten, mit dem Privatfernsehen auf anderen Feldern Geld verdienen. Sie besaßen (und besitzen) neben Senderbeteiligungen auch Produktionsfirmen und Unternehmen, die mit Lizenzen handeln. Sie verfügten (und verfügen) über Senderechte an Spielfilmen, Serien und Sportereignissen, mit denen die Programme gefüllt, und die verkauft werden konnten (und können). Mittelständische Unternehmen und Gesellschafter von Fernsehsendern (vor allem Verlagshäuser) waren dagegen zwar an den Verlusten der Sender beteiligt, nicht aber an den Erträgen aus der Produktion und dem Handel mit Programmen. Sie zogen sich zurück und die verbleibenden Medienkonzerne verfolgten noch effizientere Verwertungsmöglichkeiten für ihre Programminhalte. Es entstanden große Senderfamilien mit aufeinander abgestimmten Sendern und Programmen.

Das Zuschaueranteilsmodell

Die Politik stand unter einem doppelten Druck: Für die Entwicklung des Privatfernsehens mussten neue Rahmenbedingungen geschaffen werden, ohne die medienpolitisch und verfassungsrechtlich gewollte Kontrolle publizistischer Macht aufzugeben. Es wurde das »Zuschaueranteilsmodell« eingeführt. Danach ist es möglich, sich an beliebig vielen Sendern (auch bis zu 100 Prozent) zu beteiligen – vorausgesetzt, alle Beteiligungen zusammen bleiben unterhalb einer Marktanteilsgrenze von 30 Prozent bei allen Zuschauern ab drei Jahren.

Solange es die öffentlich-rechtlichen Sender mit ihren vielfältigen Angeboten gibt, ist diese Regelung für private Anbieter äußerst komfortabel. Denn Das Erste, die dritten Programme der ARD, das ZDF und die öffentlich-rechtlichen Spartenkanäle 3sat, PHOENIX, der Kinderkanal KI.KA und arte haben einen Marktanteil von mehr als 40 Prozent. Berücksichtigt man außerdem einige ausländische und unabhängige Sender, ist die Gefahr, mit einer Senderfamilie mehr als 30 Prozent der Zuschauer zu erreichen, derzeit relativ gering. Dies ist auch deswegen unwahrscheinlich, weil sich fast alle Privatsender auf die werberelevante Zielgruppe der 14- bis 49-jährigen konzentrieren.

Selbst wenn eine Senderfamilie den kritischen Schwellenwert erreichen sollte, bietet der Rundfunkstaatsvertrag einen Ausweg. In diesem Fall wird ein Programmbeirat eingerichtet oder es werden Sendezeiten an so genannte unabhängige Dritte abgegeben. Diese Regelungen treten von Gesetzes wegen auch dann in Kraft, wenn ein kommerzieller Kanal einen Marktanteil von mehr als zehn Prozent bei allen Zuschauern erreicht. Das trifft zur Zeit auf RTL und Sat.1 zu. Diese Sender müssen Programmflächen an Veranstalter abtreten und finanzieren, auf die sie redaktionell und aufgrund von Eigentumsverhältnissen keinen maßgeblichen Einfluss haben. Solche Sendeplätze tragen zur Vielfalt des Privatfernsehens bei. Der größte unabhängige Fernsehveranstalter ist die dctp Entwicklungsgesellschaft für Fernsehprogramme des Medienunternehmers Prof. Alexander Kluge. Sie verfügt über Sendezeiten vor allem bei RTL, Sat.1 und VOX und realisiert gemeinsam mit Partnern Sendungen wie *Spiegel TV* oder *Stern TV*.

Verwertungsketten und Synergieeffekte

Nach der Verabschiedung des Dritten Rundfunkänderungsstaatsvertrages setzte eine Welle von Senderübernahmen ein. Die Konsolidierung der Senderfamilien ist in Deutschland im Jahr 2000 zu einem vorläufigen Abschluss gekommen. Die Kirch-Gruppe hat das Prinzip der Senderfamilie am konsequentesten umgesetzt. Unter dem Dach der ProSiebenSat.1 Media AG ist neben Sat.1, ProSieben und Kabel 1 der Nachrichtensender N24 zu finden. Zur Kirch-Gruppe gehören außerdem das Deutsche Sportfernsehen (DSF) und der Pay-TV-Anbieter PREMIERE. Die Folgen der Krise der Kirch-Gruppe bis zum April 2002 waren bei Redaktionsschluss dieses Buches noch nicht absehbar. Im Einflussbereich der Bertelsmann AG sind die Eigentumsverhältnisse und Einflussmöglichkeiten (noch) nicht ganz so eindeutig. Die RTL Group, hervorgegangen aus der Fusion der CLT-UFA mit dem britischen Medienunternehmen Pearson, hat zwar beim Marktführer RTL und bei VOX einen bestimmenden Einfluss, verfügt jedoch bei Super RTL und RTL II nicht über die absolute Mehrheit. Ein eigener Nachrichtenkanal wird immer wieder angekündigt und über die Übernahme von n-tv wird immer wieder spekuliert.

Die einzigen relevanten deutschen Privatsender, die nicht unter dem direkten Einfluss von Kirch-Media oder RTL Group stehen, sind neben dem Nachrichtensender n-tv die Musiksender VIVA und MTV. n-tv gehört im Wesentlichen Turner Broadcasting/CNN, Time Warner sowie einer Reihe von kleineren Gesellschaftern. VIVA befindet sich im Besitz von AOL Time Warner, EMI, Vivendi Universal und einer Reihe kleinerer Aktionäre. Über Tochtergesellschaften gehört MTV zu 100 Prozent der Viacom Incorporation. Es ist nicht übertrieben, von einem Duopol der Konzerne Kirch und Bertelsmann bis zum April 2002 im deutschen Privatfernsehen zu sprechen. Dies wird auch dadurch unterstrichen, dass beide Senderfamilien die Vermarktung der Werbung auf allen ihren Kanälen in den Tochterfirmen SevenOne Media (für die Kirch-Gruppe) und IP Deutschland (für die RTL Group) konzentriert haben.

Mit dieser medienrechtlich sanktionierten Konzentration soll das Privatfernsehen dauerhaft rentabel gemacht und die Rentabilität gesteigert werden. Dazu ist es notwendig, die Kanäle einer Senderfamilie inhaltlich so zu positionieren, dass sie sich möglichst wenig überschneiden und möglichst wenig um Zuschauer konkurrieren. Zugleich ist so viel inhaltliche Nähe notwendig, dass Produktionen und Programme ausgetauscht werden können. Die Profilierung erfolgt über Programmschwerpunkte sowie über die Zielgruppen, deren Altersstruktur und geschmackliche Vorlieben.

Der Marktanteil der Sender einer Familie spielt ebenfalls eine wichtige Rolle. Eine Senderfamilie, die ausschließlich über große, massenattraktive Kanäle verfügt, kann ebenso wenig das gesamte Spektrum des Programm- und Werbemarktes abdecken wie eine Senderfamilie, die mit Spartenprogrammen nur kleine Zielgruppen erreicht.

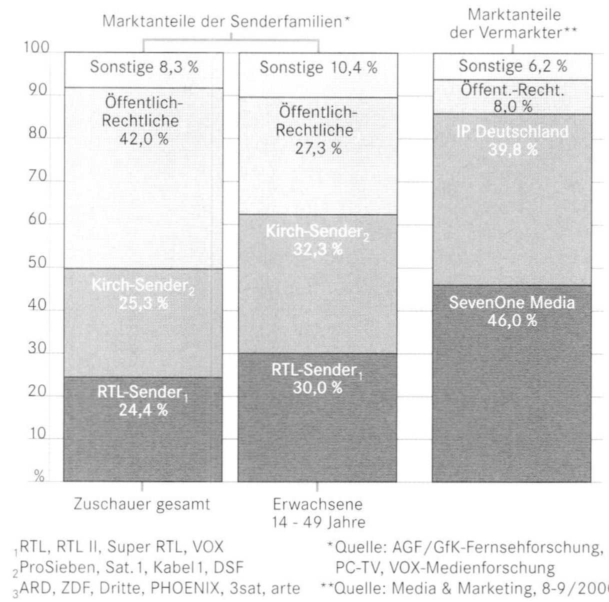

Abb.1: Die Marktanteile der Senderfamilien und der Vermarkter.

Die RTL Group

Die RTL Group verfügt über drei Vollprogramme, die mit einer Mischung aus Information und Unterhaltung große Zielgruppen erreichen, und über einen Spartenkanal. Flaggschiff der Senderfamilie ist RTL. RTL steht für breitenwirksame und eigenproduzierte Serien und TV-Movies, Spielfilm-Blockbuster, Shows und wichtige Sportereignisse. RTL II hat sich als Sender für die Zielgruppe bis etwa 29 Jahre und mit geringer formaler Bildung positioniert. Das Programmprofil wird von Reality-Formaten wie *Big Brother*, Boulevard-Reportagen sowie Action- oder Science-Fiction-Serien bestimmt. VOX bedient ein etwas erwachseneres und formal gebildeteres Publikum mit amerikanischen Serien, Spielfilmen sowie zahlreichen Reportage- und Dokumentationssendungen. Der Spartenkanal Super RTL rundet das Spektrum in Richtung Familienprogramm ab: tagsüber werden gewaltfreie Zeichentrickfilme und andere Kinderprogramme gesendet, leichte Unterhaltung in der Primetime.

Die Kirch-Gruppe

Die Sender der Kirch-Gruppe mit ebenfalls drei Vollprogrammen bedienen ähnliche Zielgruppen. ProSieben ist der Sender für das jüngere, modernere Segment der 14- bis 49-jährigen mit dem Schwerpunkt auf der Zielgruppe unter 30 Jahren. Im Angebot sind aktuelle und hochwertige amerikanische Spielfilme und Serien, aber auch Kinderprogramme und Shows. Sat.1, das zweite Vollprogramm der Senderfamilie, spricht mit einem ähnlichen Genre-Mix, aber einem höheren Anteil an eigenproduzierten Serien und Fernsehfilmen, ein etwas älteres und konservativeres Publikum an. Kabel1 hat sich als Sender für die Klassiker der Fernsehunterhaltung positioniert und bietet v.a. ältere Serien und Spielfilme sowie bewährte Show-Formate. Die wirtschaftlich nicht tragfähigen Kanäle N24 und DSF ergänzen das Portfolio als Spartensender für Information und Sport.

Die Rolle der Senderfamilien

Senderfamilien machen den Betrieb von Sendern ökonomisch effizienter, denn Programminhalte können einfacher und preiswerter realisiert oder gekauft werden. Wo ehedem viele Sender um den Erwerb der gleichen Spielfilm-, Serien- und Sportrechte konkurrierten, sind es jetzt nur noch zwei Senderfamilien, die einen starken Einfluss auf Preise und Konditionen haben. Mangelnde Konkurrenz hat zum Beispiel den großen Hollywood-Studios das Geschäft mit deutschen Abnehmern in den letzten Jahren deutlich erschwert.

Fred Kogel

Privatfernsehen

Als am 1. Januar 1984 das Privatfernsehen startete, hat kaum jemand vermutet, dass dieses Medium innerhalb weniger Jahre zu einer der wichtigsten Wachstums- und Zukunftsbranchen in Deutschland heranwachsen würde. Gerade mal ein paar hundert Zuschauer eines Kabel-Pilotprojektes in der Oberpfalz konnten die erste Sendung des SAT. 1-Vorläufers PKS am 1. Januar 1984 miterleben. Einen Tag später ging RTL von Luxemburg aus on air. Der TV-Sender trug noch den Namenzusatz »plus«, um Verwechslungen mit dem damals wesentlich populäreren Radioprogramm auszuschließen.

Die ersten Gehversuche der Privaten wurden zu Beginn von den übermächtigen Anstalten des öffentlichen Rechts belächelt. Heute ist die Situation grundverschieden: Mehr als 20 private TV-Sender kämpfen um die Gunst der Zuschauer und haben sie längst erobert. Zusammengefasst haben die privaten Sender heute einen größeren Marktanteil als ihre öffentlich-rechtlichen Rivalen.

Private Fernsehsender funktionieren zunächst wie jede andere erwerbswirtschaftliche Unternehmung: investiertes Kapital muss rentabel sein. „Fernsehen ist, wenn die Leute zuschauen," lautete die zentrale These in einem Essay des Evangelischen Pressedienstes (epd) zum Thema Fernsehunterhaltung. Private Sender können sich langfristig kein Programm leisten, das zwar die Gunst der Kritiker erwirbt, aber das Massenpublikum und damit die werbetreibende Wirtschaft verschreckt. Die privaten Programme mussten in Abgrenzung zu ihren öffentlich-rechtlichen Konkurrenten ein klares Profil entwickeln, das ihnen genügend Zuschauer und damit Werbeeinnahmen sichert.

Das ist gelungen. Die Privaten haben den Zuschauern nicht einfach Programme vorgesetzt, die dann zufällig akzeptiert wurden. Seit ihrem Bestehen sind sie gezwungen, herauszufinden, was ihre Kunden, die Zuschauer, zu sehen wünschen. Diese neue, kundenfreundliche Herangehensweise an die Zuschauer hat seit Mitte der 80er Jahre zu einem enormen Zuwachs an Fernsehinhalten geführt. Neue Genres, vom Frühstücksfernsehen über die Daily-Talks und den Gerichtshows am Nachmittag und das Boulevard-Magazin am Vorabend, Romantic-Comedies in der Primetime oder Late-Night-Comedy sind auf die Kreativleistung der Privaten zurückzuführen. Ihre Akzeptanz am Markt ist heute so überwältigend, dass inzwischen viele der privaten Formate auch von den öffentlich-rechtlichen Fernsehanstalten übernommen werden. Die Zuschauer profitieren davon: Nie war die Chance, tagtäglich ein passendes Fernsehprodukt zu finden, größer als heute.

Gute Programme lassen sich nicht zum Nulltarif realisieren. Die Gesamtaufwendungen aller privaten Sender betragen inzwischen mehr als zwölf Milliarden Mark. Mehr als 6.000 Festangestellte und viele Tausend freie Mitarbeiter erwirtschaften jedes Jahr rund zehn Milliarden Mark Werbeumsätze. Die Bereitschaft der Privaten, Programme außer Haus produzieren zu lassen, haben eine leistungsstarke und vielfältige Produktionslandschaft in Deutschland entstehen lassen. Die wirtschaftlichen Effekte reichen indes noch weiter: mit der Einführung des Privatfernsehen konnte sich die werbetreibende Industrie endlich hinreichend im Fernsehen betätigen. Und Werbung führt zu einem Mehr an Wettbewerb und volkswirtschaftlicher Dynamik.

Wenngleich die Wachstumsraten der Werbeeinnahmen durch das Free-TV auch heute noch über dem gesamtwirtschaftlichen Wirtschaftswachstum liegen, kann der TV-Werbemarkt nicht ewig mit der Dynamik der Pionierjahre wachsen. Der gereifte Free-TV-Markt nähert sich seiner Sättigung. Dennoch sind die Herausforderungen gewaltig: Mediale Konvergenz wird das Wesen des Free-TV nachhaltig verändern. Die TV-Anbieter von heute werden ihr mediales Angebot ausweiten und mit anderen Angeboten vernetzen, um im Multimedia-Warenhaus der Zukunft auch weiterhin „vorne mitzuspielen".

Senderfamilien sind außerdem beim Einkauf von Programmen und Produktionen flexibler als einzelne Sender. Teure Kinospielfilme können mehrmals bei einem reichweitenstarken Sender ausgestrahlt werden und ihre Kosten dort ganz oder zum Teil einspielen. Wenn sie Abnutzungserscheinungen zeigen, werden sie ohne Umweg über einen Zwischenhändler an kleinere Sender der eigenen Senderfamilie weitergereicht, deren Ansprüchen an die Sehbeteiligung sie immer noch genügen. Auch der Erwerb von größeren Programmpaketen ist für eine Senderfamilie leichter, denn die Vielzahl der eingekauften Genres und Qualitäten kann auf die verschiedenen Kanäle mit der jeweils optimalen Positionierung verteilt werden. Eine melodramatische Serie für Frauen ab 30 wäre auf einem betont jungen Action-Kanal fehl am Platze, findet jedoch bei einem Familiensender mit einem älteren Publikum dankbare Zuschauer.

Das gilt auch für Eigenproduktionen. Deutsche Serien oder TV-Movies können in der Senderfamilie die gleichen Stationen durchlaufen wie ihre amerikanischen Vorbilder. Auch Shows bieten sich für eine Zweitverwertung innerhalb der Senderfamilie an. Ein ehemals erfolgreiches Ratespiel kann ein oder zwei Jahre nach seiner Erstausstrahlung auf einem Schwesterkanal wiederholt werden. Auf diese Weise werden kostengünstig Programmflächen gefüllt und zusätzliche Werbeeinnahmen erwirtschaftet. Mit Lizenzprogrammen und Eigenproduktionen können die Muttergesellschaften der Senderfamilien die Gewinne ihrer Sender direkt abschöpfen. Statt den Tochterfirmen Programme zu Marktpreisen zu verkaufen, bekommen die Programmlieferanten den Löwenanteil der Werbeeinnahmen, die die Tochterfirma mit dem Programm erzielt. Ein Film, dessen Marktpreis 100.000 Euro beträgt, der aber 300.000 Euro an Werbung erlöst, bringt auch dreimal soviel Geld in die Kasse des Lizenzgebers, wie der Verkauf des Programms an einen Sender, der nicht zur Familie gehört.

Auch die vertikale Integration schreitet im Zeitalter der Senderfamilien voran. TV-Sender oder ihre Muttergesellschaften besitzen Produktionsfirmen, beteiligen sich als Ko- oder Auftragsproduzenten an der Herstellung von Programmen und arbeiten wechselseitig als Dienstleister für einander. N24 stellt beispielsweise die Nachrichten für ProSieben, Kabel1 und Sat.1 zur Verfügung, während RTL die Nachrichten für RTL II liefert. Leo Kirch ist der größte Filmrechte-Händler in Deutschland und – wie die RTL Group auch – an zahlreichen Produktionsfirmen im In- und Ausland beteiligt. Beide Medienkonzerne sind außerdem Eigentümer ihrer eigenen Vermarktungsfirmen für Werbezeiten und profitieren über Tochtergesellschaften von der Verwertung von Nebenrechten wie Merchandising, Internet und E-Commerce.

Im Idealfall durchläuft ein Spielfilm folgende Stationen: Der Film wird von einer eigenen Produktionsfirma hergestellt. Nach der Fertigstellung bringt ein Filmverleih den Film in die Kinos, unterstützt von Werbung, aber vor allem durch redaktionelle Beiträge in den Programmen der Senderfamilie. Der Verleih sorgt für eine Verwertung auf Video und DVD, eine Merchandisingfirma produziert das Buch zum Film und weitere Artikel. Diese Aktivitäten werden von Werbemaßnahmen im Fernsehen begleitet. Anschließend kommt der Film ins Pay-TV, um schließlich seine Erstausstrahlung im Free-TV bei einem großen Sender der Familie zu erleben. Die Ausstrahlung wird durch Trailer auf den kleineren Kanälen flankiert. Von dem Bekanntheitsgrad des Films profitieren die übrigen Sender der Familie, die den Film ab der dritten oder vierten Ausstrahlung in ihr Programm nehmen. Gleichzeitig wird der Film auch international vermarktet. Alle beteiligten Firmen gehören zur Senderfamilie und alle im Verlauf der Verwertungskette erzielten Gewinne bleiben in einer Hand. Andererseits bedeuten Senderfamilien jedoch auch, dass sich für die zugehörigen Unternehmen die Chancen verschlechtern, mit externen Partnern Geschäfte zu machen. Dadurch werden – z.B. beim Lizenzhandel der Kirch-Gruppe – nicht genügend Erlöse am freien Markt erwirtschaftet, um das Unternehmen gesund zu halten.

Das Abenteuer Pay-TV

In Deutschland werden die meisten frei empfangbaren Sender in Europa angeboten. Ein Haushalt mit Kabel- oder Satellitenanschluss kann etwa 25 konventionelle TV-Kanäle empfangen. Dafür müssen keine zusätzlichen Gebühren bezahlt werden. Pay-TV hat es deswegen schwer, sich in Deutschland durchzusetzen. Der Erfolg in Frankreich oder Großbritannien hat ganz andere Voraussetzungen. In beiden Ländern sind nur eine Handvoll Sender frei zu empfangen, und die Pay-TV-Anbieter haben sich frühzeitig attraktive Programminhalte aus dem Sportbereich und aktuelle Kinospielfilme exklusiv gesichert. Dadurch entstand für die Zuschauer ein starker Anreiz, die geforderten Abonnementsgebühren zu bezahlen. Auch in den USA sind die Bedingungen mit denen in Deutschland nicht zu vergleichen. Dort sind Pay-TV-Angebote in der Regel Service-Dienstleistungen der Kabelnetzbetreiber und Bestandteil der pauschalen Kabelgebühren. Darüber hinaus ist das Bezahlfernsehen auf dem amerikanischen Markt erheblich preiswerter als in Europa und deshalb nicht mit vergleichbar hohen Erwartungen an die Programminhalte belastet. Sender wie CNN, MTV und das Kinderprogramm Nickelodeon sind in den USA ebenso in die Kategorie Pay-TV einzuordnen wie Spartenkanäle für Hobbyköche oder Erstaufführungskanäle für Spielfilme wie HBO und Showtime.

Der größte Pay-TV-Anbieter in Deutschland, PREMIERE, sendet seit 1991 und erwirtschaftet seitdem nur Verluste. Zunächst als Gemeinschaftsunternehmen von Bertelsmann und der Kirch-Gruppe gestartet, stieg Bertelsmann 1998 bis auf einen kleinen strategischen Anteil aus dem Unternehmen aus. Seitdem teilt sich die Kirch-Gruppe und Rupert Murdochs BSkyB die restlichen Anteile. Der zuvor von der Kirch-Gruppe betriebene Pay-TV-Konkurrent DF1 ging in PREMIERE auf. Das Unternehmen arbeitet als Programmveranstalter und als technische Plattform für die Verbreitung von Programmen anderer Anbieter.

Ungeachtet der differenzierten Angebote, von aktuellen Kinofilmen und Serien, Klassikern und Musik, exklusiven Sportübertragungen und hoch spezialisierten Spartenkanälen, sind die Abonnentenzahlen weit hinter den Erwartungen zurückgeblieben und dürften auch in absehbarer Zeit die hohen Programm-, Marketing- und Vertriebskosten nicht einspielen.

Neben der guten Versorgung der Zuschauer in Deutschland mit frei empfangbaren Programmen sind dafür auch die hohen Kosten beispielsweise für die Senderechte von Sportereignissen oder amerikanischen Studioproduktionen verantwortlich. Die hohen Kosten können kaum eingespielt werden.

Außerdem ist die notwendige Technik für den Empfang immer noch schwer zu handhaben. Der Decoder ist teuer und schwieriger zu bedienen als herkömmliche Videorecorder und Fernsehgeräte. Ein weiteres Hindernis besteht darin, dass sich immer noch kein gemeinsamer und offener Standard für den Empfang unterschiedlicher Pay-TV-Anbieter durchgesetzt hat.

Pay-TV-Anbietern ist es nicht gelungen, einer ausreichend großen Zuschauerzahl zu vermitteln, was die Vorteile eines kostspieligen Abonnements sein sollen. Der größte Teil des umworbenen Publikums begnügt sich damit, die Formel 1 in einer bearbeiteten und durch Werbung unterbrochenen Form zu sehen. Die meisten Zuschauer sind auch bereit, auf die kostenlose Erstausstrahlung eines großen Kinofilms einige Monate zu warten oder sich beim Wunsch nach Volksmusik so lange zu gedulden, bis die nächste einschlägige Sendung im frei empfangbaren Fernsehen zu sehen ist.

Grundversorgung und Zusatznutzen: Die Öffentlich-Rechtlichen

Dabei gibt es in Deutschland schon seit vielen Jahrzehnten ein Pay-TV-System, das von denjenigen, die es bezahlen, gut angenommen wird und das viel Programm bietet: Das durch obligatorische Gebühren finanzierte öffentlich-rechtliche Fernsehen. Zwar hat die Nation dem erst Mitte der achtziger Jahre eingeführten kommerziellen Fernsehen sehr schnell zum Durchbruch verholfen und damit deutlich signalisiert, dass ARD und ZDF nicht alle ihre Bedürfnisse befriedigen. Doch selbst heute, da der Markt für privates Fernsehen vorerst gesättigt zu sein scheint, erreichen die Öffentlich-Rechtlichen immer noch mehr als 40 Prozent der Zuschauer.

Je mehr private Anbieter die Grundversorgung (Information, Bildung, Kultur und Unterhaltung) für die demokratische Meinungsbildung gewährleisten, desto weniger kann das öffentlich-rechtliche Fernsehen inhaltlich das Gleiche bieten wie die kommerzielle Konkurrenz. ARD und ZDF mussten ihr Programm parallel zur Entwicklung des Privatfernsehens populärer und unterhaltender gestalten und sind dabei manchmal über das Ziel hinausgeschossen. Insgesamt aber garantiert das öffentlich-rechtliche Fernsehen nach wie vor eine beeindruckende Vielfalt an Themen, Inhalten und redaktionellen Herangehensweisen, die allein nach kommerziellen Kriterien nicht möglich wäre. Wo die Privaten Programme veranstalten, um der Wirtschaft Zielgruppen für ihre Werbebotschaften zu liefern, machen öffentlich-rechtliche Rundfunkanstalten Programme, um ihren Zuschauern etwas mitzuteilen oder sie zu unterhalten.

Das ZDF und die ARD-Rundfunkanstalten mit ihrem ersten Gemeinschaftsprogramm und den dritten Regionalprogrammen müssen sich nicht danach richten, ob ihre Sendungen durch Werbung finanzierbar sind oder ob ein abrupter Genrewechsel zwischen zwei aufeinander folgenden Programmen Zuschauer möglicherweise zum Umschalten bewegen könnte. Im Gegenteil: Die Pluralität des Angebots selbst ist Programm, auch wenn das einer wirtschaftlichen Denkweise oder einer möglichst hohen Quote widersprechen mag.

Das öffentlich-rechtliche Fernsehen hat nach wie vor eine wichtige gesellschaftspolitische Bedeutung. Es bietet Inhalte, die von Privaten nicht aufgegriffen werden und bedient Zielgruppen, die für die Privaten uninteressant sind. Der *Musikantenstadl* etwa hat viele Fans in der Altersgruppe ab 50 Jahre aufwärts. Dieser Teil der Bevölkerung wird vom Privatfernsehen gewöhnlich nicht angesprochen. Ein politisches Magazin wie *Monitor* greift Themen auf, die vielen Zuschauern zu spezifisch oder einseitig dargestellt erscheinen. Dennoch belebt es die politische Diskussion und leistet einen wichtigen Beitrag zur Meinungsvielfalt. Der öffentlich-rechtliche Kinderkanal KI.KA wurde bewusst in direkter Konkurrenz zu privaten Angeboten für die gleiche Zielgruppe eingerichtet. Auch die Kulturszene in Deutschland wäre ohne die Öffentlich-Rechtlichen weitaus ärmer. Denn sie finanzieren und produzieren Veranstaltungen und berichten über zahlreiche Ereignisse in Literatur, Theater, Kunst, Musik und Wissenschaft.

Günter Struve

Öffentlich-rechtlicher Rundfunk

Öffentlich-rechtliches Fernsehen ist ein Drahtseilakt: Wie lassen sich täglich unverzichtbare Programme gestalten, die seriöse Nachrichten, volkstümliche Unterhaltungssendungen, anspruchsvolle Kulturmagazine und massenattraktive, qualitativ hochwertige Filme umfassen? Der Auftrag, zu informieren, zu bilden und zu unterhalten, sollte so mit Leben erfüllt werden, dass sich die Mehrheit der Gebührenzahler im Programm wiederfinden kann. Denn die Zuschauer zahlen nicht nur dafür, dass öffentlich-rechtliches Fernsehen seine Rolle als Kulturträger wahrnimmt. Diese Rolle ist wichtig, aber sie ist nur ein Teil des Gesamtauftrags.

Die Zuschauer werden auf öffentlich-rechtliches Fernsehen nicht verzichten wollen, so lange es glaubwürdig bleibt. Das Image der Programme steht daher über allem, auch über den Einschaltquoten. Entscheidend ist: Stimmt die Mischung der Angebote?

Am wichtigsten sind seriöse und gut recherchierte Nachrichten- und Informationssendungen, die nicht die Sensationslust bedienen, sondern einordnen und erklären. Dazu kommen große Sportereignisse, die zu guten Sendezeiten live übertragen werden. Kein Vollprogramm kann ohne Sport bestehen. Wichtige Fußballmeisterschaften zum Beispiel sind und bleiben ein Faszinosum, das die Zuschauer vor den Bildschirm bannt und ihr Tagesgespräch bestimmt. Ebenso wichtig wie Senderechte für Sport sind die für erfolgreiche Spielfilme. Auch Blockbuster sind Fernsehereignisse.

Prägend für den Programmcharakter sind jedoch vor allem eigenproduzierte Fernsehfilme und -serien. Deren Qualität wird mit darüber entscheiden, welches Gewicht die gebührenfinanzierten Angebote auf Dauer haben werden. Gute Fernsehfilme sind nicht abgehobene dramaturgische Experimente, deren Absicht den Zuschauern verborgen bleibt. Es sind verständliche, emotional anrührende Geschichten mit klarer Erzählweise. Das gilt für serielle Formate und für Einzelfilme, für Krimireihen und ambitionierte Mehrteiler mit hohem kulturellen Anspruch.

Gute Fernsehfilme herzustellen, ist eine große Kunst, aber diese Kunst darf nicht zum Selbstzweck werden. Wer an der Herstellung von Fernsehfilmen beteiligt ist, erbringt Dienstleistungen für das Publikum. In Fernsehfilmen kann sich der gesellschaftliche Auftrag öffentlich-rechtlicher Anbieter widerspiegeln. Das darf aber nicht mit erhobenem Zeigefinger geschehen. Zuschauer wollen nicht belehrt, sie wollen ernst genommen werden. Das bedeutet zum Beispiel, auf unnötige und spekulative Gewalt zu verzichten. Es bedeutet nicht, wirklichkeitsferne Kammerspiele zu inszenieren.

Zum richtigen Programm-Mix gehören schließlich intelligente, humorvolle und massenattraktive Unterhaltungssendungen. Dass ich sie am Schluss erwähne, sagt nichts über ihren Stellenwert aus, im Gegenteil: Gute Unterhaltung, die nicht auf die nächstliegende Pointe setzt, Trends aufspürt und auf der Suche nach einem großen Publikum nicht hausbacken daherkommt, ist die Kür eines jeden Vollprogramms.

Die Programmprofile von ARD und ZDF werden von drei Säulen bestimmt:

- Information
- sportliche Großereignisse
- Unterhaltung

Damit erreichen sie etwa 30 Prozent aller Zuschauer. Allerdings haben sie – mehr noch die dritten Programme mit ihren vielfach regionalen und brauchtumsorientierten Inhalten – ein Nachwuchsproblem. Das jüngere Publikum ist mit dem privaten Fernsehen und einer globalen Kultur groß geworden und findet zu vielen herkömmlichen öffentlich-rechtlichen Angeboten keinen Zugang. ARD und ZDF sprechen gemeinsam deutlich weniger als ein Fünftel aller 14- bis 49-jährigen an, und bei der Altersgruppe unter 30 sind es noch weniger.

Das Fernsehen und die »neuen« Medien

Der Misserfolg des Abonnements-Fernsehens à la PREMIERE sollte den Blick nicht dafür verstellen, dass die Senderlandschaft in Deutschland in den Zeiten des Internets vor großen Veränderungen steht. Das große Gemeinschaftserlebnis vor dem Fernseher gibt es ohnehin schon lange nicht mehr. Trotzdem wird Fernsehen immer noch für eine Mehrheit der Bevölkerung oder für hinreichend große Minderheiten gemacht. Das wird so bleiben. Denn das bequeme Sich-Einschalten in einen vorbereiteten, kontinuierlichen Programmfluss ist ein guter Grund dafür, dass Fernsehen die liebste Freizeitbeschäftigung ist und bleibt. Rund drei Stunden am Tag verbringen die Deutschen durchschnittlich vor dem Fernseher. Ob Fußballweltmeisterschaft oder *Gute Zeiten, schlechte Zeiten*, der große Fernsehfilm, das Spielfilm-Highlight oder die *Tagesschau* – das Fernsehen wird auch in Zukunft einen großen Teil des Publikums vor den Geräten versammeln.

Neben diesem klassischen *Broadcasting* etabliert sich zunehmend das *Narrowcasting*. Das digitale Fernsehen, vor allem aber das Internet und internet-verwandte Technologien ermöglichen es, für wenig Geld Programme für sehr kleine Zielgruppen mit hochspezialisierten Interessen zu produzieren und zu verbreiten. Ein Angler-Kanal zum Beispiel, der wenige Abonnenten nur wenige Mark im Monat kostet und überdies interessierten Firmen lukrative Werbemöglichkeiten ohne Streuverluste bietet, ist heute schon finanzierbar – solange die Programmkosten nur niedrig genug sind. Gleiches gilt für andere Themenbereiche und vor allem für Kanäle, die Material zweitverwerten, das anderswo bereits seine Kosten eingespielt hat. Wer die *Tagesschau* um 20 Uhr im Ersten verpasst hat, schaut sich die digitale Wiederholung um 20.45 Uhr an. Beim *Video on Demand* können Filme aus einem digitalen Archiv jederzeit individuell abgerufen werden. Die Verwertungskette bekommt mit neuen Formen auch neue Glieder.

Offen ist nur, wie schnell sich solche neuen Technologien im Alltag durchsetzen und welchen Anteil das klassische Fernsehen daran haben wird.

Literatur

Eric Karstens/Jörg Schütte: ***Firma Fernsehen***.
Wie TV-Sender arbeiten. Rowohlt Verlag: Reinbek, 1999

Andreas Schümchen

Grundlagen der Programmplanung

Im Idealfall spiegelt sich die Zielsetzung eines Fernsehsenders im Programm und damit in der Programmplanung wider. Die Aufgaben der Öffentlich-Rechtlichen sind gesetzlich vorgegeben. Sie haben die Grundversorgung mit Informationen, Bildung und Unterhaltung zu gewährleisten. Das Unternehmensziel der Privaten besteht darin, Geld mit Werbung zu verdienen und das Programm entsprechend zu gestalten. Weitere Rahmenbedingungen für die Programmplanung sind die Verfügbarkeit von Programmen, die Konkurrenz der Sender und die Resonanz der Zuschauer. Innerhalb dieser Rahmenbedingungen hat die Programmplanung vielfältige Gestaltungsmöglichkeiten für das Programm. Ergebnis der Programmplanung ist das Programmschema eines Senders, an dem sich die Dramaturgie des Programms ablesen lässt. Die Programmschemata von Privaten und Öffentlich-Rechtlichen unterscheiden sich gravierend. Darin zeigen sich der gesetzliche Auftrag der Öffentlich-Rechtlichen und die Unternehmensziele.

Die Fernsehsysteme

Die unterschiedlichen Fernsehsysteme lassen sich folgendermaßen charakterisieren:

- Öffentlich-rechtliche Sender wie die Landesrundfunkanstalten und das ZDF in Deutschland, der ORF in Österreich, die BBC in Großbritannien oder die Public Broadcaster in den USA (um nur einige zu nennen)
- Kommerzielle Sender
- Staatlich gelenkte Sender, wie es sie in Deutschland nicht gibt, und die nur der Vollständigkeit halber genannt werden

Die Ziele kommerzieller Sender

Das Unternehmensziel kommerzieller Sender lässt sich sehr einfach beschreiben: Gewinne sollen gemacht werden. Verdient wird das Geld durch Werbeeinnahmen, Gebühren (z.B. beim Pay-TV) oder (in anderen Ländern) durch Gebühren für die Nutzung des Kabelnetzes.

Für kommerzielle Sender wie Sat.1, RTL oder ProSieben, aber auch für Sparten- und Zielgruppenkanäle wie DSF oder n-tv sind Werbeeinnahmen die wichtigste Einnahmequelle. Nur mit Werbung können sie Geld verdienen. Merchandising oder der Verkauf von Programmen an andere Sender spielen eine untergeordnete Rolle.

Kommerzielle Sender, die sich nicht (wie beispielsweise PREMIERE) über Abonnementgebühren der Zuschauer finanzieren, müssen die Wünsche ihrer Werbekunden bei der Programmplanung berücksichtigen. Schließlich funktioniert das Fernsehgeschäft nach einem einfachen Prinzip: Der Sender »verkauft« eine möglichst große Zahl von Zuschauern mit bestimmten demographischen Merkmalen (z.B. Alter, Geschlecht, Einkommen) an seine Werbekunden. Je mehr Zuschauer es sind und je genauer sie der Zielgruppe des Werbekunden entsprechen, desto mehr wird dafür bezahlt.

Die Ziele öffentlich-rechtlicher Sender

Die Ziele öffentlich-rechtlicher Sender sind in den Landesrundfunkgesetzen und dem Staatsvertrag über das ZDF festgelegt (siehe dazu auch den Beitrag von Holger von Hartlieb). Es handelt sich um gesetzliche Vorschriften, die nicht so dehnbar sind wie die Unternehmensziele eines kommerziellen Wirtschaftsunternehmens. *Information, Bildung* und *Unterhaltung* sind die Kernpunkte des öffentlich-rechtlichen Programmauftrages. Es handelt sich um inhaltliche Vorgaben, die sich im Programm niederschlagen müssen. Sie sind im Vergleich zu den Zielen kommerzieller Sender auf den ersten Blick eine wesentlich einfacher zu handhabende Handlungsanweisung für die Programmplanung.

Auch öffentlich-rechtliche Sender dürfen von Montag bis Freitag vor 20 Uhr Werbung ausstrahlen. Außerdem haben sie die Möglichkeit, durch Sponsoring (vom *Tatort* bis zu Fußball-Länderspielen) Werbegelder einzunehmen. Dort, wo Werbung oder Sponsoring eine wichtige Rolle spielen, wird sich die Programmplanung zwischen öffentlich-rechtlichen und privaten Sendern kaum unterscheiden.

In den Anfangszeiten des Fernsehens war mit nur einem Sender Programmplanung nicht mehr als eine Art Programmverwaltung: Das Programm musste in eine sinnvolle Abfolge gebracht werden. Denn wer fernsehen wollte, hatte keine Alternative und musste sehen, was ihm geboten wurde.

Der Fernsehmarkt

Der Markt in Deutschland ist einer der umkämpftesten Fernsehmärkte. Mehr als 100 Sender (einschließlich der Regional- und Lokalsender) stehen im Wettbewerb um die Gunst der Zuschauer. Mehr als 35 stehen den verkabelten Zuschauern (das sind fast 70 Prozent aller Haushalte) zur Verfügung, ein Vielfaches den Besitzern einer Satellitenschüssel. Zählt man die unzähligen nichtkommerziellen Programmanbieter hinzu, wird deutlich, dass dem begrenzten Zeitbudget des Publikums ein nicht zu bewältigendes Angebot gegenüber steht.

Diese Konkurrenzsituation ist eine entscheidende Rahmenbedingung für die Programmplanung. Die Programmplanung muss die Konkurrenz deshalb beobachten und deren zukünftige Programmpolitik vorausahnen.

Nicht jedes Programm steht mit jedem anderen im Wettbewerb. Die großen Vollprogramme ARD, ZDF, RTL, Sat.1 und ProSieben konkurrieren untereinander. In der so genannten Zweiten Liga sind es RTL II, VOX und Kabel 1. Selbstverständlich konkurrieren auch Spartenprogramme mit ähnlichen Programmen um Zielgruppen, beispielsweise Eurosport und DSF oder n-tv und N24.

Die Fernsehnutzung

Zuschauer in Deutschland nutzen das Fernsehen durchschnittlich 183 Minuten am Tag und liegen damit in Europa im Mittelfeld zwischen den »fernsehsüchtigen« Russen mit 224 Minuten und den »Fernsehmuffeln« in der deutschsprachigen Schweiz mit 127 Minuten. Die wichtigste werberelevante Zielgruppe der 14- bis 29-jährigen sieht zu 72 Prozent ausschließlich private Sender, während es bei den über 50-jährigen nur 16 Prozent sind.

Diese Zahlen alleine sind keine ausreichende Grundlage für die Programmplanung. Weitere Anhaltspunkte geben differenzierte Aussagen über die Fernsehgewohnheiten des Publikums, die Zielgruppen sowie Informationen über die Resonanz auf einzelne Programme.

Neben der Konkurrenzbeobachtung ist ein zweites wichtiges Hilfsmittel der Programmplanung die Fernsehforschung (siehe dazu auch den Beitrag von Sybille Diegelmann). Dabei geht es nicht nur um Marktanteile und Quoten, sondern auch um quantitative und qualitative Verfahren. Testvorführungen und Gruppendiskussionen werden beispielsweise eingesetzt, um die Akzeptanz von Programmen zu testen.

Die Programmquellen

Eine ebenfalls wichtige Rahmenbedingung für die Programmplanung ist die Verfügbarkeit von Programmen. Programmplaner, die Zugriff auf alle großen Programm-Highlights hätten (Fußballweltmeisterschaften, Formel 1, James-Bond-Filme, *Wetten, dass ...* etc.), hätten keine Mühe, auf jedem Programmplatz ein attraktives Programm zu bieten. Sie könnten kaum etwas falsch machen.

Der Alltag sieht allerdings anders aus. Während die öffentlich-rechtlichen Sender beispielsweise über ein sehr großes zeitgeschichtliches Archiv und ein umfangreiches Korrespondentennetz verfügen, haben manche private Sender so genannte Output-Deals mit Hollywood-Studios. Sie ermöglichen eine möglichst zeitnahe Sendung von Filmen nach der Kinoausstrahlung. Neben den Highlights müssen mit solchen Paketen aber auch viele B- und C-Movies abgenommen und bezahlt werden, die die Programmplanung ebenfalls im Programm unterbringen muss.

Die Ausgangssituation für die Sender ist sehr unterschiedlich. Finanzkräftige Sender haben mehr Möglichkeiten, attraktive Programme einzukaufen oder zu produzieren als kleine Spartenkanäle, regionale oder lokale Sender. Auch die Konzernverflechtungen in der deutschen Medienlandschaft spielen für die Programmplanung eine wichtige Rolle. Programme können innerhalb der Senderfamilien RTL, RTL II, VOX und Super RTL sowie ProSieben, Sat. 1, Kabel 1 und N24 untereinander ausgetauscht und mehrfach verwertet werden (siehe dazu auch den Beitrag von Eric Karstens).

Die Verfügbarkeit von Programmen ist neben der Konkurrenzsituation der Sender und der Fernsehnutzung durch die Zuschauer die dritte wichtige Vorgabe für die Programmplanung. Daneben beeinflusst eine Vielzahl weiterer Faktoren die Programmplanung.

Ökonomische Faktoren

Entscheidend sind die Programmkosten, die darüber entscheidend, ob eine Sendung in der Primetime ab 20 Uhr oder spät in der Nacht gesendet wird.

Häufig muss ein Programm aber auch zu einem bestimmten Zeitpunkt ausgestrahlt werden, weil beispielsweise die Lizenzrechte auslaufen. Für solche Planungsaufgaben verfügen fast alle Sender über eine Software, mit der »Haltbarkeitsdaten« und andere Informationen permanent zur Verfügung stehen. Der Computer hilft der Programmplanung, das Programm ökonomisch zu planen und kostenintensive Fehler zu vermeiden (siehe dazu auch den Beitrag von Stefan Thul und Tania Ehrentraut).

Betriebsinterne Gesichtspunkte beeinflussen die Programmplanung ebenfalls. Wenn ein Sender beispielsweise über eigene Produktionsstätten verfügt, müssen diese ausgelastet werden.

Auch die Werbung beeinflusst die Programmplanung. Sie hat, so formuliert es Thomas Sudholt vom Werbezeitenvermarkter IP Deutschland, „die Aufgabe, die Zielgruppe, die zur jeweiligen Sendezeit für die Werbewirtschaft am interessantesten ist, anzusprechen und langfristig zu binden." Wie auch immer diese Aufgabe von Programmplanern umgesetzt wird, sie müssen sich (zumindest beim kommerziellen Fernsehen) in erster Linie an den Interessen der werbenden Wirtschaft orientieren.

Rechtliche Vorgaben

Kommerzielle Sender werden von der zuständigen Landesmedienanstalt zugelassen. Die Zulassung beinhaltet juristische und inhaltliche Vorgaben. Hat ein Sender etwa eine Lizenz für einen Nachrichtenkanal, darf er nicht den ganzen Tag Spielfilme senden. Darüber hinaus gibt es weitere rechtliche Vorgaben, beispielsweise die Bestimmungen des Jugendschutzes, die vorschreiben, zu welcher Zeit Programme bestimmten Inhalts gesendet werden dürfen, ob überhaupt und zu welcher Zeit nicht.

Die Werberichtlinien schreiben vor, welche Sendungen durch Werbung unterbrochen werden dürfen, wie viel Werbung pro Stunde (zwölf Minuten) und am gesamten Sendetag (15 Prozent) gesendet werden darf und welche Abstände zwischen Werbeunterbrechungen einzuhalten sind. Programmplaner müssen solche Vorgaben berücksichtigen und beispielsweise durch ihren geschickten Einsatz einen 90-minütigen Spielfilm auf zwei Stunden ausdehnen. Der Begriff des abendfüllenden Spielfilms bekommt dadurch eine ganz neue Bedeutung.

Auch Selbstverpflichtungen der Sender wie die Satzung der Freiwilligen Selbstkontrolle Fernsehen (FSF) setzen objektive Rahmendingungen für die Programmplanung.

Zuschauerresonanz

Die Resonanz des Publikums auf das Programm ist nicht ohne Einfluss auf die Programmplanung. Damit ist nicht das grundsätzliche Nutzungsverhalten gemeint, sondern kurzfristige Reaktionen auf ein Programm. Entwickelt sich beispielsweise eine Fernsehserie, eine Talk- oder Unterhaltungsshow zu einem Flop, wird die Zuschauerresonanz darüber entscheiden, ob das Programm kurzfristig und entgegen der ursprünglichen Planung gestrichen wird.

Redaktionelle Wünsche

Auch das oft schwierige Verhältnis von Programmmachern (beispielsweise den Redaktionen) und Programmplanern beeinflusst die Programmgestaltung. Häufig gilt: Ist ein Programm erfolgreich, liegt es an seiner Qualität, also an den Machern, ist es ein Flop, ist der falsche Sendeplatz, die Konkurrenz, die falsche Jahreszeit – also die Programmplanung – verantwortlich. So ist häufig die Sichtweise der Programmmacher, die ihr Produkt zur besten Sendezeit ausgestrahlt haben möchten. Das ist selbstverständlich nicht möglich. Möglich ist jedoch, dass Redaktionen, besonders »wichtige« Redakteure oder Regisseure Einfluss auf den Sendeplatz nehmen können.

Sat.1-Programmschema

<table>
<tr><th></th><th>Samstag</th><th colspan="2">Sonntag</th><th>Montag</th><th>Dienstag</th><th>Mittwoch</th><th>Donnerstag</th><th>Freitag</th></tr>
<tr><td>6:00</td><td rowspan="16">Kinder- und Jugend-programm</td><td colspan="2" rowspan="4">Spielfilm</td><td colspan="5" rowspan="6">Frühstücksfernsehen</td></tr>
<tr><td>6:30</td></tr>
<tr><td>7:00</td></tr>
<tr><td>7:30</td></tr>
<tr><td>8:00</td><td colspan="2" rowspan="2">Weck up</td></tr>
<tr><td>8:30</td></tr>
<tr><td>9:00</td><td colspan="2" rowspan="2">Comedy</td><td colspan="5" rowspan="2">Live Shopping</td></tr>
<tr><td>9:30</td></tr>
<tr><td>10:00</td><td rowspan="2">Serie</td><td rowspan="2">Comedy</td><td colspan="5" rowspan="2">LZ-Serie</td></tr>
<tr><td>10:30</td></tr>
<tr><td>11:00</td><td colspan="2" rowspan="2">EP-Serie</td><td colspan="5" rowspan="2">Talk-Show I</td></tr>
<tr><td>11:30</td></tr>
<tr><td>12:00</td><td colspan="2" rowspan="2">EP-Serie</td><td colspan="5" rowspan="2">Talk-Show II</td></tr>
<tr><td>12:30</td></tr>
<tr><td>13:00</td><td colspan="2" rowspan="2">EP-Serie</td><td colspan="5" rowspan="2">Talk-Show III</td></tr>
<tr><td>13:30</td></tr>
<tr><td>14:00</td><td rowspan="2">Serie</td><td colspan="2" rowspan="2">Serie</td><td colspan="5" rowspan="2">Show</td></tr>
<tr><td>14:30</td></tr>
<tr><td>15:00</td><td rowspan="2">Serie</td><td colspan="2" rowspan="2">Serie</td><td colspan="5" rowspan="2">Courtshow</td></tr>
<tr><td>15:30</td></tr>
<tr><td>16:00</td><td rowspan="2">Serie</td><td colspan="2" rowspan="2">Serie</td><td colspan="5" rowspan="2">Courtshow</td></tr>
<tr><td>16:30</td></tr>
<tr><td>17:00</td><td>Show</td><td colspan="2" rowspan="2">Serie</td><td colspan="5">Show</td></tr>
<tr><td>17:30</td><td>Sport</td><td colspan="5">Regionalreport</td></tr>
<tr><td>18:00</td><td>Magazin</td><td colspan="2">blitz</td><td colspan="5">Magazin</td></tr>
<tr><td>18:30</td><td colspan="8">18:30 Nachrichten</td></tr>
</table>

<table>
<tr><th></th><th colspan="2">Samstag</th><th colspan="2">Sonntag</th><th>Montag</th><th>Dienstag</th><th>Mittwoch</th><th>Donnerstag</th><th>Freitag</th></tr>
<tr><td>19:00</td><td rowspan="5">Sport</td><td rowspan="5">Show</td><td rowspan="5">Sport</td><td rowspan="5">Show</td><td colspan="5" rowspan="3">blitz</td></tr>
<tr><td>19:15</td></tr>
<tr><td>19:30</td></tr>
<tr><td>19:45</td><td colspan="5" rowspan="2">Show</td></tr>
<tr><td>20:00</td></tr>
<tr><td>20:15</td><td colspan="2" rowspan="8">Spielfilm</td><td rowspan="8">Spielfilm</td><td rowspan="8">Show</td><td rowspan="4">EP-Serie</td><td rowspan="8">EP-Film</td><td rowspan="4">EP-Serie</td><td rowspan="4">EP-Serie</td><td rowspan="4">Serie</td></tr>
<tr><td>20:30</td></tr>
<tr><td>20:45</td></tr>
<tr><td>21:00</td></tr>
<tr><td>21:15</td><td rowspan="4">EP-Serie</td><td rowspan="8">EP Reihe</td><td rowspan="4">EP-Serie</td><td rowspan="2">Comedy</td></tr>
<tr><td>21:30</td></tr>
<tr><td>21:45</td><td rowspan="2">Comedy</td></tr>
<tr><td>22:00</td></tr>
<tr><td>22:15</td><td colspan="2" rowspan="4">Comedy</td><td colspan="2" rowspan="2">Comedy</td><td rowspan="4">Serie</td><td rowspan="4">Info-Magazin</td><td rowspan="4">EP-Serie</td><td rowspan="2">Comedy</td></tr>
<tr><td>22:30</td></tr>
<tr><td>22:45</td><td colspan="2" rowspan="3">Info-Magazin</td><td rowspan="2">Comedy</td></tr>
<tr><td>23:00</td></tr>
<tr><td>23:15</td><td colspan="2" rowspan="4">Comedy</td><td rowspan="2">Info-Magazin</td><td colspan="4" rowspan="4">Show</td></tr>
<tr><td>23:30</td><td colspan="2" rowspan="3">Info-Magazin</td></tr>
<tr><td>23:45</td><td rowspan="2">Info-Magazin</td></tr>
<tr><td>0:00</td></tr>
<tr><td>0:15</td><td colspan="2" rowspan="2">Spielfilm</td><td colspan="2" rowspan="2">Spielfilm</td><td colspan="5">Nachrichten</td></tr>
<tr><td>0:30</td><td colspan="5">Sitcom</td></tr>
</table>

PHOENIX-Programmschema

Uhr	Montag	Dienstag	Mittwoch	Donnerstag	Freitag	Samstag	Sonntag
5 Uhr							
	45 Ereignisse	45	45	45	45		
6 Uhr							
7 Uhr	30 Die Dokumentation	30	30	30	30		
8 Uhr	15 Wissenschaft und Umwelt	15 Wirtschaft und Soziales	15 Zeitgeschichte	15 Gesellschaft	15 Porträt	15 Dokumentationen und Reportagen	15 Mitten in Europa
9 Uhr	00 Bon(n)jour Berlin	00	00	00	00		00 Glauben und Leben
	15 Im Dialog	15 Berliner/Bonner PHOENIX Runde und 14-tägig Unter den Linden	15 Berliner/Bonner PHOENIX Runde	15 Berliner/Bonner PHOENIX Runde	15 Berliner/Bonner PHOENIX Runde		30 GlaubensWelten
10 Uhr	00 Sabine Christiansen (ARD)	00 Vor Ort Übertragung der wichtigsten in- und ausländischen Ereignisse	00	00	00		15 Länderspiegel (ZDF)
11 Uhr	00 Vor Ort Übertragung der wichtigsten in- und ausländischen Ereignisse					30 Auslandsreportage	00 Zeugen der Zeit
12 Uhr						00 Mein Ausland – Europa und die Welt	00 Presseclub (ARD)
						45 Städteporträt	45 Presseclub nachgefragt
13 Uhr	30 Reportage zu den Ereignissen	30	30	30	30	30 Menschen	00 Mitten in Deutschland
							45 Historische Debatten und Ereignisse
14 Uhr	00 Dokumentation zu den Ereignissen	00	00	00	00	00 Historie	
	45 Vor Ort Übertragung der wichtigsten in- und ausländischen Ereignisse	45	45	45	45	45 Die Woche	
15 Uhr							
16 Uhr							
17 Uhr					45 Berlin Mitte (ZDF, Maybrit Illner)		00 Die Diskussion
18 Uhr	00 Reportage zu den Ereignissen					00 Mitten in Deutschland	00 Mein Ausland – Europa und die Welt
	30 Gesellschaft	30 Porträt	30 Wissenschaft und Umwelt	30 Wirtschaft und Soziales	30 Zeitgeschichte	45 Auslandsreportage	45 Schauplatz Europa
19 Uhr	15 Der Tag Zusammenfassung der wichtigsten Ereignisse des Tages	15	15	15	15	15 Geheimnisse unserer Welt	15 Mitten in Europa
20 Uhr	00 Tagesschau (ARD) Gebärdensprachdolmetscher	00	00	00	00	00 Tagesschau (ARD) Gebärdensprachdolmetscher	00 Tagesschau (ARD) Gebärdensprachdolmetscher
	15 Die Dokumentation	15	15	15	15	15 Historie	15 Geheimnisse unserer Welt
21 Uhr	00 Berliner/Bonner PHOENIX Runde und 14-tägig Unter den Linden	00 Berliner/Bonner PHOENIX Runde	00 Berliner/Bonner PHOENIX Runde	00 Berliner/Bonner PHOENIX Runde	00 Im Dialog	00 Spuren der Geschichte	00 Mein Ausland – Europa und die Welt
	45 heute journal (ZDF) Gebärdensprachdolmetscher	45	45	45	45	45 Land und Leute	45 Schauplatz Deutschland
22 Uhr	15 Der Tag Zusammenfassung der wichtigsten Ereignisse des Tages	15	15	15	15	15 Die Diskussion	15 Das Ereignis der Woche
23 Uhr						15 Dokumentarfilm/ Dokumentarspiel	15 Spuren der Geschichte
0 Uhr	00 Nachtprogramm	00	00	00	00	45	00
4 Uhr							

DER EREIGNIS- UND DOKUMENTATIONSKANAL VON ARD UND ZDF

LANGER GRABENWEG 45–47
53175 BONN

TEL HOTLINE: 0 18 02 - 82 17
FAX HOTLINE: 0 18 02 - 82 13
www.phoenix.de

Stand Januar 2002

Ereignisübertragungen
Dokumentationen
Übernahmen von ARD und ZDF
Nachtprogramm

Das ist ein heikles Thema, über das Programmplaner öffentlich nicht gerne sprechen, wie man überhaupt davon ausgehen kann, dass die Programmplanung der Diskretion unterliegt. Sie ist ein gut gehütetes Betriebsgeheimnis.

Das Programmjahr

Auch das Fernsehjahr hat zwölf Monate, allerdings in Deutschland keinen festgelegten Beginn und kein festes Ende. Anders in den USA. Dort beginnt die »Fernsehsaison« Mitte September und endet im Mai. Außerhalb dieses Zeitraumes werden große und kleine Programmneuheiten aufwendig angekündigt und beworben. Außerhalb der Fernsehsaison strahlen die US-Sender vorwiegend Wiederholungen aus, Weihnachten und am Thanksgiving-Feiertag werden Programm-Highlights wiederholt.

In Deutschland ist das Fernsehjahr nicht so exakt festzulegen, eine saisonale Programmplanung gibt es aber auch bei uns. Denn überall wird im Sommer weniger ferngesehen und die großen Highlights werden deshalb im Herbst oder Winter ins Programm genommen.

Stärker als in den USA haben Feiertage – nicht nur Weihnachten und Ostern – für das deutsche Fernsehen eine besondere Bedeutung. Feiertage gelten noch als Zeiten, in denen die Familie vor dem Fernseher sitzt. Deshalb bieten die deutschen Fernsehsender an solchen Tagen das Beste auf, was sie zu bieten haben. An Feiertagen werden häufig besondere, auch besonders teure, Programme ausgestrahlt. Bei der Programmplanung von Spielfilmen, Fernsehspielen oder Mehrteilern (aufeinander folgende Feiertage an Ostern, Weihnachten!) haben Programmplaner die Feiertage deshalb besonders im Blick.

Neben saisonalen Aspekten spielen auch andere wichtige Ereignisse (z.B. wichtige Jahrestage, Olympische Spiele, Wahlen) für die mittel- und langfristige Programmplanung eine wichtige Rolle. Jahreszeiten, Feiertagen und solchen Ereignissen ist gemeinsam, dass sie für die Programmplanung objektive Vorgaben sind.

Bei vorhersehbaren Ereignissen im Sport, aber auch in Politik oder Kultur, ist die entscheidende Frage für die Programmplanung, ob der Sender die Ausstrahlungsrechte dafür besitzt. Hat er sie, steht damit fest, dass das Ereignis Programm ist. Bei Ereignissen mit unklarem Ausgang, etwa bei einem Tennisturnier, bei dem das Zuschauerinteresse nach dem Ausscheiden der letzten deutschen Teilnehmer stark sinken wird, muss die Programmplanung Alternativen bereit stellen.

Schwieriger ist es für die Programmplanung, wenn der Sender die Übertragungsrechte nicht hat. In diesen Fall hat sie zwei Alternativen:

- Sie kann ein attraktives Programm dagegen setzen und versuchen, Zuschauer von der Konkurrenz abzuwerben.
- Ist diese Alternative unrealistisch (beispielsweise bei einem Endspiel der Fußballweltmeisterschaft mit deutscher Beteiligung), wird ein »schwaches« Programm dagegen gesetzt. Damit werden zwar keine Zuschauer gewonnen, aber es wird auch kein wertvolles Programm weitgehend wirkungslos gesendet.

Neben planbaren Ereignissen ist die Programmplanung ständig mit unplanbaren (Tod bekannter Persönlichkeiten, Kriege, politische Krisen etc.) konfrontiert. Solche Ereignisse beeinflussen jede Programmplanung. Während die öffentlich-rechtlichen Sender bei wichtigen Ereignissen häufig kurzfristig Sondersendungen ins Programm nehmen, haben andere Sender das Problem, dass ihnen Zuschauer, die sich für das aktuelle Geschehen interessieren, davonlaufen und die Quoten für ihre geplanten Programm-Highlights zu niedrig sind.

Programmwoche und Programmtag

Die zentralen Zeiteinheiten für die Programmplanung sind die Woche und der Tag. In diesem Zeitrahmen spielen sich die wiederkehrenden Programmereignisse ab und an ihnen orientieren sich die Zuschauer. Fast alle Sender in Deutschland senden heute 24 Stunden rund um die Uhr. Der Fernsehtag hat mehrere Phasen:

Die *Primetime* beginnt um 20 Uhr (der traditionelle Beginn der *Tageschau*) und endet gegen 22 Uhr. In der Primetime werden die meisten Zuschauer erreicht und deshalb die teuersten und attraktivsten Programme ausgestrahlt. Die Primetime in den USA beginnt sonntags um 19 Uhr und endet um 23 Uhr. An den anderen Tagen beginnt sie um 20 Uhr und endet um 23 Uhr.

Die verbleibende *Non-Primetime* wird durch die amerikanische Terminologie charakterisiert: Morning, Daytime und Latenight.

In Deutschland spielt der Vorabend von 17.30 Uhr bis 20 Uhr eine wichtige Rolle. Für diesen Zeitraum haben sich besondere Nutzungsgewohnheiten und Zuschauerinteressen herausgebildet. In dieser Zeit dürfen ARD und ZDF aber auch Werbung ausstrahlen und müssen für die werberelevante Zielgruppe attraktive Programme (z.B. *Marienhof, Verbotene Liebe*) ausgestrahlt werden. Zu dieser Tageszeit herrscht ein direkter Wettbewerb um Werbeeinnahmen zwischen öffentlich-rechtlichen und privaten Sendern.

Die Dramaturgie des Programmtages

Die Dramaturgie des Programmtages orientiert sich am Tagesablauf des Durchschnittspublikums. Programmplaner gehen davon aus, dass der Durchschnittszuschauer zwischen 5 Uhr und 8 Uhr aufsteht und während der Tagesvorbereitung und dem Frühstück Nachrichten über die Geschehnisse der zurückliegenden Nacht und aktuelle Informationen über den bevorstehenden Tag erwartet: Wetter und Verkehrsinformationen, Tipps und kurze, leicht konsumierbare Beiträge. Dem entsprechen die Konzepte der meisten Morgensendungen.

Wenn Berufstätige und Kinder aus dem Haus sind, wenn das Publikum also vor allem aus Hausfrauen (und -männern) besteht, werden Serien (meist Wiederholungen) und Spielfilme ausgestrahlt.

Mittags, wenn die Kinder nach Hause kommen, wird ein für sie passendes Programm angeboten, beispielsweise die beliebten Daily-Talks.

Je nach Zielgruppe wird der ganze Tag bis in die Nacht entsprechend der Erkenntnisse der Fernsehforschung gestaltet. Solch ein idealtypischer Tagesablauf verändert sich mit Veränderungen in der Gesellschaft. Die gestiegene Arbeitslosigkeit hat beispielsweise den Tagesablauf vieler Menschen ebenso verändert wie die Programmplanung der Sender.

Programmschema öffentlich-rechtlicher und kommerzieller Sender

An den Programmschemata der Sender lassen sich die Strategien der mittelfristigen Programmplanung ablesen (Beispiele sind auf den Seiten 76 und 77 zu finden). An dieser Stelle sollen nur die Vollprogramme berücksichtigt werden, also solche Programme, die Information, Sport, Unterhaltung und Kultur bieten. Sie unter-

Volker Szezinski

Programmplanung Privatfernsehen

Programmplanung bei einem als Wirtschaftsunternehmen geführten Fernsehsender bedeutet zunächst einmal, die bruchlose Versorgung von etwa 10.000 Sendungen pro Programmjahr zu planen und diese unter Wettbewerbsaspekten optimal auszustrahlen. Selbstverständlich muss diese Programmplanung mehr als nur bruchlos sein. Sie muss vor allem konkurrenzfähig und profitabel sein, denn Programmplanung bei einem privatwirtschaftlich organisierten Fernsehsender bedeutet, eine Mittlerfunktion zwischen zwei voneinander unabhängigen Märkten erfolgreich auszuüben: dem Zuschauermarkt und dem Werbemarkt. In diesem Wechselverhältnis bietet der Sender seinen Zuschauern kostenlos Programme an und vermarktet die durch Sichtung der Programme erreichten Zuschauerkontaktquantitäten und -qualitäten in den Werbemarkt.

Die Programmplanung bewegt sich in ihrem Tun innerhalb eines fixierten Jahresbudgets, das nicht überschritten werden darf. Dazu muss im ausreichenden Vorlauf und in permanenter Abstimmung des bereits unter Vertrag befindlichen Programmvermögens des Senders ein konkurrenzfähiges Programmschema erstellt werden. Dieses Schema ist der Masterplan des Planers. Der Begriff des Programmvermögens beinhaltet sämtliche Programmvorhaben des Senders, vom Sport über die fiktionalen Eigenproduktionen und den Informationsprogrammen bis hin zum internationalen Spielfilm sowie den Unterhaltungsshows. Dem Programmschema folgend gilt es, in ständiger Kooperation mit allen Programmbereichen, die Sendungen termingerecht herstellen zu lassen und in den Programmplan einzuarbeiten. Ob die konkretisierte Planung tatsächlich erfolgreich war, wird täglich von der Gesellschaft für Konsumforschung in Nürnberg (GfK) anhand der Einschaltquoten dem Sender und dem Werbekundenmarkt sekundengenau zurück gemeldet. Spätestens dort wird offensichtlich, welche Zuschauer welches Programm gesehen haben. Programme, die von den werberelevanten Zuschauern (14- bis 49-Jahre) nicht gewünscht werden, sind nicht finanzierbar, generieren nur Kosten und keine Gewinne. Ein Programmplaner hat in diesen Fällen die Aufgabe, den wirtschaftlichen Schaden derartiger Programme so gering wie möglich zu halten. Dazu entwickelt er in enger Zusammenarbeit mit dem Controlling seines Senders kompensatorische Strategien, um die ökonomischen »Zeitbomben« zu entschärfen. Entscheidet sich doch auch hier die Möglichkeit eines Senders, »frisches« Geld in neue, hoffnungsvolle Programme zu investieren oder bereits hergestellte, weniger Erfolg versprechende Programme möglichst unternehmensverträglich ausstrahlen zu müssen.

Dass die Programmplanung bei ihrem Tagewerk die Einschaltquoten nicht aus den Augen verlieren darf, versteht sich von selbst. Nur sollte sie auch über eine klare Vorstellung über die gewünschten Zuschauer verfügen. Im Fernsehmarkt werden jährlich etwa 6,6 Milliarden Euro an Werbegeldern in Form von Spotbuchungen umgesetzt. Davon kommen mehr als 50 Prozent aus den Branchen Ernährung, Körperpflege, Getränke und Reinigung. Mehr als die Hälfte dieser Werbebuchungen konzentrieren sich auf die Primetime zwischen 20 und 23 Uhr. Diese Parameter definieren die Hauptzielgruppe der Zuschauer: den Haushaltsvorstand. Nur er entscheidet am Point of Sale den Kaufakt. Deshalb steht er im Mittelpunkt vieler programmlicher Anstrengungen, die ein wirtschaftlich geführter Fernsehsender unternimmt, um seine Programme durch Werbegelder zu finanzieren.

scheiden sich grundlegend von Sparten- und Zielgruppenprogrammen, die sich inhaltlich an bestimmten Themen oder Zielgruppeninteressen orientieren und deren Programmplanung andere Strategien verfolgt.

Beim Programmschema von Sat. 1 ist der grundlegende Unterschied zwischen den Wochentagen Montag bis Freitag und den Wochenenden auffällig: Während die Wochentage ähnlich strukturiert sind, haben Samstag und Sonntag eigene Programmschienen und -plätze (so genannte *Slots*). Der Grund ist in den unterschiedlichen Tagesabläufen der Zuschauer an Wochentagen und am Wochenende zu suchen. Diese auffälligen Unterschiede sind bei allen fast allen Sendern zu finden.

Damit sind fast die einzigen Gemeinsamkeiten der Programmschemata von Sat. 1 und PHOENIX beschrieben. Auf den ersten Blick ist erkennbar, dass das PHOENIX-Programm spartenmäßig und zielgruppenspezifischer ist. Die Gründe sind in den unterschiedlichen Zielen sowie den sich daraus ergebenden Konsequenzen für die Programmplanung zu suchen.

Methoden der Programmplanung

Programmplaner haben ein umfangreiches Instrumentarium und verschiedene Methoden für die Programmplanung entwickelt. Ein zentraler Begriff der Programmplanung ist *Audience Flow*. Damit wird das Ziel formuliert, die Zuschauer von einer Sendung zur nächsten beim Sender zu halten, also das Umschalten zu verhindern. Wenn eine Sendung zu Ende ist, ist auch die Gefahr besonders groß, dass Zuschauer, selbst wenn ihnen die Sendung gefallen hat, zu einem anderen Sender wechseln.

Um einen *Audience Flow* herzustellen ist bereits im Abspann einer Sendung eine Ankündigung der nächsten Sendung zu hören oder zu sehen. *On-Air-Promotion, Trailer, Teaser* und ähnliche »Anreißer« unterstützen den *Audience Flow* (siehe dazu auch den Beitrag von Martin Blum). Doch auch durch geschickte Programmplanung lässt sich erreichen, dass die Zuschauer beim Sender bleiben.

Programmplanungsinstrumente

Tentpoling basiert auf dem Newtonschen Prinzip: Ein in Ruhe befindlicher Körper tendiert dazu, in Ruhe zu bleiben. Für die Programmplanung heißt das, dass ein noch unbekanntes Programm unmittelbar nach einem bekannten und beim Publikum beliebtem Programm ausgestrahlt wird. Ziel ist es, dass die Zuschauer nicht zur Fernbedienung greifen, sondern »aus Trägheit« beim Sender bleiben.

Eine weiter entwickelte Form ist das *Hammocking.* Hammock bedeutet Hängematte und die Methode funktioniert auch wie eine Hängematte. Eine neue, unbekannte Sendung wird zwischen zwei erfolgreiche platziert. Im Idealfall führt dies dazu, dass Zuschauer, die die erste und dritte Sendung sehen wollen, auch bei der zweiten dabei bleiben. *Hammocking* funktioniert vor allem mit Programmen aus einem Genre – beispielsweise Arztserien oder Krimis.

Counterprogramming oder *Gegenprogrammierung* ist eine weitere Methode der Programmplanung. Kein Programm interessiert alle Zuschauer. Deshalb bietet es sich an, auch denen etwas zu bieten, die von der Konkurrenz vernachlässigt werden. *Gegenprogrammierung* ist aber auch ein probates Mittel, den Zuschauern eine Alternative in dem Genre anzubieten, das zeitgleich von der Konkurrenz gesendet wird. So ist beispielsweise Sat.1 mit der *Wochenshow* erfolgreich gegen die Comedy *Samstag Nacht* bei RTL angetreten. *Gegenprogrammierung* kann auch bedeuten, gegen ein übermächtiges Konkurrenzprogramm etwas Ungewöhnliches oder Experimentelles zu platzieren.

Crossprogramming ist eine Form, die vor allem im US-Fernsehen angewendet wird. Sie setzt auf die Popularität von Schauspielern. Ein Beispiel: Einen der größten Erfolge seiner Geschichte verbuchte das US-Network NBC am 9. November 1991. Damals wurde ein einstündiges Special der auch hierzulande bekannten Serie *Golden Girls* gesendet. Thematisch ging es um einen Hurrikan in Miami. Anschließend trat die Darstellerin der Sophie in der Serie *Empty Nest* auf, um dort Ratschläge zum Umgang mit dem Hurrikan zu geben. In der dritten Serie, *Nurses*, trat die Darstellerin der Rose auf, und bot ihre Hilfe in einem Krankenhaus an, um Hurrikanopfern zu helfen. Mit dieser sehr aufwendigen Methode, die nur realisiert werden konnte, weil alle drei Programme von einer Produktionsfirma hergestellt wurden, wurden viele Zuschauer für alle drei Sendungen gewonnen.

Audience Flow und der Einsatz der genannten Instrumente ist immer vor dem Hintergrund der Unternehmensziele zu sehen. Während sie für kommerzielle Sender angemessen sind, sind sie mit dem Programmauftrag des öffentlich-rechtlichen Rundfunks nicht immer zu vereinbaren. Das Erste und das ZDF müssen bei ihrer Programmplanung ihren Auftrag (Information, Bildung und Unterhaltung) berücksichtigen und im Wechsel informierende, bildende und unterhaltende Programme zeigen. Für den *Audience Flow* kann das eher kontraproduktiv sein. Bei den Dritten Programmen wird auch von den Öffentlich-Rechtlichen das *Audience-Flow*-Prinzip mittlerweile erfolgreich angewendet.

Wiederholungen

Wiederholungen verdienen eine besondere Erwähnung, da sich ihr Einsatz in den letzten Jahren gewandelt hat. Viele Jahren wurde (vor allem in der Programmpresse) über Wiederholungen gerne geklagt. Inzwischen gehören sie zu den Leckerbissen im Fernsehalltag. Das betrifft neben erfolgreichen Reihen wie zum Beispiel *Stahlnetz* auch attraktive Programme der jüngeren Vergangenheit. Denn viele dieser Sendungen haben Kultcharakter. Außerdem haben bei dem übergroßen Angebot viele Zuschauer manche Erstausstrahlung einer Sendung verpasst.

Rotationsprinzip

Beim Rotationsprinzip werden Sendungen innerhalb einer bestimmten Zeit (zum Beispiel einer Woche) mehrmals zu unterschiedlichen Tageszeiten ausgestrahlt. Dies machen z.B. kleinere lokale oder regionale Sender, die nicht genug Programm haben, um ihren Zuschauern ständig etwas Neues zu bieten. Aus der Not geboren, ist die Rotation sehr erfolgreich. Der eine sieht sich eine bestimmte

Martin Berthoud

Programmplanung öffentlich-rechtlicher Sender

Öffentlich-rechtliches Fernsehen ist einem vielfältigen Qualitätsprogramm verpflichtet, das informiert, berät, bildet und unterhält. Das Vielfaltskonzept und sein damit verbundener Beitrag zur gesellschaftlichen Integration unterscheidet öffentlich-rechtliches Fernsehen von kommerziellem. Dessen Räson besteht darin, Programmumfelder für die Werbung zu bieten. Zuschauermaximierung heißt seine oberste Planungsmaxime. Dagegen inhaltliche und formale Vielfalt als nachgefragtes Programmkonzept dauerhaft im publizistischen Wettbewerb zu halten, umreißt das Leitziel öffentlich-rechtlicher Programmplanung. Es verzichtet nicht auf Akzeptanz: öffentlich-rechtliche Hauptprogramme müssen die Charakteristik des Fernsehens als Massenmedium auch durch nennenswerte quantitative Resonanz einlösen. Akzeptanz ist aber kein absolutes, sondern ein relatives Erfolgskriterium öffentlich-rechtlicher Planung. Relativ zu den Möglichkeiten der Genres und Themen und relativ zu der Zielsetzung, für die relevanten Themen der gesellschaftlichen Diskussion ein Forum zu geben.

Mit klaren Programmstrukturen (ein Sendeplatz – ein Sendetitel) und starken Programmmarken macht Programmplanung in der Flut von durchschnittlich 38,5 pro Haushalt empfangbaren Angeboten, Kanäle wahrnehmbar und unverwechselbar. Spezifische öffentlich-rechtliche Programmstrukturqualitäten liegen im 40- bis 45-prozentigen Informationsanteil am Gesamtangebot im Vergleich zu 20-25 Prozent bei kommerziellen Anbietern, in der Platzierung von Information zur sehintensivsten Zeit um 21 Uhr herum und in der breiteren Angebotspalette. Minderheitenprogramme zu gesellschaftlichen und kulturellen Themen finden sich nicht allein in öffentlich-rechtlichen Spartenprogrammen, sondern bleiben Bestandteil öffentlich-rechtlicher Hauptprogramme.

Öffentlich-rechtliche Programmvielfalt führt zur Aufeinanderfolge unterschiedlicher Genres im vertikalen Programmablauf. Einförmige, den *Audience Flow* optimierende mehrstündige Programmstrecken mit demselben Programmgenre sind im öffentlich-rechtlichen Fernsehen nur als Ausnahme, nicht als tagtägliche Planungsregel denkbar. Als Programm für alle und für die Vielfalt der Zuschauerinteressen muss öffentlich-rechtliches Fernsehen im Programmverlauf wesentlich häufiger neues Publikum ansprechen und aufbauen als kommerzielles Fernsehen.

Öffentlich-rechtliches Fernsehen setzt auf Sujets, Genres und Protagonisten, die die Lebensprobleme der Zuschauer aufgreifen und ebenso unterhaltend wie anregend aufarbeiten. Es wird so zeitgemäßer Berichterstatter und Geschichtenerzähler für ein vielseitig interessiertes Publikum, das es nicht nur bedient, sondern auch fordert. Der Produktion von kalkulierten Zutatenprogrammen setzt es die inhaltliche Vitalität der Nähe zur Erfahrungswelt und der Lebenssituation der Zuschauer sowie der Handschrift der Programmmacher entgegen. Zuschauerorientiertes Fernsehen in substanzieller Programmvielfalt umzusetzen, charakterisiert den inhaltlichen Kern öffentlich-rechtlicher Programmplanung.

Öffentlich-rechtliches Fernsehen setzt in erster Linie auf Eigenleistungen. Ihre systematische Entwicklung wird mehr und mehr zur Nahtstelle planerischer und redaktioneller Arbeit. Die Definition umfassender Sendeplatzziele, Pilotproduktionen und die dauernde Überprüfung der Qualität und Akzeptanz der Programme sind zu Standardinstrumenten der Planung geworden. Die Rückkopplung zum Publikum wird so zum systematischen Bestandteil nicht nur der Zeitstrukturierung, sondern auch der Konzeptionierung des Programms.

Sendung gerne während des Frühstücks an, der andere hat am Nachmittag Zeit und ein Dritter kann nachts nicht schlafen. Wiederholungen können als besonderer Service für die Zuschauer deshalb auch gut vermarktet werden. Das Rotationsprinzip wird übrigens auch von Pay-TV-Anbietern wie PREMIERE gegen Gebühren genutzt: Ein Programm wird mehrfach zeitversetzt gesendet.

Themenabende und Themenwochen

Themenabende gehören beispielsweise bei arte zum Programmschema. Andere Sender bieten manchmal Themenwochen an. Dafür muss der Sender selbstverständlich das entsprechende Programm, die passenden Beiträge zum Thema haben. Das ist mit Kosten verbunden und lässt sich vor allem von Sendern realisieren, die über ein großes Programmarchiv verfügen. Mit Themenabenden oder -wochen kann eine größere Zuschauerbindung erreicht werden. Denn es ist anzunehmen, dass Zuschauer, die sich für das Thema interessieren, den ganzen Abend dabei bleiben oder im Laufe der Woche immer wieder einschalten.

Dailies und Weeklies

Im Zuge der Normierung von Sendeplätzen wurden serielle Programme immer wichtiger. Kam zunächst die wöchentliche Ausstrahlung eines Programms (von fiktionalen TV-Serien über Talkshows bis zu Dokumentationsreihen) auf, sind es heutzutage die Dailies. Ein Grund für ihren Erfolg liegt im Zuschauerverhalten: Jeden Tag beginnen die Folgen zur selben Zeit (*Stripping*). Die Zuschauer haben eine Orientierung, ohne in die Programmzeitschrift schauen zu müssen. Die Fernsehbranche in Deutschland arbeitet heute außerdem so professionell, dass industriell gefertigte Dailies (ob Talkshows oder Serien) kostengünstig produziert werden können.

Schlussbemerkung

Programmplanung ist ein wichtiges Profilierungsinstrument für die Sender, das angesichts der Konkurrenz immer wichtiger wird. Abgesehen von Programmhighlights wie *Wetten, dass ...*, Fernsehspielen wie *Der große Bellheim* oder *Das Todesspiel*, die einem Sender Profil geben, unterscheiden sich insbesondere unterhaltenden Programmelemente oftmals nicht mehr allzu sehr. Die nochmalige Wiederholung von *Bonanza* oder *Miami Vice* läuft mal in der ARD, mal bei Kabel 1 und mal bei VOX. Allein geschickte Programmplanung gibt dem Zuschauer Orientierung und sorgt für das Profil und die Erkennbarkeit eines Sender.

Literatur

Susan Tyler Eastman/Douglas A. Ferguson: ***Broadcast/Cable Programming***. Belmont, 1989

Hans Paukens/Andreas Schümchen(Hg.): ***Programmplanung – Konzepte und Strategien der Programmierung im deutschen Fernsehen***. R. Fischer Verlag: München, 1999

Edward T. Vane/Lynne S. Gross: ***Programming for TV, Radio and Cable***. Boston, 1994

Stefan Thul
Tania Ehrentraut

Programmverwaltung am Beispiel ProDomo

Die Verwaltung des hohen Produktionsaufkommens von Fernsehsendern kann allein mit klassischen Mitteln, beispielsweise mit Karteikarten oder Aktenordnern, nicht mehr bewältigt werden. Für die Produktionsverwaltung hat die ProSiebenSat.1 Media AG deshalb die Software ProDomo entwickelt. Sie orientiert sich am Workflow und berücksichtigt die Ideen-, Entwicklungs-, Produktions- und Verwertungsphase einer Fernsehproduktion. Alle Informationen einer Produktion werden mit individuellen Zugriffsrechten allen Beteiligten zur Verfügung gestellt. Zu den Informationen gehören neben Basisinformationen wie Titel, Genre, Zielgruppe oder Drehzeit auch Informationen zum Status der Produktion, zu Mitwirkenden und Verträgen, zur Kalkulation oder zur Postproduktion. Aus der Software können Stoff- und Projektzulassungen für den senderinternen Genehmigungs- und Kommunikationsprozess sowie Monatsberichte, Projektstände u.v.m. erstellt werden.

ProDomo als Teil der Programmvermögensverwaltung

ProDomo ist Teil der Programmvermögensverwaltung (PVV), der wichtigsten Datenbank der ProSiebenSat.1 Media AG. Innerhalb der Programmvermögensverwaltung (Abbildung 1 auf der folgenden Seite) kann auf verschiedenen Ebenen gearbeitet und können Informationen abgerufen werden. Wichtige Ebenen sind die Beitrags-, Lizenz-, Vertrags- und die Ausstrahlungsebene. Die Programmvermögensverwaltung dient:

- zur Darstellung und Verwaltung des Filmvermögens und der Rechte, beispielsweise Lizenzzeiten, Ausstrahlungen oder Wiederholungen,
- zur Verwaltung der Rechteverkäufe,
- zur Darstellung und Pflege der Konkurrenzausstrahlungen und
- für individuelle Abfragen, bei erworbenen Programmen beispielsweise: Kosten, Zahlungen, Abschreibungen oder Restbuchwerte, bei lizenzierten und/oder Konkurrenzprogrammen beispielsweise: Ausstrahlung, Reichweite, Marktanteile, Konkurrenzausstrahlungen, Darsteller, Inhalte oder Auszeichnungen.

Bereits 1998 beschäftigte sich ProSieben (vor der Fusion mit Sat.1) mit der Frage nach einer Datenbank zur Optimierung des deutlich angewachsenen Produktionsaufkommens von deutschen Formaten. Ziel der zu entwickelnden Software war es, die Kommunikation zwischen Redaktionen, Programmplanung, Sendercontrolling, Programmcontrolling, Geschäftsführung, Finanzabteilung, Herstellungsleitung, Vertrieb und Vorstand zu verbessern.

Für die Herstellungsleitung und die Redaktionen, die Produktionen in Auftrag geben, wurde innerhalb der Programmvermögensverwaltung ein Modul für die Produktionsebene mit dem Namen ProDomo entwickelt. In diesem Modul werden die zu produzierenden Projekte ab der Ideenphase begleitet.

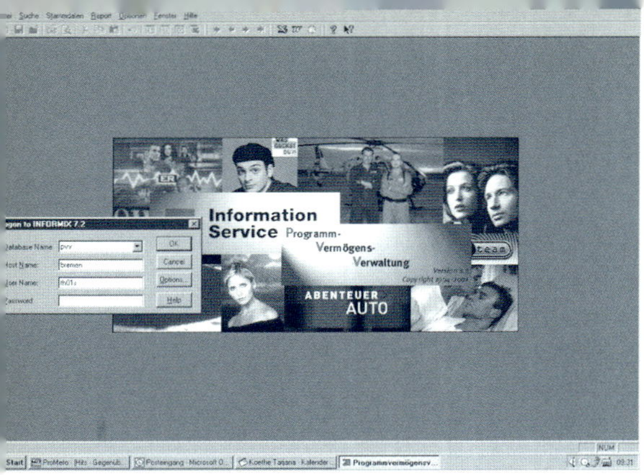

Abb. 1: Programmvermögensverwaltung

ProDomo

- ist Wissensmanagement,
- ist eine Datenbank für alle Mitarbeiter, die an der Entwicklung, Produktion, Planung und Vermarktung eines Programms beteiligt sind,
- ist mit der ebenfalls von ProSieben entwickelten Programmvermögensverwaltung verknüpft,
- ist immer aktuell, denn alle Informationen werden laufend eingegeben,
- ersetzt alle Excel- oder Wordlisten, die parallel gepflegt werden mussten,
- erspart Arbeit, weil es keine doppelten Eingaben mehr gibt,
- spart Zeit, weil beispielsweise bei Rechnungsfreigaben, die von Terminen oder Lieferungen abhängen, keine alten Ordner durchsucht werden müssen,
- erleichtert durch Abfragen die automatisierte Erstellung von Jahres- und anderen Berichten.

ProDomo verfügt über eine Workflow-Funktion: Die Software macht anhand von Erinnerungsreports und/oder auffällig markierten Feldern die Nutzer darauf aufmerksam, neue Informationen über das Projekt sofort oder zeitnah in die Datenbank einzugeben. Durch den Druck der Workflow-Funktion erreichen die Informationen sofort alle anderen Mitarbeiter. Die Projekte werden schneller vorangetrieben, es entsteht kein Leerlauf durch fehlende Informationen.

Die Entwicklung von ProDomo

Der Prototyp von ProDomo wurde von Oktober bis Dezember 1998 von einer Beratungsfirma auf Betreiben des damaligen Managements von ProSieben entwickelt.

- Ab März 1999 hat die Beratungsfirma das Projekt auf Wunsch der nun zuständigen und verantwortlichen Herstellungsleitung und der neuen Programmdirektion auf das Wesentliche konzentriert. Der Schwerpunkt wurde von einer ausschließlich zeitlichen Kontrollfunktion zu einer serviceorientierten Projektunterstützung verlagert.
- Von Ende April bis Mitte Mai 1999 wurden Gespräche mit den einzelnen Redaktionen geführt. Dadurch wurde das nötige Wissen über Abläufe (den Workflow) und Wünsche im Haus zusammengetragen. Die Ergebnisse wurden von der Beratungsfirma in einem Pflichtenheft festgehalten.
- Im Juli 1999 wurde der Entwicklungsauftrag für die Software an die ProSieben-eigene EDV-Tochtergesellschaft PSI weitergegeben.
- Ende Februar 2000 war die erste Version von ProDomo fertig. Das Modul wurde mit dem gleichen Layout wie die Programmvermögensverwaltung vollständig in die Programmvermögensverwaltung eingegliedert. Diese erste Version wurde weiterentwickelt und verbessert und schließlich ab Ende März 2000 von der Herstellungsleitung bei ProSieben getestet.
- Bis heute wurden etwa 40 weitere Versionen entwickelt. Ein Ende der Entwicklung ist nicht abzusehen, weil ProDomo ein offenes Modul ist, das jederzeit an die veränderten Wünsche und Erfordernisse der Nutzer angepasst werden kann.

ProDomo im Einsatz

Die Abteilungen Deutsche TV-Movies und Deutsche Serien und Reihen von ProSieben begannen im Mai 2000 mit dem Anlegen der ersten Datensätze der aktuellen Produktionen.

Ab Dezember 2000 wurden von der Herstellungsleitung von ProSieben Projekte der Redaktionen Unterhaltung, Info & Magazine und Talk angelegt und die wichtigsten Daten eingepflegt.

Alle Projekte – auch die, die noch in der Ideenphase sind – werden als Datensatz angelegt und kontinuierlich gepflegt.

Alle Berichte, beispielsweise über den Projektstand oder Formulare für Stoff- oder Projektzulassung werden ausschließlich aus ProDomo generiert.

Seit Anfang 2001 pflegte die senderübergreifende Herstellungsleitung die aktuellen Sat. 1-Projekte ein. Ziel war es, eine möglichst umfangreiche Anschubarbeit zu gewährleisten, damit bei endgültiger Installation der Programmvermögensverwaltung bei Sat. 1 nicht allzu viel nachgepflegt werden muss.

Seit Mai 2001 ist die Programmvermögensverwaltung auf den Computern der gemeinsamen Nutzer bei Sat. 1 installiert. Damit ist innerhalb kürzester Zeit die Datenbank auch bei Sat. 1 eingeführt worden.

Der Workflow eine Senders

ProDomo orientiert sich am Workflow des Senders, an den vier Phasen und acht Produktionszuständen einer Fernsehproduktion.

- Die ***Ideenphase*** ist die Phase von der positiven Beurteilung eines Stoffes durch den Lektor und die Aufnahme in den Ideenpool der Redaktion bis zur Freigabe der Stoffzulassung durch den Geschäftsführer des Senders.
- Die ***Entwicklungsphase*** ist die Phase von der Freigabe der Stoffzulassung und der Ausstellung eines Entwicklungsvertrags über die Entwicklung des Buches (Format) und dessen Abnahme und der Entscheidung zur Verfilmung, die Ausstellung einer so genannten Verhandlungszulassung, bis zur Freigabe der Projektzulassung durch den Geschäftsführer des Senders und/oder den Vorstand.
- Die ***Produktionsphase*** ist die Phase von der Freigabe der Projektzulassung und der damit verbundenen Ausstellung eines Produktionsvertrags bis zur Ablieferung eines sendefertigen Masters.
- Die ***Verwertungsphase*** beginnt mit der Ablieferung eines sendefertigen Masters.

Für den Redaktionsalltag eines Fernsehsenders sind diese Phasen zu oberflächlich. Für die Entwicklung von ProDomo wurden sie deswegen in verschiedene Produktionsstände unterteilt.

Ideenphase

In dieser Phase werden der Datensatz eines Fernsehprojekts angelegt und die Basisdaten, z.B. Kategorie, Länge oder Drehzeit eingegeben.

Entwicklungsphase

Der Produktionsstatus »in Entwicklung« beginnt mit der Genehmigung der Stoffzulassung durch den Geschäftsführer des Senders. Der Status umfasst alle Arbeiten wie Rohdrehbuch, Rohkalkulation, Besetzungsgespräche und Optionierung, Ausstattungsbesprechung und Motivsuche, Drehbucharbeit bis zur Regiefassung. Die Entwicklung eines Drehbuchs kann sechs bis zwölf Monate dauern.

Der Produktionsstatus »in Vorbereitung« beginnt mit der Genehmigung der Verhandlungszulassung. Hierzu bedarf es auch einer ersten Renditerechnung unter Angabe der angestrebten Sendeplätze. Der Status umfasst die Erstellung eines Drehplans und einer Kalkulation auf Basis der letzten Drehbuchfassung sowie eine Sendeplatzanalyse und Anforderung bzw. Erstellung einer Investitionsrechnung. Dieser Prozess dauert etwa fünf Wochen. Die genehmigte Verhandlungszulassung gibt allen an der Verhandlung beteiligten Mitarbeitern die finanziellen Rahmenbedingungen vor.

Produktionsphase

Der Produktionsstatus »in Produktion« beginnt mit der Genehmigung der Projektzulassung durch den Geschäftsführer des Senders bzw. durch den Vorstand, wenn es sich um Beträge von mehr als 500.000 Euro handelt. Der Status umfasst innerhalb von ProDomo den Vertragsabschluss mit dem Produzenten bzw. die Sicherstellung der Finanzierung, die Drehvorbereitung, Verpflichtung von Stab und Castingagentur, Versicherungsabschlüsse, Einrichten der Motive, Dekorationsbau und Anmietungen sowie die eigentlichen Dreharbeiten bis zum letzten Drehtag.

Der Produktionsstatus »in Postproduktion« beginnt bei ProDomo mit dem letzten Drehtag. Der Status umfasst Kopierwerks- und Schnittarbeiten, Roh- und Feinschnittabnahme, Vertonung, Mischung, Specialeffects, Farbkorrektur, Erstellung des geschnittenen Negativs und des Digibeta-Masters. Dieser Arbeitsprozess dauert in der Regel drei Monate.

Verwertungsphase

Im Produktionsstatus »fertig gestellt« ist ein Projekt von dem Tag, an dem die erste sendefähige Digibeta-Kopie im Haus angelangt ist, bis zu dem Zeitpunkt, an dem der Film ausgestrahlt wird. Die Zwischenzeit wird für die technische Prüfung, die Archivierung und die Erstellung von Einblendtiteln (Name des Films, Nennung der Produzenten und der Darsteller) genutzt sowie zur Erstellung diverser Jugendschutz- oder zeitoptimierter Fassungen. Jetzt beginnt auch der Vorlauf für Marketing, On-Air-Promotion und Pressearbeit.

Der Produktionsstatus »ausgestrahlt« beginnt mit der Ausstrahlung. Der Produzent muss noch alles liefern, wozu er sich vertraglich verpflichtet hat. Dazu gehören beispielsweise Materialien für den Weltvertrieb, getrennte Geräusch- und Musikbänder, Dialog- oder Musiklisten. Diese werden archiviert und an die zuständigen Stellen verteilt.

Der Produktionsstatus »abgeliefert/abgenommen« ist erst erreicht, wenn alle vertraglich fixierten Materialien und Unterlagen beim Sender eingetroffen und abgenommen worden sind. Bei Kinoproduktionen ist die Reihenfolge umgekehrt, weil der Film erst nach einer Sperrfrist ausgestrahlt werden darf.

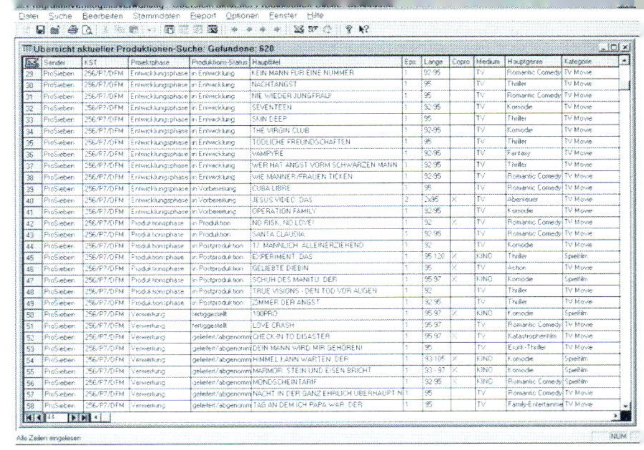

Abb. 2: Aktuelle Produktionen und ihre Kostenstelle

Bei den verschiedenen Produktionsständen setzt die Workflow-Funktion von ProDomo an. Je nachdem welche Felder ausgefüllt sind, schalten sich die Felder Projektphase und Produktionsstatus automatisch um. In dem Moment, in dem die Herstellungsleitung beispielsweise eingibt, dass die Projektzulassung vom Vorstand unterschreiben ist, springt bei allen Nutzern das Feld Phase von »Entwicklungsphase« auf »Produktionsphase« um, und das Feld Produktionsstatus von »in Vorbereitung« auf »in Produktion«.

Liste der aktuellen Produktionen

Mitarbeiter, die innerhalb der Programmvermögensverwaltung hauptsächlich mit ProDomo arbeiten, sehen beim Öffnen der Programmvermögensverwaltung eine Liste der aktuellen Produktionen und ihrer Kostenstelle (Abbildung 2).

Senderherstellungsleitung und Sendergeschäftsführer sehen alle Kostenstellen ihres Senders, die Auftrags- und Koproduktionen betreuen. Die senderübergreifende Herstellungsleitung und der Vorstand Fernsehen sehen alle deutsche Formate der Gruppe.

In dieser Liste sind nicht alle Projekte zu sehen, die jemals angelegt wurden, sondern nur diejenigen, die noch nicht ausgestrahlt wurden oder noch nicht vollständig abgeliefert oder abgenommen sind. Die Mitarbeiter haben auf den ersten Blick eine Übersicht über alle anstehenden Projekte.

Je nach den individuellen Anforderungen kann diese Liste (*Grid*) geordnet und sortiert werden. Beispielsweise sortieren sich die Mitarbeiter der Deutschen Serie die Liste nach Titeln, damit die einzelnen Serienfolgen nicht auseinander gerissen werden. Für die Deutschen TV-Movies ist eine Sortierung nach Redakteur oder nach Produktionsstatus praktikabler. Darüber hinaus kann sich jeder Nutzer einzelne Listeneinstellungen für seine Abfragen speichern, beispielsweise eine »Abfrage Projektstand« für einen Monatsbericht.

Selbstverständlich können die Nutzer nicht nur die Datensätze der aktuellen Produktionen ersehen, sondern alle auch schon ausgestrahlten oder abgelieferten Filme. Dies geschieht über das Menü »Suche – Produktion«. Auch dieses Suchergebnis lässt verschiedene Abfragen zu. Mögliche Abfragen sind beispielsweise:

- »Abfrage Materialverwaltung«: Welche Filme sind schon fertig gestellt, aber noch nicht vollständig abgeliefert?
- »Abfrage Weltvertrieb«: Welche Filme sind benannt, an den Weltvertrieb geliefert, dort abgenommen?
- Abfrage »Produzenten«: Welche Produzenten arbeiten für die Senderfamilie?

Ein wichtiger Nutzer von ProDomo ist die Abteilung Programmbeobachtung. Denn in der Programmvermögensverwaltung sind nicht nur Projekte von ProSieben oder Sat.1 zu finden, sondern auch alle Projekte von Konkurrenzsendern, über die irgendwo etwas zu lesen oder zu hören war. Bei diesen Projekten (inzwischen an die 10.000 Datensätze) steht im Feld »Sender« nicht ProSieben oder Sat.1, sondern »Programminformation«.

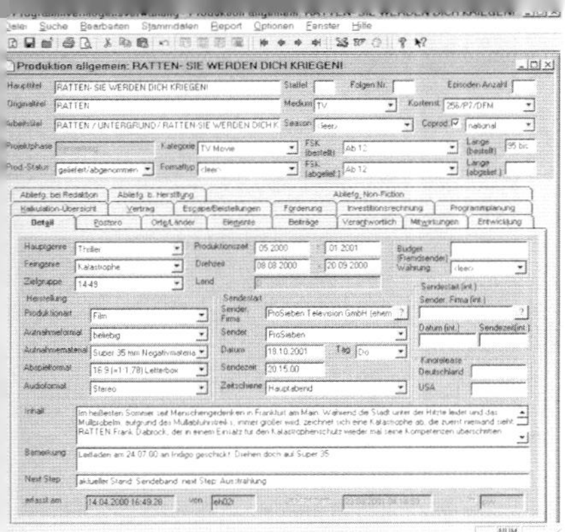

Abb. 3: Kopfdaten und Detailreiter

Kopfdaten und Reiter

Der Begriff »Reiter« stammt aus dem Karteikastensystem und steht für ein »Datenblatt« innerhalb eines Datensatzes. Die Kopfdaten (Abbildung 3) sind immer zu sehen und enthalten die wichtigsten Angaben zu einer Produktion wie beispielsweise Titel, Projektphase, Produktionsstatus, Kategorie, Medium, Kostenstelle, Länge oder Freiwillige Selbstkontrolle (FSK).

Die Felder Projektphase und Produktionsstatus schalten sich automatisch um, je nachdem wie weit das Projekt gewachsen ist, also abhängig davon, welche anderen Felder ausgefüllt sind. Auch auf dem Detailreiter (Abbildung 3) stehen grundsätzliche Informationen über das Projekt, wie beispielsweise Genre, Drehzeit, Aufnahmematerial, Sendestart und Inhalt.

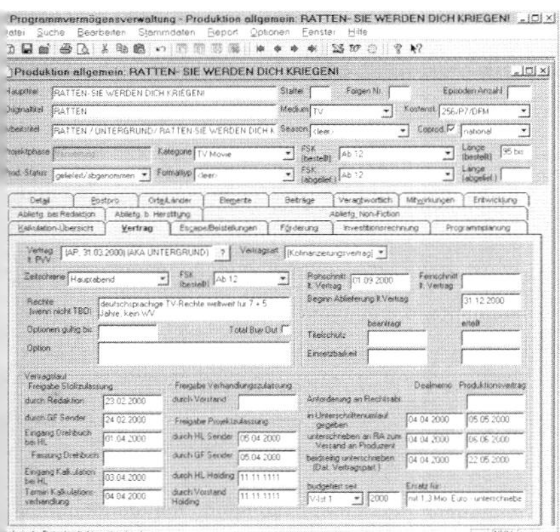

Abb. 4: Vertragsreiter

Vertrag

Der Vertragsreiter (Abbildung 4) gibt Aufschluss über den Stand des hausinternen Zulassungsverfahrens. Außerdem wird der gesamte Vertragslauf dokumentiert. Die Mitarbeiter erfahren also, in welchem Stadium sich die Verhandlungen befinden. Ferner sind hier in knapper Form Daten fixiert, die im Vertrag stehen, beispielsweise über Rohschnitt- und Ablieferungstermine, Rechte oder Optionen. Ein Ziel für die nächste Version von ProDomo ist es, alle Verträge aus dem System heraus automatisch zu generieren, so dass nur noch individuelle Veränderungen durch einen Juristen vorgenommen werden müssen.

Kalkulation

Der Reiter Kalkulation (Abbildungen 5 und 6) besteht aus 4 Blöcken: Ideenphase, Entwicklungsphase, Vorbereitungsphase und Produktionsphase.

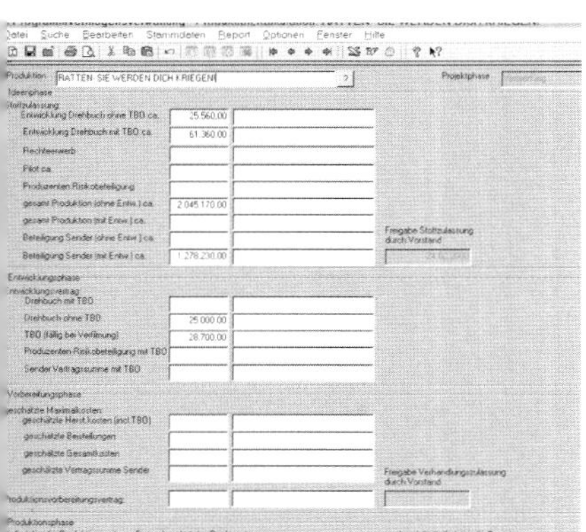

Abb. 5: Kalkulation

Während der Ideenphase kann die Herstellungsleitung eine grobe Preisvorstellung eingeben. Diese Beträge erscheinen auch auf der Stoffzulassung, die aus ProDomo generiert wird.

Ist die Stoffzulassung unterschrieben, beginnen die Verhandlungen mit dem Produzenten über den Entwicklungsvertrag. Die Ergebnisse schreibt die Herstellungsleitung in den zweiten Teil des Kalkulationsreiters (Entwicklungsphase). Diese Beträge erscheinen auf der Entwicklungsvertragsanforderung, einem Formular, das automatisch aus ProDomo generiert wird und an die Rechtsabteilung als Basis zur Ausstellung des Entwicklungsvertrags geht.

Im dritten Schritt der Vorbereitungsphase werden kurz vor der Fixierung eines Termins für die Kalkulationsverhandlung die geschätzten Kosten eingegeben. Diese Beträge erscheinen in der Verhandlungszulassung, die den finanziellen und vertraglichen Rahmen für eine Kalkulationsverhandlung festlegt.

Im unteren Teil wird die eigentliche Kalkulation eingetragen, und zwar das Angebot des Produzenten und (nachdem die Kalkulationsverhandlung stattgefunden hat) die verhandelte Version. Die verhandelten Endsummen erscheinen auf der Projektzulassung und auf dem Anforderungsformular für den Produktionsvertrag.

Anhand der beiden Kalkulationsversionen »Angebot« und »verhandelt« sowie einer Spalte mit dem Differenzbetrag kann man nachvollziehen, welcher Betrag in der Kalkulationsverhandlung verändert wurde. Falls es zu Unstimmigkeiten zwischen Produzent und Sender bezüglich der Qualität der Produktion kommen sollte, können die Informationen später schnell recherchiert werden. Selbstverständlich kann auch recherchiert werden, wie viel die einzelnen Positionen bei verschiedenen Filmen gekostet haben.

Abb. 6: Kalkulation, 2. Teil

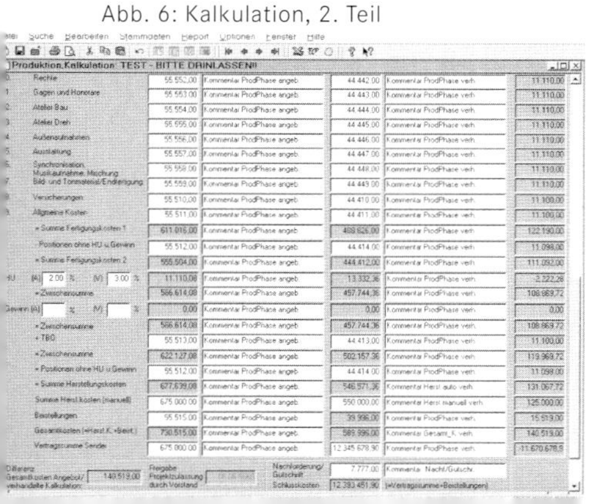

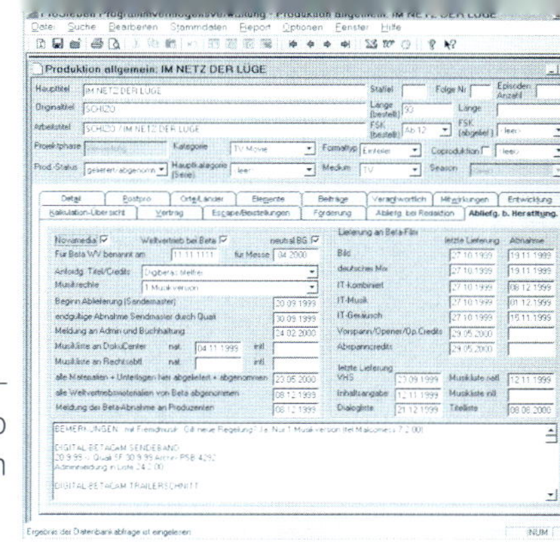

Abb. 7: Ablieferung Herstellungsleitung

Ablieferung bei Herstellungsleitung

Dieser Reiter (Abbildung 7) hilft, das eingehende Material zu verwalten und zu kontrollieren, beispielsweise ob der Vertrag erfüllt wurde oder wie der Weltvertrieb gemanagt wird. Im oberen Teil stehen abfragbare Daten, im unteren Textfeld finden die Beteiligten alle detaillierten Informationen zu jeder einzelnen Materialart.

Ablieferung Non-Fiction

Diesen Reiter (Abbildung 8) sehen nur die Non-Fiction-Redaktionen. Bei ihnen handelt es sich häufig um Staffelproduktionen bei denen eine so detaillierte Dokumentation wie im Reiter Ablieferung bei Herstellung nicht notwendig ist. Hier kann angekreuzt werden, welche Materialien und Unterlagen laut Vertrag geliefert werden müssen oder für jede Folge wird eingetragen, wann das Material eingegangen ist.

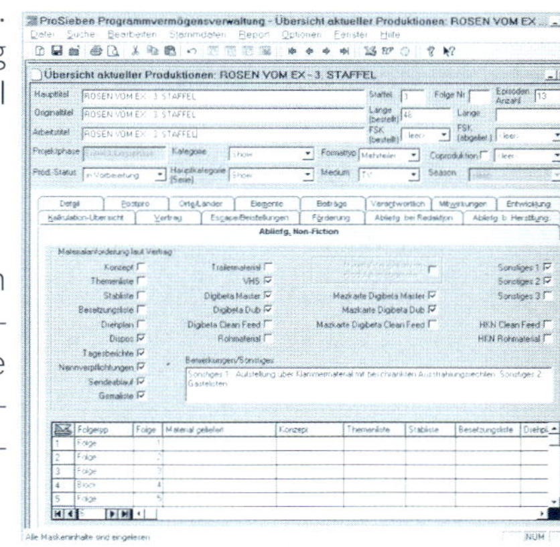

Abb. 8: Ablieferung Non-Fiction

Programmplanung

Beim Reiter Programmplanung (Abbildung 9) wird die Anzahl der Ausstrahlungen (Runs) sowie die Ausstrahlungsdaten der einzelnen Runs mit Uhrzeit, geschätztem Marktanteil und der Länge der Werbe-Unterbrecher eingegeben. Vorschläge bezüglich des Sendestarts können auch von der Redaktionsleitung im Voraus eingetragen werden. Freigegeben werden die Daten grundsätzlich durch die Sender-Programmplanung, erkennbar am Kürzel im Feld »letzte Änderung«.

Investitionsrechnung

Die Herstellungsleitung trägt beim Reiter Investitionsrechnung (Abbildung 10) die Zahlungsströme ein sowie den Zweck, zu dem die Investitionsrechnung erstellt werden soll. Das Programmcontrolling sieht alle Eintragungen dieses Reiters und des Programmplanungsreiters, errechnet anhand dieser Daten die Investitionsrechnung und trägt die Ergebnisse in diesen Reiter ein. Die Ergebnisse sind für Geschäftsführung, Herstellung und Redaktionsleitung sichtbar und werden auf den Berichten entsprechend dargestellt.

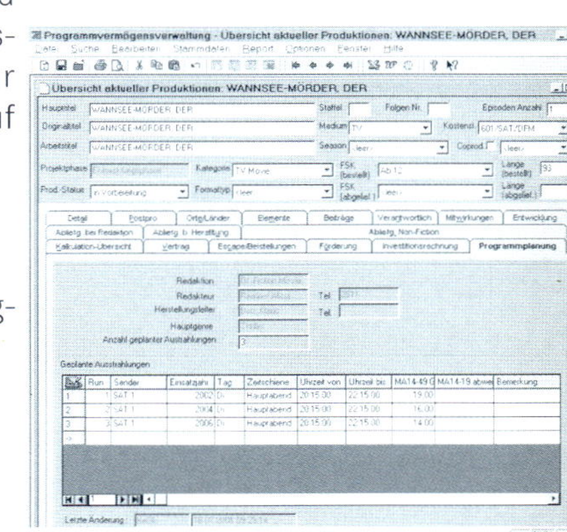

Abb. 9: Programmplanung

Andere Funktionen und Reiter

Daneben gibt es eine Vielzahl weiterer Funktionen und Reiter, die der Vollständigkeit halber kurz vorgestellt werden sollen.

- Orte, Länder: Hier werden Drehort, Produktionsort und Produktionsland eingegeben.
- Verantwortliche: Hier ist nachzulesen, wer im Haus das Projekt betreut,hier sind auch Telefon- und Faxnummern der Vertragspartner und Notizzettel mit wichtigen Durchwahlen zu finden.
- Mitwirkungen: Dahinter verbirgt sich eine Liste der Darsteller und Stabmitarbeiter.
- Entwicklung: Hier werden Informationen aus der Presse mitsamt der Quellenangabe aufgenommen.
- Escape, Beistellungen: Hier werden (Kosten-)Regelungen für den Fall eines Abbruchs der Produktion (Escape) bzw. für Beistellungen eingegeben (Beistellungen sind Leistungen, die nicht in der Kalkulation der Produktionsfirma auftauchen, sondern die der Sender direkt übernimmt, beispielsweise Moderatorengagen, Filmversicherung, Videoendbearbeitung).

Abb. 10: Investitionsrechnung

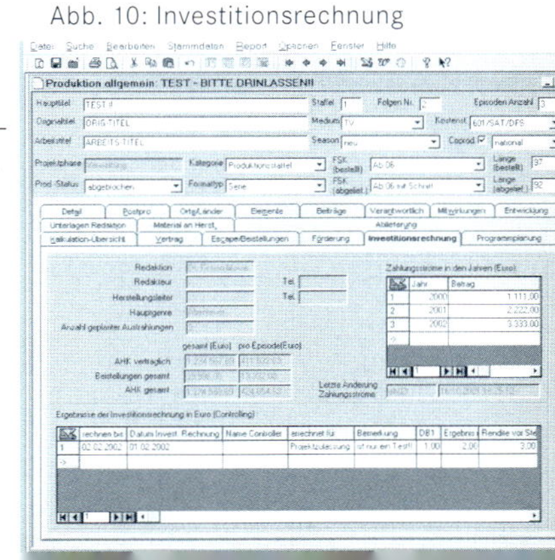

- Förderung: Hier wird die Einreichung des Projekts bei Filmförderungsinstitutionen dokumentiert, beispielsweise mit Angaben zur Institution, zum beantragten Betrag, zum Datum der Einreichung, dem Datum der Bewilligung und zum bewilligten Betrag.
- Ablieferung bei Redaktion: Hier werden alle Unterlagen (Treatments, Exposés, Drehbücher in verschiedenen Fassungen, Stab- und Besetzungslisten), die bei der Redaktion eingehen, eingegeben.
- Postpro: Der Reiter für die Postproduktion ist nur für die Redaktionen Deutsche Fiction Movies. Hier sind hausinterne Termine zu finden, wie obligatorische Meetings zwischen Presseabteilung und Redaktion vor Drehbeginn oder vor Ausstrahlung, Mischtermine, Abnahmetermine der Einblendtitel mit den Grafikern, vereinbarte Ablieferungstermine zwischen Projektkoordinatorin und Produzent (im Gegensatz zu den vertraglichen Terminen, die nicht immer eingehalten werden können).
- Elemente: Dieser Reiter ist nur für die Non-Fiction-Redaktionen. Hier werden produktionstechnische Informationen wie beispielsweise Studiogestaltung, Länge einzelner Beiträge oder Moderatoren festgehalten.
- Beiträge: Hier verknüpft die Programmadministration den Datensatz der Produktionsebene mit dem Datensatz der Beitragsebene. Durch Doppelklicken erreicht man sofort den Beitragsdatensatz.

Die Berichte

Berichte können beispielsweise für die Stoff-, Verhandlungs- oder Projektzulassung, Vertragsanforderungen für Entwicklung, Pilotierung und Produktion oder für Termine, Orte und Mitwirkungen erstellt werden.

Alle Berichte werden durch einen Klick im Menü automatisch generiert. Das Programm macht darauf aufmerksam, welche Felder noch nicht ausgefüllt sind. Ein Ausdruck ist trotzdem möglich, weil zum gegebenen Zeitpunkt eventuell noch nicht alle Informationen vorliegen. Das Formular wird als Word-Datei ausgegeben, die an jedem beliebigen Ort gespeichert werden kann. Wird der Dokumentenschutz deaktiviert, können Daten korrigiert oder hinzugefügt werden. Änderungen in Word-Dokumenten können allerdings nicht nach ProDomo exportiert werden.

Rechtevergabe

Jeder Nutzer von ProDomo hat individuell unterschiedliche Lese- und Schreibrechte. Die Rechtevergabe wird über die senderübergreifende Herstellungsleitung verwaltet. Alle Rechte sind in einer Excel-Liste auf einem hauseigenem Share-Laufwerk festgehalten. Die Rechte können schnell und ohne großen Aufwand verändert und angepasst werden.

Rechte der Redaktionen

- Jeder Redakteur sieht nur die Projekte seiner Kostenstelle. Projekte anderer Kostenstellen und anderer Sender sind für ihn nicht einsehbar.
- Fiction-Redakteure sehen keine Reiter, die für ihre Arbeit unwichtig sind, beispielsweise Non-Fiction-Reiter oder Elemente. Non-Fiction-Redakteure sehen dafür nicht die Reiter Postpro, Ablieferung bei Herstellung oder Förderung.
- Redakteure haben kein Leserecht für den Kalkulationsreiter, dies hat in der Redaktion nur der Redaktionsleiter.

Rechte der Sender

- Der Geschäftsführer des Senders hat umfassende Leserechte auf alle Kostenstellen des eigenen Senders.
- Die Herstellungsleitung des Senders hat Lese- und Schreibrechte für die Projekte aller Kostenstellen ihres Senders.

Rechte der Holding

- Abteilungen der Holding wie Controlling oder Rechtsabteilung haben Leserechte für Reiter, um Informationen zur Erstellung von Investitionsrechnungen bzw. Verträgen zu erhalten.
- Der Vorstand hat umfassende Leserechte für alle Projekte aller Sender.
- Die senderübergreifende Herstellungsleitung hat Lese- und Schreibrechte für die Projekte aller Kostenstellen aller Sender.

Ausblick

Auch wenn einige der unten genannten Weiterentwicklungen in der Zwischenzeit realisiert sind, sollen sie genannt werden. Sie zeigen, wie sich die Anforderungen wandeln und wie flexibel ProDomo diesen Anforderungen angepasst werden kann.

Reiter Episoden

- Es hat sich gezeigt, dass wegen des hohen Serienaufkommens bei Sat. 1 bei Serienproduktionen für jede Episode ein eigener Datensatz nicht praktikabel ist. Deshalb wird ein weiterer Reiter für die zu einer Staffel gehörigen Episoden (Folgen) programmiert, der als Unternavigation dient. Über den Datensatz zur Staffel sind dann auch Informationen über einzelne Folgen abrufbar.

Reiter Inhalt

- Weil das Feld »Inhalt« nur für eine knappe Zusammenfassung gedacht ist, wird für eine ausführliche Inhaltsangabe ein eigener Reiter programmiert. Die ausführliche Inhaltsangabe wird der Presseabteilung zugänglich gemacht.

Meldung Versicherung

- ProDomo kann zukünftig eine Meldung generieren, die dem Versicherer per Fax oder Mail alle notwendigen Informationen liefert.

Derzeitige und zukünftige Nutzer von ProDomo

Derzeitige Nutzer von ProDomo sind bei ProSieben die Herstellungsleitung, die Redaktionen Deutsche Fiction (Movies und Serie), Unterhaltung, Info & Magazine, Talk, die Programmplanung, das Controlling und der Geschäftsführer von ProSieben. Bei Sat. 1 wird ProDomo von der Herstellungsleitung (mit Produktionsleitung und Programmkostenplanung), den Redaktionen Deutsche Fiction (Movies und Serie) und Unterhaltung, dem Controlling, der Programmplanung und vom Geschäftsführer Sat. 1 genutzt. Von Kabel 1 sind 15 Nutzer an das System angeschlossen (Geschäftsführung, Herstellung, Controlling, Programmplanung und die Redaktionen Unterhaltung und Magazine).

In der Holding sind die Nutzer von ProDomo die senderübergreifende Herstellungsleitung, die Redaktion Internationale Koproduktionen, die Programmadministration, die Programmbeobachtung, das Controlling, einzelne Mitarbeiter des DokuCenters und der Rechtsabteilung sowie der Vorstand Fernsehen und das Vorstandsbüro.

Außerdem ist die Abteilung Pricing von der Vermarktungsgesellschaft SevenOne Media an ProDomo angeschlossen.

Silke Häußler

Fernsehen in Europa und Amerika

Die USA gelten gemeinhin als Vorbild für die Entwicklung alter und neuer Medien: Mit nur wenigen Jahren Verzögerung werden die wichtigsten Trends in Europa nachvollzogen. Wenn das zutrifft, sind in Europa große Konzentrationen, kontinuierlich wachsende Kabelanbieter und ausdifferenzierte Spartenprogramme zu erwarten. Allerdings spielt der Public Broadcasting Service (PBS), ein dem öffentlich-rechtlichen Rundfunk vergleichbares Network, in den USA nur eine marginale Rolle. Die Fernsehlandschaft in den einzelnen europäischen Ländern hat sich in den letzten Jahrzehnten ähnlich entwickelt. Für alle Länder war die Einführung privatwirtschaftlicher Fernsehsender und die Entwicklung neuer Übertragungswege in den 80er Jahren ein entscheidender Einschnitt. Bei genauerer Betrachtung sind jedoch viele nationale Eigenheiten erkennbar. Die rechtlichen Grundlagen der *Public-Service-Anbieter* sind in den europäischen Ländern sehr unterschiedlich geregelt und die Präferenzen der Zuschauer unterscheiden sich durchaus. Eines scheint jedoch auch zukünftig sicher zu sein: Große Sportereignisse werden – trotz enormer Kosten – die obersten Plätze der Hitlisten einnehmen.

Der Sport beherrscht die Bildschirme

Ausgerechnet in seinem Mutterland steht König Fußball nicht an erster Stelle des aktuellen Programmrankings. Laut Television 2001, einer Studie der Vermarktungsgesellschaft IP, ziehen die Engländer die Daily Soap *Coronation Street* dem runden Leder vor. Die weltweit am längsten laufende Serie (*Lindenstraße*) führt die Liste der Quoten-Charts in Großbritannien an. Ausschlaggebend für das Ranking sind der durchschnittlich höchste Marktanteil der frei empfangbaren Sender eines Landes bei Zuschauern ab 16 Jahren. Doch überwiegend beherrscht der Sport die europäischen und amerikanischen Bildschirme. Er führt in fast allen Ländern die Rangliste an.

Beim Fußballweltmeister von 1998, Frankreich, nehmen Fußballübertragungen Platz eins bis sechs in den Top Twenty ein, in Deutschland die ersten drei Plätze, gefolgt von Thomas Gottschalk mit *Wetten, dass ...?* Auf dem dritten Platz in Großbritannien findet sich die Quiz-Show *Who Wants To Be A Millionaire*, die auch in Deutschland mit Günther Jauch dem Sender RTL ein Quotenhoch beschert. In Polen wird das Ranking von einer Daily Soap angeführt. Im Unterschied zu Großbritannien zieht die Serie *Clan* aber nicht in der Primetime, sondern im Vorabendprogramm die Zuschauer an. Und in den USA? Da belegt die Realityshow *Survivor II* die Plätze fünf und sieben. Die Abenteuershow hieß ursprünglich *Expedition Robinson* und wurde erstmals in Schweden ausgestrahlt.

Die Attraktivität des Sports hat auch ihre Schattenseite. Die Austragungsrechte für Fußball, die Olympischen Spiele, Formel 1, Super Bowl und andere sportliche Großereignisse sind ein begehrtes und entsprechend teures Objekt. Fernsehsender müssen mittlerweile gigantische Summen aufbringen, um im immer härter werdenden Wettbewerb die Mitbewerber auszustechen. Die hohen Kosten reißen große Löcher ins Programmbudget. Eine schwierige Situation für

Fernsehveranstalter weltweit. Hinzu kommt, dass die Produktionskosten, insbesondere für ein qualitativ hochwertiges Fictionsprogramm, stetig steigen. Folge: Die Sender müssen bei anderen Programminhalten den Rotstift ansetzen. Da sind preiswert zu produzierende Formate wie die Realityshow *Big Brother*, in Italien derzeit auf Platz fünf im Ranking, besonders willkommen.

Zwischen Homogenität und Vielfalt

Das Format *Big Brother*, entwickelt von dem holländischen Produktionsunternehmen Endemol, hat weltweit für Aufsehen gesorgt. Gestartet in Holland im September 1999, wurde die Realityshow bis Herbst 2001 in fast 20 Ländern ausgestrahlt. Das Grundkonzept der Sendung ist in allen Ländern gleich, jedoch die Zahl der Kandidaten und der Tage in totaler Isolation variiert. Der Blick durchs Schlüsselloch für ein Massenpublikum löste nicht allein in Deutschland heftige Diskussionen aus. Darf Fernsehen so weit gehen? Wo bleibt der ethische Anspruch der Programmmacher? Das enorme Medienecho und die beachtlichen Einschaltquoten verhalfen der Show zu weltweiter Popularität.

Fast ausschließlich kommerzielle Fernsehsender nahmen die Sendung in ihr Programm auf. Nach Holland und Deutschland (März 2000) strahlte Spanien *Big Brother* aus. Dann gelang dem Format der Schritt über den großen Teich. Gegen den Strom sozusagen. Denn bis dahin waren es die europäischen Länder, die in den USA entwickelte Showformate übernahmen, und nicht umgekehrt. Mittlerweile wurde das Programm nicht nur in Europa und den USA, sondern auch in Argentinien und Australien ausgestrahlt. Manche Länder brachten es auf drei Staffeln. Auf *Big Brother* folgte eine Flut von Realityformaten wie *Temptation Island* oder *Popstars*. In Deutschland ist das Interesse der Zuschauer an Reality-Shows abgeflaut. In anderen Ländern ist der Trend ungebrochen.

Die Quiz-Show *Wer wird Millionär* ist ebenfalls ein Format, das mit großem Erfolg um die Welt geht (siehe dazu auch den Beitrag von Julia Hansen). Entwickelt von dem Produktionsunternehmen Celedar in London, löste es weltweit einen Quizboom aus. Die Show wurde/wird in über 80 Ländern gesendet. Nach dem immer gleichen Konzept: Dieselbe Musik, dasselbe Design und ein Spielleiter, der es versteht, im Umgang mit den Kandidaten den Unterhaltungscharakter der Show zu stärken. Allein im Jahr 2000 strahlten 40 Sender *Wer wird Millionär* aus, wobei die Sendung in 16 Ländern höchste Marktanteile erzielte. Am erfolgreichsten läuft das Quiz in Großbritannien und Deutschland.

Für Fernsehsender sind solche Formate nicht nur wegen der geringen Produktionskosten ein Glücksfall. Sie können damit ein Massenpublikum in der Primetime ansprechen und binden. Seit es Fernsehen gibt, sind Quiz- und Gameshows fester Bestandteil des Programms. Mal liegen sie im Trend und die Fernsehsender jagen allesamt mit ähnlichen Formaten dem höchsten Marktanteil hinterher. Mal wird es ruhiger um die Sendungen, dann werden sie abgesetzt oder rutschen ins Nachmittagsprogramm, bis ein neues Format die ermüdeten Geister wieder weckt. Man erinnere sich, über wie viele Jahre *Der Preis ist heiß* oder *Glücksrad* im deutschen Programm ausgestrahlt wurden. Sendungen, die sich durch extreme Langlebigkeit auszeichnen und in jedem Land ihr Publikum finden.

Ursprünglich in den USA entwickelt, hatte *Der Preis ist heiß* dort 1956 Premiere, 1975 folgte *Das Glücksrad*. Der universale Charakter von Game- und Quizshows, die nicht kulturelle Unterschiede hervorheben, sondern die Neugier, Spiellust und Gewinnsucht der Zuschauer ansprechen, ist Grundlage für eine weltweite Adaption.

An einem der ersten Sendetage im Juli 1941 strahlte WNBT, die New Yorker Station des Networks National Broadcast Company, ebenfalls zwei Quizshows aus, *Uncle Jim's Question Bee* und *Truth or Consequences*. Nach über 60 Jahren sind Unterhaltungsformate noch immer wichtigster Bestandteil des US-amerikanischen Fernsehens. Zwischen 1995 und 1999 wuchs in den USA die Zahl der Game-Show-Titel um über 400 Prozent. Nirgendwo auf der Welt ist das Interesse der Zuschauer an Unterhaltungssendungen, die ein ideales Umfeld für die Platzierung von Werbebotschaften sind, so groß wie in den USA. Die Amerikaner schalten ihre TV-Geräte täglich rund sechseinhalb Stunden ein, etwa doppelt so lange wie im Schnitt die Europäer.

Die USA als Prototyp kommerziellen Rundfunks

Im Land der unbegrenzten Möglichkeiten konnte sich Fernsehen erstmals auf der Welt als Massenmedium etablieren. Das US-amerikanische Fernsehsystem ist im Unterschied zum europäischen der Prototyp kommerziellen Rundfunks (siehe: ***Internationales Handbuch für Fernsehen und Hörfunk***). Die Modelle der Organisation, des Programmbereichs und die technischen Entwicklungen waren wegweisend für die Prozesse nicht nur in Europa. Bis heute ist der Einfluss der USA auf den europäischen Fernsehmarkt stark. Nach wie vor ist das Land der wichtigste Exporteur von Fernsehprogrammen. Nicht nur Showformate, sondern auch US-Serienmuster und TV-Movies finden sich in ganz Europa wieder. Hingegen ist der Importanteil von im Ausland produzierten Programmen in den USA verschwindend gering. Er liegt um ein Prozent.

Das US-Fernsehsystem entwickelte sich auf zwei Ebenen: den Networkgesellschaften und den lokalen Stationen. Networks und lokale Stationen arbeiten formal unabhängig voneinander, sind jedoch funktional und nicht selten durch gemeinsame Eigentümeranteile miteinander verbunden. In den 30er Jahren gründeten sich die drei wichtigsten Networks: die National Broadcasting Company (NBC), das Columbia Broadcasting System (CBS) und die American Broadcasting

Ursprungsland der von großen Sendern ausgestrahlten TV-Fictionsprogramme

(Stichwoche 12. bis 18. März 2000)		Einheimisch	USA	Europa	Sonstige
Vereinigtes Königreich	Über ganzen Tag	47 %	43 %	0 %	10 %
	Nur Primetime	51 %	49 %	0 %	0 %
Deutschland	Über ganzen Tag	36 %	57 %	5 %	2 %
	Nur Primetime	56 %	44 %	0 %	0 %
Frankreich	Über ganzen Tag	25 %	56 %	15 %	5 %
	Nur Primetime	75 %	25 %	0 %	0 %
Italien	Über ganzen Tag	19 %	64 %	4 %	13 %
	Nur Primetime	43 %	51 %	6 %	0 %
Spanien	Über ganzen Tag	20 %	56 %	7 %	17 %
	Nur Primetime	51 %	37 %	12 %	0 %

Quelle: Eurofiction

Company (ABC). Rund 50 Jahre lang konnten die »Großen Drei« das Oligopol auf dem amerikanischen Fernsehmarkt halten und erreichten mit ihrem Programm fast 90 Prozent der Fernsehzuschauer in den USA. Das änderte sich in den 80er Jahren entscheidend. Die Verbreitung von Fernsehprogrammen via Kabel wurde umfassend legalisiert und eine Schar von neuen Programmanbietern, Pay-TV-Kanälen und Basic-Cable-Sender, bedrohten die Vormachtstellung der Networks.

Eine Zeit der großen Fusionen brach an: 1985 übernahm das Kommunikationskonglomerat Capital Cities das Network ABC. NBC ging 1986 mit seiner Muttergesellschaft Radio Corporation of America (RCA) an das Mammutunternehmen General Electric. Und die Loew Corp übernahm im selben Jahr das CBS-Network. Als weiterer Konkurrent der »Großen Drei« etablierte sich das Fox-Network von Rupert Murdoch.

Die Liberalisierung des US-Marktes

Mitte der 90er Jahre liberalisierte die US-Regierung den Telekommunikationsmarkt. Sie hob die Kompetenzgrenzen zwischen regionalen und überregionalen Telefongesellschaften, zwischen Kabelkonzernen und Telefongesellschaften sowie zwischen den TV-Networks und Kabelsystemen auf. Das hatte weitreichende Folgen. Der Wettbewerb konnte nun ungehindert seine Kräfte entwickeln. Weltumspannende multimediale Medienunternehmen entstanden. Der Filmproduzent Walt Disney kaufte das Capital Cities/ABC Network. Der Medienkonzern Viacom fusionierte mit CBS. Das Online-Unternehmen AOL schloss sich mit Time Warner zusammen. Zuvor schon hatte Time Warner die Turner Broadcasting Systems (TBS) übernommen. Mit AOL Time Warner ist der mit Abstand größte Medienkonzern der Welt entstanden.

Neben den zahlreichen unabhängigen Produzenten, den so genannten Independents, beherrschen die Hollywood-Studios, traditionell die »Sieben Majors«, den Produktionsmarkt. Ihre Hauptauftraggeber sind die großen US-Networks. Wirtschaftliche Verbindungen zwischen den Produzenten und den Networks wurden durch spezielle Bestimmungen, den Financial Interest und Syndication Rules, kurz Fin-Syn-Rules, verhindert. Sie regelten die Beteiligungen an den Verwertungserlösen und die Zweitverwertungs- und Vertriebsrechte. Damit wollte man die Produzenten vor den mächtigen Networks schützen. Mit einer Ausnahme blieb die Produktion und der Programmvertrieb getrennt: Das spät hinzugekommene Fox-Network durfte mit dem Studio Twentieth Century kooperieren.

Die Fin-Syn-Rules wurden sukzessive bis 1995 abgebaut. Seither ist es möglich, dass Produktion und Vertrieb in der Hand eines Unternehmens liegen, wie bei Walt Disney seit der Übernahme des ABC-Networks. Die Verflechtungen, Fusionen und Aufkäufe der verschiedenen Medienunternehmen lassen sich in den USA kaum mehr überblicken. Die Märkte sind horizontal schon hochgradig konzentriert. Zu den fünf weltgrößten Medienunternehmen zählen AOL Time Warner, The Walt Disney Company, Viacom und News Corporation Ltd. Die vertikale Konzentration ist nur noch eine Frage der Zeit.

Mit der Legalisierung der Kabel-Dienste, darunter auch Pay-TV (unter anderem HBO von Time Warner), und deren ständig wachsender Zahl geraten die Networks zunehmend unter Konkurrenzdruck. Die Zahl der Fernsehzuschauer, die die Programme der Kabelanbieter nutzen, wächst kontinuierlich. Mittlerweile können die Kabelsender rund 40 Prozent der Zuschauer für sich verbuchen, Tendenz weiter steigend. Insbesondere das Fernsehpublikum mit höherem Einkommen und

Bildungsstandard wandert ab. Das bedeutet für die Networks massive Einbußen der Werbeeinnahmen. Hinzu kommt, dass der enorme Bedarf an Programminhalten ob der vielen Mitbewerber die Kosten für qualitativ hochwertiges Programm in die Höhe treibt. Die Kabelanbieter gehen immer mehr dazu über, im eigenen Auftrag hergestellte Produktionen auszustrahlen. Anfangs noch bestimmten ältere Kinofilme, Wiederholungen von Serien und Dokumentationen das Programm.

Die Senderlandschaft hat sich in den USA extrem ausdifferenziert nach Inhalten und Zielgruppen. Fast für jedes Hobby gibt es das passende Spartenprogramm. Und das ist erst der Anfang, so wird vermutet. Mit der Digitalisierung wird die Flut der Programmanbieter noch stärker wachsen. Erwartet wird, dass sich das Senderangebot verfünffacht.

Der Public Broadcasting Service, kurz PBS, ein dem öffentlich-rechtlichen Rundfunk vergleichbares Network, spielt im US-amerikanischen Fernsehmarkt, anders als in Europa, eine marginale Rolle. Der Anteil des PBS an der gesamten Sehzeit beträgt durchschnittlich etwa drei Prozent. Die Stationen des öffentlichen Sektors werden von Kommunen, Universitäten, Stiftungen, Vereinen etc. finanziert und stecken chronisch in Finanznöten. Sie können sich gegenüber dem gewaltigen Programmangebot der kommerziellen Sender nur schwer behaupten.

Europa – vom öffentlich-rechtlichen Rundfunk geprägt

Im Großen und Ganzen hat sich die Fernsehlandschaft in den einzelnen europäischen Staaten ähnlich entwickelt. Betrachtet man die einzelnen Länder genauer, lassen sich aber viele nationale Eigenheiten ausmachen, die insbesondere mit den gesetzlichen Rahmenbedingungen, der politischen Geschichte sowie der speziellen kulturellen Prägung von Öffentlichkeit zusammenhängen. Entscheidend geprägt hat die Entwicklung des Fernsehens in Europa der öffentlich-rechtliche Rundfunk, die so genannten Public-Service-Programme, im Unterschied zu den USA, wo der kommerzielle Rundfunk die Weichen stellte.

Die rechtlichen Grundlagen der Public-Service-Veranstalter sind in den jeweiligen Ländern sehr unterschiedlich und haben im Laufe der politischen Geschichte eines Staates diverse Veränderungen erfahren (siehe ***Internationales Handbuch für Fernsehen und Hörfunk***). Allein die Frage, ob und in welchem Umfang ein öffentlich-rechtlicher Sender Werbung ausstrahlen darf, hat jedes Land auf seine Weise geregelt. In manchen Ländern reicht der staatliche Arm nicht bis in diesen Bereich. In anderen ist die Ausstrahlung von Werbung generell untersagt, wie in Großbritannien, Norwegen, Schweden und Flandern. Zwischen einer Laisser-faire-Haltung und einem striktem Verbot haben sich verschiedenste Praktiken herausgebildet, beispielsweise in Deutschland die Begrenzung der Ausstrahlung von Werbung auf einen bestimmten Zeitabschnitt.

Gemeinsam ist allen europäischen Public-Service-Programmen, dass sie nicht gewinnorientiert wirtschaften dürfen und einem festgelegten Programmauftrag verpflichtet sind. Zumeist strahlt ein Veranstalter auf zwei oder drei Kanälen sein Programm aus. Das sind nationale Vollprogramme mit einem hohen Anteil an Informationssendungen. Die BBC (British Broadcast Corporation) stellte ihrem Vollprogramm in den 60er Jahren als ein Gegengewicht BBC 2 zur Seite. Richtet sich BBC 1 größtenteils an ein Massenpublikum, betreibt BBC 2 ein spezielleres Programmangebot. France Television betreibt ebenfalls zwei Vollprogramme. France 2 ist das »Fernsehen aller Bürger«, während bei France 3 der Schwerpunkt auf dem Regionalem liegt. Der vormals öffentlich-rechtliche Sender TF 1 in Frankreich wurde 1987 privatisiert und in eine Aktiengesellschaft umgewandelt. Laut Statistischem Jahrbuch 2000, alljährlich herausgegeben von der Europäischen Audiovisuellen Informationsstelle in Straßburg, gibt es in Europa 78 Public-Services-Programme, die terrestrisch analog verbreitet werden.

Marktanteile einheimischer TV-Fiction in fünf europäischen Ländern

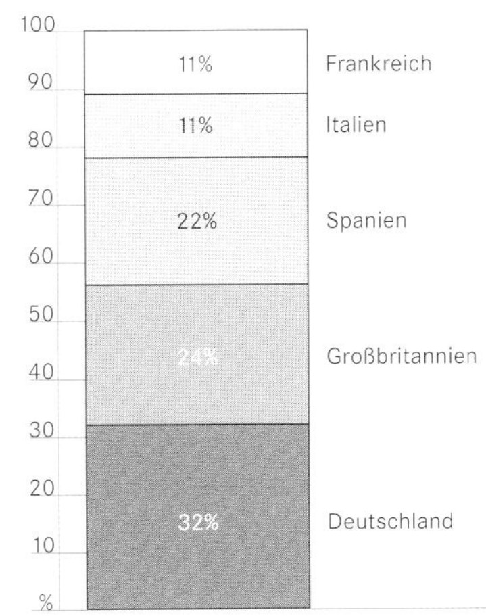

Quelle: Eurofiction

Rückenwind für das privat-kommerzielle Fernsehen

Die Fernsehlandschaft veränderte sich in den 80er Jahren europaweit gravierend. Zum einem wurde, mit einigen Ausnahmen, das privat-kommerzielle Fernsehen eingeführt. Zum anderen ermöglichte die technische Entwicklung neue Übertragungswege. Das Kabel- und Satellitenfernsehen baute sich auf, und die Zahl der Programmanbieter, vom Fluch der knappen Frequenzen befreit, wuchs stetig. In kurzer Zeit, je nachdem wie stark die Staaten gesetzlich reglementierten, entwickelte sich ein vielfältiges Angebot und der Bedarf an Programminhalten stieg rapide an. Einige Länder erlaubten Privatsendern ausschließlich die lokale und regionale Verbreitung. In den mittel- und osteuropäischen Ländern setzte die Kommerzialisierung des Fernsehens insgesamt etwas später ein. Die ersten Pay-TV-Sender entstanden. Der Wettbewerb zwischen dem öffentlich-rechtlichen Rundfunk und den Privatsendern entbrannte.

Insgesamt 102 privat-kommerzielle Veranstalter verbreiten ihr Programm in Europa terrestrisch. Via Kabel und Satellit kommen digital weitere 56 Public-Service-Programme und 501 kommerzielle Programme sowie 32 digitale Programmpakete und rund 1.200 regionale oder territoriale Dienste hinzu. Fernsehzuschauer können den technischen Zugang frei wählen: Antenne, Kabelanschluss oder Satellitenschüssel, einen Decoder für Digitalprogramme und/oder Pay-TV. Wer sich für die Satellitenschüssel entscheidet, kann damit in manchen Ländern das terrestrisch verbreitete Regional- bzw. Nationalprogramm nicht empfangen. Fast alle europäischen Länder gehen dazu über, ihre terrestrischen Programme auch via Satellit zu übertragen.

Durch die Ausbreitung von Kabel- und Satellitenprogrammen hat sich der so genannte *TV-Overspill*, d.h. Zuschauer können Programme aus den Nachbarländern empfangen, verstärkt. Nationale Fernsehveranstalter müssen zunehmend mit einer Vielzahl gleichsprachiger Programme aus den Nachbarländern konkurrieren. Das hat insbesondere Konsequenzen für kleinere Länder. Auch internationale Programmangebote verstärken den Wettbewerb auf dem europäischen Fernsehmarkt. Der amerikanische Nachrichtenkanal CNN International, der Musikkanal MTV Europe, BBC World sowie der Nachrichten- und Wirtschaftskanal CNBC Europe verfügen in Europa über stattliche Reichweiten. In den vergangenen Jahren ist bei diesen Programmen eine zunehmende Lokalisierung mit nationalen Fenstern oder eigenen Versionen zu beobachten. Eurosport, ein Programm, das in zahlreichen Sprachen verbreitet wird, erzielt unter den europäischen Konkurrenten die größte Reichweite. In nationaler Zusammenarbeit sind länderübergreifende Programme für bestimmte Sprachräume entstanden: Das Kulturprogramm 3sat für den deutschen und TV5 Europe für den französischen Sprachraum sowie der deutsch-französische Kulturkanal arte.

Insgesamt zeichnet sich ab, dass die geographische Lage zunehmend in den Hintergrund tritt. Geprägt ist die europäische Fernsehlandschaft von einigen wenigen Medienunternehmen, die länderübergreifend und immer häufiger global operieren. Die wichtigsten Akteure sind eng miteinander verflochten. Die CLT-Ufa beispielsweise, entstanden 1997 durch Fusion der luxemburgischen CLT und der Bertelsmann-Tochter Ufa, ist in zehn europäischen Ländern engagiert. Fernsehprogramme der RTL-Group gehören ebenso dazu wie Beteiligungen an Channel 5 in Großbritannien und M6 in Frankreich. Durch die um sich greifende Digitalisierung und die Öffnung der mittel- und osteuropäischen Länder bekommt die Konzentrationswelle eine zusätzliche Dynamik.

Ein Blick auf die deutsche Produzentenbranche zeigt, dass es kaum allgemeine Informationen und Fakten über Strukturen, Produktionsaufkommen und Umsatzzahlen gibt. Nicht anders sieht es auf europäischer oder internationaler Ebene aus. Mit dem Aufkommen der kommerziellen Fernsehsender in Europa hat sich das Aufgabengebiet der Produzenten verändert. Waren sie vormals reine Dienstleister, entwickeln sie nun eigeninitiativ Stoffe und Formate. Der Unterschied zwischen abhängigen Produzenten, die mit Fernsehveranstaltern oder Medienkonzernen unternehmerisch verbunden sind, und unabhängigen Produzenten, die eigenverantwortlich wirtschaften, wird mit Zunahme der Verflechtung von Medienunternehmen zunehmend unschärfer. In Deutschland sind laut einer Studie der Unternehmungsberatung HMR International acht von den Top Ten der umsatzstärksten Produktionsfirmen abhängige Produzenten.

Stärkung des europäischen Binnenmarktes

Der europäische Fernsehprogramm-Markt ist, verglichen mit dem in der USA, schwach entwickelt. Schwierigkeiten bereitet dabei insbesondere die Sprachbarriere, die im TV-Markt der USA nicht existiert. Außerdem sind die Programminhalte stark von den kulturellen Eigenheiten der einzelnen Länder in Europa, dem lokalen Charakter, geprägt und auf ein einheimisches Publikum zugeschnitten. Ein italienischer Fernsehstar wird beispielsweise hierzulande das Interesse der Zuschauer nur schwerlich gewinnen können. Er ist für sie ein unbekanntes Gesicht. Dabei ist gerade die Besetzung, neben der Stoffauswahl, ein wichtiges Kriterium für den Erfolg einer Produktion. In Deutschland, Großbritannien, Frankreich, Italien und Spanien sind große nationale Märkte entstanden; der europäische insgesamt kommt hingegen trotz Unterstützung nur langsam in Fahrt. Nach wie vor dominieren US-amerikanische Produktionen die Importe der Länder in Europa. Eine nicht unerhebliche Rolle spielt dabei, dass der audiovisuelle Produktionssektor in Europa verglichen mit dem US-amerikanischen noch ein Stiefkind ist.

Um den europäischen Binnenhandel anzukurbeln, wurden diverse Fördermaßnahmen ins Leben gerufen. Beispielsweise die Richtlinie „Fernsehen ohne Grenzen“ des Europäischen Rates. Danach werden die Sender in den einzelnen

Ländern aufgefordert, 51 Prozent ihres Programms mit europäischen Produktionen zu bestücken. Mit dieser Quote soll erreicht werden, dass Fernsehveranstalter europäische Produkte den US-amerikanischen vorziehen. Derzeit ist zwar in Deutschland zu beobachten, dass die Sender vermehrt auf nationale Produkte zurückgreifen und weniger auf US-Produktionen, doch der Programmanteil europäischer Filme ist weiterhin gering. »Fernsehen ohne Grenzen« gibt des Weiteren Direktiven für die Ausstrahlung von Werbung: maximal 20 Prozent pro halber Stunde und nicht mehr als 15 Prozent pro Sendetag. Einschränkungen bis hin zu Verboten von Alkohol- und Zigarettenwerbung sind ebenfalls in der Richtlinie formuliert.

Auf Förderung des Programmaustausches innerhalb Europas zielt auch die European Broadcasting Union (EBU), die 1950 gegründet wurde. In zunehmendem Maße unterstützt und koordiniert sie auch Koproduktionen in allen Programmbereichen. Sie zählt 70 aktive Mitglieder, zumeist öffentlich-rechtliche oder staatliche Rundfunkorganisationen, aus 51 Ländern Europas, Nordamerikas und dem Mittleren Osten. Seit 1993 sind die mittel- und osteuropäischen Länder hinzugekommen. Rund 46 assoziierte Mitglieder aus 28 außereuropäischen Ländern sind ebenfalls unter dem Dach der EBU versammelt. 1954 gründete die EBU das Fernsehverbundsystem Eurovision, das den Programmaustausch unter den Mitgliederorganisationen abwickelt. Neben Sportübertragungen und einem regelmäßigen Austausch von Nachrichtenmaterial initiiert die Eurovision auch Kulturprogramme. Der *European Song Contest (Grand Prix Eurovision de la Chanson)* gehört wohl zu den bekanntesten Eurovision-Veranstaltungen.

Das Media-Programm der Europäischen Union will mit einem umfassenden Förderungskatalog das Filmgeschäft in Europa anschieben. Finanziell unterstützt werden neben unabhängigen Film- und Fernsehproduzenten auch Verleiher, Organisationen von Trainingsinitiativen, Promotionaktivitäten, Festivals sowie die Teilnahme von europäischen Medienschaffenden an Fortbildungsmaßnahmen. Nach Media I und II läuft derzeit das Programm Media Plus. Es endet 2005 und hat ein Budget von 400 Millionen Euro. Besonderes Gewicht legt Media Plus auf den Vertrieb europäischer Filme und die Entwicklung qualitativ hochwertiger Produkte.

Fiktionales Fernsehen in Europa

Die europäische Fictionslandschaft vereinheitlicht sich zusehends. Zu diesem Ergebnis kommt die Europäische Audiovisuelle Informationsstelle in Straßburg, die seit fünf Jahren das fiktionale Fernsehen in fünf europäischen Ländern (Deutschland, Frankreich, Großbritannien, Italien und Spanien) untersucht und alljährlich einen Bericht veröffentlicht. Bei den Fernsehveranstaltern lassen sich ähnliche Konzepte und vergleichbare Ansätze beobachten, insbesondere in Bezug auf Produktionskapazitäten, Serienformate, standar-

Einheimische TV-Fiction in den fünf größten europäischen TV-Märkten – Erstausstrahlungen 1996 - 2000 nach Formaten

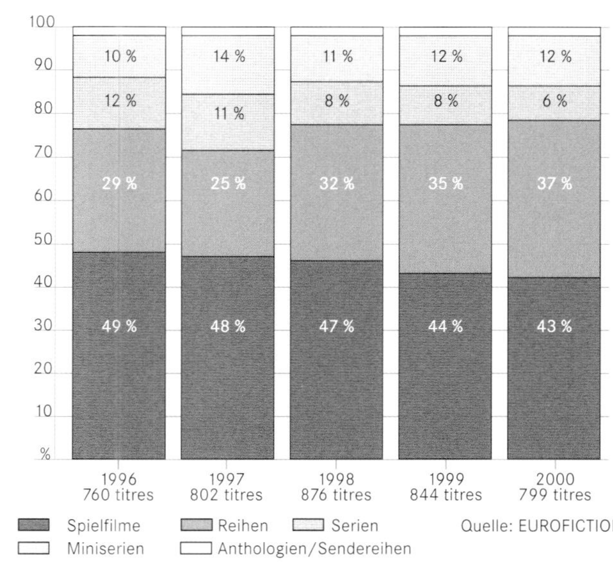

Quelle: Eurofiction

disierte Längen der Folgen, die Unterteilung in Sparten, die Weiterentwicklung von Krimiserien sowie Muster für die Verwertung von einheimischen und ausländischen Produktionen. Mitverantwortlich für die Vereinheitlichung ist auch der wachsende Erfolg von Reihen, deren Sendezeitanteil konstant zunimmt.

Die Untersuchungen zeigen, dass die Programmgestaltung der Sender im Bereich Fiction sich ähnelt: Die Primetime ist einheimisch, die übrige Zeit amerikanisch. Über den ganzen Tage gesehen, vom Vormittags- bis zum Nachtprogramm einschließlich Primetime, macht nordamerikanische Fiction über die Hälfte des Fernsehangebots in Deutschland, Frankreich und Spanien aus. In Italien sind es sogar knapp zwei Drittel. Von diesem Muster weicht als einziges Land Großbritannien ab, obwohl der Unterschied immer geringer wird. In Großbritannien übersteigt der Anteil der einheimischen Fiction den der nordamerikanischen Importe. Der überwiegende Teil der amerikanischen und ganz allgemein der ausländischen Fiction für Sendeplätze außerhalb der Primetime besteht in den europäischen Ländern aus Wiederholungen. Damit werden die steigenden Programmkosten ausgeglichen.

Das Produktionsvolumen von Fiction, so der Bericht 2001 Eurofiction, ist in den fünf größten Märkten rückläufig. Die im Jahr 2000 produzierte Sendezeit ist gegenüber dem Vorjahr um 3,9 Prozent zurückgegangen. Insbesondere für das Format Fernsehfilm ist europaweit ein eindeutiger Rückgang zu beobachten, was unter anderem mit dem wachsenden Erfolg von Serien und Reihen zusammenhängt. Sie machen beispielsweise knapp die Hälfte der britischen Fiction, drei von fünf spanischen Produktionen und über zwei Drittel der französischen Programme aus. Die europäischen Sender gehen dazu über, vorab Pilotsendungen für mögliche neue Serien und Reihen zu starten, um deren Konzept und Erfolgsaussichten zu testen. Die Attraktivität von Reihen und Serien für ein breites Publikum ist für die Fernsehveranstalter von Vorteil. Durch ihre regelmäßige Ausstrahlung tragen sie zur Bindung des Publikums bei. Reihen und Serien ermöglichen eine relativ umfassende Belegung der Programmplätze und können flexibel an die Primetime oder an andere Sendezeiten angepasst werden. Sie lassen sich inhaltlich sowie in ihrer Erzählform fast beliebig gestalten.

Comedysendungen sind in Europa im Vergleich zu Amerika schwach vertreten. Noch vor fünf Jahren war eine eindeutige Unterscheidung zwischen den nord- und südeuropäischen Ländern möglich, die in gewisser Weise den stereotypen Vorstellungen von den jeweiligen nationalen Eigenheiten hinsichtlich des Humors entsprach. In Deutschland und Großbritannien waren einheimische Comedyproduktionen das am wenigsten populäre Format. Ihr Anteil am Programm lag weit hinter dem von Action und Krimi. In Frankreich, Spanien und Italien hingegen nahm Comedy bis zu 45 Prozent der Sendezeit ein. Mittlerweile ist der Unterschied zwischen Nord und Süd geringer geworden. Im Jahr 2000 belegte Comedy in fast allen Ländern den letzten Platz. Selbst in Frankreich und Spanien lag der Sendezeitanteil unter 25 Prozent.

Ausblick

Mit Aufkommen des privaten Fernsehens in Europa haben die öffentlich-rechtlichen Veranstalter an Dominanz verloren. Die Wettbewerber kämpfen um die Gunst der Zuschauer mit harten Bandagen. In Deutschland wird seit Jahren das Für und Wider der Gebührenerhebung diskutiert. Sinken die Quoten der ARD-Anstalten oder des ZDF, erhebt sich Kritik. Gleichen sie ihr Programm zu sehr an das kommerzieller Anbieter an, kommt die Frage auf, warum die RTL- und Kirch-Sender das gleiche Programm ohne Gebührenerhebung ausstrahlen? Das Damoklesschwert, das über den öffentlich-rechtlichen Anstalten hängt, wird sich in naher Zukunft wohl kaum in Luft auflösen.

Innerhalb der nächsten fünfzehn Jahre wird die Programmverbreitung in Europa von analog auf digital umgestellt. Etablierte Sender bangen derzeit um die Verbreitungsmöglichkeit ihrer Programme im Kabelnetz. Denn inzwischen liegen rund 60 Prozent aller Kabelhaushalte in 16 europäischen Ländern fest in US-amerikanischer Hand. Somit kontrollieren die Global Player UPC, Liberty, NTL und Callahan Associates schon heute einen Großteil der Kabelnetze. Da sie zumeist über eigene Programminhalte verfügen, liegt es nahe, diese über ihre Netze zu verbreiten. Wie sich die Konzentration US-amerikanischer Unternehmen auf dem europäischen Kabelmarkt weiterentwickelt, ist bislang nicht abzusehen.

Eines jedoch ist sicher: Sportevents werden weiterhin in Europa und den USA die obersten Plätze im Programmranking einnehmen.

Literatur

European Audiovisual Obervatory (Hg.): ***Statistisches Jahrbuch 2001***. Film, Fernsehen, Video und Neue Medien in Europa. Strasbourg, 2001, www.obs.coe.int

European Audiovisual Obervatory Hg.): ***Eurofiction***. Fiktionales Fernsehen in Europa. Bericht 2001. Strasbourg, 2001, www.obs.coe.int

Lutz Hachmeister/Günther Rager (Hg.): ***Wer beherrscht die Medien?*** Die 50 größten Medienkonzerne der Welt. Jahrbuch 2000. C.H. Beck Verlag: München, 2000

Hans-Bredow-Institut: ***Internationales Handbuch für Fernsehen und Hörfunk 2000/2001***. Nomos Verlagsgesellschaft, Baden-Baden, 2000, www.hans-bredow-institut.de

IP Deutschland: Television 2001. ***European Key Facts***. September 2001, www.ip-deutschland.de

Zuschauer

Leo
Danilenko

Wahrnehmungs-Algorithmen

des Menschen optimieren neue Medientechnologien

Fernsehen wird primär über das Sehen und Hören wahrgenommen, die Sinneseindrücke verschmelzen auf höherer Ebene zu einer Gesamtwahrnehmung. Auge und Ohr standen bei der Konstruktion der Kamera und des Mikrofons Pate. Seit etwa 150 Jahren werden die Zusammenhänge zwischen Reiz und Empfindung wissenschaftlich untersucht. In der zweiten Hälfte des 20. Jahrhunderts halfen dann die Kognitionswissenschaften, auch für die nachgeschalteten Mechanismen der Perzeption, Modelle zu entwickeln. Die Berücksichtigung dieser Erkenntnisse sollten in der Fernsehproduktion eine Selbstverständlichkeit sein.

Optimierung von Algorithmen

Der Wandel der Medientechnologie von analogen zu digitalen Methoden der Signalverarbeitung hebt die physikalischen Grenzen bei der Realisierung von Aufgaben der Aufnahme, Speicherung, Übertragung und Wiedergabe audiovisueller Signale weitgehend auf. Die Lösbarkeit solcher Aufgaben in Zeiten der analogen Medientechnologie war durch die Beherrschung notwendiger physikalischer Prozesse bestimmt. Die digitale Medientechnologie verlangt zur Lösung von technischen Aufgaben audiovisueller Medien die Kenntnis entsprechender mathematischer Regeln (Algorithmen). Alle Aufgaben der audiovisuellen Signalverarbeitung (Aufnahme, Speicherung, Übertragung, Wiedergabe), die durch Algorithmen beschreibbar sind, können auch digital gelöst werden. Die Grenzen werden nicht mehr durch die Beherrschbarkeit physikalischer Prozesse, sondern durch die Komplexität der algorithmischen Beschreibung gesetzt. Zu komplexe Algorithmen erfordern einen zu hohen Zeit- und Kostenaufwand bei der Ausführung. Die physikalischen Grenzen werden durch ökonomische Grenzen ersetzt. Die Algorithmen werden zur Ausführung in entsprechende Computerprogramme umgesetzt. Die Optimierung eines Algorithmus kann zu einer gewaltigen Reduzierung des Rechenaufwands und der Datenmenge führen, was mit einer entsprechenden Kostensenkung verbunden ist. Bei der digitalen Verarbeitung von audiovisuellen Signalen ist es in den letzten Jahren zu einer Reduzierung von Datenmengen um die Faktoren von 10 bis 100 gekommen, ohne dass die wahrnehmbare Signalqualität sich verringert hat. In den meisten Fällen war eine erfolgreiche Datenreduktion nur durch Rückgriff auf Algorithmen möglich, die auch im menschlichen Wahrnehmungssystem Verwendung finden.

Erkenntnisse der Psychophysik

Die Erforschung der Beziehung zwischen einem physikalischen Reiz und dem Verhalten des Empfängers dieses Reizes begann vor etwa 150 Jahren mit der Psychophysik. Die »klassischen« psychophysikalischen Methoden betonten die Messung exakter quantitativer Verhältnisse zwischen einem Reiz und den von diesem Reiz hervorgerufenen Wahrnehmungsreaktionen. So wurden z.B. spezielle Methoden zur Messung von Wahrnehmungsschwellen entwickelt. Als absolute Wahrnehmungsschwelle bezeichnet man die minimale Energie, die ein Signal besitzen muss, um erkannt zu werden.

Die moderne psychophysiologische Forschung begründet die absolute Wahrnehmungsschwelle auf eine neue Weise: als eine Schwelle, bis zu der die neuronale Aktivität einen spontanen, ungesteuerten Charakter aufweist (neuronales Rauschen). Die Intensität des Reizes, die die spontane neuronale Aktivität in eine gesteuerte Aktivität überführt, wird als absolute Wahrnehmungsschwelle bezeichnet.

Als erster hat der deutsche Psychophysiker E. H. Weber 1834 eine Untersuchung über das Unterscheidungsvermögen menschlicher Sinne veröffentlicht. Das Ergebnis seiner Versuche wurde als das ***Webersche Gesetz*** der Wahrnehmung formuliert: „Das Verhältnis der Unterscheidungsschwelle zum Grundreiz ist konstant". Das Webersche Gesetz gilt auch für Gehörsinn und Gesichtssinn im mittleren Bereich der Reizintensitäten oberhalb der absoluten Wahrnehmungsschwelle. Das Webersche Gesetz besagt auch, dass die relative Unterscheidungsschwelle für eine Sinnesmodalität konstant ist.

Die häufigste Wahrnehmungssituation bezieht sich auf Reizintensitäten oberhalb der absoluten Wahrnehmungsschwelle. Deshalb ist es wichtig, einen Zusammenhang zwischen der Reizintensität und der Empfindungsstärke im überschwelligen Bereich zu finden. Wenn man die Intensität des Lichtreizes verdoppelt, wird sich dann auch die Helligkeit verdoppeln? Wenn man zwei identische Schallquellen gleichzeitig ertönen lässt, wird sich dann auch die Lautstärke verdoppeln? Es gibt zwei Wege, um eine Antwort auf diese Frage zu finden. Der eine Weg wurde Mitte des 19. Jahrhunderts von Gustav Fechner, der andere Mitte des 20. Jahrhunderts von S. S. Stevens vorgeschlagen.

Aufbauend auf dem Weberschen Gesetz über die Konstanz der relativen Unterscheidungsschwelle machte Fechner folgende Annahme: Die Unterscheidungsschwelle eines Reizes kann zur elementaren Stufe der Empfindung erklärt werden. Die Empfindungsstärke entspricht dann der Summe der Empfindungsstufen, beginnend mit der absoluten Wahrnehmungsschwelle. Die Empfindungsstärke entspricht dann der Höhe einer Treppe, deren Stufen immer die gleiche Höhe, aber immer größer werdende Breite aufweisen. Eine solche Treppenfunktion kann den Zusammenhang zwischen Reiz und Empfindung um so genauer beschreiben, je kleiner die Stufenhöhe und je größer die Anzahl der Stufen wird. Das kann erreicht werden, wenn man von der Summation der Stufenhöhen zur Integration übergeht. Nach den Regeln der Integralrechnung ergibt sich folgender Zusammenhang zwischen Reiz und Empfindung: $E = K * \log(R)$. Ausgedrückt in Worten: Die Empfindungsstärke ist gleich dem Wert einer Konstanten mal dem Logarithmus der Reizintensität. Das ist das ***Fechnersche Gesetz***.

Das andere, von Stevens vorgeschlagene Verfahren zur Ermittlung der Empfindungsstärke geht von folgender Experimentiertechnik aus: Der Versuchsperson wird ein Standardreiz angeboten, z.B. ein Lichtsignal mittlerer Intensität. Diesem Standardreiz wird ein Empfindungswert zugeordnet von beispielsweise 10. Nun wird die Versuchsperson gebeten, die Intensität des Reizes so zu steigern, dass die Empfindungsstärke sich verdoppelt. Diesem Reiz wird dann eine Empfindungsstärke von 20 zugeordnet. Als nächstes wird die Versuchsperson aufgefordert, die Intensität des Reizes so zu verringern, dass die Empfindungsstärke – bei optischer Wahrnehmung die Helligkeit, bei akustischer Wahrnehmung die Lautheit – sich halbiert. Dieser halbierten Empfindungsstärke wird ein Wert von 5 zugeordnet. Somit ordnet die Versuchsperson einer gegebenen Reizintensität einen Zahlenwert zu. Stevens hat seine Methode zur Ermittlung der Empfindungsstärke auf verschiedene Arten der Wahrnehmung angewandt. Es stellte sich dabei heraus, dass z.B. bei Helligkeits- und bei Lautheitswahrnehmung die Steigerung der Empfindungsstärke langsamer verläuft, als die Steigerung der Reizintensität. Es liegt somit eine Kompression der Empfindungsstärke vor. Bei der Wahrnehmung von Streckenlängen folgt die Empfindung genau dem Wert der geometrischen Länge der Strecke. Es liegt eine Proportionalität zwischen Reiz und Empfindung vor. Bei der Empfindung von Schmerz, ausgelöst durch einen elektrischen Stromschlag, wächst die Empfindungsstärke schneller an als die Reizstärke. Es liegt somit eine Expansion vor. Stevens hat vorgeschlagen, die experimentell ermittelten Abhängigkeiten zwischen Reizintensität und Empfindungsstärke durch eine Potenzfunktion auszudrücken. Den verschiedenen Sinnesqualitäten werden dann nur unterschiedliche Werte des Exponenten entsprechen. Bei der auditiven Wahrnehmung der Lautheit beträgt der Exponent 0,3 bei Schallintensität oder 0,6 bei Schalldruck als physikalische Reizvariable. Die Empfindungsstärke hat somit einen Verlauf, der etwa der kubischen Wurzel aus der Schallintensität bzw. aus dem Quadrat des Schalldrucks entspricht. Bei der Schmerzempfindung, hervorgerufen durch einen Stromschlag, beträgt der Exponent 1,6. Stellt man diesen Funktionsverlauf in einem Achsenkreuz mit logarithmischer Einteilung beider Achsen dar, so verwandeln sich die Kurven der Potenzfunktion in gerade Linien unterschiedlicher Neigung.

Von Gesetzen zu Algorithmen: Entwicklung der Wahrnehmungslehre von Psychophysik zur Kognitiven Psychologie

Die Frage, wie es unser Wahrnehmungssystem fertig bringt, Informationen über die reale Welt zu vermitteln, ist nicht einfach durch einen Verweis auf unsere licht- bzw. schallempfindlichen Rezeptoren zu beantworten. Auch wenn wir daran festhalten können, dass alle physischen Prozesse eine physiologische Grundlage haben, reicht der Rückgriff auf physiologische Prozesse allein nicht aus, um Wahrnehmung zu erklären. Wir müssen Bezug nehmen auf psychologische Begriffe, wie Bedeutung, Sinn, Hypothese, Gestalt, Schema usw. Die wichtigste Leistung bei der Wahrnehmung ist die ***Kategorisierung***. Kategorisierung ist ein Prozess, der es einem Individuum erlaubt, nichtidentische Objekte bzw. Ereignisse als äquivalent zu betrachten. Aus der Definition der Wahrnehmung erhebt sich die Frage, woher wir eigentlich wissen, was ein Objekt ist. Wenn wir die äußere Welt betrachten, so gibt es dort keine fertige semantische Ordnung. Ein Mensch muss nicht nur Dinge identifizieren und klassifizieren, sondern außerdem entscheiden, was er danach zu tun gedenkt. Dies muss betont werden, weil es für alle anderen Überlegungen von zentraler Bedeutung ist: Anfangs ist das Problem der Wahrnehmung gewissermaßen ein Problem der Bewertung, bei dem das Individuum die Dinge seiner Welt klassifizieren, einordnen muss.

Durch den Prozess der Informationsverarbeitung im Wahrnehmungssystem des Menschen werden innere Signale und aufgenommene Umweltreize entschlüsselt und durch das Individuum mit anderen Informationen zu einem inneren Bild der Umwelt und der eigenen Person verarbeitet. ***Wahrnehmen*** heißt, die Vorgänge, Beziehungen und Gegenstände der Außenwelt in bestimmter Weise zu riechen, tasten, hören, sehen, schmecken, diese subjektiven Erfahrungen zu interpretieren und in einen sinnvollen Zusammenhang zu bringen.

Wahrnehmung ist ein Prozess sukzessiver gedanklicher Informationsverarbeitung. Die Intensität und die Selektivität der Wahrnehmung wird durch innere aktivierende Prozesse bestimmt. Dabei ist die ***Aufmerksamkeit*** ein wichtiger Bestandteil der Wahrnehmung. Sobald die Aufmerksamkeit für einen Reiz erreicht wird, wird die Aufnahme für diesen Reiz aktiviert und die Aufnahmeaktivität eines anderen Reizes automatisch gehemmt. Aber nicht nur das Aktivierungspotenzial der Reize ist für die selektive Wahrnehmung und Aufmerksamkeit entscheidend, sondern auch Richtung und Qualität der von den Reizen angesprochenen Antriebskräfte.

Hierbei werden Reize, die keine Gefühle oder Bedürfnisse des Individuums ansprechen, von diesem weniger Aufmerksamkeit erhalten oder gar gemieden, im Gegensatz zu Reizen, die seinen eigenen Bedürfnissen entsprechen. Die ***Bedürfnisstruktur*** des Rezipienten und die Aufmerksamkeit für bestimmte äußere Reize bilden einen zyklischen sukzessiven Prozess.

In der Psychologie gibt es mehrere Theorien der Wahrnehmung. Ein zentraler Begriff in allen Theorien ist der der ***Information***. In Zusammenhang mit der Wahrnehmung versteht man unter Informationen Zustände und Eigenschaften, die einem Organismus ermöglichen, sich in dieser Welt zurechtzufinden, um zu überleben.

Im Laufe der Zeit und mit der Entwicklung der Wahrnehmungslehre gab es noch folgende theoretische Erklärungen der Wahrnehmung: Strukturalismus, Gestaltwahrnehmung, kognitive Wahrnehmung und ökologische Wahrnehmung.

Anfänglich wurde in der Psychologie zwischen Empfindung und Wahrnehmung unterschieden. Die erste Wahrnehmungstheorie, der ***Strukturalismus***, definiert die Empfindungen als Elemente, aus denen sich die Wahrnehmungen zusammensetzen. Der Strukturalismus stellt die einfachste, aber nicht ausreichende Theorie der Wahrnehmung dar. Wenn man das Auge mit einem fotografischen Objektiv, die Netzhaut mit der lichtempfindlichen Filmschicht und das Gehirn mit einem Bilderalbum vergleicht, so genügt die strukturalistische Theorie zur Erklärung der Wahrnehmung. Die Grenzen des Strukturalismus werden spätestens dann deutlich, wenn man versucht sein „Bilderalbum im Kopf" einer anderen Person zugänglich zu machen.

Historisch wird das Ende des Strukturalismus als der einzigen Wahrnehmungstheorie mit dem Aufkommen der ***Kinematographie*** verbunden. Der deutsche Psychologe Max Wertheimer begann 1910 die experimentelle Erforschung der Phänomene der Scheinbewegung, wie sie in der Kinematographie ausgenutzt werden. Wenn eine Lichtquelle aufleuchtet, dann etwa 50 Millisekunden keine Lichtreize dargeboten werden und anschließend eine ähnliche Lichtquelle in einer anderen Position aufleuchtet, so wird diese Reizabfolge als Bewegung der Lichtquelle wahrgenommen. Das ist eine Phantombewegung, die aus einer Summe unbewegter Reize entstand. Max Wertheimer bezeichnete diese Scheinbewegung als »Phi-Phänomen« und formulierte das Hauptpostulat der Gestalttheorie: Das Ganze ist mehr als die Summe seiner Teile.

Weitere Wahrnehmungsgesetze der Gestaltpsychologie sind die Aufteilung des Wahrnehmungsfeldes in Figur und Hintergrund, Gruppierung der Elemente nach Ähnlichkeit, Dominanz der »guten Gestalt« oder auch das Gesetz der Prägnanz, das Gesetz des gemeinsamen Schicksals und so weiter. Die Weiterentwicklung des ***gestalttheoretischen Ansatzes*** erfolgte in USA durch Julian Hochberg, der die aktive Rolle des Beobachters bei der Hervorhebung der Gestalt aus dem Reizstrom erkannt hat. Julian Hochberg untersuchte besonders die Rolle der

Augenbewegungen bei der optischen Wahrnehmung. Diesen theoretischen Ansatz bezeichnet man als ***Konstruktivismus***. Das Wahrgenommene wird aus Elementen der Empfindung nach den Gesetzen der Gestalt aktiv durch den Beobachter konstruiert. Der konstruktivistische Ansatz liegt besonders nahe an den Ergebnissen der neurophysiologischen Forschung.

Ein weiterer wahrnehmungstheoretischer Ansatz ist die ***kognitive Wahrnehmung***, die die besondere Rolle des erlernten Vorwissens beim Wahrnehmungsprozess hervorhebt. Dabei werden die wahrgenommenen Reize nach Methoden der Wahrscheinlichkeitsrechnung auf ihren Informationsgehalt geprüft. Die kognitive Theorie der Wahrnehmung wurde besonders intensiv durch Anwendung von Computermodellen entwickelt. Als Anstoß hierzu dienten die Bemühungen der Industrie, die Roboter zur Orientierung in einer unbekannten Umgebung zu befähigen. Der kognitive Ansatz stellt den Wahrnehmungsprozess ins Verhältnis zu einem optischen oder akustischen Kontext. Die Berechtigung dieser Betrachtungsweise wird besonders offensichtlich bei der Spracherkennung. Gestörte Sprache oder Schrift kann viel schneller und genauer wahrgenommen werden, wenn die wahrnehmende Person mit der Situation oder dem Kontext vertraut ist. Bei dem kognitiven Wahrnehmungsansatz spielt das ***Gedächtnis*** als Informationsspeicher eine entscheidende Rolle. Die von den peripheren Sinnesorganen aufgenommenen Signale der Außenwelt erfahren vor ihrer Speicherung eine Vorverarbeitung. Bei dieser Vorverarbeitung erfolgt eine Reduktion der Datenmenge und eine Extraktion von Merkmalen, die für die spätere Wahrnehmung wichtig sind. Diese extrahierten Signalmerkmale werden im Kurzzeitgedächtnis gespeichert, um eine Analyse der wahrnehmbaren visuellen und auditiven Objekte (Gestalten, Räume, Melodien, Sprachlaute) zu ermöglichen. Die Wahrnehmungsanalyse erfolgt unter Zuhilfenahme des Langzeitgedächtnisses, in dem das Wissen um die wahrzunehmenden Objekte gespeichert ist. Dieses Wissen wird als kognitive Information bezeichnet.

Eine weitere Wahrnehmungstheorie ist die ***ökologische Wahrnehmung***. Ihr Begründer James Gibson teilte die Auffassung der Gestaltpsychologen, dass wir keine willkürliche Anordnung von Punkten und Strichen sehen, deren Bedeutung wir erst im Kopf konstruieren müssen, sondern dass wir von Anfang an ganzheitliche Gestalten sehen. Aber das sind keine geometrischen oder ästhetischen Prinzipien, die diese Gestalten bestimmen, sondern die Handlungsnotwendigkeiten von Lebewesen in deren Umwelt. Sobald die Wahrnehmungsexperimente nicht in einer künstlichen Umwelt des Versuchslaboratoriums stattfinden, sondern in einer normalen Lebensumgebung, sobald die Versuchsperson nicht mit festgeschnalltem Kopf auf einem Beobachtungsstuhl sitzen muss, sondern sich frei bewegen kann, werden ganz andere Gestalten wahrgenommen, als bei den klassischen Gestaltpsychologen. Das sind z.B. Erdboden, Himmel und Horizont, also Flächen, die eine Textur besitzen und uns durch Änderung dieser Textur Auskunft über ihre Orientierung im Raum vermitteln.

Das ist aber auch das Licht, und das kommt bekanntermaßen meistens von oben. Nach Lage der Schatten erkennen wir spontan, ob es sich um eine Erhebung oder Vertiefung handelt. Die Wahrnehmungsinformation wird weder konstruiert, noch erinnert, sondern aus den Umweltreizen abgelesen.

Für einen Leser, der in der Produktion elektronischer Medieninhalte praktisch tätig ist, erhebt sich die Frage, welche der vielen hier beschriebenen Wahrnehmungstheorien von praktischem Nutzen sein kann. Die Antwort lautet schlicht: alle. Wie bereits am Anfang dieses Beitrags erwähnt, sind die Ingenieure und Informatiker bei der Digitalisierung elektronischer Medien, beim Einsatz von Computeralgorithmen zur Codierung von Bildern und Tönen auf die Forschungsergebnisse von Sinnesphysiologen und Wahrnehmungspsychologen angewiesen. Die Ergebnisse der psychophysikalischen Forschung, vor allem der Psychoakustik und Psychooptik haben die Verfahren der ***Datenreduktion*** erst ermöglicht. Diese Verfahren, die inzwischen z.B. als JPEG und MPEG genormt wurden, machen die globale multimediale Kommunikation nicht nur möglich, sondern auch für jedermann finanziell erschwinglich. Die Wahrnehmungstheorien des Konstruktivismus erklären uns, wie durch Konstruktion des Handlungsablaufs durch den Zuschauer die suggestive Schnittmontage ihre emotionale Wirkung erzeugt. Die Theorien der ökologischen Wahrnehmung helfen uns zu verstehen, wieso der flache, zweidimensionale Bildschirm durch Anwendung von graphischen Algorithmen dreidimensionale Wahrnehmung von virtuellen Räumen möglich macht. Schließlich lassen sich die Phänomene und Gesetze der Gestaltwahrnehmung bald auf die computergestützte Szenenerkennung und Kategorisierung von visuellen oder akustischen Objekten übertragen. Damit werden Suchmaschinen für das Internet möglich, die nicht nach Stichwörtern in Texten, sondern nach Situationen in Videodokumenten suchen.

Unterschied zwischen einer Fernsehkamera und dem menschlichen Auge

Das menschliche Auge erinnert in seiner Konstruktion an eine Fernsehkamera. Es besteht jedoch ein wesentlicher Unterschied zwischen den beiden Systemen: eine Fernsehkamera hat eine exzellente Optik vor einem bescheidenen Computer, das menschliche Auge hat eine bescheidene Optik vor einem exzellenten Computer. Vom Standpunkt der technischen Optik ist das Auge recht ungeschickt konstruiert.

Wie bei einer Kamera ist das »Objektiv« des Auges ein zusammengesetztes optisches System. Ein gutes Kameraobjektiv besteht aus mehreren Linsen, die so konstruiert sind, dass die Lichtstrahlen verschiedener Wellenlänge in einer Bildebene fokussiert werden und dabei ein scharfes farbiges Bild ergeben.

Die einzelnen Komponenten des »Augenobjektivs« setzen sich zusammen aus der Hornhaut (Cornea), der vorderen Augenkammer und der Linse, deren Brennweite variieren kann. Mitten im Strahlengang des Objektivs sitzt beim Auge – wie bei der Kamera – eine automatische Blende, die Iris oder auch Regenbogenhaut. Die zentrale Öffnung der Iris zum Lichteintritt, auch Pupille genannt, ist ebenfalls

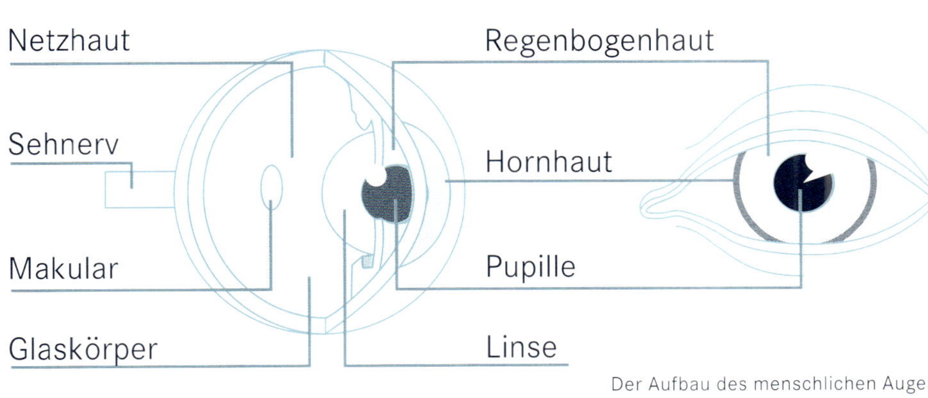

Der Aufbau des menschlichen Auges

veränderlich: bei hellem Licht wird sie kleiner. Der Hohlraum des Auges wird von einem durchsichtigen Glaskörper ausgefüllt. Die Linse bildet die Helligkeitsverteilung des visuellen Feldes auf eine dünne Zellschicht auf der Augenrückwand ab: auf die Netzhaut, auch Retina genant. Die Lichtstrahlen werden durch Hornhaut und Linse so gesammelt, dass auf der Netzhaut ein umgekehrtes, seitenverkehrtes und verkleinertes Bild entsteht. In der normalen Ruhestellung des Auges ist das »Augenobjektiv« so eingestellt, das ferne Gegenstände, die mehr als 10 Meter entfernt sind, scharf auf der Netzhaut abgebildet werden. Für das scharfe Sehen in der Nähe muss das Objektiv anders eingestellt (fokussiert) werden. Bei der Kamera geschieht dies, indem das Objektiv weiter von der Filmebene entfernt wird. Im menschlichen Auge wird die Fokussierung durch Zunahme der Krümmung der Linsenoberfläche erreicht. Beim Nahsehen wird die Linse »kugelförmiger«.

In einer Schicht der Retina befinden sich Fotorezeptoren, die auf die Photonen des einfallenden Lichtes reagieren. Die Retina entspricht somit den Fotosensoren der Fernsehkamera. Es gibt vier Arten von Fotorezeptoren: die Stäbchen und drei verschiedene Sorten von Zapfen. Von den Stäbchen gibt es in jedem Auge über 120 Millionen, sie reagieren hauptsächlich bei Dämmerlicht. Sie existieren nur in einer Ausprägungsform.

Von den Zapfen mit ihren drei verschiedenen Sorten gibt es insgesamt nur sechs Millionen. Sie sind bei hellem Licht aktiv. Jede Sorte reagiert am empfindlichsten auf eine andere Wellenlänge des einfallenden Lichts: kurzwelliges Licht (Maximum der Empfindlichkeit bei 419 Nanometer), mittelwelliges Licht (Maximum der Empfindlichkeit bei 531 Nanometer) und langwelliges Licht (Maximum der Empfindlichkeit bei 559 Nanometer). Unser Bewusstsein setzt die Wellenlänge des Lichtes in die Farbwahrnehmung um. Das kurzwellige Licht wird als Farbe Blau, das mittelwellige Licht als Farbe Grün und das langwellige Licht als Farbe Rot wahrgenommen. Jede andere Farbe kann durch die Mischung von mindestens drei Lichtwellenlängen in unserem Bewusstsein entstehen. Für manche Farbempfindungen genügen schon eine oder zwei Wellenlängen des Lichts. So kann z.B. die Farbempfindung »purpur« nur durch die Mischung von kurzwelligem und langwelligem Licht hervorgerufen werden. Es gibt keine einzelne Lichtwellenlänge, die der Farbe »purpur« entspricht.

Die Dichte der Zapfen in dem zentralen Teil der Retina, in der Fovea, ist sehr viel größer, als am Rande. Die Fovea wird auch als »gelber Fleck« oder »Grube des schärfsten Sehens« bezeichnet. In der Netzhaut liegen vor den lichtempfindlichen Sinneszellen die Verbindungen zu den Fasern des Sehnervs. Bevor das Licht die Fotorezeptoren erreicht, muss es eine dichte Schicht neuronalen Gewebes durchdringen. Dieses Gewebe wird durch die Hauptvorsätze der Sinneszellen (Axone) sowie durch mehrere Lagen von Neuronen gebildet, welche die ersten Stufen der visuellen Verarbeitung übernehmen. Dazu kommen die Blutgefäße, die die Netzhaut versorgen. Letztlich lässt sich die Retina als kleines Stück Gehirn betrachten.

Gewebe, Nerven und Blutgefäße verdunkeln die fotoempfindliche Schicht, und man könnte meinen, dass dadurch der Gesichtssinn behindert wird. Dies passiert aber nicht, denn im Gegensatz zu einer Fernsehkamera besteht die Aufgabe des Sehorgans nicht in der möglichst klaren Reproduktion des Bildes auf einem Schirm. Das Auge ist vielmehr bemüht, das empfangene Bild möglichst frühzeitig so zu analysieren, dass unser Bewusstsein daraus eine Wahrnehmung konstruieren kann. Als weiterer »Konstruktionsfehler« des menschlichen Auges kann die Tatsache betrachtet werden, dass die Nervenfasern, die von den 126

Millionen Fotorezeptoren kommen, zusammen mit den Blutgefäßen zu einer Art Kabelbaum mit etwa einer Million Nervenfasern gebunden werden. Dieser Kabelbaum durchstößt den Augapfel 10 bis 13 Winkelgrade zur nasalen Seite der Netzhaut. An der Austrittstelle des Sehnervs fehlen die Sinneszellen, dort entsteht der »blinde Fleck«. Da es an dieser Stelle weder Stäbchen noch Zapfen gibt, werden Abbildungen, die hierhin fallen, nicht gesehen. Gewöhnlich merkt man dieses nicht, doch mit Hilfe von speziellen Vorlagen kann man dieses Phänomen sichtbar machen. Beim normalen Sehen füllt der biologische Computer in unserem Gehirn diese Fehlstelle aus. Dabei extrapoliert das Gehirn die visuellen Muster der benachbarten Bereiche der Retina, so dass sie sich auch über den »blinden Fleck« erstrecken. Die Ausfüllung des »blinden Flecks« ist vielleicht die einfachste Leistung unseres exzellenten visuellen Computers. Er sorgt außerdem dafür, dass wir konstant und auch bei wechselnder Beleuchtung Form und Farbe von Gegenständen erkennen, die Bewegung dieser Gegenstände wahrnehmen, auf flachen zweidimensionalen Bildschirmen den dreidimensionalen Raum sehen, Entfernungen abschätzen können, ein uns bekanntes Gesicht von Dutzenden anderer Gesichter unterscheiden vermögen. Untersucht man die Leistungen des visuellen biologischen Computers im Gehirn etwas genauer, so kann man auch seine Leistungsgrenzen bald feststellen: man lässt sich von seinem visuellen System leicht täuschen, die Aussagen dieses Systems können mehrdeutig sein. Sehen ist ein konstruktiver Rechenvorgang, der die Ergebnisse nicht sofort liefert, sondern dafür Rechenzeit benötigt.

Unterschied zwischen einem Mikrofon und dem menschlichen Ohr

Das menschliche Ohr erinnert in seiner Funktion ebenfalls an ein technisches Gerät, das Mikrofon. Beide wandeln die Schallschwingungen der Luft in elektrische Signale um. Doch während das Mikrofon so gebaut ist, dass es diese Signalumwandlung meistens frequenzunabhängig durchführt, damit keine Klangverfälschungen auftreten, werden die Schallschwingungen der Luft durch Form und Anordnung des Außenohrs in ihrem Frequenzgehalt richtungsabhängig beeinflusst (gefiltert). Durch den Gehörgang wird der Luftschall zum Trommelfell geleitet. Das Trommelfell nimmt die Schwingungen auf und überträgt sie auf die Gehörknöchel-Kette. Die Gehörknöchel-Kette transformiert die Schwingungen aus der Luft mit kleinen Kräften und großen Auslenkungen in Schwingungen in der Flüssigkeit des Innenohres mit großen Kräften und kleinen Auslenkungen. Im Innenohr werden die Schwingungen in Wanderwellen auf der Basilarmembran transformiert. Wanderwellen unterschiedlicher Frequenz erzeugen maximale Auslenkungen an verschiedenen Orten der Basilarmembran. Jede Frequenz lenkt die Basilarmembran nicht nur an einem Punkt, sondern auf einem kurzen Abschnitt aus. Dadurch werden gleichzeitig mehrere Haarzellen gereizt. Diese so genannte Kopplungsbreite auf der Basilarmembran beträgt etwa 1,3 mm und umfasst etwa 150 Sinneszellen. Der Frequenzabstand, der dieser Kopplungsbreite entspricht, wird Frequenzgruppe genannt. Entlang der Basilarmembran können sich nebeneinander gleichzeitig 24 Frequenzgruppen ausbilden. Die Bandbreite der Frequenzgruppe bei tiefen Frequenzen unterhalb von 500 Hz ist konstant und beträgt etwa 100 Hz. Bei höheren Frequenzen oberhalb von 500 Hz ändert sich die Bandbreite der Frequenzgruppe mit der Frequenz. Sie beträgt etwa 20 Prozent der Bandmittenfrequenz. Die Umwandlung der mechanischen Schwingungen der

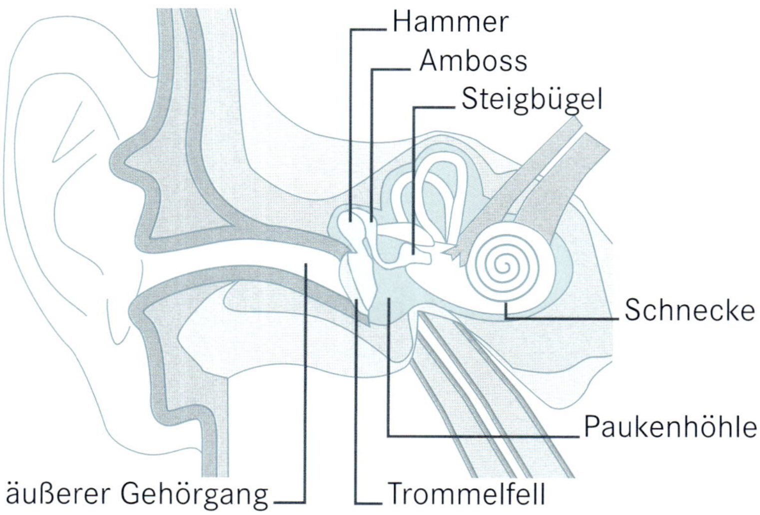

Der Aufbau des menschlichen Ohres

Basilarmembran in elektrische Nervenimpulse erfolgt im Cortischen Organ, das die Sinneszellen enthält. Sie sind in einer Reihe innerer Haarzellen und drei Reihen äußerer Haarzellen angeordnet. Lange Zeit wurde die Signalverarbeitung im Innenohr als ein passiver linearer Prozess verstanden. Das Innenohr wurde als eine Filterbank mit sich überlappenden Durchlassbereichen betrachtet. Die hohen Frequenzen werden dabei am breiten Anfang der Schnecke und die tiefen Frequenzen am spitzen Ende der Schnecke abgegriffen.

Erst 1975 konnte nachgewiesen werden, dass das Innenohr nicht wie ein passiver linearer Spektrumsanalysator funktioniert, sondern dass diese Funktion durch ein nichtlineares aktives System mit Feedback erfüllt wird. Sollte das nichtlineare aktive Rückkopplungsmodell für die Signalverarbeitung im Innenohr zutreffend sein, so müsste es wie jedes rückgekoppelte System zu Eigenschwingungen neigen. Diese Neigung zu Eigenschwingungen wurde tatsächlich festgestellt. Es zeigt sich, dass unsere Ohren nicht nur Schall wahrnehmen, sondern auch Schall erzeugen. Diese Schallerzeugung durch das Innenohr wird als otoakustische Emission bezeichnet.

Die Fähigkeit des menschlichen Gehörs Richtungen und Entfernungen der Schallereignisse wahrzunehmen, die einzelnen Schallquellen aus überlagerten diffusen Schallfeldern zu selektieren und ihren Signalfluss trotz störender Einflüsse anderer Schallquellen zu verfolgen, beruht überwiegend auf der Binauralität des Gehörs. Das binaurale Gehör löst eine Wahrnehmungsaufgabe, die in der englischsprachigen Fachliteratur als »cocktail party problem« bezeichnet wird. Die meisten Menschen mit normalem Hörvermögen sind fähig, die Worte ihres Gesprächspartners in der Situation einer Cocktailparty, bei der alle durcheinander reden, zu verstehen. Platziert man an die gleiche Stelle im Raum ein Mikrofon, sogar ein Stereomikrofon, und hört man hinterher die Tonaufnahme ab, so nimmt man nur ein Stimmengewirr wahr. Die Sprachverständlichkeit einer solchen Aufnahme ist viel geringer als beim direkten Hören im Raum. Die ursprüngliche Sprachverständlichkeit kann mit technischen Mitteln nur dann erhalten werden, wenn man das Stereomikrofon in Form einer Kopfnachbildung mit Außenohrmuscheln gestaltet und die so entstandene Tonaufzeichnung mit Kopfhörern abhört. Diese Leistung des menschlichen Hörsystems wird als »binaurale Entmaskierung« bezeichnet.

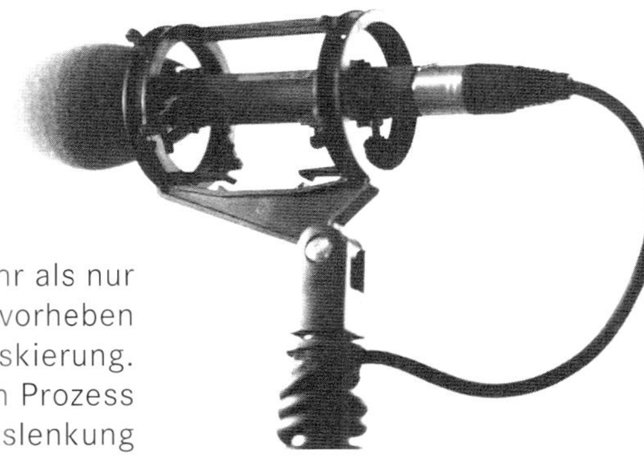

Der Cocktailparty-Effekt beinhaltet in seiner vollen Bedeutung mehr als nur die Unterdrückung räumlich diffus verteilter Schallquellen bzw. das Hervorheben räumlich spezifischer Quellen durch Ausnutzung der binauralen Entmaskierung. Psychologen betonen, dass es sich beim Cocktailparty-Effekt um einen Prozess der teilweise willkürlichen, teilweise unwillkürlichen Aufmerksamkeitslenkung und selektiven Wahrnehmung handelt. Wir können uns in der Party-Situation teilweise aussuchen, welcher Stimme wir in unserem unmittelbaren Umfeld folgen wollen. Wir können diese Entscheidung von Sekunde zu Sekunde revidieren. Es scheint, dass beim Cocktailparty-Effekt nicht nur physische, sondern auch inhaltliche Aspekte eine Rolle spielen. Die Berücksichtigung solcher Effekte und Wahrnehmungsphänomene gehören zum Tagesgeschäft in der Tonmischung.

Hier wird noch einmal der Unterschied zwischen einem Mikrofon und dem menschlichen Ohr deutlich: das Mikrofon ist ein guter Signalwandler, hinter dem sich höchstens ein bescheidener Soundprozessor befindet. Das menschliche Ohr ist ein bescheidener Signalwandler, der erst durch einen exzellenten biologischen Prozessor im menschlichen Gehirn seine Leistungen erbringt. Nur durch spezielle Aufnahmeverfahren (z.B. Surround-Sound) und durch die Kunst der Sound-Designer gelingt es, bei Medienproduktionen akustische Situationen zu schaffen, die es dem Gehör ermöglichen, seine volle Leistungsfähigkeit auszunutzen.

Literatur

Vicky Bruce/Patrick Green: Visual Perception: ***Physiology, Psychology and Ecology***. Lawrence Erlbaum Ass. Ltd. Publishers: Hove/London, 1990

E. Bruce Goldstein: ***Wahrnehmungspsychologie – eine Einführung***. Spektrum Akademischer Verlag: Heidelberg/Berlin/Oxford, 1997

Reiner Gurski: ***Wahrnehmen – ein Lehrbuch***. Verlag W. Kohlhammer: Stuttgart/Berlin/Köln, 1996

Ernst Terhard: ***Akustische Kommunikation***. Grundlagen mit Hörbeispielen. Springer Verlag: Berlin/Heidelberg/New York, 1998

Michael Darkow

Mira von Kremling

Fernsehzuschauer-forschung

Die Messung der Sehbeteiligung

Redaktionen und Programmplaner haben die täglichen Einschaltquoten morgens auf ihren Schreibtischen. In der Regel wird zunächst nur darauf geschaut, wer der Quotenkönig des Vortags ist und wo sich Flops ankündigen. Die Fernsehnutzungsdaten sind aber auch ein eindeutiger Maßstab für Publikumserfolg, Zielgruppengenauigkeit und Programmoptimierung. Sie sind exakt und zuverlässig und ihre Aussagekraft ist in keiner Weise mit persönlichen Bewertungen vergleichbar. Deshalb orientieren sich Programmplaner und Werbewirtschaft an den Fernsehnutzungsdaten, denn sie geben Hinweise auf die Vorlieben der Zuschauer und zur Gestaltung des Programms. Ob und in welchem Maße ein Sender die für die Werbewirtschaft interessanten Zielgruppen erreicht, sind Aussagen, die letztlich die Entscheidungsgrundlage für den Einsatz zweistelliger Milliardenbeträge an Werbegeldern bilden. Die Daten der Fernsehforschung können aber auch mit ebenso exakten und zuverlässigen Informationen über das Verbraucherverhalten kombiniert werden.

Geschichte der Fernsehzuschauerforschung

Jeden Morgen schlägt für Programmverantwortliche bei Fernsehsendern, Produzenten von Fernsehprogrammen, Mediaverantwortliche der Markenartikelindustrie sowie Planer und Einkäufer in Werbe- und Mediaagenturen die Stunde der Wahrheit. Am Tag nach der Ausstrahlung des Programms übermittelt die GfK Fernsehforschung noch vor 9 Uhr die Fernsehnutzungsdaten des Vortags. Die Ergebnisse geben Aufschluss über die Leistungsstärke eines Senders und seiner Sendungen. Sie treffen Tag für Tag rund und um die Uhr sekundengenaue Aussagen darüber, wer was wann in Deutschland gesehen hat: Talksendung, Politmagazin, Comedy oder Reality-TV – sie alle unterliegen der Beurteilung durch die Einschaltquote.

Was die Zuschauer sehen, können die Programmanbieter nur dann erfahren, wenn sie Zuschauerforschung betreiben lassen. Das Zuschauerverhalten wird erforscht, seit es Fernsehen gibt. Mitte der 30er Jahre eröffneten in Berlin die ersten Fernsehstuben; schon da fanden erste Zuschauerbefragungen statt. Die Zuschauerforschung von heute meint allerdings die kontinuierliche elektronische Erfassung des Fernsehnutzungsverhaltens. Diese quantitativen Ergebnisse geben Auskunft über den Erfolg des Programmangebots.

Die Erforschung des Fernsehverhaltens ermöglicht überhaupt erst eine Abstimmung des Programmangebots auf die Erwartungen und Präferenzen der Zuschauer. Zudem liefert sie Sendern und Werbeagenturen Daten und Informationen, die als Basis für strategische Entscheidungen gelten. Die Daten sind für Sender, Werbungtreibende und Werbeagenturen Grundlage für den Verkauf oder Ankauf von Werbeplätzen. Denn je besser die Reichweiten in den anvisierten Zielgruppen sind, desto gefragter sind Werbezeiten in diesem Programmumfeld. Auch die im Wesentlichen gebührenfinanzierten öffentlich-rechtlichen Sender sind Wettbewerber um die Gunst des Fernsehpublikums und können ohne Daten ihre Position im Wettbewerb nicht bestimmen.

Ziel der Zuschauerforschung ist es, die Fernsehlandschaft in ihrer Komplexität abzubilden sowie Transparenz und Vergleichbarkeit unter den konkurrierenden Marktteilnehmern nach einheitlichen Kriterien zu gewährleisten.

Die Messung der Einschaltquoten begann mit dem Sendebeginn des Zweiten Deutschen Fernsehens am 1. April 1963. Damals erfassten mechanisch ermittelte Messdaten auf Lochstreifen nur die Anzahl eingeschalteter Fernsehgeräte in Deutschland und die gesehenen Programme. Der Begriff der so genannten Einschaltquote stammt aus dieser Zeit. Er beschreibt ursprünglich nur den prozentualen Anteil der Haushalte mit Fernsehgeräten, die ein Programm eingeschaltet haben. Die Wirkung des Mediums Fernsehen auf die Einstellung und Meinung der Zuschauer konnte damals noch nicht untersucht werden.

Mit dem Wechsel vom Institut Infratam zu Teleskopie im Jahre 1975 wurde die Zuschauerforschung wesentlich erweitert. Durch das Knopfdruckverfahren war die Messung des individuellen Sehverhaltens möglich. Die gemessenen und gespeicherten Daten zur Fernsehnutzung wurden einmal am Tag über das öffentliche Telefonnetz abgerufen. Damals sendeten zwei nationale öffentlich-rechtliche Fernsehsender täglich etwa zehn bis elf Stunden Programm. Daneben gab es fünf Regionalprogramme der ARD. Heute dagegen gibt es neben den öffentlich-rechtlichen ARD und ZDF, ihren gemeinsamen Programmen arte, Kinderkanal KI.KA, PHOENIX und 3sat sowie den dritten Programmen etwa weitere 22 private Fernsehprogramme, die rund um die Uhr ausgestrahlt werden (siehe dazu auch den Beitrag von Eric Karstens).

Seit 1985 führt die GfK Fernsehforschung erst im Auftrag von ARD und ZDF und seit 1988 im Auftrag der Arbeitsgemeinschaft Fernsehforschung (AGF), die Fernsehzuschauerforschung durch. Neben den öffentlich-rechtlichen Sendern waren damals auch RTL und Sat.1 an der Gründung der Arbeitsgemeinschaft Fernsehforschung beteiligt. Die AGF legt fest, was wie gemessen, erfasst und ausgewertet wird und setzt damit die Standards für die Zuschauerforschung. Mitglieder der AGF sind neben der ARD bzw. ihren Landesrundfunkanstalten das ZDF, RTL und die ProSiebenSat.1 Media AG (Stand November 2001). Programmanbieter, die nicht Mitglied der AGF sind oder zu keiner der Senderfamilien gehören, können die Ergebnisse als Lizenzsender ebenfalls beziehen und haben über den „Beirat der Lizenzsender" auch Mitbestimmungsrechte.

Seit Beginn der Fernsehzuschauerforschung verfolgen die Auftraggeber das Ziel, einheitliche Kriterien auch dadurch zu schaffen und zu sichern, dass alle Fernsehsender über die gesamte Laufzeit des Vertrags exklusiv an das Institut, das die Fernsehzuschauerforschung betreibt, nämlich die GfK Fernsehforschung, gebunden sind. Für alle Marktteilnehmer sind die Erhebungsmethoden, das Messverfahren und die Fernsehnutzungsdaten gleichermaßen zugänglich.

Seit 1996 ist in der Arbeitsgemeinschaft Fernsehforschung neben den konkurrierenden Senderfamilien auch die Werbeindustrie vertreten. Werbungtreibende und Agenturen sind über ihre Verbände Organisation Werbungstreibende im Markenverband (OWM) und Organisation der Mediaagenturen im Gesamtverband der Werbeagenturen (OMG) an allen Entscheidungen über methodische und werbemarktrelevante Fragen der Fernsehforschung beteiligt.

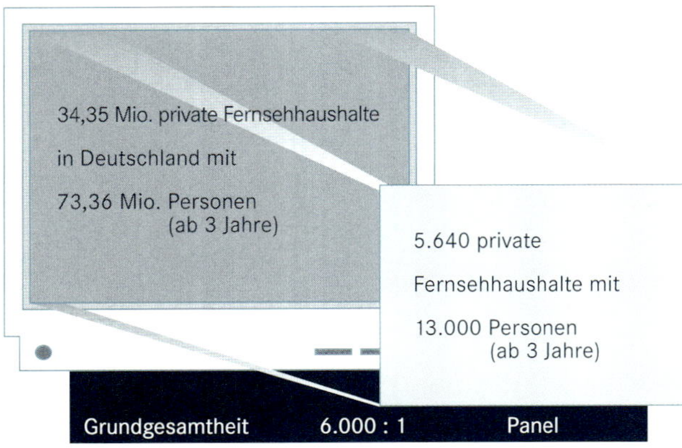

Abb. 1: Grundgesamtheit und Panelbildung

Das Fernsehpanel der GfK

Grundlage für die kontinuierliche Erfassung der Fernsehnutzung ist eine flächen- und bevölkerungsrepräsentative Stichprobe der Privathaushalte mit mindestens einem Fernsehgerät in der Bundesrepublik Deutschland. Dieses so genannte Fernsehpanel ist von einzigartiger struktureller Qualität und stellt ein verkleinertes Modell der Gesamtbevölkerung der Bundesrepublik dar. Bis Ende 1999 waren ausschließlich deutsche Haushalte beteiligt, die über die Staatsangehörigkeit des Haushaltsvorstands definiert wurden. Seit dem 1. Januar 2000 werden auch Haushalte berücksichtigt, deren Haushaltsvorstand die Staatsbürgerschaft eines Landes der Europäischen Gemeinschaft besitzt.

Dem Panel gehören 5.640 Haushalte (5.500 deutsche Haushalte und 140 EU-ausländische Haushalte) mit etwa 13.000 Personen an (Stand 2001), die ein repräsentatives Abbild der oben genannten Grundgesamtheit darstellen. Gemessen wird die Fernsehnutzung aller Personen ab dem dritten Lebensjahr. Im Unterschied zu anderen Ländern genügt in Deutschland nicht die Anwesenheit in einem Raum bei laufendem Fernsehgerät. Nur wer sich selbst als »fernsehend« definiert, muss sich am Messgerät, dem GfK Meter, anmelden.

Um ein repräsentatives Abbild der Grundgesamtheit in Deutschland erstellen zu können, benötigt die GfK Fernsehforschung eine verlässliche Beschreibung der Grundgesamtheit. Diese Informationen liefert für das deutsche Panel die jährliche Media Analyse (MA), eine Erhebung, die das Mediennutzungsverhalten der deutschen Bevölkerung im Auftrag der Arbeitsgemeinschaft Media Analyse untersucht (AG.MA). Die Media Analyse stellt für das Fernsehpanel die benötigten Daten über soziodemographische Merkmale, Haushaltsmerkmale und die Geräteausstattung der Haushalte zur Verfügung. Für die EU-Haushalte werden die benötigten Grundinformationen aus dem Mikrozensus des Statistischen Bundesamts entnommen. Als wichtige Steuerungsmerkmale haben sich folgende erwiesen:

- Bundesland
- Regierungsbezirk
- Gemeindegrößenklasse
- Empfangsebenenzugehörigkeit
- Haushaltsgröße
- Alter des Haupteinkommensbeziehers
- Schulbildung des Haupteinkommensbeziehers
- Kinder (unter 14 Jahre) im Haushalt
- Staatsangehörigkeit des Haupteinkommensbeziehers

Die Auswahl der Haushalte für das Fernsehpanel anhand dieser Kriterien stellt sicher, dass die wirklich relevanten Einflussgrößen schon bei der Stichprobenbildung berücksichtigt und so repräsentative Aussagen über das Fernsehverhalten in Deutschland möglich werden. Ergänzend sind folgende Merkmale zu überprüfen:

- Ausstattung des Haushalts mit Fernsehgeräten, Videorecordern, Videotext-Fähigkeit etc.
- Zugehörigkeit im Hinblick auf die Empfangsebenen Terrestrik, Kabel und Satellit

Die so genannte Empfangsebene bildet die Vielfalt empfangbarer Kanäle beim Zuschauer ab. Die Empfangsebenenzugehörigkeit unterscheidet deutlich, ob die Senderauswahl direkt am Satellitenreceiver stattfindet, ob der Haushalt einen Kabelanschluss besitzt oder ob er nur die terrestrisch über Antenne verbreiteten Programmangebote zur Verfügung hat (Buß, 1998, S. 800).

Die Auswahl der Haushalte für die Rekrutierung in das AGF/GfK Fernsehpanel erfolgt nach strengsten Maßstäben. Die GfK Fernsehforschung stellt das Panel nach einer so genannten systematischen Zufallsauswahl zusammen, bei der jeder Haushalt in Deutschland die Möglichkeit hat, in die Stichprobe zu gelangen. Die Auswahl und Anwerbung der Haushalte erfolgt anhand der Strukturvorgaben der Media Analyse. Wegen der natürlichen Fluktuation müssen immer wieder ausscheidende Haushalte ersetzt werden. Auf ein kontinuierliches Rotationsverfahren wird hier allerdings verzichtet; es werden also nur ausscheidende Panelteilnehmer durch neue ersetzt.

Das Panel weist eine Eigendynamik auf: Der Ein- oder Auszug von Haushaltsmitgliedern oder der Verkauf und Kauf von Empfangsgeräten sind Veränderungen im Panelhaushalt, die gemeldet und effizient verwaltet werden müssen. Solche Änderungen werden sofort erfasst. Ältere Daten werden dabei nicht überschrieben, sondern um die neuen Informationen ergänzt. Auf diese Weise wird die Historie eines Haushalts protokolliert und so die Möglichkeit geschaffen, jederzeit auch für zurückliegende Zeiträume korrekte Auswertungen durchführen zu können.

In Anlehnung an die Hochrechnungen der Media Analyse besteht die definierte Grundgesamtheit (Deutschland und Europäische Gemeinschaft) derzeit aus 34,4 Millionen privaten Haushalten mit 73,4 Millionen Personen ab drei Jahren (Stand 2001). Die 140 EU-ausländischen Panelhaushalte entsprechen mengenmäßig genau ihrem tatsächlichen Anteil in der Bundesrepublik Deutschland.

Die 5.640 Haushalte der Stichprobe sind regional disproportional in der Bundesrepublik verteilt. Um auch für kleine regionale Einheiten, wie z.B. Hamburg, Bremen oder Berlin verlässliche Aussagen zur Fernsehnutzung treffen zu können, sind diese Gebiete mit einem höheren Anteil an Panelhaushalten im System vertreten als es ihrem wirklichen Anteil in der Gesamtbevölkerung entspricht. Um das nationale Ergebnis nicht zu verzerren, werden diese überproportional vertretenen Einheiten bei der Hochrechnung auf das Fernsehverhalten der Gesamtbevölkerung entsprechend ihrem tatsächlichen Anteil gewichtet. Das System der kontinuierlichen Fernsehzuschauerforschung trägt auch der zunehmenden Anzahl an lokalen Fernsehsendern Rechnung. Daher können spezifische Regionen, nämlich München, Berlin und Hamburg (Stand 2001), als Ballungsräume separat ausgewiesen werden.

Messtechnik und Datenproduktion

Verlässliche Fernsehforschung kann am besten durch eine elektronische Messung des Nutzungsverhaltens gewährleistet werden. Das Messverfahren muss sicherstellen, dass das natürliche Fernsehverhalten nicht durch die Erhebungsmethode selbst beeinflusst oder verfälscht wird. Das aktuelle Gerät zur Messung der Fernsehnutzung ist vom Typ Telecontrol XL, und wird als GfK Meter bezeichnet. Es ist in jedem Haushalt der Stichprobe installiert und besteht aus drei Komponenten: dem eigentlichen Messgerät, der Fernbedienung sowie dem Anzeige-Display. Das GfK Meter ist an alle Empfangsgeräte des Haushalts, d.h. an den

Fernseher, Videorecorder und Satelliten-Empfänger angeschlossen und zeichnet die Fernsehnutzung der einzelnen Haushaltsmitglieder sekundengenau auf. Es misst und speichert

- das An- und Abschalten des Fernsehgeräts,
- jeden Umschaltvorgang,
- sämtliche weiteren Verwendungsmöglichkeiten eines Fernsehgeräts wie Videospiele, Videotext inkl. Seitenerkennung bzw. TOP-Text,
- die Aufnahme und Wiedergabe von selbst- oder fremdaufgezeichneten Videokassetten (Erfassung nach Kanal, Aufnahmedatum und Aufnahmezeit),
- Gesamtnutzung von Set-Top-Boxen.

Das Messgerät verfügt über einen eigenen Tuner (Tuner-im-Meter-Technologie), über den der Panelhaushalt die Programme empfängt; das Fernsehgerät fungiert damit nur noch als Bildschirm. Mit der eigens für diese Zwecke konzipierten Fernbedienung kann sich jedes einzelne Haushaltsmitglied durch Knopfdruck (Push-Button-Verfahren) seiner individuellen Personenanmeldetaste auf der Fernbedienung beim GfK Meter als Fernsehzuschauer an- oder abmelden. Das Display dient hauptsächlich der Kontrolle für die Haushaltsmitglieder, die daran unter anderem ablesen können, ob sie sich korrekt an- bzw. abgemeldet haben.

Die in dem Mikrocomputer des Messgeräts gespeicherten sekundengenauen Daten werden täglich nachts zwischen 3 und 5 Uhr mittels einer Modemverbindung vom Rechenzentrum der GfK aus den Panelhaushalten über das Telefonnetz abgerufen.

Neben den grundlegenden Informationen zu Struktur und wesentlichen Charakteristika der Panelhaushalte, der Haushaltsmitglieder und der Ausstattung der Haushalte mit Empfangseinrichtungen sind für die Auswertung der Fernsehnutzungsdaten sekundengenaue Informationen zum Programmangebot aller Sender notwendig. Diese stammen aus den täglich an die GfK übermittelten Sendeprotokollen mit Angaben über den Ausstrahlungszeitpunkt sowie die Dauer von Sendungen und Werbeblöcken.

Bevor die Daten freigegeben werden, durchlaufen sie ein mehrstufiges Kontrollverfahren. Die Sicherheit und Zuverlässigkeit der Daten zur Fernsehnutzung unterliegen einer ständigen Kontrolle. Wichtige Kriterien sind dabei Reliabilität (ob genau gemessen wird) und Validität (ob das Richtige gemessen wird).

Datenqualität – die Verlässlichkeit der Messmethode

Mit Reliabilitätsprüfungen wird kontrolliert, wie exakt die Fernsehnutzung abgebildet wird. Damit soll beispielsweise ausgeschlossen werden, dass das Fernsehgerät läuft, ohne dass sich ein Panelmitglied am Messgerät angemeldet hat. Solche Versäumnisse sind jedoch sehr selten, denn nach kurzer Zeit ist die Ab- und Anmeldung für die Familienmitglieder im Fernsehpanel Routine. Die Übereinstimmung von tatsächlicher und telefonisch abgefragter Nutzung wird überprüft, indem durch computergestützte Telefoninterviews mit dem Panelhaushalt erfragt wird, ob ein Fernsehgerät läuft, welches Programm eingestellt ist und wer im Haushalt fernsieht. Diese Stichprobendaten werden mit der vom GfK Meter registrierten Fernsehnutzung verglichen.

Die Validität der Daten wird dadurch überprüft, dass die im Fernsehpanel ermittelte Fernsehnutzung mit der Fernsehnutzung der Gesamtbevölkerung Deutschlands abgeglichen wird. Hierzu befragt ein von der AGF beauftragtes Insti-

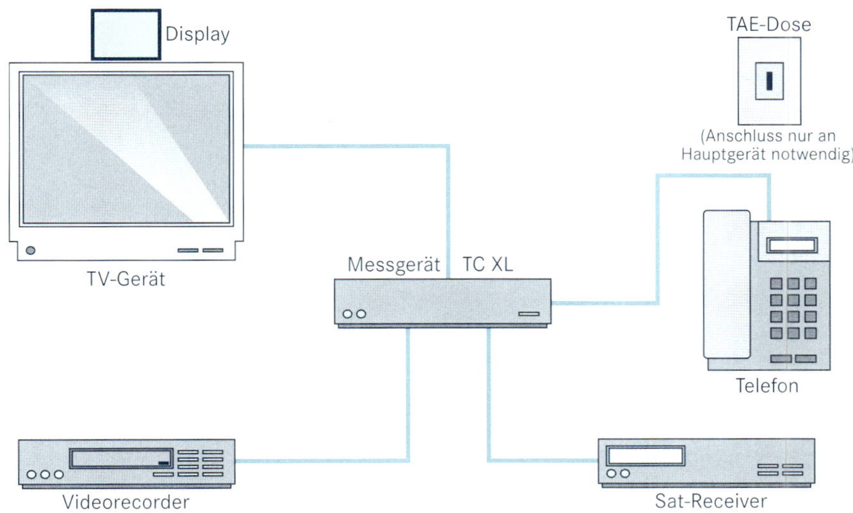

Abb. 2: Aufbau des GfK Meters im Haushalt (je TV-Gerät)

tut telefonisch zu festgelegten Zeitpunkten eine Stichprobe außerhalb des Panels zu ihrem Fernsehverhalten. Die regelmäßig durchgeführten Kontrollen zeigten in der Vergangenheit immer eine nahezu exakte Übereinstimmung mit den Ergebnissen des GfK Meters.

Auswertung der Daten

Die GfK Fernsehforschung hat für die Auswertung der Daten die Software pc#tv entwickelt, die eine dezentrale Analyse der Daten ermöglicht. Die täglichen Informationen aus den Panelhaushalten werden von der GfK für unterschiedliche Bedürfnisse in unterschiedlichen Formen analysiert, dokumentiert und zur Verfügung gestellt. Grundsätzlich kann für alle heutigen Auswertungen auf Fernsehnutzungsdaten ab dem Jahr 1988 zurückgegriffen werden. Das Berichtswesen passt sich den Erfordernissen des Marktes an und wird immer differenzierter. Marktanteile, Sehdauern, Netto- und Bruttoreichweiten von Programmen und Werbeinseln, Tausend-Kontakt-Preise (TKP) oder Werbetarife gehören zu den ausgewiesenen Standardgrößen. Die Auswertungssoftware besteht aus zwei Modulen:

- pc#tv verfügt über alle Funktionen, die zur Werbe- und Programmoptimierung benötigt werden
- pv#tv analyse ermöglicht eine Reihe von Sonderauswertungen zur Programmplanung und Zuschauerforschung

Mit den Analyseergebnissen sind kurzfristige Optimierungen des Programms ebenso möglich wie die Entwicklung langfristiger Mediastrategien. Die Analysen können für spezifisch definierte Zielgruppen in zeitlich kleinsten Einheiten von Fünf-Minuten-Intervallen vorgenommen werden. Da im Auswertungssystem schon über 800 personenbezogene Merkmale vorliegen, können demographische und marketingrelevante Informationen über Personen- und Haushaltsmerkmale bei der Zielgruppendefinition beliebig und flexibel kombiniert werden. Die Auswertung von Sendungen, Werbeblöcken, Programmgenres und Zeitintervallen erfolgt individuell und ohne Beschränkungen.

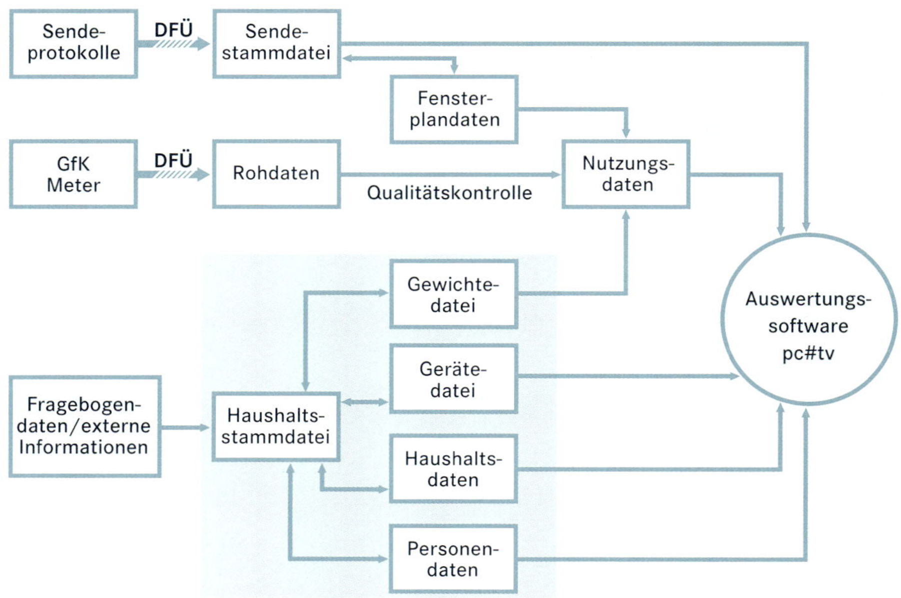

Abb. 3: Zusammenwirken der Dateien

Verknüpfung von Fernsehnutzung und Konsumverhalten

Für die Entwicklung von Marketingstrategien und die Planung von Werbekampagnen sind die bisherigen Auswertungsmöglichkeiten nicht mehr ausreichend. Um den Bedürfnissen des Werbemarkts zu genügen wurde deshalb das Fusionsprojekt MOVE entwickelt. Mit diesem Projekt stehen dem Werbemarkt erstmals planungsrelevante elektronisch gemessene Konsuminformationen aus dem GfK Verbraucherpanel zur Verfügung, die mit Nutzungsdaten aus dem AGF/GfK Fernsehpanel verknüpft werden. Damit werden qualifizierte Daten aus zwei anerkannten Marktforschungssystemen miteinander kombiniert. Für über 180 Warengruppen mit über 800 Marken (Stand 2001) aus dem Bereich Fast Moving Consumer Goods (FMCG) stehen umfangreiche Informationen über Produkt- und Markenverwendung für Zielgruppenspezifizierung und Wirkungskontrolle von Werbung zur Verfügung. Diese Informationen können für eine zielgerichtete Mediaplanung und -kontrolle eingesetzt werden.

Die Güter des täglichen Bedarfs werden auch im GfK Verbraucherpanel (12.000 Haushalte/Haushaltsführende) elektronisch erfasst. Das »Electronic Diary« verfügt über einen integrierten Scanner, der einfach und zuverlässig alle eingekauften Produkte per EAN-Code registriert. Dem stehen 5.640 Haushalte aus dem GfK Fernsehpanel gegenüber, deren Fernsehnutzung personenindividuell per GfK Meter gemessen wird. Damit können bestimmten Zuschauergruppen Daten zum Kaufverhalten und umgekehrt zugeordnet werden. Beide Erhebungen weisen umfangreiche Datenmengen auf, die allgemein anerkannt sind.

Das gesamte Leistungsspektrum der beiden Stichproben bleibt erhalten und darüber hinaus steht es auch noch in Kombination zur Verfügung. Der tägliche Erhebungsrhythmus gewährleistet eine kontinuierliche Datenübertragung von großer Aktualität.

Beide Datenbestände zu fusionieren ist methodisch sehr aufwendig. Eine wesentliche Voraussetzung dafür sind so genannte gemeinsame Merkmale in beiden Panels. Zentrale Elemente sind die im Verbraucherpanel erfragten Fernsehnutzungsmerkmale und die jährlich im Fernsehpanel abgefragten Konsummerkmale. Anhand dieser Informationen kann mit Hilfe komplexer statistischer Verfahren jeder Person des einen Panels eine Person des anderen Panels zugeordnet werden. Für die Mediaplanung und -kontrolle werden alle Merkmale des Verbraucherpanels in relevante Produktbereiche unterteilt. Beide Stichproben müssen in einer so genannten Merkmalsgruppe (z. B. Körperpflege) so viele Ähnlichkeiten wie möglich aufweisen. Ist die Nähe ausreichend, können ergänzende Daten des einen Panels auf den Partner im anderen Panel übertragen werden. Grundsätzlich stehen zwei Fusionsmöglichkeiten zur Verfügung:

- Konsumdaten aus dem Verbraucherpanel werden in das Fernsehpanel übernommen.
- Fernsehnutzungsdaten werden aus dem Fernsehpanel in das Verbraucherpanel übernommen.

Die Zielsetzung der ersten Fusionsrichtung besteht darin, die Informationsgrundlagen zu erweitern, um eine differenzierte Zielgruppenbildung zu erleichtern und damit die Kampagnenplanung und -kontrolle zu optimieren. Die zweite Fusionsrichtung beschäftigt sich mit den Themen Werbewirkung und Modelling. Indem Konsumdaten durch Fernsehnutzungsdaten vervollständigt werden, können Effizienzbetrachtungen angestellt und die Werbewirkung überprüft werden. MOVE deckt auf, ob Personen, die einen bestimmten Fernsehwerbespot gesehen haben, das beworbene Produkt aufgrund des Werbeinflusses kaufen. Die Analysen basieren auf elektronisch gemessenen Verhaltensdaten. Deshalb können Erinnerungs- oder Prestigeeffekte das Ergebnis nicht beeinflussen.

Durch die Einbeziehung weiterer Komponenten des Marketing-Mix entsteht ein komplexer Modelling-Ansatz, mit dem das gesamte Marketing auf seine Wirksamkeit hin überprüft werden kann.

Literatur

Arbeitsgemeinschaft Fernsehforschung (Hg.): ***Fernsehzuschauerforschung in Deutschland***. Frankfurt, 2000

Arbeitsgemeinschaft Fernsehforschung/Gesellschaft für Konsumforschung (Hg.): ***Fernsehforschung***. Lexikon zur Fernsehforschung (CD-ROM). Nürnberg, 2001

Hansjörg Bessler: ***Hörer- und Zuschauerforschung***. In: Hans Bausch (Hg.): Rundfunk in Deutschland (Band 5). München, 1999

K. Bergmann: ***Repräsentativität im Fernsehen***. In: Media Perspektiven 12/94

M. Buß: ***Die AGF/GfK Fernsehforschung in Deutschland***. In: Media Perspektiven 12/94

Michael von Darkow: ***Fusion von Verbraucher- und Medeindaten: »MOVE«***. In: Intermediale Perspektiven. Neue Erkenntnisse zur Print- und Fernsehforschung. BAC-Verlag: Offenburg, 1998

GfK Fernsehforschung: ***Fernsehzuschauerforschung in Deutschland***. Tägliche Informationen über das Fernsehpublikum in Deutschland. Nürnberg, 2001

GfK Fernsehforschung: ***Single Source***. Ein Methodentest der AGF/GfK Fernsehforschung. Nürnberg, 1995

GfK Fernsehforschung: ***Von der Mediaplanung bis zur Werbewirkungsanalyse***. Neue Wege mit »MOVE«. Nürnberg, 2000

IP Deutschland (Hg.): ***Im Fokus der Forschung***. Research als Kundenservice. Kronberg, 1999

IP Deutschland (Hg.): ***Das entfesselte Medium***. Fernsehen und Forschung in Deutschland 1928 bis 1998. Kronberg, 1999

D. K. Müller: ***Fernsehforschung ab 2000***. Methodische Kontinuität, organisatorische Modifikationen und inhaltliche Erweiterungen bei System der AGF/GfK Fernsehforschung. In: Media Perspektiven 1/00

Sybille Diegelmann

Zuschauer- und Medienforschung

Zuschauer- und Medienforschung macht weit mehr, als dem Sender »nur« Informationen über Reichweiten und Marktanteile zur Verfügung zu stellen. Solche Daten aus dem Zuschauermarkt werden kontinuierlich mittels eines Panels, eines repräsentativen Abbildes der deutschen Wohnbevölkerung, erhoben. Darüber hinaus liefern qualitative Verfahren zusätzliche Informationen für die Optimierung bestehender und die Entwicklung neuer Formate. Zuschauer- und Medienforschung ist eine interne Serviceabteilung und Partner der Programmmacher im Sender. Extern gehören Mediaagenturen, werbetreibende Unternehmen und Produktionsfirmen zu ihren Kunden. Durch die enge Kommunikation und die hohe Integration in die Programmentwicklungen leisten die Forschungsabteilungen einen wichtigen Beitrag zu den strategischen Entscheidungen für die Entwicklung von Programmen und Sendern.

Programme optimieren und ihre Akzeptanz erhöhen

Oberstes Ziel einer sendereigenen Programmforschung ist es, die Fülle täglicher Fragen schnell und umfassend zu beantworten:

- Welche Quote hatte gestern die neue Show?
- Bei welcher Zielgruppe ist sie besonders gut angekommen?
- Wie war der *Audience Flow* zum nachfolgenden Format?
- An welchen Stellen haben die Zuschauer umgeschaltet und warum?
- Ist der Moderator der Richtige für diese Sendung und wie kann man seine Moderation optimieren?

Denn mit der Ermittlung und Analyse von Daten und Befunden aus dem Zuschauermarkt hilft die Programmforschung ihren zahlreichen internen und externen Kunden, Programme zu optimieren und deren Akzeptanz beim Publikum zu erhöhen. Darüber hinaus besteht ihre Aufgabe darin, den kreativen Input der Redaktionen und Produktionsfirmen zu bewerten, Konzeptentwicklungen auf Basis von Zuschauerbefragungen zu befürworten oder von deren Realisierung abzuraten. Intern berät und informiert eine Forschungsabteilung:

- die Programmgeschäftsführung,
- die Programmplanung,
- alle Programmredaktionen (z. B. Information, Sport, eigenproduzierte Serien und Movies, Comedy, Unterhaltungsshows),
- das Marketing,
- die On-Air-Promotion,
- den Online-Bereich,
- die PR-Abteilung und
- den Verkauf.

Extern gehören vor allem Mediaagenturen und Werbetreibende sowie Produktionsfirmen zu den Kunden der Forschungsabteilung. Ihre Hauptaufgaben sind:

- kontinuierliche Berichterstattung über den Status Quo des Senders und seines Programmangebotes im Vergleich zur Konkurrenz,
- begleitende Programmforschung, die sich hauptsächlich auf die Optimierung bestehender Formate und die Entwicklung neuer Sendungen konzentriert,
- Bereitstellung von Argumenten für die erfolgreiche Vermarktung des Programms,
- Beobachtung von Fernsehtrends und Änderungen im Rezeptionsverhalten, den Befindlichkeiten, Interessen und Einstellungen der Zuschauer.

Die Medienforschung eines Senders gliedert sich in zwei große Forschungsrichtungen:

- Die ***Zuschauerforschung auf Quoten-Basis***. Reichweiten und Marktanteile entscheiden über den Erfolg eines Senders beim Publikum und im Werbemarkt.
- Die ***Ad-hoc-Forschung***, die die qualitative und quantitative Zuschauerforschung zum Gegenstand hat. Sie arbeitet beispielsweise mit telefonischen Repräsentativ-Befragungen, Tiefenexplorationen, Gruppendiskussionen oder Interviews per Online-Methode. Ad-hoc-Studien werden in Zusammenarbeit mit Marktforschungsinstituten durchgeführt.

Und wie lief's gestern? Quoten – das tägliche Brot der Programmforschung

Reichweiten und Marktanteile sind die Währung, die den Erfolg vor allem der privaten Sender im Werbemarkt definieren. Je besser eine Sendung in den werberelevanten Zielgruppen läuft, umso gefragter sind die Werbezeiten im Programmumfeld. Die Werbekunden betrachten nicht nur die Quoten, sondern auch den erreichten Tausend-Kontakt-Preis (TKP), der angibt, wie viel sie investieren müssen, um bei der Spot-Platzierung 1.000 Fernsehzuschauer der von ihnen gewünschten Zielgruppe zu erreichen.

Die Fernsehsender ARD, ZDF, RTL und die ProSiebenSat.1 Media AG (Stand: November 2001) bilden die Arbeitsgemeinschaft Fernsehforschung (AGF), die jährlich etwa 35 Millionen Mark in die Zuschauerforschung investiert. Im Auftrag der AGF erhebt die Gesellschaft für Konsumforschung (GfK) in Nürnberg seit 1988 kontinuierlich Daten zum Fernsehverhalten der deutschen Bevölkerung.

Die Daten aus dem Zuschauermarkt werden kontinuierlich mittels eines Panels (ein- und dieselbe Stichprobe wird mehrfach befragt) erhoben. Dieses Panel ist ein verkleinertes, repräsentatives Abbild der deutschen Wohnbevölkerung sowie der in Deutschland lebenden Bevölkerung aus Ländern der Europäischen Gemeinschaft. Kriterien für seine Repräsentativität sind:

- Alter, Bildung, Kinder im Haushalt, Haushaltsgröße, Anzahl der Fernseher und Videogeräte im Haushalt, Empfangsart (Antenne, Kabel, Satellit) und das Bundesland.

Die 5.640 Panelhaushalte (5.500 deutsche und 140 EU-Fernsehhaushalte) mit insgesamt etwa 13.000 Personen (Stand: November 2001) werden über ein reines Zufallsverfahren ermittelt. Sie sind geheim und auch den Sendern nicht bekannt. Daher ist eine gezielte Bewerbung der Panelhaushalte nicht möglich.

Das Sehverhalten in den Panelhaushalten wird mit Hilfe des GfK Meters erhoben, an das alle Fernsehgeräte, Videorekorder und Satelliten-Receiver angeschlossen sind. Dieser Mikrocomputer erfasst automatisch und sekundengenau das Ein- und Ausschalten des Fernsehers sowie alle Umschaltbewegungen. Die Personen in den Panelhaushalten melden sich, wenn sie fernsehen, über eine Infrarot-Fernbedienung an und ab. Dafür ist jedem Haushaltsmitglied ab drei Jahren eine eigene Taste auf der Fernbedienung zugeordnet.

Der Abruf der gespeicherten Daten aus den GfK Metern erfolgt über Telefonleitungen. Jede Nacht zwischen 3 und 5 Uhr werden über spezielle Rechner die Daten der Fernsehnutzung in den Panelhaushalten abgerufen.

Die Arbeit der Medienforscher in den Sendern beginnt, wenn die GfK die Daten des vergangenen Sendetages aufbereitet hat und über Datenleitungen an die Sender schickt. Um diese tägliche Datenflut zu bewältigen, gibt es bei den Sendern individuelle Berichtssysteme, die die Daten übersichtlich und leicht verständlich aufbereiten.

Was kann man mit den GfK Daten anfangen? Was verraten sie über das Fernsehverhalten?

Die grafische Aufbereitung der Reichweiten und Marktanteile in Fünf-Minuten-Schritten hilft einer Redaktion z.B. detailliert den Quoten-Verlauf der von ihr betreuten Sendung zu verfolgen. Diese Kurve gibt darüber Aufschluss, welcher Sendungsteil besonders gut bzw. welcher weniger gut angekommen ist. Sie verrät aber auch allgemein viel über das Sehverhalten des Publikums im Tagesverlauf.

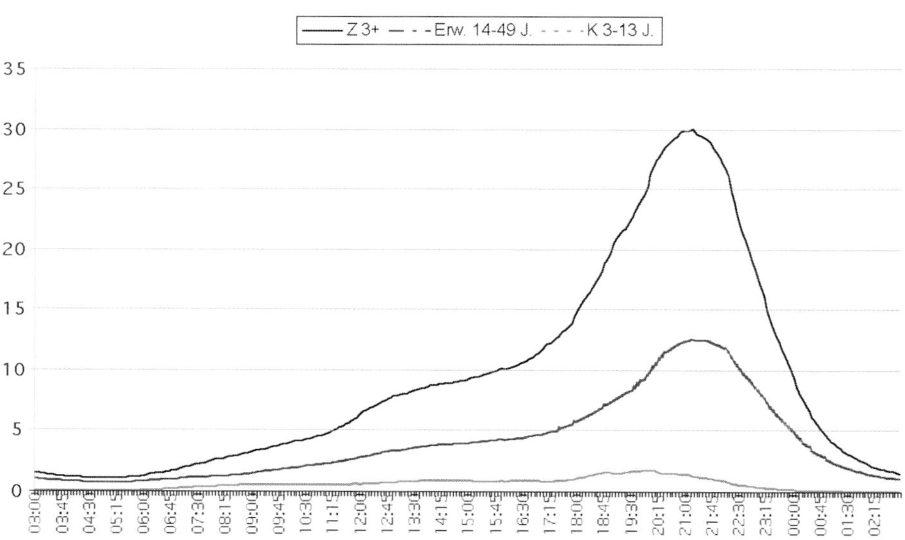

Abb. 1: Reichweitenverlauf über den Sendetag

© GFK Fernsehforschung

Die abgebildete Kurve zeigt den durchschnittlichen Reichweitenverlauf für drei Zielgruppen im Zeitraum von Januar bis Oktober 2001 für einen Sendetag. Die Reichweitenkurve steigt morgens ab 6 Uhr mit den Frühaufstehern nur langsam an. Gegen 12 Uhr schalten deutlich mehr Zuschauer das Fernsehgerät an.

Mit dem beginnenden Feierabend spielt das Fernsehen eine immer wichtigere Rolle. Gegen 21 Uhr sitzen die meisten Zuschauer vor den Fernsehern, ab etwa 22 Uhr nimmt die Reichweitenkurve langsam ab, die ersten Zuschauer gehen schlafen.

Auch die Berechnung der Sehdauer verrät viel über das Fernsehverhalten. Im Durchschnitt sahen die Deutschen (ab drei Jahren) im Jahr 2000 mehr als drei Stunden pro Tag fern. Zwischen den Altersgruppen gibt es große Unterschiede. So verbrachten z.B. Personen über 50 Jahre im Schnitt täglich 247 Minuten vor dem Bildschirm, im Vergleich dazu liegen die 136 Minuten, die Teens und Twens dem Medium widmeten, deutlich darunter. Kinder zwischen drei und 13 Jahren sahen täglich 97 Minuten fern.

Hitlisten zeigen in tabellarischer Form, welche Sendungen in einem bestimmten Zeitraum ganz vorne in der Publikumsgunst stehen. Möglich ist eine Darstellung nach einzelnen Zielgruppen, eine Hitliste über alle Sender oder nur für einen Sender.

Im Zeitraum Januar bis Oktober 2001 waren Show-Events und Sportereignisse beim Publikum ab drei Jahren am beliebtesten. Allen voran stehen der Show-Dauerbrenner *Wetten, dass...?* vom 17. März 2001 mit 16,14 Millionen Zuschauern und das Elfmeterschießen beim Champions League-Finale FC Bayern München gegen FC Valencia am 23. Mai 2001 (15,76 Millionen Zuschauer). Daneben fasziniert vor allem die Formel 1, aber auch der Quiz-Erfolg *Wer wird Millionär* steht hoch im Kurs bei den Zuschauern.

Sat. 1 - Hitliste Zuschauer ab drei Jahre Zeitraum: 01.01. - 31.10.2001 03:00-03:00 Uhr	Rang	Tag	Datum	Zeit	Dauer	RW Mio	MA %
DER TUNNEL Folge 1	1	So	21.01.2001	20:14	1:31:45	7,20	19,9
WER HEIRATET DEN MILLIONÄR?	2	So	07.01.2001	20:14	1:53:23	6,77	18,8
DER TUNNEL Folge 2	3	Mo	22.01.2001	20:14	1:35:03	6,63	19,6
DIE MASKE DES ZORRO	4	So	21.10.2001	20:14	2:04:35	6,36	19,9
RAN - SAT. 1-BUNDESLIGA	5	Sa	14.04.2001	18:29	1:08:11	6,31	29,6
KOMMISSAR REX Folge 79	6	Mi	18.04.2001	20:14	0:45:32	6,04	18,9
RAN - SAT. 1-BUNDESLIGA	7	Sa	03.03.2001	18:29	1:23:13	5,95	23,5
KOMMISSAR REX Folge 77	8	Mi	04.04.2001	20:14	0:44:48	5,95	19,3
KOMMISSAR REX Folge 81	9	Mi	02.05.2001	20:14	0:46:19	5,90	22,3
KOMMISSAR REX Folge 80	10	Mi	25.04.2001	20:14	0:45:33	5,84	19,2
KOMMISSAR REX Folge 78	11	Mi	11.04.2001	20:14	0:45:34	5,78	18,9
RAN - SAT. 1-BUNDESLIGA	12	Sa	21.04.2001	18:30	1:07:32	5,76	25,1
FUER ALLE FAELLE STEFANIE Folge 218	13	Do	29.03.2001	21:14	0:45:30	5,72	20,0
RAN - SAT. 1-BUNDESLIGA	14	Sa	19.05.2001	18:00	1:34:48	5,69	32,1
FUER ALLE FAELLE STEFANIE Folge 223	15	Do	03.05.2001	21:15	0:44:51	5,66	21,1
KOMMISSAR REX Folge 83	16	Mi	16.05.2001	20:15	0:46:18	5,65	19,6
RAN - SAT. 1-BUNDESLIGA	17	Sa	05.05.2001	18:28	1:12:50	5,58	26,5
DER BULLE VON TÖLZ Folge 26	18	Mi	10.01.2001	21:17	1:36:18	5,55	21,7
FUER ALLE FAELLE STEFANIE Folge 222	19	Do	26.04.2001	21:14	0:45:21	5,49	19,2
WOLFFS REVIER Folge 103	20	Mi	07.03.2001	20:16	0:45:24	5,47	17,7

Abb. 2: Sat 1-Hitliste

Ein Blick in die Sat. 1-Hitliste (Abbildung 2 auf der vorherigen Seite) für den Zeitraum von Januar bis Oktober 2001 zeigt den hohen Stellenwert von Film-Events für die Zuschauer. Aber auch der Sport und beliebte Sat. 1-Serien wie *Kommissar Rex* oder *Für alle Fälle Stefanie* belegen Top-Ränge.

Für die Redaktionen und Verkaufsabteilungen eines Senders sind Informationen über die Zuschauerdemographie einer bestimmten Sendung von besonderem Interesse.

- Hat die Sendung die anvisierte Zielgruppe erreicht?
- Bei welchen Zielgruppen war das Format besonders erfolgreich?

Ausgewertet wird nicht nur nach Altersgruppen, sondern unter anderem auch nach Geschlecht, Bildung und Haushaltsnettoeinkommen. Aktuell stellt sich das deutsche Fernsehpublikum wie folgt dar (Stand: Oktober 2001):

- Insgesamt gibt es in Deutschland 71,67 Millionen potenzielle Zuschauer ab drei Jahren, davon sind 8,77 Millionen Kinder im Alter zwischen drei und 13 Jahren.
- Es gibt mehr Zuschauerinnen als Zuschauer, das Verhältnis liegt bei 55 Prozent gegenüber 45 Prozent, in absoluten Zahlen sind dies 33,02 Millionen Frauen und 29,87 Millionen Männer.
- Zahlenmäßig ist das über 50-jährige Publikum den Teens und Twens weit überlegen: 13,04 Millionen Zuschauer sind 14-29 Jahre alt, 27,69 Millionen gehören der Altersgruppe jenseits der 50 Jahre an.

Auch die Bildungsstruktur gibt Aufschluss über die Fernsehbevölkerung:

- 31,44 Millionen Zuschauer haben einen Volks- oder Hauptschulabschluss (50 Prozent),
- 20,68 Millionen haben eine weiterführende Schule ohne Abitur besucht (33 Prozent),
- 5,03 Millionen Zuschauer besitzen Abitur oder die Hochschulreife (8 Prozent) und
- 5,74 Millionen Zuschauer haben studiert (9 Prozent).

Top 5 Genre-Interessen im Jahr 2000

Rang	Männer	Frauen	Zuschauer 14-49	Zuschauer 50+
1	Tägliche Nachrichten 79,7%	Tägliche Nachrichten 71,9%	aktuelle Spielfilme 70,0%	Tägliche Nachrichten 84,5%
2	Sportsendungen 64,3%	Aktuelle Spielfilme 66,7%	Tägliche Nachrichten 68,6%	Tier- oder Natursendungen 67,4%
3	Krimis 58,0%	Tier- oder Natursendungen 59,9%	Krimis 54,8%	Gesundheits-Magazine 54,6%
4	Aktuelle Spielfilme 57,2%	Liebesfilme 51,6%	Reise-Magazine 47,3%	Krimis 54,3%
5	Tier- oder Natursendungen 48,6%	Krimis 51,5%	Abenteuerfilme oder -serien 44,4%	volkstümliche Musiksendungen 53,7%

Abb. 3: Top 5 Genre-Interessen

Sendungen verschiedener Genres erreichen sehr unterschiedliche Zielgruppen. So liegt das Geschlechterverhältnis bei einer Sendung wie *Die Harald Schmidt Show* bei 49 Prozent Frauen und 51 Prozent Männern. Ein frauenaffines Programm wie die Krankenhausserie *Für alle Fälle Stefanie* erreicht dagegen mit 71 Prozent zu 29 Prozent deutlich mehr Zuschauerinnen als männliches Publikum.

Im Rahmen von GfK Sonderauswertungen lassen sich noch eine Vielzahl weiterführender Fragestellungen beantworten. Eine Untersuchung des *Audience Flow* zeigt z.B., wie viele Zuschauer während einer Sendung an welchen Stellen den Fernseher ausschalten, den Kanal wechseln und wohin sie wandern. Man kann aber auch errechnen, wie groß die Stammseherschaft eines bestimmten Formates ist, bzw. wie viele Zuschauer schon Kontakt mit einer neuen Sendung hatten (= weitester Seherkreis).

Daneben kann man die Genre-Interessen bestimmter Zielgruppen bestimmen, um etwa zu erfahren, welche Sendungen sich als Rahmen für die Eigenwerbung des Senders (*On-Air-Promotion*) eignen. Konkret: Welche Sendungen sehen die Zuschauer der *Quiz Show* sonst noch bei Sat.1? Im Umfeld der ermittelten Sendungen lassen sich zielgruppengerecht Trailer für diese Show platzieren (siehe dazu auch den Beitrag von Martin Blum).

In senderübergreifenden Einzelauswertungen wird die Entwicklung bestimmter Genres betrachtet. Fragestellungen sind beispielsweise:

- Welche Formate eines Genres funktionieren bei welchen Sendern auf welchen Sendeplätzen und welche nicht?
- Wie lange dauerte es, bis sich Konkurrenzformate etabliert haben?
- Welche Sendungen zeigen in der langfristigen Entwicklung Abnutzungserscheinungen, denen möglichst frühzeitig gegengesteuert werden sollte?

Wie dargestellt, untersucht und beschreibt die GfK Forschung das Fernsehverhalten im Nachhinein sehr detailliert. Aus der jahrelangen Beobachtung des Zuschauerverhaltens ergeben sich unschätzbare Erfahrungswerte. Diese reichen jedoch im sich schnell verändernden Fernsehmarkt nicht immer aus, um strategische Entscheidungen für die Produktion und Platzierung von Sendungen zu treffen. An dieser Stelle greifen die GfK und die Ad-hoc-Forschung eng ineinander. Beantwortet die Quotenforschung erschöpfend die Fragen, wie viele Zuschauer und welche Zielgruppen welche Sendungen sehen, bauen die Ad-hoc-Studien auf diesen Erkenntnissen auf und beantworten mit Hilfe quantitativer und qualitativer Forschung die Fragen nach dem Warum und Wie.

Die Frage nach dem Warum: Ad-hoc-Zuschauerforschung

Das Portfolio der Forschungsabteilung eines Fernsehsenders ist genauso breit und vielfältig wie die Fragestellungen selbst. Grundsätzlich lassen sich zunächst zwei grobe Richtungen der Ad-hoc-Forschung unterscheiden:

- die Optimierung und Weiterentwicklung bestehender Formate und
- die Konzeptforschung bzw. die Forschung vor dem Start einer neuen Sendung.

Abb. 4: Jörg Pilawa in *Die Quiz Show*

Abb. 5: Franklin, der Moderator der täglichen Talkshow montags bis freitags um 11 Uhr

Wie soll's weitergehen? – Die Forschung für bestehende Formate

Diese Art von Forschung beschäftigt sich im ersten Schritt intensiv mit dem bereits gesendeten Produkt. Erst nach einer detaillierten Stärken- und Schwächenanalyse des Formates werden Optimierungshinweise und seine weitere Entwicklung diskutiert. Ziel ist es, Sendungsmachern die Formatwahrnehmung der Zuschauer nahe zu bringen. Dabei ist der zeitliche Rahmen, innerhalb dessen Ergebnisse vorliegen müssen, häufig sehr knapp.

Beispiel: Nach dem Start einer neuen Serie stellt sich die Frage nach einer zweiten Staffel. Wenn das Produkt die Marktanteilserwartungen erfüllt hat, steht einer Fortführung in der Regel nichts im Wege. Die GfK Zahlen geben Aufschluss darüber, dass z.B. eine Serie wie *Für alle Fälle Stefanie* ein überwiegend weibliches Publikum über 30 Jahren anspricht. Für die weitere Entwicklung der Serie werden jetzt Zuschauerinnen aus der Kernzielgruppe befragt, die die Serie regelmäßig sehen. Haupterkenntnisinteresse sind die Rezeptionsmotive der Zuschauerinnen sowie die Faszination der Serie, die auch in weiteren Folgen unbedingt bedient werden sollten. Man erfährt in einer solchen Studie aber auch, welche Plots, Storylines und Charaktere bisher wenig faszinieren, verändert oder weggelassen werden sollten. Für diese Fragestellung bieten sich explorative Einzelinterviews und Gruppendiskussionen an.

Eine Status-Quo-Analyse und Optimierungshinweise werden aber auch benötigt, wenn vor der Ausstrahlung eines Formates der knappe zeitliche Vorlauf keinen Pilottest erlaubt. Diese so genannten Sendungschecks werden je nach Genre entweder mit Telefoninterviews oder Online-Befragungen durchgeführt. Die Online-Befragungen bieten sich vor allem für eher von Männern und von jüngeren Zuschauern geschätzte Genres wie z.B. Sport oder Comedy an, weil aktuell vor allem diese Zielgruppen überwiegend das Internet nutzen. Mit der inzwischen schon klassischen Telefonmethode werden auch alle anderen Zielgruppen erreicht.

Beispiel: Am 4. Juli 2000 startete Sat.1 *Die Quiz Show*, die montags bis freitags von 19.40 bis 20.15 Uhr ausgestrahlt wurde. Für den geplanten Sendungscheck wurden 150 Zuschauer, die gerne Quiz- und Rateshows sehen, gebeten, sich am Stichtag die entsprechende Sendung anzusehen. Direkt im Anschluss an die Sendung wurden sie zu Hause angerufen und zum Sendungsgeschehen, dazu, was ihnen gefallen und nicht gefallen hat, zum Konzept und zum Moderator und seinem Stil befragt. Etwa eine Woche später lagen die Ergebnisse vor.

Sendungschecks per Online-Methode haben einen großen Zeitvorteil. Nach Rezeption der Sendung loggen sich die Testpersonen auf der Homepage des beauftragten Marktforschungsinstitutes ein, gelangen per Passwort zu einem Fragebogen und füllen ihn direkt und ohne Interviewereinfluss aus. Bereits am darauf folgenden Tag liegen, parallel zu den erzielten Reichweiten und Marktanteilen, auch Erkenntnisse darüber vor, warum einige Sendungsteile besonders gut und andere weniger gut gefallen haben.

Bei Serien, die seit einigen Jahren gesendet werden, aber auch im Showbereich kommt es immer wieder vor, dass Hauptdarsteller und/oder Moderatoren ausscheiden. Für diese gilt es, mit Hilfe von Castinganalysen Ersatz zu finden. Hierzu werden in Einzelinterviews den Testpersonen der anvisierten Zielgruppe entsprechende Castingbänder vorgespielt. Danach werden für jeden potenziellen Darsteller und/oder Moderator Fragen nach Akzeptanz, Wirkung, Sympathie und Ausstrahlung gestellt. So wurde z.B. der erfolgreiche Moderatorenwechsel im Daily Talk von Jörg Pilawa zu Franklin durch eine Studie begleitet.

Abb. 6: Jochen Horst als *Victor - Der Schutzengel*

Könnte das was sein? – Die Konzeptforschung

Im Rahmen von Konzepttests werden von der groben Sendungsidee über Exposés, Treatments, erste Buchfassungen, aber auch bereits Rohschnitte oder Pilotfilme getestet. Für diese Tests eignen sich nahezu alle Genres aus dem Bereich der Eigenproduktionen: Sitcoms, Serien und Movies, Shows, Comedies, Magazin-Sendungen. Zentrale Fragen, die in der Regel im Rahmen von Gruppengesprächen diskutiert werden, sind

- das generelle Interesse an der Sendungsidee und
- die Erwartungen und die Anforderungen an ein solches Format.

Für fiktionale Formate werden auch die generelle Akzeptanz von Handlungsorten und das Protagonistengefüge diskutiert.

Es ist üblich geworden, dass vor der Produktion einer Serienstaffel zunächst ein Pilotfilm gedreht und ausgestrahlt wird. Dabei helfen die erzielten Quoten bei der Entscheidung für oder gegen eine Serie. Ein qualitativer Pilottest liefert darüber hinaus Erkenntnisse über die Akzeptanz von Konzept und Stoff sowie seiner Umsetzung.

Beispiel: Am 11. Oktober 2000 zeigte Sat.1 in der Primetime das 90-minütige TV-Movie *Victor – Der Schutzengel*. Der Film erzielte in der für die Werbewirtschaft entscheidenden Zielgruppe der 14 bis 49-jährigen einen überdurchschnittlichen Marktanteil von 20,7 Prozent. Ein parallel zur Ausstrahlung durchgeführter Pilottest sollte Optimierungshinweise und Denkanstöße für die Buchentwicklung der Serie liefern. Vor allem die Anlage der Hauptrolle (beispielsweise welche übersinnlichen Fähigkeiten ein Schutzengel besitzen sollte) und die Akzeptanz der weiteren geplanten Plots standen im Mittelpunkt. Die Serie läuft seit dem 20. September 2001 um 20.15 Uhr.

Telefonische Repräsentativbefragungen bieten sich unter anderem an, um zu erfahren, wie bekannt ein Thema ist und ob es Interesse an der Verfilmung eines Stoffes gibt. Sat.1 zeigte z.B. am 11. und 12. November 2001 die Verfilmung der Oetker-Entführung *Der Tanz mit dem Teufel*. Mittels einer repräsentativen Umfrage wurde ermittelt, wie viele Zuschauer sich an die Begebenheit erinnern, und welche Details ihnen im Gedächtnis sind. Auch im Bereich der nationalen und internationalen Koproduktionen erleichtern Repräsentativbefragungen die Entscheidung für oder gegen einen Stoff.

Wie wird das Publikum auf das Programm aufmerksam? – Supportmaßnahmen

In diesen Bereich der Forschung gehören Kampagnen-, Trailer- und Titeltests. Trailer- und Off-Air-Kampagnen (siehe dazu auch den Beitrag von Felix Neunzerling) werden auf ihre Kommunikationsleistungen, ihren Informationsgehalt und ihr Verständnis getestet. Wichtige Fragestellungen sind hierbei,

- ob die Promotion glaubwürdig im Hinblick auf das Programm ist und
- ob sie zum Sender-Image passt.

Sendungstitel erfüllen wie auch Trailer, Radiospots oder Printanzeigen die Aufgabe, das Publikum neugierig auf das Programm zu machen. Um dies zu erforschen, werden beispielsweise in teilstrukturierten Einzelinterviews verschiedene Titelalternativen auf ihren spontanen Assoziationsgehalt und das geweckte Interesse überprüft und es wird festgestellt, ob sie zum tatsächlichen Programminhalt und Genre passen.

Auch der sendereigene Online-Auftritt bedarf von Zeit zu Zeit eines Check-ups. Für diese Aufgabe bietet sich idealerweise das Internet als Forschungsmedium an. Mit Hilfe von Online-Interviews und Online-Gruppendiskussionen lassen sich sehr schnell Erkenntnisse über die Optimierungsnotwendigkeiten einer bestehenden Website oder die Akzeptanz verschiedener Online-Angebote erhalten.

Wer möchte was wann sehen? – Rezeptions- und Trendforschung

Das Zuschauerinteresse wandelt sich rasch im dynamischen Fernsehmarkt. Umso wichtiger ist es zu erfahren, was die Zuschauer zu welcher Tageszeit sehen möchten.

- In welcher Stimmung sind sie zu bestimmten Tageszeiten?
- Welche Bedürfnisse sollte das Fernsehen jeweils erfüllen?

Natürlich sind die Befindlichkeiten und damit auch die Anforderungen an das Fernsehen morgens andere als mittags oder abends.

Beispiel: Erfahrungsgemäß sehen die Zuschauer abends in der Primetime am konzentriertesten fern. Die Arbeit des Tages ist erledigt, die Kinder sind im Bett und das Telefon klingelt weniger oder gar nicht mehr. In vielen Haushalten beginnt jetzt der »richtige« Feier- und damit der Fernsehabend. Man möchte entspannen, dem Alltag entfliehen. Diese Freiheiten können sich mittags die wenigsten nehmen. Mittägliche Magazinsendungen oder Talkshows bedienen daher vollkommen andere Formatanforderungen. Zu dieser frühen Tageszeit möchte die überwiegende Mehrheit des Publikums leichte, interessante und unterhaltsame Programme sehen, die man nicht sehr konzentriert sehen muss und die man jederzeit unterbrechen kann, ohne den Anschluss zu verpassen.

Die Beobachtung des heimischen Fernsehmarktes und die Veränderungen im internationalen Fernsehmarkt gewinnen in der Trendforschung immer mehr an Bedeutung. Parallel zum Boom von Quizsendungen und Rateshows haben beispielsweise Daily Soaps und Talkshows Zuschauer verloren. Je schneller die Lebenszyklen von Genres sich verändern, umso wichtiger ist es, Trends schnell zu erkennen und umzusetzen. Regelmäßig durchgeführte Repräsentativbefragungen zum Genre-Interesse der Zuschauer machen beispielsweise deutlich, welche Genres ganz oben in ihrer Gunst stehen und wie unterschiedlich die Genre-Interessen nach Geschlecht, Alter oder Bildungshintergrund sind.

Turnusmäßig durchgeführte Imagestudien, die Aufschluss über das eigene sowie das Image der Konkurrenten geben, und Untersuchungen über die Bekanntheit und Akzeptanz von Moderatoren runden die Ad-hoc-Forschung ab.

Literatur

Arbeitsgemeinschaft Fernsehforschung (Hg.): ***Fernsehzuschauerforschung in Deutschland***. Frankfurt, 2000

Hans Bausch (Hg.): ***Rundfunk in Deutschland***. Fünf Bände. München, 1980

Hansjörg Bessler: ***Hörer- und Zuschauerforschung***. München, 1980

Ingo Dammer/Frank Szymkowiak: ***Die Gruppendiskussion in der Marktforschung***. Grundlagen – Moderation – Auswertung. Ein Praxisleitfaden. Wiesbaden, 1998

Jürgen Friedrichs: ***Methoden empirischer Sozialforschung***. Westdeutscher Verlag: Opladen, 1980

IP Deutschland (Hg.): ***Das entfesselte Medium***. Fernsegen und Forschung in Deutschland. Kronberg, 1999

IP Deutschland (Hg.): ***Im Fokus der Forschung***. Research als Kundenservice. Kronberg, 1998

Walter Klingler/Gunnar Roters/Oliver Zöllner (Hg.): ***Fernsehforschung in Deutschland***. Themen – Akteure – Methoden. Zwei Bände. Nomos Verlag: Baden-Baden, 1998

Walter Krämer: ***Statistik verstehen***. Eine Gebrauchsanweisung. Campus Verlag: Frankfurt/New York, 1992

Mediagruppe München: ***Media-ABC***. München, 2000

Elisabeth Noelle-Neumann/Thomas Petersen: ***Alle, nicht jeder***. Einführung in die Methoden der Demoskopie. Springer Verlag: Berlin, 3. Auflage, 2000

Jörg
Schütte

Das individualisierte Massenwesen schlägt zurück

Das waren noch Zeiten für Fernsehmacher. Träge räkelte sich der Zuschauer auf seiner Couch, die damals noch Sofa hieß oder in feineren Gegenden Chaiselongue. Die Entfernung zwischen Fernsehapparat und Sitzplatz erschien fast unüberwindlich und nur extreme Verärgerung oder machtvolle Gewohnheit konnte den Zuschauer dazu nötigen, aufzustehen und umzuschalten. Fünf Minuten Sendeausfall etwa, oder der Beginn der Tagesschau. Ansonsten schaute er das an, was er vom Sender geboten bekam – und zwar lange. Viel Auswahl gab es ohnehin nicht. Zwei Ereignisse erschütterten die sonst allenfalls von politischen Kontroversen getrübte Idylle der Fernsehmacher und setzten dieser Epoche ein jähes Ende: Die Erfindung eines kleinen Gerätes, dass das Umschalten des Fernsehapparates vom Sofa aus möglich machte, und der Start privater Fernsehsender.

Der sensible Finger des Couch Potatoes und die Überwindung der Trägheit

Die Fernbedienung, die in deutschen Haushalten schnell den vielsagenden Namen »die Macht« bekam, machte aus Zuschauern machtvolle Nachfrager, die nun mit einem Tastendruck sehr leicht auswählen konnten. Die neu entstehenden Privatsender erweiterten das Angebot – ein Prozess, der bis heute andauert und sich derzeit durch die digitalen Übertragungsmöglichkeiten beschleunigt und erweitert. Das Ergebnis: Zuschauer, die immer öfter von ihrer Wahlmöglichkeit Gebrauch machen und immer mehr Wahlmöglichkeiten haben.

Die Situation auf dem Fernsehmarkt wurde für die Fernsehmanager schwierig und chancenreich zugleich. Strategische und taktische Konzepte waren und sind gefragt. Weil die Amerikaner schon immer praxisorientierter forschen, außerdem Hollywood in den USA liegt, sah man sich jenseits des großen Teiches um und brachte folgenreiche Konzepte mit.

Eines der wichtigsten war und ist das Konzept des *Audience Flow*, des Zuschauerflusses. Ende der 60er, Anfang der 70er Jahre entwickelt, ist der *Audience Flow* noch immer das aktuelle Leitbild der Fernsehstrategie. Die Idee: Jeder Zuschauer trifft im Laufe seines Fernsehtages Auswahlentscheidungen. Er wechselt zwischen zwei Sendern, bleibt eine Weile, wechselt dann vielleicht zu einem dritten. Das Fernsehverhalten aller Zuschauer zusammen ergibt ein Gesamtmuster des Tages. Der *Audience Flow* ist also eine Makro-Perspektive, er zeigt die Bewegung von Zuschauermassen durch die Programmangebote.

Strategische Optionen lassen sich aus der *Audience-Flow*-Metapher sehr leicht ableiten. Offensichtlich ist es vernünftig, dem Zuschauerfluss im eigenen Sender möglichst wenige Hindernisse in den Weg zu stellen. Jeder Wechsel zwischen zwei Sendungen z.B. ist ein potenzielles Hindernis, das zu Zuschauerverlusten führen kann. Der Abspann signalisiert das Ende eines Programms und setzt deshalb einen Impuls, die Programmentscheidung zu überdenken, zu »zappen«, um sich einen Überblick über andere Angebote zu verschaffen. Nahezu alle Sender haben aus dieser Überlegung heraus die Sendungsabspänne extrem verkürzt,

fahren den Abspann über die noch laufende Sendung oder während eines Trailers für ein folgendes Programm. Lange Abspänne auf Schwarzbild gibt es praktisch nur noch dort, wo ein Umschalten nicht möglich ist: im Kino.

Die *Cold Starts* haben das gleiche Ziel: Eine Serie oder ein Spielfilm beginnt nicht mit dem Vorspann, sondern direkt mit der Handlung. Titeleinblendung und die Liste der Mitwirkenden folgen, wenn der Zuschauer – so die Hoffnung der Macher – schon von der Handlung gefesselt ist und ein Umschalten nicht mehr in Frage kommt.

Den stärksten Ausdruck findet der *Audience-Flow*-Gedanke in der vertikalen Programmierung (auch: vertikales Stripping). Im Grunde entsteht diese Programmierungstaktik durch die Verbindung der *Audience-Flow*-Idee mit der Annahme, dass bestimmte, große Zuschauergruppen bestimmte Programmgenres bevorzugen. Diese Zuschauergruppen sammeln sich bei ihren Sendungen. Lässt man nun auf eine Sendung ein weiteres Programm des gleichen Genres folgen, erhöht sich die Wahrscheinlichkeit, dass viele Zuschauer über das Sendungsende hinaus beim Sender bleiben. Im Sinne des *Audience Flow*-Gedankens wird also das Hindernis des Genrewechsels aus dem Weg geräumt, damit der Zuschauerstrom leicht geradeaus fließen kann.

Im deutschen Fernsehen sind vor allem Talkshows am Nachmittag vertikal programmiert. Die Programmplaner setzen diese Taktik aber auch in allen anderen Zeitzonen ein. Dabei werden das Ende der einen und der Anfang der nächsten Sendung oft so kunstvoll und kurz miteinander verwoben, dass der Übergang fast nicht mehr wahrzunehmen ist. Auch dafür gibt es nur einen amerikanischen Begriff: *Seamless Transition*. So sind »FranklinVeraBrittPeterImhoffBarbaraSalesch«-Tage entstanden. Im Sinne des *Audience Flow* eigentlich eine ideale vertikale Programmierung von genregleichen Programmen, die klare Grenzen zwischen Einzelsendungen aufhebt.

Und trotzdem fließen die Zuschauer oft genug nicht so, wie die Programmmacher sich das vorstellen. Mitten im Fluss bricht ein Damm – und sie sind weg. In der wunderbarsten Aufeinanderfolge der Talkshows funktioniert eine nicht, die darauf folgende aber schon. Merkwürdig, aber erklärbar. Es muss wohl an den Inhalten liegen oder am Moderator. Die tauscht man einfach aus und baut eine neue Talkshow ein. Dann ist alles wieder im Fluss – nur manchmal eben auch nicht.

Programmierungstheorie und -praxis der vergangenen Jahre haben die Metapher des *Audience Flow* nie verlassen, sondern sie permanent erweitert. Die großen Entwicklungsschritte – massenhafte Verbreitung der Fernbedienung und Ausweitung des Programmangebots - wurden in das Bild integriert. Die Fernbedienung machte es leichter, die Programme zu wechseln, also mussten die Hindernisse im Fluss noch kleiner werden. Die Zahl der Programmangebote stieg – das Halten der Zuschauer beim eigenen Sender im Sinne der vertikalen Programmierung wurde noch wichtiger. Inzwischen allerdings mehren sich die Zeichen dafür, dass das Bild vom *Audience Flow* an Erklärungskraft verliert. Es wurde überdehnt, entspricht den Rahmenbedingungen des Fernsehens nicht mehr – und muss durch ein neues ersetzt werden.

Die Schwäche der Metapher zeigt sich vor allem in der abnehmenden Wirksamkeit der aus ihr abgeleiteten Programmierungstaktiken. Im Rahmen einer für das Kölner Beratungsunternehmen Carus Media durchgeführten Studie hat der Autor die Erfolgsfaktoren von Fernsehsendern untersucht. Die Arbeit basiert auf Auswertungen von Mediadaten der Sender ARD, ZDF, RTL, Sat. 1, ProSieben, RTL II, Kabel1 und VOX in den Jahren 1996 bis 1999. Die Studie sucht nach Zusammenhängen zwischen den in der Fachliteratur und Praxis diskutierten und verwendeten Erfolgsvariablen und der Entwicklung der Marktanteile von Sendern. Ziel war es, Aussagen über den Erfolg von Programmierungstaktiken zu treffen. Dabei wurde die Auswirkung von Veränderungen der Intensität, mit der Sender die verschiedenen Taktiken nutzten, auf die Entwicklung der Marktanteile analysiert. In diesem Zusammenhang sind vor allem folgende Taktiken von Bedeutung:

- ***Vertikales Stripping*** programmiert Sendungen gleichen Genres auf hintereinander liegenden Sendeplätzen.
- ***Horizontales Stripping*** bezeichnet die tägliche oder werktägliche Ausstrahlung von Episoden des gleichen Programms zur gleichen Uhrzeit.
- ***Event-Highlights*** sind herausragende Programme, die sehr deutlich über dem durchschnittlichen Marktanteil des Senders liegen. Ein Event-Highlight ist gekennzeichnet durch einen Marktanteil, der den durchschnittlichen Marktanteil des Senders um mindestens 30 Prozent übertrifft. Zudem liegt ein Event-Highlight nur dann vor, wenn es sich um eine unregelmäßig ausgestrahlte Sendung handelt.
- ***Zielgruppenfokussierung*** beschreibt den Grad der Konzentration eines Senders auf nach Männern und Frauen getrennt ausgewiesene, in 10-Jahres-Schritten zusammengefasste Alterszielgruppen.
- Als ***Programmneustart*** wird der Beginn der regelmäßigen Ausstrahlung von Programmen betrachtet, die bis dato noch nicht im deutschen Fernsehen zu sehen gewesen waren.

Die folgende Tabelle enthält eine vereinfachte Darstellung einiger Ergebnisse der Analyse:

	Variable wirkt positiv auf Marktanteile (Höhere Variablenwerte bedeuten höheren Marktanteil)	Variable wirkt negativ auf Marktanteile (Höhere Variablenwerte bedeuten geringeren Marktanteile	Keine eindeutige Aussage ableitbar
Vertikales Stripping		X	
Horizontales Stripping			X
Event-Highlights	X		
Zielgruppenfokussierung	X		
Programmneustarts		X*	

*Wirkungszusammenhang besteht nicht bei Fokussierung auf ältere Zielgruppen und bei Sendern, die bereits sehr stark fokussiert sind.

Für die aus dem Bild des *Audience Flow* abgeleitete Kerntaktik der vertikalen Programmierung ergab sich eine negative Auswirkung auf die Marktanteile der Sender. Steigerte ein Sender seine vertikal programmierte Programmfläche, so sank sein Marktanteil.

Die Analyse des horizontalen Strippings – einer anderen, im weiteren Sinne aus dem Audience-Flow-Ansatz stammenden Taktik – lieferte kein signifikantes Ergebnis.

Einige Taktiken, die sich nicht oder nicht hauptsächlich aus dem Bild des *Audience Flow* ergeben, zeigten dagegen signifikant positive Auswirkungen auf die Marktanteile: Event-Highlights und Zielgruppenfokussierung. Auch eine Erhöhung der Menge bereits eingeführter, bekannter Programme (und damit ein Absenken der Zahl an Programmneustarts) führte tendenziell zu Steigerungen der Marktanteile der Sender.

Diese Ergebnisse werden zum Teil durch Analysen aus den USA bestätigt. Nun soll man gewichtige, traditionsreiche Denkansätze nicht vorschnell zu den Akten legen – zumal aufgrund weniger empirischer Studien. Allerdings sprechen auch wissenschaftshistorische Fakten dafür, die Metapher des *Audience Flow* kritisch zu betrachten. Die Metapher tauchte vor rund 30 Jahren in der Diskussion auf. Die Fernsehlandschaft war damals – in den USA wie in Deutschland – durch ein im Vergleich zu heute erheblich geringeres Angebot an Fernsehsendern gekennzeichnet. Deshalb und mangels Fernbedienung wechselten die Zuschauer die Sender deutlich seltener.

Die Vorstellung von trägen Zuschauermassen, die sich durch die (wenigen) Sender wälzen, hat ganz offensichtlich stark mit der Realität ihrer Entstehungszeit zu tun. Die Voraussetzungen sind längst nicht mehr gegeben. Nur unter diesen Voraussetzungen aber lässt sich Zuschauerverhalten sinnvoll als Verhalten einer großen Masse betrachten. Unter den genannten Umständen konnten Zuschauer früher gar nicht anders, als sich beim Fernsehen sehr ähnlich zu verhalten. Heute können sie es sehr wohl und sie tun es auch. Eine 30-Sender-Situation ist nicht nur quantitativ anders als ein 2-Sender-Fall, sondern auch qualitativ. Die Angebotsvielfalt ermöglicht die Herausbildung von Präferenzen einzelner Zuschauer in viel stärkerem Maße. Zusammen mit der Verbreitung der Fernbedienung ist die Quantität offenbar in Qualität umgeschlagen.

Kaum ein Zuschauer wird sich heute noch davon abhalten lassen, bei Missfallen einer Sendungssequenz sofort umzuschalten. Da hilft es auch nicht, wenn eine Sendung des gleichen Genres folgt. Früher hätte er vielleicht abgewartet, weil es unbequem war, aufzustehen und umzuschalten, oder weil er wusste, dass auf dem anderen Sender gerade kein interessantes Programm lief. Heute muss er nicht mehr aufstehen und das Angebot der anderen Sender ist in seiner Gesamtheit längst unüberschaubar attraktiv geworden. Also zappt er – und kommt vielleicht irgendwann später zurück. Die Gründe für das Missfallen einer Sendung sind vielfältig und so unterschiedlich wie die Zuschauer. Das waren sie früher auch, nur wurden sie viel seltener handlungsrelevant, weil von Bequemlichkeit und mangelnder Auswahl überdeckt. Vieles spricht dafür, dass der Zuschauerfluss sich schon vor Jahren – in Deutschland spätestens seit der Etablierung des

Privatfernsehens in den späten 80ern – von einem realen Faktum in eine Illusion verwandelt hat und diese Entwicklung bei den Fernsehmanagern weitgehend unbemerkt geblieben ist.

Perfiderweise erscheint die Situation oberflächlich betrachtet noch in Ordnung: An manchen vertikal programmierten Stellen sehen tatsächlich relativ viele Zuschauer die Übergänge zwischen zwei Programmen. Allerdings sprechen die jüngsten Untersuchungsergebnisse dafür, dass sie dies nicht tun, weil sie durch extrem kurze, elegant gestaltete Übergänge fast nicht merken, dass ein neues Programm begonnen hat (dazu verfügen sie über eine zu schnelle Reaktionsmöglichkeit), sondern weil sie gelernt haben, dass ein nachfolgendes Programm ihren Präferenzen entspricht. Sie werden nicht durch die Geschwindigkeit des Übergangs von den Programmmachern »ausgetrickst«, sondern sie wissen, dass etwas Interessantes folgt. Dass es sich dabei um Programme gleichen Genres handelt, wird immer weniger wichtig.

Genres bilden eine sehr abstrakte Klassifizierung von Sendungen. Sie können die Präferenzen von Zuschauern daher nur sehr ungenau erfassen. Ohne Fernbedienung und nennenswerte Auswahlmöglichkeiten konnten die Zuschauer ihren Wünschen aber auch nur sehr ungenau Ausdruck verleihen. Unter solchen Bedingungen waren Genres ein sinnvoller Ausdruck von Zuschauerwünschen. Je genauer jeder Zuschauer aber seine individuellen, sehr viel differenzierteren Präferenzen in Entscheidungen umsetzen kann, desto schwächer wird der Zusammenhang zwischen den Genres und dem Auswahlverhalten von Zuschauern. Es wird eben nicht mehr „eine Talkshow" gesehen, sondern *Vera am Mittag* oder *Boulevard Bio*.

Zusammenfassend formuliert: Die Strategie, Zuschauer eines Senders durch Ausnutzen ihrer Bequemlichkeit und ihres Wissens um die geringe Zahl an Alternativen beim Sender zu halten, funktioniert heute nicht mehr, weil sich die Rahmenbedingungen geändert haben. Zuschauer richten ihre Programmauswahl viel sensibler an ihren individuellen Präferenzen aus als früher. Der Couch Potato ist wählerisch geworden und hat seine Trägheit technisch überwunden.

Gleichzeitig hat sich seine Informationssituation verändert. Ein durchschnittlicher Kabelhaushalt kann mehr als 30 Sender empfangen. Die Vielzahl von Einzelsendungen ist nicht mehr überschaubar. Die Programmauswahl stellt also zunächst ein Problem der Informationsverarbeitung dar. Menschen wollen – so kann man begründet annehmen – die Kontrolle über die Wahrnehmung ihrer Umwelt erzeugen und behalten. In einer Situation, in der mehr Informationen auf sie einwirken als sie verarbeiten können, setzen sie sich nur bestimmten Informationen aus und ignorieren andere. Im Kern geht es darum – bewusst oder unbewusst –, ein vereinfachtes Bild der Situation zu erzeugen, in dessen Rahmen man handlungsfähig wird. Für die Strategien von Fernsehsendern ist es vor diesem Hintergrund von großer Bedeutung, zu wissen, wie diese Vereinfachung erfolgt – und wie sie beeinflusst werden kann.

Die Carus-Studie stützt die Auffassung, dass Aspekte der Informationsverarbeitung auf der Zuschauerseite für den Erfolg von Fernsehsendern von entscheidender Bedeutung sind. Dies belegen insbesondere drei Aspekte:

1. Der Marktanteil eines Senders steigt mit der Zahl der ***herausragenden Programmereignisse*** (Event-Highlights). Diese Erkenntnis verweist hauptsächlich auf einen Kommunikationsaspekt. Event-Highlights werden von Programmzeitschriften, Tageszeitungen, Werbekampagnen der Sender und On-Air-Promotion besonders stark in den Fokus der Zuschauer gerückt. Die Programmierung von Event-Highlights strahlt auf die Wahrnehmung des Senders aus, zeichnet ihn als für den jeweiligen Zuschauer relevant aus. Event-Highlights schaffen dem Sender einen Platz im Gedächtnis der Zuschauer.

2. Eine steigende ***Zielgruppenfokussierung*** wirkt sich im Allgemeinen positiv auf den Marktanteil eines Senders aus – sofern er nicht schon stark fokussiert arbeitet. Eine sehr enge Zielgruppenfokussierung kann allerdings auch dazu führen, dass die angesprochene Grundgesamtheit sehr klein ist und dieser Masse-Effekt die positive Wirkung der Zielgruppenfokussierung überkompensiert. Auch die Zielgruppenfokussierung hat einen wesentlichen Kommunikationsvorteil. Bei wirksamer Zielgruppendefinition bietet ein fokussierter Sender sehr viele Programme an, die den Bedürfnissen der angesprochenen Zuschauer entsprechen. Ein extremes Beispiel dafür sind Musiksender wie MTV und VIVA, die sich mit ihren Programmen nahezu ausschließlich an junge Zuschauer wenden. Die Kommunikationssituation des Zuschauers wird vereinfacht, indem der Sender sich als „der Sender für mich" präsentiert, als der Sender also, der meine Bedürfnisse (zumindest in bestimmten Zeitzonen oder Stimmungslagen) am besten erfüllt. Die komplizierte Kommunikation von Einzelsendungen tritt damit in ihrer Bedeutung zurück.

3. Der Marktanteil eines Senders sinkt mit der Zahl ***neu eingeführter Programme***. Daraus lässt sich die Aussage ableiten, dass die Programmierung bei den Zuschauern bereits bekannter Sendungen sich positiv auf den Marktanteil eines Senders auswirkt. Auch dieses Ergebnis kann auf einen Effekt der Informationsverarbeitung zurückgeführt werden: Zur Vereinfachung der Informationssituation orientieren sich Zuschauer offenbar an dem, was sie bereits kennen. Beim Zapping durch die Programme bleiben sie bei bekannten Sendungselementen, Figuren und Designs hängen und geben damit Sendungen, die Bekanntes enthalten, eine höhere Chance, gesehen zu werden.

Insgesamt scheinen Aspekte der Kommunikations- und Informationsverarbeitung für den Erfolg von Sendern inzwischen eine sehr bedeutende Rolle zu spielen. Zuschauer fließen nicht mehr träge durch die Programme. Sie wählen vor dem Hintergrund ihrer jeweiligen Bedürfnisse aktiv aus. Amerikanisch-englisch formuliert sollte vor diesem Hintergrund das Bild des *Audience Flow* durch ein neues ersetzt werden, das man als »Viewer's Choice« bezeichnen könnte. Der Zuschauer kommt darin als souveräner Konsument vor, der zwischen sehr vielen, kostenlosen Produkten entscheiden muss. Er kann seine Entscheidungen jederzeit ohne Kosten revidieren und sich außerdem sehr leicht eine komplette Angebotsübersicht verschaffen. Insgesamt ist das eine Situation, die der mikroökonomischen Vorstellung eines perfekten Marktes sehr nahe kommt. Allerdings mit einem

Marktpreis, der sich nie verändert: Er bleibt bei Null Euro. Diese Besonderheit des Fernsehmarktes ist von substanzieller Bedeutung. Wenn jemand angesichts eines sehr vielfältigen Angebotes ein Produkt konsumiert, das nichts kostet und das er jederzeit per Knopfdruck wieder »zurückgeben« kann, um sich genauso einfach und im Bruchteil einer Sekunde ein anderes zu verschaffen, dann wird er

- seine individuellen Bedürfnisse sehr präzise in Auswahlentscheidungen ausdrücken und
- sich nicht intensiv mit einer einzelnen Auswahlentscheidung auseinandersetzen.

Was bedeutet das für die Strategieplanung eines Senders?

Der erste Punkt verweist auf die Notwendigkeit einer genauen Zielgruppenansprache. Ein Sender verschafft sich einen Wettbewerbsvorteil, wenn er die Fernsehbedürfnisse einer Zielgruppe besser kennt als seine Konkurrenten und diese Kenntnis in Sendungen von entsprechender Qualität umsetzt. Dabei müssen die Fernsehbedürfnisse zur Grundlage von Zielgruppendefinitionen gemacht werden. Alter und Geschlecht können allenfalls grobe Kriterien sein, im Zeitalter der Fernbedienung reichen sie aber nicht aus.

In der skizzierten Grundsituation wird – bei gleicher Qualität der Zielgruppenansprache – zudem der Sender Vorteile haben, der sich stärker spezialisiert. Er kann die Bedürfnisse seiner Zielgruppe besser befriedigen als ein breiter aufgestellter Anbieter, der auf unterschiedlichere Interessen Rücksicht nehmen

muss. Diese Aussage muss allerdings differenziert betrachtet werden: Es ist zu erwarten, dass bei jeder bedürfnisorientierten Zielgruppendefinition Schnittmengen entstehen. Diese Schnittmengen zeigen, dass es bestimmte Fernsehbedürfnisse gibt, die vielen Zuschauergruppen gemeinsam sind. Hier liegt das Feld der großen Fernsehsender. Sie konzentrieren sich auf allgemeine Bedürfnisse und würden ihre Chancen durch eine zu starke Spezialisierung sicherlich vermindern.

Der Spezialisierung sind auch ökonomische Grenzen gesetzt. Je stärker die Spezialisierung, desto kleiner wird tendenziell die Zahl der Zuschauer, die in einer Zielgruppe enthalten sind – mit entsprechenden Konsequenzen für die Einnahmesituation und/oder das gesellschaftliche Gewicht des Senders.

Der zweite Punkt eröffnet den Sendern die strategische Chance, durch Vereinfachung zum Erfolg zu kommen. Kein Zuschauer will sich lange und intensiv mit einer einzelnen Programmentscheidung beschäftigten. Es geht schließlich nur um einen Fingerdruck. Das Problem der Informationsverarbeitung von Zuschauern rückt damit in den Mittelpunkt. Je weniger man sich merken muss, desto leichter fällt die Entscheidung. Ein Sender ist mit weniger Aufwand im Gedächtnis zu speichern als eine Vielzahl von Sendungen. Die einfache Aussage „der Sender bietet etwas für mich" stellt damit den Höhepunkt dessen dar, was ein Anbieter erreichen kann. „Das kenne ich!" und „Das finde ich toll!" markieren Schritte auf dem Weg dorthin, die offenbar mit Event-Highlights und Wiederholungen von bereits Bekanntem zu initiieren sind. Auf diese Weise können Entscheidungsroutinen genutzt werden, mit denen Zuschauer den auf ihnen lastenden Informationsdruck reduzieren.

Der Couch Potato hat sich zum souveränen Fernsehkonsumenten entwickelt und macht uns das Fernsehgeschäft schwieriger. Wir werden damit leben müssen.

Produktion

Manfred
Heid

Die Produktion eines Fernsehfilms

Nachdem der Stoff für eine Fernsehproduktion in Form einer Idee oder eines Exposés von einem Sender angenommen wurde, beginnt die eigentliche Produktion mit der Produktionsvorbereitung. Am Drehbuch wird gearbeitet, ein Drehplan und eine erste Kalkulation werden erstellt, Schauspieler und Mitarbeiter werden verpflichtet, Motive besichtigt, Equipment und Materialien besorgt. Ein entscheidender Bestandteil der Produktion ist eine realistische Kalkulation und ein sorgfältiges Kostenmanagement. Mit dem Beginn der eigentlichen Dreharbeiten ändert sich häufig der Arbeitsstil. Denn eine oftmals hektische, aber sorgfältige Produktionsvorbereitung schafft gute Voraussetzungen für ruhige Dreharbeiten, bei denen einzelne Szenen systematisch abgedreht werden. Auf Grundlage eines Herstellungsplans wurden Drehbuchauszüge erstellt. Jedem Drehtag liegt nun eine Tagesdisposition zu Grunde und jeder Drehtag wird mit einem Tagesbericht bilanziert. Erst wenn alle belichteten Materialien vorliegen, kann mit der Endfertigung von Bild und Ton begonnen werden. Mit der Abnahme des Films durch den Sender ist die Produktion abgeschlossen. In diesem Beitrag wird dieser Produktionsprozess eines Fernsehfilms an einem Beispiel transparent gemacht und die Aufgaben der an der Produktion Beteiligten werden beschrieben. Einzelne Phasen und Aspekte können dabei nur angerissen werden. Sie werden in anderen Beiträgen dieses Buches vertieft.

Voraussetzungen einer Fernsehproduktion

Wenn der operative Prozess der Herstellung eines Fernsehfilms beginnt, müssen zwei Voraussetzungen gegeben sein: Die Idee oder ein Exposé des Stoffes muss das Interesse eines Senders bzw. eines Redakteurs finden und man beschließt, das Projekt gemeinsam zu realisieren. Anschließend wird der Produzent mit Eigenmitteln oder mit einem Produktions-Vorbereitungs-Vertrag (PVV) des Senders gemeinsam mit dem Autor daraus ein Drehbuch entwickeln.

In aller Regel entschließt sich ein Sender erst nach Vorlage einer ersten Fassung des Drehbuches endgültig, ob das Projekt verwirklicht werden soll. Er gibt eine bedingte Produktionszusage, die von der endgültigen Fassung des Drehbuchs, der Wahl eines vom Sender geschätzten Regisseurs, der Kalkulation und den voraussichtlichen Fertigungskosten des Films abhängt. Zusätzlich werden attraktive Besetzungsvorschläge für die Hauptrollen erwartet, die einer positiven Entscheidung förderlich sind.

Bei dem Fernsehfilm, dessen Realisierung in diesem Beitrag beschrieben werden soll, handelt es sich um eine vollständig finanzierte Auftragsproduktion. In diesem Fall ist der Produzent Dienstleister und Zulieferer des Senders. Die Rechte einer solchen Produktion liegen komplett beim Sender. Als Entgelt für seine Leistungen bekommt der Produzent maximal 13,5 Prozent aus den kalkulierten und genehmigten Fertigungskosten. Bei einem Budget zwischen 1,2 und 1,4 Millionen Euro setzt sich dieser Anteil aus 6 Prozent Produktionsgemeinkosten und 7,5 Prozent kalkulationsfähigem Gewinn zusammen. Über die Produktionsgemeinkosten (auch Handlungskosten) legt der Produzent seine Kosten für

Büro und Infrastruktur anteilig auf die einzelnen Projekte um. Die Fertigungskosten zuzüglich der 13,5 Prozent Produktionsgemeinkosten und Gewinn ergeben die Herstellungskosten des Films.

Wenn das Drehbuch fertig ist, wenn Regisseur und Besetzung der Hauptrollen feststehen und vom Sender genehmigt sind, beginnt der Produzent mit der Erstellung eines ersten Drehplans und kalkuliert die Fertigungskosten so präzise, wie das zu diesem Zeitpunkt möglich ist. Eine Richtgröße für die Kosten legt auch der Sender fest. Sollten die Produktionskosten sehr viel höher sein als die vom Sender vorgegebenen oder grob kalkulierten, muss das Drehbuch in Zusammenarbeit mit Autor und Redaktion überarbeitet werden.

Der detaillierte Kostenvoranschlag wird vom Sender nochmals in allen Positionen geprüft und es wird eine Herstellungssumme für den Film vereinbart. Diese Summe liegt dem Produktionsvertrag, den Sender und Produzent abschließen, als Festpreis zugrunde. Überschreitungen des Festpreises gehen zu Lasten des Produzenten, Unterschreitungen müssen in einem Schlusskostenstand bei der Endabrechnung des Films ausgewiesen werden und führen gegebenenfalls zu Abschlägen durch den Sender.

Der Herstellungsprozess

Die Herstellung eines Fernsehfilms gliedert sich in drei Phasen:

- Stoffentwicklung
- Projektentwicklung
- Produktion

Erst wenn Stoff- und Projektentwicklung sowie die Kostenermittlung des Projekts zur Zufriedenheit des Senders abgeschlossen sind, kann der Produzent mit der eigentlichen Produktion beginnen. Die Produktion des Films gliedert sich wiederum in drei Phasen:

- Produktionsvorbereitung (*Preproduction*)
- Dreharbeiten (*Production*)
- Endfertigung (*Postproduction*)

Mit der Produktionsvorbereitung beginnt die entscheidende Organisationsphase des Films. Der Grundstein zum künstlerischen und wirtschaftlichen Gelingen wird in dieser Phase gelegt. Weil in jeder Produktion unvorgesehene Ereignisse, Wetterprobleme, der krankheitsbedingte Ausfall von Schauspielern oder andere Schwierigkeiten auftreten können, müssen durch präzise Planung Spielräume geschaffen werden, um solche Unwägbarkeiten zu meistern. Was in der Vorproduktion nicht geleistet wird, ist später kaum aufzuholen.

Die Produktionsvorbereitung beginnt mit der Auswahl eines qualifizierten künstlerischen und technischen Stabes. In der Regel werden die entsprechenden Mitarbeiter und Mitarbeiterinnen nur für einzelne Projekte verpflichtet. Bei deren Engagement muss der Produzent auf die in der Kalkulation des Films vorgesehene Kostenspielräume bei einzelnen Positionen und Beschäftigungszeiten achten. Die engen zeitlichen und finanziellen Spielräume werfen für den Produzenten immer wieder die Frage auf: Welche Mitarbeiter brauche ich ab welchem Zeitpunkt für wie lange und was kosten sie? Für jede Besetzungsposition müssen die Tages- bzw. Wochengagen zu einer Gesamtgage für das Projekt hochgerechnet werden. Die von den Sendern anerkannten oder die im Manteltarifvertrag für Fernseh- und Filmschaffende vereinbarten Gagen entsprechen nicht immer den Erwartungen und Forderungen hoch qualifizierter Mitarbeiter. Der Markt regelt Angebot und Nachfrage und ermöglicht weit höhere Gagenforderungen gerade von qualitativ herausragenden künstlerischen und technischen Mitarbeitern. Weil der Produzent auf einer Festpreisbasis arbeitet, muss er Überschreitungen der Gage selber tragen. Damit können die 13,5 Prozent für Produktionsgemeinkosten und Gewinn schnell dahin schmelzen, bzw. muss der Produzent an anderer Stelle sparen.

Die Produktionsvorbereitung

Regie

Bei der Verpflichtung von künstlerischem Stab und Mitwirkenden wird der Produzent zuerst den möglicherweise vorher nur optionierten Regisseur vertraglich binden. Er ist es, der das Vertrauen des Produzenten und des Senders genießt. Von ihm erhoffen sie sich, dass er das Buch nach ihren Vorstellungen realisiert. Von der Drehvorbereitung, der Motivsuche, den Besetzungsvorschlägen über die eigentlichen Dreharbeiten hinaus bis zum zu Schnitt, Vertonung und Mischung ist der Regisseur die gestaltende und künstlerische Kraft der Produktion. Seine persönliche Anwesenheit ist nicht in allen Phasen der Produktion notwendig. Die Leistungen des Regisseurs werden üblicherweise mit einer Pauschalgage abgegolten. Sie richtet sich nach dem Markt, nach Angebot und Nachfrage. Regiestars werden ihrem Status entsprechende Forderungen stellen. Bei allen Fernsehsendern gibt es aber auch eine Art Gagenraster. Bei der Gagengestaltung für den Regisseur gibt es zwei grundlegende Formen:

- Die Grundgage für die Erstausstrahlung und eine Wiederholungsvergütung für jede spätere Ausstrahlungen beträgt im Regelfall zwischen 25.000 und 40.000 Euro.
- Die Buy-out-Gage besteht aus einer einmaligen Pauschalsumme, wobei der Sender künftige Wiederholungen im Voraus vergütet hat. Sie beträgt zwischen 50.000 und 60.000 Euro.

Um den Produktionsprozess zu vereinfachen, gehen wir bei unserem Beispiel davon aus, dass der Film eine Drehzeit von fünf Wochen, eine Vorbereitungszeit von ebenfalls fünf Wochen und eine Endfertigungszeit von sechs Wochen inklusive Endmischung hat. Die Produktionszeit beträgt also insgesamt 16 Wochen.

Produktionsleitung

Mit dem Regisseur muss ein Produktionsleiter engagiert werden, der die optimale Organisation des Projektes gewährleistet. Häufig ist er bereits an der Projektentwicklung beteiligt und hat auf Honorarbasis einen ersten Drehplan angefertigt, bzw. eine erste Kalkulation erstellt. Nach Ausfertigung und Unterschrift des Produktionsvertrags mit dem Sender beginnt der Produktionsleiter auf Grundlage aller Daten und Erkenntnisse einen zeitlich exakten Herstellungsplan zu erstellen

und daraus den Drehplan zu entwickeln. Aus dem Herstellungsplan wird auch die endgültige Kalkulation für den Sender und das Budget für die Produktion festgelegt. Von nun an fließen alle Informationen über Drehorte, Motivmieten, Spezialeffekte und andere Faktoren in die Feinkalkulation ein.

Der Produktionsleiter führt alle Gagen- und Vertragsverhandlungen. Seine Arbeit beginnt fünf Wochen vor Drehbeginn. Nach der fünfwöchigen Drehzeit wird er noch etwa drei Wochen die Kostenentwicklung während der Postproduktion überwachen und dem Produzenten bis zur Erstellung des Schlusskostenstands für eine Abwicklungspauschale zur Verfügung stehen.

Erste Aufnahmeleitung

Der erste Aufnahmeleiter beginnt eine Woche später als der Produktionsleiter, in unserem Beispiel also vier Wochen vor Drehbeginn. Er ist für die organisatorische Abwicklung der Produktion verantwortlich, z.B. müssen Drehgenehmigungen eingeholt oder Motivverträge abgeschlossen werden. In Übereinstimmung mit allen aktuellen Erkenntnissen und Informationen passt er den Drehplan täglich an und entwickelt ihn weiter. Schauspielersperrdaten, weil ein Darsteller bspw. parallel ein Theaterengagement hat, müssen eingearbeitet werden und Motive, die z.B. an Werktagen nicht bespielbar sind, müssen mit den Arbeitszeiten der Mitarbeiter abgestimmt werden. Es zeigt sich immer wieder, dass auch ein weit gediehener und ausgefeilter Drehplan kein statisches Gebilde ist, sondern ein dynamischer Prozess.

Neben den grundlegenden planerischen und organisatorischen Arbeiten sind vom ersten Aufnahmeleiter aber auch alle »irdischen« Probleme zu lösen, bspw. müssen Aufenthaltsräume für Schauspieler, Masken und Requisitenlagerung oder Reise- und Hotelbuchungen organisiert werden. Nach Abschluss der Dreharbeiten sollte der erste Aufnahmeleiter noch eine Woche für die Abwicklung der Produktion zur Verfügung stehen.

Zweite Aufnahmeleitung

Der zweite Aufnahmeleiter arbeitet am Drehort. Er achtet darauf, dass die disponierten Zeiten für die Dreharbeiten eingehalten werden, die Darsteller zur rechten Zeit am rechten Platz drehfertig sind und der Set so ruhig wie möglich organisiert ist. Sein Augenmerk ist stets auf die nächste Einstellung gerichtet. Er wird sich bemühen, durch Vorbereitung z.B. von Ton oder Beleuchtung für die nächste Einstellung die Zeitabläufe zu verkürzen. Gute Kenntnisse über die Drehorte, die er sich bei einer Motivbegehung vorher angeeignet hat, helfen dabei, alle praktischen Probleme zu lösen, z.B. wo Lkws und Wohntrailer stehen, wo gegessen wird oder woher der Strom kommt. Seine Arbeit beginnt eine Woche vor Drehbeginn und endet mit drei Tagen Abwicklungsarbeiten nach Abschluss der Dreharbeiten.

Produktionssekretariat

Das Produktionssekretariat ist Dreh- und Angelpunkt des Produktionsbüros. Die Koordination von Büro, Drehablauf, Disposition und Terminplanung wird von hier aus gesteuert. Darüber hinaus werden nach dem Herstellungsplan Vordispositionen für die kommende Woche erstellt. Das Produktionssekretariat hält die Verbindung zwischen Produktionsleitung, Drehort und Schneideraum. Es begleitet die Produktion über die gesamte Produktionszeit.

Filmgeschäftsführung

Der Filmgeschäftsführer ist häufig das Alter Ego des Produktionsleiters. Mit dem Budget ist er nach kürzester Zeit vertraut. Er kennt alle Positionen und Konten der Produktion und ist der erste, der feststellt, wenn die Ausgaben das Budget überschreiten. Das wichtigste Instrument zur Kontrolle ist der wöchentliche Fabrikations- oder Kostenstand. Dieser wird vom Filmgeschäftsführer zusammen mit dem Produktionsleiter erstellt. Alle Rechnungen, Gagen und Vertragskosten werden zeitnah eingebucht und den Einzelkonten zugeordnet. Auf Grundlage dieser Zahlen vergleicht der Filmgeschäftsführer die tatsächlichen Kosten mit den veranschlagten. Wenn er die tatsächlichen Kosten mit den noch zu erwartenden hochrechnet, ergibt dies den voraussichtlichen Endkostenstand und Überschreitungen werden erkennbar.

Eine andere wichtige Aufgabe des Filmgeschäftsführers ist die Überwachung des Geldmittelflusses (*Cash Flow*). Die Sendeanstalten bezahlen Auftragsproduktionen normalerweise wie folgt:

- 50 Prozent bei Vertragsunterzeichnung
- 25 Prozent bei Abgabe des Rohschnitts
- 25 Prozent bei der Endabnahme

Weil in der kostenintensiven Phase der Vorbereitung und Produktion nur 50 Prozent des Budgets an liquiden Mitteln zur Verfügung stehen, kann es zu finanziellen Engpässen kommen. Gutes Cash-Management ist deshalb wichtig, um die Liquidität der Produktion zu sichern.

Idealerweise sollte der Filmgeschäftsführer spätestens eine Woche vor Drehbeginn seine Arbeit aufnehmen, die Buchhaltung des Projekts nach Konten einrichten und bereits verauslagte Kosten sowie Verrechnungsgelder verbuchen. Die Arbeitszeit des Filmgeschäftsführers endet üblicherweise nach der Postproduktion und der Endmischung. Für die Erstellung eines Schlusskostenstands und der steuerlichen Prüfungen wird dann häufig noch eine Abwicklungspauschale vereinbart.

Regieassistenz

Der Regieassistent ist die Schnittstelle zwischen Regisseur und Produktionsleitung. Auszüge des Drehbuchs (*Breakdown*), das heißt eine Aufschlüsselung der Szenen in Motive, sowie die Einteilung für Innen/Außen bzw. Tag/Nacht werden von ihm erstellt. Die Drehplanung erfolgt in Übereinstimmung mit diesen Angaben und bei der Tagesdisposition wird er eng mit dem ersten Aufnahmeleiter zusammenarbeiten. Darüber hinaus erstellt er nach einem Regiegespräch, das immer mit den Abteilungsleitern (*Department Head*) stattfindet, die Drehfolge. Diese spiegelt den Drehplan exakt wieder, enthält allerdings eine Fülle von Informationen und Anforderungen z.B. für Ausstattung, Kostüm, Make-up oder Spezialeffekte. Die Drehfolge wird mindestens für eine Woche im Voraus erstellt, so dass alle notwendigen Mittel und Geräte rechtzeitig beschafft werden können. Die Besetzung kleinerer Rollen und der Komparsen besorgt ebenfalls der Regieassistent. Um eine sichere operative Durchführung des Projekts zu gewährleisten, braucht er mindestens vier Wochen Vorbereitungszeit. In aller Regel endet seine Beschäftigung mit dem Abschluss der Dreharbeiten.

Kamera

Gemeinsam mit dem Regisseur prägt der Kameramann den Stil, die Stimmung und die Ästhetik des Films (siehe dazu auch den Beitrag von Volker Rodde). Er zeichnet für die Bildgestaltung, die Lichtstimmung und den Grundrhythmus des Films verantwortlich. Probleme der Auflösung, der bildlichen Umsetzung des Drehbuchs und der Farb- und Bilddramaturgie werden konzeptionell mit dem Regisseur gelöst. Wie viele Einstellungen und Schnitte soll es in einer Szene geben? Welche Bildformate werden gewählt? Sollen die Kamerafahrten eher ruhig oder staccatohaft sein?

Es soll nicht verschwiegen werden, dass solch eine intensive künstlerische Vorarbeit heute nicht mehr selbstverständlich ist. Sie wird häufig zeitlichen und ökonomischen Zwängen geopfert. Dabei sind es solche Vorarbeiten, die teuere Überstunden und Verzögerungen während der Dreharbeiten vermeiden helfen. Manchmal hilft bei komplizierten Szenen auch ein *Storyboard* weiter (Skizzen der zu drehenden Einstellungen) und es ist nicht nachzuvollziehen, dass viele Redaktionen die hierfür nötigen Mittel in der Kalkulation nicht anerkennen.

Trotz kurzer Zeit und knapper Geldmittel muss ein Kameramann mindestens eine Woche vor den Dreharbeiten beginnen, mit dem Regisseur zu arbeiten. Denn dies ist der Zeitpunkt, wo sie alle Motive begehen, um anschließend ihre Anforderungen für Kameraequipment und Licht zu formulieren. Üblicherweise steht der Kameramann am Ende der Postproduktion für Licht- und Farbkorrektur (*Colou Matching*) zur Verfügung. Damit sichert er, dass sich die Qualität seiner Lichtsetzung und die Intension seiner Farbgebung in der Sendekopie wiederfinden.

Kameraassistenz

Die Aufgaben des Kameraassistenten sind klar umrissen. Er ist es, der das Equipment sachgerecht bereithält. Er geht dem Kameramann z.B. beim Schärfeziehen zur Hand, zumal im Produktionsbetrieb die Position eines Schwenkers nicht mehr vorgesehen ist. Der Kameramann setzt also nicht nur das Licht, sondern schwenkt selbst, das heißt er ist der Kamera-Operator. Auch Materialassistenten kennt die Fernsehproduktion kaum noch. Der Kameraassistent ist deswegen auch für das Ein- und Auslegen, sowie für die Beschriftung der Filmbüchsen als Grundlage der Materialberichte für das Kopierwerkverantwortlich. Zwei Tage vor den Dreharbeiten beginnt er nach Vorgaben des Kameramanns bei den Verleihfirmen das Equipment auszuwählen. Anschließend überprüft und testet er Kamera und Objektive. Er dreht Testaufnahmen, die spätestens am Tag vor Drehbeginn geprüft und für »okay« erklärt werden müssen. Diese Tests sind auch das Referenzmaterial für den Versicherer, wenn es während der Produktion zu Schäden an den Filmen kommen sollte. Der Kameraassistent beginnt seine Arbeit zwei Tage vor Drehbeginn und benötigt einen Tag nach Drehschluss für die ordnungsgemäße Rückgabe der geliehenen Geräte.

Ton

Der Tonmeister ist Garant für den erstklassigen Originalton, das heißt für saubere Sprache und Originalgeräusche (siehe dazu auch den Beitrag von Hans Schlosser). Jeder gute Tonmeister liefert eine Fülle von Nur-Tönen und Raumatmosphä-

ren, um möglichst wenig nachbearbeiten zu müssen und trotzdem für die Tonmischung gut gerüstet zu sein. Als Aufnahmegerät wird das Magnettonbandgerät zunehmend von digitalen DAT-Geräten verdrängt. Der Vorteil der digitalen Tonbearbeitung liegt auf der Hand: Auf einer Vielzahl von Ebenen sind sehr komplexe Nachbearbeitungen möglich. Das spart Zeit und Kosten, denn die Anzahl der zu bearbeitenden Töne und Geräusche steigt stetig und selbst eine einfache Ohrfeige ist in der Regel durch Nachbearbeitung effektverstärkt.

Der Tonmeister wird nur für die Zeit der Dreharbeiten engagiert. Vor- und Nachbearbeitungen fallen in der Regel für ihn nicht an, weil die Postproduktion heute weitgehend in anderen Händen liegt.

Tonassistenz

Der Tonassistent ist für die Bereithaltung der Geräte, Mikrofone, Sender, Ansteckmikrofonen etc. zuständig. Er sorgt dafür, dass ausreichend Material vorhanden ist und die bespielten Bänder bzw. Kassetten sorgfältig beschriftet an den Schneideraum gehen. Bei Originalaufnahmen ist er derjenige mit der Mikrofonstange, und auch manchmal ein Ärgernis, wenn seine Tonangel mit dem Mikrofon im Bild zu sehen ist. Seine Beschäftigungszeit beschränkt sich auf die eigentlichen Dreharbeiten.

Script/Continuity

Neben der Kontrolle von Kosten und Qualität muss auch der tägliche Produktionsablauf dokumentiert und kontrolliert werden. Dafür gibt es im Wesentlichen folgende Berichte, mit denen Produktionsleitung und Sender über den Fortgang der Produktion informiert werden:

- Tages-,
- Cutter- und
- Negativ- bzw. Tonbericht.

Für die Berichterstellung und -erstattung ist das Script bzw. die Continuity zuständig.

Im ***Tagesbericht*** (Seite 158) werden alle wichtigen Ereignisse festgehalten, z.B. Drehtag, Uhrzeit des Arbeits- und des Drehbeginns (erste Klappe), eingesetzte Schauspieler, Verzögerungen und ihre Ursachen und der exakte Vergleich der Stoppzeiten mit den Zeiten der gedrehten Szenen. Um diesen Zeitvergleich zu ermöglichen, werden die Stoppzeiten von Script/Continuity anhand des Drehbuches vor der Produktion ermittelt. Aus der Summe der Stoppzeiten ergibt sich die Gesamtlänge des Drehbuchs als Referenzzeit für den Film. Die gedrehten Szenen und ihre Länge müssen also kontinuierlich mit der Referenzzeit verglichen werden, damit der Film am Ende die gewünschte Sendelänge erreicht. Zu viel gedrehtes Material bedeutet Geldvernichtung, ein zu kurzer Film löst unweigerlich Kostendiskussionen, möglicherweise auch Abnahmeprobleme mit dem Sender aus. Im Extremfall kann die Abnahme eines zu kurzen Films vom Sender auch abgelehnt werden. Ein wichtiger Aspekt ist auch der Verbrauch an Rohfilm, weil die Menge vom Sender vorgegeben ist. Der Tagesbericht gibt außerdem Auskunft über den Einsatz besonderer technischer Mittel, z.B. von Kränen, künstlichem Regen, Komparsen oder speziellen Fahrzeugen.

Der ***Cutterbericht*** ist für den Schneideraum bestimmt und gibt Rechenschaft über abgedrehte Bilder, Endzeiten der Szenen und Einstellungsgrößen. Manchmal liegen dem Bericht auch ausführliche Skizzen über Einstellungsgrößen, Kamerafahrten oder *Steady-Cam*-Aufnahmen bei.

Der ***Ton- bzw. Negativbericht*** wird von den Assistenten der Ton- bzw. Kameraabteilung zur Weiterleitung an den Schneideraum erstellt.

Über diese ablauftechnischen und ökonomischen Punkte hinaus, zeichnet das Script auch für die Kontinuität des Films verantwortlich, daher auch die Bezeichnung »Continuity«. Script oder Continuity achten darauf, dass alle zeitlich auseinander liegenden Drehsituationen mit den richtigen »Anschlüssen« gedreht werden: Wie war die exakte Position der Darsteller? Wie waren sie gekleidet? Welche Requisiten waren im Bild? Die Überwachung der Textgenauigkeit der Dialoge (das heißt keine ungenehmigten Textparaphrasen oder Änderungen) sorgt dafür, dass das Drehbuch in der vom Sender abgenommenen Form realisiert wird.

Um sich auf diese Arbeiten vorzubereiten, brauchen Script/Continuity drei Tage Vorbereitungszeit.

Schnitt

Die Arbeit des Cutters beginnt, wenn eine ausreichende Menge von Tagesmustern vorliegt, also spätestens am vierten Drehtag. Aus den Tagesmustern werden am Ende jedes Tages gemeinsam mit dem Regisseur nicht brauchbare Szenen ausgemustert und die Sequenzen werden in die dramaturgisch und erzählerisch richtige Bildfolge gebracht (*Assembly Cut*). Weil die Dreharbeiten nicht chronologisch der Handlung des Drehbuchs folgen, muss man sich den Aufbau eines solchen Rohschnitts wie ein Puzzle vorstellen, bei dem mit fortschreitender Dreharbeit die weißen Stellen gefüllt werden.

Wenige Tage nach Drehschluss liegt eine erste Rohfassung des Films vor, der nur wenige Minuten länger sein sollte als die vorgesehene End- bzw. Sendelänge. Zusammen mit dem Regisseur erstellt der Cutter den Feinschnitt. Vertonungen, Sprachaufnahmen und Nachaufnahmen von Geräuschen werden eingearbeitet und ein vom Komponisten geliefertes Musikband muss gegebenenfalls szenengenau angelegt werden. Danach erfolgt die Hauptmischung der Sprache sowie aller Geräusche, Effekte und der Musik. Die Arbeit des Cutters endet nach der Hauptmischung.

Schnittassistenz

Der Cutterassistent geht dem Cutter beim Aussuchen von Ausschnitten zur Hand, nummeriert oder codiert das Material und hilft bei der Vertonung.

Szenographie/Filmarchitektur

Szenographen/Filmarchitekten gestalten gemeinsam mit dem Kameramann den Schauwert (*Production Value*) und die Stimmung des Films. Sorgfältig gewählte Motive und eine milieugetreue Ausstattung sind Garanten für die emotionale Wirkung der Darsteller und des Films. Bei einem Fernsehfilm mit dem genannten Budget wird es selten Studio- oder größere Dekorationsbauten geben, allenfalls wird mit Adaptionen von Originaldrehplätzen gearbeitet. Konzeptionelle stilistische Abstimmungen mit dem Kostümbildner sind erforderlich.

Weil das Auffinden von geeigneten Motiven manchmal schwierig ist, muss der Szenograph mindestens vier Wochen vor Drehbeginn seine Arbeit aufnehmen. Sie endet mit dem letzten Drehtag.

Außenrequisite

Der Außenrequisiteur ist ein wichtiger Mitarbeiter des Szenographen. Er ist für die Adaptionsgenauigkeit durch umfeldgenaue Requisiten, z.B. Fahrzeuge, Hausfassaden oder Straßenschilder zuständig. Der Außenrequisiteur sollte zeitgleich mit dem Szenographen die Arbeit aufnehmen. Er benötigt eine Woche nach Drehschluss für die Rückgabe geliehener bzw. gemieteter Gegenstände.

Innenrequisite

Der Innenrequisiteur sollte sich eine Woche vor Drehbeginn mit allen Motiven vertraut machen und sein Drehbuch einrichten. Sein Drehbuch ist das Requisitenbuch, mit bildgenauen Listen aller Requisiten. Er hilft noch etwa zwei Tage nach Ende der Dreharbeiten bei der Abwicklung seines Bereiches.

Kostüm

Außer bei historischen Projekten (das können heutzutage auch schon Filme aus den siebziger Jahren sein) hat der Kostümbildner im Fernsehfilm selten die Gelegenheit eigene Kostümentwürfe zu verwirklichen. Häufig hängt alles davon ab, ob er die Intentionen von Regie und Szenographie stimmungsgenau aufnimmt und die Darsteller dem Umfeld entsprechend einkleidet und ausstattet. In der Regel geschieht dies durch Kostümankäufe für die Hauptrollen und dem Ausleihen von Kostümen für die kleineren Rollen. Mit Beginn des Castings bzw. bei Vertragsabschluss mit den Darstellern nimmt der Kostümbildner seine Arbeit auf und benötigt am Ende der Dreharbeiten eine Woche für die Abwicklung und Rückgabe der Kostüme. Seine Anstellung erfolgt in der Regel über einen Pauschalvertrag, weil die tatsächlichen und exakten Beschäftigungszeiten nur schwer festzulegen sind.

Garderobe

Wie bei der Requisite erarbeitet der Kostümbildner ein szenengenaues Kostümbuch, nach dem der Garderobier die Kostüme bereithält. Dort ist z.B. festgelegt, welche Kleider zu welcher Szene gehören oder ob Mehrfachausstattungen einzelner Kostüme im Falle von Einschüssen, Regen oder Schlägereien gebraucht werden. Alle Kostüme liegen während der Dreharbeiten in der Verantwortung der Garderobe. Üblicherweise sind bei einem Film unserer Größenordnung zwei Garderobiers tätig. Sie beginnen ihre Arbeit eine Woche vor Drehbeginn und beenden sie eine Woche nach Drehschluss.

Maske

Wenn nicht besondere Anforderungen, wie z.B. spezielle Make-ups, schwierige Wunden, oder handgeknüpfte Haarteile erforderlich sind, arbeiten zwei Maskenbildner für einen Film unserer Größenordnung. Sie bereiten sich zwei Tage auf das Projekt vor und benötigen keine Abwicklungszeit nach dem Ende der Dreharbeiten (siehe dazu auch den Beitrag von Norbert Gerwin).

Beleuchtung und Bühne

Bei dem von uns verfolgten Fernsehfilm wird mit einem Oberbeleuchter und zwei Beleuchtern gearbeitet. Ein zusätzlicher Bühnenmann ist für die Drehbühne verantwortlich und fungiert als Dollyfahrer (siehe dazu auch den Beitrag von Thomas

Beuthner). Über die Drehzeit hinaus haben die Beleuchter jeweils einen Tag zum Ent- bzw. Beladen des Licht-Lkws.

Produktionsfahrer

Zwei Produktionsfahrer sorgen für den Transport von Mitarbeitern, Darstellern und Gerätschaften. Einer der Fahrer sollte drei Wochen vor Drehbeginn bis eine Woche nach Drehschluss zur Verfügung stehen, um sich mit den Örtlichkeiten vertraut zu machen.

Casting

Auch wenn Produzent, Regisseur und der zuständige Redakteur des Senders eine klare Vorstellung haben, welche Schauspieler welche Rollen spielen sollen, werden diese eher selten schon in der Phase der Projektentwicklung vertraglich gebunden. Gagen für Hauptdarsteller, die für die Qualität des Films und die Publikumsakzeptanz wichtig sind, bewegen sich heute zwischen 3.000 und 5.000 Euro pro Drehtag, Stars bekommen deutlich mehr. Zeiträume, in denen die Darsteller zur Verfügung stehen sollen, müssen genannt, Drehbeginn und Drehschluss vertraglich festgelegt werden. Kann der Film in der mit den Schauspielern vereinbarten Vertragszeit nicht realisiert werden, bleibt der Produzent ihnen gegenüber dennoch zahlungspflichtig (*Pay-or-Play-Situation*). Deshalb werden Verträge mit den Darstellern erst nach Abschluss des Produktionsvertrages mit dem Sender und der Festlegung der endgültigen Drehzeit und Drehdauer, und damit erst relativ kurzfristig, ausgefertigt. Der gute Ruf einer Produktionsfirma, die über Jahre gewachsenen Beziehungen zu den Schauspieleragenturen und der Reiz des zu verwirklichenden Projekts können helfen, die richtigen Schauspieler auch kurzfristig zu engagieren. Trotzdem passiert es häufig genug, dass eine lange geplante und gewünschte Zusammenarbeit mit einem Darsteller daran scheitert, dass er ein anderes Angebot oder nicht ausreichend Zeit für die geforderten Drehtage hat.

Nur wenige Produzenten und Regisseure haben den notwendigen Überblick über das Angebot an Talenten, über aktuelle Entwicklungen und Schauspielerkarrieren. Umfassende Kenntnisse sind aber gefragt und die Wahl einer erstklassigen Castingberatung erscheint zwingend notwendig oder zumindest hilfreich zu sein. Bei der Verpflichtung von Schauspielern spielen Künstleragenten und Castingbüros deshalb eine wichtige Rolle. Ein erfahrener Produzent wird frühzeitig mit ihnen sprechen und seine Vorstellungen und Wünsche äußern. Sobald das Drehbuch drehfertig ist, wird es an Künstleragenturen und Castingbüros weitergereicht.

Der Castingprozess braucht höchste Sorgfalt. Von bekannten Künstlern wird man sich frühere Filme ansehen. Man wird die Wirkung einer Schauspielerin in Beziehung zu ihrem vorgesehenen Filmpartner überprüfen und darüber nachdenken, ob das gesamte Ensemble stimmig ist.

Das Casting ist eine schwierige Zeit der Drehvorbereitungen und eine Zeit, in der man nicht wieder gutzumachende Fehler begehen kann. Das Casting ist auch die Zeit des Träumens und der Visionen in der sich die Vorstellungen des Regisseurs über die Möglichkeiten und Grenzen des Drehbuches entwickeln und festigen.

Die Dreharbeiten

Nach den sehr intensiven und häufig hektischen Tagen der Vorbereitung ändert sich der Arbeitsstil mit Beginn der Dreharbeiten. Die Hauptdarsteller haben ausführlich mit dem Regisseur gesprochen, die eine oder andere schwierige Szene wurde bereits geprobt, alle Motive sind besichtigt, Kostüme, Frisuren und Maske sind Regisseur und Kameramann bekannt und alle Stabmitglieder haben die Vorbereitungen für ihren Bereich weitgehend abgeschlossen. Ab jetzt ist der Regisseur der »Herrscher« am Set, dem alle Beteiligten des Stabes zuarbeiten. Konzentration und Ruhe sind gefragt.

Wenn das fertige Drehbuch, Drehplan, Budget und Produktionsvertrag vorliegen und die Verpflichtung von Regisseur, Darstellern sowie von künstlerischen und technischen Mitarbeitern abgeschlossen ist, beginnt die eigentliche Produktion des Films. Die organisatorische Vorbereitung ist im Wesentlichen abgeschlossen und es muss ein Herstellungsplan erstellt werden. Der Herstellungsplan (nicht zu verwechseln mit dem Drehplan) ist eine Liste des gesamtplanerischen Handelns und wird mit zeitlich klaren Daten für den Ablauf versehen.

Drehbuchauszug

Nach Abnahme des Drehbuchs durch den Sender werden die Drehbuchauszüge angefertigt. Jedes Auszugsblatt muss alle für die Dreharbeiten notwendigen Informationen aus den verschiedenen Bereichen enthalten.

Eine beispielhafte Szene könnte in den Praxisräumen unserer Hauptrolle, des Arztes Dr. Achim Haehn spielen. Am Handlungsverlauf sind der Arzt, seine Sprechstundenhilfe, eine Laborantin, die zweite Hauptdarstellerin und ungeduldige Patientin Julia Berger sowie einige Wartende beteiligt. Die entsprechende Drehbuchauszugseite enthält für eine Szene bspw. folgende Informationen:

- Motiv: „Praxis Dr. Achim Haehn, Diagnose: schwanger“. Nach der Auswahl eines geeigneten Drehortes durch den Filmarchitekten wird die Anschrift des Drehortes aufgeführt: „Hebbelstraße 47“. Sinnvollerweise werden Praxisräume gewählt, um größere Anpassungen, Umbauarbeiten und damit Kosten zu vermeiden.
- Die Kurzbeschreibung der Szene könnte so aussehen: „Julia ist zur Untersuchung bei Dr. Haehn und erfährt, dass sie schwanger ist.“
- Die Angabe von Szenennummer, Seite(n) des Drehbuchs sowie der vorgestoppten Länge der Szene und ihre geschätzte Drehzeit helfen bei der Drehplanung.
- Wichtige Planungsinformationen werden notiert: Wie und wo spielt die Szene? Innen oder außen? Ist es Tag oder Nacht?
- Weitere Informationen z.B. zu Requisite, Maske oder speziellem Equipment sollten mit großer Sorgfalt aufgelistet werden. Hier könnte z.B. vermerkt sein, dass die Praxis, in der gedreht wird, im ersten Stock eines Hauses liegt. Um unabhängig von der Tageszeit arbeiten zu können, wird für diesen Drehtag Licht von außen geplant und ein Lichtkran vorgesehen.
- Der Farbcode im Drehbuchauszug bezieht sich auf die Farbe der Stäbchen, mit denen der Drehplan (Stäbchenplan) gesteckt wird.
  - außen / Tag = grün
  - außen / Nacht = blau
  - innen / Tag = weiß
  - innen / Nacht = gelb

Diese Farbwahl gilt international, Drehpläne sehen auf der ganzen (Film-)Welt also gleich aus. Beim Erstellen der Drehbuchauszüge werden den einzelnen Angaben ebenfalls Farben zugeordnet und auf den Drehplan übertragen. Diese Farbkodierung ist allerdings nicht allgemeingültig festgelegt. Im Drehbuch werden Motive, Schauspieler, Requisiten, Komparsen und spezielle Anforderungen ebenfalls einheitlich farblich gekennzeichnet. Ein so durchgearbeitetes Drehbuch ist zwar sehr bunt, bildet den Film aber auch sehr systematisch und übersichtlich ab.

- Ebenfalls international üblich ist die Kennzeichnung der Rollen mit Zahlen. Die Zahl, die einer Rolle zugeordnet wird, entspricht dem Stellenwert des Darstellers für die Produktion: Hauptdarstellerin Julia Berger hat die Nummer 1, Hauptdarsteller Dr. Achim Haehn die Nummer 2, andere Hauptrollen haben die folgenden Zahlen bis hin zu kleinen Nebenrollen.

Der Drehbuchauszug ist ein essenzieller Baustein nicht nur für die logistische Planung und die Erstellung des Drehplans, sondern auch für die Kalkulation und das Kostenmanagement. Ohne exakte Drehbuchauszüge kann kein solider Drehplan und keine zuverlässige Kostenübersicht erstellt werden. Auszugsblätter werden für jede Szene erstellt. Nach der Erstellung der Auszüge für alle Szenen werden diese nach Motiven, Schauspielern und anderen Anforderungen geordnet. Daraus entsteht ein erkennbarer Drehablauf.

Drehplan

Die wichtigsten Anmerkungen aus den Drehbuchauszügen werden in den Drehplan, dem farbigen Stäbchendrehplan, übernommen. Auf einen Blick sind die Motive an denen gedreht wird, die Seitenzahl des Drehbuches, die Bildnummern und die an diesem Tag beteiligten Schauspieler abzulesen. Weitere Kennzeichnung, z.B. über Tag/Nacht, Komparsen oder Spezialeffekte können im unteren Bereich des Drehplans eingetragen werden. Zu viele Details können allerdings auch dazu führen, dass der Drehplan unübersichtlich wird.

Der Drehplan entsteht also aus dem Zusammenfügen der einzelnen Auszugsblätter. Selten kann eine solche Planung chronologisch abgearbeitet werden. Bestimmte Bilder werden aus zeitlich späteren Handlungssträngen vorgezogen und alle Szenen, die bspw. in der Arztpraxis spielen werden nacheinander abgedreht. Aufnahmen vom Praxisempfang, vor der Praxis oder vor dem Haus, in dem sich die Praxis befindet, werden ebenfalls zusammen abgedreht. Neben dieser Blockbildung von Motiven und Drehorten müssen auch die Drehtage der Darsteller optimiert werden. Denn es ist z.B. nicht sinnvoll, hoch bezahlte Schauspieler, die nur für eine kleine Sequenz gebraucht werden, für einen ganzen Tag zu disponieren und zu bezahlen.

Die Tagesprogramme müssen so gewählt werden, dass sie in der Gesamtdrehzeit abgearbeitet werden können. An Tagen mit technisch einfacheren Szenen an leicht kontrollierbaren Motiven werden mehr Sequenzen und Drehbuchseiten disponiert als an anderen Tagen. Damit werden Spielräume für komplizierte Außenaufnahmen bzw. Sequenzen an schwer kontrollierbaren Außenmotiven geschaffen.

Der Drehplan entsteht in enger Zusammenarbeit von Produktion und Regie. Spätestens hier zeigt sich, ob Regisseur und Produktionsleiter wirklich den gleichen Film drehen wollen und am gleichen Strang ziehen. Die inhaltliche Diskussion bei der Drehplanentwicklung wird dazu beitragen, Differenzen in der Gewichtung der dramatischen Entwicklung im Vorfeld zu klären. Dabei sind vom Produktionsleiter detaillierte Kenntnisse des Drehbuchs zu erwarten.

Heutzutage gibt es aber auch leistungsfähige Computerprogramme, mit denen Drehpläne oder Drehbuchauszüge erstellt werden können. Dabei besteht allerdings die Gefahr, dass die inhaltliche Analyse und Diskussion des Drehbuchs zu kurz kommen. Kaum jemand möchte jedoch bei kurzfristigen oder umfassenden Änderungen des Drehplans auf solche Programme verzichten. Abgleichung der Termine von Schauspielern oder dringende Motivwechsel können damit automatisiert werden und haben ihren Schrecken verloren.

Kostenmanagement

Grundlage von Kalkulation und Kostenmanagement sind

- ein drehfertiges und abgenommenes Drehbuch,
- präzise Drehplanauszüge und
- der Drehplan.

Dabei kommt es nicht nur auf die szenengenaue Einteilung und tägliche Disposition aller technischen Anforderungen an, sondern auch auf die im Drehbuch vorgegebenen szenischen Beschreibungen. Regieanweisungen wie die häufig scherzhaft zitierte Aufblende „Köln brennt und der Rhein tritt über die Ufer“ sind in abgeschwächter Form gelegentlich durchaus finden. Hier ist der Produzent gefordert, der das Drehbuch und die Realisierungsvorstellungen des Regisseurs kennen muss. Nur auf dieser Grundlage kann eine realistische Kalkulation und ein ernst zu nehmender Kostenvoranschlag erstellt werden.

Viele konkrete Anforderungen können im Übersichtsplan für das Kostenmanagement nicht in der notwendigen Ausführlichkeit dargestellt werden. Positionen wie Lohnnebenkosten, Überstunden, Sozialbeiträge etc. müssen in gesonderten Anlagen beigefügt werden. Dies gilt auch für Motivmieten, technische Geräte oder Transporte. Den einzelnen Posten müssen die Angebote der Dienstleister beigefügt werden. Erst dann ist das Budget transparent.

Regiebesprechung

Vor dem endgültigen Drehbeginn ist eine letzte Überprüfung des Standes der Vorbereitungsarbeiten notwendig. In einer ausführlichen Regiebesprechung arbeitet der Regisseur mit den verantwortlichen Stabmitgliedern aus der Produktion, den Aufnahmeleitern sowie den Abteilungsleitern für Ausstattung und Kostüm Seite für Seite das Drehbuch durch, um seine Absichten und Vorstellungen deutlich zu machen. Anschließend konzentriert er sich in Kenntnis aller Motive und der Besetzung auf die Arbeit mit dem Kameramann. Die bildliche Umsetzung des Drehbuches steht nun im Mittelpunkt. Der Kameramann vervollständigt abschließend die Anforderungsliste für Kamera, Optik und Licht.

Versicherungen

Bevor mit den Dreharbeiten begonnen wird, überprüft der Produzent, ob die Produktion gegen nicht vorhersehbare Risiken ausreichend gesichert ist und ob die notwendigen Versicherungen abgeschlossen sind (siehe dazu den Beitrag von Bernhard Eberhard). Zu den wichtigen Versicherungen gehören:

Produktionsbüro

Tel. 089 /

fax :

Disposition für

für Dienstag, 29 Oktober

20. Drehtag

Arbeitsbeginn:	07.45 Uhr	Motiv
Bühne/Licht/Kamera:	07.15 Uhr	Motiv
Maske/Garderobe:	07.00 Uhr	Motiv
Regie:	07.45 Uhr	Motiv
Ton:	07.45 Uhr	Motiv
Aufnahmeleitung:	07.45 Uhr	Motiv
Drehbeginn:	09.00 Uhr	Motiv

Wettervorhersage:

Drehort : Praxis Dr. med. Rolf Ring
Hebbelstr. 47

Dekoration Praxis Dr. Haehn

Bilder/ Sonstiges:

Rolle	Darsteller	Abholung	Drehfertig
Dr. Haehn (1)		7.00 h	8.45 h
Julia Berger (2)		7.00 h	8.45 h
Laborantin (5)		9.00 h	10.30 h
Sprechstundenhilfe (15)		auf Abruf ab 10.00 Uhr	

Fahrdispo: Bus 1 07.00 Uhr ab Hotel Residence, Tel. .... Regie und Kamera
07.45 uhr am Motiv

Bus 2 07.00 Uhr Abholung Julia Berger, Dr. Haehn , Tel. ....
07.15 uhr am Motiv
09.15 Uhr Laborantin ab Hotel Residence, Laborantin, Tel. ....

Tagesbericht Nr. 20 Datum 29 Oktober

Film: „Abendsturm“ Produktion Tele-ptoduktion

Regisseur: Helmut Rohner

Kameramann:

Tonmeister:

Schauplatz: Praxis Dr. Achim Haehn

Drehort: Praxis Dr. Rolf Ring Hebbelstr. 47

Darsteller

(X) = nicht gedreht — ( ) = Drehtag der Darst.

Herren	Damen
(1) Dr. Achim Haehner	(2) Julia Berger
	"
	"
	"
	"
	"
	(5) Laborantin
	"
	"
	(15) Sprechstundenhilfe

Abgedrehte Buchnummern

( ) = wie oft gedreht — Z = Zusatz — W = Wiederh.

Bi 31

Z. W.

Sonstiges Personal

Kl. Rollen	1	Bühne	1
Komparsen	4	Beleuchter	1/2
Musiker		Handwerker	
Chor		Friseur Aushilfe	
Ballett		Garderob. Aushilfe	

Drehübersicht

	Gesamt	Atelier	Außen	Zusatz	Wiederh.
lt. Buch	105				
Heute gedreht	1				
Bisher gedreht	81				
Gestrichen	/				
Gesamt	82				
Noch zu drehen	23				

Rohfilm-Verbrauch

	Bild	Ton Leih	Ton Kauf
Heute			
Bisher			
Gesamt			
Kalkuliert			
Geliefert			

Stand nach Tagen

	Gesamt	Atelier	Außen	Rückpro.	Synchr.
Veranschlagt	25				
Bis heute	20				
Noch zu drehen	5				

Foto-Aufnahmen

	Klein-Bild	6 x 9 F	6 x 9 SW	9 x 12 F	9 x 12 SW	13 x 18
Heute	1	3	2			
Bisher	32	25	11			
Gesamt	33	28	13			

Erläuterungen:

1 Licht-Steiger

Disposition f. den 30. Oktober

Arbeitsbeginn: Arb. 8.00 Uhr Stab 8.15 Uhr

Schauplatz: Motiv Haus Dr. Haehn

Drehort:

Darsteller drehfertig um 9.00 Uhr

Arbeitsbeginn: Arb. 7.00 Uhr Stab 7.45 Uhr

1. Klappe: 9.00 Uhr Drehschluß 18.30 Uhr

Aufnahmeleiter Produktionsleiter

F 204

- Personenausfallversicherung
- Sachausfallversicherung
- Bild-, Ton- und Datenträgerversicherung
- Produktionshaftpflicht
- Feuerhaftpflicht

Tagesdisposition

Jedem Drehtag liegt eine Tagesdisposition (Dispo) zu Grunde (Abbildung auf Seite 157). Darin sind das Arbeitspensum und der Tagesablauf festgelegt. Weil die Dispo ein wesentliches Arbeitsinstrument ist, muss sie alle wichtigen Informationen für alle Beteiligten knapp und übersichtlich darstellen. Sie sollte deshalb auch nicht mit unwichtigen Details überfrachtet werden. Alle Dispos sind durchnummeriert und beinhalten unter anderem:

- Telefonnummern der für den Produktionsablauf verantwortlichen Personen und des Produktionsbüros,
- Nummern und Anschriften der zu drehenden Motive und Drehorte,
- Arbeitszeiten für jeden Bereich, Maske und Garderobe beginnen häufig früher, Beleuchter müssen möglicherweise ihre Geräte später abbauen,
- der Zeitpunkt des Drehbeginns (das ist nicht notwendigerweise der Zeitpunkt, zu dem die erste Klappe gedreht wird),
- alle an diesem Tag zu drehenden Bilder mit einer kurzen Beschreibung des Inhaltes und der Vorstoppzeit,
- Namen der Rollen und ihre Darsteller, der Zeitpunkt, wann sie abgeholt werden und wann sie drehfertig sein sollen,
- Anzahl der Komparsen,
- besondere technischen Mittel, die benötigt werden,
- Aufgaben außerhalb des unmittelbaren Drehorts, z.B. eine Mustervorführung oder eine nachträgliche Motivbesichtigung,
- eine auf jede Fahrt und jeden Wagen bezogene Fahrdispo.

Die Tagesdisposition stellt also allen an der Produktion Beteiligten alle für den Drehtag wichtigen Informationen zur Verfügung. Der Redakteur im Sender bekommt sie ebenfalls täglich, damit auch er über den Fortgang des Projektes informiert ist. Der Produzent weiß immer, wo sich seine Mitarbeiter aufhalten und der Versicherer kann prüfen, ob es sich im Schadensfall um einen dienstlichen oder privaten Versicherungsfall handelt. Der Filmgeschäftsführer überwacht den Fortgang der Dreharbeiten und kann im Vergleich von Dispo und Tagesbericht prüfen, ob die Dreharbeiten planmäßig vorankommen.

Der Tagesbericht

Der Tagesbericht (Abbildung auf Seite 158) ist im Idealfall ein Spiegelbild der Tagesdisposition. Alle notwendigen Informationen und besonderen Vorkommnisse des Tages werden protokolliert. Wann fiel die erste Klappe? Wer war im Bild? Welche Szenen- und Bildnummern wurden abgedreht? Welche besonderen technischen Maßnahmen waren notwendig (Polizeiabsperrung des Drehorts, Lichtkräne, Spielfahrzeuge, künstlicher Regen)? Wann war der Arbeitsbeginn? Wann waren Drehschluss und Arbeitsende?

Tagesdisposition und Tagesbericht machen den Produktionprozess transparent und kontrollierbar. Der Tagesbericht geht an das Produktionsbüro und eine

Tagesbericht

Kopie an den Sender. Im Schadensfall ist auch der Tagesbericht für die Versicherung ein wichtiges Dokument.

Bei der Umsetzung des Drehplans muss auf den Wechsel der Dreharbeiten von Tag und Nacht geachtet werden (*Turnover*). Weil zwischen Arbeitsende und Wiederaufnahme der Arbeit gesetzlich elf Ruhestunden liegen müssen, können während der Woche nicht beliebig Tag- und Nachtaufnahmen disponiert werden. Muss ein ausreichend großer Block nachts gedreht werden, kann ein komplettes Wochenprogramm für die Nacht geplant werden. Eine andere Möglichkeit besteht in versetzten Arbeitszeiten, wobei der Drehbeginn vom Morgen in den Tag oder den Nachmittag verlegt wird. Je nach Jahreszeit kann der Drehtag auch um 15 Uhr beginnen und um Mitternacht enden.

Außenaufnahmen

Alle wetterabhängigen Außenaufnahmen sollten für den Anfang der Drehzeit disponiert werden. Denn, wenn das Wetter nicht mitspielt, bleibt immer noch die Möglichkeit, die Szenen später zu drehen. Weil Filmarbeiten wegen der Terminzwänge nicht von Tag zu Tag disponiert werden können, werden Ausweichpositionen (*Cover Set*) geplant. Wenn z.B. das Wetter Außenarbeiten nicht zulässt, wird ein Innenmotiv ausgewählt, das kurzfristig verfügbar ist. Der Motivvertrag mit den Eigentümern des Drehortes muss dies ausdrücklich vorsehen und der Drehort muss während der gesamten Drehzeit nutzbar sein. Selbstverständlich muss auch die Verfügbarkeit der Schauspieler für solche Fälle sichergestellt werden.

Für wetter- bzw. anschlussabhängige Sequenzen wird eine Alternativdisposition erstellt. Für beide Drehalternativen müssen alle logistischen Voraussetzungen und die der Besetzung geschaffen werden. Wenn das Wetter absehbar ist, entscheidet der Produktionsleiter, welche Alternative gedreht wird.

Genehmigungen

Der erste Aufnahmeleiter muss rechtzeitig für alle Dreharbeiten auf öffentlichen Plätzen eine Drehgenehmigung (in der Regel bei der zuständigen Verwaltung) einholen. Das gilt auch für Fahraufnahmen mit Fahrzeugen, selbst wenn diese auf einem Tieflader (*Camitax*) durchgeführt werden. Der Genehmigungsbescheid muss vom zweiten Aufnahmeleiter am Drehort jederzeit vorlegbar sein.

Darüber hinaus sollten bei aufwendigen Außenaufnahmen das zuständige Polizeirevier und die Anwohner informiert werden. Denn die Zeiten, in denen Filmarbeiten neugierig beobachtet wurden, sind vorbei. Heutzutage wird es häufig als Störung empfunden, wenn Parkplätze gesperrt sind oder wenn die Straße nachts mit aufwendiger Beleuchtung taghell erleuchtet ist.

Bei der Planung und Realisierung von Filmen sollte man Umfang und Aufwand für solche Genehmigungsverfahren nicht unterschätzen. Dies gilt insbesondere für Drehvorhaben mit Kindern oder Tieren, mit Schiffen, Bahnen, Flugzeugen oder auf dem Wasser. Werden solche Genehmigungen nicht eingeholt, ist mit weitreichenden Folgen zu rechnen und nicht selten enden solche Verstöße gegen Vorschriften und Gesetze vor Gericht. Liegen Genehmigungen nicht vor, so kann der Abbruch der Dreharbeiten angeordnet werden und im Fall von Zuwiderhandlungen ist mit hohen Geldstrafen zu rechnen.

Kinder und Jugendliche

Die Beschäftigung von Kindern und Jugendlichen bei Dreharbeiten unterliegt besonderen Einschränkungen und Regelungen. Einige wichtige Punkte, die zu beachten sind, seien an dieser Stelle genannt.

- Kinder zwischen drei und sechs Jahren dürfen zwischen 8 und 17 Uhr nur bis zu zwei Stunden beschäftigt werden, Kinder über sechs Jahre dürfen fünf Stunden täglich am Drehort sein, aber nur drei Stunden arbeiten. Diese Beschäftigungszeiten schließen auch Proben, Masken- oder Garderobenzeiten ein.
- Bei Kindern und Jugendlichen sind die Ruhezeiten Bestandteil der täglichen Beschäftigungsdauer.
- Jugendliche im Alter von 15 bis 18 Jahren dürfen maximal vier Wochen im Kalenderjahr beschäftigt werden.
- Die Beschäftigung von Kindern ist nur mit einer Genehmigung der zuständigen Behörden erlaubt. Die schriftliche Einwilligung des Erziehungsberechtigten sowie eine höchstens drei Monate alte ärztlichen Bescheinigung, die gesundheitliche Bedenken gegen eine Beschäftigung ausschließt, müssen Bestandteil des Antrages auf Beschäftigung sein. Im Antrag muss die Produktion darlegen, dass alle erforderlichen Maßnahmen zum Schutze der Kinder und Jugendlichen und zur Vermeidung von körperlichen oder seelisch-geistigen Schäden getroffen werden.
- Durch einen Erziehungsberechtigen oder eine geeignete Person muss eine sachgerechte Betreuung und Beaufsichtigung der Kinder sichergestellt sein.
- Zwischen den täglichen Beschäftigungen muss eine Ruhezeit von 14 Stunden eingehalten werden.
- Die Schulleistungen dürfen durch die Beschäftigung nicht beeinträchtigt werden. Eine schriftliche Erlaubnis der Schule ist einzuholen und ist Bestandteil des Antrages auf Beschäftigung. Bei längeren Dreharbeiten ist für qualifizierte Unterrichtsmaßnahmen während der Drehpausen zu sorgen.

Sind diese Anträge positiv entschieden, legt die Aufsichtsbehörde fest, wie lange, für welchen Zeitraum und an welchen Tagen Kinder und Jugendliche beschäftigt werden dürfen, außerdem Dauer und Zeitpunkt der Ruhepausen sowie die Höchstverweildauer am Drehort.

Erst nach Eingang eines Bewilligungsbescheides dürfen Kinder und Jugendliche beschäftigt werden. Durch die auf den vorherigen Seiten beschriebenen Berichte (Dispo, Tagesbericht etc.) ist die Einhaltung der Vorgaben bzw. sind Abweichungen von bewilligten Zeiten jederzeit nachprüfbar.

Tiere

Auch für die Arbeit mit Tieren gelten besondere gesetzliche Vorschriften und Regelungen. Die artgerechte Behandlung und Haltung während der Dreharbeiten muss gewährleistet sein und tierquälerische Handlungen müssen unterbleiben. Bei der Arbeit mit Pferden und dramaturgisch notwendigen Stürzen ist der Produzent bspw. verpflichtet, vorher den Rat eines Tierarztes einzuholen. Ein Tiertrainer wird in solchen Fällen für tiergerechte Drehbedingungen sorgen. Er muss sich frühzeitig mit den Erfordernissen der Spielhandlung vertraut machen, seien es Stürze, Sprünge oder Kunststücke, die z.B. von Hunden oder Katzen erwartet werden. Der Tiertrainer ist es auch, der mit entsprechender Vorbereitungszeit die Tiere einstellt und abrichtet.

Der Einsatz von Tieren und die Arbeit des Trainers wird in einem Werkvertrag vereinbart. Dabei werden seine Leistungen in der Vorbereitungszeit und während der Dreharbeiten mit einer Pauschalgage vergütet. Damit gehen auch Fragen von Versicherung und Haftung im Zusammenhang mit dem Einsatz von Tieren in seine Verantwortung über.

Gefährliche Örtlichkeiten

Für Aufnahmen auf dem Wasser oder mit Schiffen ist eine Genehmigung bei der zuständigen Wasserwirtschaftsbehörde oder dem Umweltamt einzuholen. Schäden an Schiffen oder Booten, die den Austritt von Öl oder Treibstoff verursachen, sind zu vermeiden. Andernfalls drohen enorme Kosten für die Schadensbeseitigung. Solche Risiken müssen mit einer gesonderten Versicherung gedeckt werden. Der Versicherungsschutz muss gegenüber den Genehmigungsbehörden nachgewiesen werden. Bei Filmarbeiten auf dem Wasser ist ebenfalls zu beachten, dass nicht nur ein Schiff aufgenommen wird, sondern die Dreharbeiten selbst auf Schiffen stattfinden, die sich auf dem Wasser bewegen.

Zusätzlicher Versicherungsschutz gilt auch für Dreharbeiten im Umfeld von Bahnhöfen, mit Zügen, auf Flughäfen oder mit Flugzeugen. In solchen Fällen sollte eine Versicherungsagentur konsultiert werden, die das Schadensrisiko absehen und absichern kann. Ein entsprechender Versicherungsnachweis muss mit dem Antrag auf eine Drehgenehmigung eingereicht werden.

Endfertigung

Gegen Ende jedes Drehtages sollten Produktions- und Aufnahmeleiter am Drehort sein. Im Gespräch mit Regisseur, Assistenten und Kameramann wird der Tag ausgewertet und werden Konsequenzen für die nächsten Drehtage gezogen. Wenn es möglich ist, werden Regisseur und Kameramann in den Schneideraum fahren, um sich die Tagesmuster (*Dailys*) anzusehen und um sie mit dem Cutter auszumustern. Der Cutter kann dann fortlaufend am Rohschnitt arbeiten.

Weil die Dreharbeiten nicht dem chronologischen Ablauf des Drehbuches folgen, gleicht die Arbeit des Cutters dem Zusammenlegen eines Puzzles. Spätestens zwei Tage nach Drehschluss muss das Puzzle des Rohschnitts vollständig sein. Erst wenn alle belichteten Materialien im Schneideraum vorliegen, kann die Rohfassung des Films erstellt werden (siehe dazu auch den Beitrag von Alfred Maas). Damit liegt dann auch ein erster vollständiger Eindruck von Tempo, Timing und dramaturgischem Verlauf des Films vor. Der Rohschnitt (*Roughcut*) wird vom Cutter zunächst auf Ablauffehler geprüft und gegebenenfalls bearbeitet. Anschließend wird der Rohschnitt produktionsintern von Produzent und Regisseur abgenommen und es findet eine Vorführung für den Sender mit dem zuständigen Redakteur statt. Ist der Rohschnitt fertig gestellt und vom Sender abgenommen, ist die Zahlung von weiteren 25 Prozent der Herstellungssumme fällig.

Produzent, Regisseur und Redakteur unterziehen die Rohfassung einer eingehenden Analyse und geben die Richtung für den Feinschnitt vor. Ein letztes Mal wird bspw. überprüft, ob sich der Spannungsbogen über die ganze Geschichte zieht oder ob die Erzählperspektive durchgängig eingehalten wird.

Ist das Ergebnis positiv, beginnt der Regisseur gemeinsam mit dem Cutter mit seinem(!) Feinschnitt (*Directors Cut*). Im Ergebnis muss der Film die vom Sender vorgegebene und vertragsgegenständliche Länge inklusive Titel und Abspann haben.

Tonendfertigung

Nun beginnt die Nacharbeitung der Töne (siehe dazu auch den Beitrag von Friedrich M. Dosch). Alle Originaltöne und alle Originalsprachen werden angelegt und auf ihre Qualität geprüft. Besonderes Augenmerk wird auf die Deutlichkeit der Dialoge gelegt. Oft beschränkt man sich während der Dreharbeiten wegen unvermeidbarer Nebengeräusche auf einen so genannten Primärton. Die Schauspieler sprechen den vollständigen Dialogtext, der später als Referenzton durch eine Synchronaufnahme ersetzt wird. Für den Film notwendige Nebengeräusche werden auf einer getrennten Tonspur aufgenommen. Wenn z.B. ein Kind eine wichtige Rolle spielt, wird bei den Dreharbeiten vor allem darauf geachtet, dass die szenische und darstellerische Qualität stimmen, sprachliche Schwächen werden später durch eine Synchronsprachaufnahme nachbearbeitet. Am Ende dieses Arbeitsgangs liegt eine Rohfassung aller Dialoge und Geräusche vor.

Die Zuschauer erwarten allerdings auch beim Fernsehen eine Tonqualität und Geräuschatmosphäre wie im Kino. Die bei den Dreharbeiten aufgenommenen Töne leisten dies häufig nicht. Deshalb werden Ton und Film mit zusätzlichen Geräuschen und digitalen Soundeffekten nachbearbeitet.

Auch Filmmusik leistet einen wichtigen Beitrag für die Stimmung und Atmosphäre des Films. Im Unterschied zum großen Kinofilm sind die musikalischen Gestaltungsmöglichkeiten bei einem Film unseres Budgets allerdings sehr eingeschränkt. Das niedrige Budget für die Filmmusik stellt deshalb hohe Anforderungen an den Enthusiasmus und die Phantasie der Komponisten. Am Rohschnitt legt der Komponist in Absprache mit dem Regisseur die Musikstrecken und Hauptmotive des Films fest (*Cueing*). Titelmusik, Hauptmotive und Effektmusiken werden dramaturgisch ausgearbeitet und im Ergebnis entsteht ein fertig gemischtes Musikband, das exakt der Länge des Films entspricht.

Sobald alle Original- und Synchronsprachen sowie die Gesamtheit der Töne (Originaltöne und nachgearbeitete Töne) und das Musikband vorliegen, beginnt die Endmischung, bei der alle Tonspuren (*Soundtracks*) zusammengefügt werden. Dabei kann es sich um bis zu 50 einzelnen Tonspuren handeln, die vom Mischtonmeister und dem Regisseurzusammengemischt werden.

Sollte auch eine anderssprachige Verwertung geplant sein, wird ein IT-Band (*International Track*) hergestellt, auf dem Sprache, Geräusche und Musik auf getrennten Spuren abgelegt ist.

Bildendfertigung

Das bei den Dreharbeiten belichtete Negativ wird im Kopierwerk entwickelt und anhand der Negativberichte (Kopierer/Nichtkopierer) ausgemustert, bzw. auf Video ohne Lichtbestimmung überspielt (*Einlichtmuster*). Diese Videomuster werden zusammen mit den Originaltonbändern an den Schneideraum geliefert. Dies ist das Ausgangsmaterial für den Bildschnitt (siehe dazu auch den Beitrag von Hans Funck) in digitalen Schnittsystemen (z.B. Avid). Nach der Fertigstellung des Feinschnitts und der Erstellung der elektronischen Datenliste (*EDL*) sowie gegebenenfalls der Herstellung von Tricks, Blenden oder Titelsequenzen tastet das Kopierwerk das endgültige Sendeband inklusive Licht- und Farbkorrektur vom Negativ ab. Nachdem eine Sicherheitskopie erstellt wurde, wird nun das aus einer Bild- und Tonspur bestehende Masterband dem Sender zur Endabnahme vorgelegt. Mit der Abnahme durch den Sender ist die Zahlung der letzten Rate der Herstellungssumme an den Produzenten fällig.

Klaus Keil
Michael Rueger

Produktionskategorien

Manche Begriffe der Fernsehproduktion sind mehrdeutig und bezeichnen je nach Standort unterschiedliche »Tatbestände«. Deshalb ist es wichtig, wenn über Fernsehproduktionen gesprochen wird, sich über fiktionale und nichtfiktionale, über freie und Auftragsproduktionen, über unabhängige und Eigenproduktionen zu verständigen. Unabhängig von den Begriffen ist es für Produktionen und Produzenten entscheidend, dass sie nicht irgendeinen, sondern ihren jeweiligen Sendeplatz finden. Den richtigen Stoff, dem richtigen Redakteur beim Sender mit der passenden Senderfarbe anzubieten, gehört zu den wesentlichen Aufgaben des Produzenten. Er kennt den Markt, weiß um die Trends und beherrscht die Kunst des *Pitchens*: Er muss sein Projekt den Programmverantwortlichen verkaufen und seine Produktion zur Produktion des Redakteurs oder Producers machen.

Begriffe und ihre Bedeutung

Die Begriffe *Auftragsproduktion, Eigenproduktion* und *freie Produktion* haben unterschiedliche Bedeutungen. Eigenproduktion und Auftragsproduktion meinen zwar im Grunde dasselbe, von unterschiedlichen Standpunkten aus betrachtet aber auch etwas anderes.

Aus der Sicht der Produzenten ist eine *Auftragsproduktion* die Produktion, zu der sie beauftragt werden. Aus der Sicht der Sender sind Auftragsproduktionen Eigenproduktionen, weil sie diese in der Regel finanzieren und sie intern von eigenen Redakteuren oder Producern betreut werden. Solche Produktionen gehen in der Regel in das Eigentum des Senders über. Die Sender verfügen dann über alle Rechte an der Produktion.

Der Begriff *Eigenproduktion* bezeichnet aber auch die vom Sender im eigenen Haus hergestellten Programme. Sie werden im Sender konzipiert und »inhouse« durch ein eigenes Produktionsteam hergestellt. Produktionen durch 100%ige Produktionstöchter der Sender sind aus Sendersicht ebenfalls Eigenproduktionen.

Der Begriff *freie Produktion* wird ebenfalls unterschiedlich gebraucht. Er bezeichnet eine unabhängige und freie Produktionsfirma und ein frei produziertes Programm; frei produziert, ohne Auftrag und Finanzierung und ohne die Vertriebsmöglichkeiten des Senders. Die Produktionsfirma trägt in einem solchen Fall:

- Herstellungsrisiko,
- Finanzierungsrisiko,
- Verwertungsrisiko.

Diese Risiken gelten für alle Programmarten und Formate, für fiktionale und nonfiktionale gleichermaßen.

Mit *fiktional* (Fiction = Einbildung, Erdichtung) sind alle Programme gemeint, die eine Geschichte erzählen, die ganz oder teilweise der Phantasie entsprungen sind, die auf Tatsachen beruhen oder diese dramaturgisch gestalten. Fernseh-Movies, Serien, Weeklies und Daily Soaps sind fiktionale Formate. *Non-Fiction* bezeichnet die große Spannweite dokumentarischer, halbdokumentarischer und anderer nonfiktionaler Programme: vom klassischen Dokumentarfilm bis zur Glosse, von der Quiz- über die Talkshow bis zum großen Unterhaltungsabend.

Freie und unabhängige Produktion

Unabhängig übersetzt den englischen Begriff *independent*. Die Bezeichnung kommt aus der dualen Struktur der amerikanischen Filmindustrie und grenzt *Majors* von *Independents* ab. Majors sind die großen Hollywoodstudios, die Produktions- und Verleihriesen. Independents sind von den Majors unabhängige Produktionsfirmen, die eigene Produktionen und solche im Auftrag von Majors realisieren.

Dieses in den USA stark ausgeprägte System gibt es in Deutschland in der Form nicht. Bei uns sind große Medienhäuser oder Sender häufig an vielen Produktionsfirmen beteiligt. Die UFA TV- und Filmproduktionsgesellschaft ist z.B. Teil des Bertelsmannkonzerns, zu dem auch die Senderfamilie um RTL gehört. An der großen Multimedia-TV-Produktionsgesellschaft ist unter anderem das Studio Hamburg beteiligt, das zu großen Teilen dem NDR gehört.

Die Beteiligung eines Senders oder eines Medienkonzerns an einer Produktionsfirma bedeutet nicht, dass sie ausschließlich für die »eigene Familie« produziert. Die Produktionsgesellschaft Multimedia-TV produziert z.B. seit Jahren erfolgreich die Serie *Alphateam* für die konkurrierende Kirch-Senderfamilie. Am Studio Hamburg ist allerdings der Axel Springer Verlag beteiligt und an diesem wieder Leo Kirch. Es scheint fast, als ob alle irgendwie miteinander verwoben sind.

Der Grad der *Unabhängigkeit* einer Produktionsfirma ist in der Konzernphilosophie zu suchen. Wenn das Mutterhaus es ablehnt, dass die eigene Produktionsfirma für die Konkurrenz produziert, wird nicht produziert. Dies wird allerdings die Ausnahme sein, weil jede Firma der Senderfamilie ein eigenes Profitcenter ist und sich rechnen muss. Bei der Jahresbilanz fragt niemand, wie viele Sendungen für die eigene Senderfamilie produziert wurden, sondern ob und wie viel Gewinn gemacht wurde. Die Anbindung an eine Senderfamilie ist deshalb für einen Produzenten auch keine Garantie dafür, dass ein Stoff bei einem Sender der eigenen Senderfamilie genommen wird.

Fiction

Beim Publikum sind besonders solche fiktionalen Geschichten beliebt, deren Handlungen auf wahren Begebenheiten beruhen und die die Öffentlichkeit emotional stark bewegt haben. Beispiele dafür sind *Die Bubi Scholz Story*, *Der Tunnel* oder *Der Tanz mit dem Teufel* (die Verfilmung der Entführung Richard Oetkers). Solche Stoffe werden meistens für 90 Minuten Sendezeit oder als Mehrteiler (mit jeweils bis zu 90 Minuten) produziert.

Zu den fiktionalen Formaten gehören auch Fernsehserien wie *Helicops* (Sat.1) oder *Balko* (RTL), Daily Soaps wie *Gute Zeiten – Schlechte Zeiten* (RTL) oder *Verbotene Liebe* (ARD) und alle Produktionen, die als Weeklies (wöchentliche Sendung) bezeichnet werden. Die älteste Weekly im deutschen Fernsehen ist die *Lindenstrasse*, die seit 1985 jeden Sonntag in der ARD zu sehen ist. Aber auch neuere Formen der Unterhaltung (deren Climax auch schon wieder vorbei zu sein scheint) gehören zu den fiktionalen Programmen, z.B. *Real Life Soaps* wie *Big Brother*. Dieses Format zeigte quasi dokumentarisch die Realität und ist des-

wegen eigentlich ein nonfiktionales Format. Quasi-dokumentarische Formen, wie z.B. Gerichtsshows à là das *Jugendgericht* (RTL) scheinen der Realität zu entspringen, werden allerdings aus dramaturgischen, Spannungs-, Quoten- oder Kostengründen zu 100 Prozent inszeniert. Deswegen sind sie fiktionale Stoffe.

So spannend eine wahre Geschichte auch sein mag: Ein guter Film, eine gute Serie wird daraus erst, wenn sie dramaturgische Gesetzmäßigkeiten und erfolgreiche Drehbuchstrukturen berücksichtigt.

Freie Produktion Fiction

Freie Produktionen, im Sinne von »frei« und ohne Auftrag eines Senders produziert, werden in Deutschland kaum realisiert. Die Kosten und Risiken sind zu hoch. Produktionsfirmen in Deutschland sind in der Mehrzahl mittelständische Unternehmen mit acht bis fünfzehn fest angestellten Mitarbeitern. Es sind aber auch sehr viel kleine Firmen mit zwei bis drei Mitarbeitern zu finden. Ein Fernsehmovie oder eine Pilotsendung für eine Serie mit einer Produktionssumme von ein bis drei Millionen Euro auf eigenes Risiko zu produzieren, ist für solche Produktionsfirmen schlichtweg nicht möglich.

Ein Produzent muss bei jedem Konzept und bei jeder Produktion das Profil des Senders, seine Senderfarbe berücksichtigen. Mit dem Begriff Senderfarbe definieren die Sender ihr bevorzugtes Programm und ihre Zielgruppe. Denn ein selbst produziertes Fernsehmovie, das beim Sender A abgelehnt wird, hat beim Sender B kaum eine Chance. Außerdem werden bei privaten Sendern Serien und Fernseh-Movies heutzutage exakt auf Werbeblöcke zugeschnitten: Kurz vor einem Werbeblock muss etwas Besonderes passieren (*Werbecliff*), damit die Zuschauer auch nach dem Werbeblock noch dabei sind. Wo Werbeblöcke platziert werden und welche dramaturgischen Kriterien die Werbeunterbrechung bestimmen, wird von jedem Sender im Rahmen der gesetzlichen Vorgaben selbst bestimmt.

Ein frei produziertes Programm, das dramaturgische Werbeeinbindungen, senderspezifische Zielgruppen und die Vorlieben der Redakteure und Redaktionen nicht berücksichtigt, hat kaum eine Chance, von einem Sender angenommen zu werden.

Auftragsproduktion Fiction

In der Vergangenheit sind Auftragsproduktionen von den Sendern komplett finanziert worden. Die Herstellungskosten waren durch den Sender gedeckt, damit gab die Produktionsfirma aber auch alle Rechte an den Sender ab. Heutzutage werden Vertragsmodelle variabler gehandhabt, zwischen Produzenten, Medienjuristen, Berufsverbänden, Gremien und Fernsehanstalten aber auch kontrovers diskutiert. Das Problem besteht aus der Sicht der Produzenten darin, dass nur noch 90 Prozent der Herstellungskosten von den Sendern übernommen werden. Die Sender begründen das mit Spitzengagen für Schauspieler, Regisseure, Kameraleute oder Autoren. Wenn sie so genannte Rastergagen übersteigen, werden diese von den Sendern in der Regel nicht finanziert.

Nach Meinung von Wolf Bauer, Vorsitzender der UFA Film- und TV-Produktion und Leiter von Pearson TV Europa, werden die tatsächlichen Produzentenleistungen von den Sendern unangemessen honoriert. Denn sie leisten Entwicklungsarbeit und entwickeln z.B. neue und zeitgemäße Programmformate. Solche zusätzlichen Produzentenleistungen würden in den Herstellungsunkosten und Gewinnpositionen der Sender nicht berücksichtigt. Die Sender wiederum sind der Meinung, dass das Fertigstellungsrisiko Teil des unternehmerischen Risikos der Produzenten ist und von den Sendern nicht getragen werden kann.

Zur Lösung des Problems werden unterschiedliche Wege vorgeschlagen, z.B. die Etablierung eines Zweitverwertungsmarktes für Fernsehproduktionen. Dies könnte dazu führen, dass Fernsehlizenzen nur noch für jede einzelne Ausstrahlung vergütet werden. Die dabei entstehenden Finanzierungslücken sollen die Produzenten tragen. Es gibt auch Überlegungen, Produzenten an den Werbeeinnahmen zu beteiligen oder die Höhe der Lizenzgebühr an die Zuschauerquote zu binden.

Produzenten haben im Gegensatz zu den »goldenen« öffentlich-rechtlichen Monopolzeiten, in denen alle Rechte für »immer« beim Sender (und nach der Sendung häufig im Keller) lagen, heutzutage ganz neue Möglichkeiten.

Ein fiktives Beispiel: ProSieben lässt einen Fernsehfilm produzieren und sendet diesen zweimal. Nach der zweiten Ausstrahlung wird er zweimal bei Sat.1 und anschließend bei Kabel1 weitere drei Male gezeigt. Danach erfolgt die Auswertung in Spartenkanälen des digitalen Fernsehens. An dieser Wertschöpfungskette soll der Produzent zukünftig beteiligt werden. Allerdings nur, wenn er einen Teil der Produktionskosten trägt. Solche Verwertungssysteme sind erst mit der Entstehung moderner Senderfamilien möglich geworden. Der Besitz von Fernsehprogrammen wird deshalb heutzutage ähnlich hoch bewertet wie Immobilienbesitz.

Auftragsproduktionen im fiktionalen Bereich erzählen über den Alltag in Familien, in der Nachbarschaft oder in Krankenhäusern. Ihre Helden sind Ärzte, Krankenschwestern, Pfarrer oder Lehrer. Sie erzählen Geschichten über Polizisten und Verbrecher. Ob arm oder reich, jung oder alt, solche Serien sind Schlüssellöcher zu unterschiedlichen sozialen Milieus und Schauplätzen. Sie lassen die Zuschauer am Leben der Erfolgreichen teilhaben und mit den Verlierern leiden.

Die tägliche Serie, die Daily Soap, ist die am weitesten entwickelte fiktionale Produktionsform. Sie wird mit hoher Produktionsgeschwindigkeit und minimalen Kosten industriell produziert. Während für andere Formate an einem Drehtag sechs bis zehn Minuten Fernsehen produziert werden, sind es bei Daily Soaps über 30 Minuten. Der Erfolg dieses Formates, bei hohen Zuschauerzahlen und ausgebuchten Werbeblöcken, und das Produktions-Know-How stärken die Position der Produzenten enorm.

Sender kaufen bei Produzenten häufig Daily Soaps ein, die in anderen Ländern bereits erfolgreich gelaufen sind und dabei von der gleichen Produktionsgruppe produziert wurden. Grobe Handlungsstränge, Themen wie verbotene Liebe, Schule, Berufsleben oder junge Leute auf dem Weg zum Erwachsenwerden sind in allen Ländern ähnlich. Produktionsfirmen passen die Details an die Kultur des Landes, an aktuelle Probleme und Themen an. Produktionsfirmen produzieren solche Formate exklusive für einen Sender. Obwohl es sich dabei um 100-prozentige Auftragsproduktionen handelt, erwirbt der Sender nicht alle Rechte. Die Rechte für das Format bleiben beim Produzenten, auch am Verkauf der Merchandisingprodukte ist er beteiligt.

Eigenproduktion Fiction

Fiktionale Sendungen werden von Sendern kaum noch selber produziert. In der Frühzeit des deutschen Fernsehens, in der viel experimentiert, ausprobiert und getestet wurde, war das noch anders. Später wurden wegen des erhöhten Programmbedarfs von den Sendern mehr und mehr Produktionsaufträge nach außen vergeben (siehe dazu auch den Beitrag von Knut Hickethier).

Heutzutage sind Fernsehsender auf die Kreativität von Produzenten, Autoren und Produktionshäuser angewiesen. Ein Drehbuch, von einem Sender an drei Produktionsfirmen gegeben, würde zu drei ganz unterschiedlichen Filmen führen. Würden die Sender ausschließlich selber produzieren, würden immer die gleichen Filme nach immer dem gleichen Muster entstehen. Um das zu verhindern, müssten sie – wie viele Produktionsfirmen – sehr viele Mitarbeiter mit jeweils spezifischen Qualifikationen für bestimmte Genres einstellen. Das System der externen Auftragsvergabe hat sich also für alle Beteiligten bewährt. Es ist vernünftig, praktikabel und erfolgreich.

Koproduktion Fiction in Europa

Aufgrund der Sprachenvielfalt, unterschiedlicher Mentalitäten sowie kultureller und historischer Traditionen sind europäische Koproduktionen sehr selten. Eine Vielzahl so genannter Koproduktionen sind eigentlich Kofinanzierungen. Trotz der Schwierigkeiten werden erfolgreiche Koproduktionen für das Fernsehen aber immer wieder realisiert. Beispiele sind die *Eurocops* (ZDF), *Kommissar Rex* für die Kirch-Gruppe, *Der Graf von Monte Christo* oder *Der Opernball*. Für aufwendige Produktionen werden neben dem Sender häufig weitere Partner gesucht. Dies ist selbst dann nicht einfach, wenn der Produzent in Englisch produziert und ein gutes Gespür für Trends, Inhalte und Geschichten hat. Das zentrale Problem besteht darin, unterschiedliche Vorstellungen über den Stoff und den Film zu vereinbaren – oder eben auch nicht. Fiktionale Koproduktionen sind nur dann erfolgreich, wenn alle Beteiligten sich verstehen und wechselseitiges Vertrauen haben.

Kooperationen mit internationalen Partnern

Für internationale Produktionen ist der US-amerikanische Fernsehmarkt immer wichtiger geworden. Da die Erlöse aus Auslandsverkäufen ein wichtiger Bestandteil der Finanzierung US-amerikanischer Produktionen sind, ist der europäische Markt für amerikanische Fernsehproduzenten von besonderer Bedeutung. Der deutsche Markt ist allerdings zu Gunsten deutscher Produzenten und einheimischer Produktionen für sie in den letzten Jahren stark zurückgegangen. Zuschauern in Deutschland gefällt eine Geschichte, die in vertrauter Umgebung spielt und die sich mit Themen aus der eigenen Lebenswelt beschäftigt, besser. Außerdem entsprechen die puritanischen Wertvorstellungen vieler US-Produktionen nicht unbedingt den Wertvorstellungen der Zuschauer in Deutschland.

Amerikanische Studios suchen häufig europäische Partner, um europäische Inhalte für den heimischen Markt zu produzieren. Historische Begebenheiten, Legenden und Sagen werden gerne verfilmt. Geschichten also, die es in den USA wegen ihrer vergleichsweise jungen Geschichte nicht gibt. *Die Abenteuer des Robin Hood* wurde z.B. in Litauen produziert. Die französisch-amerikanische Koproduktion wurde auf Englisch produziert. Mit der allseits bekannten Geschichte haben *Die Abenteuer des Robin Hood* jedoch wenig gemeinsam, wenn z.B. Alexander der Große von einer Hexe in den Wald von Sherwood gezaubert wird. Dieses Kooperationsmodell funktioniert allerdings und wird auch bei anderen Koproduktionen, z.B. bei *Tell*, basierend auf der Geschichte des Schweizer Volkshelden, praktiziert.

Obgleich die Zahl der Koproduktionen abgenommen hat, sind sie immer noch ein Prestigeprodukt und ein probates Mittel, die eigenen Kosten zu senken, bessere Verwertungsmöglichkeiten und größere Gewinne zu erzielen. Wegen der guten Marktchancen sind die USA ein besonders begehrtes Objekt der »Koproduktionsbegierde«.

Eine der großen Kooperationsprojekte mit US-amerikanischen Partner war die RTL-Serie *Berlin Break*. Einige der Probleme schildert der *Hollywood Reporter* im Januar 1995:

„'Der sehr enge Drehplan hielt die Kosten relativ niedrig, jedoch blieb keine Zeit, einmal tief durchzuatmen und auf das zurückzublicken, was man bereits fertig gestellt hatte, um gegebenenfalls Änderungen an den folgenden Episoden vorzunehmen', so Arnold Messer, ehemals einer der leitenden Angestellten von Columbia TriStar und Projektleiter.

Die großen Hollywood-Schauspieler und Regisseure – häufig ein unverzichtbarer Bestandteil von internationalen Koproduktionen – reisen im Allgemeinen nur sehr ungern an ausländische Drehorte, an die die Filmaufnahmen oft aufgrund der geringeren Kalkulationskosten für Techniker, Arbeit, Material und technische Einrichtungen verbannt werden.

Auch wenn sich Schauspieler, die nicht aus den Vereinigten Staaten kommen, auf Englisch unterhalten können, bedeutet dies keinesfalls, dass sie ihre Darbietungen auf anspruchsvollem Niveau in englischer Sprache erbringen können.

Bei so subtilen Dingen wie z.B. schauspielerischen Gesten oder Beleuchtung gibt es Unterschiede zwischen dem amerikanischen und dem deutschen Stil. Alles dauert viel länger, vor allem, wenn sich kreative Talente aus aller Herren Länder mit einer ihnen fremden Sprache herumschlagen müssen. 'Die stark verkürzte Ausdrucksweise, die wir (in Hollywood) haben, gibt es dort nicht', so Scot Citron, Koproduzent und Regisseur von *Berlin Break*.

Da es in Deutschland nur wenige talentierte Produzenten gibt, müssen sie Monate im Voraus unter Zusage eines festen Drehbeginns verpflichtet werden. In Hollywood ist das Herumtüfteln an einem Projekt bis zur letzten Minute völlig normal, eine Herangehensweise, die mit der langen Vorlaufzeit der Deutschen völlig unvereinbar ist. Die Anpassungsfähigkeit deutscher Techniker an die Bedingungen internationaler Koproduktionen fällt unterschiedlich aus. Deutsche Beleuchter wurden von Hollywood-Führungskräften ausgesprochen gut beurteilt, während die deutschen Cutter aufgrund ihres gänzlich anderen Arbeitstempos als die gesehen werden, denen es am schwersten fällt, sich an Koproduktionen mit den USA anzupassen."

Internationale Auftragsproduktionen

In den USA gibt es nur noch wenige wirklich unabhängige Produzenten. Viele Produktionsfirmen haben sich Studios angeschlossen. Die Studios sind Teil der Networks (ABC, NBC, CBS, UBN, Fox oder Warner Brother), die zu Großkonzernen, wie AOL Time Warner oder General Electric, gehören.

Was in Deutschland (noch) nicht der Fall ist, ist in den USA Alltag: Aufträge eines Senders gehen fast ausschließlich an ein zum Konzern gehörendes Studio. Das Studio produziert entweder selbst oder gibt den Auftrag an eine Tochterfirma, die exklusiv für das Studio arbeitet, weiter. Einzig solche Produktionsfirmen, die einen Exklusivvertrag mit einem Studio haben, fühlen sich noch unabhängig, weil das Studio auf ihr Spezialwissen angewiesen ist.

Kein Network finanziert eine Auftragsproduktion vollständig, sondern lediglich mit 50 bis 80 Prozent. Die Differenz wird in der Regel vom Mutterkonzern gedeckt und bei Erfolgsprogrammen auf dem amerikanischen *Syndication Markt* (Zweitverwertungsmarkt) erlöst. Ist die Serie oder das Fernsehmovie kein Erfolg, bleibt der internationale Markt für die weitere Verwertung. Weil überall auf der Welt preisgünstige Programme gesucht werden, verkaufen sich amerikanische Massenproduktionen relativ gut: Die amerikanische Kultur des Geschichtenerzählens, Themen und Umsetzung sind auf der ganzen Welt bekannt und werden gerne gesehen. Trotz partieller Veränderungen des Marktes ist die Akzeptanz amerikanischer Fernsehware in der Welt noch immer sehr hoch.

Die Networks in den USA vertrauen darauf, dass ihre Partner schnell und professionell produzieren und nehmen deswegen wenig Einfluss auf die Produktionen.

Eine der wichtigsten Kriterien für Fernsehproduktion in den USA ist die Person des »Showrunners«. Er muss über drei Qualifikationen verfügen: Kreativität, Führungsqualität und fachliches Know-how. Kreativität ist in den Bereichen Buchentwicklung und Realisierung gefordert. Der Showrunner ist deshalb häufig auch Chefautor des Projektes und prägt den Look des Projektes durch Drehtechnik und Schnitt. Führungsqualität muss er bei unvorhergesehenen Problemen beweisen. Über spezielles fachliches Know-how muss er bei Kalkulation und Herstellung und in seinem speziellen Genre (z.B. Science Fiction, Action oder Drama) verfügen.

Da die Person des Showrunners häufig ausschlaggebend für die Vergabe eines Auftrags ist, sind solche Fachleute sehr begehrt. Honorare von über einer Million Dollar für 13 Folgen einer Serie sind keine Seltenheit.

Häufig werden Sendungen in den USA nur wenige Tage oder Stunden vor der Ausstrahlung fertig gestellt. Eine frühzeitige Abnahme, nach der noch große Veränderungen möglich sind, gibt es nicht. Auch bei der Planung für das Drehbuch wird zeitlich sehr eng kalkuliert. In der Regel liegen beim Drehbeginn einer Staffel

vier bis sechs fertige Folgen vor. Dieser Vorsprung schrumpft während der Arbeit zusammen. Nicht selten liegt erst ein bis zwei Tage vor Drehbeginn das fertige Drehbuch vor. Das dennoch Formate entstehen, denen man den Zeitdruck nicht anmerkt, spricht für die hohe Professionalität der Fernsehproduktion in den USA.

Non-Fiction

Non-Fiction meint neben klassischen Formaten, wie künstlerische Dokumentarfilme, Fernsehdokumentationen oder Fernseh-Features, das weite Feld von Unterhaltungssendungen, Magazin-, Sport- und Liveformaten. Im weiteren Sinne gehören dazu auch Theater-, Opern-, Kunst-, Ballet- oder Videoclipformate, Corporate-Videos (Industriefilme) und Produktfilme. Selbstverständlich zählen dazu auch die reinen Informationssendungen.

Bei manchen Sendungen fällt eine eindeutige Zuordnung zu Fiction oder Non-Fiction schwer. Doku Soaps verbinden z.B. nonfiktionale Aspekte mit fiktionalen. Formate mit „wahren Hintergründen und echten Personen, real people, real stories“, wie der Geschäftsführer von Sat. 1, Martin Hoffmann, formuliert, werden als „Fernsehen mitten im Leben“ immer wichtiger und sind immer mehr gefragt. Alles was authentisch wirkt und Infotainment verspricht, hat Konjunktur – Sendungen, die in der Fahrschule spielen, im Krankenhaus oder in der Tierklinik. In den USA werden sogar Geständnisse von Mördern im Fernsehen gezeigt. Soweit ist es in Deutschland allerdings noch nicht, wobei die »Hemmschwelle« immer weiter sinkt: Voyeurismus und Schadenfreude sind nun einmal starke Gefühle – quotenträchtige Gefühle.

Freie Produktion Non-Fiction

Die freie Produktion von Non-Fiction-Formaten ist ein neues Eldorado für professionelle Programmhersteller. Denn je preisgünstiger ein Programmformat produziert werden kann, desto größer ist die Risikobereitschaft der Produzenten. Bei realistischen Verkaufschancen wird er eine Layoutsendung oder einen Piloten zur Sendung ohne Auftrag vorproduzieren. Für den Erfolg einer Spielshow sind z.B. das Spielkonzept und der Typ des Moderators (sportlich, leger, elegant, jung, väterlich, mütterlich etc.) entscheidend. Die optische Umsetzung ist erstmal nicht so wichtig. Überzeugen Spielkonzept und die Ausstrahlung des Moderators oder der Moderatorin den zuständigen Redakteur, ist der Produzent einen erheblichen Schritt weiter. Wie hoch die »Vorfinanzierungs-Schmerzgrenze« dabei ist, muss jeder Produzent selbst entscheiden.

Selbst im Nachrichtenbereich gibt es neue Möglichkeiten für Produzenten: Freie Reporter sind mit ihrer Kamera ständig unterwegs auf der Suche nach dem nächsten Ereignis, um die Bilder entweder an Agenturen oder einem Sender direkt zu verkaufen. Wer die »besten« Bilder liefert, bekommt den Zuschlag und das meiste Geld. Der Druck ist enorm und der Verdrängungswettbewerb hilft der Realität manchmal auf die Sprünge.

Auftragsproduktion Non-Fiction

Der Produzent reicht ein Exposé ein und der zuständige Redakteur entscheidet, ob sich der Sender an den Kosten beteiligt. Die restliche Finanzierung garantiert der Produzent mit Eigenmitteln oder über spätere Verkaufserlöse.

Game- und Musikshows sind z.B. Auftragsproduktionen der Sender. Sie gehen wie bei den Daily Soaps kein Risiko ein. Ist ein Format erfolgreich im Ausland gelaufen, oder ist die Zeit für ein Remake gekommen (wie z.B. bei *Was bin ich*) und hat die Produktionsfirma die nötige Erfahrung, ist der Auftrag so gut wie erteilt. Das weltweit wohl erfolgreichste Spielformat, *Das Glücksrad* (zunächst Sat. 1, dann Kabel 1), dreht sich in seiner amerikanischen Heimat als *Wheel of Fortune* seit Jahrzehnten!

Auch solche Formate entwickeln sich ständig weiter. Die Gewinnsummen bei Spielshows steigen ins Unermessliche (z.B. *Wer wird Millionär*). Millionen sind zu gewinnen. Die hohen Gewinnsummen stammen allerdings häufig nicht aus der Tasche der Sender, sondern werden im »Schadensfall« von Versicherungen gezahlt. Vor dem Start einer Show versichert der Sender das Gewinnrisiko. Die Versicherung errechnet die Wahrscheinlichkeit, dass dieser Fall eintritt. Die Versicherungsprämie entspricht nur einem Bruchteil der Gewinnsumme.

Produktion von Nachrichtensendungen

Im Nachrichtenbereich produzieren die Fernsehsender weitgehend selbst. Jede Nachrichtensendung, *Tagesschau* (ARD), *heute* (ZDF), *18.30* (Sat. 1) oder *Nachtjournal* (RTL), wird in sendereigenen Studios produziert. Jede dieser Sendungen fällt durch eine unverwechselbare optische Kennung auf und lässt stets dieselben Anchormen oder -women auftreten. Damit zeigen die Sender eine wichtige Kernkompetenz und halten ihr Stammpublikum.

Fernsehproduzenten und Fernsehredakteure

Unabhängig davon, ob Fiction oder Non-Fiction, festzuhalten ist: Wenn ein Angebot nicht der Senderfarbe entspricht, besteht kaum eine Chance, das Projekt zu realisieren. Auch die öffentlich-rechtlichen Sender konzentrieren sich – wie die privaten – auf die Zielgruppe der 14- bis 49-jährigen. Denn niemand trägt heutzutage gerne den Stempel »zu alt«.

Den richtigen Stoff in der richtigen Senderfarbe dem richtigen Redakteur anzubieten, ist Aufgabe der Produzenten. Ein erfolgreicher Fernsehproduzent stellt sich immer wieder eine Frage: „Passt mein Programm-Vorschlag zu diesem Sender?" Kennt der Produzent den Markt und hat er Trends erkannt, hat er gute Chancen, beim passenden Sender offene Türen einzurennen. Ein guter Stoff und ein gutes Programmkonzept sind allerdings nur die Hälfte des Weges zum Stoffentwicklungs- und später zum Produktionsvertrag. Die restlichen 50 Prozent bestehen in der Kunst des Pitchens: Der Produzent muss sein Projekt den Verantwortlichen im Sender verkaufen, es ihnen schmackhaft machen. Ein Stoff kann noch so gut sein – wenn er dem falschen Kunden unprofessionell angeboten wird, ist alles umsonst. Ein guter Produzent macht sein Projekt zum Projekt des verantwortlichen Redakteurs oder Producers im Sender.

Das Berufsbild des Redakteurs hat sich in den letzten Jahren unter anderem bei den privaten Fernsehsendern entscheidend gewandelt. In der Mehrzahl nennen sich dort die zuständigen Redakteure heutzutage Producer. Das macht deutlich, welchen Einfluss sie und der Sender auf die Geschichte und die Besetzung, auf den gesamten Look eines Projektes haben wollen und in der Regel auch haben. Producer (und Programmverantwortliche) bei privaten Sendern sind häufig sehr jung und infolgedessen dramaturgisch unerfahren. Auch übernehmen sie sich manchmal, weil sie unter enormen Erfolgsdruck stehen. Redakteure und Producer bei privaten Sendern neigen zu einer starken Konzentration auf die visuellen Komponenten eines Projektes.

Redakteure und Producer beim Sender und externe Produzenten in Produktionsfirmen sollten sich als Partner verstehen. Schließlich möchte niemand einen schlechten Film oder eine nicht erfolgreiche Fernsehserie produzieren. Alle verfolgen das gleiche Ziel und sollten Respekt und Verständnis für die Zwänge der anderen aufbringen.

Literatur

Arbeitsgemeinschaft Landesmedienanstalten: ***Programmbericht zur Lage und Entwicklung des Fernsehens in Deutschland 2000/2001***. UVK: Konstanz, 2001

Diana Iljine/Klaus Keil: ***Der Produzent***. Das Berufsbild des Film- und Fernsehproduzenten in Deutschland. TR Verlagsunion: München, 2. Auflage, 2000

Gregor Heussen/Ruth Blaes: ***ABC des Fernsehens***. UVK: Konstanz, 1997

Knut Hickethier: ***Geschichte des deutschen Fernsehens***. J.B. Metzler: Stuttgart, 1998

Eric Karstens/Jörg Schütte: ***Firma Fernsehen***. Rowohlt: Reinbek, 1999

Hans Paukens/Andreas Schümchen (Hg.): ***Programmplanung***. Konzepte und Strategien der Programmierung im deutschen Fernsehen. R. Fischer: München, 1999

Michael Schomers: ***Die Fernsehreportage***. Von der Idee zur Ausstrahlung. Reportage, Dokumentation, Feature. Ein Buch für Einsteiger im Film- und TV-Business. FAZ-Institut: Frankfurt, 2001

Peter Sehr/Hugo Leeb/Martin Thau: ***Kalkulation I: Vom Drehbuch zum Drehplan. Kalkulation II: Vom Drehplan zum Budget***. TR Verlagsunion: München, 1998

Oliver
Schütte

Ideenentwicklung: Stoffsuche und Stoffentwicklung

Der Bedarf an Stoffen für das Fernsehen ist enorm. Dieser Markt wird von Autorinnen und Autoren bedient, von denen allerdings nur die wenigsten von dieser Arbeit leben können. Am Beginn der Arbeit steht eine Idee, die mit wenigen Sätzen (*pitch*) beschrieben wird. Es folgen ein Exposé und ein Treatment bis daraus schließlich ein Drehbuch werden kann. An dieser Entwicklung und an den Entscheidungen sind neben den Autorinnen und Autoren auch Produzenten, Redakteure, Regisseure, *Script-Consultanten, Script-Doktoren* und *Script-Editoren* beteiligt. Autorinnen und Autoren müssen nicht nur über kreative Fähigkeiten für die Stoffentwicklung verfügen, sondern auch den Markt kennen und sich als Unternehmer verhalten. Schließlich werden nicht in erster Linie ihre Ideen verwirklicht, sondern Sendeplätze bedient. Viele Autorinnen und Autoren starten ihre Karriere bei täglichen oder wöchentlichen Serien. Dort lernen sie ihr Handwerkszeug sowie unter extremen Bedingungen flexibel zu arbeiten. Dort lernen sie auch die dramaturgischen Grundregeln der Fernsehproduktionen, die mehr als 2.000 Jahre alt sind und in der Tradition von Aristoteles stehen: Exposition, Entwicklun und Auflösung. Ein Konflikt ist immer die Basis jeder guten Geschichte und er rankt sich fast immer um Liebe, Vertrauen, Anerkennung oder Identität. Daraus machen Autorinnen und Autoren Geschichten in drei Akten und acht Sequenzen.

„Zukunft wird aus Ideen gemacht"

So lautet der Werbeslogan einer großen deutschen Bank. Diese Devise trifft auf die Fernseh- und Filmindustrie zu wie auf kaum einen anderen Industriezweig. Der Rohstoff dieser Branche sind Ideen. Ohne sie läuft buchstäblich nichts. Während andere Branchen jedoch gezielt und mit großem finanziellen Aufwand für den stetigen Fluss ihrer Ressourcen sorgen, wird in Deutschland der Investitionsbedarf in die Stoffentwicklung für Film- und Fernsehproduktion nach wie vor unterschätzt. In Amerika werden etwa zehn Prozent des Produktionsbudgets für die Entwicklung von Stoffen verwendet, in Deutschland sind es nur zwei Prozent. Aber der Bedarf nach fiktionalen Stoffen steigt. Obwohl die Quoten in der letzten Zeit gesunken sind, fragen die Sender in hohem Maße nach deutschen Stoffen. Allein die fünf Vollprogramme zeigen in einer beliebig herausgegriffenen Woche im Sommer 2001 74 Stunden deutsche fiktionale Stoffe: ARD: 26 Stunden, ZDF: 24 Stunden, Sat1: 9 Stunden, RTL: 9 Stunden und ProSieben: 6 Stunden. Schätzungen gehen davon aus, dass im Jahr etwa 900 Stunden Programm produziert wird. Ein Drittel davon sind 90-minütige Fernsehmovies und zwei Drittel Serien. Für diesen Markt müssen die Redaktionen Ideen und Autoren finden. Den Öffentlich-Rechtlichen steht dafür ein sehr großer Apparat zur Verfügung, während die Privaten eher mit kleinen Redaktionen arbeiten.

Während die meisten deutschen Kinoproduktionen von der Intention des Autors getragen werden, von seiner Idee, ist im Fernsehbereich das Format bestimmend für das Zustandekommen einer Produktion. Am Anfang steht also nicht der Autor mit seiner Idee, sondern etwas sehr Konkretes: der Sendeplatz, den es zu füllen gilt. Dieses Format wird von manchmal kaum zu definierenden

Kategorien bestimmt. Zuallererst ist das oft beschworene Senderprofil zu nennen. Was auf den ersten Blick eindeutig erscheint, stellt sich bei näherer Betrachtung als eine amorphe, undefinierbare Sache heraus. Denn dieses Profil ist variabel und wird regelmäßig neu bestimmt von Quoten des bisher gelaufenen, Markt- und Konkurrenzanalysen und dem Bauchgefühl der Redakteure bzw. Programmverantwortlichen.

Schreiben für amorphe Senderprofile

Diese Sachverhalte werden zumeist in einem einzigen Begriff zusammengefasst und so entstehen Senderprofile wie »frauenaffin«. Mit diesem Filter werden dann in dem Sender alle eingereichten Stoffe gelesen. Das heißt, vom Lektor bis zum Redakteur klopfen alle die vorliegenden Ideen darauf hin ab, ob sie auch »frauenaffin« sind. Alles andere hat (zumindest für einen gewissen Zeitraum) in diesem Sender keinen Platz. Aber die Verhältnisse sind komplizierter als dieses einfache Modell es nahe legt. Die Produktionen, Autoren und Dramaturgen kennen natürlich das derzeit ausgegebene Senderprofil und werden versuchen, nur noch solche Stoffe einzureichen, die ihm entsprechen. Aber auch das ist für alle Beteiligten ein gefährliches Spiel. Denn Senderprofile sind von vielen Kategorien abhängig. Und alle diese Kategorien können sich sehr schnell ändern. Das Bauchgefühl des Chefredakteurs, der noch am Freitag auf seinem Platz saß, ist ein anderes als das desjenigen, der am Montag hinter seinem Schreibtisch sitzt. Auch die überraschend hohe Quote eines außergewöhnlichen Stoffes kann das Senderprofil wie ein Windrad drehen.

Obwohl sich alle Beteiligten darüber im Klaren sind, dass Senderprofile eine plumpe Vereinfachung und eine unsichere Angelegenheit sind, sind sie derzeit die einzige Währung, die in der Fernsehlandschaft gültig ist. Aber nicht nur das Senderprofil entscheidet über die (so genannte) Qualität eines Stoffes. Auch der Sendeplatz und die Zielgruppe sind entscheidende Kriterien. Jeder Sender verfügt über ein Programmschema, innerhalb dessen verschiedene Formate und Genres ihren Platz haben. Montags kann da der Platz für den Familienfilm sein, während mittwochs der Action-orientierte Film gesendet wird.

Für die Entwicklung aller Stoffe heißt das ganz einfach: sie müssen in die jeweilige Programmschiene passen. Und dies bedeutet bei den Privaten nichts anderes, als dass sie genügend Quote für die von der Werbeindustrie anvisierte Zielgruppe erbringen müssen. Der Dauerbrenner *Gute Zeiten – Schlechte Zeiten* ist auch deshalb beim eigenen Sender so beliebt, weil er punktgenau eine bestimmte Zielgruppe vor dem Fernseher versammelt. Auch den öffentlich-rechtlichen Sendern, die zumindest im Fernsehspielbereich ohne Werbung auskommen müssen (oder dürfen), stellt sich immer mehr die Frage, ob die Quote stimmt.

Bei den so genannten abendfüllenden (also 90-minütigen) Produktionen haben sich z.B. folgende Schienen etabliert (Stand: Sommer 2001). Beim ZDF hat montags nach 20.15 Uhr der »Fernsehfilm der Woche« seinen Sendeplatz. »Der große Sat1-Film« findet jeweils dienstags zur Primetime statt und bei RTL hat das Fernsehmovie mittwochs seine Ausstrahlung. Die ARD liefert mittwochs und sonntags ihr entsprechendes Programm.

Die beschriebenen Kategorien sorgen dafür, dass das Spektrum der produzierten Ideen nicht besonders groß ist. Bei der Stoffauswahl unterliegen die Redakteure zu vielen Einschränkungen, als dass sie wirklich schöpferisch und kreativ tätig sein könnten. Ideen für ihre Formate entstehen entweder in den Redaktionen selbst und werden dann an die bekannten Produktionsfirmen weitergegeben oder die Produktionsfirmen, die den Bedarf der Sender kennen (oder zu kennen glauben), gehen mit solchen Ideen auf Redakteure zu. »Trial and error« ist das Motto.

Ideen, ob sie von einem Autor, einem Producer oder dem Sender selbst kommen, fallen aber nicht vom Himmel. Oft genug führen die Spuren einer Idee zur Wirklichkeit zurück. Viele an der Stoffentwicklung Beteiligte halten das Lesen der Tageszeitungen für eine unerlässliche Quelle für ihre Bücher. Hier finden sich die Geschichten, die das Leben schreibt. Die Schwierigkeit solcher Art der Ideenfindung liegt darin, dass die Chance groß ist, dass ein anderer Autor oder Producer auf die gleiche geniale Idee gekommen ist. Was bisher aber niemanden daran gehindert hat, es trotzdem zu versuchen. Eine andere beliebte Möglichkeit der Stoffsuche (besonders von den Redaktionen selbst) ist, die Themen zu besetzen: Sender haben keine konkrete Idee für eine Geschichte, sondern nur den vagen Wunsch, einen Film über ein gerade aktuelles Thema zu machen: „Wie wär mal was mit Kampfhunden?" In Amerika hatte so, als die Sender alle erdenklichen Krankheiten thematisierten, das »Movie of the week« lange Zeit auch den Spottnamen »Disease of the week«. Solche Wünsche der Redaktionen werden oft an mehrere Produktionsfirmen gleichzeitig gegeben. Dort werden dann entweder dazu passende Schubladenprojekte hervorgezaubert oder Stoffe umgeschrieben und passend gemacht oder Autoren werden an die Arbeit gesetzt, eine passende Geschichte dazu zu schreiben.

Entscheidung über Stoffe

Die Sender bekommen im Durchschnitt hundert Einreichungen im Monat, die gelesen und beurteilt werden müssen. Am Anfang des Prozesses steht zumeist der Lektor, der eingehende Stoffe auf ihre Qualität und auf das Senderprofil hin untersucht. Viele Redakteure, Dramaturgen oder Producer haben als Lektor für einen Sender oder für Filmproduktionen begonnen. Noch während oder kurz nach dem Studium arbeiten die meisten für mehrere Auftraggeber. Es ist ein Paradox der Branche, dass an der entscheidenden Stelle diejenigen sitzen, die am wenigsten Erfahrung haben. Auch hier tut Ausbildung Not, und so wäre es von Vorteil, wenn Sender und Produktionen mehr Gewicht auf die Ausbildung ihrer Lektoren legen würden. Gute Ansätze sind vorhanden – so organisieren einige Sender Inhouseseminare oder schicken ihre Lektoren zu Fortbildungsveranstaltungen.

Die Firmen und Sender haben in den meisten Fällen ein vorgefasstes Schema, nach dem die Lektoren die eingereichten Stoffe untersuchen. Diese Gutachten haben einen Umfang von vier bis fünf Seiten und enthalten eine präzise Zusammenfassung sowie die Einschätzung des Lektors.

Es sind zumeist die gleichen Fragen, die beantwortet werden:

- Welches Genre wird bedient?
- Wie verläuft die Geschichte?
- Wer sind die Hauptprotagonisten und sind sie überzeugend geschildert?
- Wie überzeugend gestaltet sich der Hauptkonflikt?
- Sind die Nebenfiguren mehr als Randfiguren?
- Ist eine visuell ansprechende Umsetzung zu erwarten?

Als ungeschriebenes Gesetz kann gelten, dass Stoffe, die die Gunst eines werberelevanten Publikums finden sollen, Themen behandeln, die nicht zu komplex sind. Denn die Überschaubarkeit der Handlung muss gewährleistet sein, wenn die Ausstrahlung mehrmals unterbrochen wird. Darüber hinaus sollte eine klare Identifikation mit der Hauptfigur möglich sein. Der emotionale Zugang zu der Geschichte ist in der Regel dominant. Nicht zuletzt werden solche Geschichten kein *Bad End* finden oder die Zuschauer gar am Ende mit offenen Fragen entlassen. Die Lektoren kennen und berücksichtigen solche ungeschriebenen Gesetze.

Abschließend steht in dem Lektorat die Frage im Vordergrund, ob die Geschichte in dem jeweiligen Sender oder der Produktionsfirma realisiert werden sollte.

Handelt es sich etwa um eine Geschichte, die so ähnlich gerade produziert wird oder wurde? Kaum ein Sender wird zwei „Fußballer-Komödien, die im Ruhrpott spielen" im selben Produktionsjahr in Auftrag geben. Gibt es für das vorgesehene Genre noch freie Sendeplätze? Für die Privatsender insbesondere gilt darüber hinaus, dass bestimmte Zielgruppen nicht vernachlässigt werden dürfen.

Der Markt boomt und so landen nicht nur die Stoffe professioneller Autoren, sondern auch die so genannten »Hausfrauenstoffe« auf dem Schreibtisch der Lektoren. Wer dieses engmaschige Netz des Lektorats überwunden hat, ist schon einen großen Schritt weiter. Letztendlich ist es der Redakteur, der entscheidet, ob der Stoff für den Sender interessant ist. Er wird auch, wenn es sich um eine Adaption oder um eine fertige Idee handelt, bei der Auswahl des Autors ausschlaggebend sein.

Ein Exposé, das diese erste Hürde nimmt und einen Lektor oder Redakteur für sich einnehmen kann, wird in einer Stoffsitzung der Redaktion vorgestellt. Im besten Fall haben alle Redakteure alle Exposés gelesen. Wenigstens aber hat ein Stoff, der hier landet, zwei oder drei Befürworter. In diesen Diskussionsrunden spielen nicht nur die dramaturgische Erfahrung der Teilnehmer, sondern auch die Lebenserfahrung, die spezifische Perspektive der Einzelnen eine Rolle. Bei aller Rücksichtnahme gegenüber dem Machbaren und dem Möglichen, bei aller Berücksichtigung dramaturgischer Kriterien bleibt der subjektive Faktor.

Es hat bisher wenig Ansätze gegeben, die Stoffsuche zu systematisieren. Die auf Festivals und in Einzelveranstaltungen angebotenen Pitching-Märkte bieten ein Podium für Autoren, vor Redakteuren und Producern ihre Stoffe zu pitchen, d.h. in zehn Minuten vorzustellen. Obwohl es für Redakteure und Producer eine sehr gute Möglichkeit ist, mit Stoffen und Autoren in Kontakt zu kommen, führt auch dieser Markt im Vergleich zur großen Menge der produzierten Stoffe bisher nur ein Nischendasein. Erfahrene Autoren werden sich aber weiterhin eher auf ihre guten Kontakte verlassen, als auf solche Börsen zurückzugreifen.

Als eine der denkbaren Entwicklungen, um die Ideenfindung zu vereinfachen, wird die Übernahme bereits erfolgreicher Formate diskutiert. Was bei Quizshows und Realityformaten schon gängige Praxis ist, dass ein Produzent seine Rechte ins Ausland verkauft und das Format dort an den regionalen Markt angepasst wird, kann durchaus auch in der fiktionalen Produktion möglich werden. Anstatt völlig neue Drehbücher für eigene Produktionen zu entwickeln, werden die Sender bereits erfolgreich gelaufene Serien ins Deutsche übertragen. Für die Sender ist das eine preiswerte Methode, die den Anschein vermittelt, auf der sicheren Seite zu sein. Ob sich diese Art, der Stoffentwicklung durchsetzt, bleibt abzuwarten. Zumindest wird sie viel kreatives Potenzial vernichten, das sich bisher sehr gut an eigenen Produktionen entwickeln konnte.

Der Prozess der Stoffentwicklung

Erst nach der positiven Entscheidung des Senders setzt der Prozess der Stoffentwicklung ein, an dem verschiedene Beteiligte mit unterschiedlichen Funktionen teilnehmen.

Die Stoffentwicklung hat sich in Deutschland in Ansätzen professionalisiert. Sowohl in den Redaktionen als auch in den Fernsehproduktionen wird der professionellen Stoffentwicklung inzwischen Raum gegeben. In der Regel zahlt es sich nämlich aus, wenn rechtzeitig in ein gutes Buch investiert wird.

Neben dem Redakteur und dem Autor ist auch der Producer an der Stoffentwicklung beteiligt. Oft genug ist es auch die Produktion, die dem Sender ein Exposé oder Treatment vorschlägt. Dann hat der Producer schon vorher mit dem Autor am Stoff gearbeitet. Auch die Produktionen haben ein Profil, das sie nach innen und nach außen vertreten. Die sehr großen Produktionen können sich ein enges Profil allerdings kaum leisten. Sie werden für verschiedene Sender, für unterschiedliche Redaktionen und für verschiedene Formate produzieren. Bei solchen Produktionen sind es die Producer, die sich ein eigenes Profil erarbeiten. Ihre Fähigkeit, einen Stoff zu entwickeln und auf die Bedürfnisse der Abnehmer zuzuschneiden, ist eine unabdingbare Voraussetzungen für ihren beruflichen Erfolg. Dazu gehört neben dramaturgischem Handwerkszeug gute Kenntnisse des Autorenmarktes sowie der Senderbedürfnisse und -nachfragen. Ein guter Producer muss die bekannten renommierten Autoren, ihre Stärken und Schwächen kennen und offen sein für neue Talente sowie genügend Attraktivität besitzen, Starautoren dazu zu bringen, ihm ihre Stoffe als erstem vorzuschlagen.

Wohin soll sich der Stoff entwickeln?

Nach der Zusage durch den Sender werden die ersten Verträge geschlossen und die Arbeit am Stoff kann beginnen. Voraussetzung für die Weiterentwicklung des Exposés oder des Treatments ist eine Stoffbesprechung. Hier werden von Seiten des Senders, also von dem das Projekt betreuenden Redakteur, die ersten Anmerkungen an den Autor weitergegeben. Über allem steht die Frage, wohin sich der Stoff entwickeln soll. In dieser frühen Phase können noch grundlegende Entscheidungen getroffen werden. Wer ist die Hauptfigur oder welches Genre soll gewählt werden? Da der Impuls für die Drehbuchentwicklung im Fernsehen weniger die Idee des Autors ist als das Format, steht der Autor mit seiner Idee nicht unbedingt im Vordergrund. Das hängt natürlich auch von den Beteiligten ab. Gerade bei den öffentlich-rechtlichen Sendern liegt der Schwerpunkt stärker auf der Umsetzung der Visionen der Beteiligten (was nicht gleichbedeutend ist mit denen des Autors) und nicht so sehr auf den zu bedienenden Formaten.

Basierend auf dem Exposè wird der Autor ein Treatment oder eine erste Fassung des Drehbuchs erstellen. Auch diese wird in einer Stoffbesprechung diskutiert und beurteilt.

Eines der größten Probleme der Stoffentwicklung ist immer noch, dass die Redakteure und Producer zu wenig ausgebildet sind und zu wenig Zeit in die Stoffentwicklung investieren. Konkret zeigt sich das in vager oder schwammiger Kritik. Die Analyse eines Stoffes braucht Zeit und bedeutet eine sehr intensive Auseinandersetzung mit einem Text. Das einmalige Lesen – zumal in Flugzeugen und Zügen – reicht nicht, um eine tiefgehende konstruktive Kritik und Entscheidung zu ermöglichen. Das ist weniger ein Problem des einzelnen Redakteurs oder Producers, sondern des Systems, das eine intensive Arbeit am Buch kaum ermöglicht. Aber es gibt immer mehr rühmliche Ausnahmen. Vor allem haben die Producer in der professionellen Stoffentwicklung ein großes Potenzial entdeckt. Zwar wird kaum eine Produktion genau so viele Stoffe entwickeln wie sie produzieren kann, aber auf dem heiß umkämpften Markt hat derjenige die besten Chancen, der sorgfältig am Buch gearbeitet hat.

Eine gelungene Stoffentwicklung hängt aber auch von der Fähigkeit ab, ein kreatives Gespräch zu führen. Da die Stoffentwicklung für Redakteure und Producer nur ein Teil ihrer Arbeit ist, holen sie häufig einen Script-Consultant hinzu. Dieser schafft die Bedingungen für ein sachliches, kreatives und konstruktives Gespräch und sorgt dafür, dass es effizient bleibt. Im Gegensatz zum klassischen Dramaturgen werden sie häufig nur für ein oder zwei Gespräche in den Arbeitsprozess integriert. Ihre Arbeit besteht aus einer Analyse und einer anschließenden Bewertung der Ergebnisse. Dabei können sie, im Gegensatz zu Redakteuren und Producern, objektiv bleiben und die Geschichte und den Stand des Projekts von außen beurteilen. Ein Script-Consultant kann in verschiedenen Phasen zu einem Projekt hinzugezogen werden. Im Exposéstadium kann er das Potenzial eines Stoffes herausarbeiten und einer Idee Gestalt und Struktur geben. Diskutiert werden z.B. Originalität und Genrekonventionen, Figurenkonstellationen und Zuschauerführung, auch Marktwert und Verkaufsstrategie. Bei einem fertigen Drehbuch geht die Arbeit ins Detail.

Das Potenzial des Stoffes

Der Script-Consultant wird versuchen, das Potenzial des Stoffes herauszufinden, Schwachstellen aufzudecken und (auch da unterscheidet er sich oft von den Redakteuren und Producern) verschiedene Lösungswege aufzeigen. Die Entwicklung eines Stoffes umfasst in der Regel mindestens drei Fassungen. Da der zeitliche Rahmen – insbesondere bei Serienproduktionen – eingeschränkt ist, kommt es heutzutage immer öfter vor, dass Produktionen bei unerfahrenen Autoren dazu übergehen, einen neuen Autor mit der Überarbeitung zu beauftragen. Dies war bis vor einigen Jahren noch tabu. Das Drehbuch galt als künstlerisches Werk und der Autor war als Schöpfer sakrosankt. Im Zuge der »Industrialisierung der Fernsehbranche« sind aber immer häufiger mehrere Autoren an eine Produktion beteiligt. Die Arbeit dieser so genannten Script-Doctoren ist nicht immer unproblematisch. Es kann vorkommen, dass der neue Autor viel weit reichendere Änderungen vornehmen möchte als die Produktion das wünscht. Letztendlich bleibt aber der neue Autor nur ein Dienstleister, dessen Kreativität eingeschränkt ist. Einem Autor kann es aber nicht schaden, seine Fähigkeiten auch auf diesem Gebiet zu schulen.

Wann der Regisseur an einem Projekt beteiligt wird, ist sehr unterschiedlich. Einige Projekte werden schon in der Treatmentform angeboten, die meisten aber in der ersten oder zweiten Drehbuchfassung. So unterschiedlich die Herangehensweise an ein Projekt ist, eines haben alle Regisseure gemeinsam: Keiner wird ein Buch so verfilmen, wie es ihm angeboten wird. Es kann sogar vorkommen, dass ein Regisseur weit reichende Änderungen – bis zum Austausch des Autors – wünscht. Da der Regisseur derjenige ist, der in den nächsten Wochen oder Monaten das Buch anderen gegenüber durch- und umsetzen muss, muss er eine Beziehung zu dem Stoff aufbauen. Für die Stoffentwicklung ist dies einer der kritischen Punkte. Nicht immer werden die Weichen hier richtig gestellt. Es kann durchaus passieren, dass ein Stoff an den falschen Regisseur gerät. Im besten Fall gestaltet sich die weitere Arbeit am Drehbuch positiv und der Regisseur bringt neue Impulse in die Stoffentwicklung ein.

Wer heutzutage an einem Fernsehspiel oder einem Fernsehmovie arbeitet, muss mindestens mit drei bis vier Drehbuchfassungen rechnen. Je nach Vertragsgestaltung kann der Sender mit dem Autor mehrere Überarbeitungen vereinbaren. Die Arbeit wird vielleicht sechs Monate dauern, bei komplizierteren Projekten auch länger. Allzu lange kann und darf aber die Stoffentwicklung nicht dauern, zu groß ist der Druck und zu schnell ändern sich die Sehgewohnheiten, als dass die Verhältnisse der Stoffentwicklung für das Kino (durchschnittlich drei bis vier Jahre) auch nur denkbar wären. Obwohl den Producern bei der Stoffentwicklung eine wichtige Aufgabe zukommt, ist es der Redakteur, der die letzte Entscheidung trifft. Die Abnahme des Drehbuches liegt in seiner Verantwortung. Abgenommen ist das Buch erst, wenn der Redakteur zufrieden ist.

Stoffentwicklung für Dailies

Anders gestaltet sich dieser Abschnitt der Stoffentwicklung, wenn die Produktionsbedingungen überhaupt keinen zeitlichen bzw. strukturellen Spielraum für das intensive Gespräch und die dramaturgische Begleitung lassen. Oft genug können oder wollen Sendeanstalten oder Produktionsfirmen sich diese zeitintensive Arbeit am Buch nicht leisten.

Fernsehproduktionen, die sich diese Art der Auseinandersetzung nicht leisten können, sind insbesondere die Dailies. Unter hohem zeitlichem Druck werden für dieses Format wöchentlich fünf halbstündige Folgen geschrieben. Ein Team von zehn bis zwölf Storylinern entwirft in ein bis zwei Tagen drei Erzählstränge (A-, B- und C-Strang), schreibt weitere zwei Tage, um am fünften Tag dem Story-Editor die Geschichten zu präsentieren. An diesem Tag müssen nicht nur die Erzählstränge miteinander verknüpft werden, es muss auch vom Story-Editor entschieden werden, ob die Storylines in dieser Form in die nächste Runde gehen können. Solche Storylines bestehen aus etwa halbseitigen Texten, in denen die einzelnen Szenen detailliert beschrieben werden. Die nächste Runde bestreiten der Story-Editor und der Producer, die innerhalb der Produktionsfirma ausschließlich für die Produktion einer Serie/Daily zuständig sind. Änderungen an der Geschichte, die von diesen beiden befürwortet werden, nimmt der Story-Editor vor, bevor seine Fassung an die Dialogautoren weitergegeben wird. Die Dialogautoren haben eine Woche Zeit, um drehfertige Bücher abzugeben. Diese Fassungen werden vom Script-Editor abgenommen bzw. »poliert«, er nimmt bei

Bedarf Änderungen vor, bevor die Dialogbücher der Redaktion vorgelegt werden. Der Script-Editor ist bei der letzten Abnahme in der Redaktion und beim Beginn der Dreharbeiten beteiligt, um Änderungen auch ad hoc vornehmen zu können.

Die Stoffentwicklung in der Daily-Soap-Produktion ist in einer Weise von äußeren Faktoren wie Produktionsbedingungen bestimmt, dass man von einer äußeren Dramaturgie sprechen kann. Sie bestimmt das fertige Produkt. Der Producer ist oft genug die einzige Person, die die Serie von Beginn an betreut und sie kennt. Er ist vertraut mit ihrer Vergangenheit und ihrer Entwicklung und maßgeblich, wenn es darum geht zu entscheiden, welche Geschichten den Figuren bloß aufgepfropft werden und welche sie glaubwürdig vertreten können. Für alle Ideen und Geschichten, die der Phantasie und Lebenserfahrung der Autoren entspringen und die aus aktuellem Anlass entwickelt werden, gilt, dass sie in das bestehende Beziehungsgeflecht des Figurenpersonals passen müssen. Das ist die innere Dramaturgie, die dramaturgische Notwendigkeit, sämtliche Stories aus den Figuren heraus zu entwickeln.

Zu der beschriebenen Einteilung in Formate gibt es aber auch Ausnahmen: erwähnt seien das »Debüt im Dritten« vom SWR und »Das Kleine Fernsehspiel« des ZDF. Bekannte Formate und feste Formen setzen sich auch hier mehr und mehr durch, doch das Experiment, einer Idee unabhängig von marktgängigen Zuschauererwartungen, Senderinteressen und Quotenvorgaben auf den Fersen zu bleiben, wird noch gewagt. In der Regel stehen diese Sendeplätze zwei Gruppen von Autoren zur Verfügung: Junge, noch unbekannte Regietalente, die ihren ersten oder zweiten großen Film realisieren und von den Redaktionen unterstützt werden (letztlich mit dem Ziel, sie für das Hauptabendprogramm kompatibel zu machen) und Autoren, deren Name dafür spricht, dass selbst widerspenstige Stoffe adäquat umgesetzt werden.

Autoren

Die Situation der Fernsehautoren sah schon immer etwas besser aus als die ihrer Kollegen im Kino. Für einige Jahre war der Drehbuchautor auf der großen Kinoleinwand kaum oder gar nicht mehr existent. Im Fernsehen, das in seinen fiktionalen Programmen eher vom Theater kommt, gelten der Autor als Schöpfer des Werkes und die Regisseure als ausführende Angestellte. Sehr lange Zeit hielt sich so im Fernsehen der Titel „Ein Film von…" und dann folgte der Name des Autors.

Auch im Fernsehen blieben die Autoren nicht von der Misere der Stoffentwicklung verschont. Deutliches Indiz dafür ist das Fehlen einer Ausbildung. Bis in die 90er Jahre gab es für Drehbuchautoren keine Ausbildung, und Dramaturgie wurde nicht einmal an den Filmhochschulen konsequent unterrichtet (eine Ausnahme bildete der Studiengang Dramaturgie an der Filmhochschule in Potsdam). Die Situation hat sich mittlerweile grundlegend geändert. Heutzutage gibt es viele Ausbildungsgänge und Fortbildungsmöglichkeiten (siehe dazu die Beiträge von Andrea Stein und Anne Schulz).

Übungsfelder für junge Autoren

Den Einstieg ins Geschäft machen viele Quereinsteiger heute vor allem über Daily Soaps und Serien. Viele Filmhochschüler versuchen diese in ihren Augen niederen Arbeiten zu umgehen – ungerechtfertigterweise. Die a priori die Stoffentwicklung beeinflussenden Faktoren setzen den Möglichkeiten einer Idee natürlich Grenzen. Dennoch soll nicht der Eindruck entstehen, die Kreativität des Autors werde unter diesen Bedingungen zwangsläufig im Keim erstickt. Im Gegenteil bezeichnen nicht wenige Autoren, die für Serien- und Dailyproduktion arbeiten, die Notwendigkeit, sich dem zeitlichen Druck und den formalen Vorgaben zu fügen, als Herausforderung, die durchaus Ansprüche an ihre Kreativität stelle. „An Grenzen zu stoßen," sagt eine, die es wissen muss, „ist lehrreich, herausfordernd und oft hilfreich." Wenn ein Daily-Schauspieler plötzlich erkrankt, müssen auf die Schnelle Geschichten neu konzipiert und geschrieben werden, die die Abwesenheit der Figur glaubwürdig erscheinen und die übrigen Figuren auf diese Abwesenheit Bezug nehmen lassen. Die Fähigkeit, unter solchen Bedingungen schnelle und plausible Lösungen anzubieten, fordert das handwerkliche und kreative Rüstzeug des Autors heraus. Gut gemachte Serien oder Sitcoms bieten ein gutes Übungsfeld für junge Autoren und solche, die es werden wollen. Außerdem können sie dabei genügend Geld verdienen, um auch außergewöhnliche Ideen in Ruhe zu entwickeln. Man darf sich aber nichts vormachen: Dialogautor einer Daily Soap kann man nicht über Jahre hinweg sein. Erstens sind die Anforderungen sehr hart und zweitens erlahmt das kreative Potenzial nach mehreren Jahren bei derselben Soap erheblich.

Die Rolle der Drehbuchautoren

Durch die Ausdifferenzierung des Produktionsprozesses hat sich auch die Rolle der Drehbuchautoren verändert: Arbeitsabläufe werden oft geteilt, mehrere Autoren arbeiten gemeinsam an einem Buch. Einer ist nur für den Plot, ein anderer für die Dialoge zuständig oder ein Drehbuch wird von einem Autor an einen anderen weitergegeben. Teamarbeit ist eine besonders bei der Serie häufig anzutreffende Form der Drehbucharbeit. Das hat vor allen Dingen ökonomische Gründe. Teamarbeit ermöglicht schnellere, effizientere Ergebnisse. Nicht zuletzt steigert sie die Zuverlässigkeit der Produktion. Die stark unter Termindruck arbeitenden Serien könnten sich den krankheitsbedingten Ausfall eines Autoren kaum leisten.

In Zukunft werden wahrscheinlich noch mehr Autoren als Dialogautoren, Storyliner, Verfasser von Kurzexposés oder Entwicklungsteilen einer Geschichte sowie als angeleitete Co-Autoren in einem Team ihre Drehbuchkarriere beginnen. In vielen Team- und Redaktionsbesprechungen werden sie Erfahrungen sammeln, bis sie ihre ersten Drehbücher schreiben und vielleicht irgendwann zum verantwortlichen Headwriter für große Erzählblöcke oder für die Staffel einer Serie aufsteigen.

Zwar haben sich die Arbeitsmöglichkeiten in den letzten Jahren erheblich verbessert, doch ist die Zahl der Drehbuchautoren, die professionell arbeiten, die also auch davon leben können, nicht sehr groß. Der Verband der deutschen Drehbuchautoren zählt derzeit etwa 400 Mitglieder. Dies dürfte auch ungefähr die Zahl derjenigen sein, die von ihrer Arbeit als Drehbuchautoren leben können.

Für Quereinsteiger ist es immer noch schwierig, an einen der heißbegehrten Aufträge heranzukommen. Zwar ist es richtig, dass durch die Entstehung neuer Sender seit den 80er Jahren neue Formate und neue Sendeplätze entstanden sind, und sicherlich ist dadurch auch die Nachfrage nach Drehbuchautoren und ihren

Guido Knopp

Schneisen schlagen!

Das Thema, dem wir uns journalistisch widmen – die Zeitgeschichte – bietet alles, was Menschen bewegt: Tragödien und Triumphe, Leid und Freude, Geheimnisse und Skandale. Und immer sind es Menschen, die Geschichte erleben, gestalten oder erleiden. Das Sujet ist spannend – aber die Gefahr, sich im Dschungel der Geschichte und Geschichten zu verlieren, ist groß. Wir versuchen, für den Zuschauer eine Schneise durch diesen Dschungel zu schlagen und gleichzeitig ein möglichst breites Publikum zu erreichen. Die Praxis dieser Arbeit hat eines gezeigt: Auch für historische Dokumentationen gelten die klassischen Forderungen des Journalismus: Aktualität, Kontinuität, Vielfalt und Nähe.

Aktualität im Geschichtsfernsehen ist kein Widerspruch. Jubiläen, Jahrestage sind vorhersehbar und bewegen die Menschen – deshalb kann man Programme planen, aktuelle Diskussionen anstoßen oder begleiten. Aktuell sind auch neue Forschungserkenntnisse. Unser Geschichtsmagazin *History* etwa greift in 30 Minuten solche Schwerpunkte auf – investigativ und aktuell.

Kontinuität verpflichtet uns, in Sachen Zeitgeschichte über das einzelne Ereignis, den einzelnen Jahrestag, die einzelne Entdeckung hinaus nach übergreifenden Strukturen zu suchen, nach nationalen oder internationalen Kontinuitäten – oder aber nach historischen Widersprüchen. Vor allem unsere großen Dokumentarreihen werden diesem Anspruch gerecht. Ich nenne als Beispiel *100 Jahre* – eine Dokumentation mit einhundert Folgen, die das gesamte 20. Jahrhundert abdeckt. Oder unsere 16teilige Reihe *Unser Jahrhundert – Deutsche Schicksalstage*. Die Folgen befassen sich ausführlich mit den Wendepunkten der deutschen Geschichte.

Vielfalt heißt in Sachen Zeitgeschichte: historische Geschehnisse müssen auch formal mit dem breiten Spektrum ihrer Möglichkeiten darzustellen sein – mit Materialien aus Archiven, Zeitzeugen, mit assoziativen neu gedrehten Bildern. Vielfalt heißt auch, dass unterschiedliche Geschichtsbilder in einer Sendung gegeneinander gestellt werden können. In unserer Reihe *Der verdammte Krieg* z.B., die zur gleichen Zeit im deutschen und im russischen Fernsehen gesendet wurde, war es möglich, beide unterschiedlichen Geschichtsbilder in eine Form zu bringen.

Nähe heißt für mich, den Focus auf die deutsche Zeitgeschichte zu richten. Stoffe, Formen und Gestalten, die uns »nahe« gehen, sind zunächst in unserer eigenen Vergangenheit zu finden. Wo Nähe ist, wird Vergangenheit lebendig, wird aus Beliebigkeit Betroffenheit. Nähe wird vor allem auch durch die Konzentration auf geschichtsprägende Personen und außergewöhnliche Lebensläufe geschaffen. In Biographien fließt vieles zusammen: geistige und politische Strömungen einer Epoche, dramatische Wendepunkte, menschliche Verstrickungen. Historische Biographien, die wir z.B. mit *Hitler – eine Bilanz* oder *Hitlers Helfer* vorgelegt haben, machen Geschichte greifbar und begreifbar. Strukturgeschichtliche Betrachtungen haben sich dagegen als wesentlich schwerer vermittelbar erwiesen – hier gilt es, deutliche Schwerpunkte zu setzten, sich auf die Geschichten hinter der Geschichte zu beschränken.

Um beim Bild vom Dschungel der Geschichte zu bleiben: Man kann ihn durch Schneisen begehbar machen, man kann ihn mancherorts lichten, doch zu einem Ziergarten wird man ihn nicht machen können. Und das ist gut so, denn die Geheimnisse des Dschungels sind sein größtes Faszinosum.

Ideen gestiegen. Aber das Risiko, mit unerfahrenen Drehbuchautoren zusammenzuarbeiten, ist hoch und die Bereitschaft in den Redaktionen (auch aufgrund schlechter Erfahrungen) immer noch gering. Die Unerfahrenheit der Autoren verlängert den Entwicklungsprozess und kostet die Beteiligten sehr viel Energie.

Marktkenntnisse sind notwendig

Zum Berufsbild eines Drehbuchautors gehört heute auch ein umfassendes Wissen darüber, welche Entwicklungen sich abzeichnen, was am Markt passiert. Ein Autor sollte wissen, welche Themen, welche Figuren gerade Anklang finden. Die Arbeits- und Produktionsbedingungen in den Sendeanstalten und Produktionsfirmen verlangen nach Autoren, die in der Lage sind, mit den Gegebenheiten nicht nur zähneknirschend, sondern auch konstruktiv und produktiv umzugehen.

Vor allen Dingen sollten Autoren nicht wahllos ihre Exposés oder Drehbücher anbieten. Schon manch gute Idee ist untergegangen, weil sie auf dem falschen Schreibtisch lag. Einer Produktionsgesellschaft, die ausschließlich Familienserien produziert, einen spannenden Thriller anzubieten, ist einer der größten Fehler, den Anfänger machen können. Nur in seltenen Fällen bekommt der Autor eine qualifizierte Absage, die ihm vermittelt, dass der Stoff an anderer Stelle durchaus richtig sein mag. Darum sollten Autoren zuallererst ihren eigenen Stoff richtig einschätzen und das heißt vor allem auch – nicht überschätzen.

Schließlich sollten sie auch wissen, wem sie eine Idee schicken. Was hat die Produktion bisher produziert und was hat der Producer bisher gemacht? Wäre der Kollege, der eine Tür weiter sitzt, nicht der bessere Ansprechpartner? Erfahrene Drehbuchautoren kennen die Redakteure oder Producer, mit denen sie zusammenarbeiten. Aber sie wissen auch, dass sie ständig auf dem Laufenden bleiben müssen, wer was produziert. Neben dem Lesen der Fachzeitschriften bedeutet dies auch, immer den Abspann zu verfolgen und sich die Namen der Beteiligten zu merken. Es ist allerdings kaum Erfolg versprechend, einem Redakteur, der gerade ein Film über Delfine betreut hat, einen zweiten Stoff mit dem gleichen Sujet vorzuschlagen. Es geht darum, die thematischen und Genrevorlieben von Produktionen, Redakteuren und Producern zu kennen.

Auch wer mit wem bereits zusammengearbeitet hat, kann entscheidend dafür sein, ob eine Idee ankommt oder nicht. Eine kleine Fernsehproduktion, die bisher ausschließlich mit einem Sender zusammengearbeitet hat, wird einen guten Draht zu den Redaktionen haben. Hier einen Stoff zu platzieren, wird ihr nicht schwer fallen. Vielleicht wird sie ein großes Interesse haben, auch Kontakte zu anderen Sendern aufzubauen, dies wird aber sehr viel schwerer sein. Es reicht also nicht, eine gute Idee zu haben, um einen Stoff zu realisieren. Marktkenntnisse und Intuition gehören zur gelungenen Stoffentwicklung ebenso dazu.

Autoren, die nach Maßgabe ihrer Schöpferkraft und mit einer gewissen kreativen Unbeirrbarkeit ihr Glück in der Fernsehlandschaft suchen, sind selten gut beraten, wenn sie denn von ihrer Arbeit leben wollen. Autoren dagegen, die willens sind, unter den beschriebenen Bedingungen zu arbeiten, sind gezwungen, kreativ zu sein, kreativ in der Wahl ihrer Aufträge und in der Vorbereitung ihrer eigenen Vorhaben.

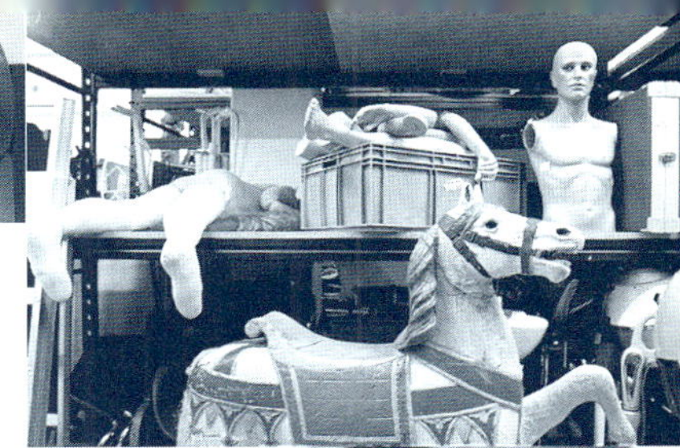

Anforderungen an Autoren

Eine weitere, nicht zu unterschätzende kreative Leistung besteht darin, einen Weg zu finden, den verschiedenen Seiten des Berufes gleichermaßen gerecht zu werden. Von Autoren wird erwartet, dass sie sich den Gesetzmäßigkeiten der Produktion gegenüber anpassungsfähig und kooperativ verhalten. Sie sollen handwerklich versiert, teamfähig, verhandlungsstark und flexibel und in jedem Fall in der Lage sein, unter allen nur denkbaren Voraussetzungen, z.B. Zeitdruck oder formale oder inhaltliche Vorgaben, ihren Ideen eine Form zu geben. So gesehen sind Autoren auch Unternehmer: Sie tragen ihre Ideen zu Markte. Der Unternehmer-Autor ist verantwortlich für die Marktgängigkeit und die Pflege seines Kapitals. Und sein Kapital sind zuallererst die Ideen.

Autoren müssen nicht nur das Kleingedruckte in Buy-Out-Verträgen kennen, sie sollten auch ihre Fähigkeit, Ideen zu finden, Figuren zu erfinden, bewahren und trainieren: Gerade das kreative Potenzial bedarf der Aus- und Weiterbildung. Denn ein Autor, der sich zwischen Vertragsverhandlungen und *Pitchings* verschleißt, produziert am Ende keine Ideen mehr, sondern Klischees. Die Welt, auf die er sich beruft, ist ihm im schlechtesten Fall nur noch aus zweiter Hand vertraut.

Zeitung lesen alleine reicht nicht. Der Autor sollte die Zeit außerhalb von Redaktions- und Produktionsgebäuden und jenseits der 3-Akt-Struktur damit verbringen, seine Phantasie neu zu entzünden, seine imaginäre Welt zu bereichern. Manche mögen Bergsteigen, kochen oder meditieren, um ihre kreative Ader zu kitzeln. Doch es gibt auch Techniken und Übungen, um das eigene Potenzial zu entwickeln. Zumeist handelt es sich um Erinnerungstechniken, die dazu dienen, die Phantasie auf Ab- und Umwege zu führen. Solche Techniken sind erlernbar – und selbst der Autor, dem es nicht behagt, sich mit geschlossenen Augen zehn Geheimnisse und sieben Verschwörungstheorien auszudenken und das als regelmäßige Übung zu begreifen, ist gut beraten, wenn er sich nicht nur der Pflege von Kontakten, sondern auch der Pflege der eigenen Phantasie verschreibt. Nur so kann ein Autor glaubhaft seine Figuren erzählen und Klischees vermeiden.

Besonders im schnelllebigen Fernsehgeschäft wird Recherche immer wichtiger, um Vorstellungen von den Figuren und ihrem Umfeld zu bekommen. Die Kenntnis von Dingen, die nicht der Lebenswelt des Autors angehören, ist eine der notwendigen Voraussetzungen für eine gelungene Stoffentwicklung. Dazu gehört Fachliteratur, aber auch die Recherche vor Ort. Der professionelle Autor wird auch ohne die Unterstützung der Producer und Redaktionen darauf achten, nur über das zu schreiben, was er möglichst genau kennt.

Um sich als Autor weiter zu entwickeln, bieten sich verschiedene Stoffentwicklungsprogramme an (z.B. Step by Step oder Sources), die sich mittlerweile etabliert haben. Institutionen, die so etwas anbieten, ermöglichen die intensive Auseinandersetzung mit Script-Consultants und Autorenkollegen über die eigenen Vorhaben – eine konzentrierte Form der Auseinandersetzung mit den kreativen und formalen Möglichkeiten einer Idee, die im Arbeitsalltag (oder allein am Schreibtisch) so nicht (oder äußerst selten) stattfindet. Diese Programme zielen aber mehr oder weniger auf den risikofreudigeren Kinomarkt und weniger auf das in begrenzter Zeit zu produzierende Fernsehmovie.

Die Arbeit am Drehbuch

Wenn es darum geht, einen Stoff zu präsentieren, ist es mittlerweile üblich, den Inhalt der Geschichte im ersten Schritt in einem so genannten *Pitch* zusammenzufassen. Der Pitch besteht aus wenigen Sätzen, in denen über die zentralen Figuren und deren Entwicklung Auskunft gegeben wird. Eine denkbar kurze Inhaltsangabe also, die scheinwerferartig das Geschehen (und manchmal auch den Schauplatz des Geschehens) beleuchtet. Ein Pitch könnte z.B. folgendermaßen lauten: „Ein einsamer Mann in der Großstadt, der ein gefallenes Mädchen retten möchte und darüber sein Leben ändert." In diesen zwei Zeilen ist die Idee enthalten, aus der Filme wie *Taxi Driver* und *Pretty Woman* entstehen können. In diesen zwei Zeilen steckt das Potenzial, das entdeckt und entwickelt werden will. Pitches sind große Versprechungen, die es den Verantwortlichen ermöglichen, einen Stoffvorschlag auf seine Verwertbarkeit zu überprüfen.

Das Exposé

In Deutschland haben sich neben dem Pitch zwei weitere Formen etabliert, ein Projekt den Fernsehsendern oder Produktionen zu präsentieren.

Das *Exposé* ist ein fünf- bis siebenseitiger Text, der dazu dient, die Idee zu platzieren, d.h. Neugier zu wecken und eine möglichst genaue Vorstellung davon zu entwerfen, wie das fertige Drehbuch aussehen soll. Die Arbeit an dem Drehbuch kann sich zwar über die nächsten sechs Monate oder anderthalb Jahre erstrecken, aber bereits in diesem Stadium sollte dem Autor wie dem Leser klar sein, welche Geschichte erzählt wird. Und vor allem: wessen Geschichte erzählt wird.

Das Exposé ist entscheidend für die Entwicklung einer Idee. Für den Autor, der sich seiner Idee und seines Stoffes vergewissert haben muss, bevor er ihn schreibt und für die zuständigen Redakteure, Lektoren bzw. Produzenten, die aufgrund des Exposés entscheiden, ob eine Zusammenarbeit mit dem Autor angestrebt werden soll. Im Zuge der Entwicklung und Etablierung diverser Ausbildungsgänge und Fortbildungen, die sich mit dem Drehbuchschreiben befassen und durch den nicht unerheblichen Einfluss amerikanischer Drehbuchautoren, die die Arbeit eines Drehbuchautors als Handwerk begreifen, haben sich die formalen Anforderungen an ein Exposé weitgehend durchgesetzt.

Abgesehen von einem guten Titel (oder Arbeitstitel) sollte das Exposé für ein Fernsehmovie die zentralen Figuren beschreiben und die Handlung zusammenfassen. Obwohl in diesem Stadium der Ideenentwicklung noch nicht alle Einzelheiten der Geschichte oder der Geschichte der Nebenfiguren fest stehen und im Verlauf der Weiterarbeit mit Sicherheit Änderungen vorgenommen werden. Für Andeutungen ist in dem Exposé kein Platz. Wenn es heißt, das Exposé solle neugierig machen, bedeutet das nicht, mit den Worten „wir sind alle gespannt, ob sie es schaffen wird" zu enden. Die Kunst, ein Exposé zu schreiben, besteht darin, nüchtern die Geschichte zu erzählen und emphatisch für sie zu werben. Das Exposé ist keine Gebrauchsanweisung, sondern wirbt für die Umsetzung einer Idee und einer Geschichte.

Das Exposé für eine Serie besteht in einer allgemeinen Einführung, die das grundlegende Konzept vorstellt. Dabei wird es vor allem darum gehen zu zeigen, wie die Konflikte aufgebaut sind. Liegen sie innerhalb des Ensembles der Figuren oder kommen sie von Folge zu Folge von außen an die Serienfiguren heran, wie es z.B. bei einer Krimiserie der Fall ist. Dazu können auch Ideen für die visuelle Umsetzung oder die Besetzung gehören. In einem zweiten Teil werden die Hauptfiguren vorgestellt. Die Charakterzüge werden erläutert und das soziale Umfeld oder die Vorgeschichte beschrieben. Dabei wird das Schwergewicht auf der Orchestrierung des Figurenensembles liegen. Ein gut gebautes Serienkonzept beruht darauf, dass es ein sehr breites Spektrum an Figuren vorweisen kann. Dies ist nicht immer leicht, weil Serien zumeist an einem abgegrenzten sozialen Ort spielen, z.B. in einem Frauengefängnis. Der dritte Teil der Präsentation beschreibt in mehr oder weniger ausführlicher Form die Handlung des *Piloten*, also der ersten Folge. Manchmal wird der Pilot aus Marketinggründen auf abendfüllende Länge konzipiert, dies sollte auch schon im Exposé berücksichtigt werden. Alle weiteren Folgen (mit dem Piloten meistens 13) werden in kurzen Handlungsabrissen beschrieben. Diese Form der Präsentation einer Serienidee hat sich inzwischen als Standard etabliert.

Das Treatment

Eine andere Form, einen Stoff vorzustellen, ist das *Treatment*. Wenn es als Verkaufsdokument gedacht ist, umfasst es für ein Fernsehmovie zehn bis 20 Seiten. Das Treatment enthält alle wichtigen Figuren und deren Motivationen, alle Konfliktmomente und die Entwicklungen der Figuren. Ein Treatment lässt die Erzählstruktur erkennen und sollte, wenn überhaupt, nur wenige Dialoge enthalten. Die Handlung sollte in einem narrativen Erzählstil dargelegt werden. Für einen unbekannten Autor ist zu empfehlen, ein Treatment einzureichen, weil er damit beweisen kann, dass er es versteht, eine Geschichte richtig zu strukturieren und über interessante Figuren zu erzählen. Ein Treatment, das von einem Autor für eine Produktion hergestellt wird, die den Stoff bereits gekauft hat, kann durchaus länger sein.

Das Drehbuch

Ein fertiges Drehbuch im Fernsehgeschäft zu verkaufen ist eher die Ausnahme. Zum einen ist der Leseaufwand sehr groß, zum anderen müssen Redakteure und Producer hinter ihrem Projekt stehen. Darum legen sie großen Wert darauf, an der Entwicklung einer Idee beteiligt zu sein.

Bei der Niederschrift des Drehbuchs hat sich das Kinoformat auch im Fernsehbereich durchgesetzt. Waren früher Regieanweisungen und Dialoge in zwei Spalten aufgeteilt, werden sie heute hintereinander aufgeschrieben. Die amerikanische Regel »One Page – One Minute«, also dass im Durchschnitt jede Seite eine Minute Filmzeit ergibt, wird zunehmend angewendet. Ein Redakteur wird also für einen 90-Minuten Film ein 90- bis 100-seitiges Drehbuch erwarten. Privaten Sender streben eine Länge von über 90 Minuten an, damit sie über dem gesetzlichen Limit sind, das ihnen drei Werbeblöcke erlaubt. Es ist vor allem im Fernsehbereich nicht angebracht, das Drehbuch oder das Exposé durch aufwendige grafische Gestaltung zu dekorieren. Ein einfaches, sachliches Titelblatt ist oftmals die beste Lösung.

Die »Bibel«

Ein besonderes Format stellt in der Serie die so genannte Bibel dar. Ein meist zehn- bis zwanzigseitiges Papier, das die Personen, das Setting und die Handlungen einer Serie beschreibt und allen Beteiligten als Richtlinie dient. Es wird erst im Verlauf einer bereits produzierten Serie hergestellt und dient vor allem dazu, den Ablauf stringent und logisch zu halten. Nichts ist fataler, als dass eine Figur in einer Folge schwanger wird, es später aber nie zu einer Geburt kommt oder der Sachverhalt anders thematisiert wird. Besonders bei langlaufenden Serien kommt der Bibel eine große Bedeutung zu.

Die Bezahlung von Autoren

Im Fernsehbereich gibt es in Deutschland zwar keine offiziell geltenden Mindesthonorare wie in den USA, doch seit vielen Jahren eine Vereinbarung der öffentlich-rechtlichen Sender mit den Bühnenverlegern (Regelsammlung), die einen Honorarrahmen abgesteckt, der Mindest- oder Standardhonorare enthält. Danach erhält ein Autor für ein Drehbuch, das abendfüllend, also etwa 90 Minuten lang ist, ein Honorar, das zwischen 20.000 und 25.000 Euro liegt. Ihm stehen für eine zweite und für alle weiteren Verwertungen entsprechende Wiederholungshonorare zu, die im Allgemeinen bei 100 Prozent liegen. Bei privaten Sendern haben sich allerdings die Buy-Out-Verträge durchgesetzt. Hier gibt der Autor sämtliche Rechte ab und bekommt kein Wiederholungshonorar. Die Vergütungen liegen erfahrungsgemäß zwischen 35.000 und 70.000 Euro. Die Teilhonorare werden in der Regel in mehreren Etappen ausgezahlt. Für das Treatment bekommen Autoren gewöhnlich 10 bis 20 Prozent des Drehbuchhonorars. Für die jeweiligen Fassungen werden Teile des Honorars festgelegt, wobei die letzte Rate erst bei Abnahme des Drehbuchs an den Autor überwiesen wird.

Ziele und Konflikte

Über 90 Prozent der für das Fernsehen produzierten Stoffe stehen in der Tradition des von Aristoteles formulierten dramatischen Erzählens. Es beruht auf dem Prinzip der Identifikation und der vor über 2000 Jahren formulierten Drei-Akt-Struktur.

Beide Prinzipien bauen darauf auf, dass die Hauptfigur ein Ziel hat und darum kämpft (kämpfen muss), es zu erreichen. Der Konflikt ist die Basis des dramatischen Erzählens. Ein Konflikt kann nur entstehen, wenn es ein Ziel gibt. Wo es kein »Wollen« gibt, kann es keine Auseinandersetzung geben. Und nur wo eine Kraft existiert, die den Zielen des Protagonisten entgegensteht, gibt es einen Konflikt.

Das Ziel der Hauptfigur kann alles sein. Der Protagonist will vielleicht eine große menschliche Aufgabe bewältigen oder ein eher kleines privates Ziel erreichen. Entscheidend ist, dass es sich um ein konkretes, erfüllbares Ziel handelt. Zwei Arten von Zielen können verfolgt werden, das aktive und das passive. Beim aktiven Ziel verfolgt die Hauptfigur von sich aus einen Plan. Das passive Ziel wendet sich gegen eine andere Kraft (wenn es sich um eine Person handelt: den Antagonisten), die (der) etwas erreichen will bzw. die Hauptfigur bedroht. Mit dem Ziel entscheidet sich, wann der Film beginnt und wann er endet, denn oft genug wird in den ersten Minuten das Ziel vorgestellt und kurz vor Schluss erreicht oder endgültig verfehlt. Damit die Zuschauer nicht das Interesse an der Figur und ihrem Ziel verlieren, sollten bestimmte Bedingungen erfüllt sein:

- Damit der Protagonist seine ganze Energie auf dieses Ziel richten kann, sollte es für ihn nur ein einziges Ziel geben.
- Es muss etwas auf dem Spiel stehen, was der Protagonist zu verlieren hat, wenn er sein Ziel nicht erreicht.
- Der Protagonist muss freiwillig oder gezwungenermaßen etwas dafür tun, sein Ziel zu erreichen.
- Das Ziel muss den Protagonisten in einen Konflikt bringen.

Der durch das Ziel vorgegebene Handlungsstrang ist häufig ein actionorientierter Kampf (was nicht immer explodierende Autos bedeuten muss). Damit sich die Zuschauer auch auf der tieferen emotionalen Ebene angesprochen fühlen, haben die Hauptfiguren etwas zu lernen. Häufig haben sie ein emotionales Defizit, das es auszufüllen gilt. Das Ziel der Hauptfigur ist ihr bewusst und wird mit Absicht verfolgt. Doch die unbedingt notwendige Entwicklung der Figuren findet auf einer anderen Ebene statt.

Das Bedürfnis bestimmt die Handlungen der Hauptfigur, ohne dass sie sich dessen bewusst ist. Dieses unterbewusste Verlangen ist der eigentliche Motor der Geschichte. Ein Bedürfnis ist kein intellektueller Wunsch, sondern ein grundlegendes menschliches Verlangen. Dieses unterbewusste Bestreben stellt einen Mangel in dem Charakter der Figur dar. Es gibt etwas, was ihr fehlt, um vollständig und eins mit der Welt zu sein.

Je menschlicher das Bedürfnis ist, desto mehr lädt es die Zuschauer zur Identifikation ein. Das Bedürfnis macht eine Geschichte universell und ermöglicht, dass sich viele Zuschauer von der Geschichte (wovon sie auch immer handeln mag) angesprochen fühlen. Da es immer in Bezug zu einem grundlegenden allgemein menschlichen Verlangen steht, sind die Möglichkeiten der Auswahl begrenzt. Vier große Komplexe bestimmen das unbewusste Bedürfnis von filmischen Figuren:

- Liebe
- Vertrauen
- Anerkennung
- Identität

Alle konkreten Bedürfnisse lassen sich unter diese allgemein menschlichen emotionalen Zustände einordnen, z.B. die Frage nach dem Erwachsenwerden (Identität) oder das Problem »offen sein« (Vertrauen). Dieses beschränkte Arsenal an Bedürfnissen bedeutet keine Einschränkung, sondern eine Chance, den Stoff emotional vielen Menschen zu öffnen.

Nun ist es aber in einem wirklichen Drama nicht etwa so, dass das Ziel die logische Konsequenz aus dem Bedürfnis ist. Im Gegenteil: Das Drama der Figuren wird am stärksten, wenn das Ziel das falsche Mittel ist, um das Bedürfnis zu erfüllen.

Von einer Geschichte, die emotional bewegt, erwarten die Zuschauer, dass sie handlungsorientiert ist und dass die Figuren Erfahrungen machen, die sie teilen können. Das kann sich auf die reale äußere Welt beziehen oder die Figuren können etwas über sich selbst erfahren. Zu Beginn der Geschichte kennt die Hauptfigur ihre Bedürfnisse noch nicht. Erst im Laufe der Handlung wird ihr klarer, was sie antreibt.

Die Entwicklung von der Unwissenheit zur Einsicht muss nachvollziehbar sein. Das bedeutet, jede Veränderung des Charakters sollte in Zusammenhang mit einer äußeren Begebenheit stehen.

Die Drei-Akt-Struktur

Neben dem Prinzip der Identifikation hat sich in den fiktionalen Fernsehproduktionen die so genannte Drei-Akt-Struktur nicht ohne Grund durchgesetzt. Aristoteles hat diese Struktur schon vor 2.000 Jahren mit den Begriffen Exposition, Entwicklung und Auflösung beschrieben.

Die Exposition führt in die Geschichte ein, stellt die handelnden Figuren vor und beschreibt die Situation. In der Entwicklung entsteht die Handlung, die für die Geschichte wichtig ist. Dieser Teil wird oft als Konfrontation bezeichnet, weil die gegeneinander stehenden Kräfte aufeinander treffen. Die Auflösung bedeutet das Ende der Geschichte.

Eine filmische Erzählung besteht aus diesen drei Akten, die in kleinere Sequenzen aufgeteilt sind. Die klassische Form für einen abendfüllenden Film besteht aus acht Sequenzen. Der erste und der dritte Akt aus jeweils zwei und der längere zweite Akt aus vier Sequenzen. Jede dieser Sequenzen hat einen eigenen Aufbau und dient einem eigenen Zweck.

Das Privatfernsehen stellt durch die Werbeunterbrechungen spezifische Anforderungen an die Struktur ihrer Fernsehmovies. Einerseits brauchen sie einen starken Anfang, um zu verhindern, dass die Zuschauer zu einem anderen Programm abwandern. Zum anderen werden ihre Fernsehmovies dreimal von zehn-, bis zwölfminütigen Werbeblöcken unterbrochen. Deshalb werden diese Produktionen in vier Teilen erzählt, wobei jeder Teil die Aufgabe hat, neugierig auf den nächsten zu machen. Erreicht wird dies durch so genannte *Cliffhanger*, die bei den Zuschauern eine Erwartung erzeugen, die sie aber erst nach der Werbung auflösen können. Abgeleitet ist das Wort (und auch die beste Beschreibung für diese Art der Dramaturgie) von der Hauptfigur, die hundert Meter über dem tosenden Meer an der Klippe hängt und droht hinunterzustürzen.

Trotzdem gelten für Fernsehmovies, Fernsehspiele und auch in abgewandelter Form für Serien die Erfahrungen, die sich in den letzten hundert Jahren als filmische Grammatik herauskristallisiert haben.

Eine Aufgabe der ersten Sequenz eines Films (und damit auch eines Drehbuchs) ist es, auf den Grundton der Geschichte einzustimmen. Handelt es sich um eine Komödie oder ein Drama, ein Epos oder einen Slapstick? Der Stil der filmischen Erzählung sollte möglichst früh erkennbar sein.

In der Einführung wird die Hauptfigur vorgestellt. Die Zuschauer gewinnen den ersten Eindruck von ihrem Charakter und bekommen Informationen über ihre soziologische Dimension: In welchem sozialen Umfeld sie lebt und welche Hintergrundgeschichte sie hat.

Acht Sequenzen

Die erste Sequenz wird auch als der »ungestörte Zustand« bezeichnet. In aktuellen Fernsehproduktionen wird diese Sequenz häufig sehr kurz gehalten. Zu stark ist die Gefahr, dass die Zuschauer sich langweilen.

Eine der Besonderheiten der Fernsehmovies ist, dass sie versuchen, in den ersten Minuten durch Effekte die Aufmerksamkeit der Zuschauer zu gewinnen. Es bleibt kaum Zeit, mit langem Atem in die Welt der Figuren einzuführen. Das Diktat der Quote und die geänderten Sehgewohnheiten haben sich am stärksten auf diese erste Sequenz ausgewirkt. Die erste Sequenz wird durch den ersten wirklichen Wendepunkt in der Geschichte, den Anstoß, beendet.

Wendepunkte lenken die Geschichte in eine neue, unerwartete Richtung. Je stärker die Wendung ist, desto dramatischer ist der Wendepunkt. Wendepunkte können Entscheidungen von Figuren sein, es können Informationen sein, die die Figuren bekommen oder es können Ereignisse sein, die die Handlung verändern. Eine Funktion von Wendepunkten ist es, die Vorhersehbarkeit zu durchbrechen. Sie treiben die Handlung voran, indem sie die handelnden Figuren vor neue Aufgaben stellen.

Der Anstoß nach der ersten Sequenz bringt die Geschichte in Gang. Irgend etwas passiert, das den Lauf der Dinge in eine andere Richtung lenkt. Von nun an weiß der Zuschauer, um was es in der Geschichte geht – der Motor ist definiert. Der Anstoß bestimmt die Handlung des Films.

Die folgende Sequenz vermittelt den Zuschauern mehr Informationen über die Vorgeschichte sowie näheren Aufschluss über die Figuren und beschreibt ausführlicher die Situation der Hauptfigur. Diese Sequenz dient der Etablierung des Ziels des Protagonisten und der Beschreibung der Konfliktsituation. Es werden Hinweise darauf gegeben, was oder wer dem Ziel der Hauptfigur entgegensteht. Diese Hindernisse werden angedeutet, aber noch nicht ausgeführt. Das bleibt dem zweiten Akt vorbehalten.

Der nächste Wendepunkt markiert den Schluss des ersten Akts und beschließt die Exposition. Der Konflikt ist etabliert und kann im zweiten Akt ausgeführt werden. Spätestens im Übergang zum zweiten Akt muss das Ziel der Hauptfigur etabliert sein. Der Protagonist ist nun gefangen. Es ist eine der Bedingungen für das Ende des ersten Akts, dass es für die Hauptfigur keine Möglichkeit mehr gibt, aus der Geschichte herauszukommen.

Der Wendepunkt am Ende des ersten Aktes markiert oft den Eintritt in eine neue Welt mit neuen Regeln. Die Hauptfiguren machen buchstäblich den Schritt in ein neues Land, an einen neuen Ort oder in eine neue Umgebung.

Der zweite Akt gibt Raum für die eigentliche Konfrontation. Je stärker die Konfliktsituation ist, desto besser funktioniert der zweite Akt.

Im zweiten Akt wird die Hauptfigur mit Hindernissen konfrontiert. In der ersten Sequenz des zweiten Akts geht der Protagonist den einfachsten Weg, um sein Ziel zu erreichen. Er geht den Schritt, den die Zuschauer auch ausführen würden, um das Ziel zu erreichen. Das erhöht die Identifikation und gibt den Zuschauern die Möglichkeit, dem Protagonisten zu folgen.

Die ersten Hindernisse sind aus dem Weg geräumt, und es sieht am Ende der zweiten Sequenz des zweiten Akts ganz danach aus, als gäbe es eine Lösung. Dieses ist der erste Höhepunkt, ein emotionaler Gipfel für die Hauptfigur. Sie ist an diesem Punkt kurz davor, das Ziel zu erreichen. Es sieht danach aus, als gäbe es keine Hindernisse mehr. In einer anderen dramatischen Form ist die Hauptfigur an diesem Punkt an weitesten von ihrem Ziel entfernt und es sieht so aus, als würde sie es nie erreichen.

Solche emotionalen Höhepunkte sind nicht mit Wendepunkten zu verwechseln. Es handelt sich um emotionale Zustände der Trauer oder der Freude. Der erste Höhepunkt liegt in der Mitte des zweiten Akts. Er lässt sich auch als Zenit bezeichnen, der die Hauptfigur auf dem Höhe- oder Tiefpunkt seines Weges zeigt.

Diesem Höhepunkt folgt ein Wendepunkt. Die Konsequenzen der vorhergehenden oder neue Geschehnisse geben der Handlung eine andere Richtung. Dies ist der Wendepunkt nach dem ersten Höhepunkt, der manchmal noch in der gleichen Szene, häufig aber auch erst in einer der folgenden stattfindet.

Waren die ersten beiden Sequenzen des zweiten Akts von Hoffnung geprägt, so beschreiben die dritte und vierte Sequenz die Katastrophe. Alles entwickelt sich negativ. Der Protagonist unternimmt immer größere Anstrengungen, um seinem Ziel näher zu kommen; bis in der letzten Sequenz des zweiten Aktes der zweite oder auch der eigentliche Höhepunkt erreicht ist. Handelt es sich bei dem ersten Höhepunkt um einen positiv besetzten Moment, so wird der zweite ein negativ besetzter sein. Die Hauptfigur ist am weitesten von ihrem Ziel entfernt. Es sieht so aus, als würde sie es nie schaffen. Ist der erste Höhepunkt negativ, so wenden sich die Vorzeichen beim zweiten zu einem Glücksmoment. Die ersten beiden Sequenzen gehören zur Katastrophe und die letzten beiden sind von Hoffnung geprägt. Beide Formen der emotionalen Reise sind möglich. Der zweite Höhepunkt ist die Auflösung der Hauptspannung, also der Spannung des zweiten Akts. Die Frage, die am Anfang des zweiten Akts gestellt wurde, ist beantwortet.

Dem zweiten emotionalen Höhepunkt folgt ein weiterer Wendepunkt, der eine neue Spannung einleitet. Die Spannung des dritten Aktes ist eine neue Spannung, die ohne die vorhergehenden Geschehnisse nicht möglich wäre. Sie baut auf dem Verlauf des zweiten Aktes und speziell der Lösung der Hauptspannung auf. War der zweite Höhepunkt positiv besetzt, wird der dritte Akt unter negativen Vorzeichen stehen. War der zweite Höhepunkt negativ besetzt, wird die Hauptfigur sich immer mehr ihrem Ziel nähern.

Zwischen den beiden Sequenzen des dritten Akts liegt ein Wendepunkt. Die Ereignisse, die sich vorher z. B. gegen den Protagonisten richteten, wenden sich zum Guten.

Die Auflösung des dritten Akts – die Klimax – bedeutet gleichzeitig die Lösung der Spannung des Films. Sie ist gleichbedeutend mit dem Erlöschen des Zieles der Hauptfigur, entweder weil sie es erreicht hat oder weil sie den Kampf (aus welchen Gründen auch immer) aufgegeben hat. Entscheidend ist, dass die Zuschauer nach der Auflösung nichts mehr erwarten.

Diese dramaturgische Struktur ist die Basis für die meisten fiktionalen Fernsehprogramme. Auch die Serie beinhaltet die genannten Merkmale, verwendet sie aber in anderen Zusammenhängen bzw. in knapperen Formen. Drehbuchautoren, Produzenten und Redakteure sollten sie kennen und anwenden können, um handwerklich gut gearbeitete Geschichten für das Publikum zu erzählen.

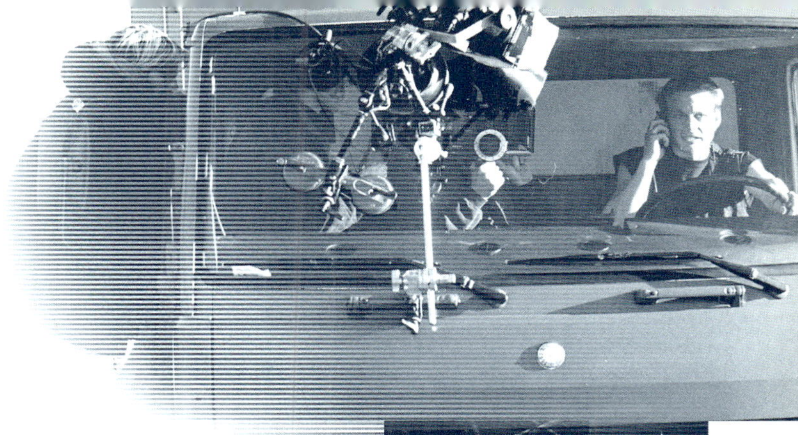

Ausblick

Obwohl in der letzten Zeit die großen Hoffnungen, die in die neuen Medien und hier insbesondere in das Internet gesetzt wurden, zerplatzt sind, ist es doch immer noch ein Markt mit großen Entwicklungschancen. Das Thema der Zukunft heißt Konvergenz. Heute führen die unterschiedlichen medialen Vermittlungswege noch ein einsames Dasein, doch schon bald werden Internet, Handys und Fernsehen zusammenwachsen und eine eigene neue Realität erschaffen. Dabei spielt weniger die technische Seite eine Rolle als vielmehr eine inhaltliche Konvergenz, deren Basis die Ideenentwicklung ist, neudeutsch auch als Content bezeichnet.

Vor einigen Jahren waren die ersten Vorboten dieser Entwicklung zu erkennen. Das *Blair Witch Project*, das 1999 fälschlicherweise nur als Marketingwunder abklassifiziert wurde, hat die erste Aufmerksamkeit erregende crossmediale Realität geschaffen. Der Stoff dieses Projektes fand nicht nur im Kino eine Nutzung, sondern auch eine ihm angemessene Verwertung in einem vollkommen anderem Medium, dem Internet. Die Gesetze und Sehgewohnheiten dieses jungen Mediums sind andere, und diesem Projekt gelang es zum ersten Mal, für eine Idee eine adäquate Umsetzung für beide Formate zu entwickeln. Dabei zeigte sich auch, dass sich beide Umsetzungen wechselseitig beworben haben. Der Erfolg im Internet hat als Marketingmaßnahme zum Erfolg im Kino beigetragen und umgekehrt.

Die wirkliche Zukunft der Stoffentwicklung wird also nicht darin liegen, für das eine oder das andere Medium ein »Abfallprodukt« zu entwickeln (die Webpage zu einem Kinofilm etc.), sondern Ideen für beide Medien (oder sogar noch zusätzlich für die Telekommunikation) gleichzeitig und mit den ihnen eigenen Gesetzmäßigkeiten auszuarbeiten.

Noch von einer Plattform (dem Fernsehen) ausgehend war *Big Brother* trotzdem ein deutlicher Hinweis darauf, wie sich die Zukunft auch von fiktionalen Programmen gestalten kann. Der Ablauf der Stoffentwicklung wird ausgehend von einer Idee in verschiedene Projekte aufgespalten, die für das klassische Fernsehen und für das Internet entwickelt werden. Ausgangspunkt ist in jedem Fall eine Idee, die auch als »Main Idea« bezeichnet werden kann. Dabei wird sich die Arbeitsteilung im weiteren Prozess durchsetzen. Analog zur Daily Soap werden Teams zusammenarbeiten, die den unterschiedlichen Anforderungen gerecht werden. Die grundlegenden Entscheidungen werden in solchen Teams getroffen, während die konkrete Umsetzung kleineren Gruppen überlassen bleibt, die durch einen Koordinator betreut werden. Dieser Story-Editor führt alle Ergebnisse und Personen zusammen und sorgt dafür, dass sie sich nicht zu weit voneinander entfernen.

Schon heute versuchen die privaten Sender, durch so genannte Cross Promotion den Eventcharakter eines Fernsehmovies zu erhöhen. Themen, die in der Fiktion verhandelt werden, können so auch in der alltäglichen Talkshow oder in Reportagemagazinen aufgegriffen werden. Oder die Schauspieler werden von Sendung zu Sendung weitergereicht. Die zugrunde liegende Idee bestimmt die Konvergenz der Medien, ohne dass der Gedanke der Promotion für das eine bestimmende Format (in diesem Fall das Fernsehmovie) noch eine allzu große Rolle spielen wird. Wechselseitige Promotion wird neue Realitäten schaffen, die es zu verkaufen gilt. Die Stoffentwickler der Zukunft werden also nicht mehr nur Geschichtenerzähler im klassischen Sinne sein. Sie werden die Aufgabe haben, künstliche Welten zu schaffen, in die die Zuschauer in den verschiedenen Medien eintauchen können. Was für einige als Horrorvision erscheint, ist in Wirklichkeit seit langem Realität. Der erfolgreiche Roman wird schon seit Jahren in eine filmische Realität verwandelt und womöglich sogar in eine Serie. In den Medien der Zukunft wird dieses System perfektioniert werden.

Interessanterweise wird diese Entwicklung die Macht der Urheber bzw. der Besitzer von Urheberrechten stärken. Denn in Zukunft wird es keine Rolle mehr spielen, wo eine Idee platziert wird. Schon der Erfolg von *Big Brother*, das von der holländischen Fernsehproduktion Endemol entwickelt wurde, hat dazu geführt, dass die Firma eine unerreichbar starke Stellung gegenüber dem Sender aufbauen konnte. Es ist nicht mehr auszuschließen, dass neben den heute bekannten Fernsehsendern neue Vermittler hinzukommen. Da aber die Ideen der Zukunft immer weniger von einem einsamen Autor in der Spitzwegschen Kammer entwickelt werden, sondern von Teams, werden die Rechte letztendlich im Besitz der Produktionsfirmen (die dann vielleicht Contentdeveloper genannt werden) bleiben.

Trotzdem kommt den Entwicklern der Ideen immer mehr Gewicht zu. Ein neues Berufsbild wird entstehen, das sehr unterschiedliche Fertigkeiten in sich vereint. Die Entwickler müssen dramaturgische Fähigkeiten besitzen und sie müssen sich grundlegendes technisches Know-how aneignen, um die Möglichkeiten der Medien zu kennen. Als Entwickler müssen sie nicht nur filmisches Wissen umsetzen können, sondern sich auch im Game-Bereich auskennen und die vielfältigen Formen des Internets nutzen können.

Wohin genau die Entwicklung gehen wird, ist heute noch nicht abzusehen. Doch die Geschichte zeigt, dass sich schon bald eine eigenständige Form entwickeln wird. Auch in den Kinderjahren des Fernsehens kamen die Autoren, also die Stoffentwickler, aus dem klassischen Bereich des Theaters. Dort waren diejenigen anzutreffen, die am ehesten das schreiben konnten, was im Fernsehen gebraucht wurde: Theaterautoren haben 90-minütige Fernsehspiele geschrieben, die live gesendet wurden. Doch es dauerte nicht lange, bis die ersten typischen Fernsehautoren auftraten. So wird es schon bald die Erzähler geben, die die Geschichten für morgen entwickeln und schreiben.

Literatur

Michel Chion: ***Techniken des Drehbuchschreibens***. Alexander Verlag: Berlin, 2001

Sam Davis: ***Quotenfieber***. Das Geheimnis erfolgreicher TV-Movies. Bastei-Lübbe: Bergisch Gladbach, 2000

Lejos Egri: ***The Art of Dramativ Writing***. New York, 1946

Syd Field: ***Das Handbuch zum Drehbuch***. Übungen und Anleitungen zu einem guten Drehbuch. Zweitausendeins: Frankfurt, 1991

Field/Märthesheimer/Längsfeld u. a.: ***Drehbuchschreiben für Fernsehen und Film***. Ein Handbuch für Ausbildung und Praxis. Ullstein: München, 2000

Julian Friedmann: ***Unternehmen Drehbuch***. Drehbücher schreiben, präsentieren, verkaufen. Bastei-Lübbe: Bergisch Gladbach, 1999

William Goldmann: ***Das Hollywood-Geschäft***. Hinter den Kulissen der amerikanischen Filmindustrie. Bastei-Lübbe: Bergisch Gladbach, 1999

David Howard: ***Drehbuchhandwerk***. Emons Verlag: Köln, 1995

Oliver Schütte: ***Die Kunst des Drehbuchschreibens***. Bastei-Lübbe: Bergisch Gladbach, 1999

Sandra Uschtrin (Hg.): ***Handbuch für Autorinnen und Autoren***. Adressen und Informationen aus dem deutschsprachigen Literatur- und Medienbetrieb. Uschtrin Verlag: München, 5. Auflage, 2001

Marc H. Oetzel

Film- und Fernsehrecht

Der Urheberrechtsschutz im Bereich der Film- und Fernsehproduktion erstreckt sich grundsätzlich auf konkrete Sprach-, Musik-, Film- oder sonstige Werke. Als schutzfähiges Werk kommt einerseits die fertige Filmproduktion in Betracht, andererseits aber auch die zu seiner Herstellung erforderlichen vorbestehenden Werke, wie Drehbücher, Exposés, Treatments, Filmmusiken, Requisiten etc. Voraussetzung für die Annahme eines schutzfähigen Werkes ist das Vorliegen einer persönlich-geistigen Schöpfung des Urhebers, also eine originäre Gedanken- oder Gefühlsäußerung, die der Urheber mittels der ihm zur Verfügung stehenden kreativen Möglichkeiten umsetzt und die von einem Menschen sinnlich wahrgenommen werden kann.

Die Idee zu einer Filmgeschichte ist nur dann urheberrechtlich geschützt, sofern sie in eine für die menschlichen Sinne wahrnehmbare Form (z.B. Ansprache oder Exposé) gegossen worden ist. Demgegenüber sind Sendeformate keine urheberrechtlich geschützten Werke; im Einzelfall kann jedoch den einzelnen Bestandteilen des Sendeformates urheberrechtlicher Schutz zukommen. Als Urheber kommen grundsätzlich nur natürliche Personen, nicht jedoch Produktionsfirmen in Betracht. Im Fall der Mitwirkung mehrerer Urheber spricht man von Miturheberschaft. Dem Urheber eines Werkes stehen grundsätzlich alle Rechte an dem von ihm geschaffenen Werk zu. Hierzu gehören einerseits die so genannten Urheberpersönlichkeitsrechte wie z.B. das Recht auf Nennung oder das Recht, Entstellungen des Werkes zu verbieten, sowie andererseits zahlreiche Nutzungsrechte, die der Urheber an Dritte weiter übertragen kann. Nutzungsrechte sind insbesondere das Veröffentlichungs-, Vervielfältigungs-, Verbreitungs-, Vortrags-, Aufführungs- und Vorführungsrecht sowie das Senderecht.

Der Urheberrechtsschutz an einem Filmwerk währt grundsätzlich 70 Jahre nach dem Tod des Längstlebenden der nachfolgend genannten Personen: Regisseur, Urheber des Drehbuchs, Urheber der Dialoge, Komponist der Filmmusik. Der Schutz sonstiger vorbestehender Werke, wie Romane und Drehbücher, erlischt grundsätzlich 70 Jahre nach dem Tod des Urhebers.

Die Übertragung von Nutzungsrechten an vorbestehenden Werken oder an dem Filmwerk selbst erfordert ein großes Maß an Sorgfalt, um eine umfassende Verwertung zu ermöglichen. Unklarheiten gehen in der Regel zu Lasten des Rechteerwerbers. Im Zweifel gelten nur die Rechte als übertragen, die zur Erfüllung des Vertragszwecks unbedingt erforderlich sind. Der Umfang der Rechtsübertragung kann zeitlich, räumlich und inhaltlich beschränkt werden. Ferner können exklusive und nicht-exklusive Rechte an dem jeweiligen Werk eingeräumt werden.

Da der Produzent einer Film- oder Fernsehproduktion selbst nicht Urheber ist, räumt ihm das Gesetz als Filmhersteller bestimmte Leistungsschutzrechte ein. Diese beinhalten insbesondere das ausschließliche Recht, den Bild- und Tonträger, auf dem das Filmwerk festgehalten ist, zu vervielfältigen, zu verbreiten und zu öffentlichen Vorführungen oder Funksendungen zu benutzen. Die Rechte der Urheber und Leistungsschutzberechtigten

werden in weiten Teilen von den so genannten Verwertungsgesellschaften verwaltet. Der Urheber oder Leistungsschutzberechtigte überträgt bestimmte Nutzungs- und Verwertungsrechte an die Verwertungsgesellschaften, damit diese die Rechte Dritten zu festgeschriebenen Konditionen anbieten oder einräumen können. Der Urheber bzw. Leistungsschutzberechtigte erhält dafür im Gegenzug von der Verwertungsgesellschaft Tantiemen nach einem bestimmten Verteilungsplan. Der Titel einer Film- oder Fernsehproduktion kann durch durch Titel- oder Markenschutzrechte geschützt sein.

Urheberrecht

Jede kreative Leistung stellt grundsätzlich einen immateriellen Wert (so genanntes geistiges Eigentum) dar, welcher sich durch geeignete Verwertungsmaßnahmen kommerzialisieren lässt. Dementsprechend hat das Urheberrecht die Beziehung des Urhebers zu dem von ihm geschaffenen Werk zum Gegenstand. Es beabsichtigt den Schutz des Urhebers vor Eingriffen in die Substanz seines Werkes sowie die angemessene Beteiligung des Urhebers an der wirtschaftlichen Auswertung des Werkes. Im Urheberrechtsgesetz und in der Rechtsprechung findet sich daher die Tendenz, »im Zweifel für den Urheber« zu entscheiden. Dies gilt insbesondere bei der Abwägung der widerstreitenden Interessen von Urhebern und Verwertern. Der Filmproduzent ist als Verwerter daher gut beraten, beim Erwerb von Nutzungsrechten ein größtmögliches Maß an Sorgfalt anzuwenden, um eine effiziente und vollständige Verwertung seiner Filmproduktion zu ermöglichen. Schließlich hängt nicht zuletzt von der Vielzahl der Verwertungsmöglichkeiten die Wirtschaftlichkeit seiner Tätigkeit ab.

Das Filmwerk

Das Urheberrecht und die damit verbundenen Rechte bestehen grundsätzlich nur dann, wenn der Urheber ein Werk geschaffen hat. §2 Urheberrechtsgesetz (UrhG) enthält eine exemplarische Aufzählung darüber, welche Schöpfungen als Werke in Betracht kommen, nämlich

- Sprachwerke, wie
  - Schriftwerke (z.B. Drehbuch, Expose, Treatment),
  - Reden und
  - Computerprogramme,
- Werke der Musik,
- pantomimische Werke,
- Werke der Tanzkunst,
- Werke der bildenden Künste,
- Werke der Baukunst und der angewandten Kunst sowie deren Entwürfe,
- Lichtbildwerke,
- Filmwerke, einschließlich der Werke, die ähnlich wie Filmwerke geschaffen werden sowie
- Darstellungen wissenschaftlicher oder technischer Art.

Urheberrechtsgesetz
§2 Geschützte Werke
(1) Zu den geschützten Werken der Literatur, Wissenschaft und Kunst gehören insbesondere:
Sprachwerke, wie Schriftwerke, Reden und Computerprogramme;
Werke der Musik; pantomimische Werke einschließlich der Werke der Tanzkunst;
Werke der bildenden Künste einschließlich der Werke der Baukunst und der angewandten Kunst und Entwürfe solcher Werke;
Lichtbildwerke einschließlich der Werke, die ähnlich wie Lichtbildwerke geschaffen werden; Filmwerke einschließlich der Werke, die ähnlich wie Filmwerke geschaffen werden;
Darstellungen wissenschaftlicher oder technischer Art, wie Zeichnungen, Pläne, Karten, Skizzen, Tabellen und plastische Darstellungen.
(2) Werke im Sinne dieses Gesetzes sind nur persönliche geistige Schöpfungen.

Bei der Herstellung einer Film- oder Fernsehproduktion, die als Filmwerk geschützt ist, werden regelmäßig Romane, Drehbücher, Musikwerke, Requisiten, Lichtbilder u.a. verwendet, die ihrerseits schutztfähige Werke sein können (so genannte vorbestehende Werke). Die Urheber-, Nutzungs- und Leistungsschutzrechte an vorbestehenden Werken müssen von den Rechten an der fertigen Filmproduktion sorgfältig unterschieden werden.

Als schutzfähige Werke gelten nur persönliche geistige Schöpfungen. Dies bedeutet, dass Urheber eines Werkes immer nur eine natürliche Person, niemals eine juristische Person, also z.B. die Produktionsfirma selbst sein kann.

Jede Schöpfung beinhaltet eine originäre Gedanken- und Gefühlsäußerung des Schöpfers, die er wissentlich mittels der ihm zur Verfügung stehenden kreativen und dramaturgischen Möglichkeiten umgesetzt hat. Daher sind zufällige oder durch rein mechanische Tätigkeit entstandene Erzeugnisse keine schutzfähigen Werke. Diese persönliche Äußerung des Schöpfers wird häufig auch als Individualität des Werkes bezeichnet. Zudem impliziert der Begriff der Schöpfung bereits, dass es sich bei dem geschaffenen Werk um etwas anderes handeln muss als die bloße Wiedergabe dessen, was ein anderer bereits erschaffen hat. Nicht erforderlich ist die Schöpfung von etwas völlig Neuen und noch nie Dagewesenen, da neue Schöpfungen oftmals auf alten, bereits bekannten Werken aufbauen.

Das Vorliegen einer schöpferischen Leistung ist bei fiktionalen Filmproduktionen (fast) immer der Fall. Auch Dokumentarfilmen, Werbe- und Industriefilmen, Musikvideos, Quizshows, und Kabarettsendungen liegt in der Regel ein originelles geistiges Konzept zugrunde, so dass sie urheberrechtlich geschützte Filmwerke sind. Bei Nachrichtensendungen, politischen Magazinen, Sportübertragungen oder Theaterübertragungen ist dies jedoch zweifelhaft, da hier oftmals lediglich tatsächliche Geschehnisse wiedergegeben werden. Eine abschließende urheberrechtliche Beurteilung solcher Produktionen ist aber nur im Einzelfall möglich. Aber auch dann, wenn solche Produktionen keine Filmwerke sind, können sie als so genannte Laufbilder geschützt sein.

Unerheblich ist, ob das geschaffene Filmwerk besondere inhaltliche oder technische Merkmale aufweist. So sind Trickfilme ebenso wie Realaufnahmen schutzfähig. Auch der Zweck der Filmproduktion ist für die Frage der Werkqualität unerheblich. Das bedeutet, dass sowohl rein unterhaltende Produktionen, wie Comedyformate, Seifenopern, Reality- oder Talkshows ebenso schutzfähige Werke darstellen können, wie informative, sich kritisch mit dem Zeitgeist oder gesellschaftlichen und politischen Gegebenheiten befassende Produktionen.

Jedes kreative Arbeitsergebnis kann aber nur dann Gegenstand urheberrechtlicher Schutzrechte sein, sofern es von einem Menschen sinnlich wahrgenommen werden kann. Eine körperliche Fixierung auf Bild- und Tonträgern ist nicht unbedingt erforderlich, wenngleich dies bei Filmwerken wesensnotwendig ist. Anders jedoch bei Filmgeschichten: Hier erwirbt ein Autor bereits dann Urheberrechte an einer von ihm erfundenen Geschichte, sobald er diese seinem Verleger oder einem Produzenten – selbst mit einfachen Worten – mündlich schildert. In diesem Fall ist er Urheber eines Sprachwerkes mit der darin enthaltenen Fabel. Allerdings ist zu beachten, dass bei Meinungsverschiedenheiten darüber, wer Urheber eines unkörperlichen Werkes ist, sehr häufig Beweisschwierigkeiten entstehen. So empfiehlt es sich für Autoren, ihre Schöpfungen unbedingt in körperlicher Form festzuhalten.

Schutz der Filmidee

Hiervon zu unterscheiden ist die in der Praxis sehr häufig vorkommende Frage, ob und inwieweit die Idee zu einem Film urheberrechtlich geschützt ist. Eine Idee ist als solche grundsätzlich nicht urheberrechtsschutzfähig, solange sie von ihrem Schöpfer nicht in eine für die menschlichen Sinne wahrnehmbare Form (z.B. Ansprache, Konzept, Exposé, Treatment) gegossen worden ist. Außerdem muss die Idee zumindest die wesentlichen Gestaltungselemente für den herzustellenden Film aufweisen. Allein das Vorhaben, einen Film über die Geschichte eines reichen Geschäftsmanns, der sich in eine junge, mittellose Frau verliebt, oder die Geschichte eines Mafia-Clans herstellen zu wollen, begründet keinen urheberrechtlichen Schutz. Die beiden vorgenannten Filmideen sind bereits mehrfach filmisch umgesetzt worden, so dass allein das Vorhaben, einen solchen Film herstellen zu wollen, noch keine ausreichende schöpferische Eigentümlichkeit bzw. Individualität aufweist. Hier gilt der Grundsatz, dass eine verkörperte Filmidee (z.B. Treatment) um so eher urheberrechtlich schutzfähig ist, je detaillierter die Geschichte des Films, die Fabel, Handlungsabläufe, die Charaktere der Filmfiguren, Szenen, Einstellungen, Dialoge etc. festgelegt sind. Je weniger detailliert die Ausarbeitung ist, desto geringer ist die Originalität bzw. Individualität und damit auch ihr urheberrechtlicher Schutz. Ob eine konkrete Ausarbeitung tatsächlich Urheberrechtschutz genießt oder nicht, kann jedoch nur im Einzelfall unter besonderer Berücksichtigung der jeweiligen Ausarbeitung ermittelt werden.

Zum Schutz vor der unberechtigten Übernahme seiner Filmidee empfiehlt es sich für den Autor, sich die Existenz seiner Ausarbeitung und den Zeitpunkt der Fertigstellung von einem Dritten schriftlich bestätigen zu lassen. Häufig besteht beim Autor die Furcht, seine Ausarbeitungen einem Produzenten oder sonstigen Dritten zu überlassen, da er per se mit dem Diebstahl seiner Idee rechnet. Dem kann durch vertrauensbildende Maßnahmen insoweit Rechnung getragen werden, als dass der Produzent den Erhalt des Filmexposés, Treatments etc. schriftlich bestätigt oder sich darüber hinaus sogar zum Nichtgebrauch der Idee verpflichtet.

Formatschutz

Häufig stellt sich auch die Frage, ob und inwieweit ein bestimmtes Sendeformat urheberrechtlich geschützt ist. Unter dem Begriff des Formates versteht man allgemein die Gesamtheit aller wiederkehrenden Gestaltungselemente einer Fernsehsendung, wie sie vom Zuschauer wahrgenommen wird. Zu den Gestaltungselementen zählen insbesondere die Spielidee und -regeln, Moderatorenleistung, Bühnendekoration, Titel der Sendung, Logo, Ablauf der Sendung, Verwendung bestimmter Befragungstechniken etc. Die Frage des Urheberschutzes ist für Produzenten und Sender von erheblicher wirtschaftlicher Bedeutung. Hier scheinen sich zwei Tendenzen derzeit abzuzeichnen: Bei vielen Fernsehformaten im Bereich Comedy oder bei Quizshows werden immer wieder bewährte Fernsehformate hinsichtlich Design, Tempo, Höhe der Preisgelder und Spielregeln zeitgemäß bearbeitet und adaptiert, ohne dass hierbei geklärt wäre, ob an den Formaten Urheberrechte ihrer Schöpfer bestehen.

Anders bei neu geschaffenen Formaten wie den so genannten Reality-TV-Shows, die in der jüngeren Vergangenheit an Bedeutung gewonnen haben. Hier werden zum Teil sechsstellige Beträge für die Lizenzierung bereits im Ausland

§ 7 Urheber

Urheber ist der Schöpfer des Werkes.

§ 8 Miturheber

(1) Haben mehrere ein Werk gemeinsam geschaffen, ohne daß sich ihre Anteile gesondert verwerten lassen, so sind sie Miturheber des Werkes.
(2) Das Recht zur Veröffentlichung und zur Verwertung des Werkes steht den Miturhebern zur gesamten Hand zu; Änderungen des Werkes sind nur mit Einwilligung der Miturheber zulässig. Ein Miturheber darf jedoch seine Einwilligung zur Veröffentlichung, Verwertung oder Änderung nicht wider Treu und Glauben verweigern. Jeder Miturheber ist berechtigt, Ansprüche aus Verletzungen des gemeinsamen Urheberrechts geltend zu machen; er kann jedoch nur Leistung an alle Miturheber verlangen.
(3) Die Erträgnisse aus der Nutzung des Werkes gebühren den Miturhebern nach dem Umfang ihrer Mitwirkung an der Schöpfung des Werkes, wenn nichts anderes zwischen den Miturhebern vereinbart ist.
(4) Ein Miturheber kann auf seinen Anteil an den Verwertungsrechten (§ 15) verzichten. Der Verzicht ist den anderen Miturhebern gegenüber zu erklären. Mit der Erklärung wächst der Anteil den anderen Miturhebern zu.

§ 13 Anerkennung der Urheberschaft

Der Urheber hat das Recht auf Anerkennung seiner Urheberschaft am Werk. Er kann bestimmen, ob das Werk mit seiner Urheberbezeichnung zu versehen ist und welche Bezeichnung zu verwenden ist.

erfolgreicher Fernsehformate gezahlt, obwohl auch hier die Frage etwaiger Urheberrechte der Schöpfer dieser Formate nicht geklärt wird. Die Gerichte haben sich mit der Frage der Schutzfähigkeit bislang noch nicht abschließend beschäftigt. Allerdings scheint sich die Tendenz abzuzeichnen, dass ein Fernsehformat an sich nicht urheberrechtlich schutzfähig ist, da es nicht mehr als die Summe der oben genannten Einzelbestandteile ist, die nicht durch eine besondere Formgebung zu einer Einheit verbunden sind. Dies bedeutet, dass die Einzelelemente eines Fernsehformates, für sich allein betrachtet, urheberrechtlich schutzfähig sein können (z.B. die Bühnendekoration), in ihrer Gesamtheit als Fernsehformat sind sie es aber wohl nicht.

Der Urheber

Als Urheber eines Werkes kommen nur natürliche Personen, unabhängig von ihrem Alter, persönlichen Fähigkeiten oder Eigenschaften, in Betracht, so dass auch Kinder und Jugendliche bei Vorliegen einer schöpferischen Leistung Urheber sein können. Haben mehrere natürliche Personen ein Werk gemeinsam geschaffen, ohne dass sich ihre jeweiligen Anteile an dem Werk gesondert verwerten lassen, so behandelt sie das Gesetz als gleichberechtigte Miturheber des Werkes. Eine gemeinsame Schöpfung liegt jedoch nur dann vor, wenn die Zusammenarbeit der Miturheber auf die Erstellung eines gemeinsamen Werkes gerichtet war und jeder einzelne von ihnen einen eigenen schöpferischen Beitrag leistet, der in das gemeinsame Werk einfließt. Dies bedeutet natürlich nicht, dass zwei Drehbuchautoren jede Dialogzeile eines Drehbuchs gemeinsam erdichten müssen. Vielmehr liegt eine gemeinsame Schöpfung auch dann vor, wenn die Erstellung des Drehbuchs zwischen den Autoren aufgeteilt wird, z.B. nach Szenen. Die Miturheber bilden eine so genannte Gesamthandsgemeinschaft. Dies bedeutet, dass sie über alle ihnen als Urheber zustehenden Rechte nur gemeinsam, das heißt nach dem Einstimmigkeitsprinzip, verfügen können. Die Entscheidungen über Veränderungen des gemeinsamen Werkes, seiner Veröffentlichung oder Verwertung müssen also von den Miturhebern einstimmig getroffen werden. Etwas anderes gilt nur für Maßnahmen, die zur Erhaltung des wirtschaftlichen Wertes oder der uneingeschränkten Verwertbarkeit des Werkes unbedingt notwendig ist. In diesem Fall kann jeder Miturheber auch ohne Zustimmung des anderen allein entscheiden.

Keine Miturheberschaft liegt vor, wenn einer der Beteiligten dem schöpferischen Gestaltungswillen des anderen so stark untergeordnet ist, dass er diesen Willen lediglich ausführt, ohne dabei eine eigene schöpferische Leistung beizusteuern. In diesen Fällen spricht man von bloßen Gehilfen. Auch der Produzent oder Fernsehredakteur, der einen Autor mit der Erstellung eines Drehbuches beauftragt, ist nicht Miturheber, da er nicht selbst schöpferisch tätig wird. Etwas anderes gilt jedoch im US-amerikanischen Urheberrecht, wonach der Produzent Urheber eines Drehbuches werden kann, ohne eine einzige Zeile beigesteuert zu haben. Solche Auftragsarbeiten werden auch als »work made for hire« bezeichnet.

Als Urheber der für die Filmproduktion notwendigen vorbestehenden Werke, z.B. Romane, Drehbücher, Musikwerke, Requisiten, Lichtbilder, kommen der oder die beteiligten Autoren, Komponisten, Requisitenbauer etc. in Betracht. Als Urheber der fertigen Filmproduktion ist im Regelfall allein der Regisseur, nicht aber der Filmproduzent anzusehen, wobei im Einzelfall eine Miturheberschaft des

Kameramanns, Cutters, Tonmeisters, ausnahmsweise auch von Darstellern, möglich ist. Entscheidend ist, ob die Beteiligten im konkreten Einzelfall einen maßgeblichen Einfluss auf die Bildgestaltung des Films haben. Der Produzent erwirbt dagegen mangels eigener schöpferischer Leistung keine Urheberrechte, sondern Leistungsschutzrechte als Filmhersteller. Auch der Drehbuchautor oder Komponist der Filmmusik ist nicht Miturheber des Filmwerks, da er an der eigenschöpferischen Zusammenführung der vorbestehenden Werke zu einem Gesamtwerk, nämlich dem fertigen Film, nichts Neues beiträgt. Sein Beitrag ist mit der Fertigstellung der kurbelfertigen Drehbuchfassung oder der Filmmusik beendigt.

Rechte des Urhebers

Das Urheberrechtsgesetz hat den Urheber mit zahlreichen Rechten ausgestattet, die seine persönliche Beziehung zu dem von ihm geschaffenem Werk besonders schützen (so genannte Urheberpersönlichkeitsrechte). Daneben räumt es dem Urheber das Recht ein, das von ihm geschaffene Werk in allen erdenklichen, auch zukünftigen Formen zu verwerten oder verwerten zu lassen (so genannte Verwertungsrechte) und dabei die Nutzung durch Dritte von der Zahlung einer Vergütung abhängig zu machen. Hierzu zählen insbesondere:

Veröffentlichungsrecht

Der Urheber kann bestimmen, ob und wie sein Werk zu veröffentlichen ist. Die Zustimmung kann der Urheber ausdrücklich oder konkludent, also durch schlüssiges Verhalten, ausüben. Letzteres gilt übrigens für alle Zustimmungserfordernisse. Eine konkludente Zustimmung des Drehbuchautors liegt z.B. dann vor, wenn er dem Produzenten das Recht zur Verfilmung des Drehbuches einräumt, weil die Veröffentlichung des Films notwendigerweise auch die Veröffentlichung des Inhaltes des Drehbuchs zur Folge hat. Filmproduktionen werden typischerweise auf Programmmessen, Filmfestivals oder durch ihre Erstausstrahlung im Kino oder Fernsehen veröffentlicht. Die Vorführung in Previews oder Pressevorführungen stellt dagegen noch keine Veröffentlichung dar, da sie regelmäßig vor einem zahlenmäßig begrenzten Personenkreis stattfindet.

Recht auf Namensnennung

Der Urheber kann alleine darüber bestimmen, ob das Werk mit einer Urheberbezeichnung zu versehen ist und welche Bezeichnung dabei zu verwenden ist. Neben der reinen Prestigefunktion kommt den *Credits* auch eine rechtliche Bedeutung zu. Das Urheberrechtsgesetz stellt nämlich die (widerlegbare) Vermutung dafür auf, dass derjenige, der in dem Vor- oder Abspann, auf dem Buchdeckel, Plattencover etc. als Urheber genannt ist, solange auch als tatsächlicher Urheber des Werkes gilt, bis das Gegenteil bewiesen wird. Insofern ist bei der Gestaltung des Vor- und Abspanns darauf zu achten, dass die Nennung der Mitwirkenden exakt und wahrheitsgemäß erfolgt, um zu vermeiden, dass sich ein Mitwirkender mit Hilfe der gesetzlichen Vermutung Leistungen und Ansprüchen rühmt, die ihm tatsächlich nicht zustehen.

Sofern der Urheber mit dem Produzenten keine ausdrückliche Vereinbarung hinsichtlich der Nennung des Urhebers treffen, schuldet Letzterer eine branchenübliche Nennung des Urhebers. Selbstverständlich unterliegt das Nennungsrecht der Disposition der Vertragspartner, so dass der Urheber auf die Ausübung seines Nennungsrechtes grundsätzlich verzichten kann. Unklarheiten gehen jedoch

§ 15 Allgemeines
(1) Der Urheber hat das ausschließliche Recht, sein Werk in körperlicher Form zu verwerten; das Recht umfasst insbesondere:
das Vervielfältigungsrecht (§ 16),
das Verbreitungsrecht (§ 17),
das Ausstellungsrecht (§ 18).
(2) Der Urheber hat ferner das ausschließliche Recht, sein Werk in unkörperlicher Form öffentlich wiederzugeben (Recht der öffentlichen Wiedergabe); das Recht umfasst insbesondere:
das Vortrags-, Aufführungs- und Vorführungsrecht (§ 19),
das Senderecht (§ 20),
das Recht der Wiedergabe durch Bild- und Tomträger (§ 21),
das Recht der Wiedergabe von Funksendungen (§ 22).
(3) Die Wiedergabe eines Werkes ist öffentlich, wenn sie für eine Mehrzahl von Personen bestimmt ist, es sei denn, dass der Kreis dieser Personen bestimmt abgegrenzt ist und sie durch gegenseitige Beziehungen oder durch Beziehungen zum Veranstalter persönlich untereinander verbunden sind.

grundsätzlich zu Lasten des Produzenten, das heißt bei unklaren Vertragsklauseln wird ein Nennungsanspruch des Urhebers angenommen. Bei Film- und Fernsehproduktionen ist es üblich, im Vorspann nur die wichtigsten Urheber, also den Regisseur, die Autoren, den Komponisten der Filmmusik, sowie die künstlerisch wichtigsten Mitwirkenden, also die Hauptdarsteller und den künstlerischen Produzenten, zu nennen. Alle übrigen an der Filmproduktion Beteiligten werden üblicherweise erst im Nachspann genannt.

Entstellungs- und Bearbeitungsverbot

Der Urheber hat gegenüber Dritten grundsätzlich das Recht, eine Entstellung oder eine Bearbeitung seines Werkes zu verbieten. Diese Regelung gilt für Filmproduzenten aber nur eingeschränkt. Dem von ihnen übernommenen finanziellen Risiko trägt das Urhebergesetz dadurch Rechnung, dass es grundsätzlich davon ausgeht, dass mit der Gestattung des Urhebers, das Drehbuch zu verfilmen, gleichzeitig auch das Recht eingeräumt wird, das Drehbuch zur Herstellung des Films zu bearbeiten oder umzugestalten. Dies gilt auch für die Leistungen aller anderen Mitwirkenden einer Filmproduktion. Das bedeutet, dass Drehbuchautoren, Komponisten und ausübende Künstler der Nutzung ihrer Werke bzw. Leistungen nur dann widersprechen können, wenn ihre Werke bzw. Leistungen durch die Auswertung der Filmproduktion verunstaltet oder in ihrem ursprünglichen Sinngehalt völlig verkehrt werden. Das Recht des Produzenten, nachträgliche Änderungen an dem Drehbuch oder anderen vorbestehenden Werken durchzuführen, sollte jedoch zur Vermeidung späterer Meinungsverschiedenheiten immer vertraglich geregelt werden.

Vervielfältigungsrecht

Das Vervielfältigungsrecht ist das Recht, von dem Film, Drehbuch etc. Vervielfältigungsstücke herzustellen, das heißt das Werk auf Vorrichtungen festzuhalten (z.B. Bild-, Ton- und Datenträger), die eine Wiedergabe des Werkes und seine Wahrnehmung durch die menschlichen Sinne ermöglichen. Auf die Art und technische Funktionsweise des Vervielfältigungsstückes kommt es ebenso wenig an wie auf die Anzahl der Vervielfältigungsstücke. So ist es z.B. unerheblich, ob von einem Masterband VHS-Kopien hergestellt werden oder das Filmwerk in digitalisierter Form auf einem Server im Internet zum Download zwischengespeichert wird. In beiden Fällen liegt eine Vervielfältigung des jeweiligen Original-Filmwerkes vor.

Verbreitungsrecht

Das Verbreitungsrecht ist das Recht, das Originalwerk oder Vervielfältigungsstücke des Originals der Öffentlichkeit anzubieten oder in Verkehr zu bringen. In jedem Fall ist erforderlich, dass sich die Verbreitung an eine Mehrzahl von Personen richtet.

Vortrags-, Aufführungs- und Vorführungsrecht

Das Vortragsrecht ist das Recht, ein Sprachwerk durch persönliche Darbietung öffentlich zu Gehör zu bringen. Als Beispiel ist hierfür eine szenische Lesung aus einem Drehbuch zu nennen.

Das Aufführungsrecht ist das Recht, ein Werk durch persönliche Darbietung zu Gehör zu bringen oder ein Werk öffentlich bühnenmäßig darzustellen. Dieses Recht wird z.B. dann gebraucht, wenn ein Roman oder Filmdrehbuch als Theaterstück aufgeführt werden soll. Hier ist die Zustimmung des Autors erforderlich.

Das Vorführungsrecht umfasst das Recht, unter anderem ein Filmwerk öffentlich wahrnehmbar zu machen. Das Vorführungsrecht wird insbesondere dann benötigt, wenn ein Filmwerk in Kinos und Lichtspieltheatern gezeigt werden soll.

Senderecht

Das Senderecht beinhaltet das Recht, das Filmwerk durch analoge und digitale Speicher- und Übertragungstechnik, wie Ton- und Fernsehrundfunk, Drahtfunk (Hertzsche Wellen, Laser, Mikrowellen etc.) ganz oder in Teilen der Öffentlichkeit zugänglich zu machen, unabhängig davon, ob die Ausstrahlung mittels terrestrischer Funkanlagen, Kabelfernsehen, Satelliten oder ähnlicher technischer Einrichtungen erfolgt. Der Begriff des Senderechts umfasst grundsätzlich alle Formen des Rundfunks, das heißt auch Free-TV, Free-Radio, Pay-TV und Pay-Radio.

Hiervon zu unterscheiden ist jedoch die Nutzung von Film-, Sprach-, Musik- und anderen Werken bei so genannten On-Demand-Diensten, bei denen dem Empfänger bestimmte Text-, Ton- und Bilddarbietungen auf individuelle Anforderung hin aus elektronischen Zwischenspeichern zur Nutzung übermittelt werden. Hierzu zählt insbesondere die Zurverfügungstellung von Filmen, Bildern und Tönen zum Download im Internet. Derartige Nutzungen sind nicht mehr vom Senderecht umfasst, da die Veröffentlichung der Werke nicht von einem Sendeunternehmen bestimmt wird, sondern nur auf individuellen Abruf des Empfängers hin geschieht. Die Nutzung eines Films on demand ist daher ein Spezialfall des allgemeinen Rechts zur öffentlichen Wiedergabe (oftmals auch als „Internetrecht", „Onlinerecht", „Recht zur Verfügungstellung auf Abruf" bezeichnet). Der Produzent und auch jeder andere Verwerter ist daher gut beraten, sich nicht nur das Senderecht einräumen zu lassen, sondern auch das Nutzungsrecht für On-Demand-Dienste an dem Filmwerk und anderer vorbestehender Werke explizit zu erwerben.

Rückrufsrecht

Auch nach Übertragung der Nutzungsrechte an seinem Werk hat der Urheber die Möglichkeit, Einfluss auf die Auswertung der Rechte zu nehmen. Er ist berechtigt, die übertragenen Nutzungsrechte zurückzurufen, wenn er diese zur ausschließlichen Nutzung an einen Dritten übertragen hat und dieser das Werk nur unzureichend oder gar nicht verwertet. Allerdings kann der Urheber dieses Recht frühestens zwei Jahre ab Einräumung des Nutzungsrechts geltend machen. Vor Ausspruch des Rückrufes muss der Urheber den Produzenten unter Ankündigung des Rückrufs auffordern, das Werk innerhalb einer angemessenen Nachfrist zu verwerten. Das Rückrufsrecht kann vertraglich nicht gänzlich, sondern nur für bis zu fünf Jahre ausgeschlossen werden. Daneben steht dem Urheber ein Rückrufsrecht für den Fall zu, dass das Werk nicht mehr seiner künstlerischen Überzeugung entspricht und ihm die Verwertung des Werkes daher nicht mehr zugemutet werden kann. Jedoch ist der Inhaber des Nutzungsrechtes von dem Urheber hierfür angemessen zu entschädigen.

§ 20 Senderecht

Das Senderecht ist das Recht, das Werk durch Funk, wie Ton- und Fernsehrundfunk, Satellitenrundfunk, Kabelfunk oder ähnliche technische Mittel, der Öffentlichkeit zugänglich zu machen.

§ 31 Einräumung von Nutzungsrechten

(1) Der Urheber kann einem anderen das Recht einräumen, das Werk auf einzelne oder alle Nutzungsarten zu nutzen (Nutzungsrecht). Das Nutzungsrecht kann als einfaches oder ausschließliches Recht sowie räumlich, zeitlich oder inhaltlich beschränkt eingeräumt werden.

(2) Das einfache Nutzungsrecht berechtigt den Inhaber, das Werk auf die erlaubte Art zu nutzen, ohne dass eine Nutzung durch andere ausgeschlossen ist.

(3) Das ausschließliche Nutzungsrecht berechtigt den Inhaber, das Werk unter Ausschluss aller anderen Personen auf die ihm erlaubte Art zu nutzen und Nutzungsrechte einzuräumen. Es kann bestimmt werden, dass die Nutzung durch den Urheber vorbehalten bleibt. § 35 bleibt unberührt.

(4) Die Einräumung von Nutzungsrechten für noch nicht bekannte Nutzungsarten sowie Verpflichtungen hierzu sind unwirksam.

(5) Sind bei der Einräumung eines Nutzungsrechts die Nutzungsarten nicht ausdrücklich einzeln bezeichnet, so bestimmt sich nach dem von beiden Parteien zugrunde gelegten Vertragszweck, auf welche Nutzungsarten es sich erstreckt. Entsprechendes gilt für die Frage, ob ein Nutzungsrecht eingeräumt wird, ob es sich um ein einfaches oder ausschließliches Nutzungsrecht handelt, wie weit Nutzungsrecht und Verbotsrecht reichen und welchen Einschränkungen das Nutzungsrecht unterliegt.

Dauer des Urheberrechts

Das Urheberrecht entsteht mit der Schöpfung eines schutzfähigen Werkes. Im Fall des Todes des Urhebers geht das Urheberrecht auf die Erben über. Allerdings erlischt das Urheberrecht grundsätzlich 70 Jahre nach dem Tod des Urhebers. Bei mehreren Miturhebern ist der Todestag des längstlebenden Miturhebers maßgeblich. Eine Besonderheit gilt für Filmwerke und Werke, die ähnlich wie Filmwerke hergestellt werden. Bei diesen erlischt das Urheberrecht 70 Jahre nach dem Tod des Längstlebenden der nachfolgend genannten Personen: Regisseur, Urheber des Drehbuchs, Urheber der Dialoge, Komponist der Filmmusik. Diese Fristberechnung gilt jedoch nur für das Filmwerk selbst, nicht jedoch für die dem Film zugrunde liegenden vorbestehenden Werke, wie Romane, Drehbücher, Musikwerke etc.

Nach Ablauf dieser Schutzfrist werden Filmwerke, Romane, Musikwerke und andere gemeinfrei. Sie dürfen dann von jedermann vervielfältigt, verbreitet, öffentlich wiedergegeben, bearbeitet oder in anderer Weise benutzt werden. Allerdings gilt dies nicht zwingend auch für den Titel des Werkes, da dieser durch das Markenrecht solange geschützt bleibt, wie er tatsächlich von dem jeweiligen Verwerter benutzt wird.

Einschränkungen des Urheberrechts

Die Rechte von Urhebern und Inhabern verwandter Schutzrechte unterliegen besonderen Einschränkungen, wenn ein überwiegendes Interesse an einer freien Benutzung der betroffenen Werke besteht. In diesen Fällen ist dem Urheber für die Nutzung eine angemessene Vergütung zu zahlen, die in der Regel von den Verwertungsgesellschaften geltend gemacht wird. Die wichtigsten Einschränkungen sind:

- Die Vervielfältigung von Werken zur Verwendung in Gerichtsverfahren, vor einem Schiedsgericht oder einer Behörde.
- Die Vervielfältigung und Verbreitung von Werken, Sprachwerken oder Musikwerken von geringem Umfang für den Kirchen-, Schul- oder Unterrichtsgebrauch. Ebenso zulässig ist die Vervielfältigung von Schulfunksendungen auf Bild- oder Tonträger für Schulen und Einrichtungen der Lehrerbildung und Lehrerfortbildung.
- Die Vervielfältigung und Verbreitung von einzelnen Zeitungsartikeln oder Rundfunkkommentaren, das heißt verlesene oder selbstgesprochene Meinungsäußerungen einer Einzelperson, dürfen in Zeitungen und Informationsblättern vervielfältigt und verbreitet sowie durch jeden Dritten öffentlich wiedergegeben werden, sofern die jeweiligen Zeitungsartikel und Rundfunkkommentare politische, wirtschaftliche oder religiöse Tagesfragen betreffen und nicht mit einem Vorbehalt der Rechte versehen sind. Voraussetzung ist jedoch, dass es sich bei dem Rundfunkkommentar um ein schutzfähiges Werk handelt. Bei Diskussionsbeiträgen in Talkshows, Interviews, Rundgesprächen oder verlesenen Nachrichten fehlt es jedoch regelmäßig an der erforderlichen Werkqualität, so dass dem Äußernden keine Ansprüche zustehen.
- Die Vervielfältigung, Verbreitung und öffentliche Wiedergabe von Werken aller Art, die im Rahmen der Bild- und Tonberichterstattung über Tagesereignisse durch Funk und Film sowie in Zeitung oder Zeitschriften wahrnehmbar werden. So ist es z.B. zulässig, innerhalb eines Filmbeitrages über die Eröffnung eines neuen Gebäudes, die sich in diesem Gebäude befindlichen Kunstwerke, oder die

anlässlich der Eröffnungsfeier gespielten Musikwerke festzuhalten und öffentlich wiederzugeben, solange die Berichterstattung im Vordergrund der Filmproduktion steht.

- Die Vervielfältigung, Verbreitung und öffentliche Wiedergabe eines Werkes ist unter Umständen als Zitat zulässig. Die Wiedergabe eines Werkes ist dann als Zitat zulässig, wenn es ganz oder teilweise innerhalb eines selbständigen Werkes, jedoch unverändert, veröffentlicht wird, um als Beleg für eine Aussage des Urhebers des zitierenden Werkes zu dienen. Ob und inwieweit das Zitat zulässig ist, bestimmt sich nach dem mit dem Zitat verfolgten Zweck. Dadurch soll verhindert werden, dass unter dem Vorwand des Zitierens ganze Werke wiedergegeben werden. Es ist allgemein anerkannt, dass das so genannte Filmzitat grundsätzlich zulässig ist. Dabei sind zahlreiche Möglichkeiten denkbar. Zunächst kann bereits das Drehbuch Zitate eines anderen Werkes enthalten, z.B. wenn der Drehbuchautor Dialoge erschafft, bei denen seine Figuren Passagen existierender Romane, berühmte Filmdialoge oder Liedtexte wiedergeben. Weiterhin ist es denkbar, dass bei der Filmherstellung Zitate in das Filmwerk eingefügt werden, so z.B. die ausschnittweise Wiedergabe von Kinofilmen, wenn sich die Darsteller eines Films in einem Kino befinden oder Musiktitel anhören. Für den Produzenten ist jedoch nicht nur das eigene Zitieren, also die Wiedergabe der Werke anderer, interessant, sondern auch die Beobachtung der Tatsache, dass das von ihm hergestellte Filmwerk selbst Gegenstand eines Zitates wird. Gerade unter den Popliteraten der jüngeren Zeit finden sich häufig Zitate aus Film- und Fernsehsendungen. Gleiches gilt z.B. für Filmbiografien und audiovisuelle Sammelwerke über die Filmgeschichte.
- Die Vervielfältigung seines Werkes muss der Urheber dulden, wenn sie lediglich zum privaten Gebrauch erfolgt. Eine Vervielfältigung zu privaten Zwecken liegt vor, wenn nur sehr wenige Vervielfältigungsstücke hergestellt werden. Allerdings dürfen diese Vervielfältigungsstücke weder verbreitet noch zur öffentlichen Wiedergabe genutzt werden.

Den vorgenannten privilegierten Nutzungen urheberrechtlich geschützter Werke ist gemein, dass sie nur dann zulässig sind, wenn sie das von ihnen ausgewählte Werk unverändert übernehmen bzw. nutzen. Außerdem ist bei solchen Vervielfältigungen grundsätzlich zu prüfen, ob bzw. inwieweit die Angabe der Quelle erforderlich ist. Derartige Quellenangaben finden sich bei Filmwerken häufig im Abspann.

Übertragung von Nutzungsrechten

Alle Rechte an dem Filmwerk und den vorbestehenden Werken stehen zunächst ausschließlich ihren Urhebern zu. Eine Nutzung geschützter Werke ohne Zustimmung des Urhebers ist nur in Ausnahmefällen zulässig. Das bedeutet, dass der Produzent, der ein vorbestehendes Werk für die Filmherstellung benutzen oder ein Filmwerk auswerten möchte, zunächst die für die von ihm beabsichtigte Nutzung erforderlichen Nutzungsrechte erwerben muss. Gleiches gilt für die Leistungsschutzrechte ausübender Künstler. Diese Rechtsübertragungen bilden den wesentlichen Kern fast aller Verträge im Bereich der Film- und Fernsehproduktion.

Der Produzent muss sich im Klaren darüber sein, dass er niemals das Urheberrecht selbst erwerben kann, sondern lediglich ein Nutzungsrecht, also die Befugnis, das Werk in einer bestimmten Weise zu nutzen. Nach deutschem Urheberrecht gilt das Urheberrecht als höchstpersönliches Recht des Urhebers, das nicht an Dritte veräußert werden kann. Somit wird auch derjenige Produzent, der sämtliche Nutzungsrechte an einem Drehbuch sachlich, örtlich und zeitlich unbeschränkt erwirbt, niemals selbst Urheber des Drehbuches. Im Gegensatz dazu ist es nach amerikanischen Urheberrecht durchaus möglich, das Urheberrecht selbst zu veräußern, das heißt der Erwerber gilt als Urheber eines Werkes, obwohl er an dem Schaffensprozess gar nicht beteiligt war.

Vertragsschluss

Verträge kommen grundsätzlich durch zwei übereinstimmende Willenserklärungen der Vertragsschließenden, das Angebot und die Annahme, zustande. Nur wenn das Angebot und die Annahme hinsichtlich der wesentlichen Vertragsbestandteile inhaltlich übereinstimmen, kann von einem Vertragsschluss die Rede sein. Sowohl das Angebot als auch die Annahme können ausdrücklich oder konkludent, das heißt durch schlüssiges Verhalten (z.B. Kopfnicken), erklärt werden. Verträge über Nutzungsrechte können grundsätzlich auch formlos abgeschlossen werden, etwas anderes gilt nur für die Übertragung von Nutzungsrechten an künftigen Werken. Es empfiehlt sich aber in jedem Fall, Verträge über die Einräumung von Nutzungsrechten schriftlich abzuschließen und den Umfang der übertragenen Nutzungsrechte präzise zu beschreiben, um dadurch spätere Meinungsverschiedenheiten über den Umfang der Befugnisse des Erwerbers zu vermeiden.

Umfang der Rechteübertragung

Die Vertragspartner haben die Möglichkeit, den Umfang der Rechtseinräumung auf ihre Bedürfnisse hin individuell festzulegen. So können die Nutzungsrechte an geschützten Werken räumlich, zeitlich oder inhaltlich auch eingeschränkt übertragen werden. Bei dem Erwerb der Verfilmungsrechte von Romanen ist es z.B. nicht unüblich, dass der Produzent dieses Recht lediglich für zehn bis zwölf Jahre von dem jeweiligen Verlag erwirbt. Innerhalb dieses Zeitraumes ist der Produzent berechtigt, den Roman zu verfilmen. Nach Ablauf dieser Frist ist die Verfilmung unzulässig.

Daneben kann die Befugnis, ein Werk auszuwerten, auch räumlich beschränkt werden, indem z.B. der Filmverleiher die Aufführungsrechte lediglich für ein bestimmtes Territorium, etwa den deutschsprachigen Raum, erwirbt.

Schließlich lassen sich Nutzungsrechte auch inhaltlich einschränken. So können die Senderechte für Pay- und Free-TV jeweils an unterschiedliche Fernsehunternehmen veräußert werden. Ebenfalls denkbar ist eine Beschränkung der Nutzungsrechte hinsichtlich der Anzahl der Auswertungen. So sind Produzenten in der Regel darauf bedacht, auch das Recht zur Wiederverfilmung eines Drehbuches zu erwerben (»Remake-Recht«). Sendeanstalten sind meist daran interessiert, die von ihnen erworbenen Senderechte auch für Wiederholungsausstrahlungen zu erwerben.

Es wurde bereits darauf hingewiesen, dass der Produzent größten Wert darauf legen sollte, dass die Nutzungsrechte, die er entweder an vorbestehenden Werken zu erwerben beabsichtigt oder an dem produzierten Film an einen Fernsehsender zu lizenzieren plant, ausdrücklich und präzise in dem Nutzungsvertrag bezeichnet werden sollten. Das Urheberrecht bestimmt nämlich, dass sich für den Fall, dass bei der Einräumung von Nutzungsrechten die Nutzungsarten nicht hinreichend deutlich bezeichnet werden, der Umfang der Rechtseinräumung nach dem mit Nutzungsvertrag verfolgten Zweck beschränkt. Mit anderen Worten:

Fehlt eine ausdrückliche Vereinbarung über den Umfang der Rechtsübertragung oder bestehen Unklarheiten bei der Auslegung von Nutzungsverträgen, so werden nur diejenigen Rechte auf den Erwerber übertragen, die dieser unbedingt benötigt, damit der Zweck des Nutzungsvertrages erreicht wird (Zweckübertragungstheorie). Dies ist oftmals nur ein Teil der Rechte, die der Produzent zur umfassenden und wirtschaftlich sinnvollen Auswertung seiner Filmproduktion benötigt. Die Zweckübertragungstheorie gilt im gesamten Urhebervertragsrecht und findet sowohl auf Verträge über Nutzungsrechte als auch über Leistungsschutzrechte Anwendung. Von allgemeinen und pauschalen Klauseln wie „Der Autor überträgt alle Nutzungsarten" ist daher grundsätzlich abzuraten. Sie werfen mehr Fragen auf, als dass sie eine verbindliche Vereinbarung zwischen den Vertragspartnern schaffen. Deshalb finden sich in Verträgen, die die Übertragung von Nutzungsrechten zum Gegenstand haben, häufig seitenlange Aufzählungen aller denkbaren Nutzungsrechte.

Allerdings trägt das Urheberrecht dem wirtschaftlichen Engagement und übernommenen Risiko des Produzenten durchaus Rechnung. Wenn ein Urheber einem Produzenten die Verfilmung seines Werkes gestattet, liegt in der Gestattung im Zweifel auch die Einräumung bestimmter für die Auswertung des Filmwerkes notwendiger Nutzungsrechte, nämlich das Bearbeitungs- und Filmherstellungsrecht an dem vorbestehenden Werk sowie das Vervielfältigungs-, Verbreitungs-, Vorführungs- und Senderecht an dem Filmwerk. Urheber und Produzent können jedoch im Einzelfall hiervon abweichende vertragliche Regelungen treffen.

Einfache und ausschließliche Nutzungsrechte

Weiterhin hat der Urheber die Möglichkeit, dem Auswerter ein ausschließliches bzw. exklusives oder ein einfaches Nutzungsrecht einzuräumen. Ein einfaches Nutzungsrecht hat zum Gegenstand, dass der Urheber dem Auswerter die Verwertung des Werkes für eine bestimmte Verwertungsart gestattet und die entsprechenden Verwertungshandlungen dulden muss. Daneben steht es dem Urheber jedoch frei, das Werk auf die gleiche Art und Weise noch einmal auszuwerten oder durch Dritte auswerten zu lassen. Er kann einfache Nutzungsrechte also mehrfach vergeben. Dagegen ist ein ausschließliches Nutzungsrecht dadurch gekennzeichnet, dass es dem Inhaber des Rechts die Möglichkeit gibt, jedem Dritten, auch dem Urheber selbst, die konkrete Nutzung des Werkes zu verbieten. Die Einräumung von ausschließlichen Nutzungsrechten ist daher von besonderer wirtschaftlicher Bedeutung, da sie dem Auswerter hinsichtlich der jeweiligen Nutzungsart eine Alleinstellung (Exklusivität) gewährt. Ob die Vertragsparteien ein einfaches oder ausschließliches Nutzungsrecht vereinbart haben, ist durch Auslegung der Vereinbarung zwischen Rechteinhaber und Erwerber zu ermitteln. In Zweifelsfällen ist davon auszugehen, dass der Urheber lediglich ein einfaches Nutzungsrecht übertragen hat.

Künftige Nutzungsarten

Aufgrund der rasanten technischen Entwicklung, die immer wieder neue Nutzungsformen hervorbringt, ist die Frage, wem die Rechte für diese neue Nutzungsart zustehen, von großer wirtschaftlicher Bedeutung. Für den Verwerter, aber auch für den Produzenten, kann es verheerende wirtschaftliche Folgen haben, wenn er es versäumt, die Rechte für eine neue Nutzungsart zeitnah von den Urhebern zu erwerben, und gleichzeitig die neue Nutzungsform die ältere faktisch verdrängt. So geschehen im Fall der CD, die die Schallplatte wirtschaftlich ersetzt hat.

Gemäß §31 Abs.4 UrhG ist die Einräumung von Rechten für Nutzungsarten, die bei Vertragsabschluss noch gar nicht bekannt sind, unwirksam. Diese Vorschrift dient dazu, den Urheber davor zu schützen, dass er solche Nutzungsrechte vergibt, deren wirtschaftliche Bedeutung er bei Abschluss des Nutzungsvertrages noch gar nicht abschätzen konnte. Zudem soll ihm die Entscheidung obliegen, ob sein Werk in der neuen Nutzungsart verwertet werden soll oder nicht. Voraussetzung ist jedoch, dass es sich bei der Nutzung im Einzelfall auch tatsächlich um eine neue, selbstständige Nutzungsart handelt, für die die Rechte nachträglich erworben werden müssen. Dies ist bei der Ausstrahlung einer Filmproduktion im Internet im Rahmen der zeitgleichen Übertragung des Programmsignals eines Fernsehsenders (so genanntes Webcasting) nicht der Fall. Diese Nutzung wird wohl vom Senderecht abgedeckt. Dagegen ist die Nutzung einer Filmproduktion als *Video on Demand* (Zurverfügungstellung auf Abruf) nicht vom Senderecht umfasst (siehe oben), sondern dürfte eine neue Nutzungsart darstellen, für die die Rechte an der Filmproduktion gesondert erworben werden müssen.

Die Rechtsprechung definiert als Nutzungsart jede nach der Verkehrsauffassung klar abgrenzbare, wirtschaftlich-technische Verwendungsform, bei der eine qualitative Verbesserung oder eine quantitative Erweiterung der bestehenden Nutzungsmöglichkeiten feststellbar ist. Ob eine Nutzungsart auch bekannt ist, hängt davon ab, ob sie einem durchschnittlichen Urheber zum Zeitpunkt des Vertragsabschlusses zwar nicht in allen Einzelheiten, aber doch als praktisch durchführbare Nutzungsart geläufig war. Außerdem muss die Nutzungsart in den einschlägigen Urheberkreisen als wirtschaftlich bedeutsam und verwertbar anerkannt sein. Die Grenzen sind bei dieser Beurteilung fließend. Auch technisch bekannte, jedoch kommerziell nicht profitable Nutzungsarten können als bekannt gelten, wenn beide Vertragspartner von einer zeitnahen finanziell rentablen Verwertung ausgehen bzw. auf diese spekulieren (Risikogeschäft). So sind das Fernsehsenderecht seit 1936, die Nutzung einer *Compact Disc* seit 1982 und die Nutzung als *Video on Demand* seit ungefähr 1995 bekannte Nutzungsarten.

Leistungsschutzrechte des Filmherstellers

Da der Produzent selbst nicht Urheber des von ihm finanzierten Filmwerks wird, ist er gezwungen, sämtliche für die Auswertung relevanten Nutzungsrechte von den Urhebern zu erwerben. Hierzu schließt er entsprechende branchenübliche Verträge mit Drehbuchautoren, Komponisten, Regisseuren etc. ab.

Daneben erwirbt der Produzent jedoch ein eigenes Recht an dem Filmwerk, das so genannte Leistungsschutzrecht des Filmherstellers. Dieses beinhaltet das ausschließliche Recht, den Bild- und Tonträger, auf dem das Filmwerk festgehalten ist, zu vervielfältigen, zu verbreiten und zur öffentlichen Vorführung oder Funksendung zu benutzen. Außerdem kann der Produzent jede Entstellung oder Kürzung des Bild- und Tonträgers verbieten, sofern hierdurch seine Interessen beeinträchtigt werden. Die Leistungsschutzrechte des Produzenten erlöschen bereits nach 50 Jahren und können, anders als Urheberrechte, auf Dritte übertragen werden.

Leistungsschutzrechte der ausübenden Künstler

Auch die sonstigen an der Herstellung der Produktion beteiligten Mitwirkenden, also Schauspieler, Kameraleute, Cutter, Maskenbildner, Beleuchter, Filmarchitekten etc. besitzen, sofern sie nicht schon Miturheber sind, Leistungsschutzrechte an dem Filmwerk. Diese Leistungsschutzrechte vermitteln dem ausübenden Künstler das Recht, über die Aufnahme seiner Darbietung auf Bild- und Tonträgern, ihre Vervielfältigung, Verbreitung und Ausstrahlung im Rundfunk zu entscheiden. Schließt der Mitwirkende mit dem Produzenten einen Vertrag über seine Tätigkeit ab, so wird vom Gesetz bis auf weiteres vermutet, dass der Mitwirkende damit auch seine Zustimmung zur Aufnahme und Veröffentlichung seiner Darbietung erteilt hat.

Verwertungsgesellschaften

In der Praxis ist es dem Urheber und Leistungsschutzberechtigten aus organisatorischen Gründen nicht möglich, die Nutzungsrechte an den von ihm geschaffenen Werken effektiv zu verwalten. Umgekehrt weiß der Produzent häufig gar nicht, welcher Komponist oder Autor Inhaber der von ihm begehrten Nutzungsrechte ist. Zum Zweck der Wahrnehmung bestimmter Nutzungsrechte sind die so genannten Verwertungsgesellschaften gegründet worden. Der Urheber hat die Möglichkeit, einen Wahrnehmungsvertrag mit der zuständigen Verwertungsgesellschaft abzuschließen, wobei er der Verwertungsgesellschaft bestimmte Nutzungsrechte an seinen bereits erschaffenen und künftigen Werken einräumt. Die Verwertungsgesellschaft ist verpflichtet, diese Nutzungsrechte zu verwalten, insbesondere Dritten zu angemessenen finanziellen Bedingungen einzuräumen. Die Nutzungsentgelte werden von den Verwertungsgesellschaften in ihren jeweiligen Tarifen festgelegt. Zu den wichtigsten Tätigkeiten der Verwertungsgesellschaften gehört das Inkasso, also die Einziehung der gesetzlich normierten Vergütungsansprüche der Urheber. Sämtliche Einnahmen, die die Verwertungsgesellschaft aus der Wahrnehmung der Nutzungsrechte einzieht, werden auf der Grundlage von Verteilungsplänen nach Abzug der Verwaltungskosten an die Urheber und Leistungsschutzberechtigten ausgezahlt. Daneben unterhalten die Verwertungsgesellschaften teilweise Vorsorge- und Unterstützungseinrichtungen für soziale Zwecke. Welche Rechte von welcher Verwertungsgesellschaft wahrgenommen werden, ergibt sich aus dem der Verwertungsgesellschaft vorgeschriebenen Tätigkeitsbereich und ihren Wahrnehmungsverträgen. Die bekannteste Verwertungsgesellschaft ist die GEMA. Sie nimmt die Rechte der Komponisten, Textdichter und Musikverleger wahr. Daneben gibt es noch eine Reihe anderer Verwertungsgesellschaften, nämlich:

- VG Wort für den Bereich der Literatur und der Wissenschaft;
- VG Bild-Kunst auf dem Gebiet der bildenden Künste einschließlich der Filmurheber und Spielfilmproduzenten, Designer-, Fotografen- und Bildagenturen;
- Verwertungsgesellschaft für Nutzungsrechte an Filmwerken mbH (VGF);
- Gesellschaft zur Wahrnehmung von Film- und Fernsehrechten mbH (GWFF);
- Verwertungsgesellschaft der Film- und Fernsehproduzenten mbH (VFF);
- Gesellschaft zur Verwertung von Leistungsschutzrechten mbH (GVL), welche die Leistungschutzrechte der ausübenden Künstler und Tonträgerhersteller wahrnimmt;
- Gesellschaft zur Übernahme und Wahrnehmung von Film- und Aufführungsrechten mbH (GÜFA), in der sich die Hersteller von pornografischen Filmen zusammengeschlossen haben.

§ 94 Schutz des Filmhersteller

(1) Der Filmhersteller hat das ausschließliche Recht, den Bildträger oder Bild- und Tonträger, auf den das Filmwerk aufgenommen ist, zu vervielfältigen, zu verbreiten und zur öffentlichen Vorführung oder Funksendung zu benutzen. Der Filmhersteller hat ferner das Recht, jede Entstellung oder Kürzung des Bildträgers oder Bild- und Tonträgers zu verbieten, die geeignet ist, seine berechtigen Interessen an diesem zu gefährden.
(2) Das Recht ist übertragbar.
(3) Das Recht erlischt fünfzig Jahre nach dem Erscheinen des Bildträgers oder Bild- und Tonträgers oder, wenn seine erste erlaubte Benutzung zur öffentlichen Wiedergabe früher erfolgt ist, nach dieser, jedoch bereits fünfzig Jahre nach der Herstellung, wenn der Bildträger oder Bild- und Tonträger innerhalb dieser Frist nicht erschienen oder erlaubterweise zur öffentlichen Wiedergabe benutzt worden ist.
(4) §§ 20b, 27 Abs. 2 und 3 sowie die Vorschriften des Sechsten Abschnitts des Ersten Teils mit Ausnahme § 61 sind entsprechend anzuwenden.

Titelschutz

Entstehung des Titelschutzes

Neben den Urheber-, Nutzungs- und Leistungsschutzrechten an der Filmproduktion und ihren vorbestehenden Werken sind auch die Rechte an dem Titel der Filmproduktion und der vorbestehenden Werke zu beachten. Titelrechte entstehen grundsätzlich durch die bloße Benutzung eines Titels als Kennzeichen für ein bestimmtes Werk. Da es keinen isolierten, das heißt abstrakten Titelschutz gibt, muss der Titel bei der Ingebrauchnahme mit einem erschienenen Werk verbunden sein. Es gilt: Kein Werktitelschutz ohne Werk. Als Werktitel gelten die Namen oder Bezeichnungen von Druckschriften, wie Drehbüchern oder Treatments, Filmwerken, Tonwerken, Bühnenwerken oder sonstigen vergleichbaren Werken. Die Titel von Werken werden also genauso geschützt wie die Namen von Unternehmen.

Als Filmwerke kommen sämtliche audiovisuellen Aufzeichnungen in Betracht. Auf die urheberrechtliche Schutzfähigkeit bzw. Werkqualität kommt es nicht an. Das bedeutet, dass neben den Titeln für Kinofilme und TV-Movies auch die Titel von Dokumentarfilmen, Nachrichtensendungen, Talkshows etc. deren urheberrechtlicher Schutz zweifelhaft sein kann, schutzfähige Titel sein können.

Der Produzent kann aber nur dann den Schutz seines Filmtitels für sich in Anspruch nehmen, wenn er diesen Titel auch tatsächlich im geschäftlichen Verkehr benutzt hat. Dies ist aber erst dann der Fall, wenn die Sendung tatsächlich im Fernsehen ausgestrahlt oder im Kino aufgeführt worden ist. Grundsätzlich ist ein Titel in dem Gebiet geschützt, in dem das betitelte Werk veröffentlicht und verbreitet wird. Bei Film- und Fernsehproduktionen ist der Titel daher regelmäßig im gesamten bundesdeutschen Sendegebiet zugunsten des Produzenten bzw. Titelrechteinhabers geschützt. Etwas anderes gilt jedoch bei lediglich regionaler Verbreitung einer Filmproduktion, z.B. im Lokalfernsehen.

Kennzeichnungs- bzw. Unterscheidungskraft

Außerdem muss der Titel unterscheidungs- bzw. kennzeichnungskräftig und somit geeignet sein, eine Namensfunktion für den Film auszuüben. Erfüllt eine Bezeichnung diese Namensfunktion nicht, taugt sie nicht als Titel und bietet auch keinen Schutz vor einem Gebrauch durch Dritte. Etwas anderes gilt ausnahmsweise für solche Filmtitel, die zwar keine Unterscheidungskraft haben, sich aber aufgrund ihrer Bekanntheit als Namens- oder Herkunftshinweis derart durchgesetzt haben, dass die angesprochenen Zuschauer mit diesem Titel bestimmte Werke in Verbindung bringen. Wann ein Filmtitel ein ausreichendes Maß an Unterscheidungskraft aufweist, kann man nicht grundsätzlich vorhersagen. Grundsätzlich gilt die Faustformel, dass ein Filmtitel um so eher schutzfähig ist, je einprägsamer, origineller oder phantasievoller er ist. Dagegen fehlt allgemein üblichen, notwendigen oder sich aus dem Inhalt der Filmproduktion von selbst ergebenden Titeln die für den Titelschutz notwendige Eigenart. Nicht ausreichend ist, wenn der Titel lediglich die Gattung des Filmwerkes beschreibt. Aus diesem Grund ist z.B. der Titelschutz für die *Tagesschau* als Nachrichtensendung verneint worden. Gleiches gilt, wenn die Sendung lediglich den Namen einer historischen Persönlichkeit wie Napoleon trägt. Im Interesse der Allgemeinheit an der freien Verwendung solcher Begriffe sind sie einem Titelschutz nicht zugänglich, das heißt niemand kann sie für sich allein in Anspruch nehmen. Beispiele aus der Rechtsprechung für kennzeichnungskräftige Filmtitel sind: *Der 7. Sinn*, *Das Erbe der Guldenburgs*, *Die goldene Stimme*. Titelschutz verneint wurde dagegen bei: *Hessenschau, Tagesschau, Der 20. Juli*.

Titelrechtsverletzungen

Das Titelrecht eines Produzenten oder anderer wird grundsätzlich immer dann verletzt, wenn ein Dritter für sein Werk einen Titel benutzt, der geeignet ist, Verwechslungen mit dem Titel bzw. Filmwerk des Produzenten hervorzurufen. Dies ist dann der Fall, wenn entweder ein identischer Titel oder ein ähnlicher und damit verwechslungsgeeigneter Titel verwendet wird. Beim Aufeinandertreffen von mehreren identischen oder verwechslungsgeeigneten Titeln hat derjenige Rechteinhaber Vorrang, der über die so genannten prioritätsälteren Rechte verfügt, das heißt der den Titel am längsten und ununterbrochen für sich verwendet. Der Inhaber der prioritätsälteren Titelschutzrechte hat gegen den Verletzer unter bestimmten Voraussetzungen Unterlassungs-, Auskunfts- und Schadensersatzansprüche.

Rechteinhaberschaft

Bei der Frage, wer Inhaber des Titelrechtes ist, kommt es maßgeblich darauf an, wer nach außen hin als Benutzer des Titels in Erscheinung tritt. Bei Filmen können dies neben dem Produzenten auch die Rundfunkanstalten, Fernsehsender, Verleihunternehmen oder andere sein. Demgegenüber treten Drehbuchautoren und Schauspieler im geschäftlichen Verkehr nicht als Benutzer des Titels auf. Besonderheiten gelten bei Romanverfilmungen. Hier liegen die Titelrechte regelmäßig bei den Verlagen.

Titelschutzanzeigen

Da der Produzent im Vorfeld der Produktion erhebliche finanzielle Investitionen tätigt, hat er ein Bedürfnis, bereits in der Phase der Produktionsvorbereitung die Rechte an angedachten Titeln zu erwerben, obwohl noch gar kein Filmwerk vorliegt. Um diesem Schutzbedürfnis Rechnung zu tragen, ist es anerkannt, dass der Zeitpunkt der Ingebrauchnahme vorverlegt werden kann, indem die spätere Titelbenutzung vorab öffentlich angekündigt wird. Zu diesem Zweck werden in der Praxis so genannte Titelschutzanzeigen in einschlägigen Publikationsmedien der Filmwirtschaft veröffentlicht. Dies sind Zeitschriften wie *Blickpunkt Film, Filmecho, Der Titelschutzanzeiger* und viele mehr. Voraussetzung ist jedoch, dass der angekündigte Titel zeitnah auch tatsächlich benutzt wird. In der Rechtsprechung wird bei Filmtiteln eine tatsächliche Aufnahme der Benutzung innerhalb von rund sechs Monaten ab Veröffentlichung der Titelschutzanzeige für ausreichend erachtet. Die Veröffentlichung einer Titelschutzanzeige kann der Produzent oder Fernsehsender selbst oder durch einen Dritten, z.B. einen Rechtsanwalt, durchführen lassen. Letzteres ist gerade dann sinnvoll, wenn der Produzent bzw. Sender sein Filmprojekt zunächst noch geheim halten möchte. Die Veröffentlichung einer Titelschutzanzeige kann aber für den Anmelder auch erhebliche Nachteile mit sich bringen. Derjenige, der an einem Titel die prioritätsälteren Rechte besitzt, kann gegenüber dem Anmelder Unterlassungsansprüche in Form einer Abmahnung geltend machen, da bereits durch die Anzeige die Gefahr einer verwechslungsgeeigneten Verwendung durch den Anmelder begründet wird. Vor der Benutzung eines neuen Werktitels und der Veröffentlichung einer Titelschutzanzeige empfiehlt sich daher die Durchführung einer Titelrecherche. Dabei wird geprüft, ob der identische Titel oder ein verwechslungsgeeigneter Titel bereits von einem Dritten verwendet wird. Hierdurch können das Risiko der Kollision mit prioritätsälteren Titelschutzrechten Dritter minimiert und kostenträchtige Abmahnungen vermieden werden. Titelschutzrecherchen werden von privaten Unternehmen und Rechtsanwälten durchgeführt.

Beendigung des Titelschutzes

Anders als im Urheberrecht sind die Titelrechte durch die Dauer der Benutzung des Titels im geschäftlichen Verkehr zeitlich beschränkt. Die Titelrechte entfallen also automatisch dann, wenn der Titel nicht nur vorübergehend, sondern endgültig aufgegeben wird. Wann eine endgültige Aufgabe der Benutzung vorliegt, ist jeweils im konkreten Einzelfall zu entscheiden. Bei den sehr langen Auswertungsphasen von Filmproduktionen ist ein Zeitraum von mehreren Jahren zwischen zwei Veröffentlichungen nichts Ungewöhnliches, so dass hieraus keine Titelaufgabe gefolgert werden kann.

Markenschutz

Neben dem Titelschutz durch die bloße Ingebrauchnahme des Filmtitels kommt auch die Anmeldung des Titels als Marke in das Markenregister beim Deutschen Patent- und Markenamt in Betracht. Die Möglichkeit, einen Titel zur Eintragung anzumelden, bringt eine Reihe von Vorteilen mit sich:

- Der Markenrechtsschutz beginnt bereits mit der Eintragung der Marke im Markenregister und wirkt zeitlich auf den Moment der Antragsstellung zurück. Im Kollisionsfall ist somit die Feststellung und der Nachweis der zeitlichen Priorität deutlich erleichtert.
- Außerdem erlangt der Antragsteller mit der Eintragung des Filmtitels als Marke bundesweiten Kennzeichenschutz, unabhängig davon, ob die Filmproduktion zunächst nur regional veröffentlicht wird.
- Durch die Anmeldung einer so genannten Gemeinschaftsmarke für alle EU-Länder oder einer Internationalen Marke für ausgewählte Länder kann auch für die Auswertung der Filmproduktion im Ausland Markenschutz erlangt werden.
- Die Eintragung eines Filmtitels als Marke empfiehlt sich insbesondere dann, wenn der Produzent oder Verwerter beabsichtigt, neben der filmischen Auswertung der Filmproduktion selbst auch bestimmte Waren- und Dienstleistungen unter dem Filmtitel und/oder unter Bezugnahme auf die Filmproduktion auf den Markt zu bringen. Dies betrifft insbesondere die Zweitverwertung der Filmproduktion im Wege des Merchandising oder Lizenzhandels.

Literatur

Volker Deutsch/Tatjana Mittas: ***Werktitelschutz***. Der Werktitelschutz nach Markenrecht. C.H. Beck: München, 1999

Friedrich Fromm/Wilhelm Nordemann: ***Urheberrecht***. Kohlhammer Verlag: Stuttgart, 9. Auflage, 1998

Hans-Jürgen Homann: ***Praxishandbuch Filmrecht***. Ein Leitfaden für Film-, Fernseh- und Medienschaffende. Springer Verlag: Berlin/Heidelberg/New York, 2001

Rolf Moser/Andreas Scheuermann (Hg.), ***Handbuch der Musikwirtschaft***. Josef Keller Verlag: München, 4. Auflage, 1997

Günter Poll (Hg.): ***Filmurheberrecht***. Loseblattsammlung. Nomos Verlag: Baden-Baden, 1998

Gerhard Schricker (Hg.): ***Urheberrecht***. C. H. Beck: München, 2. Auflage, 1999

Horst von Hartlieb: ***Handbuch des Film-, Fernseh- und Videorechts***. C. H. Beck: München, 3. Auflage, 1991

Bernhard Eberhard

Versicherungen für Film und Fernsehen

Filmversicherungen sind unterschiedliche Arten von Versicherungen, denen die Ausrichtung auf den Film, auf seine Herstellung und Auswertung, gemeinsam sind. Mit solchen Versicherungen können sich Produzenten gegen Unwägbarkeiten schützen, die außerhalb ihres Einflussbereiches liegen und die für sie unvorhersehbar sind. Wichtige Stichworte sind die Versicherungssumme und die Wiederherstellungskosten, die Schadensfälle Personenausfall, Sachausfall, Bild-, Ton- und Datenträgerversicherung, Produktionshaftpflicht, Feuerhaftpflicht sowie der *Completion Bond* (eine Art Bürgschaftsversicherung).

Versicherungssumme und Wiederherstellungskosten

Die Versicherungssumme ist die Obergrenze der Versicherungsleistung. Mit dieser Summe muss der Produzent im Falle eines Totalschadens in der Lage sein, den Film wieder herzustellen. Für den Versicherer ist die Versicherungssumme die Grundlage für die Prämienberechnung und im Schadensfall gleichzeitig die Summe für die Höchsthaftung. Für die Ausfall- und Negativ-Versicherungen sowie für Pauschalverträge ist es notwendig, aus den kalkulierten Herstellungskosten (Vorkalkulation) eine Versicherungssumme zu errechnen und diese den Verträgen zugrunde zu legen. Sollte sie zu hoch (Überversicherung) oder zu niedrig (Unterversicherung) sein, hat dies im Schadensfall Einfluss auf die Höhe der Entschädigung. Üblicherweise wird das nebenstehende Schema zur Bildung der Versicherungssumme verwendet:

Ausgangsbasis	**Fertigungskosten**
	+ Beistellungen (Fremdleistungen)
	– Vorkosten Rechte/Buch/Musik
____	Zwischensumme
(Fixkosten)	+ Handlungskosten
	alternativ (5%, 6%, 7,5%, 15%)
____	
____	**Versicherungssumme**

Schema zur Bildung der Versicherungssumme

Bei schwierigen Dreharbeiten mit Risiken für die Kalkulation wird in der Versicherungssumme eine Vorsorge von maximal 20 Prozent vorgesehen. Sie wird nach dem Ende der Dreharbeiten entsprechend der tatsächlichen Überschreitung abgerechnet.

Ausgeschlossene oder nicht versicherte Positionen, wie z.B. Vorkosten für Rechte, Buch oder Musik, Prämien für den Completion Bond, Produzentengage, Gewinne, Kosten der Förderanstalten und Zinsen können und sollten für den Fall eines Totalschadens mitversichert werden. Denn der fehlende Versicherungsschutz für solche Fälle kann erhebliche finanzielle Auswirkungen nach Abbruch der Produktion haben.

Die Versicherungssumme ist eines der wichtigsten Kriterien bei einer Filmversicherung. Entspricht sie nicht den tatsächlichen Werten der versicherten Schäden, gibt es im Schadensfall immer Probleme. Denn je größer die Differenz zwischen Versicherungssumme und Versicherungswert ist, desto größer ist die Differenz auch im Schadensfall. Für die Festlegung der Höhe der Versicherungssumme ist ausschließlich der Versicherungsnehmer verantwortlich.

Personenausfallversicherung

Versicherungsschutz beim Personenausfall besteht, wenn

- eine versicherte Person durch Unfall, Krankheit oder Tod der Produktion nicht zur Verfügung steht,
- die Produktion dadurch abgebrochen, verschoben oder verlängert werden muss und
- der Produktion dadurch zusätzliche Kosten z.B. für Standtage oder Vertragsverlängerungen zusätzlich zu den normalen Drehkosten entstehen oder
- restliche Verpflichtungen aus der Produktion abgelöst und bezahlt werden müssen.

Der Versicherungsschutz beginnt für Schadensfälle,

- verursacht durch Unfälle ab dem beantragten Zeitpunkt (nicht rückwirkend),
- verursacht durch Krankheit und/oder Tod, wenn die versicherte Person nur eine Gesundheitserklärung abgeben und/oder von einem Vertrauensarzt des Versicherers untersucht werden muss und
- mit der Annahme der Gesundheitserklärung und/oder des Untersuchungsergebnisses durch den Versicherer.

Der Versicherungsschutz endet üblicherweise mit dem letzten Drehtag, spätestens aber mit dem vertraglich festgelegten Zeitpunkt.

Ist die versicherte Person auch für die Endbearbeitung notwendig, sollte der Versicherungsschutz entsprechend der Nachbearbeitungszeit verlängert werden.

Üblicherweise wird der Ausfall folgender Personengruppen versichert:

- Regisseur
- Kameramann
- Hauptdarsteller/innen und wichtige große Nebenrollen
- seltener der Produzent

In den Versicherungsschutz können auch Familienangehörige für gleichartige Schadensfälle aufgenommen werden.

Abhängig von der Versicherungssumme wird eine Selbstauskunft über den Gesundheitszustand der zu versichernden Personen oder eine ärztliche Untersuchung benötigt. Bei Personen unter 16 Jahren gibt es besondere Regelungen für Kinderkrankheiten. Bei Personen über 65 Jahre verlangen die meisten Versicherer vor dem Drehbeginn obligatorisch eine ärztliche Untersuchung.

Bei allen Versicherern ist pro Schadensfall eine Eigenbeteiligung der Produktion üblich. Diese liegt zwischen 10 und 20 Prozent des anerkannten Schadensbetrages oder bei einem Betrag ab 500 Euro pro Schadensfall. Folgende Besonderheiten, sollten vor dem Abschluss einer Filmversicherung mit dem Versicherer besprochen werden:

- Überschneidungs- und/oder Überstrahlungsschäden entstehen, wenn ein Darsteller nicht nur für die versicherte Produktion arbeitet, sondern auch für andere. Dies muss dem Versicherer angezeigt werden, weil er ansonsten das Risiko für eine Gefahr trägt, für die er keine Prämie bekommt;

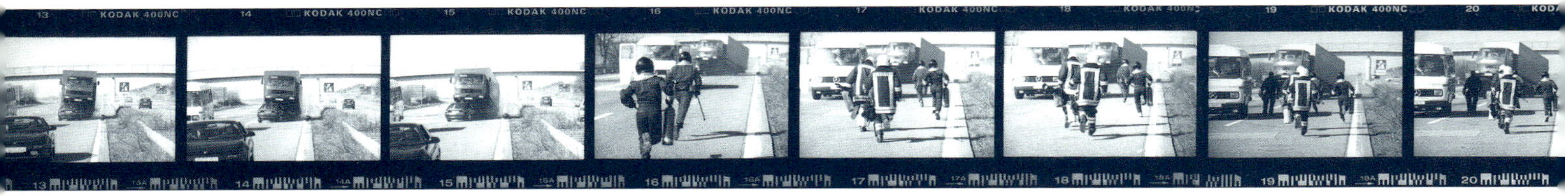

- Produktionen mit besonderen Gefahrenumständen;
- Ausfälle durch Krankheit und/oder Unfall von nahen Verwandten;
- Vorausfall- anstatt vorgezogener Ausfallversicherung. In die Vorausfallversicherung werden bereits engagierte Personen wie Regisseur oder Hauptdarsteller aufgenommen, wenn z.B. das Casting für die anderen Rollen noch nicht beendet ist;
- Mitversicherung der Klausel „wesentliche Personen“. Steht und fällt das Projekt mit einer einzelnen Person, würde ihr Ausfall zwangsläufig zum Totalschaden führen. Dies wird bei der »normalen« Versicherungsprämie nicht berücksichtigt und muss daher als ein wichtiger Umstand dem Versicherer mitgeteilt werden;
- Erweiterung des Versicherungsumfangs über Krankheit, Unfall, Tod hinaus.

Sachausfallversicherung

Versicherungsschutz bei einer Sachausfallversicherung besteht für einen Unterbrechungsschaden, wenn Atelierbauten, lebende Tiere, Apparate, Requisiten, Maschinen oder Geräte der Produktion nicht zur Verfügung stehen, weil sie durch versicherte Gefahren, wie z.B. Brand, Leitungswasser, Diebstahl, Unfall, Elementarereignisse, mut- oder böswillige Handlungen Dritter beschädigt und/oder zerstört werden und/oder abhanden kommen und dadurch der Produktion Kosten zusätzlich zu den normalen Drehkosten z.B. für Standtage oder Vertragsverlängerungen entstehen oder die Produktion verschoben oder abgebrochen werden muss.

Dabei handelt es sich nicht um eine Sachversicherung für Reparaturarbeiten an ausgefallener Technik oder Requisiten. Es sind nur reine Vermögens- oder Ausfallschäden versichert. Üblicherweise wird der Sachausfall für die gesamte Drehdauer, einschließlich der Vorbereitungs- bzw. Aufbauzeit, versichert.

Grundlage für die Festlegung der Versicherungssumme ist die Anzahl der höchstmöglich pro Schadensfall ausfallenden Drehtage und die geschätzten Kosten pro Drehtag. Beide Beträge, multipliziert und aufgerundet, ergeben die zu versichernde Haftsumme. Üblicherweise ist (je nach Produktionsgröße) eine Selbstbeteiligung zwischen 500 Euro und 5.000 Euro pro Schadensfall fällig.

Bild-, Ton- und Datenträgerversicherung

Versicherungsschutz bei einer Bild-, Ton- und Datenträgerversicherung besteht für die Kosten, die notwendig sind, um die von einem versicherten Schaden betroffenen Teile der Bild-, Ton- und/oder Datenträgeraufnahmen unter gleichen Bedingungen wie beim Originaldreh wiederherzustellen.

Ein Schadensfall liegt nach Verlust oder Beschädigung bzw. Zerstörung des Materials durch unvorhergesehene Ereignisse vor. Nicht versichert sind indirekte Nachteile (z.B. verspäteter Sendetermin) oder überholende Kausalitäten (z.B. schlechtes Wetter oder höhere Gewalt).

Jedes Vorhaben beim Film oder Fernsehen sollte ab dem Eingang des Drehmaterials als Rohfilm oder auf Videobändern bei der Produktion (spätestens ab Drehbeginn) bis zur Fertigstellung der Nullkopie, längstens bis zum geplanten Ende der Produktion, versichert werden.

Bei der Selbstbeteiligung ist die Bandbreite sehr groß. Manche Versicherer verzichten auf eine Selbstbeteiligung, immer mehr erwarten allerdings eine Selbstbeteiligung zwischen 500 Euro und 1.500 Euro. Der Versicherer benötigt für eine Schadensregulierung unter anderem:

- Schadensanzeige
- Kopierwerksbericht
- Kamerabericht
- Materialbericht
- Tagesberichte über Schaden- und Nachdrehtage
- Zusammenstellung der für den Nachdreh angefallenen Kosten
- das beschädigte Material (beim Nachdreh)

Produktionshaftpflichtversicherung

Im Bürgerlichen Gesetzbuch, der Sammlung von Spielregeln für das tägliche Zusammenleben von Menschen, werden zwei Haftungsgründe genannt:

- Haftung aus Verschulden. Beispiele: Ein Brenner ist schlecht aufgestellt und fällt um. Hierbei beschädigt er das Dach eines zufällig an der Stelle geparkten Autos. Für die Reparatur des Daches muss die Produktionsfirma eintreten. Ein Passant stolpert über ein nicht gesichertes Kabel und verletzt sich hierbei. Neben einem Schmerzensgeld für den Passanten kommen noch die Kosten des Sozialversicherungsträgers für die ärztliche Behandlung auf die Produktion zu.
- Haftung aus Vertrag, hier aus Mietvertrag. Man verpflichtet sich kraft Motivvertrag (= Mietvertrag), das Motiv, z.B. eine Wohnung, so zu verlassen, wie man sie vorgefunden hat. In diesem Fall müssen alle Schäden bezahlt werden, unabhängig davon, wer sie verursacht hat.

Die Produktionshaftpflichtversicherung befasst sich wie jede andere Haftpflichtversicherung nur mit der Haftung aus Verschulden und daher mit Schadensersatzansprüchen aus Schäden gegenüber Dritten, die während der Dreh- und/oder Bearbeitungszeit von der Produktion und/oder deren Mitarbeitern verursacht werden. Sie gilt ebenfalls für die Abwehr unbegründeter Ansprüche. Bei Motivverträgen ist es deshalb wichtig, vor Drehbeginn ein Übernahmeprotokoll und nach Abschluss der Dreharbeiten ein Übergabeprotokoll zu verfassen. Beim Übernahmeprotokoll sind alle vorgefundenen Schäden festzuhalten, beim Übergabeprotokoll alle die Schäden, die während der Dreharbeiten entstanden sind. Beide Protokolle sind von beiden Vertragspartnern zu unterzeichnen.

Nicht versichert sind Schadensfälle z.B. an eigenen, gemieteten, geliehenen, zur Verfügung gestellten oder beweglichen Gegenständen. Hierfür müssen gesonderte Sachversicherungen z.B. für Fahrzeuge, Apparate oder Requisiten abschlossen werden.

Für Schadensfälle, die drehbuchbedingt sind oder bewusst in Kauf genommen werden, besteht kein Versicherungsschutz. Versicherungsschutz sollte für die Dreh- und/oder Produktionszeit einschließlich der Vorbereitungs- und Endbearbeitungszeit abgeschlossen werden.

Übliche Deckungssummen für die Produktionshaftpflichtversicherung sind:

- 1.500.000 Euro für Personen- und Sachschäden (pauschal),
- 50.000 Euro für Vermögensschäden,
- 500.000 Euro für Umweltschäden,
- 250.000 Euro für Mietsachschäden (Brand, Blitzschlag, Explosion),
- 10.000 Euro für Mietsachschäden bei Dreharbeiten,
- 10.000 Euro für Tätigkeitsschäden (Schaden an einer Sache, an der man unmittelbar tätig wird, um den Zweck der Arbeit zu erfüllen).
- 250.000 Euro für Allmählichkeits- und Abwasserschäden. Die Allmählichkeit eines Schadens, z.B. wenn ein Rohr versehentlich angebohrt wird, das Wasser ganz allmählich austritt und der Schaden erst bei Frost bemerkt wird, widerspricht eigentlich dem Versicherungsgedanken, bei dem stets von der Plötzlichkeit ausgegangen wird.
- 10.000 Euro für Belegschafts- und Besuchereigentum,
- 10.000 Euro für Obhutschäden. Das sind Schäden an Sachen, die z.B. durch einen Mietvertrag in Obhut der Produktion genommen werden.

Die genannten Versicherungssummen stehen für alle Schäden zusammen nur in zweifacher Höhe zur Verfügung. Der Versicherungsnehmer haftet nach dem Gesetz aber in unbeschränkter Höhe.

Nach den Versicherungsbedingungen ist der Versicherungsnehmer verpflichtet, jedes Ereignis, das einen Haftpflichtanspruch zur Folge haben kann, spätestens innerhalb einer Woche schriftlich anzuzeigen. Schadensansprüche dürfen vom Versicherungsnehmer nicht anerkannt oder beglichen werden. Damit würde der Versicherungsschutz verloren gehen.

Feuerhaftungsversicherung

Bei der Feuerhaftungsversicherung besteht der Versicherungsschutz im Rahmen der Bedingungen für gesetzliche Schadensersatzansprüche Dritter, wenn während der Dreh- und/oder Bearbeitungszeit durch die Produktion und/oder deren Mitarbeiter ein Feuerschaden schuldhaft, aber unbeabsichtigt verursacht wurde und die Produktion vom Eigentümer/Besitzer der zerstörten Sachen oder dessen Versicherer in Anspruch genommen wird.

Beispiel: Bei den Dreharbeiten in einem angemieteten Gebäude kommt es zu einem Brand, der auch auf das benachbarte Gebäude übergreift. Der oder die Feuerversicherer leisten Entschädigungen an die Gebäudebesitzer und prüfen die Brandursache. Stellt sich heraus, dass der Brand vom Versicherungsnehmer oder einem Mitarbeiter der Produktion verursacht wurde, werden die Feuerversicherer ihre Aufwendungen bei der Produktionsfirma zurückfordern. Solche Summen übersteigen fast immer die Sachschaden-Deckungssumme der Produktionshaftpflichtversicherung. Wenn die Deckungssumme der Produktionshaftpflichtversicherung erschöpft ist, wird die Feuerhaftungsversicherung in Anspruch genommen.

Nicht ersetzt werden Ansprüche aus der Beschädigung oder Zerstörung von Requisiten, Dekorationen, Dekorationsbauten, Lampen, Apparaten nebst Zubehör und den persönlichen Gegenstände des Versicherungsnehmers. Dafür sind spezielle Versicherungen abzuschließen.

Eine Feuerhaftungsversicherung wird für die Dauer der Produktion abgeschlossen. Als Haftungssumme ist der Gegenwert für einen möglichen Höchstschaden zu vereinbaren. In der Praxis ist eine Pauschalsumme von 2.500.000 Euro für Normalproduktionen ohne besondere Motive üblich. Im Schadensfall müssen Feuerwehr, Polizei und der Versicherer informiert werden.

Completion Bond

Ein *Completion Bond* ist eine Fertigstellungsgarantie für einen Spiel-, Zeichentrick-, Fernsehfilm oder eine Serie. Dem Investor bzw. dem Finanzier (z.B. der Bank) wird garantiert, dass das Projekt innerhalb der kalkulierten Kosten und der vorgesehenen Zeit, unter Wahrung aller Rechte, fertig gestellt wird. Diese Garantie erfolgt in der Form einer so genannten Begünstigung oder einer Bürgschaftserklärung gegenüber dem Investor bzw. Finanzier.

Es handelt sich also um ein Bürgschaftsgeschäft, wie z.B. eine private Mietbürgschaft. Wird eine Bank bei einer Mietbürgschaft zur Zahlung aufgefordert, holt sie sich den ausgezahlten Betrag vom Bürgschaftsnehmer zurück. Bei einem Completion Bond ist der Bürgschaftsgeber keine Bank, sondern eine Bond-Gesellschaft, die dieses Recht nicht hat. Das macht den Completion Bond zu einer Versicherung. Deshalb kostet eine Bürgschaft nur etwa 0,8 Prozent Zinsen, während ein Completion Bond 2,5 und mehr Prozent Prämien kostet. Diese Differenz ist die Versicherungsprämie.

Die Completion-Bond-Gesellschaft, die kein Recht auf Regress hat, begutachtet und beurteilt die Produktion und die Produktionsbedingungen deshalb sehr intensiv und ausführlich. Denn sie möchte den Verzicht auf Regress so weit wie möglich absichern. Das Ergebnis dieser Bemühung ist eine Produzentenvereinbarung. Sollten während der Laufzeit der Produktion eine unbeabsichtigte Budgetüberschreitung und/oder unversicherbare Schadenfälle eintreten, übernimmt der Completion-Bond-Geber die zusätzlich entstehenden Kosten bis zur Höhe der vereinbarten Garantie- oder Versicherungssumme.

Nicht versichert werden die Bonität bzw. das Risiko der Zahlungsunfähigkeit der Filmfinanziers sowie die künstlerische Qualität der Produktion. Die Garantiesumme ergibt sich aus der realistisch ermittelten Kalkulationssumme für die Produktion plus einer Überschreitungsreserve von etwa zehn Prozent. Die wichtigsten Voraussetzungen für den Abschluss eines Completion Bond sind:

- Die Finanzierung des Vorhabens muss zu 100 Prozent gesichert und nachgewiesen sein.
- Durch die üblichen Filmversicherungen muss ein umfassender Versicherungsschutz gewährleistet sein.
- Der Produzent muss sich den Bedingungen des Completion Bond im vollen Umfang unterwerfen.

Für eine Antragsprüfung werden folgende Unterlagen benötigt:

- Antrag auf Completion Bond
- Drehbuch (neueste Fassung)
- aktueller Drehplan
- Kalkulation (neueste Fassung)
- Cash-Flow-In/-Out-Pläne
- Crewliste
- Darstellerliste
- Finanzierungsplan
- wichtige Verträge
- Verträge der Produktion

Wenn alle notwendigen Unterlagen vorliegen, wird ein Antrag üblicherweise innerhalb von etwa zwei bis vier Wochen entschieden. Der Versicherer gibt bei positiver Gesamtbeurteilung einen oder mehrere *Letters of Intent* (Absichtserklärungen für die Begünstigten).

Für die Erstprüfung und Entscheidung über den Completion Bond berechnen die Versicherer je nach Arbeitsaufwand Prüfgebühren zwischen 1.000 Euro und 2.500 Euro. Die Prüfgebühren rechnet der Versicherer auf die nach Abschluss des Completion-Bond zu bezahlende Prämie an. International üblich sind Prämienbeträge zwischen drei und sechs Prozent, wobei beim Beginn einer Produktion meistens nur 80 Prozent bezahlt werden. Der Rest der Prämie wird im Schadensfall fällig.

Besonderheiten und Gefahrenerhöhungen

Beim Abschluss einer Versicherung müssen »Besonderheiten« und »Gefahrenerhöhungen« angegeben werden. Dazu gehören z.B.

- Stunts (mit versicherten Personen)
- Pyrotechnik
- Kinder als Darsteller
- Aufnahmen mit wilden und/oder dressierten Tieren
- Aufnahmen in der Bahn, auf Flughäfen, Autobahnen, kommunalen Straßen oder öffentlichen Plätze
- Aufnahmen auf und/oder unter Wasser, auf Schiffen, aus der Luft oder im Hochgebirge
- Aufnahmen aus Flugzeugen, Booten oder Kraftfahrzeugen
- Verwendung besonderer Requisiten, z.B. gebauter, angepflanzter, bemalter oder schwer ersetzbarer
- Aufnahmen in den USA oder in Kanada wegen der besonderen Haftungsbedingungen und der Rolle der Gewerkschaften
- Totalschadenrisiko z.B. beim Negativ-Gesamttransport vom Kopierwerk zur Postproduktion in die USA; geht das Material auf dem Transportweg z.B. durch einen Flugzeugabsturz verloren, liegt der seltene Fall eines Totalschadens vor

Was ist nicht versicherbar?

Alles was

- schon passiert ist,
- mit größter Wahrscheinlichkeit passieren wird,
- freiwillig und/oder leichtfertig einkalkuliert wird,
- vom Versicherungsnehmer absichtlich getan wird (Vorsatz),
- gegen Gesetze verstößt.

Das Kleingedruckte

Abschließend sollen einige Beispiele typische Schadens- und Konfliktfälle illustrieren.

- Schäden an Kraftfahrzeugen sowie sonstigen Land-, Luft und Wasserfahrzeugen, die mit der Produktion zu tun haben, sind nicht über die Produktionshaftpflicht- oder die Requisitenversicherung, sonder nur über eine spezielle Kaskodeckung versichert.
- Schäden an sonstigen Requisiten (beweglichen Sachen im Bild), beweglicher Einrichtung, in Obhut genommenen Dingen, Mietsachen, Apparaten und Technik sind nicht über die Produktionshaftpflicht, sondern über spezielle Requisiten- oder Technikversicherungen gedeckt.
- Die Haftpflichtversicherung gilt nur innerhalb von Europa. Wenn sie weltweit ausgedehnt wird, gilt für Schäden in den USA und/oder in Kanada in der Regel eine Selbstbeteiligung von zehn Prozent, mindestens 5.000 Euro.
- Die Feuerhaftungsversicherung gilt nur innerhalb Europas.
- Schäden durch Stunts, Pyrotechnik oder gefährliche Dreharbeiten sind nicht versichert. Dafür sind gesonderte Vereinbarungen zu treffen.
- Schäden durch Krieg, innere Unruhen und/oder Vorsatz sind nicht versichert.
- Das belichtete und/oder entwickelte Originalnegativ darf nicht in einem Stück, sondern immer nur in mehreren getrennten Transporten bewegt werden.
- Material und Technik müssen vor Drehbeginn auf ihre Funktionsfähigkeit überprüft werden.
- Wenn das Material (z.B. im Ausland) nicht täglich in das Kopierwerk gebracht werden kann, sind abends Handproben zu entwickeln und auf Schäden zu prüfen.
- Diebstahl von Filmtechnik aus Kraftfahrzeugen ist nur versichert, wenn sie im nicht einsehbaren Koffer oder Kofferraum lag, das Kraftfahrzeug verschlossen war und selbst in einer verschlossenen Einzelgarage stand bzw. bewacht wurde.
- Technik und Requisiten, die im Schadensfall schwer wiederbeschaffbar sind, müssen dem Versicherer beim Abschluss des Vertrages gemeldet werden.
- Die Produktionshaftpflichtversicherung deckt keine vertraglich übernommene Haftung, sondern lediglich die gesetzliche ab.
- In der Personenausfallversicherung sind die Personen erst dann (vollständig) versichert, wenn dem Versicherer die erforderlichen Gesundheitsunterlagen vorliegen und dieser die so genannte Approbation erteilt hat.

Technik

Knut
Hickethier

Geschichte der Fernsehproduktion

Die Geschichte der Fernsehproduktion ist in erster Linie eine Geschichte ihrer technischen Voraussetzungen. Denn das Fernsehen war bei seinem Start in Deutschland im Jahre 1935 technisch noch weitgehend unfertig. Wichtige Stationen der technischen Entwicklung sind das helle Rundstudio, die Entwicklung von Kameras mit hoher Lichtempfindlichkeit, die Entdekkung der magnetischen Aufzeichnungstechnik und schließlich die Digitalisierung. Solche technischen Neuerungen wurden vor allem deswegen entwickelt, weil die Nachfrage nach Sendungen permanent gestiegen ist. Neben den technischen Voraussetzungen sind die institutionellen und administrativen Bedingungen für die Fernsehproduktion entscheidend. Wesentliche Veränderungen traten bereits bei Gründung des ZDF mit der Auslagerung von Produktionen in die Filmwirtschaft und dem Erwerb der großen Filmstudios durch das Fernsehen auf. Einschneidend war auch die Entstehung des dualen Rundfunksystems mit dem Start der ersten privatrechtlichen Sender im Jahre 1984.

Der industrielle Charakter der Fernsehproduktion

Fernsehen ist ein Medium, das sich – anders als der Film – seit seinen Anfängen technologisch und in seiner Produktionsweise mehrfach grundlegend verändert hat. Das Herstellen von Fernsehsendungen ist – stärker als beim Film – ein hochgradig arbeitsteiliger und technischer Vorgang. Die Produktion erfordert einen aufwendigen technischen Apparat und eine gesellschaftliche Organisation des Mediums. Ein Indiz für die besondere Form der Fernsehproduktion besteht darin, dass Amateure nie Fernsehen, aber immer Filme gemacht haben. Die Videomacher, die ab Anfang der 70er Jahre Videotapes auf semiprofessioneller oder Amateur-Basis drehten und sich dabei einer dem Fernsehen verwandten Technik bedienten, haben sich nie als Fernsehamateure oder Fernsehmacher verstanden. Sie haben Videos, keine Fernsehsendungen und kein Fernsehprogramm gemacht. Fernsehen war und ist nur als institutionalisiertes Medium denkbar.

Die Fernsehproduktion ist also als ein institutionalisierter, arbeitsteiliger Vorgang zu verstehen. Drei zentrale Berufsbereiche arbeiten dabei zusammen: technische, künstlerisch-gestaltende und redaktionell-planende, die sich in unterschiedliche Berufe mit zum Teil festen Ausbildungsgängen differenziert haben (siehe dazu den Beitrag von Andrea Stein/Anne Schulz). Diese hoch entwickelte Arbeitsteilung ist Ausdruck davon, dass es sich bei Film und Fernsehen um Medien handelt, die selbst Ergebnis der industriellen Entwicklung sind.

In den Anfängen machten viele Mitarbeiter fast alles, es wurde improvisiert, erprobt und erkundet. Diese Pionierzeit wird heute in den Erinnerungen vielfach verklärt. Doch auch in den Anfangsjahren gab es Arbeitsteilung, weil vor allem für Kamera, Bildmischung und Tonaufnahme Spezialisten gebraucht wurden. Mit dem Ausbau des Mediums haben sich auch diese Tätigkeiten ausdifferenziert, ist das spezialisierte Produktionswissen gewachsen. Selbstverständlich wird auch heute bei Fernsehproduktionen improvisiert und ist Flexibilität gefordert. Doch es gibt mehr Arbeitsfelder – vor allem im technischen Bereich – die eine hohe Professio-

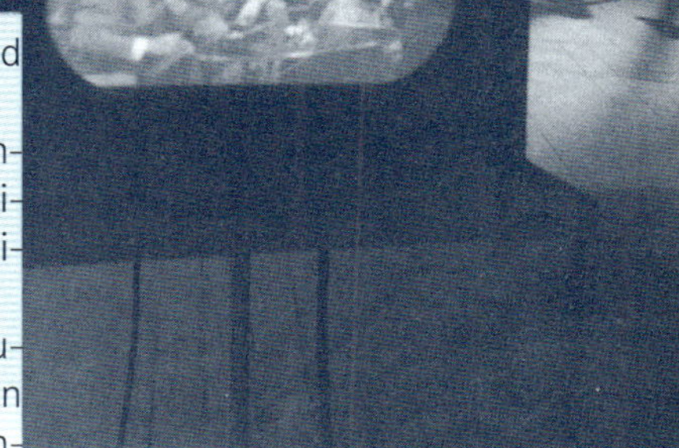

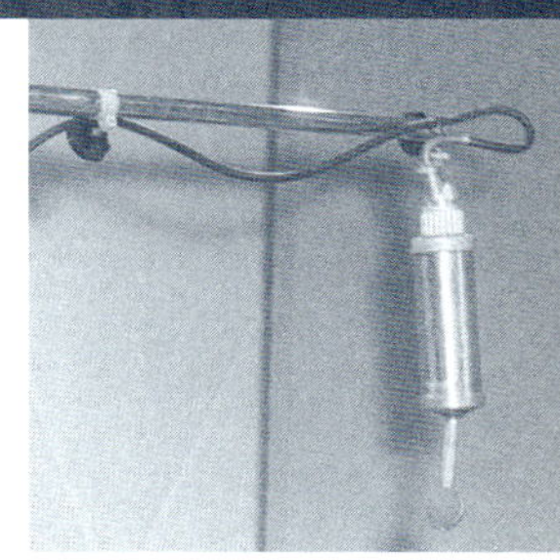

nalität und Spezialisierung erfordern. Die Zahl dieser Arbeitsfelder nimmt zu und umfasst heute auch organisatorische und inhaltlich-gestaltende Bereiche.

Das hohe technische Niveau hat zur Folge, dass die Geschichte der Fernsehproduktion ihre technischen Voraussetzungen beschreiben muss. Die technischen Möglichkeiten prägen im positiven und im negativen Sinne auf entscheidende Weise die Geschichte der Fernsehproduktion.

Außerdem ist jede Fernsehproduktion ökonomisch bestimmt, doch die zunehmende Ausrichtung der Fernsehproduktion auf ein Kosten-Nutzen-Denken und die damit verbundene Ökonomisierung auch inhaltlicher und gestalterisch-darstellender Aspekte war nicht von Anfang an prägend. Sie hat vor allem seit Mitte der 80er Jahre zugenommen.

Dass heute ausdrücklich von Fernsehproduktion gesprochen wird, zeigt die historischen Veränderungen. Bis in die 60er Jahre war es selbstverständlich, dass Fernsehen immer Produktion und Distribution zugleich war. Zwar wurden von Anfang an auch fremdproduzierte Sendungen gesendet, aber immer nur als Ersatz und im Notfall. Fernsehen war immer ein selbst produziertes, elektronisch hergestelltes und anfangs live gesendetes Fernsehen. Erst in den 60er Jahren, mit dem Aufkommen von Auftragsproduktion für das Fernsehen, gingen Produktion und Distribution eigene Wege.

Fernsehproduktion bis 1945

Der Film war mit der ersten öffentlichen Aufführung durch die Brüder Lumiére technisch weitgehend ausgereift und veränderte sich bis zur Digitalisierung kaum. Das Fernsehen war beim Beginn des ersten Fernsehprogramms 1935 technisch noch »unfertig«. Es wurde mehrfach grundlegend verändert, und wenn wir heute zwischen analogen und digitalen Verfahren unterscheiden, zeigt das nur eine von vielen grundsätzlichen Veränderungen des Mediums.

Von Fernsehproduktion im eigentlichen Sinne kann erst ab 1935 gesprochen werden, auch wenn der erste Fernsehfilm *Morgenstunde hat Gold im Munde* bereits 1930 hergestellt wurde. Er diente in zahlreichen Versuchssendungen jedoch nur der Erprobung der Fernsehtechnik.

Das Fernsehen begann mit der Idee Paul Nipkows, Bilder mit Hilfe einer Lochscheibe in Lichtpunkte zu zerlegen. Diese Idee ließ er sich 1884 patentieren. Die mit Hilfe von Selenzellen in elektrische Impulse umgewandelten Lichtpunkte können mit einem Kabel oder über Radiowellen an entfernte Orte übertragen werden und auf der Empfängerseite mit Hilfe einer Braunschen Röhre und einem magnetisch ablenkbaren Kathodenstrahl wieder zu einem Bild zusammengesetzt werden.

Die »Dunkelkammer«-Produktion

Da die Nationalsozialisten das Fernsehen als ihr Medium nutzen und präsentieren wollten, warteten sie nicht auf die Entwicklung einer elektronischen Aufnahmetechnik und starteten das Fernsehen in Deutschland mit einem technisch halbfertigen Verfahren.

Bis zum Beginn des Jahres 1938 wurden Fernsehsendungen mit einem mechanischen Bildabtaster (Lochscheibe) produziert. Das Fernsehstudio war anfangs sehr klein, nicht größer als 1,5 x 1,5 Meter. Darin hatte nur eine Person Platz. Diese Grundfläche wurde nach und nach auf etwa neun Quadratmeter und für maximal neun Personen erweitert. Alle Beteiligten mussten im Dunkeln agieren, während ein Lichtstrahl durch einen Linsenkranzabtaster geschickt wurde und die Darsteller abtastete. Die dabei erzeugten Helligkeitssignale wurden von Selenzellen (eine Art frühe Kamera) aufgenommen und als elektrischer Impuls weitergegeben. Die Selenzellen waren anfangs fest an einer Wand montiert. Sollte eine Person größer im Bild erscheinen, musste sie sich vorbeugen oder näher an die Selenzellen heranrücken. Um den geringen Platz nicht weiter einzuschränken, bestand die Szenerie der Handlung aus gemalten Kulissen.

Beim Umbau der Szenerie kamen „die Darsteller ganz nach vorn an die Apparatur (...), deren Optik auf nah eingestellt wurde, so dass der Hintergrund nur schwach als grau verschwommenes Etwas sichtbar blieb. Während die Schauspieler vorn agierten, trugen hinten Männer auf dicken Filzsohlen die Dekoration hinaus und bauten eine neue auf. Wurde das Gerät dann wieder auf Totale umgestellt, hatte ein Wald sich in ein Hotelzimmer verwandelt, und alle Beteiligten atmeten (oft sogar) hörbar auf“ (Hoepner-Flatow).

Der Schauspieler Axel Ambesser erinnert sich an diese frühen Fernsehproduktionen: „Es war so, dass in einem mittelgroßen, als Atelier bezeichneten Zimmer absolute Nacht herrschte. (...) In dieser Stockfinsternis zogen wir nun ein ganzes Varieté-Programm von einer Stunde Länge ab. Zwei Akrobaten schleuderten einander in die Höhe und vollführten komplizierte Salti. Ein völlig glatzköpfiger älterer Mann, dessen Schädel bei diesen Lichtverhältnissen natürlich nicht mehr strahlte, spielte auf einer singenden Säge. Die Tänzerinnen – gleich zwei auf einmal –, denen die Musik über Lautsprecher eingespielt wurde, hatten ungeheure Schwierigkeiten mit dem Raumgefühl, da es ja keinen wahrnehmbaren Raum für unsere Augen gab und Paul Nipkows Lichtstrahl so dünn war, dass die beiden Damen meist im Dunkeln tanzten und auf dem Bildschirm der Fernseher dann vermutlich nur ein Bein oder eine Feder an ihren Hüten zu sehen war.“

Solche Produktionen wurden zumeist kollektiv in öffentlichen Fernsehstuben gesehen. Die Zuschauer waren begeistert. Sie interessierten sich vor allem für das technische Phänomen des Fernsehens und achteten weniger auf inhaltliche oder gestalterische Aspekte.

Erste Professionalisierungen

Mit der Inbetriebnahme des ersten beleuchteten Studios endete diese Episode des frühen Fernsehens. Erstmals konnten elektronische Kameras eingesetzt werden.

Bei der Arbeitsteiligkeit der Produktion wurde bereits deutlich zwischen technischen, inhaltlichen und gestaltenden Bereichen unterschieden. Ein fest angestelltes Produktionsteam (Regie, Kamera, Dramaturgie, Techniker, Sekretariat und Hilfskräfte) wurde jeweils aktuell durch Kleinkünstler, Artisten, Schauspieler, Musiker und Autoren ergänzt. Die zusätzlich engagierten Mitarbeiter brachten ihre spezifischen Qualifikationen, die sie in anderen Bereichen erworben hatten, in die Produktion von Fernsehen ein. Prägend waren dabei der institutionell nahe Rundfunkbetrieb, das Theater und der Film. Vom Rundfunk kamen viele Techniker, vom Theater und vom Film vor allem Dramaturgen und Regisseure.

Bei den künstlerisch Mitwirkenden, die zunächst nur für einzelne Sendungen engagiert wurden, bildete sich nach und nach ebenfalls ein Stamm ständiger Mitarbeiter heraus, die zunehmend über eigene Produktionserfahrungen im Fernsehen verfügten und dadurch die Produktionszeiten verkürzten. Die Fernsehproduktionen wurden damit schrittweise professioneller.

Die ersten Liveübertragungen

Merkwürdig provisorisch waren die ersten Außenaufnahmen von der Olympiade 1936 in Berlin. Die elektronische Kamera war zwar bereits durch Zworykin in den USA realisiert, jedoch durfte diese amerikanische Erfindung, die von der Reichspost heimlich nachgebaut worden war, nicht öffentlich gezeigt werden. Um Außenaufnahmen zu ermöglichen, wurden solche ideologischen Vorbehalte allerdings bald zurückgestellt und Ende 1935 wurde die elektronische Kamera bei Sportübertragungen in Deutschland erprobt.

Diese »Telefunken-Kanone« war mit drei Objektiven unterschiedlicher Brennweite ausgestattet. Das Teleobjektiv wog allein 45 Kilogramm. Probleme entstanden bei der Aufstellung der Kamera, weil der Blick der Zuschauer nicht verstellt werden durfte. Für die Aufnahmen der Olympischen Spiele wurden zehn Standorte für die Kameras gefunden. Übertragen wurde aus einem dreiviertel Meter tiefen Gang zwischen Kampfbahn und Zuschauerplätzen. Die Fernsehzuschauer sahen die Olympiade deswegen aus der Froschperspektive.

Zusätzlich wurde ein Übertragungswagen eingesetzt, der mit einem so genannten Zwischenfilmverfahren arbeitete. Mit einer auf dem Wagen fest montierten großen Kamera wurde das Sportgeschehen auf Film aufgenommen. Dieser Film wurde nach der Belichtung im Wagen entwickelt und fixiert, von einem Filmabtaster abgelesen, in elektrische Bildpunkte aufgelöst und übertragen. Damit konnten Fernsehbilder mit nur wenigen Minuten Verzögerung übertragen werden. Da die Bilder des Zwischenfilmabtasters mit denen der Telefunken-Kanone und anderer Kameras nicht synchronisiert waren, musste eine Umschaltpause eingelegt werden, wenn von einer Kamera zur anderen umgeschaltet wurde.

Das Publikum war begeistert. Das Fernsehen ermöglichte zum ersten Mal die Teilhabe an einem zeitgleich weit entfernt stattfindendem Ereignis. Der offene Ausgang der Wettkämpfe erhöhte die Spannung, und der am Radio orientierte Reportagestil (alles wurde in Sprache übersetzt) lenkte von der schlechten Bildqualität ab.

Bei den Übertragungen machten die Techniker und Fernsehmacher viele neue Erfahrungen, die für die weitere Produktionstechnik wichtig waren. Elektronische Kameras wurden für Außenaufnahmen allerdings vorerst nicht mehr eingesetzt. Sie waren zu schwerfällig. Weil es noch keine Aufzeichnungsmöglichkeiten gab, mussten sie über ein Kabel mit dem Sender verbunden sein. Für Außenaufnahmen wurde deshalb zumeist der 16 mm-Film verwendet.

Studiobetrieb im hellen Rundstudio

Die elektronische Fernsehproduktion entwickelte sich im Studiobetrieb weiter. Maßgeblich dafür war die Entwicklung des hell erleuchteten Rundstudios, das sich am Theater orientierte. Im großen Rund des Studios waren an den Wänden kreisförmig mehrere Bühnenpodeste aufgebaut, auf denen Spielszenen arrangiert wurden. In der Mitte des Raumes stand eine Kamera, die das wechselnde Geschehen aufnahm und dabei zu den Bühnen gedreht wurde.

Vor allem mit der Produktion von Fernsehspielen wurden die neuen Möglichkeiten des Mediums erkundet. Mit den nun auch zeitlich längeren Produktionen (Dauer etwa 30-60 Minuten) wurde ab 1939 auf Bühnenpodeste verzichtet. Es wurde mit mehreren Kameras gearbeitet, wodurch der Eindruck eines filmischen Einstellungswechsels entstand. Die Kameras fuhren in die Kulissen hinein. Das Studio wurde von oben großflächig ausgeleuchtet, eine Lichtregie im filmischen Sinn gab es allerdings nicht. 1939 entstand ein eigener Inszenierungsstil und damit auch das Fernsehspiel. Die Fernsehspiele selbst wurden mehrfach gesendet, und weil es keine elektronische Aufzeichnungsmöglichkeit gab, bedeutete jede Wiederholung: Es wurde noch einmal gespielt und gesendet.

Vom Livefernsehen zum MAZ-Verfahren

Der Aufbau des bundesdeutschen Fernsehens ab 1948 orientierte sich sehr stark an den im Dritten Reich gemachten Erfahrungen sowie an der vor allem bei der BBC entwickelten Praxis, die eine Reihe von Fernsehmitarbeitern studiert hatten. Die Weitergabe des Produktionswissens aus der NS-Zeit garantierten zahlreiche ehemalige Mitarbeiter des NS-Fernsehens. Die Entwicklung des Fernsehens in der DDR unterschied sich produktionstechnisch nicht wesentlich von der bundesdeutschen.

Liveproduktion nach 1945

Der Nordwestdeutsche Rundfunk (NWDR) – von dem der Ausbau des bundesdeutschen Fernsehens nach dem Zweiten Weltkrieg ausging – orientierte sich in der technischen Ausstattung, bei Kameratechnik, Fernsehstudios und der Sendetechnik an den internationalen Entwicklungen.

Durch den Übergang vom *Super-Ikonoskop* zum *Super-Orthikon* wurden die Produktionsbedingungen entscheidend verbessert. Die 25mal höhere Lichtempfindlichkeit des Super-Orthikon erforderte weniger Beleuchtung und erleichterte den Schauspielern und Sprechern die Arbeit. 1951 wurden Kameras mit so genannten Objektivrevolvern ausgestattet. Damit war ein schneller Wechsel der Einstellungsgrößen möglich und die Aufnahmen wurden »filmischer«.

Der Neubau eines modernen Studios in Hamburg-Lockstedt entsprach den Anforderungen von Filmstudios. Dort entstanden vier unterschiedliche Räume mit durchgehenden Beleuchtungsbühnen und einer Klimaanlage. Im September 1951 wurde der erste Übertragungswagen, der Übertragungen im Umkreis von 20 Kilometern ermöglichte, in Betrieb genommen. Die ersten Übertragungen zeigten des-

wegen auch Szenen aus Hamburg, beispielsweise aus Planten und Bloomen, aus der Ernst-Merck-Halle, dem Hamburger Hafen oder dem Stadion des FC St. Pauli. Ein neuer Filmgeber ermöglichte einen besseren Wechsel zwischen zwei Live-Übertragungen, weil ein kurzer Film dazwischen geschoben werden konnte. Da die Kosten für den Betrieb des Filmgebers nur halb so hoch waren wie für den der elektronischen Kameras, wurden in den ersten Nachkriegsjahren aus finanziellen Gründen damit gearbeitet und verstärkt Filme gesendet.

Seit 1952 verfügte der NWDR über ein Aufzeichnungsgerät, mit dem von einem lichtstarken Spezialempfänger Liveereignisse auf Film (35 mm) aufgezeichnet werden konnten. Zu dieser Zeit wurden jedoch nur aufwendige Produktionen aufgezeichnet. Fernsehen wurde in der ersten Hälfte der 50er Jahre vorwiegend live produziert. Daraus bezog das Medium in diesen Jahren seinen Reiz.

Fernsehproduktion ab 1954

Fernsehproduktionen wurden in dieser Zeit noch nicht langfristig geplant. Es wurde häufig improvisiert und eher spontan produziert. Der Beginn des Programmbetriebs des Gemeinschaftsprogramms der ARD am 1. November 1954 machte jedoch eine bessere Produktionsabstimmung notwendig. Denn die in der ARD zusammengeschlossenen Landesrundfunkanstalten produzierten in jeder Sparte des Programms (Fernsehspiel, Unterhaltung, Dokumentationen etc.) anteilig Sendungen entsprechend der Größe ihres Einzugsgebietes. Für die Programm- und Produktionskoordination wurden die Ständige Programmkonferenz und die Programmdirektion eingerichtet.

Mit der Ausweitung des Programms auf zunächst drei bis vier Stunden täglich wurden immer mehr Produktionen gebraucht und der Aufwand im organisatorischen Bereich, bei der Programmplanung und dem Produktionsmanagement, wuchs. 1958 entstand das erste Programmschema und in den Folgejahren wurden die Programme langfristiger geplant.

Produktionsveränderungen durch die MAZ-Technik

Weil die Programme vieler Rundfunkanstalten nicht ausschließlich live produziert und nur mit großem Aufwand auf Ausfälle reagiert werden konnte, wurden andere Produktionstechniken gebraucht. Liveproduktionen vor einem Millionenpublikum belasteten zudem Schauspieler, Sprecher und andere Akteure zunehmend. 1957 saßen vor der ersten Million angemeldeter Fernsehgeräte immerhin etwa vier Millionen Zuschauer, die jeden Patzer sahen.

Allein mit »Präsenzproduktion« konnte der tägliche Programmbetrieb für so viele Sender nicht gewährleistet werden. Die bundesdeutsche Filmwirtschaft produzierte Mitte der 50er Jahre jährlich etwa 120 Spielfilme, 200 Dokumentarfilme und 50 Wochenschauen für 350 Stunden Programm. Das Fernsehen produzierte mit sehr viel weniger Personal und finanziellen Mitteln etwa die dreifache Menge Programm. Die erste differenzierte Programmstatistik aus dem Jahre 1959 verbuchte bereits 1.800 Stunden Fernsehprogramm.

Für die Gewährleistung dieses Programmbetriebs mussten spezifische Fernsehaufzeichnungs- und -speichersysteme entwickelt werden. Die Firma Ampex aus den USA hatte aus der Tonbandtechnik eine magnetische Aufzeichnungstechnik (MAZ) für das Fernsehen entwickelt. In Deutschland wurden die ersten Anlagen 1957/58 beim Südwestfunk, in den Folgejahren auch bei anderen ARD-Anstalten eingesetzt. Anfangs war die Technik nur ein Hilfsmittel, um bei Live-Pannen auf bei der Generalprobe hergestellte Magnetaufzeichnungen umschalten zu können. Bald schon wurde die Technik allerdings als vollwertiges Produktionsmittel eingesetzt. Wie beim Film wurden einzelne *Takes* aufgezeichnet. Szenen konnten so häufig aufgenommen werden, bis die Qualität stimmte.

Anschließend wurden die Aufnahmen montiert oder auf ein neues Band überspielt. Die auf diese Weise hergestellten elektronischen Fernsehproduktionen waren (wie beim Film) beliebig oft einsetz- und wiederholbar. Mit der neuen Technik konnte man darüber hinaus beispielsweise Bundestagssitzungen oder Sportveranstaltungen aufnehmen und daraus für spätere Sendungen Höhepunkte zusammen schneiden.

Industrialisierung der Produktion

Diese Veränderung der Speichertechnik führte zu einem filmähnlichen Verfahren und revolutionierte den Produktionsbetrieb. Große Studiobetriebe, wie z.B. die Bavaria Atelierbetriebsgesellschaft, arbeiteten an der Kombination von Film- und Fernsehkameras, um die Vorteile der elektronischen Fernsehproduktion (lange, durchgespielte Szenen) und des Films (bessere Bildqualität) gleichermaßen zu nutzen.

Für die Zuschauer waren die technischen Veränderungen weitgehend unsichtbar, weil sich Konsequenzen in Produktionsweisen und Inszenierungsstilen erst langfristig durchsetzten. Regisseure wie Rudolf Noelte beklagten den angeblichen Verlust der Intensität des Spiels mit der Abkehr von Live-Übertragungen. Den Siegeszug der magnetischen Aufzeichnungstechnik konnten sie jedoch nicht verhindern.

Versuche, Fernsehkameras beweglicher zu machen, sie vom Studio zu entkoppeln, wurden in diesen Jahren nicht systematisch verfolgt. 1957 wurden drahtlose Bilder in einem Bericht über die Bundesgartenschau in Köln aus einem Luftschiff gesendet. Die Mobilität »fliegender Kameras« war allerdings sehr eingeschränkt und ihr Einsatz beschränkt.

Nichts kennzeichnet die Veränderung der Fernsehproduktion mehr, als ein Musiktheaterprojekt von Kurt Wilhelm, der 1961 für das Deutsche Fernsehen zwölf Operetten in Wien produzierte. „Das Deutsche Fernsehen muss endlich auf Fabrikbetrieb umschalten," forderte er. Die Produktion eines Stückes kostete statt der üblichen sechs nur fünf Millionen Mark. Er realisierte eine »industrielle Produktionsweise« dadurch, dass er langfristig ein Atelier außerhalb der Saison mietete, Kulissen aus wieder verwendbaren Bauelementen herstellen ließ, in den Zwangspausen Programmfüller wie Kabarett-, Ballett- oder Musiksendungen produzierte und ein kombiniertes Double- und Playback-Verfahren nutzte. So kam er mit 15, statt der üblichen 25 Drehtagen aus. Zwar erregte diese synthetische Produktion

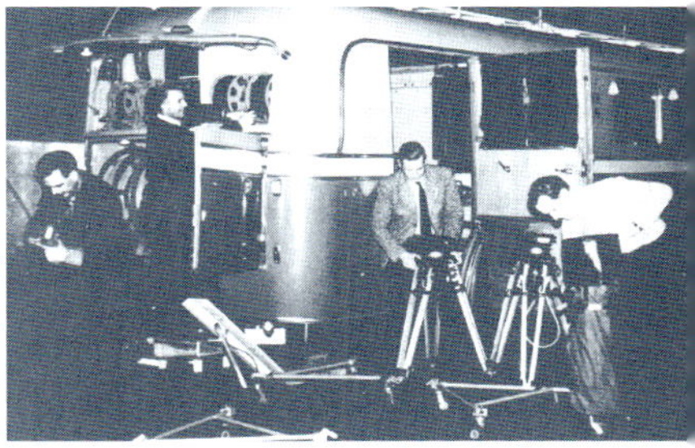

den Widerspruch der Kritik (der »Zauber des Menschlichen« ginge verloren), doch hatte die Rationalisierung gravierende Folgen für die weitere Fernsehproduktion. Sie gab entscheidende Impulse, die Produktionsabläufe neu zu konzipieren.

Ausbau der Fernsehproduktion

Für die weitere Produktionsentwicklung waren mehrere Faktoren, die mit dem Begriff der »Industrialisierung« des Fernsehens beschrieben werden, entscheidend.

Mit der Diskussion um ein zweites Fernsehprogramm seit Mitte der 50er Jahre (das ZDF startete am 1. April 1963) und dem Programmausbau stieg der Bedarf an Sendungen enorm.

Um diese zu produzieren, reichten die in den 50er Jahren gebauten Fernsehstudios nicht mehr aus. Rundfunkanstalten kauften sich deshalb in durch die Kinokrise schlecht ausgelastete Filmstudios ein. Der Süddeutsche und der Westdeutsche Rundfunk erwarben die Mehrheit an der neu gegründeten Bavaria Atelierbetriebsgesellschaft, der Norddeutsche Rundfunk stieg bei der Hamburger Real-Film ein (daraus entstand das Studio Hamburg), der Bayerische Rundfunk erwarb die Riva-Studios, der Hessische Rundfunk die Taunus-Film, das ZDF die Studios der Ufa in Berlin.

Darüber hinaus wurden viele neue Film- und Fernsehproduktionsgesellschaften (z.B. die Ringelmann-Fernsehproduktion oder TV-60) gegründet, die vor allem Fernsehfilme, Serien, Dokumentationen und Unterhaltungsbeiträge produzierten, und große Medienunternehmen engagierten sich in die Fernsehproduktion (z.B. Bertelsmann-Filmproduktion, CCC-Television, Intertel-Television).

Auftragsproduktionen, bei denen die Fernsehanstalten die Produktion initiierten, finanzierten und alle Rechte daran hatten, kennzeichnen das bundesdeutsche Fernsehen der 60er Jahre. 1966 vergab das ZDF Aufträge für 108 Millionen Mark, davon allein sechs in einer Höhe von jeweils fünf bis zehn Millionen Mark an 42 Produzenten. Zu den großen Auftragnehmern gehörten Helmut Ringelmann, Mohr von Chamier, Leo Kirch, Gyula Trebitsch, die Bertelsmann Fernsehproduktion Berlin und die Bavaria.

Differenzierung von Produktion und Distribution

Anfangs war es selbstverständlich, dass Produzieren und Senden eine Einheit darstellte. Dies veränderte sich nun. Die Senderanstalten stellten nicht nur selber Sendungen her, sondern nahmen von anderen produzierte ins Programm oder gaben sie in Auftrag. Unterschieden wurde zwischen:

- Eigenproduktionen, die weiterhin den Hauptanteil des Programms ausmachten.
- Auftragsproduktionen, die von unabhängigen Produzenten hergestellt und von den Auftrag erteilenden Sendern bezahlt wurden. Solche Produktionen gingen mit allen Rechten an den Sender über.
- Kaufproduktionen, die von Produzenten oder von anderen Sendern hergestellt und für eine begrenzte Zahl von Ausstrahlungen erworben wurden.

- Bei Koproduktionen zwischen Fernsehanstalten und Filmproduzenten wurden Kosten und Rechte geteilt. Die 1956 gegründete Ufa drehte beispielsweise gemeinsam mit dem Fernsehen sechs Filme, die im Kino und anschließend im Fernsehen gezeigt wurden. Diese Form der Kooperation setzte sich jedoch erst in den 70er Jahren durch.

Von der Öffentlichkeit noch weitgehend unbemerkt, begann der Handel mit Filmen und Filmrechten. Die ARD gründete am 11. März 1959 die Degeto als Unternehmen für die Filmbeschaffung. Daneben kamen aber auch kommerzielle Händler mit dem öffentlich-rechtlichen Fernsehen ins Geschäft. Ein findiger Student der Betriebswirtschaft legte damals mit Kinofilmrechten den Grundstein für seinen späteren Medienkonzern. Leo Kirch erwarb 1956 seine erste Lizenz für Fellinis *La Strada*, 1960 besaß er bereits Rechte an über 600 Spielfilmen. Für die Fernsehindustrie wurden in dieser Zeit durch die Arbeitsteilung von Produktion, Vertrieb und Ausstrahlung entscheidende Weichen für die weitere Entwicklung gestellt.

Von der Elektronik zum Film

Wenn von Fernsehproduktion die Rede ist, muss spätestens seit den 60er Jahren mitbedacht werden, dass damit Unterschiedliches gemeint ist. Die Produktion von Nachrichtensendungen folgt anderen Prinzipien als die von Dokumentarfilmen; Fernsehspiele und Fernsehserien werden wiederum anders produziert als Unterhaltungssendungen. Diese Unterschiede liegen in zwei unterschiedlichen Aspekten begründet, dem Aktualitätsprinzip und der Speichertechnik.

Aktualitätsbezogene Sendungen: Vom Film zur Elektronik

Aktuelle Sendungen (Nachrichtensendungen, Brennpunkte, studiobezogene Dokumentationen oder Talkshows) wurden und werden in der Regel im Studio hergestellt und mit elektronischen Kameras aufgenommen. Sie werden live produziert und sofort gesendet. Um Informationen und Bilder aus der Welt außerhalb des Studios einzubinden, wurden seit den 50er Jahren beispielsweise Berichte von Auslandskorrespondenten aufgenommen und eingespielt. Solche Filmeinspielungen wurden anfangs vom Studiosprecher kommentiert, später wurden sie fertig vertont eingespielt. Eine Verzögerung um Stunden oder Tage wurde in Kauf genommen, weil nur auf diese Weise aktuelle Bilder von fernen Ereignissen genutzt werden konnten. Gegenüber den Wochenschauen im Kino, die nur einmal wöchentlich gezeigt wurden, war dies immer noch schneller. Der Film wurde jedoch immer weniger verwendet, weil über die Installation von ortsgebundenen Satelliten, die jederzeit Verbindungen zwischen den Kontinenten herstellen konnten, die Auslandsberichte live eingespielt bzw. elektronisch aufgezeichnet werden konnten.

Seit den 70er Jahren löste sich die elektronische Kamera durch die Entwicklung der EB-Kamera auch im »Nahbereich« von ihrer Fixierung an das Studio. Sie war als tragbare Einheit mobil und für Außenaufnahmen einsetzbar. Dies hatte vor allem für die aktuelle regionale Berichterstattungen und für Sportübertragungen Auswirkungen. Aktualitätsgebundene Sendungen brauchten den Film nicht mehr als Produktionsmittel (Ausnahmen gibt es allerdings bis heute).

Aufnahmen beispielsweise von Sportübertragungen können direkt gesendet und gleichzeitig gespeichert werden. Mit geringer zeitlicher Verzögerung (auf jeden Fall sehr viel schneller als mit dem Film) können Aufnahmen reproduziert und als Wiederholung einer Sequenz in die laufende Sendung eingespielt werden.

Bei Fußballspielen können auf diese Weise seit den 70er Jahren Tore und umstrittene Szenen noch einmal gezeigt werden. Daraus entstand Ende der 70er Jahre als besondere Form das so genannte Fußballballett, bei dem eine Sequenz mehrfach hin- und hergespielt wird, so dass der Eindruck einer tänzerischen Bewegung entsteht.

Aus einer Kombination von Live und MAZ entstand eine inzwischen sehr kunstvoll entwickelte Form von Live- und Quasi-Livesendungen. Als Rahmen bleibt beim Zuschauer der Eindruck eines Liveereignisses, das jedoch vielfach mit Sequenzen »durchschossen« ist, die zum Zeitpunkt ihrer Sendung bereits Vergangenheit sind.

Dies gilt auch für Unterhaltungssendungen, beispielsweise für große Samstagabendshows, die sich als Liveereignisse ausgeben. Auch dafür werden Wiederholungen oder anderswo aufgenommene elektronische Bilder eingeblendet.

Aktualitätsferne Sendungen: Von der Elektronik zum Film

Nicht-aktualitätsgebundene Sendungen wurden in den 60er Jahren nicht nur mit der MAZ-Technik produziert. Vor allem im fiktionalen Bereich wurde zunehmend auf den Film als Produktionsmittel gesetzt. Fernsehspiele und -serien konnten mit einem größeren Abstand vom Sendetermin vorproduziert werden. Der Film als Produktionsmittel für das Fernsehen wurde damit auch für viele Regisseure wieder interessanter. Filme können leichter und kostengünstiger bearbeitet, geschnitten und montiert werden, weil dazu nur ein Schneidetisch und nicht zwei große MAZ-Anlagen benötigt werden.

Das hatte vor allem Auswirkungen auf das Fernsehspiel. Denn das Fernsehen ist vor allem ein narratives Medium, ein Medium das Geschichten erzählt. Ereignisse werden in eine Form gebracht, etwas geschieht nacheinander (sukzessiv) und es entstehen Kausalverhältnisse. In diesem Sinne sind auch Nachrichten Erzählungen.

Für das Erzählen von Geschichten hat der Kinofilm entscheidende Erzählmuster und die Erwartungen des Publikums geprägt. Die Präsentation von Kinofilmen im Fernsehen hat gezeigt, dass diese auch für das Medium Fernsehen gelten. Der Kinofilm hat auch die Fernsehwahrnehmung der Zuschauer seit den 60er Jahre entscheidend geprägt. Deshalb orientieren sich auch Fernsehspiele und Serien an filmischen Konventionen. Damit veränderten sich auch die Produktionsformen für das Fernsehen.

„Fernsehspiel ist Film!" hieß die Neubestimmung von Günter Rohrbach, der Mitte der 60er Jahre die Leitung des WDR-Fernsehspiels übernahm: „Wer Zeitstücke machen will, muss in der Regel die Möglichkeit haben, zu filmen. So sind denn auch nahezu alle wichtigen Fernsehspiele der vergangenen Jahre (wenn man von den Theaterstücken absieht) Filme gewesen. Die Entwicklung eines autonomen, auf die elektronische Technik ausgerichteten Fernsehspiels, erscheint heute nicht mehr wahrscheinlich angesichts der Überlegenheit des Films, der sich zudem nicht nur künstlerisch, sondern auch wirtschaftlich gewandelt hat. (...) Dies ist ein Plädoyer für den Film im Fernsehen".

Mit der Hinwendung zum Film erschloss sich das Fernsehspiel andere Produktionsformen und viele Filmemacher des Kinos entdeckten das Fernsehen neu. Über Koproduktionen mit dem Fernsehen konnten viele ihre Filme überhaupt erst realisieren und das, was als »Neuer deutscher Film« in die Filmgeschichte eingegangen ist, wäre ohne die Kooperation mit dem Fernsehen nicht möglich gewesen.

Film-Fernseh-Koproduktionen

Die Filme mussten sich im Kino und im Fernsehen bewähren und es entstand das, was Günter Rohrbach 1978 den „amphibischen Film" nannte. Das Abkommen zwischen der Filmwirtschaft und dem Fernsehen führte ab 1974 zu einer Institutionalisierung dieser Form und zu einer weitgehenden Verlagerung der Produktion von Fernsehfilmen (wie nun Fernsehspiele genannt wurde) nach außen.

Günter Rohrbach formulierte 1972, etwas überspitzt: „Fernsehspiele sind nicht Fernsehen," um daraus ein Widerstandspotenzial für subversive Produktionen zu entwickeln, die sich gegen die „Geschmacksdiktatur des Kulturbetriebs" richten sollte. Fernsehspiele seien nicht wie Sportschau, Nachrichtensendung oder Werbung, sondern hätten durch ihre Form „eine Bremsfunktion", sie „unterwanderten" das „auf Vernichtung (der Kulturtradition) abzielende Medium" Fernsehen.

Hinter solchen Äußerungen standen auch andere Produktionsverfahren und Produktionserfahrungen. Der Film stand in der handwerklichen Tradition der Montage und des Schnitts. Er verweigert sich schnellen Entscheidungen, wie sie die elektronische Produktion möglich macht. Seit den 70er Jahren ist deshalb wiederholt über den Verlust dieser filmischen Kulturtechniken geklagt worden. Es waren jedoch nicht nur Verluste zu beklagen, beispielsweise mit der Veränderung der Kameratechnik durch den Zoom. Durch die Elektronik und ihre Verbindung mit filmischen Techniken entstanden auch ganz neue Bildverfahren, etwa die Bildstanzung oder die Blue Box.

Produzieren in einer Anstalt oder auf dem freien Markt

Für die Bestimmung der Fernsehproduktion wurden bisher die technischen Voraussetzungen beschrieben. Sie haben die Produktion von Fernsehen entscheidend geprägt. Darüber hinaus sind aber auch die administrativen und institutionellen Bedingungen wichtig. Für die Produktion spielt beispielsweise die marktwirtschaftliche Orientierung seit den Anfängen des Films eine prägende Rolle. Häufig wurden solche Faktoren in der Vergangenheit auf der Ebene der Gesamtproduktion behandelt, wenn beispielsweise über das angebliche Problem der Überproduktion diskutiert wurde, oder auf der Ebenen der Einzelproduktion, wenn es um die Ökomimisierung ästhetischer Aspekte geht (beispielsweise der Einsatz und die Hervorhebung von Stars).

Öffentlich-rechtliche Fernsehproduktion

Weil das gebührenfinanzierte Fernsehen viele Sendungen finanzierte, spielten ökonomische Faktoren viele Jahre eine untergeordnete Rolle. Damit soll nicht gesagt werden, dass ökonomische Aspekte nicht berücksichtigt wurden. Das Fernsehen war von Beginn an in das Marktgeschehen eingebunden, sei es beim Aushandeln von Gehältern, Löhnen oder Gagen, beim Einkauf von Technik und Produktionsmitteln, beim Bau von Sendern und Studios und nicht zuletzt beim Erwerb von Senderechten. Selbstverständlich wurde und wird dabei betriebswirt-

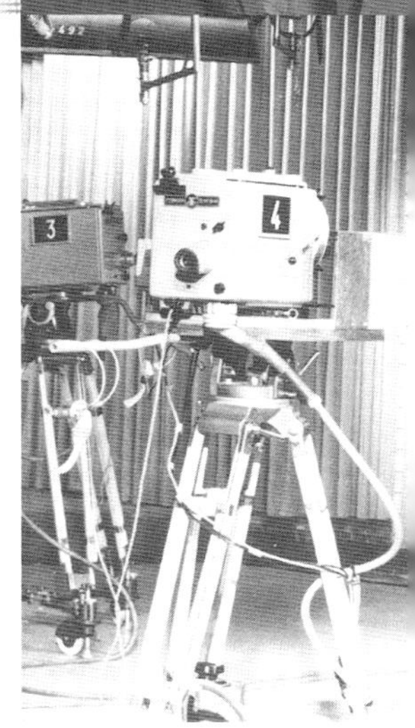

schaftlich gedacht und gehandelt, müssen Produktionen kalkuliert und Kostenpläne eingehalten werden.

In bestimmten Programmbereichen, die vor allem bei Informationen einen regelmäßigen Service von Programmleistungen bieten müssen, spielten ökonomische Fragen jedoch eine geringe Rolle. Die institutionelle Absicherung der Mitarbeiter sorgte dafür, dass solche Serviceleistungen nicht als Waren angesehen wurden. Sie waren und sind notwendige Beiträge der medialen Grundversorgung, wichtig für die Meinungsbildung und die gesellschaftliche Kommunikation. Solche Art Fernsehproduktion wurde bis Mitte der 80er Jahre nicht unter dem Gesichtspunkt der Gewinnerzielung gesehen.

Anfang der 70er Jahre wurden in vielen Rundfunkanstalten bis dahin eng mit den Redaktionen verbundene Produktionsteams in zentrale Produktionsabteilungen zusammengefasst. Damit sollten Kapazitäten effizienter genutzt werden. Weil eingespielte Teams auseinander gerissen wurden, kam es zu heftigen Diskussionen und Protesten. Diese strikte Ökonomisierung der Produktion wurde daraufhin teilweise zurückgenommen.

Heute herrscht auch bei den öffentlich-rechtlichen Fernsehanstalten ein starker Kostendruck. Es wird in allen Bereichen auf Effizienz und Leistung geachtet. Gleichwohl ist nach wie vor die Haltung weit verbreitet, die Grundversorgung an gesellschaftlicher Information zu gewährleisten und nicht primär auf die Einschaltquote als geldwerte Einheit für den Erfolg zu sehen.

Produktionsabsicherung und -kontrolle

Diese am Gemeinwohl orientierte Status der gesellschaftlichen Kommunikation wurde damit erkauft, dass das Fernsehen zwischen Staat und Marktwirtschaft administrativ abgesichert wurde. Diese Absicherung hatte politische und ökonomische Gründe, ist jedoch auch in den technischen Bedingungen der Fernsehkommunikation begründet. Denn seit den 60er Jahren erreichen die Programme ein Millionenpublikum und jede Livesendung konnte »daneben« gehen. Um Pannen, politische Konflikte und Kontroversen zu vermeiden, kam es zu langen Planungsvorläufen und einer weitgehenden institutionellen Absicherung der Produktionen.

So wurden beispielsweise auch Nachrichten reglementiert. Meldungen müssen von einer Agentur kommen und durch andere Meldungen bestätigt werden. Ausgewogenheitsrichtlinien legen seit den 70er Jahren fest, dass immer auch die Gegenseite zu hören ist, wenn einflussreiche Interessengruppen zu Wort kommen. Politisch brisante Themen werden häufig gar nicht erst aufgegriffen. Bei Gesprächsrunden werden Teilnehmer und Kandidaten – wenn sie nicht prominent und bildschirmbekannt sind – vorher getestet und überprüft.

Vorproduzierte Sendungen müssen in allen Phasen von Programmverantwortlichen auf unterschiedlichen Ebenen abgenommen werden. Galt schon für die Filmgeschichte, dass das Drehbuch auch ein Mittel der inhaltlichen Kontrolle ist, so gilt dies für das Fernsehen und seine Sendungen in besonderer Weise. Dies führt dazu, dass Fernsehfilme von der Idee bis zur Sendung heutzutage etwa zwei

Jahre benötigen. Auch Sendungen, die den Zuschauern beispielsweise in der Unterhaltung als Liveereignis angekündigt werden, sind häufig vorproduziert – und sei es nur einen Tag oder wenige Stunden. Mit dieser Form der verdeckten Vorproduktion können »Ausrutscher« und spontane Aktionen aus den Sendungen herausgeschnitten oder Sendungen auf eine für den reibungslosen Programmablauf festgelegte Länge gebracht werden. Damit wird dem Medium jede Form spontaner Produktion genommen. Alles ist geplant und Spontaneität ist nur noch als Reaktion auf Katastrophen, auf politische Krisen oder Naturkatastrophen möglich. Selbst dabei wird allerdings auf Routine und Rituale zurückgegriffen, um eine Sendung »in der Form« zu halten.

Andererseits besteht darin eine der wichtigen Leistungen des Fernsehens: Ereignisse in eine Form zu bringen, sie in Geschichten zu verwandeln, um die Welt begreifbarer zu machen und um den Zuschauern Orientierung und Sicherheit zu vermitteln.

Privatrechtliche Produktion

Mit der Etablierung privatrechtlicher Programmanbieter haben sich die Formen der administrativen Kontrolle und Lenkung der Produktion nicht wesentlich verändert. Möglicherweise sind die Hierarchien in den kommerziell arbeitenden Unternehmen etwas flacher. Dafür sind die Risiken größer, weil Produktionen schneller gekippt werden.

Prinzipiell sind kaum Unterschiede in den Produktionsabläufen bei öffentlich-rechtlichen und privaten Produktionen festzustellen. Die technischen Standards und die weitgehend routinierten Produktionsabläufe setzen eigene Rahmenbedingungen. Unterschiede liegen im Bereich der Durchführung und in der handwerklichen Machart. Vor allem kleinere Sender und mit ihnen verbundene Produktionsfirmen arbeiten häufig mit wenig erfahrenen Mitarbeitern. Manche Sender – insbesondere auf lokaler oder regionaler Ebene – leben von Praktikanten, die gering oder gar nicht bezahlt werden. Diese machen zwar Erfahrungen mit dem Fernsehen, der Professionalität der Produktion kommt dies jedoch nicht unbedingt zugute.

Privatrechtliche Unternehmen müssen stärker auf neue Formate achten und Marktnischen entdecken, um ihre Marktanteile zu erhöhen. Permanent müssen neue Ideen produziert werden, von denen allerdings viele ebenso sang- und klanglos wieder verschwinden. Dies führt dazu, dass über Produktionen häufig abrupt und überraschend entschieden wird. Dadurch entsteht bei den Mitarbeitern eine tendenziell größere Unsicherheit.

Mit dem Nebeneinander von öffentlich-rechtlichem und privatrechtlichem Fernsehen hat die Tendenz zugenommen, die Produktion von Sendungen auszulagern und von Unternehmen herstellen zu lassen, die vom Sender unabhängig sind oder in einem Abhängigkeitsverhältnis stehen, aber ökonomisch eigenverantwortlich handeln.

Auftragsproduktionen sind jedoch keine Erfindung des privatrechtlichen Fernsehens, auch wenn die Produktion von *Big Brother* durch die Firma Endemol für RTL das bekannteste Beispiel liefert. Solch spezialisierte Unternehmen können effizienter und zu einem vorher festgelegten Festpreis produzieren.

Insgesamt ist in den 70 Jahren Fernsehgeschichte ein vielgliedriger, hochgradig arbeitsteiliger Produktionskomplex entstanden, der für das Fernsehen unterschiedliche Formen von Sendungen herstellt, den permanenten Programmfluss aufrecht erhält und die gesellschaftliche Kommunikation gewährleistet.

Literatur

Axel Ambesser: ***Nimm einen Namen mit A***. Frankfurt/Berlin, 1988

Hartmut Bitomsky: ***Die Röte des Rots von Technicolor***. Kinorealität und Produktionswirklichkeit. Neuwied/Darmstadt, 1972

Knut Hickethier: ***Das Fernsehspiel im Dritten Reich***. In: William Uricchio (Hg.): Die Anfänge des deutschen Fernsehens. Niemeyer Verlag: Tübingen, 1991

Knut Hickethier: ***Fernsehnachrichten als Erzählung der Welt***. Überlegungen zu einer Theorie der Nachrichtenerzählung. In: Rundfunk und Fernsehen 1/97

Knut Hickethier: ***Geschichte des deutschen Fernsehens***. J.B. Metzler Verlag: Stuttgart/Weimar, 1998

Wolfgang Hoepner-Flatow: ***Fernsehen – wie es wurde***. In: Die Sendung 16. Jg. (1939)

Nicole Prüsse: ***Die Geschichte des ZDF***. Teil II. Konsolidierung, Durchsetzung und Modernisierung 1967-1977. Mainz, 1996

Günter Rohrbach: ***Endlich eine Fernsehspiel-Konzeption beim WDR***. In: Funk-Korrespondenz 3/67

Rohrbach Günter: ***Haben Fernsehspiele noch Zukunft?*** In: Theo Alst (Hg.): Millionenspiele – Fernsehbetrieb in Deutschland. München, 1972

Günter Rohrbach: ***Das Subventions-TV***. Plädoyer für den amphibischen Film. In: Jahrbuch Film 1977/78. München, 1978

Gerhard Schumm: ***Der Film verliert sein Handwerk***. Montagetechnik und Filmsprache auf dem Wege zur elektronischen Postproduction. Maks Verlag: Münster, 1989

Klaus Winker: ***Fernsehen unterm Hakenkreuz***. Organisation, Programm, Personal. Böhlau Verlag: Köln, 2. Auflage 1996

Thomas Beuthner

Beleuchtung: Lichtquellen und Techniken

Licht als ein elementares Sinnerlebnis begleitet den Menschen von seiner Geburt bis zu seinem Ableben und prägt in entscheidender Weise seine Stimmungslagen. Einige Beispiele: Wir erblicken das Licht der Welt. Unser Gemüt erfreut sich beim Erleben des Licht- und Farbenspiels eines Sonnenuntergangs. Zu einem romantischen Abendessen stellen wir Kerzen auf die gedeckte Tafel und lassen deren warmes Licht für sich sprechen. Um ähnliche Wirkungen wie das natürliche Licht zu erzeugen, greift die Beleuchtung bei Film und Fernsehen auf Funktionsweisen und Wirkungen dieser Sinneserfahrungen zurück. Dabei dient die Gestaltung des Lichts dem Ziel, die Handlung optimal und mediengerecht umzusetzen. Als Grundlage bei der Ausleuchtung dienen beispielsweise die Beleuchtungsarten, das Prinzip der drei Bildebenen und der Umgang mit vielen verschiedenen Spezialgeräten, die in der Lage sind, die Anforderungen an die unterschiedlichen Beleuchtungsaufgaben zu erfüllen. Die Tätigkeiten des Lichttechnikers und Lichtgestalters erstrecken sich daher von der technischen Umsetzung bis zur künstlerischen Interpretation von Licht und Schatten. Neben dem Installieren und Ausrichten von Scheinwerfern bedient er sich moderner Lichtstellanlagen, die wie hochspezialisierte Computer funktionieren. Der Lichtgestalter muss sich mit stilistischen und dramaturgischen Fragen auseinander setzen und die zu produzierende Geschichte in ein optisch stimmiges Lichtkonzept umsetzen.

Beleuchtungsart und Beleuchtungsintensität

Die Sonne ist für den Menschen die dominierende Lichtquelle. Sie beleuchtet die Erdoberfläche und erzeugt an jedem Objekt, das ihre Strahlen trifft, Schatten. Deren Richtung verrät den Sonnenstand und die Tageszeit, der Charakter des Schattens zeigt, ob die Atmosphäre klar oder verhangen ist. An einem trüben Tag erlebt der Mensch diffuses Licht, das nach allen Seiten hin gleich aussieht. Es ist keine eindeutige Lichtrichtung erkennbar und selbst die Schatten sind zum Teil oder ganz verschwunden. Das direkt strahlende Sonnenlicht wird an der Wolkendecke in viele unterschiedliche Strahlungsrichtungen zerstreut und verliert dadurch seine richtungsgebende Strahlkraft.

Film- und Fernsehleute übertragen solche Grundmuster des natürlichen Lichts auf die Situation vor Ort oder im Studio. Dabei spielen aber auch die physikalischen Eigenschaften der Kameras wie deren Lichtempfindlichkeit und Kontrastwiedergabeeigenschaften eine wichtige Rolle. Extrem hohe Kontraste im Motiv sind für eine detailgetreue Darstellung auf dem Bildschirm problematisch, da sie als schwarze oder weiße Bildteile wiedergegeben werden. Hinzu kommt, dass sich die Raumtiefe auf der flachen Leinwand oder dem Bildschirm nicht real darstellen lässt. Diese Probleme lassen sich durch verschiedene Maßnahmen lösen. Da die Malerei seit Jahrhunderten ähnliches zu bewältigen hat, können viele lichtkompositorische Gesetzmäßigkeiten von den Gemälden großer Meister abgeguckt und übertragen werden.

Ein Beispiel dafür ist der so genannte Marlene-Dietrich-Effekt: Um ihren Mythos als Traumstar zu verstärken, kam der lichtsetzende Kameramann auf die

Idee, bei der Ausleuchtung des Filmsets Marlene Dietrich immer ein Quäntchen mehr Licht zu geben als allen anderen Personen. Dies hat sie optisch – kaum bewusst als Manipulation zu erkennen – aus ihrer Umgebung hervorgehoben. Das dahinter stehende Prinzip ist folgendes: Die Aufmerksamkeit des Auges richtet sich natürlicher Weise immer auf die hellsten, strukturierten Bildteile. In den dunklen Bildteilen liegt das Verborgene, das Unheimliche, da es sich nicht ohne weiteres zu erkennen gibt.

Die Erzeugung von Raumillusion setzt die Strukturierung des abzubildenden Raums voraus. Eine sinnvolle Strukturierung ergibt sich aus einer Aufschlüsselung in drei Bildebenen:

- Den Vordergrund bildet beispielsweise eine ins Bild hineinragende Pflanze, ein Fensterrahmen oder eine »angeschnittene« Person von hinten.
- Der Mittelgrund ist die Ebene, wo vorwiegend die handelnden Personen platziert sind und wo sie agieren.
- Der Hintergrund bildet die Begrenzung des Raums, in der die Szene spielt, beispielsweise durch eine Landschaft oder Dekorationswände.

Bei der Schaffung der Raumillusion kann die Beleuchtung gute Dienste leisten. Die drei Bildebenen werden grundsätzlich einzeln und getrennt voneinander beleuchtet. Dabei bekommt der Vordergrund ein eigenes Licht, die Personenausleuchtung meist in der klassischen Art und Weise mit Führungslicht, Aufhellung und für den Hintergrund einen oder mehrere Scheinwerfer als Dekorationslicht. Schließlich können Effektlichter, Projektionen oder Verlängerungen von Lichtquellen im Bild den Zuschauern einen Eindruck von im Bild nicht sichtbaren Lichtquellen vermitteln.

Neben der Beleuchtungsart stellt sich die Frage nach der Beleuchtungsintensität, also: „Wie viel Licht wird gebraucht?“ Für die Studioarbeit ist die Empfindlichkeit der eingesetzten Kameras ein erster Anhaltspunkt. Außerdem spielt die gewünschte Blende am Kameraobjektiv eine wichtige Rolle. Das Öffnen der Blende (der Blendenwert wird immer kleiner) hat zweierlei Auswirkung. In Abhängigkeit von der Brennweite verändert sich die Schärfentiefe. Das ist der Bereich, in dem Personen und Gegenstände scharf und deutlich abgebildet werden. Außerdem ist der Lichtbedarf, der durch das Kameraobjektiv auf die lichtempfindlichen Aufnahmechips fällt, bei offener Blende sehr viel geringer, pro Blendenstufe um die Hälfte. Heutige Kameras brauchen bei einer Blende von 4.0 eine Beleuchtungsstärke des Führungslichts von 500 Lux. Die Beleuchtungsstärke eines Scheinwerfers wird mit Hilfe eines Messgeräts, dem Luxmeter ermittelt: das Messgerät wird von der auszuleuchtenden Person aus in den Scheinwerfer gerichtet, der Wert abgelesen und eventuell durch Veränderung der Lichtintensität bis zum gewünschten Ergebnis korrigiert.

Licht und Farbe

Grundsätzlich gilt:

Ohne Licht gibt es keine Schatten. Denn woher das Licht kommt und wie es beschaffen ist, ist nur an den Schatten, die es verursacht, zu erkennen.

Licht Schatten

Physikalisch betrachtet handelt es sich beim Licht um eine nicht greifbare Energieform, vergleichbar dem elektrischen Strom oder der Wärmestrahlung. Für den Menschen wird das Licht erst sichtbar, wenn es durch ein Medium fällt oder wenn es auf ein Objekt auftritt und dabei reflektiert, geschluckt oder durchgelassen wird.

Der wahre Gehalt des sichtbaren Lichts, im Allgemeinen als weißes Licht von der Sonne wahrgenommen, lässt sich genauer betrachten, wenn es durch ein Glasprisma zweimal gebrochen wird und in viele Farben zerfällt. Das sichtbare Lichtspektrum erstreckt sich über einen Wellenlängenbereich von 350 nm (Tiefblau) bis 780 nm (Tiefrot). Jenseits dieses sichtbaren Spektrums gibt es kurzwellige ultraviolette Strahlung (UV) und diesseits langwellige Infrarot-Strahlung (IR). Sichtbares Licht breitet sich in unbestimmter Wellenlage strahlenförmig (unpolarisiert) aus und hat für den Menschen einen zwiespältigen Charakter: Es ist die Quelle allen Lebens auf der Erde und sorgt beispielsweise für die Photosynthese der Pflanzen. Die kurzwelligen UV-Strahlen haben bekanntermaßen sehr gefährliche Auswirkungen auf die ungeschützte menschliche Haut. Sie können Verbrennungen und Hautkrebs verursachen.

Im weißen Licht, das alle sichtbaren Farben enthält, werden auch alle Farben wiedergegeben. Sobald das Licht aber durch einen Farbfilter, beispielsweise einen starken Blaufilter fällt, werden die Komplementärfarbanteile der Lichtquelle herausgefiltert. Auf der Farbtafel erscheinen alle gelb-roten Testfelder dunkel bis schwarz, alle bläulichen dagegen in ihrer blauen Farbe und entsprechend heller. Diese Aussage stimmt genau genommen nur, wenn reine, sehr teuere Spektralfilter verwendet werden. Die handelsüblichen Filterfolien schneiden die Spektralbereiche nicht so exakt ab. Sie haben Nebendichten in benachbarten Farbbereichen, was unter anderem dazu führt, dass sie die Lichtintensität reduzieren.

Farbtemperatur und Farbwiedergabe

Die Farbtemperatur einer Lichtquelle wird mit dem Schwarzen Strahler (Planckscher Strahler) ermittelt. Bei der Erhitzung dieser runden, metallenen Testkugel wurde das Verhältnis zwischen der erreichten Temperatur und der Glühfarbe des Körpers bestimmt. Die Bestimmung der Farbtemperatur einer Lichtquelle geht auf diese Referenz zurück.

Ein klassischer Temperaturstrahler ist das Glühlicht. Gasentladungslampen können generell kein dem Glühlicht vergleichbares kontinuierliches Lichtspektrum erzeugen, weshalb ihre Farbtemperatur nur als eine »ähnliche« Farbtemperatur bezeichnet wird. Die Maßeinheit der Farbtemperatur ist Kelvin, die auf dem absoluten Nullpunkt basiert (0° K = -273° Celsius). Als Studionorm ist eine Farbtemperatur von 3.200 K festgelegt. Mittleres Tageslicht hat einen Wert von 5.600 K. Für Studios, Film und Fernsehen wird zudem eine hohe Farbtreue der Lichtquellen verlangt. Das Maß für die Qualität der Farbtreue wird mit dem Farbwiedergabeindex (Ra) angegeben. Der geforderte Ra-Wert für Film- und Fernsehzwecke soll 85 nicht unterschreiten.

Natürliche Lichtquellen

Die Sonne – die unsere Sehgewohnheiten prägende Lichtquelle – ist in ihrer Vielfalt und Kraft ohne Beispiel. Sie überrascht uns tagtäglich neu. Ihre sich im Tagesverlauf stetig ändernde Lichtfarbe, vom frühen Morgenrot über den »kühlen« Mittag zum milden Abendlicht, prägt unsere emotionale Beziehung zu warmen und kalten Farbbereichen. Die kurze Zeit der magischen Stunde (engl. magic hour), in der die Sonne den Horizont passiert, die Nacht aber noch nicht hereingebrochen ist, ist ein ganz besonderer Moment voller Dramatik und Spannung.

Bei Außenaufnahmen spielt deshalb – wenn es sich nicht gerade um Nachtaufnahmen handelt – immer das natürliche Tageslicht die Hauptrolle. Die Hauptprobleme sind dabei die Unbeständigkeit des Wetters und die zu harten Kontraste und Schatten des direkten Sonnenlichts. Harte Kontraste und kräftige Schatten lassen sich auf zweierlei Art und Weise beeinflussen: Entweder wird den hellsten Bildflächen das gleißende Licht mit großen Sonnensegeln oder Bouncern, die zwischen Sonne und Aufnahmeobjekt platziert werden, genommen oder dunkle Bildflächen werden durch Reflektoren oder Spiegelblenden aufgehellt. Zusätzlich können leistungsstarke Tageslichtscheinwerfer die dunklen Schattenbereiche aufhellen.

Glühlicht

Durch Anlegen von elektrischer Spannung (Energie) wird eine Wolframwendel in einem Glaskörper erhitzt und zum Glühen gebracht. Eine 60-Watt-Glühbirne hat beispielsweise einen Wolframdraht von einem Meter Länge. Der bei diesem Prozess abgesonderte Dampf schwärzt allerdings die Innenwand des Glaskolbens und mindert die ohnehin nicht sehr hohe Lichtausbeute. Nur fünf bis zehn Prozent der aufgewendeten elektrischen Energie wird in Licht umgesetzt, der Rest geht nutzlos in Wärme über. Im Laufe seiner Lebensdauer verdampft der Draht immer mehr, bis er an seinen heißesten Stellen schließlich reißt.

Farbtemperatur

Die Farbtemperatur des Glühlichts beträgt je nach Lebensdauer etwa 2.800 K. Durch das kontinuierliche Farbspektrum ist die Farbwiedergabe gut.

Anwendung in der Praxis

Wegen seiner geringen Effizienz wird Glühlicht in der Studiobeleuchtung kaum noch angewendet. Eine Spezialtype, die Nitraphot-Lampe, wird als klassische »Wanne« für weiches Portraitlicht genutzt. Dabei werden beispielsweise vier außen verspiegelte Lampen in ein Reflektorgehäuse integriert. Glühlicht wird auch als reale Lichtquelle bei der Ausstattung oder als Effektlicht auf der Bühne eingesetzt.

Halogen-Glühlicht

Das beim Glühen abdampfende Wolfram wird beim Halogen-Glühlicht in einem regenerativen Kreisprozess vom Halogen (meist Jod und Brom) im Randbereich des Kolbens als Wolfram-Halogenid gebunden und anschließend wegen der Abkühlung in dieser Außenzone in Richtung Wolframwendel zurückgeworfen. Dabei zerfällt es in atomares Wolfram, das sich an der Wendel ablagert, und in Halogen. Der gegenüber normalen Glühlampen höhere Innendruck macht kleinere Abmessungen der Leuchten möglich und sorgt für eine höhere Farbtemperatur und eine längere Lebensdauer. Trotz des Kreisprozesses reißt der Glühwendel irgendwann. Das Wolfram wandert mit der Zeit von den heißeren zu den kälteren Stellen, die kälteren Stellen bekommen mehr Wolfram zurück als die heißeren. Die Wendel wird dort immer dünner, was schließlich zum Riss führt.

Farbtemperatur

Die Farbtemperatur beträgt je nach Lebensdauer etwa 3.200 K. Das entspricht der Studionorm für Kunstlicht. Durch das kontinuierliche Farbspektrum ist die Farbwiedergabe ausgezeichnet.

Stromanschluss

Der Stromanschluss erfolgt direkt über ein Netzkabel ans Netz (230 Volt in Europa), bei größeren Einheiten über Starkstromkabel an entsprechende Unterverteiler. Haushaltsstromkreise, die in der Regel mit 10 bzw. 16 A (Ampere) abgesichert sind, erlauben eine maximale Leistungsabnahme von 2.300 Watt bis etwa 3.520 Watt, die schnell erreicht sind, wenn mehrere Scheinwerfer zum Einsatz kommen.

Lebensdauer

- je nach Leistungstyp: 200 bis 2.000 Stunden
- bei fünf Prozent Überspannung gilt: halbe Lebensdauer
- bei fünf Prozent Unterspannung gilt: doppelte Lebensdauer
- ständiges Schalten in einem schnellen Rhythmus bedeutet: zehn Prozent kürzere Lebensdauer

Handhabung bei Berührung

Wegen der hohen Kolbenwandtemperatur brennen fetthaltige Verunreinigungen wie Fingerabdrücke sofort im Kolbenglas ein und führen bei Betrieb zum Platzen der Lampe. Deshalb muss beim Einsetzen neuer Brenner unbedingt eine Berührung des Kolbenglases vermieden werden. Gegebenenfalls müssen Fingerabdrücke mit Alkohol entfernt werden.

Zusammenfassung

- kontinuierliches Farbspektrum bei etwa 3.200 K
- kleine Abmessungen
- einfache Handhabung
- Leistungsstufen von 20 bis 10.000 Watt
- Lichtausbeute etwa 25 lm/W (Lumen pro Watt)
- Konvertierung auf Tageslicht (5.600 K) durch eine dicroitische Glasscheibe (Glaskörper blau mit zweifach bedampfter oranger Glasoberfläche)

Anwendung in der Praxis

Aufgrund der stufenlosen Dimmbarkeit von Null bis 100 Prozent wird Halogen-Glühlicht als klassisches Fernseh-, Film und -Studiolicht eingesetzt. Dort wird es von der Lichtstellanlage geregelt. Im mobilen Bereich wird es als Reportagelicht in Einheiten von 20 Watt (Kameravorderlicht) bis 2.000 Watt (Spot) und einer

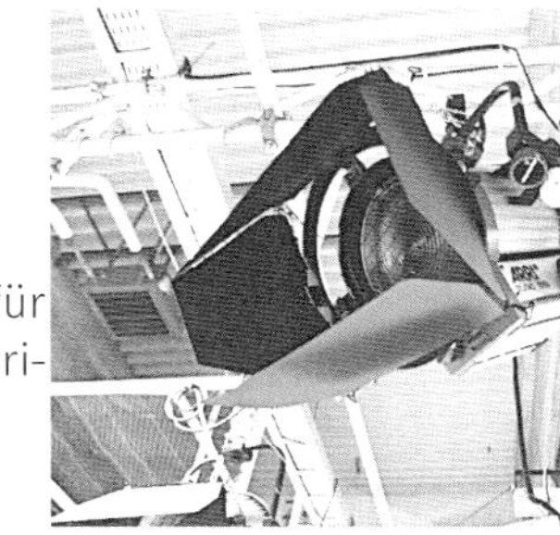

höchsten Leistungsstufe von 10.000 Watt eingesetzt. Halogen-Glühlicht wird für Stufenlinsenscheinwerfer sowie für Stabform- und Weichstrahler, Fluter und Horizontleuchten genutzt.

PAR-Lampen

Bei einem Parabolic Reflector (PAR) sind Brenner, Reflektor und Frontglas in einem Baukörper zusammengefasst. Der Parabolspiegel sorgt für einen hohen Wirkungsgrad. Neben verschiedenen Leistungstypen werden PAR-Lampen mit unterschiedlichen Frontlinsen angeboten, die den Abstrahlwinkel verändern.

Anwendung in der Praxis

PAR-Lampen werden vor allem in der Showproduktion als Effektleuchten eingesetzt. Sie erzeugen – beispielsweise vor einem eingenebelten Bühnenhintergrund – eine farbenprächtige, pulsierende Kulisse. Bei Film- und Fernsehproduktionen haben sie besondere Bedeutung als kräftige Lichtquelle zur Ausleuchtung über große Entfernungen.

Halogenmetalldampflampen

In ein aus Quarzglas bestehendes Entladungsgefäß ragen zwei axial angeordnete Elektroden, die sich nicht berühren. Ein elektrisches bzw. elektronisches Vorschaltgerät sorgt durch einen Hochspannungsimpuls von einigen Tausend Volt für die Zündung der Gasfüllung. Dadurch wird das Gasplasma ionisiert und leitend gemacht. Zwischen den beiden Elektroden entstehen Lichtblitze mit einer hohen Frequenz, die als stehendes Licht wahrgenommen werden.

Farbtemperatur und Farbwiedergabe

Halogenmetalldampflampen erreichen eine Farbtemperatur von 5.600 K bis 6.500 K. Die meisten bieten eine gute Farbwiedergabe, beispielsweise die Philips Metallhalogen-Kurzbogenlampe MSR 575 mit Ra > 95.

Zweiseitig gesockelte Lampen

Dieser Beleuchtungskörper verfügt über eine hohe Lichtausbeute und ist heiß wieder zündbar. Er muss nach dem Ausschalten also nicht erst abkühlen, bevor er wieder eingeschaltet werden kann. Durch einen relativ langen Lichtbogen ist die Lampe sehr gut für die Erzeugung von flächigem Licht geeignet. Typischerweise werden sie als Scheinwerfer oder Fluter (Open-Face-Scheinwerfer) eingesetzt. Hersteller sind beispielsweise Osram (HMI) und Philips (MSI).

Einseitig gesockelte Kurzbogenlampe

Diese Lampe erzeugt durch einen extrem kurzen Lichtbogen eine noch höhere Lichtausbeute und ist ebenfalls heiß wieder zündbar. Sie erzeugt wegen der geringen Abmessungen eine höhere Leuchtdichte und damit ein nahezu punktförmiges Licht. Typische Scheinwerfer sind Stufenlinsenscheinwerfer beispielsweise von Philips (MSR) oder Osram (HSR).

Stromanschluss
Dieses Beleuchtungssystem besteht aus dem Scheinwerfer und einem Vorschaltgerät. Ein spezielles Anschlusskabel verbindet die beiden Geräte (verschiedene Kabel und Stecker sind abhängig von der Leistung). Die Netzversorgung erfolgt immer über das Vorschaltgerät.

Dimmbarkeit
Halogenmetalldampf-Lampen sind in der Regel nicht dimmbar. Sie lassen sich nur elektronisch und ohne Farbtemperaturveränderungen maximal um 40 Prozent dimmen. Für Auf- oder Abblenden werden deshalb mechanische Vorsätze eingesetzt, beispielsweise eine Iris, eine Lamellenblende oder Jalousie. Die Lebensdauer beträgt je nach Leistungstyp 150 bis 1.000 Stunden.

Zusammenfassung

- tageslichtähnliches Farbspektrum, etwa 5.600 K
- hohe Lichtausbeute, etwa 90 Lm/W (Lumen pro Watt)
- Leistungsstufen von 25 bis 12.000 Watt
- Mit einem elektronischen Vorschaltgerät werden Flimmerfreiheit und Dimmbarkeit hergestellt, Schwankungen der Eingangsspannung (90-260 Volt) können aufgefangen werden, eine Heißzündung ist möglich.
- Durch eine dicroitische Glasscheibe (Glaskörper orange mit zweifach bedampfter blauer Glasoberfläche) kann das Licht auf Kunstlicht (3.200 K) konvertiert werden.

Anwendung in der Praxis
Wegen der hohen Wirtschaftlichkeit und eines ähnlichen Farbcharakters wie das Tageslicht werden einseitig gesockelte Kurzbogenlampen vielfältig eingesetzt, beispielsweise als Reportagelicht oder bei Hallen- und Außenproduktionen. Seit ihrer Einführung werden Stufenlinsenscheinwerfer, Weichstrahler und Fluter damit bestückt. Eine Sonderform sind Tageslichtscheinwerfer, die modular aufgebaut sind. Sie verfügen über einen glatt verspiegelten Reflektor, dessen Lichtaustrittwinkel durch eine Reihe unterschiedlich brechender Frontlinsen verändert werden kann.

Leuchtstofflampen

Das Wirkungsprinzip der Leuchtstofflampen beruht ebenfalls auf einer Gasentladung. Sie bestehen aus einer langen Leuchtröhre, die von zwei Elektroden eingeschlossen ist. Die Lampe muss ebenfalls gezündet werden. Die Innenwand ist mit einem Leuchtstoffgemisch beschlämmt, dessen Zusammensetzung die Lichtart der Lampe bestimmt.

Farbtemperatur und Farbwiedergabe
Ältere Bauformen haben deutliche Farbstiche meist im Magenta- oder Grünbereich, neuere Bauformen (beispielsweise der Osram Typ Lumilux de Lux) verfügen über ein für Film- und Fernsehzwecke optimiertes Tageslichtspektrum.

Anwendung in der Praxis
Kaum eine andere künstliche Lichtquelle erzeugt weniger lästige Wärme als die Leuchtstofflampe. Sie wird in einer Vier-Röhren-Einheit im Film- und Fernsehstudio häufig zur großflächigen Hintergrundbeleuchtung hinter einer durchscheinenden Spannfolie (Operafolie) installiert. Die Röhren sind in rot, grün, blau oder weiß ausgelegt und lassen sich einzeln ansteuern. Damit können Farben und Farbverläufe nach dem Prinzip der additiven Farbmischung erzeugt werden. Sie werden auch für flächiges Personenlicht, als Aufhelllicht und – in einer Miniaturform – als Effektlampe beispielsweise im Auto eingesetzt.

Natriumdampf-Niederdrucklampe

Durch eine Hilfsentladung muss das feste Natrium zunächst über mehrere Minuten im Glaskolben verdampfen, bevor es seine typisch gelb-orange Lichtfarbe entwickelt. Für das menschliche Auge ist diese Farbe von allen Farben die hellste.

Farbtemperatur und Farbwiedergabe
Natrium hat ein einzigartiges Linienspektrum im Bereich von 590 nm. Es ist keine Farbtemperaturangabe möglich, da alle nicht gelb-orangen Objekte fahl-grau wiedergegeben werden.

Anwendung in der Praxis
Diese Lampe ist dort hervorragend geeignet, wo es nicht auf die natürliche Farbwiedergabe ankommt, sondern beispielsweise auf die Sichtbarmachung von Gefahrenstellen. Die enorm hohe Lichtausbeute von 150 lm/W erreicht keine andere Lichtquelle. Deshalb ist die Natriumdampf-Niederdrucklampe prädestiniert, z.B. für den Einsatz an Autobahnen oder Straßenplätzen.

Lichttechnik

Die in Film- und Fernsehstudios genutzte Technik zur Steuerung der Beleuchtung ist abhängig von den Ansprüchen der Betreiber, den finanziellen Möglichkeiten und dem Verwendungszweck. In Zeiten des dualen Rundfunksystems hat sich ein flächendeckendes Netz von kleinen Firmen entwickelt, die den Markt der Fernsehproduktion bedienen und die Programme der Sender füllen. Schon eine umgebaute Lagerhalle kann zur Produktionsstätte werden. Ein paar Scheinwerfer an Deckenstangen befestigt, die akustische Situation des Aufnahmestudios verbessert und entsprechende Fernsehtechnik installiert, erlauben erste Produktionsvorhaben.

Neue Berufsbilder, beispielsweise die des Mediengestalters Bild und Ton oder der Fachkraft für Veranstaltungstechnik (siehe dazu auch den Beitrag von Andrea Stein/Anne Schulz) haben sich etabliert und bedienen diesen Markt mit qualifiziertem Nachwuchs.

Wie in allen technischen Berufen hat sich der Arbeitsschwerpunkt auch bei der Beleuchtung von der rein handwerklichen Arbeit in immer komplexere Aufgaben und Abläufe verlagert. High-End-Produktionsstudios der großen Sender und deren private Produktionspartner stellen höchste Ansprüche an Flexibilität, Komfort und Funktionalität der eingesetzten Technik. Die Rentabilität für derartige Investitionen zwingt die Produzenten zu immer größerer Effizienz und Auslastung ihrer Studioeinrichtungen und Produktionskapazitäten. Je effizienter die eingesetzte Technik ist, desto mehr Zeit und Freiraum bleibt für kreative Arbeiten.

Beleuchtungstechnik

An einem Beispiel möchte ich einige Aspekte der Beleuchtungstechnik vorstellen: Ein durchschnittliches Fernsehstudio von 160 qm Spielfläche benötigt bei einer Vollbestückung mit Scheinwerfern unter der Decke etwa 80 Stromkreise. Hinzu kommen etwa 16 Stromkreise für regelbare Steckdosen an den vier Seiten auf der Studio- und Galerieebene. Für die Horizontausleuchtung mit dimmbaren 4-fach-Leuchtstoffröhren werden etwa 20 Stromkreise benötigt. Zwar lässt sich jede einzelne Röhre auch einzeln ansteuern, doch in der Regel werden einzelne Röhren zusammengefasst, beispielsweise alle blauen Röhren der rechten oder alle rote Röhren der linken Studiohälfte. Diese Zuordnung (*Patching*) ist ein wichtiges Bedienelement zur Vereinfachung der Beleuchtung.

Damit das Studio für verschiedene Produktionen schnell umgerüstet werden kann, wird eine vollautomatisierte Obermaschinerie mit einer motorischen Scheinwerferbedienung installiert. Ist eine schnelle Farbänderung beim Studiolicht gewünscht, werden Farbwechsler eingesetzt, die vor ausgewählte Scheinwerfer oder Effektleuchten gebracht werden können. Eine Nebelmaschine soll im richtigen Moment einen gleichmäßigen Dunst auf der Showbühne zu erzeugen und braucht ebenfalls einen Stromkreis. Nur eine auf solch unterschiedliche Bedürfnisse abgestimmte Steuerungstechnik ist in der Lage, allen Anforderungen zu genügen.

Installation

Die Beleuchtungstechnik beim Film und in Fernsehstudios besteht aus fest installierten und mobilen Bausteinen. Das Herzstück ist die Lichtstellanlage, die sämtliche Steuerungsprozesse übernimmt, weitergibt und verwaltet. Durch eine digitale Datenübertragung zu einem Dimmerschrank (Lastteil) werden die durch die Lichtstellanlage ausgeführten Befehle gelesen und verarbeitet. Dort befindet sich auch die zentrale Stromeinspeisung für die gesamte Beleuchtungstechnik. Vom Dimmerschrank gehen Kabelverbindungen zu den einzelnen Stromkreisen ab. Die Eingabe einer Stromkreisnummer und deren gewünschten Intensität an der Lichtstellanlage steuert den jeweiligen Dimmerkreis von null bis 100 Prozent.

Eine Variante solch einer klassischen Installation ist die Shuttle-Dimmertechnik, die auf einen zentralen Betriebsraum mit Dimmerschrank verzichtet. Stattdessen sind die Dimmer an jeder Scheinwerferaufhängung montiert und werden über ein Schienensystem verfahren und angesteuert. Im Schienensystem sind auch Stromversorgung und Datensignalleitungen integriert. Bei mobilen Produktionen werden die Komponenten Lichtstellanlage und mobile Lastteilkoffer vor Ort zusammengeführt. Der Stromanschluss wird gelegt und die Verkabelung der Scheinwerfer wird über Multicore-Leitungen hergestellt. Ein Multicore-Kabel ersetzt sechs einzelne Netzkabel, was den Installationsaufwand reduziert. Unterverteiler lösen die Leitung anschließend wieder in Einzelanschlüsse auf.

Norbert Gerwin

Chronologischer Ablauf maskenbildnerischer Arbeiten

Die Arbeit eines Maskenbildners besteht nicht nur aus einer optischen Veränderung der Darsteller und Darstellerinnen. Sie bildet durch den intensiven Kontakt mit ihnen einen ruhenden menschlichen Pol innerhalb des gesamten Produktionsteams.

Vorarbeiten

Drehbuch lesen
Stil, Charaktere der Darsteller und Darstellerinnen durchdenken
Konzept für individuelle Masken erarbeiten, Figurinen erstellen oder Bildmaterial suchen
Detailabsprachen mit Regisseur, Redakteur oder Producer
Überarbeitetes Konzept kalkulieren: Personal-, Zeit- und Materialaufwand
Freigabe der Kalkulation durch Producer oder Produktionsleitung
Teamfähige Mitarbeiter und Mitarbeiterinnen verpflichten
Drehbuchauszüge entsprechend des Drehplans für alle Mitarbeiterinnen und Mitarbeiter erstellen
Maskenarbeitsraum für alle Mitarbeiter und Mitarbeiterinnen einrichten
Vorarbeiten einleiten:

- Kontaktaufnahme mit Darsteller
- Diverse Haararbeiten anfertigen, leihen oder kaufen
- Gesichtsplastiken anfertigen
- Spezialeffekte vorbereiten
- Schmink- und Arbeitsmaterial kaufen
- Anproben der angefertigten Arbeiten

Maskenprobentag mit allen Mitarbeitern, Darstellern und Regie: Kritik und Änderungen an individuellen Maskenkonzepten
Erstellung des Maskendrehplans und Absprache mit der Aufnahmeleitung

Drehbeginn

Darsteller, Komparsen und Stunts drehfertig machen: schminken, frisieren, plastische Arbeiten, Spezialeffekte
Anschlussfotos für Drehbuchauszüge anfertigen und archivieren
Maskenbildnerischer Dreh-Service über den kompletten Drehtag: Schmink- und Frisurkorrekturen, Darsteller- und Darstellerinnenumzüge nach Anschlussfoto ausführen, maskenbildnerische Betreuung
Maskenproben mit neuen Darstellern und Darstellerinnen
Abschminken
Vorbereitungen für den nächsten Drehtag: Perücken, Bärte reinigen und frisieren, benötigte Arbeitsmaterialien bereitstellen, Maskendisposition mit der Aufnahmeleitung besprechen
Mustervorführung
Wiederholung an allen Drehtagen

Drehende

Verabschiedung aller Teammitglieder
Aufarbeitung aller wieder verwendbaren Materialien und Anfertigungen
Rückgabe der ausgeliehenen Materialien
Endabrechnung erstellen
Maskenarbeitsraum besenrein aufräumen

Licht Schatten

Lichtstellanlage

Die Palette der Lichtstellanlagen ist so vielfältig wie die Anforderungen an die Beleuchtungstechnik. Am einfachsten wird die Lichtintensität über die Veränderung der Netzspannung durch Einkreisdimmer geregelt. Einfache analoge Hebelpulte steuern über eine mehradrige Niedervoltleitung im Bereich von ± 10 V das Licht. Jedem Kreis ist ein Stellhebel zugeordnet. Das erleichtert die Überschaubarkeit und ermöglicht eine schnelle Reaktion auf einzelne Scheinwerfer. Alles, was über diese sehr einfache Form der Lichtsteuerung hinaus geht, ist nur mit mikroprozessorgesteuerten Anlagen zu realisieren. Jede Produktion verlangt die Einrichtung und den synchronen Start von etlichen unterschiedlichen Lichtstimmungen und Effekte.

Schließlich muss auch für den Fall einer Havarie der Anlage vorgesorgt werden, weil eine Unterbrechung oder ein totaler Lichtausfall für die Produktion fatal wäre. Deswegen wird häufig eine Nebenanlage parallel betrieben. Sie wird mit allen Informationen der Hauptanlage gespeist und ist im Notfall in der Lage, die Hauptanlage zu ersetzen, ohne dass die Zuschauer etwas davon merken. Das Anforderungsprofil einer Lichtstellanlage kann folgendermaßen zusammengefasst werden:

- möglichst viele steuerbare Kanäle bzw. Stromkreise, derzeit mindestens 1.024 Kreise
- ergonomischer Aufbau der Bedienfelder
- Softwarestruktur, die sich am praxisüblichen, intuitiven Arbeiten orientiert
- beim Einsatz von Multifunktionsscheinwerfern umfangreiche, aktuelle Gerätebibliotheken mit dazu passenden Voreinstellungen

Neue technische Anforderungen

Historisch hat sich die Lichtstellanlage aus dem Theater entwickelt, wo die Beleuchtung für den dramaturgischen Ablauf des Stückes schon immer eine sehr große Rolle spielte. Filmstudios und Fernsehproduktionen nutzten die Erkenntnisse und Erfahrungen über die Wirkung von inszeniertem Licht und die Erzeugung von Lichteffekten des Theaters. Durch die Einführung des Farbfilms in den 50er Jahren und des Farbfernsehens zu Beginn der 70er Jahre kam die dramatisierende Wirkung von farbigem Licht hinzu. Parallel entwickelte sich eine multimediale Musikkultur, die fulminante Erlebnisse aus Musikdarbietung, Bühnen- und Lightshow bieten. Die Konzerte beispielsweise von Genesis oder Pink Floyd sind dafür bekannt. Dafür wurden Multifunktionsgeräte entwickelt, die auch an Lichtstellanlagen ganz andere Anforderungen stellen.

Heutzutage verschmelzen unterschiedlichen Sparten wie Fernsehproduktion, Show, Musik, Industrie oder institutionelle Veranstaltungen zum, neudeutsch »Event«. Wie alle anderen technischen Werkzeuge, ändert sich damit auch die moderne Beleuchtungstechnik. Klassische Anlagenhersteller entwickeln so genannte Hybridanlagen, die Dimmerlicht (Weißlicht) und multifunktionelles Licht (Effektlicht) regeln können. Das Dimmerlicht wird über eine Stromkreis-/Intensitäten-Tastatur, ein Stellrad und eine Anzahl von Gruppenstellern geregelt. Das Effektlicht wird über Encoder-Räder gesteuert, die über Umschalttasten ihre Funktion ändern können. Eine Computertastatur erlaubt Bedienung und Eingaben für die Bearbeitung und Einstellung der Anlage.

Datentransfer und -speicherung sind über verschiedene Anschlüsse und/oder Floppylaufwerke gewährleistet und an den Monitoren lassen sich Aktionen und Zustände darstellen und überwachen. Moderne Anlagen verzichten auf das übliche Lichtpult und setzen auf handelsübliche Personalcomputer in Verbindung mit einer speziellen Software und einem DMX-Interface zur Ansteuerung der Dimmer. Beispiele für solch leistungsfähige virtuelle Lichtstellanlagen sind Show Designer® von Martin oder Horizon® von Rosco.

Auch auf dem Gebiet der Computersimulation gibt es interessante lichttechnische Anwendungen. Der Lichtdesigner bekommt alle Bedienfunktionen auf dem Display seines Laptop visuell dargestellt, während seine Aktion zeitgleich im Studio real stattfindet. Darüber hinaus können Planungsroutinen, Logistik und Vorbereitungen für das spätere Lichtdesign problemlos und unabhängig von Raum und Zeit hergestellt und weitergegeben werden.

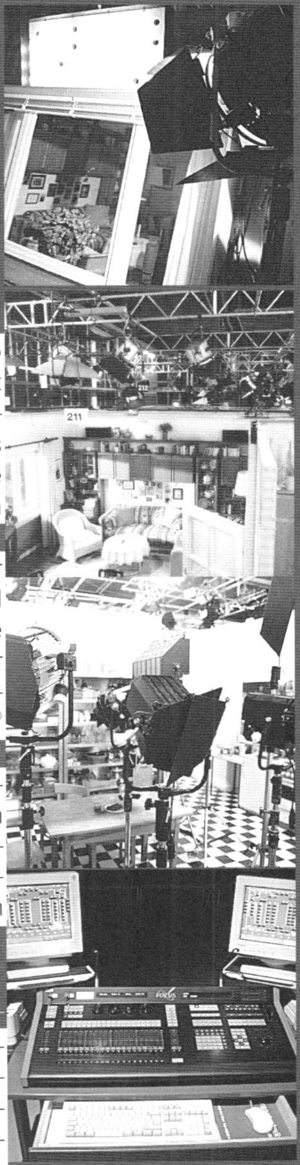

Ansteuerung

Als weltweiter Standard zur Übertragung von Steuerungsbefehlen in der Beleuchtungstechnik wird der Datenbus DMX 512/1990 verwendet. DMX ist die Abkürzung für Digital Multiplexing. Ein digitales Signal stellt die Daten und Informationen in Ziffernfolgen von Nullen und Einsen dar. Multiplexing bedeutet die gleichzeitige Übertragung von Nachrichten über einen Weg. Dieser Standard ist vom USITT (United States Institute for Theatre Technology Inc.) entwickelt worden und seit 1990 international anerkannt. In seiner Struktur basiert er auf einem 8-Bit-Datenbus, der den Bereich von null bis 100 Prozent in 256 Einzelschritte aufteilt. Eine DMX-Leitung kann bis zu 512 einzelne Kreise ansteuern. DMX 512 kann keine Rückmeldung vom Ist-Zustand geben und ist auf 512 Kreise beschränkt.

Im Zuge der Vernetzung von Lichtstellanlagen sind mittlerweile erweiterte Datenprotokolle mit Soll-/Ist-Vergleich im Einsatz. Neben DMX werden Geräte, Digitaldimmer und Lichtstellanlagen mit dem Datenbus Ethernet ausgerüstet. Damit sind beispielsweise Ferndiagnosen und Fehlerbehebung über Internet, umfangreiche Betriebsüberwachungen und vielseitige Zuordnungs- und Verteilfunktionen möglich.

Johannes Webers

Bild

Für die Übertragung und Speicherung bewegter Bilder werden heutzutage vorwiegend fotografische und elektronische Verfahren genutzt. Die Verbreitung des Fernsehens brachte eine enge Verknüpfung der Systeme mit sich, so dass man heute kein Verfahren einem spezifischen Medium (Film, Fernsehen, Multimedia) allein zuordnen kann. Unabhängig vom Aufnahmeverfahren gibt es zahlreiche Möglichkeiten der Informationsumwandlung. Bei der Auswahl der Technik sind Fragen der Qualität, des Aufwandes, der Beweglichkeit, der Form der Programmverbreitung und der Kosten ausschlaggebend. Der Autor beschreibt die technischen Voraussetzungen der Bildverarbeitung und Bildübertragung, den Weg der Bilder von der Kamera zum Film oder Videoband und zu den Empfängern der Zuschauer. Er geht auf die Entwicklung zum Farbfernsehen, die Möglichkeiten der digitalen Bildverarbeitung und auf zukünftige technische Entwicklungen ein.

Film im Kino und im Fernsehen

Verwendet man den Film als Programmträger, kann er durch eine kinematografische Kamera belichtet und als Bildfolge mit einem Kinoprojektor wiedergegeben werden. Der Film ist im Fernsehen weltweit verbreitet und ist die einfachste, von nationalen Fernsehnormen unabhängige Form der Bildspeicherung. Für den professionellen Bereich finden vorwiegend 35mm- und 16mm-Filme Verwendung (Abbildung 1).

Filmformat	Bildfeld-Abstand mm	Größe des Bildfeldes in der Kamera		Laufgeschwindigkeit mm	
		mm	Ratio	24 B/sec	25 B/sec
35	19	16x22	1:1,375	456	475
Super 35	19	18,7x24,89	1:1,33	456	475
16	7,62	7,5x10,3	1:1,373	182,8	190,5
Super 16	7,62	7,4x12,3	1:1,66	182,8	190,5

Abb. 1

Im Unterschied zur Filmaufnahme erzeugt eine elektronische Kamera Bildsignale. Diese können drahtlos einem Sender zugeführt oder magnetisch auf Bändern gespeichert werden (MAZ). Die Wiedergabe solcher Aufnahmen im Fernsehen erfordert eine elektronische Filmabtastung (FAT), die eine Umwandlung der Bildinformation in ein Fernseh-Bildsignal ermöglicht.

Laufbilder

Soll der Eindruck einer Bewegung erzeugt werden, muss man den Bewegungsvorgang in einzelne Phasen zerlegen. Die aufeinander folgenden Positionen eines bewegten Gegenstandes müssen in einer *Bildreihe* festgehalten werden, die bei der Wiedergabe die *Serie der Phasenbilder* ergibt. Um einen kontinuierlichen Bewegungseindruck zu erreichen, nimmt man beim Kinofilm 24 Phasenbilder pro Sekunde und beim europäischen Fernsehen 25 Bilder pro Sekunde auf.

Für die optimale Wiedergabe einer Laufbildfolge sind zwei weitere Bedingungen zu erfüllen: Die einzelnen Phasenbilder müssen dem Auge rasch hintereinander im Stillstand dargeboten werden und der Bildwechsel muss unsichtbar sein.

Diese Voraussetzungen führen zu einem stroboskopischen Effekt, der die sequenzielle Projektion stillstehender Bilder infolge einer psycho-physischen Täuschung des Auges zu einer ineinander fließenden Bewegung zusammensetzt. Dabei spielt die *Nachbildwirkung* eine wesentliche Rolle. Damit ist das Phänomen gemeint, dass ein Lichtreiz nach dem Erlöschen noch etwa eine Achtelsekunde lang bestehen bleibt. Dies wird damit erklärt, dass der in den Licht aufnehmenden Organen der Netzhaut enthaltene Sehpurpur bei Belichtung ausgebleicht und während der folgenden Verdunkelung wieder regeneriert wird. Dabei ist Voraussetzung, dass die Stärke des Lichtreizes ein bestimmtes Maß nicht überschreitet.

Eine Bildwechselzahl von 24 Bildern pro Sekunde ist für die Bewegungsauflösung ausreichend, das Bild ist aber damit noch nicht flimmerfrei. Für ein flimmerfreies Bild muss die Verschmelzungsfrequenz mindestens 48 Hz betragen. Hierzu besitzt der Filmprojektor eine symmetrisch geteilte Umlaufblende, die den Lichtstrom während der Projektion eines Bildes noch einmal unterbricht. Das gleiche Bild wird daher zweimal durch jeden der beiden Blendenausschnitte sichtbar. Weil sich die Anzahl der Hell-Dunkel-Perioden auf 48 pro Sekunde steigert, erzeugen Projektion und Nachbildwirkung im Auge flimmerfreie Bilder.

Von der Kamera zum Film

Zur Bildaufnahme wird der Film in der Kamera intermittierend bewegt. Die Belichtung des Films geschieht in Ruhelage, wobei ein Sperrgreifer den Film in seiner Perforation festhält. Auf der Rückseite drückt eine Andruckplatte das Material federnd gegen das Bildfenster. Inzwischen hat die Umlaufblende der Kamera den Lichtweg über das Objektiv zur Belichtung freigegeben. Nach erfolgter Belichtung verschließt zunächst die Blende den Lichtweg zum Bildfenster und die Antriebswelle des Transportgreifers hat in der Zwischenzeit eine Drehung von 180 Grad vollzogen. Der Transportgreifer ist in die Perforation eingefallen und der Film kann nun weiter bewegt werden. Damit wird die Belichtung des nächsten Bildes vorbereitet. Die Aufwicklung des Filmmaterials geschieht in kontinuierlichem Lauf über eine Nachwickelrolle.

Nach der Belichtung in der Kamera wird das Material in einer Filmentwicklungsmaschine fotochemisch bearbeitet (Abbildung 2 auf der nächsten Seite). Um einen ununterbrochenen gleichmäßigen Entwicklungsprozess zu gewährleisten, gelangt der Film von der Ablaufkassette zu einem Vorlaufmagazin, das beim Kassettenwechsel mit seinem Zwischenspeicher ohne Stillstand des Filmtransportes eine weiter laufende Speisung des Bäderteils der Maschine mit Material garantiert. In den chemischen Bädern findet die Entfernung der Lichthofschutzschicht von der Rückseite des Materials, die Farbentwicklung, das Stoppen der Entwicklung, das Fixieren des Bildes, das Ausbleichen des Silbers (mit dem Resultat eines farbigen Bildes) und das Auswaschen restlicher Chemikalien statt.

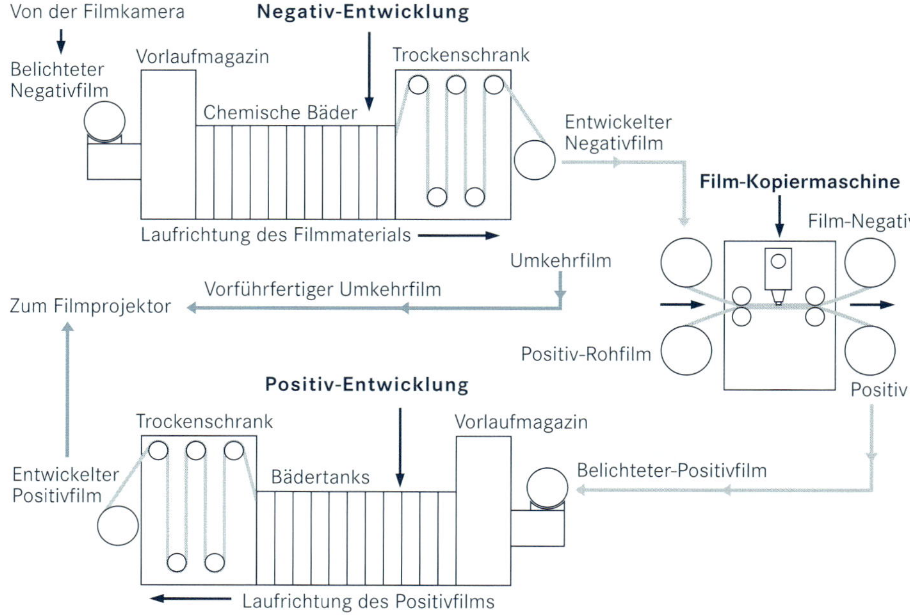

Abb. 2: Die Filmentwicklungsmaschine

Wenn der Film den Bäderteil der Maschine verlassen hat, wird das restliche Wasser aus der fotografischen Schicht durch eine spezielle Trocknung entfernt. Das Ergebnis des Entwicklungsprozesses ist ein Farbnegativ, dessen Bildinhalt in einer Filmkopiermaschine auf einen Positivfilm kopiert werden kann. Die chemische Bearbeitung verläuft bei Positivmaterialien in ähnlicher Weise wie beim Negativfilm. Man kann den Positivfilm dann (nach der Konfektionierung) unmittelbar für die Projektion im Kino verwenden. Zur Wiedergabe des Films benutzt man einen Filmprojektor. Bei der Projektion muss der Film schrittweise bewegt werden. Im Unterschied zum Greiferantrieb der Kamera findet man bei Filmprojektoren meistens eine mechanisch oder elektronisch angetriebene Schaltrolle.

Film- und Videotechnik

Unter dem Oberbegriff »Video« fasst man weite Bereiche der elektronischen Bildübertragung zusammen. Sie ist in alle Bereiche der audiovisuellen Kommunikation vorgedrungen. Im Gegensatz hierzu hat das Medium »Film« im Bereich der aktuellen Berichterstattung des Fernsehens ständig an Terrain verloren. Vergleichen wir die Systeme »Film« und »Video« miteinander (Abbildung 3), so lassen sich einige systemspezifische Unterschiede feststellen:

- Die Kamera erzeugt bei der Filmaufnahme ein latentes Bild, das erst nach der fotografischen Entwicklung sichtbar wird. Fehler der Aufnahme sind im Negativ nicht immer erkennbar, so dass sie erst bei der Vorführung einer Musterkopie festgestellt werden können. Das Medium Film muss daher mit den latenten Problemen der latenten Bilder leben.
- Im Unterschied dazu vermittelt die elektronische Aufnahme – durch die Betrachtung am Monitor der Bildkontrolle – bereits zum Zeitpunkt des Geschehens einen kompletten Eindruck über die Spielszene im Studio. Fehler können sofort bemerkt und abgestellt werden. Auch die Beleuchtung lässt sich sofort nachre-

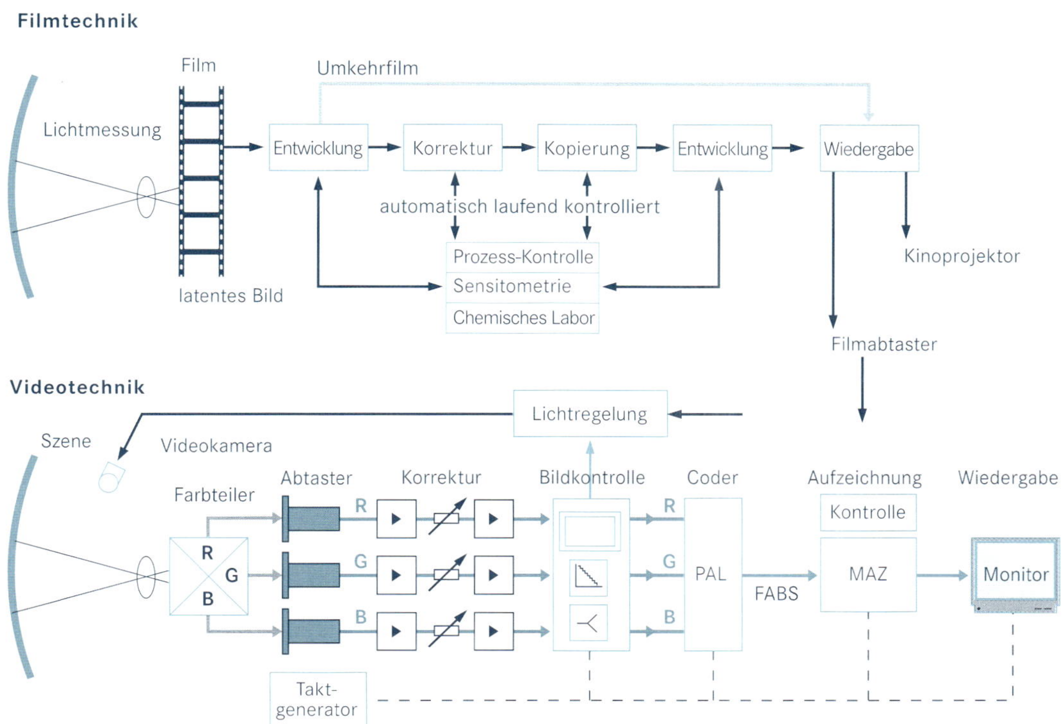

Abb. 3: Film- und Videotechnik im Vergleich

geln und optimieren. Mit Hilfe der magnetischen Bildaufzeichnung (MAZ) ist das Videosignal sofort speicherbar und zur Kontrolle in kürzester Zeit reproduzierbar. Schließlich kann die Löschbarkeit der Bänder auch noch zu Einsparungen führen, weil misslungene Aufnahmen jederzeit durch neue, ohne zusätzlichen Bandverbrauch, ersetzbar sind. Video stellt somit ein *Closed-Circuit-System* dar, das für die Arbeit im Fernsehen gegenüber dem Film sicherer, schneller und bequemer zu sein scheint.

- Die Qualität des Filmbildes im Kino ist bisher nicht zu übertreffen, weil die Auflösung heutiger Filmmaterialien fast eine Größenordnung über der des Standardfernsehens liegt. Mit der Einführung hochauflösender Fernsehsysteme (HDTV) und lichtstarker elektronischer Projektionssysteme kann sich dieser Vorsprung des Films aber allmählich verringern.

Aus Bildern entstehen elektronische Signale

Ein Film besteht aus einer Reihe fotografischer Standbilder, die sich bei der Darstellung eines Bewegungsablaufes nur geringfügig voneinander unterscheiden. Kennzeichnend für die elektronische Bildübertragung ist die Zerlegung eines Bildes in einzelne kleine Bausteine, die auch Bildpunkte oder *Pixel* (*Picture Elements*) genannt werden. Der Vorgang der Bildzerlegung ist mit dem gedruckten Bild in einer Zeitung vergleichbar, dessen Raster – je nach Qualität des Druckes – aus einer mehr oder weniger großen Anzahl schwarzer oder weißer Bildpunkte besteht. Die Informationen eines elektronischen Bildsignals beinhalten die Helligkeitswerte der einzelnen Pixel, die mit sehr hoher Geschwindigkeit erfasst, gespeichert oder auch zu einem anderen Ort transportiert werden können.

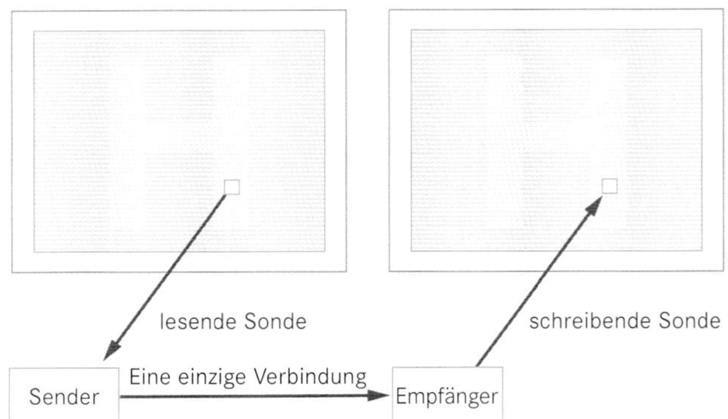

Abb. 4: Bildübertragung mit einer lesenden und schreibenden Sonde

Pixel und Zeilen

Auf dem Bildschirm des Fernsehempfängers hat das Bild eine Linienstruktur. So wie der Text dieses Buches auf verschiedenen Seiten in einzelnen Zeilen steht, so läuft auch der Schreibstrahl eines Videomonitors von links nach rechts und zeichnet mit sehr großer Geschwindigkeit untereinander liegende Zeilen auf den Schirm. Im Vergleich zu anderen Reproduktionsformen hat auch das Videobild eine typische Grundstruktur, die sich als zeitgebundene Einordnung seiner Bildpunkte oder Pixel in die Zeilen eines Bildes interpretieren lässt.

Zur Abtastung wird das Bild daher am Sendeort mit einer Sonde Punkt für Punkt und Zeile für Zeile rasch hintereinander abgetastet. Im Empfänger schreibt eine andere Sonde die Information auf den Schirm der Bildröhre (Abbildung 4). Die Abtastung eines jeden Pixels und dessen Reproduktion auf dem Wiedergabeschirm geschieht immer zu einem ganz bestimmten Zeitpunkt. Dies bedeutet, dass zu jeder Position der abtastenden Sonde auch die jeweilige Helligkeit des gerade erfassten Bildpunktes und seine geometrische Lage innerhalb des Gesamtbildes gehören. Jeder Stellung der Sonde ist somit auch ein anderer Zeitpunkt zuzuordnen, so dass eine ausreichende Bewegungsauflösung erreicht wird. Die Bildwechselfrequenz ist ähnlich wie beim Film, sie beträgt 25 Bilder pro Sekunde.

Wie viel Einzelinformationen oder Pixel bei jeder vollständigen Abtastung zu übertragen sind, hängt von der gewünschten Feinheit der Bildstrukturen und von der Zeilenzahl des Rasters ab. Mit zunehmender Zeilenzahl wachsen auch Bildschärfe und Auflösungsvermögen. Die Zeilenzahl hängt eng mit der Wahl des Betrachtungsabstandes zusammen, wobei auch die Sehschärfe unserer Augen zu berücksichtigen ist. Schließlich spielt der vertikale Sehwinkel der Augen eine gewisse Rolle, der mit etwa 12 bis 15 Grad einem Betrachtungsabstand von etwa der vier- bis fünffachen Bildhöhe entspricht. Daraus resultiert eine Zeilenzahl von 500 bis 600 Zeilen.

Um Zeit zu sparen, muss der Abtastvorgang rasch geschehen. Die Abtastsonde und der Schreibstrahl der Wiedergaberöhre müssen daher sehr schnell vom Ende einer Zeile auf den Anfang der nächsten Zeile springen. Dem verhältnismäßig langsamen Hinlauf (während dem die Zeile abgetastet oder geschrieben wird) steht der schnelle Rücklauf gegenüber. Hin- und Rücklauf sind eine Zeilenperiode. Selbstverständlich gibt es den Hin- und Rücklauf nicht nur für die Zeilen, sondern in etwas abgewandelter Form auch für das gesamte Bild. Mit dem Bildhinlauf werden die Zeilen untereinander gesetzt. Den Bildrücklauf braucht man, um nach dem Lesen oder Schreiben der untersten Zeile oben links von neuem mit der ersten Zeile beginnen zu können. In der europäischen Fernsehnorm sind 625 Zeilen einheitlich festgelegt.

Überträgt man in der Sekunde 25 Bilder, so entsteht, wie beim Filmbild, zwar der Eindruck einer fließenden Bewegung, aber das störende Flimmern bleibt. Man muss daher auch bei der Videoübertragung eine Verdopplung der Lichtreize für das Auge erreichen. Hierzu teilt man das vollständige Raster so auf, dass daraus zwei ineinander gesetzte Teilraster mit je halber Zeilenzahl entstehen, die dann mit doppelter Geschwindigkeit durchlaufen werden. Nach der europäischen Fernsehnorm tastet man mit Zeilensprung im ersten Durchgang nur die ungeradzahligen Zeilen, also 1, 3, 5, 7..., und im zweiten Durchgang die geradzahligen Zeilen 2, 4, 6, 8... ab, so dass aus 25 Vollbildern pro Sekunde 50 Halbbilder entstehen (Abbildung 5).

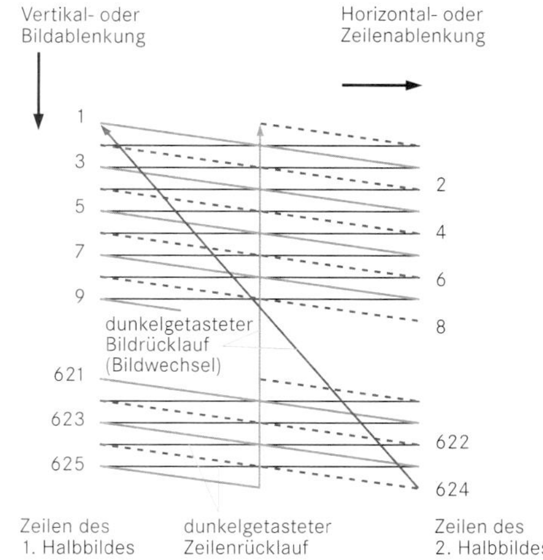

Abb. 5: Abtastung mit dem Zeilensprung

Impulse synchronisieren die Bildaufnahme und -wiedergabe

Am Bildschirm des Fernsehempfängers kann nur dann das gewünschte Bild entstehen, wenn die zeilenweise Bewegung des Schreibstrahls in der Bildröhre örtlich und zeitlich mit dem Lauf der abtastenden Sonde in der Kamera erfolgt. Für den Gleichlauf zwischen Abtastung und Wiedergabe sind daher besondere Synchronsignale einzufügen. Um diese Synchronimpulse von den ebenfalls am Zeilenende befindlichen Rücklauf-Signalen für die Zeilenaustastung unterscheiden zu können, hat man den Regelwert so festgelegt, dass er in das Ultra-Schwarz-Gebiet (schwärzer als schwarz) fällt. Die Gleichlauf-Impulse für den Halbbildwechsel sind in ähnlicher Form festgelegt. Sie unterscheiden sich von den Zeilen-Synchron-Impulsen nur durch eine etwas andere Form und durch eine zusätzliche Kennung (Trabanten), die den Bildwechsel gewissermaßen vorher ankündigt. Die Erzeugung aller für die Videoübertragung benötigten Impulse geschieht in einem zentralen Taktgeber.

Die Erzeugung eines Videosignals

Nach Abtastung des Bildes liefert die Kamera ein Signal, dessen Inhalt für die Dauer einer Zeile in Abbildung 6 zu sehen ist. Die Skala ist in Aussteuerungswerte von 100 Prozent eingeteilt. Der Wert von 100 Prozent entspricht der größten Helligkeit des Bildes, also Bildweiß. Der Pegel für Schwarz liegt bei 30 Prozent. Die Werte unter 30 Prozent stellen den Ultra-Schwarz-Bereich (schwärzer als schwarz) dar, in dem die Austast- und Synchron-Signale zu finden sind. Diese Festlegung gilt zunächst nur für ein Schwarz-Weiß-Signal, das ja nur Helligkeitswerte beinhaltet. Den Pegelwerten ordnet man zur Kurzbezeichnung bestimmte Kennbuchstaben zu. Der Bereich von 30 Prozent bis 100 Prozent ist der Bildbereich (B), der zwischen Bildschwarz und Bildweiß die gesamte Information für die Helligkeit der einzelnen Bildpunkte enthält. In geringem Abstand unter dem Pegel von 30 Prozent – etwa bei 25 Prozent – liegt der Austastwert (A) für den Zeilen- und Bildrücklauf. Dies bedeutet, dass der Schwarzpegel um etwa 5 Prozent gegenüber dem Austastwert abgehoben ist. Der Bereich der Synchronsignale (S) reicht von 0 bis 25 Prozent der Skala. In der Zusammenfassung der drei Kennbuchstaben spricht man bei der monochromen Übertragung auch von einem BAS-Signal.

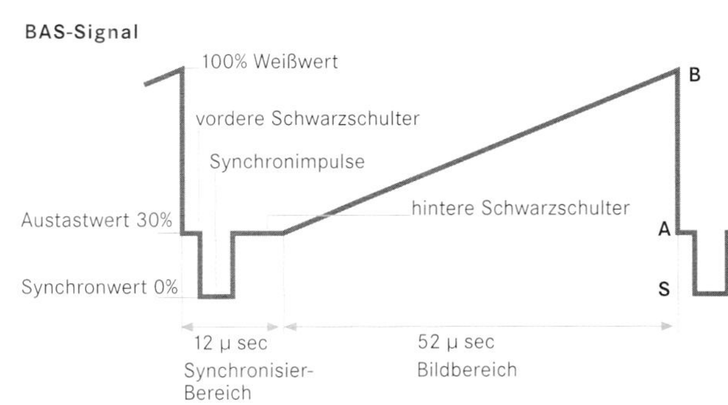

Abb. 6: Das BAS-Signal

Zwischen Objektiv und Bildschirm

Für die elektronische Bildaufnahme verwendet man einen Wandler, der die einzelnen Punkte des Bildes zeilenweise abtastet und dessen Helligkeitsinformatio-

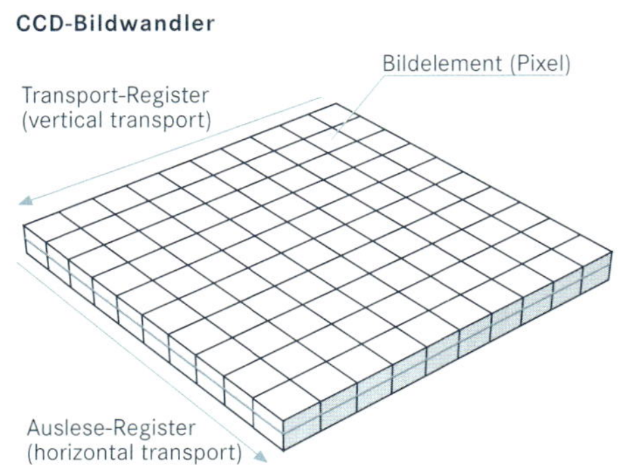

Abb. 7: CCD-Bildwandler

nen nach Verstärkung als Videosignal ausgibt. Lange war die Umwandlung von Bildvorlagen in elektronische Bildsignale nur mit Bildfängerröhren möglich.

CCD-Bildwandler

Als günstig für die Erzeugung eines elektronischen Bildsignals haben sich mittlerweile *ladungsgekoppelte Bauelemente – CCD* (*Charge Coupled Devices*) – erwiesen (Abbildung 7). Sie sind Produkte der modernen Mikroelektronik. In diesen Bauelementen kann eine elektrische Ladung nach Art eines Schieberegisters durch Einwirkung eines elektronischen Taktsignals von einer Stelle der Oberfläche des Halbleiter-Elementes auf eine benachbarte Position (von Elektrode zu Elektrode) mit hoher Geschwindigkeit verschoben werden. Dieses Phänomen nutzt man beim Auslesen bildpunktbezogener Ladungen, die bei der Erfassung eines Bildes entstehen.

Die Abtastung mit einer elektronischen Sonde wird beim CCD-Bildwandler durch einen getakteten Auslesevorgang ersetzt. Die Umwandlung der Helligkeitsinformationen geschieht in der photosensitiven Ebene des CCD-Wandlers, die über der Auslese-Ebene liegt. Im Gegensatz zu einer Bildaufnahmeröhre besitzt ein CCD-Chip eine bestimmte Anzahl lichtempfindlicher Bildelemente, die in einem festen Raster geordnet sind (Abbildung 8). Trifft auf den Chip ein Bild, so sammeln sich – den Helligkeitswerten der Bildpunkte entsprechend – in jedem Bildelement mehr oder weniger große Ladungen an, die in analoger Form gespeichert sind. CCD-Chips können heute mit bis zu zwei Millionen Pixel auf einer Fläche von etwa ein bis zwei Quadratzentimetern hergestellt werden. Beim Auslesen der Information löst das Taktsignal den Transport der Ladungen aus dem Bereich der Photosensoren in ein vertikales Schieberegister aus. Von dort aus gelangen die Ladungen in einen lichtdicht gekapselten Zwischenspeicher, der die Informationen dann taktsynchron über ein horizontales Register als Videosignal ausgibt.

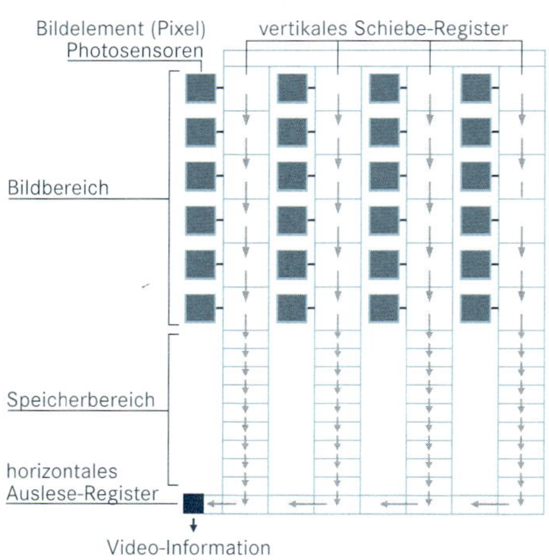

Abb. 8: CCD-Chip

Elektronische Farbbilder

Schwarz-weiße Bilder bezeichnet man als »unbunt«, obwohl sich darin neben schwarzen und weißen Stellen auch graue Partien in allen Schattierungen befinden. Bunt oder farbig werden Bilder genannt, die Farben so darstellen wie beispielsweise Farbdiapositive, farbige Fotografien oder colorierte Bilder.

Beim Farbfernsehen meinen die Zuschauer farbige Bilder zu sehen, obwohl die farbige Fernsehwiedergabe mit ihrer Farbigkeit etwa zwischen wirklichen Farbfotos und colorierten Bildern liegt. Dies hängt damit zusammen, dass sich der Schärfeeindruck eines Fernsehbildes aus übertragungstechnischen Gründen im Wesentlichen auf die Hell-Dunkel-Informationen stützt, während die Farbinformationen mit geringerer Signaldichte gewissermaßen im Beipack mitlaufen. Die Bezeichnung schwarz-weiß deutet an, dass die Wiedergabe mit einem Schwarz-Weiß-Empfänger unbunt ist. Die Bildstellen größter Leuchtdichte werden als Weiß wahrgenommen. Stellen, bei denen die Leuchtdichte null ist, sehen wir schwarz. Dazwischen liegen alle Stufen vom hellen bis zum dunklen Grau. Ein als unbunt oder weiß wahrgenommenes Licht enthält immer Strahlungen unterschiedlichster Wellenlängen, wie am Phänomen des Regenbogens zu sehen ist. Der farbig erscheinende Regenbogen filtert das weiße Sonnenlicht, dessen Spektrum verschiedenster Strahlungen durch die Regentropfen in seine Bestandteile zerlegt und farbig reflektiert wird.

Technisch kann man den Eindruck Weiß für unser Auge bereits erzeugen, wenn zwei farbige Strahlungen, die komplementär zueinander sind, gemeinsam einwirken:

Primärfarben					**Komplementärfarben**	
Rot	+	Grün			=	Gelb
Grün	+	Blau			=	Blau-Grün (Cyan)
Blau	+	Rot			=	Purpur (Magenta)

Daraus folgt:

Rot	+	Grün	+	Blau	=	Weiß oder R + G + B = Y
Gelb	+	Blau			=	Weiß
Gelb	+	Blaugrün			=	Weiß
Gelb	+	Purpur			=	Weiß

Wie die Darstellung zeigt, ist das weiße Licht eines Schwarz-Weiß-Bildschirmes z.B. aus blauen und gelben Strahlen zusammengesetzt, die sich bei entsprechendem Betrachtungsabstand zu weiß vermischen. Daraus kann man ableiten, dass aus den Primärfarben Rot, Grün und Blau nach dem Prinzip der additiven Farbenmischung alle gewünschten Farben gebildet werden können. Für die optimale Farbwiedergabe im Fernsehen oder auf einem Bildmonitor hat man die Wellenlängen der Primärfarben wie folgt festgelegt (nm = Nanometer):

- Rot = 610 nm
- Grün = 535 nm
- Blau = 470 nm

Einige Beispiele sollen die Mischung verschiedener Farbtöne verdeutlichen. Mit roter, grüner und blauer Lichtstrahlung kann mit jeweils nur einer dieser Strahlungen ein bestimmtes Rot, Grün oder Blau erzeugt werden. Durch das Zusammenwirken jeweils zweier dieser Lichtstrahlungen entstehen die dazwischen liegenden Farbtöne, beispielsweise Zitronengelb, Orange oder Violett. Dabei werden satte und mehr oder minder blasse Farben unterschieden. Satte Farben sind besonders intensiv farbig, beispielsweise Rot, Orange, Gelb, Gelbgrün, Grün, Blaugrün, Blau, Violett und Purpur. Bei blassen Farben ist die Farbigkeit abgeschwächt. Sie sehen aus, als wäre Weiß beigemischt. Blasse Farben sind beispielsweise Rosa, Hellgelb, Hellblau oder Hellgrün. Das Extrem blasser Farben ist Weiß. Die Farbwirkung wird also nicht nur vom Farbton, sondern auch vom Grad seiner Sättigung bestimmt.

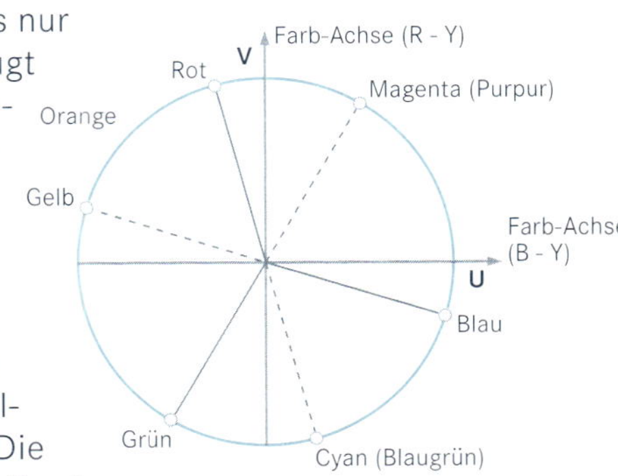

Abb. 9: Der Farbenkreis

Die Vielfalt der Farben lässt sich in einem Farbenkreis übersichtlich darstellen (Abbildung 9). Die Bezugsrichtung verläuft waagerecht vom Mittelpunkt des Kreises aus nach rechts. Entgegen dem Uhrzeigersinn werden von dieser Bezugslinie ausgehend die Winkel gemessen, die den Farbton angeben.

Die elektronische Farbübertragung im RGB-System

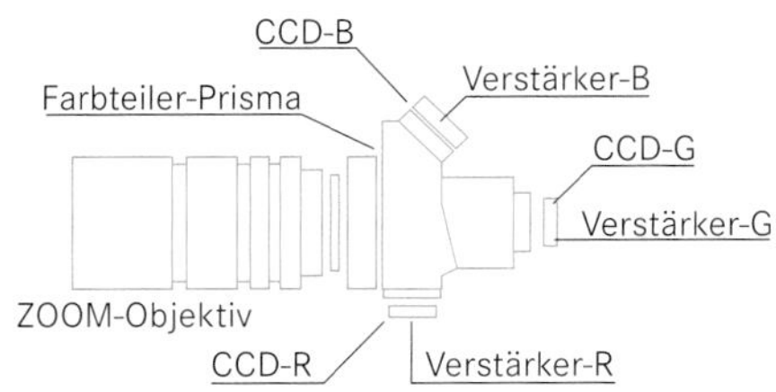

Abb. 10: Die Farbkamera

Eine Videokamera für die Schwarzweiß-Übertragung besteht im Prinzip aus drei hintereinander geschalteten Einheiten: Der Optik, dem Bildwandler und dem Vorverstärker mit der Basisstation. Bei einer Farbkamera kommt ein viertes Element – der Farbteiler – hinzu. Er teilt die einfallenden Bildinformationen in drei Kanäle für Rot (R), Grün (G) und Blau (B) auf (Abbildung 10). Nach getrennter Verstärkung der Farbauszugssignale stehen am Ausgang des Kamerasystems drei Videosignale in den Komponenten R G B zur Wiedergabe bereit.

Die Komponenten Helligkeit und Farbe

Wie wir gesehen haben, ergeben die drei Komponenten R, G und B in der Summe die Helligkeit des jeweiligen Bildpunktes, der dann weiß erscheint. Diese Beziehung lässt sich auch in anderer Form ausdrücken:

$$\text{Helligkeit} = \text{Rot} + \text{Grün} + \text{Blau oder } Y = R + G + B$$

Die Helligkeitsinformation Y ist für die Schwarz-Weiß-Übertragung von besonderer Bedeutung. Die Farbkomponenten und das Helligkeitssignal kann man aber auch auf andere Weise in einem Dreikanal-System in codierter Form übertragen:

$$Y = R + G + B \qquad U = (B - Y) \qquad V = (R - Y)$$

Die Signale U und V drücken den Differenzwert des Blau- oder Rot-Signals zum Helligkeitssignal Y aus. Dabei fällt auf, dass die Grün-Information nicht übertragen wird. Dies ist kein Nachteil, denn am Wiedergabeort gewinnt man die drei Signale R, G und B durch Decodierung wie folgt zurück:

$$R = Y + V \qquad B = Y + U \qquad G = Y - (R + B)$$

Die Komponenten U und V nennt man auch *Farbdifferenzsignale*. Sie beinhalten die vollständigen Farbinformationen.

Die Bearbeitung und Übertragung von Video-Informationen in der Komponenten-Technik gewinnt an Bedeutung. Sie unterscheidet sich gegenüber dem FBAS-System (analog zur BAS-Übertragung: Farb-Bild-Austast- und Synchronsignal) besonders durch eine korrekte Trennung der Helligkeits- und Farbinformationen. Somit können weniger gegenseitig störende Beeinflussungen zwischen Helligkeit (Luminanz) und Farbe (Chroma) auftreten. Diese auch als *Cross-Luminanz-* und *Cross-Colour-Störungen* bekannten Erscheinungen können vor allem im Bereich scharfer Kanten oder auch bei feinen Bilddetails lästig sein.

Farbe und/oder schwarz-weiß

Bei der Einführung des Farbfernsehens hatte man auch weiterhin die große Zahl von Schwarz-Weiß-Geräten ohne Qualitätseinschränkung zu versorgen. Um eine Kompatibilität zwischen Schwarz-Weiß- und Farbfernsehen herzustellen, erzeugte man aus den Informationen für Rot, Grün und Blau (RGB) ein Helligkeits-Signal Y', das die unterschiedliche Hellempfindlichkeit unseres Auges für Farblichtstrahlungen verschiedener Wellenlänge berücksichtigt. Danach wird eine grüne Lichtstrahlung wesentlich heller wahrgenommen als eine blaue oder rote Strahlung mit gleicher Leistungsdichte. Ein Helligkeitssignal Y', das die Hellempfindung des Auges berücksichtigt, setzt sich daher wie folgt zusammen:

Helligkeit Y' = (30% Rot) + (59% Grün) + (11% Blau)

Für die schwarz-weiß-kompatible Farbfernsehübertragung bildet ein Encoder nach diesen Vorgaben aus den primären Signalen R, G und B ein Helligkeitssignal Y' und die beiden Farbdifferenzsignale R-Y (V) und B-Y (U). Das Helligkeitssignal Y' kann von jedem Scharz-Weiß-Gerät ohne Einschränkung empfangen werden. Die Farbinformation steckt allein in den Signalen R-Y und B-Y, die nur Farbgeräte auswerten können (Abbildung 11).

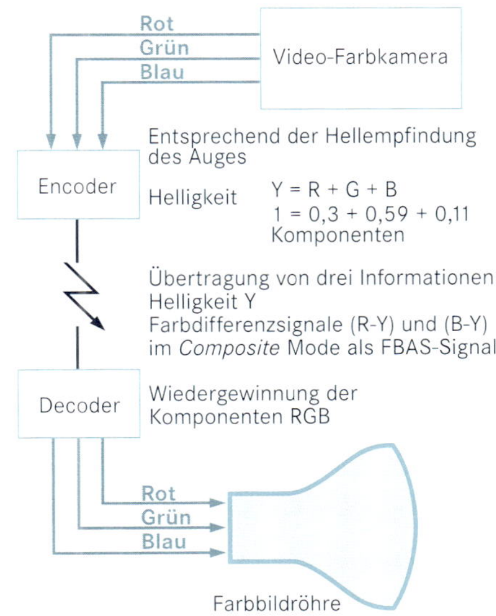

Abb. 11: Übertragung von drei Informationen

NTSC – PAL - SECAM

1953 wurde in den USA nach längerer Vorbereitung durch das *National Television System Committee* das NTSC-Verfahren eingeführt, das schwarz-weiß-kompatibel ist. Bei der Modulation der Bildträgerfrequenz zeigt sich, dass das Helligkeitssignal das Frequenzband des Bildträgers nicht durchgehend und kontinuierlich belegt, so dass sich darin Lücken finden lassen, in die man die Farbinformation einschachteln kann. Dazu benötigt man hilfsweise eine weitere Trägerfrequenz (Farbträger), die jedoch keinen Zusammenhang mit dem Helligkeitssignal haben sollte.

Die in den USA durchgeführten Versuche zeigten, dass für die Übertragung der Farbinformation schon eine Bandbreite von 1 MHz ausreicht, weil der Eindruck der Bildschärfe im Wesentlichen von der Qualität des Helligkeitssignals bestimmt wird. Wegen der relativ geringen Bandbreite und der Verschachtelung der Helligkeits- und Farbsignale konnte der Farbträger an das obere Ende des Video-Frequenzbandes gelegt werden. Auf diese Weise machte man es möglich, Farbfernsehsignale über Sendekanäle zu verbreiten, die noch aus der Zeit des Schwarz-Weiß-Fernsehens stammten.

Bisher habe ich nicht erklärt, wie die Signale der beiden Farbkomponenten U (B-Y) und V (R-Y) mit einer einzigen Farbträgerfrequenz zu transportieren sind. Mit einem Trick schickt man die Informationen U und V bei einem geringfügigen zeitlichen Versatz »auf die Reise«. Hierzu leitet man aus der Farbträgerschwingung eine zweite Schwingung ab, die mit einer zeitlichen Verschiebung um 90 Grad später startet. Die erste Schwingung wird mit der Farbkomponente U (B-Y), die zweite mit der Komponente V (R-Y) moduliert. Dabei ist bemerkenswert, dass die erste Schwingung durch »Null« geht, wenn die zweite ihr Maximum erreicht. Diese Art der Modulation nennt man *Quadratur-Modulation* (Abbildung 12). Die beiden Farbträgerschwingungen für U und V werden in einem Addierglied zusammengefasst.

Abb. 12: Die Quadratur-Modulation

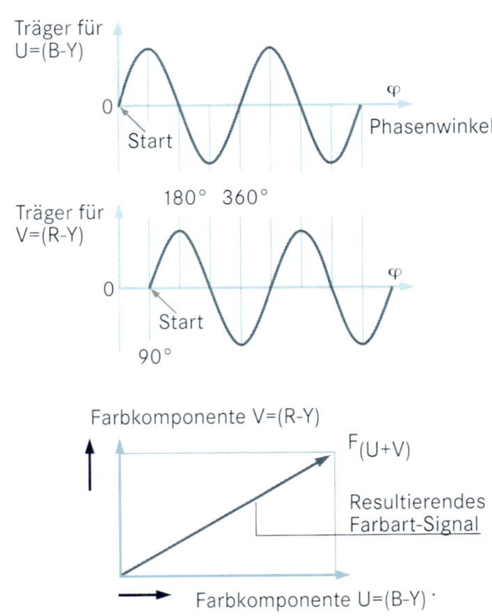

Ihre um 90 Grad versetzten Zeiger ergeben in geometrischer Addition den Vektor F, der das Farbartsignal beschreibt. Die Länge des Zeigers F stellt die Farbsättigung dar. Sein Winkel drückt den Farbton aus. Die Spitze des Zeigers F bestimmt den augenblicklichen Farbort, der innerhalb oder auch auf der Begrenzungslinie des Farbkreises, liegen kann.

Bei PAL dreht sich der Zeiger F um seinen Mittelpunkt 4.443.000 mal in jeder Sekunde. Ist keine Farbe vorhanden, ist das Farbartsignal F »Null«. Die Spitze des Zeigers F fällt dann auf den Mittelpunkt des Farbkreises, den man auch als *Weißpunkt*

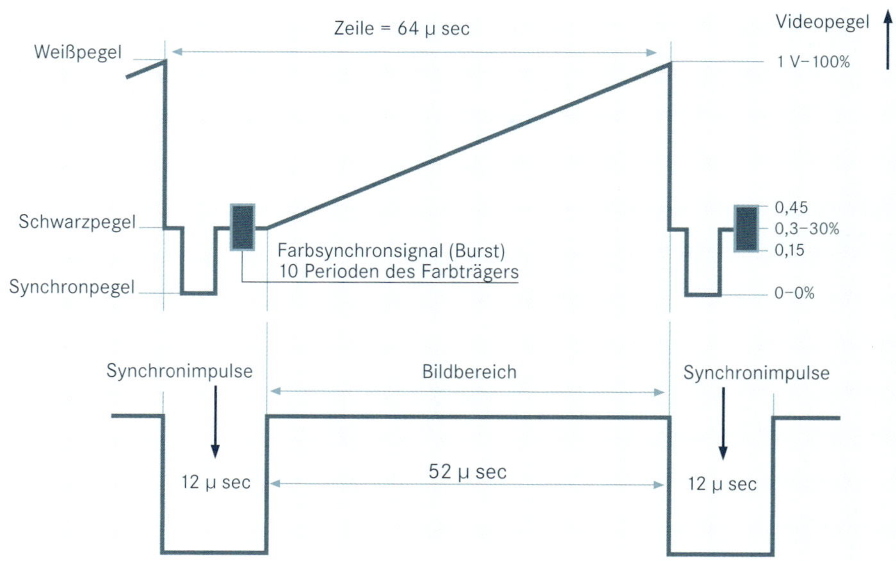

Abb. 13: Das Farbsynchronsignal

bezeichnet. Die Farbträgerschwingungen selbst werden nicht mit übertragen. Sie müssen mit hoher Genauigkeit im Empfänger neu gebildet werden, damit die Decodierung der Farbsignale exakt erfolgen kann. Um dies zu gewährleisten, überträgt man in jeder Zeile zusätzlich ein Farbsynchronsignal (*Burst*). Es besteht aus 10 bis 12 Schwingungen der Farbträgerfrequenz. Die Übertragung der Farbinformationen U und V in einem Helligkeitskanal mit aufmoduliertem Farbträger wird auch als *Composite-Übertragung* bezeichnet. Die Kennbuchstaben dafür sind FBAS. FBAS bedeutet – in Analogie zur BAS-Übertragung – Farb-Bild-Austast- und Synchronsignal. Diese Art der Farbübertragung setzt eine hohe Genauigkeit des Ablaufes voraus. Treten zwischen den Signalkomponenten geringfügige zeitliche Verschiebungen ein, führen sie zu empfindlichen Störungen der farbgetreuen Wiedergabe (Abbildung 13). Obwohl man in den USA immer wieder große Anstrengungen zur Verringerung auftretender Zeitfehler machte, ist das NTSC-System als erstes Farbfernseh-System der Welt mit dem Mangel unzureichender Farbtreue belastet.

In diesem Umfeld hatte Walter Bruch 1962 eine grandiose Idee, die *Phase Alternation Line – PAL*. Er schlug vor, eine der beiden Farbkomponenten (z. B. V = R-Y) von Zeile zu Zeile mit wechselnder Phasenlage zu übertragen. Durch eine synchron gesteuerte Umschaltung der Phasenlage im Empfänger erreicht man eine völlige Kompensation der auftretenden Farbfehler.

Eine weitere Variante stellt das SECAM-System dar. Die Farbkomponenten U und V werden abwechselnd Zeile für Zeile übertragen. Damit sie für den Decodiervorgang gleichzeitig verfügbar sind, müssen sie jeweils für die Dauer einer Zeile gespeichert und umgeschaltet werden.

Die drei Systeme NTSC, PAL und SECAM sind nicht kompatibel. Der Austausch von Programmen erfordert daher eine systemspezifische Umwandlung der jeweiligen Videosignale. Hierzu verwendet man digital arbeitende Normenwandler.

Die wichtigsten Systemparameter der drei Standards sind in Abbildung 14 (auf der nächsten Seite) wiedergegeben.

Standard	Bild-Frequenz Hz	Halbbild-Frequenz Hz	Zeilen-zahl	Zeilen-Frequenz Hz	Video-Band-Breite MHz	Farb-Träger MHz	Übertragung der Farb-Komponenten U und V	Audio-Signal FM kHz
NTSC	30	60	525	15.734	4,5	3,6	In jeder Zeile	25
PAL	25	50	625	15.625	5,5	4,43	In jeder Zeile	50
SECAM	25	50	625	15.625	5,5	4,43	von Zeile zu Zeile wechselnd	50

Abb. 14: Die wichtigsten Systemparameter von NTSC, PAL, SECAM

Die Speicherung von Video-Signalen / MAZ-analog

Gegenüber der Audiotechnik mit einem Frequenzband von 30 bis 15.000 Hz erfordert die Aufzeichnung von Videosignalen eine Bandbreite von etwa 0 Hz bis 5 MHz, also den etwa 300fachen Wert. Der entscheidende Durchbruch gelang 1956 dem Ginsburg-Team der Firma Ampex. Die Ampex-Anlage wies bereits einige Merkmale auf, die auch bei später entwickelten MAZ-Systemen zu finden sind:

- Da die Aufzeichnung eines etwa 19 Oktaven umfassenden Video-Frequenzbandes mit einem Magnetkopf technisch unmöglich ist, nutzt man einen zwischenfrequenten Träger, der mit der Videoinformation moduliert wird. Die Aufzeichnung geschieht mit Magnetköpfen, die für die gewählten Trägerfrequenzen im Bereich von etwa 7 bis 9 MHz optimiert sind. Auf diese Weise wird den Aufzeichnungsköpfen das Videosignal nicht direkt, sondern in Form einer frequenzmodulierten Trägerfrequenz zugeführt. Die Frequenzmodulation hat auch den Vorteil, dass Schwankungen der aufgezeichneten Trägerfrequenz keine Auswirkungen auf die Qualität des abgetasteten Videosignals haben.
- Ein weiterer Trick besteht darin, keine feststehenden Köpfe – wie bei der Schallaufzeichnung – zu verwenden, sondern das Videosignal mit rotierenden Magnetköpfen, die am Rande einer umlaufenden Kopfscheibe befestigt sind, quer zur Laufrichtung auf das Band zu schreiben. Damit die Video-Information während der Abtastung wieder exakt vom Band gelesen werden kann, zeichnet man auf einer der beiden Randspuren ein Steuersignal (*CTL = control-track*) auf, das nach Art einer elektronischen Perforation den Antrieb für den Vorschub des Bandes bei der Wiedergabe steuert.

Das Ampex-System verbreitete sich nach seiner Einführung weltweit und hat sich mit einigen Modifikationen als 2-Zoll-MAZ-Standard bis in die 80er Jahre behaupten können.

Anfang der 70er Jahre hatten sich die Chromdioxidbänder im Bereich der Audio-Aufzeichnung durchgesetzt. Sie zeichneten sich vor allem durch eine wesentlich verbesserte Wiedergabe hoher Frequenzen aus. Die verbesserte Bandtechnik nutzend, entwickelte Bosch den 1-Zoll-B-Standard (BCN). Gegenüber dem 2-Zoll-System von Ampex wird eine Trommel mit zwei Köpfen verwendet. Unterschiedlich ist auch die Lage der Spuren auf dem Band, die nicht mehr quer, sondern schräg zur Laufrichtung des Videobandes angeordnet sind. Heute findet die Schrägspuraufzeichnung bei allen analogen und digitalen MAZ-Verfahren Anwendung.

Bei Sportveranstaltungen wird, analog zu Filmaufnahmen, die Wiedergabe einer Bildaufzeichnung in Zeitlupe gefordert. Auf die MAZ-Aufzeichnung bezogen, bedeutet dies die langsam ablaufende, mehrfache Wiederholung einzelner Bildphasen. Eine Lösung für eine Zeitlupenwiedergabe ist die Aufzeichnung in langen Schrägspuren, die Mitte der 70er Jahre zunächst von Ampex eingeführt wurde.

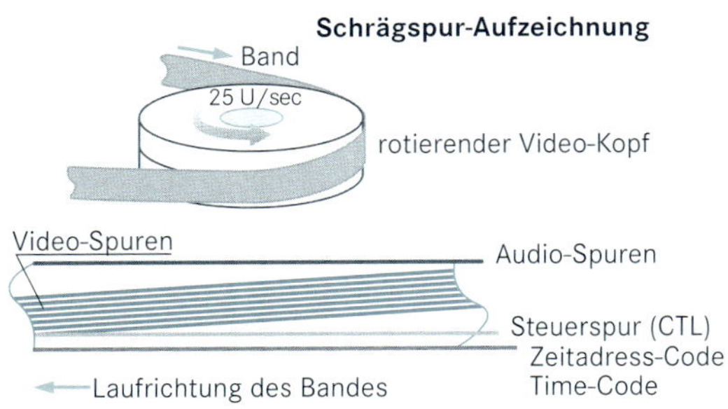

Abb. 15:
Schrägspur-Aufzeichnung

Die Länge der Aufzeichnungsspuren ist so bemessen, dass für die Abtastung eines Halbbildes nur noch eine Umdrehung der Kopftrommel nötig ist (Abbildung 15). Für die Wiedergabe in Zeitlupe werden – je nach gewünschter Bewegungsauflösung – die einzelnen Videospuren mehrfach hintereinander abgetastet.

Im Gegensatz zur Zeitlupe des Films, bei der man mit höherer Bildfrequenz aufgenommene Bilder mit normaler Laufgeschwindigkeit wiedergibt, zeigt die Video-Zeitlupe häufig eine relativ schlechte Bewegungsauflösung mit einer ruckartigen Wiedergabe. Für Zeitlupenaufnahmen hoher Qualität entwickelte Sony deshalb das »Super-Motion«-System, das mit der dreifachen Bildfrequenz arbeitet.

Die verschiedenen analogen MAZ-Systeme unterscheiden sich in vielfältiger Hinsicht. Abbildung 16 gibt eine Übersicht:

Analoge MAZ-Systeme	2"-Standard	A-Standard	B-Standard	C-Standard	U-Matic	Betacam	Betacam SP	M-II	S-VHS
Breite des Bandes in mm	50,7	25,4	25,4	25,4	19	12,7	12,7	12,7	12,7
Laufgeschwindigkeit mm/s	381	240	243	240	95	101,5	101,5	66,3	24
Video-Standard	FBAS	FBAS	FBAS	FBAS	FBAS	Y-C	Y-C	Y-C	Y-C
Laufdauer in Minuten	90	120	110	180	60	36 - 110	36 - 110	36 - 110	60 - 240

Abb. 16: Die analogen MAZ-Systeme

Die digitale Signalverarbeitung/MAZ-digital

Bisher war nur von der analogen Übertragungsform die Rede, bei der die elektronische Abbildung einer Information durch ein elektrisches Signal über einen analogen Wandler in der Kamera erfolgt. Dabei wird der zeitliche Verlauf der Information in ein formgleiches elektrisches Signal umgewandelt. Ein elektrisches Signal dieser Art folgt demjenigen, aus dem es entstanden ist, in analoger Form.

Voraussetzung für eine digitale Übertragung ist die Umwandlung der analogen Information in die digitale Form. In digitalen Systemen wird die Information als eine Folge von Zeichen oder Symbolen, die nach einer bestimmten Verabredung auch als Alphabet darstellbar sind, übertragen. Die Zuordnung der Zeichen und Symbole zur Information bezeichnet man als Code, eine Gruppe von Zeichen als Code-Wort. Besonders einfach ist ein binäres Alphabet, das nur aus Null und Eins besteht. Der entsprechende Code ist der Binärcode, der bei der digitalen Übertragung Verwendung findet. Eine Binärstelle, die den Zustand »Null« oder »Eins« annehmen kann, wird als *Bit* bezeichnet. Die Umwandlung verschiedener Werte in einen digitalen Binärcode vollzieht sich nach folgendem Schema:

Binärzahl	2^3		2^2		2^1		2^0	=	4 Bit (*Binary Digits*)
Wertigkeit	8	+	4	+	2	+	1	=	15
Binärcode	1000		0100		0010		0001		

Jede Information lässt sich grundsätzlich in analoger oder digitaler Form verarbeiten. Die beiden Formen unterscheiden sich aber erheblich in ihren Auswirkungen auf das übertragene Ereignis. So sind bei der Analogübertragung schon bei der Umwandlung der Information in ein elektrisches Signal gewisse Mängel feststellbar, die in den Unvollkommenheiten der Aufnahmesysteme begründet sind. Im Gegensatz dazu kann man mit entsprechendem Aufwand bei der Umwandlung eines analogen Signals in die digitale Form eine wesentlich größere Genauigkeit erzielen.

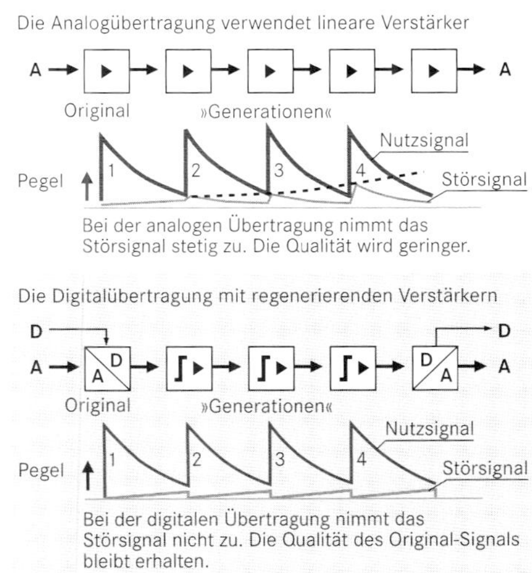

Abb. 17: Vergleich von Analog- und Digitalübertragung

Abbildung 17 zeigt die Verhältnisse auf einem Übertragungsweg oder in der »Generationsreihe« von Nachbearbeitungs- und Überspiel-Prozessen bei Video- und Audiobändern. Die Vorteile der Digitalübertragung liegen auf der Hand. Analoge oder digitale Signale werden in der Kette dieser Prozesse zwar in etwa gleicher Weise gedämpft und durch einwirkende Störungen in ihrer Qualität beeinträchtigt. Bei der analogen Übertragung wird aber der Abstand zwischen Nutzsignal und Störsignal mit steigender Anzahl der Bearbeitungsschritte immer geringer, weil die jeweilige Verstärkung des Signals – die die in der Übertragungslinie entstandenen Dämpfungsverluste ausgleicht – in der Kette auch zu einer stetigen Anhebung unerwünschter Störungen führt. Das Verhältnis zwischen Nutzsignal und Störsignal wird damit bei der analogen Bearbeitung von Video- und Audiosignalen in Abhängigkeit von der Anzahl der Aufzeichnungs- und Überspielvorgänge zunehmend ungünstiger, die Qualität verschlechtert sich.

Völlig anders verhält sich die digitale Übertragung. Da hier nur diskrete Signale in Form von Null- und Eins-Impulsen auftreten, kann man durch Regenerierung dieser Impulse die eingedrungenen parasitären Störungen entfernen. Unabhängig von der Anzahl der Zwischenprozesse behält das digitale Signal seine ursprüngliche Qualität.

Ein Beispiel aus der Praxis soll dies verdeutlichen: Jeder Funkamateur weiß, dass er sich über eine Morse-Verbindung – der Morse-Code entspricht einer Digitalübertragung – mit einer Gegenstation auch dann noch gut verständigen kann, wenn das gesprochene Wort über eine Sprechfunkverbindung (analoge Übertragung) schon längst im atmosphärischen Störgeräusch untergegangen ist.

Für die digitale Übertragung und Speicherung von Video- und Audiosignalen verwendet man vorwiegend das *Puls-Code-Verfahren (PCM)*. Aus der analogen Information werden in kurzen Zeitabständen Amplitudenproben entnommen, deren augenblicklicher Wert an einer Amplitudenskala verglichen und nach Umwandlung in die binäre Form als Digitalinformation weiter bearbeitet oder aufgezeichnet werden kann. Die Entnahme der Proben bezeichnet man auch als »Abtastung« des Signals. Um die Rückgewinnung der ursprünglichen Information zu gewährleisten, muss die Anzahl der Abtastungen nach dem Theorem von Shannon doppelt so groß sein wie die höchste im Programm vorkommende Frequenz.

Den elektronischen Vergleich der Amplitudenprobe an der Amplitudenskala und die Feststellung des zugehörigen Zahlenwertes bezeichnet man als Quantisierung. Jede Vergleichsstufe hat aber nur eine gewisse Breite, der nur ein einziger Zahlenwert zugeordnet ist. Das bedeutet, dass beim Abmessen einer Abtastprobe nur dann der richtige Zahlenwert ermittelt wird, wenn die Abtastprobe exakt in die Mitte der Vergleichsstufe fällt. Die Anzahl der Vergleichsstufen ist für die Qualität der Umwandlung ausschlaggebend. So erreicht man mit einer Quantisierung von 8 Bit (= 256 Vergleichsstufen) einen Störabstand von 48 Dezibel (dB) und bei einer Quantisierung von 10 Bit (= 1024 Vergleichsstufen) einen Störabstand von 60 dB.

Komponentensignale in digitaler Form

Die digitale Übertragungsform ist im Bereich der Postproduction wegen der vielen spezifischen Nachbearbeitungsschritte von großem Vorteil. Nach einer Festlegung der europäischen Rundfunk-Organisation, die im CCIR-601-Standard ihren Niederschlag fand, wird häufig eine Quantisierung von 8 Bit genutzt, die 256 »Vergleichsstufen« entspricht. Für die Entnahme der »Amplitudenproben« sind – je nach Anforderungen an die Qualität – verschiedene Festlegungen getroffen. Die »Abtastfrequenz« ist jeweils das Vielfache einer Basis-Abtastfrequenz von 3,375 MHz. Man unterscheidet folgende Systeme:

- Beim 4:2:2-System gibt die erste Zahl den Faktor für die Abtastrate des Helligkeitssignals an, das mit der vierfachen Grundfrequenz (4 x 3,375 MHz = 13,5 MHz) abgetastet wird. Die zweite und dritte Zahl gibt den Faktor für die Abtastraten der Farbkomponenten U und V an, die mit der zweifachen Grundfrequenz (2 x 3,375 MHz = 6,75 MHz) zur Abtastung kommen. Der Datenstrom eines digitalisierten 4:2:2-Signals beträgt 216 Mbit pro Sekunde. Das System hat sich als digitale Standardversion im Videobereich behauptet.
- Das 4:4:4-Drei-Kanal-System tastet alle Komponenten mit vierfacher Grundfrequenz ab. Es ist besonders zum Digitalisieren von RGB-Signalen geeignet.
- Bei einem 4:4:4:4-System handelt es sich um eine 4-kanalige Konfiguration, bei der das Helligkeitssignal Y und die drei Farbkomponenten RGB jeweils getrennt in die Digitalform überführt werden. Außer einer Quantisierung von 8 Bit wird innerhalb verschiedener Geräte zur besseren Auflösung und aus Gründen eines verbesserten Störabstandes auch eine Quantisierung von l0 Bit verwendet.

Digitale MAZ-Geräte

Bei der Speicherung von Videosignalen ist die Anwendung der digitalen Technik besonders sinnvoll, weil häufige Überspielungen, wie sie vor allem bei der Nachbearbeitung vorkommen, keinen nachteiligen Einfluss auf die Qualität haben. Die wichtigsten Daten heutiger Systeme zeigt Abbildung 18.

Digitale MAZ-Systeme	D1	D2	D3	D5	D6	D7	D9	Digital-Betacam	DV
Breite des Bandes in mm	19	19	12,7	12,7	19	6,35	12,7	12,7	6,35
Laufgeschwindigkeit mm/sek.	287	132	86	167	497	33,8	57,8	96,7	18,8
Video-Standard	4:2:2	FBAS	FBAS	4:2:2	HDTV	4:1:1	4:2:2	4:2:2	4:2:0
Datenrate Mbit/s	227	154	150	303	1.200	25 (42)	42 (99)	126	25
Laufdauer in Minuten (S-M-L)	13-41-94	32-94-208	64-125-245	32-62-123	8-28-64	12-63-123	105-124	32-40-124	60-240

Abb. 18: Digitale MAZ-Systeme

Viele Programme kommen vom Film

Bis heute hat sich vor allem die Aufzeichnung von Spielprogrammen auf Film erhalten, während die aktuelle Berichterstattung fast nur noch mit elektronischen Mitteln erfolgt. Trotz der großartigen Fortschritte der Videotechnik beträgt der Anteil der Filmproduktionen für das Fernsehen – weltweit betrachtet – immer noch weit mehr als 50 Prozent. In USA setzt man hierfür vorwiegend den 35mm-Film ein, in Europa verwendet man seit etwa 25 Jahren häufig den 16mm-Film. Schließlich kommen immer wieder alte Filme zur Ausstrahlung, die trotz technischer Mängel bei den Zuschauern gut ankommen. Die elektronische Abtastung von Filmen (FAT) setzt den bildweise fortschreitenden Antrieb des Filmmaterials voraus, der schrittweise oder auch kontinuierlich erfolgen kann.

Das Flying-Spot-System

Bei diesem Verfahren wird auf den planen Schirm einer Kathodenstrahlröhre ein elektronisches Raster geschrieben, das man über ein Objektiv auf dem vorbeilaufenden Filmbild scharf abbildet. Eine fliegende Sonde tastet das Filmbild punkt- und zeilenweise in progressiver Form ab (Abbildung 19). Hinter dem beleuchteten Filmteil trifft die durchgelassene Lichtmenge auf eine Fotozelle, die die Lichtschwankungen in elektrische Signale umwandelt. Das so gewonnene elektronische Bildsignal wird digitalisiert und in einem Bildspeicher abgelegt.

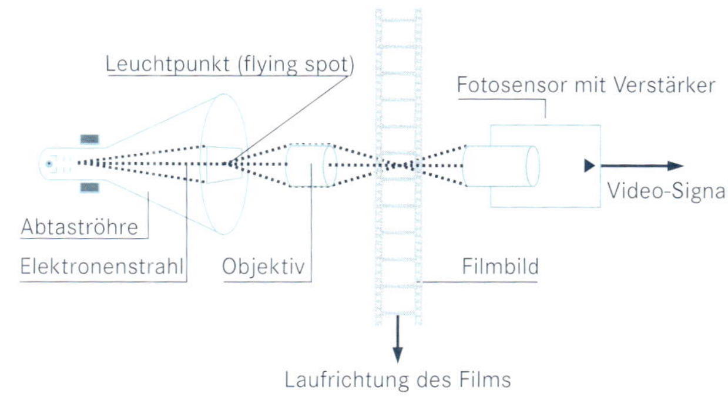

Abb. 19:
Das Flying-Spot-System

Die Erzeugung eines normgerechten Videosignals erfolgt erst anschließend. Dabei liest man die Videoinformation in Zeilensprungkonfiguration aus dem Speicher. Diese Methode ist auch als *Digiscan-Verfahren* bekannt. Sie hat den Vorteil, dass am Monitor für die subjektive Beurteilung immer ein Standbild zur Verfügung steht, so dass der Film – auch bei Veränderung der Einstellparameter – nicht mehr bewegt werden muss.

Bei der Abtastung von Farbfilmen wird das Licht der Abtastsonde hinter dem Film mit einem Prismenteiler zerlegt und über drei Fotozellenkanäle gewinnt man die Komponentensignale für R, G und B. Bei einer entsprechenden Modifikation der Ablenkparameter der abtastenden Sonde kann man die geometrischen Abmessungen des Abtastrasters in Bezug auf seine Höhe und Breite so verändern, dass die Abtastung jeder Größe des Bildfeldes möglich wird. Bei 35mm-Filmen sind dies alle Formate zwischen 1:1,33 (3:4) und 1:2,55 (Cinemascope).

Cinemascope-Filme, die mit einer seitlichen Kompression im Verhältnis 1:2 fotografiert wurden, können mit elektronischer Entzerrung im *Letter-Box-Format* – das heißt mit breiten schwarzen Streifen am unteren und oberen Bildrand – wiedergegeben werden. Sie sind aber bei einer anderen Einstellung des Abtastrasters auch vollformatig reproduzierbar. Dabei fallen in den seitlichen Bereichen zwangsläufig gewisse Bildteile weg. Sollten sich hier wichtige Handlungselemente befinden, so kann man diese mit einem elektronischen Schwenkmechanismus (*Panorama Scanning* = *Pan Scan*) szenenweise und automatisch gesteuert auf dem Bildschirm darstellen.

Die Abtastung mit CCD-Zeilen

Mit einer CCD-Zeile (*Charge Coupled Devices*) ist die kontinuierliche Abtastung eines laufenden Filmbildes in progressiver Form möglich. Eine Halogen-Lichtquelle stellt genügend Energie für eine gleichmäßige Ausleuchtung des Films bereit. Das so beleuchtete Material passiert dann einen Spalt, der die Höhe einer Fernsehzeile besitzt. Hinter dem Spalt befindet sich eine Reihe lichtempfindlicher Siliziumelemente, die zu einer CCD-Zeile mit etwa 1.024 Sensor-Punkten aggregiert sind (Abbildung 20).

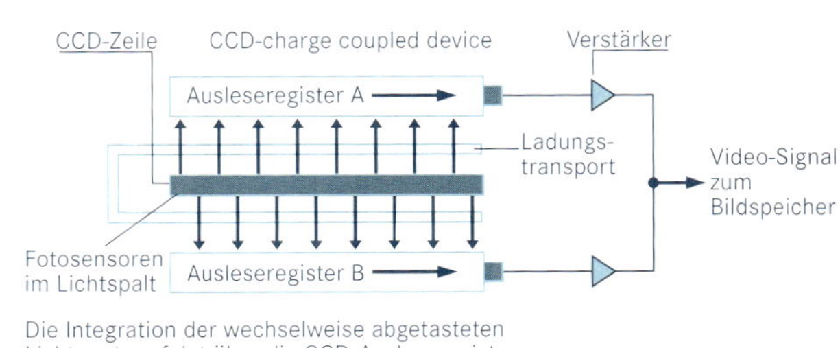

Abb. 20:
Die Abtastung mit CCD-Zeilen

Durch elektrostatische Verschiebung werden die elektronischen Ladungen während der aktiven Zeilendauer in sehr kurzer Zeit von den Photobereichen in die Auslesebereiche transportiert und nach der Digitalisierung als Bildpunktinformation in einem Bildspeicher abgelegt. Das Auslesen der Informationen vollzieht sich in ähnlicher Weise wie beim Flying-Spot-System. Auch bei diesem Verfahren steht dem Betrachter des Monitors immer ein Standbild hoher Qualität zur Verfügung, an dem man die gewünschten Veränderungen des Bildes vornehmen kann. Eine Bildformatwandlung – auch mit Pan Scan – ist bei ausreichender Dimensionierung des Bildspeichers in Verbindung mit einer besonderen Software für spezifische Auslesevorgänge möglich. Für die Abtastung von Farbfilmen muss auch beim CCD-System das weiße Licht der Halogenlampe nach Passieren des Films mit einem prismatischen Farbteiler getrennt werden. Mit drei CCD-Zeilen gewinnt man dann in jeweils getrennten Kanälen die Komponentensignale für R, G und B.

Colour Matching

Die Übertragung elektronischer Bildsignale und deren Wiedergabe durch ein Fernsehgerät weicht gegenüber der Projektion eines Filmbildes in einem Kino mitunter erheblich ab. Die relativ einfache Projektion eines diapositiven Filmbildes mit einer starken Lichtquelle auf eine Bildwand in einem nahezu vollkommen dunklen Raum ist in der Lage, einen sehr hohen Unterschied zwischen hell und dunkel (Kontrast) zu präsentieren, der durchaus Werte von 1 zu 3.000 erreichen kann. Im Interesse einer optimalen Bildqualität orientiert sich der Filmkameramann bei der Aufnahme eines Spielfilmes daher meist an den Möglichkeiten, die ihm die Kinowiedergabe bietet und er stellt auch den Beleuchtungskontrast der jeweiligen Szene darauf ein.

Die elektronische Übertragung unterliegt gewissen technischen Beschränkungen. Die Reproduktion erfolgt auf einem Bildschirm, der nicht absolut schwarz sein kann. Da der maximal übertragbare Kontrast bei einer Fernsehübertragung etwa um eine 1,5fache Größenordnung unter der eines Filmbildes auf der Leinwand liegt, ist eine Anpassung der Systemparameter des Films an die der Videoübertragung notwendig, wenn die Wiedergabe feiner Bilddetails in hellen und dunklen Bildpartien nicht verloren gehen soll. Darüber hinaus zeigen ältere Filme neben mechanischen Fehlern in Form von Kratzern und Laufspuren auch häufig Fehler im Farbabgleich.

Aus Gründen der Qualität sollte man deshalb die direkte Abtastung von Filmen zur Sendung vermeiden. Wenn das Filmmaterial rechtzeitig vor dem Sendetermin mit den erforderlichen Korrekturen auf ein Videoband überspielt wird, sind bessere Ergebnisse zu erzielen. Bei diesem Verfahren kann man außerdem besondere Wünsche des Regisseurs und des Kameramanns berücksichtigen. Für die elektronische Farbkorrektur werden Geräte benutzt, mit denen der Pegel für die Helligkeit des Bildes, die Farbsättigung, die Art der Farbe, der Kontrast, der gewünschte Bildausschnitt und der Audiopegel verändert werden können. Die szenenweise ermittelten Daten der Einstellungen werden in einem Speicher abgelegt, der dann den Abtastvorgang während der Überspielung von Film auf Videoband vollautomatisch steuert.

Bildmischung

Die Bildmischung hat ihren Ursprung in der Nachbearbeitung von Audiosignalen. In der Audio-Mischung entsteht immer die endgültige Tonfassung, und zwar aus den durch Ausmusterung und Schnitt gegangenen und synchron zum Bild zusammengestellten Original-Tonaufnahmen, aus den nach Maßgabe des Bildes hergestellten oder zugekauften Musikaufnahmen und aus einer Reihe von Schallereignissen, die durch Nachsynchronisation von Sprache und Geräuschen entstanden sind. Während des Mischprozesses entsteht durch das dem Bild entsprechende Ein- und Ausblenden einzelner Ereignisse, durch die Anpassung der Intensität an die jeweilige Stimmung, durch Veränderungen der Klangfarbe und durch die Einfügung spezifischer Effekte eine neue Aufnahme des bildsynchronen Schallgeschehens. Bei einem Programm mit stereophonischer Schallübertragung sind darüber hinaus die richtungsbezogenen Komponenten zu berücksichtigen. Die Mischung ist der letzte kreative Prozess, in dem der Regisseur, Produzent und Stab Gelegenheit haben, ihre Vorstellungen zu entwickeln und ihren Einfluss auf den inhaltlichen Ablauf des Programms zu nehmen.

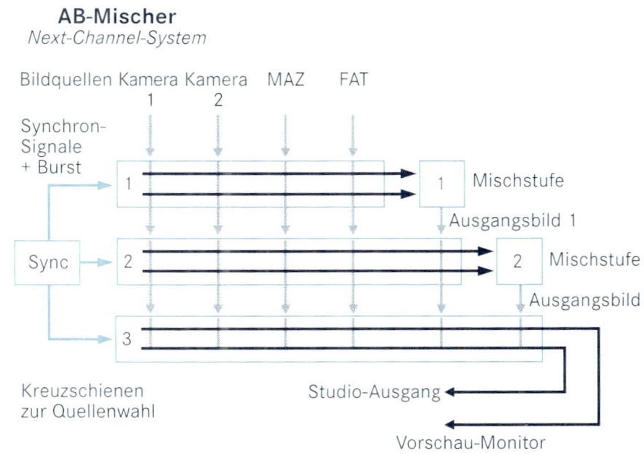

Abb.21: Das Prinzip des Next-Channel-System

Eine ähnliche Aufgabenstellung gibt es bei der Mischung von Videosignalen. Auch hier geht es um die Abstimmung der Informationen, die in Form einzelner Bilder am Eingang eines Video-Mischpultes liegen. Der Bildoperator folgt den Weisungen des Regisseurs und blendet die gewünschten Bilder ein und aus, führt Überblendungen zwischen Bildern aus, verwendet dafür Masken und Effekte, kann die verschiedenen Mischebenen jeweils getrennt regeln, Vorder- und Hintergründe unabhängig voneinander behandeln und spezifische digitale Trickeffekte einsetzen. Der Phantasie sind fast keine Grenzen gesetzt und die Vielfalt der Möglichkeiten ist sehr groß. Sie stützt sich auf die digitale Bearbeitung von Videosignalen und wird in großem Maße von der verwendeten Software beeinflusst. Die Realisation genialer Ideen wird deshalb immer mehr zu einer Kostenfrage.

In der Technik haben sich aus ergonomischen Gründen AB-Mischer nach dem *Next-Channel-System* durchgesetzt. Das Prinzip geht aus Abbildung 21 hervor. Die Anwahl der Quellensignale geschieht über eine Video-Kreuzschiene, die das Signal an die eine oder andere Endstellung eines Hebelüberblenders schaltet. Der Ausgang der ersten Mischebene kann in der Folge neben weiteren Quellensignalen auf einen der Eingänge der zweiten Mischebene gelegt werden, so dass sich eine kaskadierte Struktur ergibt. Bei größeren Mischern gibt es zusätzliche Ebenen, die in ähnlicher Form kaskadenartig schaltbar sind und die vor allem über umfangreiche zusätzliche Trickmöglichkeiten verfügen. Die Überblendung selbst kann manuell oder automatisch ablaufen. Hierzu ist der zeitliche Ablauf der Mischvorgänge, Bild-Überblendungen und Trickblenden in weiten Grenzen vorwählbar. Der zeitliche Ablauf kann nach Timecode in einer Effects-Memory zur automatischen Steuerung abgelegt werden. Darüber hinaus kommunizieren Video-Mischer auch mit elektronischen Schnitteinrichtungen und digitalen Trickeffekt-Systemen, die man mit einem GPI (*General Purpose Interface*) aufrufen kann.

Chroma Key – ein elektronisches Travelling Matte

Beim Filmtrick verwendet man verschiedene Maskenverfahren, um im Bild bestimmte Teile zum Einsetzen von Titeln auszusparen oder Vordergrund und Hintergrund einer Szene zusammen zu setzen. In der Videotechnik tritt an die Stelle der Filmbild-Maske ein elektronischer Umschalter, der nach einem vorher festgelegten Trickprogramm sehr schnell und für das Auge unmerklich zwischen

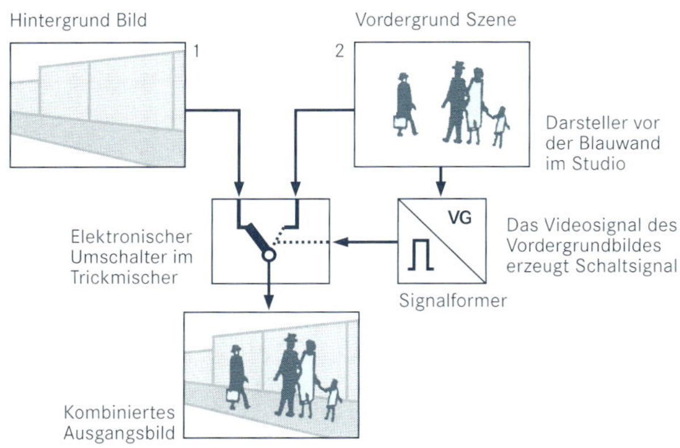

Abb. 22:
Das Chroma-Key-Verfahren

einer Hintergrundszene und einem Laufbildvordergrund hin und her schaltet. Mit einem künstlich erzeugten »Stanzsignal« kann man so eine im Studio spielende Handlung gewissermaßen in jeden beliebigen Hintergrund einsetzen, der entweder von einer anderen Kamera aufgenommen wurde, oder aus Archivbeständen stammt. Abbildung 22 zeigt, wie man in einem »Signalformer« ein Stanzsignal gewinnt, wenn die Vordergrundszene mit der Kamera zwei vor einer Wand mit einer spezifischen Blaufärbung (Blue Screen) gespielt wird. Voraussetzung ist dabei, dass der Farbton der Wand in der Vordergrundszene nicht vorkommt. Das Bildsignal dieser Kamera teilt man auf zwei Wege auf. Zum einen gelangt es auf einen der Eingänge des elektronischen Umschalters im Trickmischer und zum anderen gewinnt man daraus ein Schaltsignal (Stanzsignal), das aus dem Unterschied der Signale zwischen der blauen Hintergrund- und der Vordergrundinformation generiert wird.

Digitale Trickeffekte

Die Verbindung von Video- und Computertechnik setzte eine faszinierende Entwicklung in Gang, die die Filmtricktechnik aus dem Fernsehen völlig verdrängte. Da die Videotechnik die Probleme latenter Bilder nicht kennt, sondern stets das Ergebnis des augenblicklichen Bearbeitungsstandes auf dem Bildschirm zeigt, wuchs auch das Interesse großer Werbeagenturen am Videotrick. Eine komplette Darstellung aller Möglichkeiten verbietet sich an dieser Stelle. Es soll daher nur auf das Prinzip der digitalen Tricktechnik eingegangen werden.

Nach Umwandlung der Videoinformation des Eingangsbildes in die digitale Form legt ein Prozessor die digitalen Signale in einem Bildspeicher ab (Abbildung 23). Mit einer gleichzeitigen Adressierung teilt man den Bausteinen (Pixel) des ursprünglichen Bildes zur elektronischen Zwischenabbildung einen festen Speicherplatz zu. Über das Bedienterminal lassen sich nun bestimmte Programme zur Bildbearbeitung aufrufen, so dass der Prozessor aus den gespeicherten Bildelementen ein völlig verändertes Bild in veränderter Reihenfolge zusammensetzen kann. Aus Gründen der Übersicht sollen hier nur drei von vielen Möglichkeiten genannt werden:

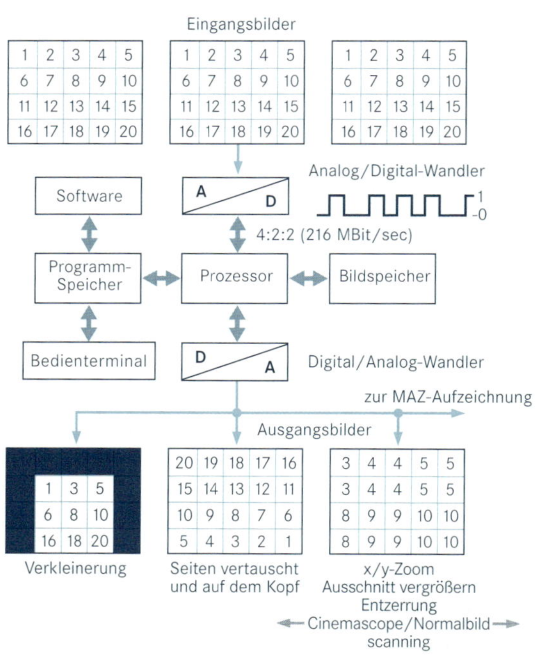

Abb. 23: Das Prinzip der digitalen Tricktechnik

- Die Verkleinerung eines Bildes durch Weglassen einzelner Pixel.
- Wenn man bei einem Laufbild auch noch die Seiten abwechselnd vertauscht, entsteht ein Rotationstrick. Die Vertauschung aller Seiten führt zu einer spiegelbildlichen und auf dem Kopf stehenden Darstellung.
- Die Vergrößerung, auch x/y-Zoom genannt, beruht auf der programmierten Wiederholung einzelner Bildelemente, mit der die entstehenden Zwischenräume gewissermaßen aufgefüllt werden. Diese Anwendung ist unter anderem auch zur elektronischen Entzerrung von Cinemascope-Filmen gut geeignet.

Elektronische Bildwiedergabe

Nach Abbildung 24 unterscheidet man für die Reproduktion elektronischer Bildsignale zwei große Gruppen, den Bildschirm für direkte Wiedergabe und die Projektion auf die Leinwand. Bei der Projektion eines farbigen Filmbildes auf die Leinwand im Kino wird das passierende Licht in den Farbstoffschichten (Gelb, Purpur und Blaugrün) gefiltert, man spricht daher auch von subtraktiver Farbmischung. Die elektronische Bildwiedergabe eines Farb-Videosignals beruht hingegen auf dem additiven Prinzip. Wie weiter oben dargestellt, kann man durch eine genau dosierte Mischung der drei Primärfarben Rot, Grün und Blau im menschlichen Auge jeden beliebigen Farbeindruck erzeugen.

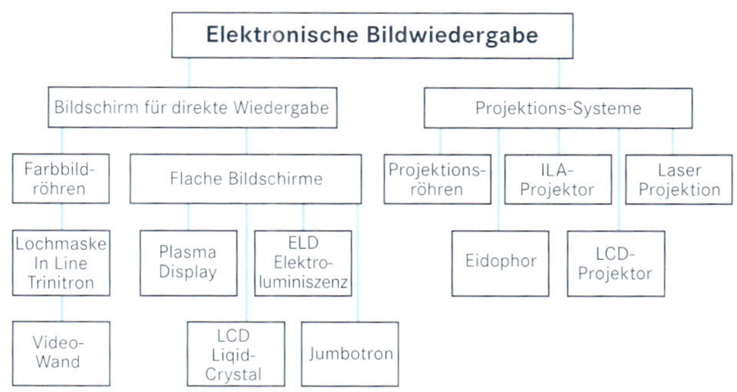

Abb. 24: Reproduktion elektronischer Bildsignale

Farbbildröhren

Zur Reproduktion eines farbigen Bildes aus den drei Signalkomponenten (RGB) des Videosignals benutzt man eine dreikanalige Bildröhre, in der für jeden Farbkanal ein eigener Elektronenstrahl erzeugt wird. Zwischen den drei Strahlsystemen und dem Schirm der Röhre liegt eine Schattenmaske, ein mit etwa 400.000 Löchern versehenes Blech, dessen Wölbung dem Bildschirm angepasst ist. Damit erreicht man, dass die auf der Innenseite der Bildröhre in Farbtripel-Konfiguration aufgetragenen Farb-Leuchtstoff-Punkte nur von den Elektronenstrahlen getroffen werden können, die auch von der Videoinformation des zugeordneten Farbkanals gesteuert werden (Abbildung 25).

Die Bildröhre ist so gebaut und die Elektronenstrahlen justiert man so, dass sie jeweils dasselbe Loch der Maske gemeinsam passieren, aber dennoch auf die drei Leuchtpunkte treffen. Das bedeutet, dass jedem Strahl eine bestimmte Leuchtfarbe zugeordnet ist. Außer dieser von RCA entwickelten Farbbildröhre gibt es weitere Systeme, wie das Lynitron und das Trinitron von Sony. Sie unterscheiden sich in der Anordnung der farbigen Leuchtpunkte auf dem Bildschirm und in der Ausbildung der Schattenmaske. Beim Lynitron hat die Maske rechteckige, nebeneinander liegende Durchbrüche, die der Inline-Anordnung der Elektronenstrahlen entsprechen. Das Trinitron verwendet eine streifenförmige Maske, die analog zu den Leucht-Farbstreifen des Bildschirms verläuft.

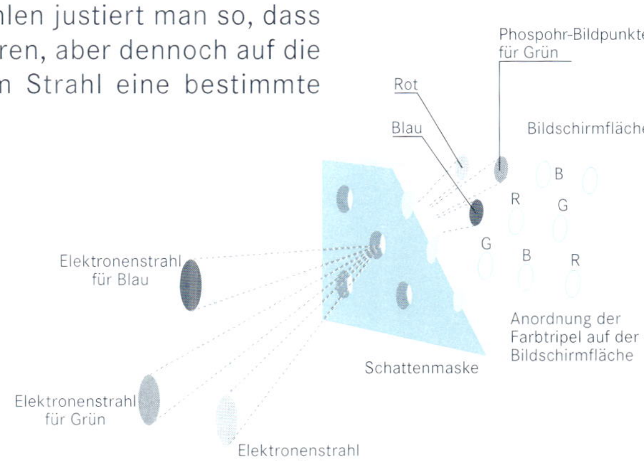

Abb. 25: Das Prinzip der dreikanaligen Farbbildröhre

Video-Wandsysteme

Mit Systemen die aus einer Vielzahl von Monitoren zusammengesetzt sind, lassen sich auch große Bildwände darstellen. Der Inhalt eines Eingangsbildes wird nach Umwandlung in die Digitalform im Zusammenwirken mit einem Prozessor und einem Bildspeicher so aufgeteilt, dass einzelne Bildmonitore nur Ausschnitte des Bildes zeigen, die in der Summe ein großes Bild ergeben.

Plasma-Displays

Ein Plasma-Display besteht aus vielen Zellen, die zwei Steuerelektroden, eine Adresselektrode und eine Mischung aus mehreren Edelgasen beinhalten. Wird an die Steuerelektroden eine Spannung von mehreren hundert Volt angelegt, nimmt das Edelgas durch Ionisation einen Plasmazustand an. Es entsteht ein Gemisch aus Elektronen und Ionen, die ihrer Ladung entsprechend zu den Elektroden wandern. Bei dieser Wanderung geben sie die aufgenommene Energie als ultraviolettes Licht wieder ab. Für die Erzeugung definierter Farben regt die UV-Strahlung Leuchtstoffe an, die denen herkömmlicher Farbbildröhren ähneln. Mit Plasma-Displays lassen sich Flachbildschirme mit hoher Farbtiefe bei einer Bildschirmdiagonalen bis zu 107 Zentimeter realisieren. Durch die direkte Ansteuerung der einzelnen Pixel gibt es keine Bildverzerrungen. Wegen seiner großen Helligkeit, einem Betrachtungswinkel von mehr als 160 Grad und einem Kontrastverhältnis von 1:70 ist eine gute Bildwiedergabe auch bei Tageslicht erreichbar. Die Gewichtsersparnis gegenüber Bildröhren beträgt mehr als 90 Prozent.

Projektionssysteme

Für die Wiedergabe auf einer kleinen Bildwand sind Projektoren mit Projektionsbildröhren ausreichend, die für die Farbwiedergabe jeweils eine Röhre für Rot, Grün und Blau enthalten.

Bei der Projektion auf größere Bildwände verwendet man häufig Lichtventilprojektoren, die über eine starke Lichtquelle (Xenonlampe) verfügen. Man teilt das Licht mit dichroitischen Spiegeln auf drei Kanäle für R, G und B auf und steuert den passierenden Lichtstrom in Abhängigkeit vom anliegenden Videosignal über ein elektronisches Lichtventil. Danach setzt man die R-G-B-Strahlung in einer optischen Matrix zusammen und projiziert sie auf die Bildwand. Systeme dieser Art sind der Eidophor, das ILA-System und der LCD-Projektor, die sich aber in ihrer Technik erheblich voneinander unterscheiden.

Eine Erfolg versprechende Entwicklung ist die Fernseh-Großprojektion mit Laser. Im Unterschied zu Lichtventilprojektoren schreibt ein vom Videosignal gesteuerter und aus drei Farben (R-G-B) zusammengesetzter Laserstrahl ein Bildraster direkt auf die Leinwand.

Literatur

Rudolf Mäusl: ***Fernsehtechnik***. Hüthig Buchverlag: Heidelberg, 1995

Helmut Schönfelder: ***Fernsehtechnik im Wandel***. Springer Verlag: Berlin/Heidelberg/New York, 1996

Johannes Webers: ***Handbuch der Film- und Videotechnik***. Franzis Verlag: Poing, 2000

Hans
Schlosser

Ton

Weil fast 80 Prozent der inhaltlichen Informationen eines Films über den Ton vermittelt werden, hat die Tonaufnahme bei Film und Fernsehen einen sehr hohen Stellenwert. Die Produktionszeiten sind allerdings häufig sehr knapp bemessen. Sorgfältige und qualitativ hochwertige Tonaufnahmen sind unter solchen Bedingungen nicht immer möglich. Ein Teil der Optimierung der Tonqualität wird deshalb in die Nachbearbeitung (Postproduktion) verlagert. Die Qualität der Tonaufnahme wird wesentlich beim Übergang vom Schallereignis auf das Aufnahmemedium bestimmt. Dabei hat sich die Digitaltechnik weitgehend durchgesetzt. Der Tonmeister wählt die passenden Mikrofone aus und positioniert sie optimal. Darüber hinaus ist er für die reibungslose Kommunikation der an einer Produktion Beteiligten zuständig.

Einsatz von Mikrofonen

Die meisten originalen Sprachtöne bei Fernsehproduktionen werden „geangelt". Tonmeister oder Assistenten führen das meistens gerichtete Mikrofon (vorwiegend Sennheiser MKH 416) an einem Mikrofonausleger (Angel) so dicht an den Sprecher heran, dass es nicht über die obere oder untere Bildkante reicht oder einen Schatten wirft. Dabei ist eine gute Abstimmung mit dem Kameramann notwendig. Damit das Mikrofon immer einen optimalen Abstand zur Schallquelle hat, müssen Bewegungen oder Ortsveränderungen des Akteurs mit der Angel nachvollzogen werden. Das Mikrofonsignal gelangt kabelgebunden oder drahtlos (UHF-Sendetechnik) zum Mischpult. Dort kontrolliert der Tonmeister die Aussteuerung und Klangqualität und korrigiert diese gegebenenfalls. Dabei ist eine gute Abstimmung zwischen Tonmeister und Assistenten sehr wichtig.

Wenn aus optischen Gründen (Entfernung, Totale) keine Angel einsetzbar ist, werden verdeckt angebrachte und drahtlose Miniaturmikrofone eingesetzt. Erfahrene Tonmeister nutzen dabei ein zweites Mikrofon für die Anpassung an die optische Raumdarstellung. Durch die Mischung beider Signale wird eine akustische Perspektive erzeugt.

Bei Studioproduktionen können außerdem Richtmikrofone aus den Kulissen die Sprache der Akteure aufnehmen.

Bei Dokumentationen oder Interviews werden anstelle der Angel überwiegend drahtlose Ansteckmikrofone an geeigneten Kleidungsstellen angebracht. Sie ermöglichen ein kontinuierlich präsentes Sprachergebnis.

Bei Live-Produktionen im Fernsehen werden neben drahtlosen Ansteck- und Handmikrofonen zunehmend auch Headsetmikrofone eingesetzt. Über einen Kopfhalter sind sie ständig vor dem Mund des Sprechers präsent. Damit ist eine bessere Abstimmung der individuellen Sprachaufnahme und der zeitgleichen Umgebungsgeräusche (beispielsweise von den Zuschauerrängen) möglich.

Alle bisher genannten Mikrofone liefern fast ausschließlich monofone Signale, die durch stereofone Atmosphären- oder Raumgeräusche ergänzt werden müssen. Grundsätzlich gehört deshalb zu jedem aufgenommenen Bild eine entsprechende atmosphärische Aufnahme, die die Situation oder das Umfeld des Bildes akustisch transportieren. Dazu muss der Tonmeister stereofone Nur-Töne fertigen, die mit originalen Sprachtönen bei der Mischung kombiniert werden. Mikrofone müssen dafür mit der MS- (Mitte/Seiten) oder der AB-Technik (Doppelmikrofon in variablem Abstand) entsprechend angeordnet werden.

Bei der vor allem bei Kinofilmen und DVD genutzten Surroundtechnik spielt der Ton eine ganz besondere Rolle. Er vermittelt einen räumlichen Eindruck. Die Atmosphären müssen dafür vierkanalig aufgenommen werden. Dafür ist eine wesentliche Veränderung der Mikrofon- und Aufzeichnungstechnik erforderlich, die allerdings noch nicht verfügbar ist. Derzeit werden zweikanalige Atmosphären noch surroundmäßig manipuliert.

Signalwege bis zur Aufzeichnung

Alle Töne gelangen über die genannten Mikrofone drahtgebunden oder drahtlos zu einem Mischpult. Dort kontrolliert und korrigiert der Tonmeister Aussteuerung und Klangqualität. Je nach Anforderung an die Weiterverarbeitung werden mehrere Mikrofonsignale zusammengemischt oder einzeln und mehrkanalig aufgezeichnet. Auch wenn es sich ausschließlich um analoge Signale handelt, können die Mischpultausgänge durchaus digital und mehrspurig sein (AES/EBU oder T-DIF).

Analoge Tonaufzeichnung

Bei einigen Filmprojekten wird die Analogtechnik noch in Form von NAGRA-Geräten (NAGRA 4.2 oder NAGRA IV-S-TC) genutzt. Gründe dafür sind die Robustheit und die Betriebssicherheit der Geräte selbst bei extremen Witterungsbedingungen, bei hohen und niedrigen Temperaturen oder extremer Feuchtigkeit. Außerdem können analoge Verfahren selbst extreme Schallereignisse wie beispielsweise Explosion oder Schüsse realitätstreu (mit einem gewissen Klirrfaktor) aufzeichnen. Solche Aufnahmegeräte verfügen über mehrere hochwertige Mikrofoneingänge, so dass sich in einigen Fällen separate Mischer erübrigen.

Digitale Tonaufzeichnung

Bei der Tonaufzeichnung hat sich die Digitaltechnik weitgehend durchgesetzt. Abhängig von der Produktion wird der Ton direkt auf die MAZ (Magnetaufzeichnung) aufgenommen, in den meisten Fällen aber mit einer digitalen Betacam oder auf einen separaten DAT-Träger (Digital Audio Tape). Der DAT-Recorder ist Timecode-fähig und der Timecode der Töne hat die gleichen Zeitwerte wie die Bildaufzeichnung. Das erleichtert die spätere Synchronisation von Bild und Ton.

Bei aufwendigeren Produktionen werden mehrkanalige Signale auf DTRS-Recordern auf Hi8-Basis mit 8 Spuren aufgenommen. Auch bei diesen Aufnahmen entspricht der Timecode der Töne dem Timecode der Bilder.

Für extrem hochwertige Aufzeichnungen wird eine vierkanalige 1/4" digitale Bandmaschine (NAGRA Digital) eingesetzt. Sie ist transportabel und batteriebetrieben und verfügt über vier Mikrofoneingänge.

Zunehmend werden bei Studioproduktionen auch Festplattenrecorder für die Tonaufzeichnung eingesetzt. Weil aber die Betriebssicherheit (Datensicherheit)

und die mangelnde Robustheit dieser Geräte den Einsatz am Set verbietet, wird es noch eine Zeit dauern, bis diese Technologie beim Film und bei Außenaufnahmen zum Einsatz kommt.

Studioproduktion

Ein Großteil der heutigen Fernsehproduktionen sind Studioproduktionen, die mit hohem technischen Aufwand, auch für den Ton, hergestellt werden. Dafür werden überwiegend drahtlose Mikrofone genutzt. Durch die Verbesserung der Sendetechnik können heutzutage mehr als 20 solcher Mikrofone gleichzeitig genutzt werden. Diese können flexibel eingesetzt und am Computer kontrolliert und gesteuert werden.

Bei vielen Fernsehshows werden außerdem Playbacktechniken eingesetzt. Die Künstler werden mit Voll- oder Halbplaybacks musikalisch unterstützt und durch eine passende Mischtechnik des Tonmeisters wird den Zuschauern die Illusion eines Liveauftritts vermittelt.

Bei aktueller Berichterstattung und bei Dokumentationen spielt neben den Originaltönen der Kommentarton eine wichtige Rolle. Dieser wird nach dem Filmschnitt von professionellen Sprechern oder Redakteuren synchron zum Bild gesprochen und mit entsprechenden Atmosphären, Geräuschen und Musik gemischt.

Bei fremdsprachigen Originaltönen oder Statements wird die Voice-Over-Technik eingesetzt. Der Originalton wird im Pegel so abgesenkt, dass die darüber gesprochene Übersetzung gut verständlich ist.

Für die Sender- und Produktionsregie werden immer häufiger auch computerunterstützte oder computergesteuerte Mischpulte genutzt. Damit können komplexe Einstellungen ganzer Filme oder Sendungen am Mischpult abgespeichert und bei Bedarf wieder aufgerufen werden. Gleichzeitig können mit motorbetriebenen und computergesteuerten Reglern komplette Tonmischungen automatisiert werden.

Kommunikation

Die reibungslose Kommunikation der an einer Produktion Beteiligten wird immer wichtiger, weil immer mehr Beteiligte zur selben Zeit den selben Wissensstand haben müssen. Weil viele bei der Arbeit nur Monitor-Bildinformationen zur Verfügung haben, ist die verbale Kommunikation über geeignete technische Anlagen ausschlaggebend für das Gelingen einer Sendung. Auch bei großen Sportübertragungen (beispielsweise Europa- oder Weltmeisterschaften, Olympiade) ist für die interne Kommunikation ein immer höherer technischer Aufwand notwendig – mehr als für die eigentliche Bild- und Tonaufnahme der Ereignisse. Solche Anforderungen führen auch zur Digitalisierung der Kommandoanlagen für die Kommunikation. Dies ermöglicht ein Höchstmaß an Zuverlässigkeit und Qualität und gewährleistet eine optimale computergestützte Ablaufsteuerung von Fernsehproduktionen.

Tonwiedergabe

Die technischen Voraussetzungen des Tons haben sich seit dem Start des Fernsehens bis zum Jahrtausendwechsel nicht wesentlich verändert. Erst Ende der 60er Jahre setzte sich das Stereoformat sehr langsam durch, weil die schlechten Gehäuselautsprecher zu klein waren und sie häufig über eine zu geringe Stereo-Basisbreite verfügten. Versuche, durch zusätzliche Lautsprecher die Qualität zu verbessern, scheiterten häufig daran, dass sie nicht zur Einrichtung passten (Möbeleffekt). Wegen der räumlichen Distanz von Bild und Ton setzt sich auch die Wiedergabe des Fernsehtons über die Stereoanlage nur mühsam durch.

Erst die Einführung der Surroundtechnik – als logische Folge der Ansprüche, die der Kinofilm und die Musikindustrie setzen – hat auch für das Fernsehen eine wirkliche Innovation des Tons zur Folge. Drei Frontlautsprecher (Links, Center und Rechts) und zwei Surroundlautsprecher, die alle kreisförmig zur Bildwiedergabe stehen, führen im Zusammenspiel mit der digitalen Wiedergabe über DVD (*Digital Versatile Disk*) oder DVB (*Digital Video Broadcast*) zu einem wirklichen qualitativen Sprung beim Fernsehton.

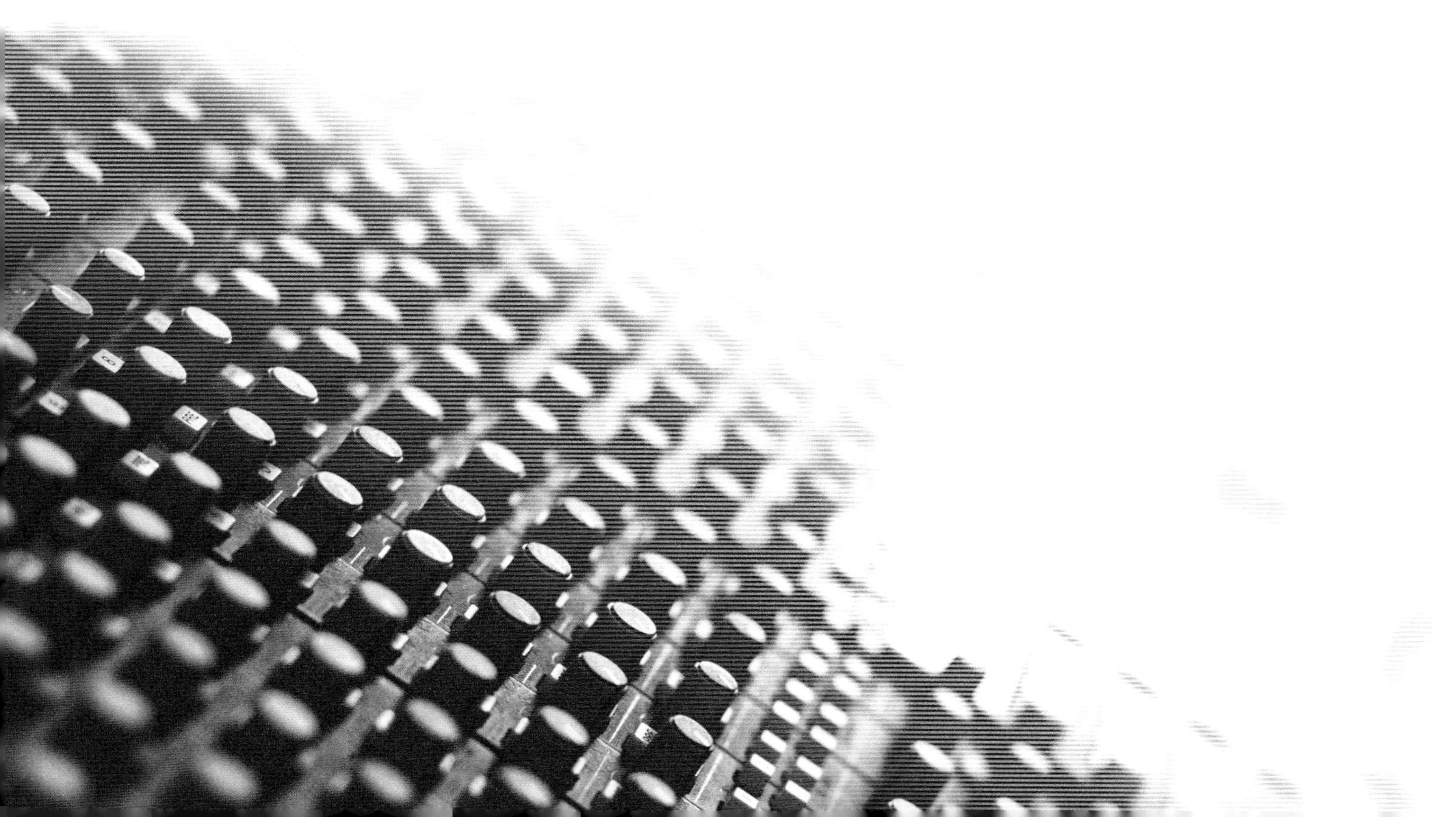

Volker
Rodde

Bildaufzeichnung: Camcorder analog und digital

Eine geraffte Abhandlung der Entwicklung zum modernen Camcorder

In den Anfangszeiten des Fernsehens wurde neben der Filmkamera für die Tonaufnahmen ein externes Tonbandgerät benötigt. Umständlich musste die Synchronität von Bild und Ton hergestellt werden und große Geräte waren über Kabel miteinander verbunden. Heutzutage werden Aufnahmen für das Fernsehen mit analogen oder digitalen Camcordern gemacht. Bild- und Tonaufnahmen sind in einem Gerät integriert und erleichtern den Kameraleuten das Arbeiten enorm. Zwischenschritte auf dem Weg dorthin waren Filmkameras mit eingebautem Tonteil, Videokameras mit separatem Recorder, Röhrenkameras, analoge und Hybrid-Camcorder. Das hochauflösende Fernsehen (HDTV) verspricht einen neuen Qualitätssprung und ganz neue Möglichkeiten für die digitale Bildaufzeichnung.

Filmkamera mit separatem Tonbandgerät

Bei einer Filmkamera wird die Bildinformation auf den Film belichtet. Weil es laute und laufleise (*selbstgeblimpte*) Filmkameras gibt, nehme ich nur auf die laufleisen Kameras Bezug. Denn alle später erwähnten Videokameras sind ebenfalls laufleise und ermöglichen Tonaufnahmen. Der Rohfilm befindet sich in einer Kassette und bildet mit dem Kamerakörper eine Einheit. Zusammen mit einem Objektiv kann die Kamera problemlos auf einem Stativ befestigt oder von der Schulter geführt werden. Um den Ton für eine lippensynchrone Aufnahme aufzuzeichnen, ist ein separates Tonbandgerät erforderlich. Die Synchronität wird erreicht, indem beide Geräte mit einem Pilotton-Kabel verbunden sind oder separat kabellos über eine Quarzsteuerung in der Laufgeschwindigkeit konstant gehalten werden. Der Beginn einer Szene wird mit einer Klappe oder durch eine Startmarkierung angezeigt. Durch die Trennung der Aufzeichnungsgeräte ist die Bedienung der Kamera ohne den Tonteil relativ einfach. Beim Drehen und bei der Nachbearbeitung ist der Aufwand allerdings erheblich, um die Synchronität von Bild und Ton zu erreichen.

Filmkamera mit eingebautem Tonteil

Bei der aktuellen Berichterstattung mit 16mm-Farb-Negativfilm war die Entwicklung des Films mit der Kopierung auf einen Positivfilm und der erneuten Entwicklung desselben, die Überspielung des Tonbandes auf perforiertem 16mm-Tonband mit anschließendem »Anlegen« des Perfos am Schneidetisch sehr zeitaufwendig. (Mit *Umkehr-Material* ging es zwar schneller, die Qualität war aber sehr von der genauen Belichtung abhängig). Speziell die amerikanischen Fernsehstationen, die aus Bonn aktuell berichteten, suchten nach einer Lösung. Das Problem wurde weitgehend dadurch behoben, dass in der Kamera ein Aufnahme-Tonkopf mit der notwendigen Verstärkereinheit installierte wurde. Das Filmmaterial erhielt schon beim Hersteller eine Magnetspur, auf die während des Drehens der Ton aufgezeichnet wurde. Die Tonqualität war nicht besonders gut, reichte aber für Nachrichten aus. Ein gewisser Synchronpunkt-Versatz zwischen Bild und Ton war nicht zu vermeiden, aber damit konnte man leben. Der Vorteil der Filmkamera mit eingebautem Tonteil lag in der kompakten Bauweise. Die Bild- und Tonaufzeichnung war in einem Gehäuse integriert.

Videokamera mit separatem Recorder

Analog zur Filmkamera entwickelte sich die Amateur- und professionellen Videokameras. Die erste Broadcast-taugliche Videokamera, über die ich verfügte, war eine Sony BVW-3AP mit 3 x 2/3" Saticon-Röhren. Aufgezeichnet wurde auf einem separaten Recorder BVU-110 im U-Matic-Format. In dem Recorder befand sich das 3/4" breite Magnetband in einer Kassette. Auf dieses Band wurden Bild und Ton gleichzeitig aufgezeichnet. Verbunden waren beide Einheiten mit einem etwa 1,5 Meter langen VTR-26-poligen Kabel. Der Kameramann war also mit seinem Tonmann permanent über eine dickes, kurzes Kabel verbunden. Das störte natürlich sehr bei der Berichterstattung. Der Recorder war ein Ungetüm mit den Maßen 30 x 15 x 50 Zentimetern und einem Gewicht von etwa sieben Kilogramm. Der Stromverbrauch war sehr hoch, es mussten ständig Reserveakkus mitgeführt werden. Man konnte auch ein zehn Meter langes Kabel benutzen. Der Spannungsverlust auf dem Kabel war allerdings so groß, so dass sich ein Netzanschluss dringend empfahl. Am Recorder selbst gab es außerordentlich viele Regler, Schalter und Anschlüsse zu beachten, da das Gerät für die Aufzeichnung und für die Farbwiedergabe geeignet war. Zusätzlich konnte der Recorder von einer externen Bildquelle aufzeichnen, es musste nicht die Kamera als Bildquelle sein. Der Ton konnte passend zum Bild nachträglich geändert werden. Das war beispielsweise für Kommentare sehr praktisch. Diese Recorder sind wegen der Leichtbauweise trotz umfangreicher Elektronik (sie mussten ja tragbar sein) und wegen des hohen Alters mit Vorsicht einzusetzen und werden in der Regel nur noch als Player zum Sichten genutzt.

Röhrenkameras

Wenn ich in der Vergangenheit schreibe, heißt das nicht, dass es diese Geräte nicht mehr gibt. Sie sind noch in sehr geringer Stückzahl vorhanden, werden aber nur noch in seltenen Fällen in ihrer früheren Bestimmung eingesetzt. Zurückblickend und vergleichend mit heutigen CCD-Sensor-Kameras darf festgestellt werden, dass die damaligen Röhrenkameras ein dem Filmbild ähnlicheres, weicheres Bild erzeugten. Liebhaber und Kenner dieser Charakteristik greifen gern auf diese Technik zurück. Diese Kameras dürfen aber wegen der empfindlichen Röhrentechnik nur geschulten Kameraleuten anvertraut werden, weil bei einer leichten Fehlbedienung ein nicht mehr reparabler Schaden an den empfindlichen Röhren entstehen kann.

Eine weitere Anwendung dieser Geräte besteht darin, dass sie bei Filmproduktionen, die in der damaligen Zeit spielen, als Komparseriegeräte eingesetzt werden.

Aufzeichung und Wiedergabe von Film und Video

Ein großer Unterschied zwischen der Film- und der Videoaufzeichnung sollte deutlich geworden sein: Videorecorder sind für die Aufzeichnung und für die Wiedergabe geeignet. Die separaten Recorder können das farbige Bild wiedergeben, die Camcorder (auf die ich noch zu sprechen komme) können das nicht ohne weiteres.

Das belichtete Filmmaterial bedarf der zeitraubenden chemischen Entwicklung und Kopie, ehe es weiterverarbeitet werden kann. Auf die gravierenden Unterschiede beider Aufzeichnungsverfahren kann ich nur rudimentär eingehen.

Durch die Möglichkeit der sofortigen Wiedergabe des Bildes ist das Magnetband-Verfahren (MAZ = Magnetische Aufzeichnung) der Filmaufzeichnung (FAZ) in der aktuellen Berichterstattung überlegen. Was die Bild- und Tonqualität anbelangt, war ein 16mm-Filmteam mit einem Spulentonbandgerät (Nagra oder Stellavox) immer noch wesentlich besser. Das ist es auch heute noch, obwohl Film- und Videokameras eine rasante technische Entwicklung durchlaufen haben. Die Anwendungen haben sich allerdings aufgeteilt. Der 16mm- oder Super 16mm-Film wird mit analogem oder digitalem Ton heute vorwiegend für Fernsehfilme, Serien, Tierfilme oder ähnliche eingesetzt. Neueste Entwicklungen auf dem Videobereich wie High-Definition-TV beginnen aber, dem Film langsam auf seinen angestammten Plätzen Konkurrenz zu machen.

Aufzeichnungsformate

Zurück zu den ersten Broadcast-tauglichen Videokameras. Das nicht gut auflösende U-Matic Aufzeichnungsverfahren wurde durch das wesentlich bessere und leichtere 2/3" Betacam-Format abgelöst. Dieses wiederum durch das Betacam-SP-Format. Alle genannten Formate wurden von der Firma Sony eingeführt und hatten bzw. haben sich als Standard weltweit durchgesetzt. (Weil ich hauptsächlich mit Geräten von der Firma Sony arbeite, nenne ich diese beispielhaft. Damit soll keine Empfehlung oder ein Qualitätsurteil gegeben werden. Geräte beispielsweise von den Firmen Panasonic oder JVC haben sich ebenfalls auf dem Markt bewährt.)

Durch die Änderung des Formates von U-Matic auf Betacam wurde eine drastische Verkleinerung der Recorder möglich. Es gab zwar nach wie vor den so genannten abgesetzten Recorder wie den BVW-50P für das Betacam SP-Format, hinzu kamen aber leichtere anflanschbare Recorder, die an einen Kamerakopf angesetzt werden konnten, wenn er dafür geeignet war. Das war beispielsweise bei der Bosch LDK-90 möglich. Dieser Kamerakopf konnte mit einem Sony Recorder BVV-1 für das Betacam-Format oder mit einem BVV-5 Recorder für das Betacam SP-Format bestückt werden. Mit der alten Röhrenkamera ging das auch. Aktuelle, moderne Kameramodelle wie die Sony DXC-D30P/-D35WSP können mit den verschiedensten andockbaren Recordern, beispielsweise PVV-3P (Betacam SP) oder DSR-1P (DVCAM), verbunden werden. Nun hatte man endlich die ersehnte Einheit von Bild- und Tonaufzeichnung in einem aus zwei Teilen bestehendem Gerät. Aus den Teilbegriffen Camera und Recorder wurde der Begriff »Camcorder« gebildet.

Kompaktheit

Da es verschiedene Aufzeichnungsformate gibt, können diverse Kameraköpfe an die verschiedenen Formate durch die Wahl des entsprechenden Recorders angepasst werden. Diese Recorder wurden und werden von den Herstellerfirmen

anderer Formate angeboten. Die Bild- und Tonaufzeichnung war in einer Kamera zusammengefasst, die Einheit wurde wieder handlich. Das allerdings nicht uneingeschränkt. Eine LDK-90 oder 91 mit Objektiv, Recorder und Doppel-Akkufach für NP-1 Akkus war etwa 90 Zentimeter lang und wog an die elf Kilogramm. Das war natürlich ein ganz schön ordentliches Stück Technik, das der Kameramann in der Regel auf der Schulter herumwuchten musste. Der Recorder ragte nach hinten erheblich über seinen Rücken hinaus, so dass er bei Drehungen im engen Raum häufig mit der Dekoration oder Kollegen zusammenstieß. Ich überlegte mir damals, zum Scherz und analog zu Warntafeln an überlangen Lkws ein Schild an dem Akkufach zu befestigen, „Vorsicht! Kamera schwenkt aus!" Das Gewicht der ersten Camcorder wurde spätestens dann zum Problem, als die ersten Kameraleute über Wirbelsäulenschäden klagten. Trotz allem, die ersten Kombi-Camcorder waren für das Zwei-Mann-Team eine große Erleichterung gegenüber den Kameras mit abgesetztem Recorder.

Wegen der Kompaktheit der Camcorder wurden einige Funktionen nicht oder nur ausgelagert in Verbindung mit einem Zusatzgerät wirksam. Die Aufzeichnungsmöglichkeit einer externen Bildquelle entfiel ganz. Die Farbwiedergabe auf einen Monitor war nur über ein Zusatzgerät, ein so genanntes VA-500 oder später VA-300 möglich. Da dieses Gerät von einem kleinen Team meistens nicht am Mann mitgeführt wird, muss bei analogen Camcordern die Schwarz-Weiß-Wiedergabe auf dem Sucherbildschirm zur schnellen Kontrolle ausreichen. Bei der LDK90/91 legten wir uns das wiedergegebene Sucherbild auf den vorderen Videoausgang (das war eine Sondermodifikation, nicht serienmäßig!). So war es möglich, das Sucherbild mit allen Informationen als S/W-Bild auf einem externen Monitor sichtbar zu machen.

Verbindung zum Ton

Während eine quarzgesteuerte Filmkamera zu einem quarzgesteuerten separaten Tonbandgerät keine Kabelverbindung benötigt, hatten und haben Video-Camcorder das Problem, dass sie häufig durch ein Kabel mit einem Tonmischpult verbunden sind. An dem Recorderteil des Camcorders werden unter anderem die Grundparameter für die Tonaufzeichnung voreingestellt. Die eigentliche Aussteuerung übernimmt ein kleiner Mischer (z.B. ein SQN-3 mono oder SQN-4 stereo) der über Mikrofoneingänge, Regler und Ausgänge verfügt, deren Mischung über ein Kabel mit Kontroll-Rückleitung auf den Camcorder übertragen wird. Diese Kabelverbindung ist technisch das sicherste Verfahren, bedingt allerdings wieder eine feste Verdrahtung zu einem zweiten Mann. Diese Verbindung ist allerdings bei weitem nicht so störend wie die frühere VTR-Kabelverbindung zum Recorder. Heute kann diese Verbindung auch über moderne Diversity-Funkanlagen hergestellt werden. Damit wäre auch die kabellose Verbindung wieder möglich. Funkverbindungen, die hochwertige Daten übertragen müssen, haben aber häufig technische Schwierigkeiten und funktechnische Störungen und können zu unliebsamen Unterbrechungen der Dreharbeiten führen.

Camcorder

Da sich das analoge Aufzeichnungsformat Betacam-SP weltweit als Standard durchgesetzt hatte, war es nicht mehr zwingend, nur noch Kameras als Kameraköpfe zu fertigen, die an die verschiedenen Aufzeichnungsformate durch andockbare Recorder anpassbar waren. Parallel zu diesen entstanden eine Reihe von

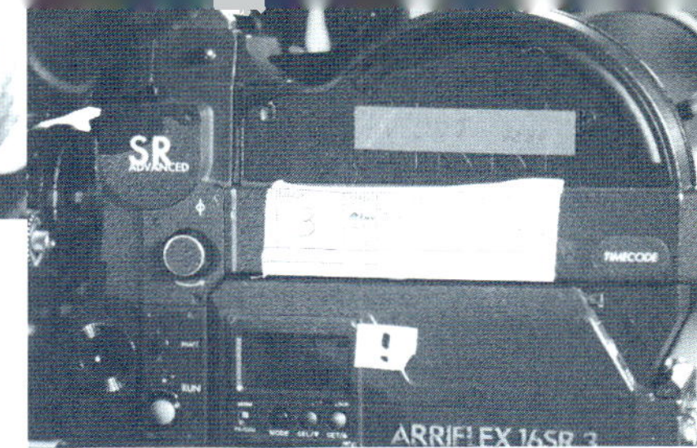

Kameras, die in einem Gehäuse den eigentlichen Kamerateil mit der Bild- und Tonaufzeichnungseinheit enthielten, die eigentlichen Camcorder. Bedingt durch den Wegfall doppelter Stromversorgungsteile und der Vereinfachung konstruktiver Elemente wurden diese Camcorder immer leichter und handlicher. Ein Vertreter dieser Gattung ist der Bosch LDK-391. Er wog drehfertig – mit Zoom-Objektiv 14 x 6,4 mm, eigentlichem Kamerakörper mit Recorder und einem Fach für 2 Ni-Cd Akkus – etwa 7,5 Kilogramm. Also schon eine erhebliche Erleichterung für den Kameramann. Aufgezeichnet wurde auf dem analogen Betacam-SP Format. Die Kameraeinheit verfügte über 3 x 1/2" Frame-Transfer CCDs. Der im Augenblick der Aufnahme (25 mal pro Sekunde) belichtete Chip wurde 25 mal pro Sekunde vollständig in einen separaten Speicher übertragen, um dann von der Elektronik ausgelesen und so aufbereitet zu werden, dass er aufgezeichnet werden konnte. Während der Übertragung in den separaten Speicher musste aus technischen Gründen der lichtempfindliche Teil abgeschaltet oder abgedeckt werden. Diese Aufgabe übernahm eine rotierende schwarze Blende, die hinter dem Objektiv und vor dem Strahlenteiler angebracht war. Für den Kameramann war entscheidend, dass dieser 1/2" Chip dem Bildeindruck einer Filmkamera und den ersten Röhrenkameras sehr ähnlich war.

Smear/Clear Scan

Der Vorteil dieser Technologie war, dass der so genannte *Smear* zwar perfekt behoben wurde (Smear-Effekt = Übersprechen von Lichtintensität, z.B. von punktförmigen Scheinwerfern im Bild, führt ausgehend von der Lichtquelle selbst zu orangefarbigen senkrechten Streifen im Bild), ein anderer nachteiliger Effekt aber nicht ausreichend korrigiert werden konnte. Wenn man von einem Computermonitor ein Bild erstellen möchte, ergeben sich aufgrund unterschiedlicher Bildfrequenzen zwangsläufig laufende Bilder oder schwarze/weiße Streifen. Diesem Effekt kann nur mit dem so genannten *Variablen Shutter* oder auch *Clear Scan* entgegengewirkt werden. Dazu muss die Umlaufblende in der LDK-391 oder LDK-491 abgeschaltet werden. Dann kann man das laufende Bild mit dem Variablen Shutter für den Preis ausgleichen, dass man das Monitorbild nicht verlassen darf. Ist der Monitor nur Beiwerk in einer Totale mit hellen Fenstern, und man korrigiert durch Ausschalten der Umlaufblende mit gleichzeitiger Korrektur durch den Variablen Shutter das Flimmern des Monitors, tritt der Smear-Effekt bei den hellen Fenstern ein. Und der lässt sich nicht mehr korrigieren. Beide Effekte können nur mit den Sony-Camcordern (oder baugleichen) gleichzeitig zufrieden stellend gelöst werden.

Analoge Camcorder

Gewicht, Abmessung und Stromverbrauch der heute gebräuchlichen Camcorder sind in der Regel ähnlich. Bei der Nutzung dieser Kameras ist eigentlich nur entscheidend, welches Aufnahmeformat eingesetzt wird. Die analogen Camcorder von Sony zeichnen auf das analoge Format Betacam-SP auf. Der Kamerateil der BVW-300AP hat eine Empfindlichkeit von Blende 8 bei 2.000 Lux und verfügt über 3 x 2/3" IT Hyper-HAD Sensoren. Clear Scan ist – bei uns – nachgerüstet. Die Kamera zeichnet nur im Seitenverhältnis 4:3 auf. Die BVW-300AP Evolution ist eine (nicht serienmäßige) Modifikation der klassischen BVW-300AP. Sie verfügt allerdings über den CCD-Sensor-Block der BVW-400AP mit all deren Vorzügen.

Die BVW-400AP unterscheidet sich im Wesentlichen von der BVW-300AP dadurch, dass sie über 3 x 2/3" FIT HAD Sensoren verfügt, die eine bessere Smear-Unterdrückung aufweisen. Darüber hinaus ist der Clear Scan feiner einstellbar. Auch diese Kamera zeichnet nur im Seitenverhältnis 4:3 auf. Eine Farbwiedergabe ist nur mit einer VA-500 oder einem ähnlichen Gerät möglich.

Hybrid-Camcorder

Die Bezeichnung »Hybrid« soll augenfällig machen, dass diese Camcorder als Zwischenglied zwischen den reinen analogen Camcordern und den reinen digitalen Camcordern stehen.

Der BVW D600P hat einen digitalen Kamerakopf ähnlich der DVW 700P, aber eine analoge Aufzeichnung auf dem Format Betacam SP. Durch ein im Sucher sichtbares Menü können sehr viele Kameraparameter geändert werden. Es besteht die Möglichkeit, diese elektronischen Werte der Kamera auf eine daumengroße Set-Up-Card zu speichern und diese in eine andere BVW-D600P einzulesen. Hierdurch können viele gleiche Kameras sehr schnell abgeglichen werden. In der Regel kann durch dieses Procedere der kostspielige und langwierige Farbabgleich (*Color Matching*) stark reduziert oder ganz vermieden werden. Diese Kamera hat dann ihre Vorteile, wenn mehrere Kameras gleichzeitig am Motiv sind und die analoge Aufzeichnung im Betacam-SP-Format und im Seitenverhältnis 4:3 gewünscht ist. Auch hier ist die Farbwiedergabe nur über einen externen VA-500 oder einem ähnlichen Gerät möglich.

Digitale Camcorder

Die Sony DVW 700 WSP Camcorder sind erstmalig rein digital aufgebaut. Der bildgebende Kamerateil und das Aufzeichnungsteil verarbeiten die Signale digital. Das bedeutet, das der Signalfluss sehr stabil ist. Auch bei diesen Camcordern kann durch ein Menü auf die Kamerawerte Einfluss genommen werden. Die Speicherung erfolgt in der Kamera oder auf einer *Set-Up-Card*. Wie bei der 600er kann eine andere DVW 700 WSP mit diesen Daten »gefüttert« und damit auf die gleichen Werte eingestellt werden. Erstmals ist es möglich, das Farbbild direkt aus der Kamera ohne Zusatzmodul auf einem externen Farbmonitor sichtbar zu machen. Über einen externen Adapter CA-701 kann das digitale Bild direkt dem SDI-Eingang eines tauglichen Monitors zugeführt werden. Der Unterschied zum analogen Bild ist sehr groß.

Der Kamerakopf kann im Seitenformat umgeschaltet werden, entweder 4:3 oder 16:9. Aufgezeichnet wird auf dem Format Digital-Betacam (auch Digi-Beta genannt). Die Kassetten sind genau so groß wie bei Betacam-SP. Deswegen können weiterhin Betacam-SP-Kassetten in fast allen neuen Playern und Recordern der Postproduktion abgespielt werden.

Für den Kameramann ist es wichtig zu wissen, wie die Umschaltung der Seitenverhältnisse vor sich geht. Bei Sony sind die Sensoren so bemessen, dass sie standardmäßig ein Bild 16:9 erzeugen. Das Format 4:3 kann dadurch erreicht werden, dass links und rechts die entsprechenden Bereiche der Chips nicht ausgelesen werden. Daraus folgt, dass die Bilddiagonale kleiner wird und der Bildwinkel der kürzesten Brennweite schmaler wird. Der Weitwinkelbereich des Objektivs wird also beeinträchtigt. Das kann durch die Verwendung eines Objektivs mit Ratio-Konverter kompensiert werden. Dieser Konverter verkürzt die Brennweite um den Faktor 0,8. Dadurch füllt die Diagonale wieder den nutzbaren Bildkreis – weil dessen Durchmesser kleiner wird – und der Bildwinkel ist wieder so weitwinklig, wie er sein soll.

Die beiden genannten Camcorder markieren den letzten Stand der Entwicklung auf dem Gebiet des normal auflösenden Fernsehens, wie wir ihn seit 2001 kennen. Der DVW-709WSP Camcorder hat 3 x 2/3" IT-Sensoren und der DVW-790WSP Camcorder hat FIT-Sensoren eingebaut. Lichtempfindlichkeit: Blende 11 bei 2.000 Lux. Die Unterschiede sind in der noch besser als ausreichenden Smear-Unterdrückung und in einigen Features zu finden, deren Erörterung diesen Beitrag sprengen würde. Es gibt noch die Ausführung DVW-707P, dieser Camcorder kann nur im Seitenverhältnis 4:3 betrieben werden.

Im Unterschied zur Sony DVW-700WSP haben diese neuen Camcorder eine völlig neue Elektronik und Datenverarbeitung erhalten. Das bedeutet in der Praxis, dass der Inhalt der Set-Up-Cards nur teilweise übernommen werden kann. Wegen der übersichtlicheren Menüführung und den erweiterten Möglichkeiten der neuen Generation ist das aber nicht tragisch. Durch das Einfügen eines SDI-Boards in die bestehende Elektronik wird der Camcorder in die Lage versetzt, jederzeit das digitale Farbbild zusätzlich zum herkömmlichen FBAS-Signal auszugeben.

Ausblick

Wie in Japan und Amerika zu sehen ist, werden auch wir in Europa uns in den nächsten Jahren mit dem hochauflösenden elektronischen Bild (HDTV) beschäftigen müssen und auch beschäftigen wollen. Auf DVDs ist die hervorragende Qualität der HDTV-Bilder schon jetzt festgehalten. Mit entsprechenden Playern und Monitoren kommt man in den Genuss dieser umwerfenden Bilder. Die Auflösung beträgt 1920(H) und 1080(V) Bildpunkte. Das sind enorme Qualitätsgewinne gegenüber dem bisherigen System.

Sony hat sich mit dem Camcorder HDW-F900 für das Format HDCAM entschieden und Panasonic hat den Camcorder AJ-HDC27V HD Cinema für das Format DVCProHD auf der IBC 2001 vorgestellt.

Die Zukunft wird entscheiden, ob diese Technologie im Wettbewerb mit S16mm- oder 35mm-Film Bestand haben wird. Es scheint sich abzuzeichnen, dass beide Systeme sich ergänzen werden.

Friedrich M. Dosch

Tonendfertigung

Der Erfolg eines Filmes wird durch den Sound-Editor entscheidend mitbestimmt. Seine, vom Zuschauer meist unbeachtete, Tätigkeit fällt erst auf, wenn sie nicht ausgewogen ist. Die Tonendfertigung, der Arbeitsbereich des Sound-Editors, erfordert nicht nur ein fundiertes technisches Wissen, sondern ist auch eine kreative und gestaltende Tätigkeit, die viel Freiraum lässt für eigenständige, sensible und phantasievolle Entscheidungen. Damit ein Film als stimmiges Gesamtwerk die Zuschauer beeindruckt, ist eine präzise und überzeugende Arbeit beim Ton genauso wichtig, wie alle anderen Stationen der Filmproduktion. Neben der Nachbearbeitung des Originaltons werden auch neue Töne, Atmosphären und Effekte produziert, die anschließend zu einem stimmigen Filmton gemischt werden. Bei der Endfertigung von Fernseh- und Kinofilmen hat seit einigen Jahren die digitale Technik ihren Einzug gehalten. Die Zeiten, als für die Endfertigung eines Filmes noch Tausende Meter Perfoband geschnitten, wieder zusammengeklebt, vor- und zurückgespult wurden, sind so gut wie vorbei. Die Tonbearbeitung wird mittlerweile fast ausschließlich auf Harddisk-Systemen oder Workstations durchgeführt. Das Ziel einer präzisen und umfangreichen Tonbearbeitung besteht darin, den Zuschauern zu ihrem visuellen Eindruck eine perfekte akustische Illusion zu liefern.

Technische Systeme für die Tonbearbeitung

Es gibt heutzutage eine Vielzahl von Schnittsystemen, die für die digitale Tonbearbeitung verwendet werden. Die wichtigsten sind:

- ProTools®
- AudioVision®
- Waveframe®
- Fairlight®
- Avid Media/Film Composer® (Bildschnitt)

Ich möchte am Beispiel des Systems ProTools® die Tonendfertigung beschreiben, da dieses System von Digidesign® mittlerweile zum Standard in der Tonbearbeitung geworden ist. Ich selbst arbeite seit 1994 mit einem solchen System.

Vorbereitung der Tonbearbeitung

Fernsehproduktionen werden heutzutage fast ausschließlich digital, meistens am Avid Media/Film Composer® geschnitten. Beim Bildschnitt wird der zu den einzelnen Einstellungen gehörende Originalton (O-Ton) vom Cutter mitgeschnitten. Beim Digitalisieren werden Bild und Originalton vom Drehort auf einer Festplatte getrennt gespeichert.

Damit der Sound-Editor mit der Bearbeitung des Originaltons beginnen kann, muss im Avid Media/Film Composer® der geschnittene Originalton vorbereitet werden. Dabei wird das Datenformat der Originaltöne vom Avid® mittels einer speziellen Software OMF (*Open Media Framework*) in ein von ProTools® zu bearbeitendes Format umgewandelt. Die veränderten Files können nun direkt als Pro-

Tools-Session geöffnet werden. Damit hat der Sound-Editor den kompletten Originalton der Produktion auf seinem Rechner zur Verfügung.

Die Bearbeitung des Originaltons

Der Originalton ist die Basis der Tonbearbeitung. Er wird so vollständig wie möglich für die spätere Endfassung des Filmes erhalten und gespeichert. Denn der künstlerische Ausdruck der Sprache in Verbindung mit der schauspielerischen Leistung der Akteure und der originalen Umgebungsgeräusche lässt sich mit einer Nachsynchronisation häufig nur ungenügend reproduzieren. Deshalb werden auch solche Originaltöne gespeichert, die nicht unbedingt dem technischen Standard und den höchsten Qualitätsanforderungen entsprechen.

Ist bei einem Take der Dialog durch ein Nebengeräusch (z.B. ein überfliegendes Flugzeug) so stark gestört, dass Teile unverständlich sind, wird zunächst versucht, den Originalton mit einer anderen Version (Klappe) derselben Einstellung auszutauschen. Dabei muss selbstverständlich die Lippensynchronität des Dialogs erhalten bleiben. Eine andere Möglichkeit besteht darin, Teile des Dialogs oder auch nur einzelne Silben durch so genannte Nachsprecher zu ersetzen. Diese Dialog-Nurtöne werden im Anschluss an die abgedrehte Szene am Drehort an einer akustisch möglichst ruhigen Stelle vom Schauspieler nachgesprochen. Solche Nachsprecher passen wegen des identischen Equipments und der gleichen akustischen Rahmenbedingungen gut zum Originalton und können einfach gegen technisch fehlerhafte Takes ausgetauscht werden. Leider werden solche Nachsprecher vom Drehort nicht sehr oft geliefert.

Tonspuren und Tonüberlappungen

Der erste Arbeitsschritt in der Originaltonbearbeitung ist das richtige Verteilen der Takes auf einzelne Spuren. Beim Bildschnitt wird der Originalton manchmal nur auf eine oder zwei Spuren gelegt. Für die Tonmischung ist es jedoch notwendig, die einzelnen Tonsignale auf mehrere Spuren zu verteilen, um die Möglichkeit zur Tonüberlappung zu haben. Überlappungen sind wichtig, um in der Mischung weiche, möglichst unmerkliche Übergänge zwischen einzelnen Takes zu schaffen. In aller Regel besitzen bei Schnitt und Gegenschnitt die einzelnen Dialogeinstellungen unterschiedliche Hintergrundatmosphären, die sofort hörbar sind, wenn sie hart aneinander geschnitten sind.

Um Tonüberlappung zu schaffen und um zwei akustisch unterschiedliche Einstellungen einander unmerklich anzugleichen, wird jedes Stück des Originaltons am Anfang und am Ende mit seiner eigenen Hintergrundatmosphäre verlängert. Diese Verlängerungen sollten lang genug sein, um sie mit kurzen Auf- und Abblenden weich ineinander blenden zu können, ohne dass ein Sprung in der Atmo zu hören ist. Es gibt aber auch immer wieder Takes, die so unterschiedlich sind, dass sie nicht mehr anzugleichen sind. Das ist beispielsweise so, wenn ein Protagonist vor einer Haustür mit wenig Hintergrundgeräuschen steht, sein Gegenüber im Gegenschnitt jedoch die Straßengeräusche hinter sich hat. In solchen Fällen wird – falls am Drehort aufgenommen – auf einer zusätzlichen Spur die laute Original-

Verkehrsatmosphäre parallel anlegt, um damit in der Mischung den starken Pegelunterschied überdecken zu können.

Auf den virtuellen Tonspuren wird eine möglichst logische Verteilung der einzelnen Takes angestrebt. Die Dialoge der jeweils in der Szene führenden Protagonisten werden im so genannten A/B-Modus auf die Spuren 1/2 und 3/4 verteilt. Zusätze zum Originalton, wie beispielsweise die Geräusche eines abfahrenden Autos im Off, werden auf die nachfolgenden Spuren gelegt. Atmosphären, Nachsprecher und Nur-Töne von am Drehort speziell aufgenommenen Geräuschen werden grundsätzlich auf separate Spuren gelegt, weil sie in der Mischung häufig vom Originalton unabhängig bearbeitet werden müssen. Diese Art der Spurverteilung führt dazu, dass bei sehr komplexen Szenen die Gesamtanzahl der Spuren sehr groß wird. Die Anzahl der verwendeten Spuren richtet sich aber auch nach dem Aufwand und den Ansprüchen des Filmes.

Digitale Nachbearbeitung

Nach der vorläufigen Verteilung der Originaltöne auf die Spuren werden diese gesäubert. Das bedeutet, dass möglichst alle in der Aufnahme vorhandenen Störgeräusche herausgeschnitten werden und – um die Synchronität zu wahren – durch störungsfreie Töne ersetzt werden. Bei Störsignalen handelt es sich zumeist um Knacker, Windgeräusche, Mundgeräusche der Schauspieler (ein trockener Mund erzeugt gerne unschöne Schmatzgeräusche) oder nicht gewollte Hintergrundgeräusche. Welche dieser Störungen entfernt werden müssen, bleibt zunächst der Entscheidung des Sound-Editors überlassen. Bei der digitalen Tonbearbeitung ist die Beseitigung solcher Geräusche ein relativ einfacher Arbeitsschritt, da sie meistens nicht länger als ein Filmbild sind, also nur den Bruchteil einer Sekunde ausmachen. Zum Austausch des Störsignals muss möglichst aus demselben Take eine dialogfreie Stelle mit der gleichen Hintergrundatmosphäre ohne Störgeräusch gefunden werden. Dieses sehr kleine Tonstück wird über die Stelle mit dem unbrauchbaren Ton kopiert. Sollte es dort noch einen kleinen Atmosphärensprung geben, schafft eine kurze Überblendung der beiden Tonsignale an der Schnittstelle Abhilfe.

Eine noch exaktere und automatisierte Möglichkeit um ein störendes Geräusch aus einer Aufnahme zu entfernen, bietet das ProTools®-System an. Damit kann das Störgeräusch einfach »weggemalt« werden. Hierzu muss lediglich die Wellenform an der entsprechenden Stelle so stark vergrößert werden, bis die Störung, zumeist als kleine Zacke, auf der Tonkurve erkennbar ist. Mit dem Zeichen-Tool wird die Zacke mit einer dem eigentlichen Kurvenverlauf entsprechenden Linie übermalt. Diese Korrektur findet im Bereich von Mikrosekunden statt und ist am klassischen Mischpult nicht auszuführen. Da nichts herausgeschnitten wird, verändert sich zudem auch die Länge des Ton-Clips nicht: alles bleibt synchron.

Trotz neuer technischer Errungenschaften der Tonbearbeitung gibt es immer wieder Einstellungen oder Szenen, die durch störende Umgebungsgeräusche für die Endmischung unbrauchbar sind. Es gibt auch immer wieder Takes, die aus künstlerischen Gründen nicht verwendet werden können, beispielsweise weil die

Regie mit dem Ausdruck des Schauspielers nicht zufrieden ist, oder weil der Text geändert werden soll. In solchen Fällen muss der Dialog im Studio nachsynchronisiert werden. Solche zusätzlichen Aufnahmen werden auf separate Spuren parallel zum Originalton gelegt. Der ersetzte Take kann stumm geschaltet werden und ist in der Mischung bei Bedarf mit einem Mausklick sofort wieder synchron verfügbar. Denn bei der Tonmischung wird häufig entschieden, doch den ursprünglichen Originalton zu verwenden, da der synchronisierte Take im Ausdruck nicht an die Qualität des Originaltons heranreicht. Alternativen, bei denen die Regie durch die Synchronisation hofft, einen besseren künstlerischen Ausdruck zu erhalten, werden parallel auf andere Spuren gelegt. Bei der Mischung kann dann entschieden werden, welcher Take letztendlich im Film zu hören sein soll. Vor der endgültigen Mischung sollte jedoch kein einziger Originalton gelöscht werden – so unbrauchbar er auch sein mag. Denn am Ende wird dann doch der längst verworfene Ton wieder bevorzugt.

Ein weiterer Schritt und ein Vorteil der digitalen Bearbeitung des Originaltons ist die Pegelangleichung einzelner Takes. Es ist zwangsläufig so, dass im Bildschnitt Einstellungen aufeinander folgen, die an unterschiedlichen Drehtagen und/oder unterschiedlichen Drehorten und/oder mit unterschiedlichem Equipment aufgenommen worden sind. Dadurch kann sich der Lautstärkepegel der Aufnahmen deutlich unterscheiden. Mit digitalen Tonbearbeitungssystemen kann der Sound-Editor die unterschiedlichen Pegel anpassen und dem Mischtonmeister seine Arbeit erheblich erleichtern. Pegeländerungen können sich auf den kompletten Tonclip beziehen, aber auch individuell an einer kleinen Pegelspitze des Takes vorgenommen werden. So kann beispielsweise eine laut zuschlagende Tür unter einem Dialog mit einer Pegelabsenkung entschärft werden. Bearbeitungen dieser Art stellen im Vorfeld für den Sound-Editor kein großes Problem dar, ersparen aber viel Mischzeit und sind zudem noch präziser auszuführen.

Es gibt immer wieder Produktionen, bei denen große Teile des Originaltons technisch in einer schlechten Qualität vorliegen. Häufig handelt es sich um stark verrauschte oder durch diverse Analog-Digital-Transfers beschädigte Töne. Für solche Fälle verfügt der Sound-Editor über eine Software zur Verbesserung der technischen Qualität. Stellvertretend seien zwei Programme genannt. DINR® eliminiert fast vollständig starkes Grundrauschen, ohne die klanglichen Eigenschaften des Tons hörbar zu beeinflussen. DeClick® entfernt störende Knack- und Knistergeräusche. Die Verwendung solcher Werkzeuge erfordert allerdings Erfahrung und Routine in der Tonbearbeitung. Die Bearbeitung ist destruktiv, denn das Originalfile wird unwiderruflich verändert. Daher sollte vor der Verwendung eines solchen Werkzeugs eine Sicherungskopie des Originalfiles erstellt werden.

Sprachsynchronisation

Hat sich bei der Bearbeitung des Originaltones herausgestellt, dass Teile unbrauchbar sind, muss nachsynchronisiert werden. Das gilt auch für fremdsprachige Schauspieler, deren Text komplett deutsch eingesprochen (synchronisiert) werden muss. Im Synchronstudio werden außerdem Textänderungen und Kommentare aufgenommen. Kommentare (*Voice Over*) werden nicht auf die selben

Spuren wie die Synchronsprache gelegt. Denn während die synchron ersetzte Sprache zur Handlung akustisch den räumlichen Gegebenheiten auf der Leinwand angepasst wird (z.B. erhält Sprache in der Kirche künstliche Hallanteile), bleibt der erläuternde Kommentar normalerweise trocken und vordergründig.

Es kommt auch vor, dass Sprecher in unterschiedlichen Studios oder im Ausland aufgenommen werden. Weil jedes Aufnahmestudio unterschiedliche akustische Eigenschaften besitzt, ist es besonders wichtig, separate Spuren zu verwenden. Denn der Mischtonmeister kann für jede Studio-Charakteristik entsprechende Voreinstellungen oder Filter benutzten und sie den passenden Spuren zuordnen.

Sind mehrere Schauspieler synchronisiert worden, wird möglichst jeder Sprecher innerhalb der Szene eine Spur belegen. Dies dient der Übersichtlichkeit und der besseren Orientierung des Mischtonmeisters, denn er weiß dann, dass sich Sprecher A auf Spur 1/2, Sprecher B auf 3/4 usw. befinden.

Synchrongeräusche (Foleys)

Synchrongeräusche (*Foleys*) werden ebenfalls im Studio hergestellt. Sie sind nach dem legendären Sound-Editor der Universal Studios, Jack Foley, benannt. Bei Synchrongeräuschen für einen Film handelt es sich in erster Linie um Bewegungs- und Aktionsgeräusche wie Schritte, Kleiderrascheln, Hantieren mit Gegenständen, Schläge oder auch das Blättern in einer Zeitung. Töne also, die von einem Geräuschemacher im Studio synchron zum laufenden Filmbild hergestellt werden. Das Anlassen eines Autos lässt sich im Studio nicht zufrieden stellend herstellen, je nach Ausstattung des Studios beispielsweise aber viele Arten von Wassergeräuschen (Schritte im Wasser, schwimmen, rudern usw.). Für das Öffnen und Schließen von Zimmer-, Haus- oder Autotüren werden Geräuscharchive genutzt oder es wird auf Originaltöne vom Drehort zurückgegriffen, die einen realeren Klang und mehr Volumen haben. Trotzdem kann im Synchronstudio zu einer Archiv-Tür durchaus noch ein Quietschen oder Knarren des Geräuschemachers hinzukommen, um ihr mehr Wirkung zu verleihen.

Neben »realen« Geräuschen werden im Synchronstudio auch spezielle Soundeffekte hergestellt, die vom Geräuschemacher große Kreativität und Erfahrung verlangen. Um den passenden Klang zu gestalten, nutzt er seine Tausende, zum Teil äußerst kuriosen Requisiten.

Vor der Aufnahme der Synchrongeräusche muss mit der Produktion abgeklärt werden, ob für den Film ein IT-Band (eine Abmischung sämtlicher Töne des Films ohne Sprache) angefertigt werden soll, oder ob nur ergänzende Geräusche erforderlich sind. Im zweiten Fall werden die zu bearbeitenden Stellen im Film anhand des Timecodes notiert oder getaket, um unnötige Suchzeiten bei der Aufnahme zu vermeiden. Soll ein IT-Band (das ist beispielsweise für ausländische Sprachfassungen notwendig) hergestellt werden, ist dies nicht notwendig. Denn die Geräusche werden meistens chronologisch zum Film aufgenommen. Zuvor werden die vorhandenen Nur-Töne vom Drehort angehört und ausgewählt, um sich dadurch aufwendige Synchrongeräusche zu ersparen. Auch durch Addierung zusätzlicher Geräusche kann der Toneffekt verbessert werden. Zum Nur-Ton eines nah vorbeifahrenden Autos kann der Geräuschemacher beispielsweise das Abrollgeräusch der Autoreifen hinzufügen. Die Tonmischung kombiniert später beide Signale und gibt der Aktion einen noch realistischeren Klangeindruck. Vor den Synchronaufnahmen findet in der Regel eine Tonbesprechung zwischen Sound-Editor und Geräuschemacher statt.

Atmosphären und Effekte

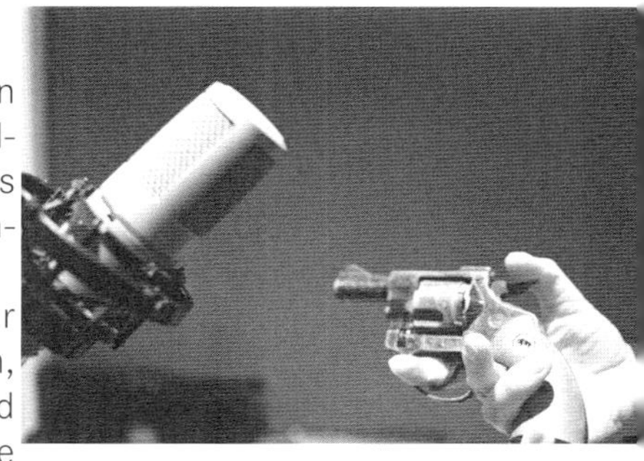

Bevor mit der Vorbereitung der Atmosphären- und Effektbearbeitung begonnen wird, findet eine Tonbesprechung mit der Regie statt. Hierbei werden die speziellen Wünsche und Vorstellungen der Regie für die Vertonung anhand des Films besprochen. Bei dieser Besprechung werden auch die Vorschläge und das Tonkonzept des Sound-Editors diskutiert.

Auf Grundlage der Besprechung können die mittlerweile in großer Anzahl zur Verfügung stehenden Tonarchive (Sound Libraries, meist auf CD) genutzt werden, um alle neuen Sounds, die für die Bearbeitung benötigt werden, auszuwählen und zu digitalisieren. Zuvor werden jedoch alle vom Drehort angelieferten Nur-Töne und Atmosphären angehört, weil diese Originalaufnahmen in den meisten Fällen die Basis für die Vertonung der einzelnen Szenen sind. Bei der Recherche in Archiven bleibt es dem persönlichen Geschmack und der Kreativität des Sound-Editors überlassen, welche neuen Atmosphären und Effekte er für den Film auswählt.

Dabei sollte man versuchen, im Charakter möglichst unterschiedliche Atmosphären zum Kombinieren zu finden. Denn es ergibt wenig Sinn beispielsweise für eine Szene zwei oder drei Vogel-Atmosphären auszusuchen, wobei jede für sich allein genommen zwar sehr schön klingt, aber alle doch in erster Linie eben nur aus lautem Gezwitscher bestehen. Gleichartige Atmosphären nehmen sich ihre Wirkung. Besser ist es, eine gute Vogel-Basisatmosphäre zu finden, um diese dann mit differenzierten Vogellauten und gegebenenfalls einer Atmosphäre mit Insektensummen zu ergänzen. Generell ist festzustellen: Je differenzierter die Atmosphären sind, desto einfacher lässt sich in der Mischung das gewünschte Klangbild erzeugen.

Im Gegensatz zu Atmosphären, die für die akustische Stimmung des Films die Basis sind, sind Effekte alle zusätzlich benötigten Töne – von der Autotür (die im Originalton vorhanden ist, die aber durch die Kombination mit einer Archiv-Autotür erst so richtig satt klingt), über den fiependen Archiv-Hund (dessen reales Pendant am Drehort zwar alles richtig gemacht, aber kaum einen Laut von sich gegeben hat) bis hin zu Schlägen und Schüssen (am Drehort haben Gott sei Dank alle knapp daneben geschlagen, und Platzpatronen klingen nun mal sehr dürftig). Aber auch eine nervend tickende Uhr oder einzelne Donnerschläge gehören dazu, obwohl in solchen Fällen nicht mehr zwischen Atmosphäre und Effekt zu unterscheiden ist.

Special Effects sind Klänge, deren Herstellung dem Sound-Editor zurecht auch die Bezeichnung Sound-Designer verleihen. Aus der Kombination meist simpler Einzelklänge, bspw. Tierstimmen und Maschinengeräusche, entstehen durch geschickte Kombination und technische Verfremdung (Verlangsamung, Frequenzänderung, rückwärts abspielen, Zugabe von Hall etc.) oft erstaunliche Effekte wie Monsterschreie oder Laserblitze, aber auch subtile Atmosphären mit flüsternden Stimmen, dumpfen Herzschlägen und hohen Frequenzen, die an singendes Glas und fast schon an Filmmusik erinnern.

Der Sound-Editor legt Atmosphären und Effekte auf verschiedene Spuren, um sich selbst und dem Mischtonmeister den Überblick über die angelegten Sounds zu erleichtern und um in der Mischung die separate technische Bearbeitung der Sounds zu ermöglichen. Er wird beispielsweise vermeiden, auf einer Spur im Anschluss an eine leichte Windatmosphäre einen Schuss anzulegen, um dann mit einer ruhigen Raumatmosphäre fortzufahren. Tonbearbeitungen dieser Art erschweren die Arbeit im Mischstudio erheblich und kosten unnötig viel Zeit. Ebenso werden zusammen gehörende Sounds (z.B. drei klanglich verschiedene Schüsse, die zu einem Schuss zusammengemischt werden sollen) nicht wahllos zwischen Atmosphären und anderen Effekten verteilt, sondern möglichst auf nebeneinander liegenden Spuren gelegt.

Bei der Vorbereitung der Töne ist es ungünstig, auf zahlreichen Spuren viele Alternativen zu ein und demselben Ereignis anzubieten, bei denen dann in der Mischung gerätselt wird, welche Kombination die Beste ist. Vielmehr wird der Sound-Editor bereits eine den eigenen Vorstellungen entsprechende Auswahl von Sounds treffen, die ein akustisch wirkungsvolles Ergebnis bilden.

Um die bedrohlich anwachsende Anzahl der Spuren für die Mischung wieder zu verringern, werden in der Vorbereitung einzelne Klänge auf der Harddisk zusammengemischt. Diese Arbeit erfordert eine gewisse Routine des Sound-Editors. Wenn er sich mit seiner Vormischung nicht ganz sicher ist, wird er die Originalsounds, aus denen der abgemischte Klang besteht, auf versteckten Spuren belassen, um jederzeit in der Mischung wieder darauf zurückgreifen zu können.

Bei der Vertonung hat der Sound-Editor auch die Möglichkeit, einer Szene durch Geräusche, die für die Zuschauer keine sichtbaren Ursachen auf der Leinwand haben, eine ganz neue Stimmung oder eine veränderte Örtlichkeit zu geben. Durch das zusätzliche Angebot so genannter Off-Töne, wie beispielsweise ein Gewitter, ein überfliegendes Flugzeug, eine Polizeisirene oder Stimmen, kann der Zuschauer einen Schauplatz zuordnen, selbst wenn die Szene im Studio gedreht wurde. Bei der Gestaltung solcher Off-Zusätze sind der Phantasie des Sound-Editors kaum Grenzen gesetzt.

Musik

Zum Aufgabengebiet eines Sound-Editors gehört in Deutschland auch die Endbearbeitung der für den Film aufgenommener Musik, dem so genannten Score. Die Filmmusik wird in unterschiedlichen Formaten aus den Musikstudios angeliefert: Auf einer DAT-Kassette (Digital Audio Tape) einer TASCAM Hi8-Cassette oder (wie mittlerweile fast Standard) als ProTools® Session auf einer Festplatte oder CD-ROM. Für die Tonmischung ist es vorteilhaft, wenn die Musikstücke vom Komponisten bereits synchron an die richtige Stelle im Film angelegt wurden. Diese werden vom Sound-Editor dann überprüft, damit etwaige Korrekturen nicht erst in der Mischung stattfinden. Häufig kommt auch so genannte Source Music von Tonträgern, beispielsweise von Audio-CDs, zum Einsatz. Es handelt es sich um bereits fertige Musikproduktionen, die beispielsweise als Radio- oder Hintergrundmusik für eine Restaurantszene Verwendung finden. Solche »Konserven« müssen vom Sound-Editor digitalisiert und auf extra Spuren angelegt werden. Häufig müssen solche Titel auch editiert werden, da sie nicht die gewünschte Länge und das richtige Timing haben.

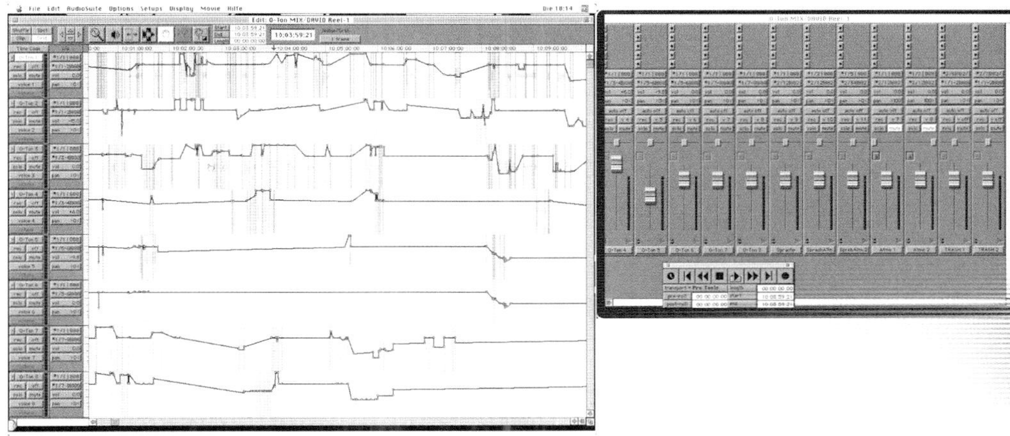

Tonmischung

Im Mischstudio werden die beschriebenen Einzeltöne (Originalton, Atmosphären, Synchrongeräusche, Effekte etc.) in mehreren Arbeitsschritten zu einer fertigen Tonspur für den Film zusammengemischt. Die große Anzahl von Einzelspuren macht es notwendig, zunächst Vormischungen zusammengehöriger Elemente anzufertigen. In der Regel werden in einem ersten Schritt die Originaltöne mit den Synchronsprachen vorgemischt, gegebenenfalls werden auch die Synchrongeräusche schon eingefügt. Bei aufwendigeren Projekten werden anschließend Atmosphären und Effekte vorgemischt. Schließlich werden die Vormischungen zusammen mit der Musik zur so genannten Hauptmischung zusammengefügt. Der Vorteil einzelner Vormischungen liegt darin, dass bereits bearbeitete Tonelemente in der Hauptmischung wesentlich differenzierter und variabler kombiniert werden können. Außerdem sind getrennte Vormischungen die Voraussetzung für die einfache Herstellung des IT-Bandes, das (abzüglich der Dialoge) möglichst identisch zur Hauptmischung sein sollte. Die beschriebene Anzahl und Art der Vormischungen sind nur Beispiele. Die letztendliche Entscheidung darüber bleibt dem Mischtonmeister überlassen.

Die Hauptmischung (der so genannte Final Mix) einer Fernsehproduktion kann in Mono, Stereo oder Dolby Surround® angefertigt werden. Beim Dolby Surround, wird eine vierkanalige Fassung erstellt. Wie bei einer Dolby Stereo® Kinomischung werden die Tonsignale auf links, mitte, rechts und hinten (Surround) verteilt. Diese Vierkanal-Mischung wird anschließend in zwei Kanäle codiert. Ein Fernsehempfänger oder Verstärker mit Dolby Surround® Prozessor decodiert die beiden Kanäle bei der Ausstrahlung wieder in vier Signale und kann so dem Zuschauer zu Hause eine Art Kinoerlebnis bieten.

Alfred
Maas

Nachbearbeitung einer Fernsehproduktion

Bei Film, Fernsehen und Rundfunk wird mit dem Begriff Bearbeitung jede bewusste Beeinflussung von Bild- und Tonsignalen durch Selektion, Schnitt, Aussteuerung und Filterung sowie jede Veränderung von physisch auf Trägern (Filme, Bänder, Platten etc.) festgehaltenen Signalen beschrieben. Die Nachbearbeitung ist eine Teilmenge der Bearbeitung. Eine Bearbeitung findet bei Fernsehstudioproduktionen bereits live, während der Aufzeichnung in der Produktionsphase, in Form von Kamera-Aussteuerung und -Farbmatching, Schnitt mit dem Ton- und Bildmischer sowie durch Filtern statt. Die Nachbearbeitung von bereits aufgezeichneten Bild- und Tonsignalen wird notwendig, um die aufgezeichneten Teilstücke zusammen zu setzen und eventuelle Fehler der Produktionsphase zu korrigieren. Dies ist meistens kostengünstiger als Szenen neu zu drehen. Alle gestalterischen Bearbeitungen haben das Ziel, die inhaltliche Qualität einer Produktion zu sichern oder mit möglichst geringen Kosten zu verbessern. Die Qualität der beim Zuschauer auf dem Fernseher ankommenden Inhalte ist nicht nur von der Qualität des Drehbuchs und der Arbeit der Schauspieler abhängig, sondern wird auch von technischen Qualitätsverlusten durch die während der Produktion und Nachbearbeitung verwendeten Geräte und Übertragungswege beeinflusst.

Qualitätsansprüche und Manipulationsmöglichkeiten

In der Planungsphase muss durch die Wahl geeigneter Produktions- und Bearbeitungsverfahren sicher gestellt werden, dass die technischen Verfahren bei Aufzeichnung und Bearbeitung nicht schon unter einer mangelnden Qualität leiden. Dies war in der Vergangenheit mit analogen Techniken nicht einfach und musste massiv mit gestalterischen Mitteln korrigiert werden. Beispielsweise mussten häufig Großeinstellungen eingesetzt werden, um den Zuschauern notwendige Informationen zu ermitteln.

Bei den heute verwendeten digitalen Geräten und Übertragungsverfahren wird die Bild- und Tonqualität wesentlich weniger beeinflusst. Daher sind jetzt sehr viel mehr Manipulationen der Bild- und Tonsignale aus gestalterischen Gründen möglich, ohne Gefahr zu laufen, dass wesentliche Inhalte z.B. durch Schärfeverluste oder Rauschen verloren gehen.

Bei digitalen HDTV-Produktionen mit einem sechsfach höheren Informationsfluss des Bildübertragungssystems können Großaufnahmen wie beim Film sogar noch wesentlich sparsamer verwendet werden, da die meisten Informationen bereits für den Zuschauer in den totalen Einstellungen sichtbar sind.

Produktionsphase

Bilder und Töne der in Szenen, Takes oder Kameraeinstellungen/Shots aufgeteilten Handlung können

- mit einer Kamera auf einen Recorder oder Film (Einstellungsweise),
- mit mehreren synchron laufenden Kameras parallel auf je einen eigenen Recorder (Einstellungsweise),
- mit mehreren Kameras, über ein Mischpult vorselektiert, auf einen oder zwei Recordern (takeweise, bestehend aus mehreren Einstellungen),
- zusammen mit einem bildgenauen Timecode, und möglichst digital, auf den Originalbändern aufgezeichnet werden.

Der Ton wird dabei in der Regel mit mehreren Mikrofonen aufgenommen, vorgemischt und im Pegel angepasst. (siehe dazu auch den Beitrag von Hans Schlosser) Er wird parallel zu den Bildern auf allen Recordern und bei Außenaufnahmen aus Qualitätsgründen häufig zusätzlich mit Timecode auf Tonband aufgenommen. Hinzu kommen Original-Geräusche und Atmosphären (*Atmos*). Dabei werden große Mengen an Rohmaterial produziert.

Vorbedingung für die Nachbearbeitung

Um das in der Produktionsphase erzeugte Rohmaterial handhaben zu können, müssen einige Vorleistungen während der Aufzeichnung für die darauf folgenden Bearbeitungsschritte erbracht werden. Über jedes physikalisch aufgenommene Teilstück müssen Protokolldaten (*Logs*) erstellt werden, die mindestens folgende Informationen enthalten:

- Folgen-Nummer
- Individuelle Bezeichnung für jedes zusammenhängend aufgenommene Bild- und Tonteil durch Takenummer und textliche Bezeichnung/Stichwort. Diese sollten auf jeden Fall den während der Planungsphase im Drehbuch festgelegten Nummern entsprechen oder daraus abgeleitet werden.
- Art der Einstellung (Total, Groß usw.)
- Versionsnummer (Fassung)
- Pickup
- Anfangs- und Endtimecode sowie Dauer der Aufnahme
- Art der Einstellungen
- Selektionsangabe für Transfer ins Bearbeitungssystem (Kopierer/Nichtkopierer)
- Sendefassung
- eindeutige Bandnummer
- Bemerkungen für den Cutter
- tatsächliches Produktionsdatum

Dieses Protokoll kann manuell oder über ein Computerprogramm (*Logger*) auf einem Laptop erstellt werden. Das Computerprogramm wird bevorzugt, weil mit Hilfe einer Timecode-Verbindung aus dem Recorder eine fehlerfreie Timecodeübertragung möglich ist. Das Ergebnis wird für den Editor in einem Dateiformat

gespeichert, das auch den automatischen Transfer der Originalbänder in ein Bearbeitungssystem möglich macht. Aus der Produktionsphase werden folgende Medien in die Nachbearbeitungsphase weitergereicht:

- Original-Videobänder mit den aufgenommenen Handlungen
- Original-Tonbänder
- das korrigierte Drehbuch mit manuell eingetragenen Angaben für den Editor
- eine Protokolldatei für jedes Originalband auf Papier und/oder Diskette
- eine aktuelle Protokolldatei für das gesamte Projekt/Folge auf Papier und/oder Diskette; diese wird als Basis in die spätere Projektdatei einfließen

Die Nachbearbeitung

Neben dem Zusammenfügen und der Gestaltung der in Teilstücken produzierten Handlung, der Tonbearbeitung und der Ergänzung mit Titeltext und Grafiken werden mit diversen Effektwerkzeugen Gestaltungsergänzungen erzeugt und eventuell Fehler aus der Produktionsphase korrigiert. Am Ende entsteht der Schnittmaster als Mutter aller Sendebänder.

Technische Qualität

Die technische Präzision der Übertragungswege und aller dazwischen liegenden Geräte von der Kamera bis zum Sendeband sollte möglichst hoch sein, um bei der Anwendung eines komplexen Nachbearbeitungsverfahrens mögliche Verfälschungen durch die vielen Bearbeitungsprozesse zu vermeiden. Aus diesen Gründen werden heutzutage möglichst verlustarme, digitale Komponenten-Verfahren eingesetzt. Die in der Vergangenheit oft vertretene Meinung, dass es sich nicht lohnt, höchste technische Qualität in einer Produktion zu gewährleisten, weil sie bei der Reduktion durch die PAL-Codierung (siehe dazu auch den Beitrag von Johannes Webers) und die Verteilwege beim Zuschauer nicht mehr zu sehen sind, war schon im analogen Umfeld durch Theorie und Praxis widerlegt. Die auf Wirkung beim Zuschauer angewiesene Fernsehwerbung hat diese Behauptung auch in der Vergangenheit nie akzeptiert. Mit der zunehmenden Verwendung von DVD und DVB zur Verteilung sowie den größeren Bildschirmen bei der Wiedergabe gilt dies um so mehr.

Digitaltechnik

Durch die Verwendung der Digitaltechnik wird die Bild- und Tonqualität bei der Aufzeichnung sowie beim Kopieren und Konvertieren wesentlich weniger beeinflusst als bei analogen Verfahren. Damit ist es auch möglich, den für jeden Produktionsschritt optimalen Datenträger zu wählen. Die früher bei analogen Aufzeichnungen üblichen Bandstörungen (*Dropouts*) werden ebenfalls vermieden.

Um die Kosten von Speichermedien und Signaltransport niedrig zu halten, werden für die Speicherung und den Transport über die Signalwege von Bild und Ton unterschiedliche komprimierte und unkomprimierte Verfahren genutzt. Dies hat Umcodierungen zur Folge, die im Bereich der Transportwege außerhalb der Sendeanstalten nicht mehr zu beeinflussen sind. Um trotzdem eine ausreichende Bild- und Tonqualität ohne Verfälschungen bei den Zuschauern zu erzielen, sollte innerhalb von Produktion und Nachbearbeitung mit möglichst hohen Qualitätsstandards und wenigen Umcodierungen gearbeitet werden. Aufzeichnungen direkt auf Festplatten aus Qualitätsgründen sind sinnvoll, wenn

- das notwendige Backup parallel auf Band aufgezeichnet wird,
- das Aufzeichnungsformat auf den Platten unkomprimiert und transparent in Komponenten aufgenommen wird,
- die Bearbeitung im gleichen Plattenformat erfolgt,
- das fertige Material für Sendung im DVB oder zur Verbreitung auf DVDs gedacht ist,
- das Material direkt von den Platten auf Film überspielt werden soll (z.B. das System der Firma Director's Friend in Köln und die ARRI-Kopieranstalt).

Produktionsprozess einer Sendung

Bearbeitungssysteme und -verfahren

In den letzten Jahren haben sich zwei grundsätzlich verschiedene Systeme zur Bearbeitung etabliert. Diese Bearbeitungssysteme werden unterschieden in

- lineare Systeme, für auf Band gespeichertes Bild- und Tonmaterial mit seriellem Zugriff auf das Rohmaterial und
- nichtlineare (non-linear) Systeme, für auf Festplattenspeicher gespeichertes Bild- und Tonmaterial mit quasi bildgenauem Zugriff auf jede Stelle im Rohmaterial.

Außerdem wird, abhängig von der im Bearbeitungsprozess verwendeten Bildqualität, in

- Online-Verfahren, zur direkten Erstellung einer sendefähigen Schnittmasterfassung in höchster Qualität und einer detaillierten Schnittliste für die Tonbearbeitung und
- Offline-Verfahren, zur Erstellung nur einer detaillierten Schnittliste für die nachfolgenden Prozesse, durch Bearbeitung einer Arbeitskopie in niedriger Qualität (der dabei entstandene Bildmaster ist nicht sendefähig) unterschieden.

Die Bearbeitung auf linearen Systemen

Der Begriff lineare Bearbeitung steht für die herkömmliche Bearbeitung von Bändern als Datenträger. Die produzierten Takes werden in Realzeit nacheinander und in der Reihenfolge der Drehbuchhandlung auf das Masterschnittband kopiert. Dabei wird das überstehende Ende des vorherigen Taketeils gelöscht. Jede Schnittverlagerung zu einem späteren Ausstiegszeitpunkt erzwingt meist eine Wiederholung des vorherigen Schnitts, um das jetzt fehlende Stück wieder zu ersetzen – wenn nicht der vorhergehend bearbeitete Teil erneut kopiert und die damit verbundenen Qualitätsverluste in Kauf genommen werden.

Dies gilt für Bild und Ton. Außerdem muss bei jedem Schnittversuch die ganze Takelänge in Realzeit durchfahren werden. Die digitale Aufzeichnungstechnik ermöglicht zwar einige Kopiervorgänge mehr als in der Analogtechnik. Aber auch dabei machen sich Qualitätsverluste bei mehreren zusätzlichen Kopiervorgängen auf dem Weg vom Schnittmaster bis zur Sendefassung bemerkbar.

Vorteile der Bearbeitung auf linearen Systemen

- Die Verwendung von Bandmaterial ist um 10er-Potenzen preiswerter als bei einer Festplatte. Der Transfer in ein Arbeitsformat kann, bei erhöhtem Risiko, entfallen.

Zusätzlich beim Online-Verfahren

- Nach dem letzten Schnitt und der Rückspulzeit ist das Schnittband als Sendefassung fertig.

- Korrekturschnitte nach dem Addon-Verfahren, für am Mischpult wie »live geschnittene« Aufzeichnungen, sind leicht zu vollziehen.

Beim Offline-Verfahren

- Die hohe mechanische Beanspruchung der Originalbänder und das damit verbundene Risiko beim Schnitt ist reduziert.
- Das Bildbearbeitungssystem für die Schnittfestlegung ist preiswerter.

Nachteile

- Zum Auffinden einer gesuchten Stelle müssen Bänder gewechselt und das vor der gesuchten Stelle liegende Material seriell durchfahren werden.
- Die Umspulzeiten und notwendigen Bandwechsel reduzieren die für die Schnittfestlegung zur Verfügung stehende Zeit durch das manuelle Handhaben der Bänder deutlich.

Zusätzlich im Online-Verfahren

- Der Träger wird bei jeder Bewegung mechanisch strapaziert und abgenutzt. Fehler an den Originalbändern sind nicht mehr zu beseitigen.
- Bei komplexeren Bearbeitungen entstehen Qualitätsverluste durch Kopieren in mehreren Generationen.
- Schnittwiederholungen sind zeitraubender, da das vor dem Schnitt liegende Stück häufig ebenfalls neu aufgespielt werden muss.

Zusätzlich im Offline-Verfahren

- Das ganze Rohmaterial muss zuerst in Realzeit ins Bearbeitungsformat kopiert werden.
- Der Schnitt muss mit dem Originalmaterial, entsprechend der Schnittliste, nachvollzogen werden.

Die Bearbeitung auf nichtlinearen Systemen

Bei nichtlinearen Editiersystemen werden Bilder und Töne auf einer Festplatte (Harddisk) gespeichert. Jedes gespeicherte Bild kann quasi ohne Zeitverlust einzeln und bildgenau von einem Computerprogramm erreicht und über eine grafische Oberfläche verwaltet werden. Die Takes können als einzelne Szenen in beliebiger Reihenfolge vorbereitet werden, sobald das dafür benötigte Rohmaterial auf den Platten angekommen ist, und dann erst später in der richtigen Handlungs-Reihenfolge eingesetzt werden. In einer Schnittliste werden alle Manipulationen abgelegt und in Realzeit ausgeführt, ohne das als binäre Datei einmal gespeicherte Material zu verändern.

Eine bildgenaue Schnittliste nimmt alle Einstellungsdaten auf. Mit einem Zusatzboard für Hardware-Effekte werden die in der aktuellen Schnittliste abgelegten Effekte direkt ausgeführt. Es sind gleichzeitig mehrere alternative Schnittlisten mit dem gleichen Material möglich.

Alle Korrekturstücke, wie Blenden, Farbkorrektur oder durch Filter erzeugte Effekte werden automatisch als zusätzliche Kopieteile auf den Platten abgelegt und vom Programm an Stelle des Originalteils verwendet. Alle Manipulationen können beliebig oft und ohne Qualitätsverluste angewendet oder geändert werden. Das Originalmaterial wird niemals verändert.

Sobald das Quellmaterial im Plattenspeicher zur Verfügung steht, können auch beliebige Teilsegmente bearbeitet werden. Festplattenspeicher können als Wechselplatten auf verschiedenen Bearbeitungsstationen eingesetzt werden.

Das benötigte Bild- und Tonmaterial muss in Realzeit auf die Festplatten kopiert werden. Dies geschieht entsprechend den bei der Aufnahme erstellten elektronischen Protokolle halbautomatisch. Das einmal auf die Platten gebrachte Material bleibt danach unverändert. Am Ende der Bearbeitung werden die in der aktuellen Schnittliste definierten Teile auf einen Bandträger zusammen kopiert. Es entsteht das Bildmasterband.

Vorteile der nichtlinearen Bearbeitung

- Jede Stelle in den Takes kann ohne Spulzeiten mit einem Mausklick erreicht, aufgerufen und geschnitten werden.
- Alle Anweisungen in der Schnittliste werden bildgenau ausgeführt.
- Das auf den Platten gespeicherte Originalmaterial wird nicht verändert und behält seine Originalqualität.
- Die Originalbänder bleiben als Video-Backup unberührt. Mit Hilfe der Schnittliste können eventuell fehlerhafte Teile auf den Platten oder dem Bildschnittmasterband jederzeit bildgenau ersetzt werden.
- Es stehen je nach System bis zu 24 virtuelle Ton- und vier virtuelle Bildspuren zur Verfügung.

Im Offline-Verfahren

- Für die Bildaufzeichnung kann das Material hoch komprimiert werden. Dadurch wird wesentlich weniger Plattenkapazität für die Bearbeitung benötigt. Das ist bei den aktuellen Plattenpreisen allerdings kein entscheidendes Argument mehr.

Nachteile bei der nichtlinearen Bearbeitung

- Das benötigte Bild- und Tonmaterial muss in Realzeit auf eine Festplatte kopiert werden.
- Die fertige Schnittmasterfassung muss in Realzeit wieder auf einen gebräuchlichen Banddatenträger aufgespielt werden.

Im Offline-Verfahren

- Der Schnitt muss mit den Originalbändern entsprechend der erzeugten Schnittliste linear nachvollzogen werden. Allerdings ist dies unter Verwendung eines geeigneten Editors weitgehend automatisiert möglich. Die notwendigen Bandwechsel sind meist manuell auszuführen.
- Farbkorrekturen und Effekte müssen in hoher Qualität als Kopie des Schnittmasters anschließend vorgenommen werden.

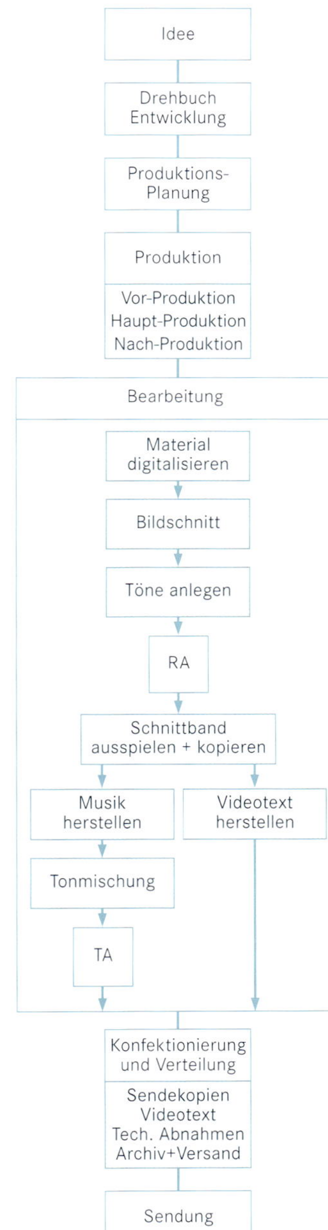

Ablauf der Nachbearbeitung

Maßnahmen zur Beschleunigung des Bearbeitungsablaufs

Durch Aufteilung der Arbeitsschritte auf mehrere Stationen lässt sich der Durchsatz eines Bearbeitungssystems verbessern. Die Teilung in Bild- und Tonbearbeitung ist gängige Praxis bei der Herstellung komplexerer Produktionen.

In der Praxis von Serienproduktionen hat sich eine weitere Aufteilung der Arbeiten in einem nichtlinearen Online-System auf mehrere unterschiedliche Bearbeitungsstationen für

- Digitalisierung, Ausspielung und Backup,
- Bildbearbeitung,
- Tonbearbeitung,
- zeitraubendes Berechnen von Spezialeffekten (*Rendern*) sowie
- Ansicht und Logging, bei eventuell hohem Anteil an EB-Aufnahmen bewährt.

Es können parallel gleiche Arbeiten an mehreren Folgen durch mehrere Mitarbeiter in kürzerer Zeit ausgeführt werden. Dadurch steigt auch die Produktionssicherheit. Die Stationen können für die jeweils vorgesehenen Aufgaben spezialisiert werden. Die mit einer Folge belegten Wechselplatten werden dabei zwischen den einzelnen Stationen ausgetauscht (Turnschuh-Netzwerk).

Bild- und Tonarchiv

Häufiger benutzte Bildeinstellungen und Töne werden in einem Archiv auf extra reservierten Platten der Bild- und der Tonbearbeitungsstationen abgelegt.

Netzwerk

Eine weitere in der Praxis erprobte Maßnahme ist die Verbindung der Stationen eines Systems über ein Netzwerk (*Fibre Channel*). In einem solchen System können fast alle Plattenspeicher zentral in Raid-Arrays zusammengefasst werden. Dadurch ergibt sich eine dynamische Verteilung der Speicherkapazität. Die Kapazitäten, die beim mechanischen Umlauf von Plattensätzen je Folge ungenutzt bleiben oder bei Folgen mit mehr Rohmaterial fehlen, können so einfach wechselseitig zur Verfügung gestellt werden. Der beliebige Zugriff aller Stationen auf das gesamte gespeicherte Material erlaubt die Bearbeitung von Teilstücken einer Folge, auch wenn noch nicht alle Takes produziert sind. Die zeitliche Verteilung der Arbeiten wird dadurch einfacher. Jede Station kann bereits Teile einer anderen Folge bearbeiten und muss nicht unbedingt warten, bis auch der letzte Take verfügbar ist.

Auch das Bild- und Tonarchiv kann von allen Stationen benutzt und gepflegt werden. Außerdem entfällt die größere mechanische Beanspruchung durch das ständige Wechseln und Herumtragen der Plattensätze (Turnschuh-Netzwerk).

Anmerkungen zur Online-Bearbeitung

Beim Online-Verfahren werden für den Schnitt die Originalaufnahmen oder Kopien in möglichst hoher Qualität verwendet. Dieses Verfahren wurde zunächst nur für die Videobearbeitung entwickelt und später in der Studiotechnik angewendet. Die dafür benötigten Geräte müssen alle Sendequalität haben und während der Bearbeitung ständig zur Verfügung stehen. Der Investitionsaufwand ist erheblich. Beim Film wurde ein ähnliches Verfahren unter Verwendung von Umkehrfilm für mobile Aufnahmen eingesetzt. Beim Video entsteht sofort das endgültige Masterband, beim Film der endgültige Sendefilm.

Vorteile der Online-Bearbeitung

- Ständige Kontrolle über die Bild- und Tonqualität während der ganzen Bearbeitung.
- Am Ende der Bearbeitung steht die endgültige Schnittfassung, die notfalls auch aus dem Bearbeitungssystem heraus gesendet werden kann.

Nachteile nur bei Linearsystemen

- Beschädigungen durch den Transportmechanismus der Bandgeräte an den Originalen sind möglich und unwiderruflich.
- Bei mehrstufigen Bearbeitungen entstehen mehrere Kopiergenerationen, deren Qualitätsverluste sich addieren.
- Die Schnitte werden in der PAL-Norm nicht bildgenau, sondern von den Editoren automatisch, günstigstenfalls alle zwei Vollbilder, ungünstigstenfalls alle vier Vollbilder vollzogen.

Nachteile bei nichtlinearen Systemen

- Es werden größere Plattenkapazitäten benötigt.
- Das Effektsystem muss als Hardware eingebaut sein.
- Komplizierte Effekte benötigen längere Rechenzeiten (Renderzeit).

Anmerkungen zur Offline-Bearbeitung

Beim Offline-Verfahren wird der Schnitt mit billigeren Arbeitskopien der Originalbänder oder -filme in einer geringeren technischen Qualität durchgeführt und nach der inhaltlichen Abnahme des entstandenen Schnittbandes mit Hilfe einer Liste von bildgenauen Timecodes mit den Originalbändern in bester Qualität nachvollzogen.

Ziel dieses Verfahrens ist es, die wertvollen Originalbänder vor Beschädigungen durch die Bearbeitung zu schützen und die Kosten für die Schnittbearbeitung durch Verlegung der Schnittlistenerstellung auf eine preiswertere Anlage zu reduzieren. Die Schnittausführung in Sendequalität muss am Ende auf einem Onlinesystem erfolgen. Die Originalbänder werden nur zur

- Qualitätskontrolle,
- für das Erstellen von Arbeitskopien und für die
- bildgenaue Schnittausführung

angefasst. Dabei entsteht das Masterband, von dem alle weiteren Sendekopien gezogen werden.

Dieses Verfahren wurde bereits früher für den Filmschnitt verwendet. Die Originale waren auf einen Negativfilm und die Arbeitskopien wurden als *Klatschkopien* ohne jede Korrektur vom Original *abgeklatscht*. Für die Übertragung der Schnittdaten vom Klatschkopienschnitt zum Negativschnitt wurden zuerst nur die Perforationslöcher gezählt. Später wurden dafür entlang der Filmperforation fortlaufende Zahlen für jedes Bild im Originalfilmmaterial einkopiert. Nach Einführung des bildgenauen elektronischen Timecodes (TC) wurde dieses Verfahren auch beim Film eingesetzt. Heute werden Filme oft auch auf Videoband oder Festplatten überspielt und dann Offline wie Videoproduktionen elektronisch bearbeitet. Bei Videoproduktionen wird das lineare Offline-Verfahren eher selten benutzt.

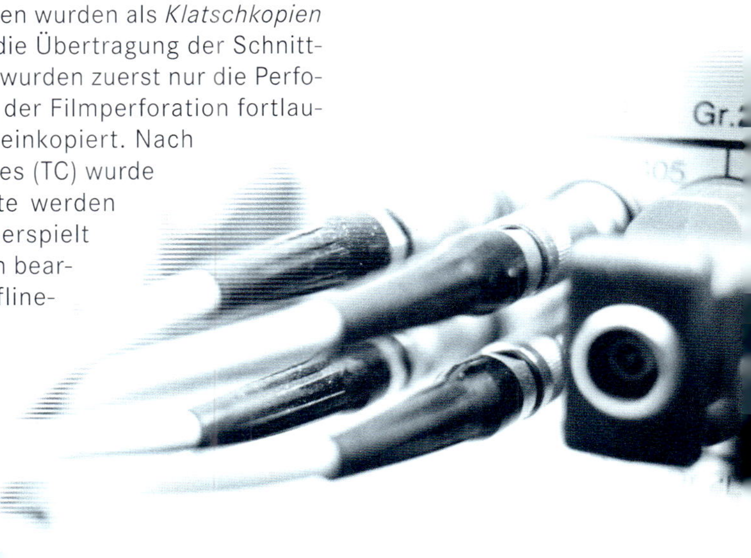

Vorteile der Offline-Bearbeitung

- Die hohe mechanische Beanspruchung der Originalbänder wird reduziert.
- Das Bildbearbeitungssystem zur Schnittbestimmung ist preiswerter.

Nachteile der Offline-Bearbeitung

- Es entsteht nur die Schnittliste und eine Ansichtskopie in minderer Qualität. Deshalb muss das Schnittmasterband anschließend an Hand der Schnittliste mit den Originalbändern erstellt werden.
- Farbkorrekturen und Effekte müssen mit einer weiteren Kopie und teuren Online-Geräten durchgeführt werden.

Ablauf einer professionellen Nachbearbeitung

Die Herstellung des Bildschnitt-Masters

Transfer/Kopieren der Originalbänder

Bei fast allen Verfahren werden die Originalbänder in ein Bearbeitungsformat transferiert und bleiben bis nach der ersten Sendung als Sicherungskopie (Backup) erhalten. Anschließend werden sie gelöscht. Für den Transfer in ein Bearbeitungsformat sind die bei den Aufnahmen entstandenen Protokollnotizen notwendig. Für den automatisierten Transfer auf Computerfestplatten werden die Protokolle in einem geeigneten Datenformat benötigt. Nur im Offline-Verfahren werden die Originalbänder noch einmal am Ende der Bearbeitung für die Schnittausführung benutzt. Bei der linearen Online-Bearbeitung, z.B. für aktuelle Produktionen, werden sie für den Schnitt direkt verwendet. Der Transfer entfällt.

Titel und Grafiken

Haupttitel und Grafiken werden von den Grafikern mit Schriftgeneratoren oder Paintsystemen entworfen und entweder über die Netzwerke der Bildspeichersysteme oder als Videobilder auf Bänder an die Bearbeitungsstationen geliefert. Lineare Editiersysteme haben, wegen ihres aktuellen Einsatzes, eigene Schriftgeneratoren. Untertitel können mit ausreichender Qualität auch auf nichtlineare Editiersysteme direkt erstellt werden.

Bearbeitung des Rohmaterials

Bildschnitt und Bildkorrektur

Die produzierten Takes/Shots werden zusammen mit den Originaltönen zum Bildmaster zusammengesetzt, die Schnittübergänge werden definiert und im benutzten Qualitätsstandard des Bearbeitungsformats ausgeführt. Alle Schnitte, Übergänge und Korrekturen werden bildgenau in einer Schnittliste festgehalten. Diese wird nach der Abnahme durch die Redaktion auf verschiedenen Medien gesichert und wie die Originalbänder archiviert. Für die Gestaltung der Handlung durch Bildeffekte und Tricks sind die Bearbeitungssysteme mit Effektgeräten oder Softwaretools ausgestattet. Dazu gehören:

- Trickmischer für Überblendungen
- Bildspeicher für Standbilder
- Slowmotion-Steuerungen für Zeiteffekte
- DVEs für geometrische Veränderungen
- *Chroma- und Luminanzkeyer* für zusammengesetzte Bilder

- *Painter* für Masken und Hintergründe
- einfache Farbkorrektoren
- Schriftgeneratoren für Titel

Bei linearen Systemen können diese Effekte nur mit einzelnen Trickgeräten erzeugt werden. Bei nichtlinearen Systemen können die Effekte entweder mit Software-Tools erzeugt werden, die nachträglich eine gewisse Zeit zum Berechnen (Rendern) der Effekte benötigen oder in Realzeit mit Hardware in Form von Effektboards im Rechner des Editors. Sollen allerdings vor allem zeitkritische Produktionen, wie z.B. Serien, damit bearbeitet werden, ist es empfehlenswert die Hardwarelösung zu benutzen.

Diese Effektgeräte oder Effekttools werden häufig auch zur Korrektur von Einstellungen, die in der Produktionsphase Farb- oder Einstellungsfehler haben, benutzt. Während der Produktion können die Fehler sonst nur noch durch zeitraubende Wiederholungen der fehlerhaften Szenen beseitigt werden.

Alle O-Töne werden, von Take zu Take abwechselnd, auf zwei Tonspuren (A/B) kopiert, ohne sie zu schneiden oder zu kürzen. Auf weiteren Spuren werden ebenfalls schon zu dieser Zeit vorhandene zusätzliche Töne angelegt.

Redaktionelle Abnahme

In der redaktionellen Abnahme wird die Bildschnitt-Masterfassung entweder zur Weiterverarbeitung freigegeben, oder es werden weitere Korrekturen beschlossen und die Fassung wird nochmals in die Schnittbearbeitung zurückgegeben.

Schnittausführung

Dieser Schritt ist im Offline-Verfahren bei Verwendung von linearen und nichtlinearen Schnittplätzen notwendig. Unter Verwendung der Schnittliste werden die darin bildgenau festgelegten Teile aus den Originalbändern zu einem Bildmasterband zusammenkopiert. Davon wird direkt ein Reserve-Bildmasterband kopiert. Dies geschieht entweder automatisch an einem nichtlinearen Editiersystem mit integrierter Schnittausführung oder manuell an einem herkömmlichen Bandschnittplatz. Dabei findet als Abschluss der Bildnachbearbeitung eine technische Bildkontrolle der Bänder statt.

Backup

Zur Sicherung des Arbeitsergebnisses wird als erstes Backup auf einem Daten-Streamer der komplette digitale Inhalt des belegten Speicherplatzes für ein/e Projekt/Folge gesichert. Dadurch kann jederzeit ohne Verluste der bisherige Speicherinhalt rekonstruiert werden.

Bereitstellung der fertigen Bildmasterfassung für die weiteren Prozesse

Transfer des Bildmasters und der Originaltöne

Die in einem nichtlinearen Online-Editiersystem entstandene virtuelle Bildmasterfassung muss mit allen ungemischten Originaltönen auf ein Bildmaster- und Reserveband ausgespielt werden. Auch hier findet zum Abschluss der Bildnachbearbeitung die technische Bildkontrolle der Bänder statt.

Beim linearen Online-Verfahren ist dieses Bildmasterband bereits beim Schnitt entstanden. Von diesem Zeitpunkt an darf am Bildmaster nichts mehr geändert werden, sonst geht die Synchronität zwischen Bild und Ton verloren.

Für eine nachfolgende nichtlineare Tonbearbeitung müssen der Bildmaster mit allen Originaltönen und die Schnittliste entweder auf eine Festplatte des Tonbearbeitungssystems gespielt werden oder die für die Bildbearbeitung verwendeten Festplatten werden aus der Bildanlage in das Tonbearbeitungssystem umgesteckt. Für eine lineare Tonbearbeitung muss der Bildmaster als Bandkopie mit allen Originaltönen, eventuell auf separaten Trägern, an die Tonnachbearbeitungsanlage weitergegeben werden.

Arbeitskopien
Für weitere Zwischenschritte im Nachbearbeitungsprozess werden einige Kopien des Bildmasterbandes einschließlich des Timecodes angefertigt, teilweise mit einer Timecodeanzeige im Bild.

Herstellung des Tonmasters

Musik- und Geräuschproduktion
Mit Hilfe der Arbeitskopien des Bildmasterbandes werden Musiken und Sondergeräusche synchron zum Bild produziert, fehlende Töne werden aus den Archiven beschafft.

Videotextproduktion
Der Videotext (beispielsweise für Gehörlose) wird an Hand einer Arbeitskopie des Bildmasterbandes mit im Bild eingesetztem Timecode vorbereitet und in der Endfertigung den Sendebändern zugefügt.

Transfer des Bildschnitt-Masters und aller zusätzlichen Töne
Der fertige Bildschnittmaster sowie nachproduzierte Musiken, Geräusche, Raumatmosphären und Off-Töne müssen zunächst vollständig in die zur Zeit noch besonderen Bild- und Ton-Datenformate des Tonbearbeitungssystem transferiert werden. Die gegenwärtigen Tonbearbeitungen erlauben es leider nicht, wie die Bildsysteme, einzelne Szenen wahlfrei im Speicher zu bearbeiten und dort im jeweils aktuellen Bearbeitungszustand für weitere Prozesse zu hinterlassen. Das macht es erforderlich, dass alle benötigten Materialien zum Start der Tonbearbeitung transferiert sind.

Ton anlegen
Anschließend werden alle Töne, einschließlich der Originaltöne, auf verschiedene Spuren synchron zum Bild angelegt. Pegel und Filter für die Mischung werden vorbereitet.

Tonmischung
Dann erfolgt die Tonmischung, meistens in zwei Stufen als Vor- und Endmischung. In der Vormischung werden alle O-Töne, Geräusche, Atmos und Übergänge, die zur Szene gehören, gemischt. In der Endmischung werden alle Musiken untereinander und mit der Vormischung verbunden.

Tonabnahme
Nach den Mischungen findet eine Ton-Endabnahme statt. Dabei wird die Mischung redaktionell und technisch auf Fehler und Synchronität überprüft.

Hans Funck

Arbeiten mit digitalen Schnittsystemen

Bei analogen Schnittsystemen hängt das Filmmaterial an einem Galgen. Jeder einzelne Take muss gesucht, umgespult, eingesetzt und schließlich geklebt werden. Diese Arbeit ist sehr zeitintensiv. Bei digitalen Schnittsystemen hat man so gut wie keinen Kontakt mehr zum eigentlichen Filmmaterial. Das ist aber auch das einzige, was viele Cutter vermissen. Für den digitalen Schnitt werden verschiedene Systeme eingesetzt. Am teuersten, aber auch äußerst komfortabel, zuverlässig und am weitesten verbreitet, ist der AVID Filmcomposer®.

Das Filmmaterial wird abgetastet und auf einen Videoträger (meistens Betacam SP) überspielt. Bild und Ton werden auf Festplatten digitalisiert, synchron angelegt und in so genannten Bins nach den Klappennummern entsprechend des Drehbuchs abgelegt. Es können beliebig viele Bins, beispielsweise für Musik und Effekte und selbstverständlich für Bild und Ton, angelegt werden. Die Bildauflösung ist bis zur Sendequalität in verschiedenen Stufen frei wählbar. Die Arbeit ist wie in einem alten Schneideraum organisiert, sie ist nur wesentlich komfortabler. Jeder Cutter kann sich das Setup des Filmcomposers (Tastaturbelegung etc.) auf seine persönlichen Bedürfnisse einstellen.

Das klingt komplizierter als es ist. Ein digitales Schnittsystem erschließt sich relativ schnell – ich habe bis heute nicht in das Handbuch geschaut. Wer einmal digital geschnitten hat, will garantiert nicht wieder zurück an den klassischen Schneidetisch.

Einer der beiden 21-Zoll-Monitore wird für Logistik, Projektverwaltung, Settings, Bins und eine Menge Spielereien gebraucht. Der zweite zeigt Player und Recorder, eine Zeitleiste und die grafische Übersicht des Schnitts. Mit dem Filmcomposer können bis zu 24 Video- und Audiospuren bearbeitet werden (es gibt Cutter, die brauchen das) und die Auswahl an Bild- und Toneffekten, zu denen weitere importiert werden können, ist enorm.

Ist der Cutter in der glücklichen Lage, mit einem guten Regisseur und einem guten Kameramann zu arbeiten, die qualitativ hochwertiges Material liefern, kann er durch die ausgefeilten Möglichkeiten seiner Kreativität freien Lauf lassen. Weil das Material digitalisiert ist, muss es nicht hin- und hergespult werden. Auf jedes einzelne Bild oder Take sowie auf die Laborrolle kann jederzeit zugegriffen werden. Alles ist schnell abgreifbar und der Cutter kann sich auf den eigentlichen Schnitt konzentrieren.

Ist eine Szene geschnitten, können weitere Varianten ausprobiert und angelegt werden. Es wird einfach eine Kopie gemacht. Diese Funktion ist die beliebteste beim digitalen Schnitt. Aber irgendwann hat man eine Kopie von der Kopie von der Kopie ... Man kann sich nicht entscheiden, welche Version die bessere ist und landet schließlich im digitalen Wald. Bei der Arbeit an Werbespots ist das Kopieren sehr beliebt. Die Möglichkeit, viele Varianten ausprobieren zu können, machen den Geschwindigkeitsvorteil digitaler Schnittsysteme gegenüber analogen schnell wieder zunichte.

Digitale Schnittsysteme sind nicht unbedingt schneller als analoge. Dafür ist der Film bis zum letzten Frame auf den digitalen Punkt gebracht. Nun ist der Zeitpunkt gekommen, das Produkt der Begierde abzuspielen und anhand von Timecode- und Cutlisten (für den Negativschnitt) ins Fernsehen oder Kino zu bringen, um sich dann stolz auf den nächsten Film stürzen zu können. Vorsicht Suchtgefahr!

Backup
Der Tonmaster mit allen zusätzlichen Tönen wird von der Tonplatte zurück auf den Plattensatz der Folge transferiert. Dann wird ein zweites Backup des Plattensatzes auf den Daten-Streamer kopiert. Die Datenkassette wird archiviert. Alle wichtigen Töne werden zusätzlich auf CD gebrannt. Nach der Sicherung wird der Speicherplatz der fertig gestellten Folge zum Löschen freigegeben.

Herstellung des Schnittmasters

Transfer der Tonmischungen auf das Bildmasterband
Das Ergebnis der Endmischung wird nach der Abnahme auf das Bildmasterband zurück gespielt. Die O-Töne aus der Bildmasterkopie auf der zweiten Spur werden nicht gelöscht. Dieses Band ist nach der Tonabnahme Schnittmaster, von dem alle weiteren Kopien gezogen werden.

Da sich auf einer Spur des Masterbandes noch die ungemischten Originaltöne befinden, ist eine einfache Synchronkontrolle durch gleichzeitiges Abhören der zwei Kanäle möglich.

Das Ergebnis der Vormischung wird auf das Reserve-Bildmasterband zurück gespielt, ohne auch hier zunächst die bereits vorhandenen O-Töne zu löschen. Nach einer unbeanstandeten Synchronkontrolle wird an Stelle der ursprünglichen O-Töne die Endmischung aufgespielt.

Das Reserve-Masterband wird später nicht nur als Reserve, sondern auch als Basis für eventuelle fremdsprachige Synchronisationen verwendet.

Beide Bänder werden mit der Schnittliste als Basis für weitere Kopien archiviert und bleiben nach Löschung der Originalbänder als einzige Träger der Produktionsergebnisse erhalten. Mit diesen Bändern werden auch die letzte Fassungen der Bild- und Tonschnittliste den Archivbändern für fremdsprachige Synchronisationen auf einer Diskette beigelegt.

Endfertigung

Farbkorrektur
In der Endfertigung wird bei Bedarf zusätzlich zunächst eine hochwertige Farbkorrektur der einzelnen Einstellungen auf dem Masterband vorgenommen.

Videotext
Bei Bedarf werden einzelne Kopien mit dem in der Videotextredaktion vorbereiteten Videotext versehen. Dies geschieht in einem Mischer, der über eine Datenleitung aus dem Videotextcomputer angelieferten Text in eine bestimmte Videozeile einfügt. Dazu wird das Bildsignal eines Videoplayers in analoge Komponentensignale gewandelt, die Videotextzeile als Analogsignal hinzugefügt und das Gemisch dem Recorder als Komponentensignal zum Aufzeichnen wieder zugeführt. Der Vorgang wird parallel zu den Sendekopien ohne Videotext durchgeführt.

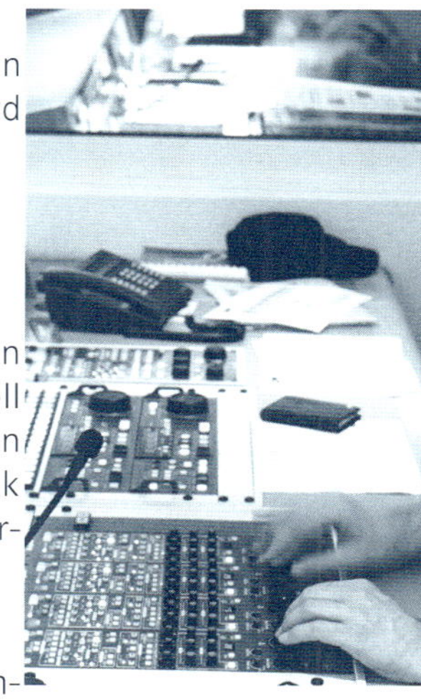

Herstellung der Sendekopien

Anschließend werden mehrere Sende- und Ansichtskopien erstellt. Sie werden technisch endgültig abgenommen und bis zur Sendung versiegelt. Als Ton wird nur noch die Spur mit dem Tonmaster an die Kopien weitergegeben.

Aktualisierung

Produktion aktueller Takes

Aktualisierte Fassungen bestehen aus kurzen Takes, die aktuelle Informationen aufgreifen. Sie sind häufig voraussehbar und deshalb auch vorgeplant. Eventuell werden auch mehrere Fassungen für alle vorhersehbaren Möglichkeiten schon vorproduziert. Bei Bedarf werden selbst am Sendetag oder im letzten Augenblick vor der Sendung in einem aktuellen Studio Takes produziert und direkt vom Bearbeitungssystem aufgezeichnet.

Titel und Grafiken

Geänderte Titel werden häufig auf dem Schriftgenerator des Bearbeitungskomplexes erstellt oder über das Netzwerk der Bildspeicher aus der Grafikabteilung zugeschickt.

Einsetzen neuer Takes in die Sendebänder

Die produzierten Takes werden zusammen mit Grafiken, Titel und Trickeinstellungen auf einem linearen Online-System der MAZ-Zentrale in die Sendebänder einkopiert. Wenn der Transport des ersten Sendebandes in die Sende-MAZ zeitlich nicht mehr möglich ist, wird das Band auch aus dem Bearbeitungssystem heraus gesendet.

Versand der Sendebänder

Am Ende der Bearbeitungskette werden vom Archiv die Sende- und Ansichtskopien für andere Sendeanstalten vorbereitet und zu den Empfängern verschickt, oder in eiligen Fällen über das Leitungsnetz überspielt.

Alexander Leschinsky

Fernsehen und Internet – ein Ausblick

Bereits heute kann man eine Vielzahl von Fernsehsendungen auch im Internet sehen und hören. Dabei handelt es sich meistens um kurze Beiträge von wenigen Minuten, häufig handelt es sich um Informationen, seltener sind sie narrativ. Die ARD-Fernsehserie *Lindenstraße* hebt sich davon ab. Seit 2001 kann man die letzten vier Folgen in ganzer Länge und bildschirmfüllend am Computer miterleben. Dabei zeigt der qualitative Vergleich zwischen Fernsehen im Fernseher und Fernsehen im Internet deutliche Unterschiede. Am Computer ist man von der gewohnten Bildqualität noch weit entfernt. Das Bild ist klein, manchmal ruckelt es oder stoppt ganz, die Farben sind verwaschen. Auch die Bedienung ist wenig benutzerfreundlich und die Nutzer müssen verschiedene Medienarchitekturen wie Windows Media, Real System, Quicktime oder MPEG kennen und nutzen können. Außerdem müssen sie Videoclips als solche erst einmal erkennen: Manchmal muss man ein kleines Kamerabild anklicken, ein anderes mal ein Bild oder einen Text, manchmal ist der Clip in der Webseite integriert, an anderer Stelle öffnet sich ein eigenständiger Player. Der ehemaligen RTL-Chef Helmut Thoma hat diesen Zustand in einer Keynote auf der *Internet World* treffend zusammengefasst: „So schlecht hat nicht einmal das Fernsehen angefangen!". Doch die technologische Entwicklung lässt zuversichtlich in die Zukunft blicken. Die wachsende Bandbreite bei den Endnutzern, eine verbesserte Datenkompression, verteilte Serverstrukturen und die einfachere Bedienbarkeit der Player versprechen deutliche Qualitätssteigerungen und mehr Nutzerkomfort. Nach und nach entwickeln die Anbieter aber auch Strategien, die fortgeschrittenen multimedialen Fähigkeiten dieser Technologien sinnvoll für die Vermittlung von Informationen und Unterhaltung einzusetzen.

Die Verschmelzung von Fernsehen und Internet wird noch lange auf sich warten lassen

Die Integration von Fernsehen und Internet ist eine der Standardvoraussagen für die Medienzukunft. Im Zuge der Privatisierung der Kabelnetze wird die bestehende Infrastruktur derart aufgerüstet, dass neben dem Fernsehprogramm auch Telefonie und Internet übertragen werden können. Hersteller bieten Fernseher mit integriertem Internetzugang an, für den Computer gibt es TV- und SAT-Karten. Bei diesen Entwicklungen handelt es sich aber noch nicht um eine tatsächliche Verschmelzung. Es werden lediglich gemeinsame Übertragungsmedien und Darstellungsgeräte verwendet. Zu einer echten Interaktion der beiden Medien kommt es dabei nicht. Im Fernseher ist die Internetnutzung ein eigenständiger Modus, der separat von der Fernsehnutzung angewählt wird. Und bei der Übertragung von Internet über das Kabelnetz wird der Computer an ein Kabelmodem parallel zum Fernseher angeschlossen.

Prinzipiell ist das Internet mächtiger und eher dazu geeignet, das Medium Fernsehen aufzunehmen, als umgekehrt. Noch zeichnet sich die klassische Fernsehübertragung durch drei wesentliche Vorteile gegenüber dem Internet aus.

Fernsehen

- bietet eine höhere Bild- und Tonqualität,
- verursacht auf der Anbieterseite von der Nutzerzahl unabhängige Kosten und
- ist einfach zu bedienen.

Video im Internet wird in absehbarer Zeit die gewohnte Fernsehqualität nicht erreichen. Ausschlaggebend dafür ist die geringe Bandbreite, mit der Endnutzer angebunden sind und erreicht werden können. Solange die Mehrzahl der Nutzer analoge Modems oder ISDN verwenden, überwiegen die Vorteile des Fernsehens. Aufgrund der immer effektiveren Bild- und Tonkompression und der starken Zuwachsraten bei breitbandigen Internetzugängen (DSL, Kabel, Powerline, Satellit) wird die Zahl derer allerdings stetig und schnell wachsen, die Video auch über das Internet in gewohnter oder besserer Qualität empfangen können. Bei einer optimalen Konstellation aller Komponenten auf dem Weg vom Anbieter zum Endkunden ist es bereits heute möglich, bewegte Bilder in DVD-Qualität aus dem Internet am Bildschirm zu sehen. Problematischer sind die Kosten, die Anbietern von Video und Audio im Internet entstehen. Heute gilt noch, dass Erfolg bestraft wird. Denn in den meisten Fällen hängen die Kosten unmittelbar mit dem Datenvolumen zusammen, das an die Endbenutzer übertragen wird. Je mehr Zuschauer man also hat und je höher die Datenrate ist, mit der sie beliefert werden, umso teurer wird die Übertragung und desto höher die Rechnung. Bei der Datenübertragung über das Internet gehen die Daten durch viele Hände und alle wollen die von ihnen geschaffene Infrastruktur refinanzieren und Gewinne erwirtschaften. Analog zur Telefonrechnung wird die Abrechnung von Übertragungseinheiten noch eine ganze Zeit das Maß aller Kosten sein.

Zwar etabliert sich das Modell der *Flatrate*, bei der nicht nach übertragenem Volumen, sondern pauschal nach Leitungsbreite bezahlt wird, auf der letzten Meile zum Endkunden. Auf der Seite der Anbieter und auf dem Übertragungsweg durchs Internet sind die Kosten für Flatrates aber noch zu hoch. Ein großes Problem sind die extremen Nutzungsschwankungen. Eine pauschal gebuchte Leitung, die beispielsweise das Endspiel der Fußballweltmeisterschaft an alle Zuschauer streamt, wird im Normalbetrieb und vor allem während der frühen Morgenstunden kaum genutzt, muss aber bezahlt werden. Auch auf absehbare Zeit wird eine stärkere Nutzung auf Anbieterseite auch höhere Kosten verursachen. Bei kostenpflichtigen oder werbefinanzierten Angeboten lässt sich das leichter finanzieren. Gibt es diese Möglichkeiten – wie etwa beim öffentlich-rechtlichen Rundfunk – nicht, sind alternative Finanzierungsmodelle gefragt.

Auch die einfache Bedienbarkeit des Fernsehers ist ein Vorteil gegenüber dem Internet. Das Fernsehgerät ist ein Prototyp einer so genannten Appliance, ein Werkzeug, das zu einem spezialisierten Zweck geschaffen und optimiert wurde. Ein Fernseher zeigt das Fernsehprogramm. Das kann er sehr gut, mehr kann er aber auch nicht. Die Bedienung der Standardfunktionen ist einfach und so etabliert, dass jeder sofort jedes Gerät bedienen kann. Auch die Programmauswahl ist eingeschränkt und überschaubar. Selbst die Hunderte von Programmen, die über Satellit oder Kabel empfangen werden können, sind verglichen mit dem Angebot im Internet verschwindend gering.

Der Fernseher wird bei hohem technischen Qualitätsanspruch zunächst im Vorteil sein. Das Internet holt aber schnell auf. Die nutzungsabhängigen Kosten werden bei der Übertragung von populären Inhalten im Internet eine Hemmschwelle bleiben. Dem wirkt auf der anderen Seite die Tendenz zu immer günstigeren Preisen für die Datenübertragung entgegen. Der Fernseher wird überall dort erste Wahl bleiben, wo einfache Bedienung und Konzentration auf das Wesentliche im Vordergrund stehen. Langfristig wird das Internet das Fernsehen ablösen.

Der On-Demand-Zugriff auf Videoclips wird den Livezugriff als Standardnutzung ablösen

Das World Wide Web (das hier synonym mit Internet verwendet wird) ist konzeptionell ein *On-Demand-Medium*. In seiner Anfangszeit bestand es fast ausschließlich aus statischen Webseiten, die dem wahlfreien Zugriff zur Verfügung standen. Dynamische Seitenerzeugung und Streaming-Technologien erlauben zwar heute einen echten »Live-Betrieb« (etwa bei aktuellen Nachrichten), dennoch ist der primäre Charakter des Internets der eines großen Nachschlagewerkes für alle Wissens- und Unterhaltungsbereiche.

Das On-Demand-Angebot von audiovisuellen Inhalten hat für die Endnutzer im Vergleich zu Liveangeboten entscheidende Vorteile:

- Das Angebot ist wegen der Unabhängigkeit vom Entstehungsdatum ungleich größer und
- es ist wegen der größeren Auswahl zielgruppen- und interessenspezifischer.

Die Anbieter bekommen im Gegenzug aussagekräftigere Daten über das Nutzungsverhalten ihrer Zuschauer – das ist interessant und lukrativ für die Werbebranche. Unter diesem Blickwinkel besteht das Programm eines 24-Stunden-Senders beim On-Demand-Betrieb im Internet in einer aktuellen redaktionellen Auswahl aus einem täglich wachsenden Archiv.

Liveübertragungen werden nur noch eingesetzt, wenn es sich um ein tatsächliches Liveereignis handelt, wenn die Nutzungsrechte dies vorschreiben, oder wenn die Nutzer lieber eine Auswahl durch eine Redaktion konsumieren möchten, als selber zu suchen und aktiv das eigene Programm zu gestalten.

Durch den automatisierten Mitschnitt kann prinzipiell aber jede Liveübertragung für die On-Demand-Nutzung aufbereitet werden. Neben dem klassischen Livemedium Fernsehen wird sich das Internet zukünftig also vor allem wegen seiner Fähigkeit als On-Demand-Medium auszeichnen.

Inhalte werden im Internet modular angeboten werden

Computer und Internet ermöglichen die Nutzung vernetzter und multimedialer Informationen. Über das WWW lassen sich alle Informationsebenen der herkömmlichen Medien in einer Oberfläche integrieren: die Webseite kann mit geschriebenem Wort, mit statischem oder bewegtem Bild, mit Ton und Animationen umgehen. Durch diese strukturelle Gleichbehandlung bildet das Internet die Obermenge des traditionellen Medienkanons. Die Vernetzungsmöglichkeiten werden im Vergleich zu Querverweisen oder Fußnoten im Buch oder zu Nummernverweisen im Videotext auf eine völlig neue funktionale Ebene gehoben. Links im Internet sind universeller und einfacher zu bedienen als solche herkömmlichen Verweisverfahren. Und überall dort, wo eine Fernsehsendung aus einzelnen Sinnabschnitten, Beiträgen oder Episoden besteht, ist eine Verlinkung auf diesem Level möglich und sinnvoll.

Der Zugriff auf Inhalte im Internet erfolgt primär aktiv und interessengesteuert, die Nutzer verfolgen ein Ziel, haben eine Frage, die beantwortet werden soll oder ein Problem, das zu lösen ist. Sie wollen sich beispielsweise nicht die komplette *Hobbythek* über selbst gemachte Kosmetik ansehen, sondern suchen einen bestimmten Beitrag über fettfreie Augencreme. Soll der Nutzer nicht die komplette Sendung manuell durchsuchen, muss der Inhalteanbieter eine Segmentierung und Strukturierung für ihn vornehmen. Der inhaltlich gesteuerte On-Demand-Zugriff ist erst durch die inhaltliche Erfassung, durch Klassifikation und Segmentierung des Angebots sinnvoll und nutzbar. Der traditionelle Broadcast entspricht diesen Anforderungen nicht: Die Segmente werden einfach in ihrer »normalen« oder ursprünglich konzipierten Reihenfolge abgespult.

Der Zugriff kann aber auch innerhalb einer Sendung oder sendungsübergreifend auf Segmentebene willkürlich und zielgerichtet geschehen. Dramaturgische Konsistenz vorausgesetzt, ließe sich beispielsweise ein isolierter Handlungsstrang einer Fernsehserie über mehrere Folgen hinweg getrennt vom sonstigen Geschehen verfolgen. Um im Beispiel zu bleiben: Im Anschluss an den Beitrag über fettfreie Augencremes aus der Hobbythek könnte ein Beitrag über einschlägige Tierversuche oder über Funktion und Aufbau der Haut folgen – die Möglichkeiten sind mannigfaltig. Je detaillierter die Segmentierung ist, umso zielgenauer kann der Zugriff auf Informationen durch den Nutzer erfolgen. Wegen der damit verbundenen höheren Kosten für die redaktionelle Aufbereitung muss allerdings ein tatsächlicher Nutzen und ein Interesse an der Information auf Nutzerseite vorliegen.

Will man bei der Fernsehproduktion eine nachgeschaltete oder parallele Verbreitung über das Internet mediengerecht ereichen, hat die Modularisierung Konsequenzen für fast alle Produktionsschritte. Bereits bei der Konzeption muss überprüft werden, ob einzelne Komponenten autark genug sind und ohne den Kontext des Fernsehsenders, der Programmschiene, des thematischen Umfeldes oder einer Anmoderation verknüpfbar sind und isoliert verstanden werden können. Bei ohnehin granularen Angeboten wie Magazin- oder Nachrichtensendungen ist das einfach und es muss nur ein geringer Mehraufwand betrieben werden.

Schwieriger – aber auch interessanter – ist die Modularisierung im narrativen Bereich, beispielsweise bei einer Fernsehserie. Die natürliche Einheit ist die Episode, die Handlung findet jedoch in Strängen über mehrere Folgen statt. Jede Episode berührt mehrere Handlungsstränge, die mehr oder weniger inhaltlich verknüpft sind. Beim Entwurf der Storylines und beim Verfassen der Drehbücher spielen diese Handlungsstränge eine architektonische Rolle. Sie ziehen sich wie ein roter Faden durch die Produktion.

Bei der Anpassung von Serien für das Internet lässt sich diese inhärente Modularität explizit machen. Eine Folge ist nichts anderes als eine Abfolge von Handlungsstrang-Stationen, die wie im Fernsehen in ihrer ursprünglich beabsichtigten Abfolge gesehen werden können. Aber sie können eben auch in einer anderer Reihenfolge gesehen werden, beispielsweise als von der restlichen Handlung isolierte Geschichte oder biografisch auf die Geschichte einer bestimmten Figur konzentriert. Diese vielfältigen Möglichkeiten machen allerdings erhebliche Eingriffe in die Seriendramaturgie notwendig und setzen eine konsistente Handlungsführung voraus. Sind diese Voraussetzung gegeben, ist die modulare Aufbereitung einer Serie technisch einfach und ohne großen Aufwand zu realisieren.

Die Auffindbarkeit von Inhalten wird im Gegensatz zum Fernsehen stärkere Bedeutung bekommen

In Deutschland kann man terrestrisch eine Handvoll Programme empfangen, über das Kabelnetz einige Dutzend und über Satellit stehen einige hundert Sender zur Auswahl. Das Angebot ist allerdings so gering, dass es für einen geografisch begrenzten Raum regelmäßig in einer Programmzeitschrift angekündigt werden kann.

Ganz anders das Internet. Das Angebot wächst exponentiell und die Zahl der Webseiten kann nur noch geschätzt werden. Manuell erstellte Kataloge wie Yahoo oder web.de können nur noch einen kleinen Ausschnitt erfassen. Selbst automatisierte Suchmaschinen nehmen neue und geänderte Informationen nur mit einigem Zeitverzug auf. Einen zentralen Katalog etwa über alle aktuellen deutschsprachigen audiovisuellen Beiträge im Internet gibt es nicht, eine Realisierung ist mehr als fraglich.

Die Suche nach Inhalten gleicht einem Glücksspiel, denn selbst Suchmaschinen von Videoanbietern spüren oft die eigenen Filme nicht korrekt auf. Dabei gibt es durchaus gute Vorbilder: CNN bietet z.B. ein Videoarchiv an, über das die Nutzer auf alle freigegebenen Inhalte zugreifen können.

Bei der Auffindbarkeit von Informationen im World Wide Web spielen Metainformationen eine wesentliche Rolle: Schlag- und Stichworte, inhaltliche Zusammenfassungen, Titel, Mitwirkende etc. sollten konsistent und vollständig aus den internen Produktionswerkzeugen übernommen und auf die Video- und Audioclips übertragen werden. Unter Mitwirkung von Tim Berners-Lee, dem Erfinder des WWW, wird derzeit die semantische Architektur RDF (*Resource Description Framework*) entwickelt, die eine feinere Granularisierung der Metainformationen und eine inhaltsübergreifende und automatische Verknüpfung erlaubt. Ohne die Nutzung solcher Technologien werden Inhalte zukünftig immer schwieriger zu finden sein und auch schwieriger ihren Weg zu neuen Nutzern finden.

In diesem Zusammenhang ist auch die Ergänzung der manuellen Erfassung von Inhalten durch eine automatisierte Erfassung sinnvoll. Mit Hilfe von Algorithmen zur Erkennung von Sprache, Sprechern, Gesichtern, Logos und Schriften im Bild und statistische Verfahren zur Ähnlichkeitsanalyse ist es heute bereits möglich, Video- und Audioclips durch einen Computer und eine Software klassifizieren zu lassen.

Für jeden Beitrag in einem Videoarchiv kann das gesprochene Wort in Text transkribiert und mit einem Timecode versehen werden. Gesichter und Stimmen von ausgewählten Persönlichkeiten des öffentlichen Lebens werden automatisch erkannt, ihr Auftreten wird mit einem Timecode versehen und gespeichert, Schrifttafeln im Bild werden ebenfalls transkribiert. Will man etwa ein Dossier über einen Politiker zusammen stellen, bekommt man nach der Eingabe seines

Namens in einer speziellen Suchmaschine eine nach Relevanz sortierte Liste von Videoclips, in denen er gezeigt, gehört bzw. sein Name genannt wird. Die Links springen mit kurzem Vorlauf direkt an die entsprechende Stelle des Videoclips. Ein solches Archiv erlaubt einen gezielten Zugriff auf das vorhandene Material und bietet sich für die interne Recherche und für den externen Benutzerzugriff auf die Inhalte an.

Die technologische Entwicklung wird den inhaltlichen Bedürfnissen voraus eilen

„Nichts veraltet so schnell wie High-Tech." Das gilt für das Internet in besonderem Maße. Nicht jede technische Neuerung stellt eine Revolution dar, auch das schnelllebige World Wide Web entwickelt sich vorwiegend evolutionär. Trotzdem bringt die Entwicklung der Informationstechnologie fortwährend neue Einsatzmöglichkeiten für digitales Audio und Video hervor.

Die einfache Übertragung von Inhalten aus herkömmlichen Medien in das Internet ist vergleichsweise unkompliziert und alltägliche Praxis in den Internetredaktionen der Sender. Die Produktion von audiovisuellen Inhalten, die originär und unter Nutzung der technischen Möglichkeiten speziell für das Internet produziert werden, ist zur Zeit noch frommer Wunsch. Zu sehr orientiert sich das Denken noch an klassischen Formaten, zu klein ist der Nutzerkreis, um große Budgets zu rechtfertigen.

Konzipiert man Inhalte speziell für das Internet, hat man es mit zwei Grundproblemen zu tun: Zum einen ist der technische Weg zum Benutzer nicht so standardisiert wie beim Fernsehen. Je interaktiver und mediengerechter ein Projekt ist, desto wichtiger ist die Frage der Plattformunabhängigkeit. Schnell stellt man fest, dass das eine oder andere Feature nur mit einer bestimmten Player-Version oder nur auf einem bestimmten Betriebssystem funktioniert. Immer wieder wird man entscheiden müssen, welchen Prozentsatz potenzieller Nutzer man vernachlässigen muss, weil eine bestimmte Technologie eingesetzt werden soll. Viele Erwartungen werden mit neuen Standards wie etwa MPEG-4 für die Video- und Audioübertragung verbunden. Diese sollen die Anbieter von der Anpassung ihres Angebotes an die individuellen Voraussetzungen des Nutzers befreien.

Andererseits lassen sich Inhalte aus anderen Medien in das Internet übertragen. Werden aber Projekte entwickelt, die die multimediale und Netzstruktur des Mediums Internet weitgehend nutzen, ist der Weg zu den Inhalten verbaut, weil sie eben nicht mediengerecht für das Internet aufbereitet sind. Solange die Nutzung des World Wide Web zahlenmäßig deutlich hinter der anderer Medien zurücksteht, wird der Aufwand nur in Einzelfällen zu rechtfertigen sein.

Und am Ende ist alles doch wieder primär eine Frage der Finanzierung: die technologischen Grenzen werden nach und nach durch ökonomische ersetzt.

Internetquellen

www.w3.org/RDF

www.cnn.com/video

Marketing

Martin
Blum

On-Air-Promotion

Das Fernsehen ist als Medium nicht nur für die Schaltung fremder Werbung, sondern auch für Werbung in eigener Sache höchst interessant. Kein anderes Unternehmen kann sich eine solch kontinuierliche Präsenz und Imagewerbung in dem reichweitenstärksten und teuersten Medium leisten. *On-Air-Promotion* beschreibt die Eigenwerbung des Fernsehens unabhängig von redaktionellen Programminhalten. Beworben werden einzelne Sendungen, Programmstrecken und das Image des Senders. Damit sollen die Zuschauer durch das Programm geführt sowie an das Programm und den Sender gebunden werden. Die wesentlichen Instrumente der On-Air-Promotion sind Teaser und Trailer, die in enger Kooperation der verschiedenen Abteilungen eines Senders konzipiert und produziert werden. Sie sind im Idealfall Bestandteil eines Mixes verschiedener Marketinginstrumente.

Was ist On-Air-Promotion?

Die folgenden Beschreibungen der On-Air-Promotion (OAP) treffen für das werbefinanzierte Free-TV und das gebührenfinanzierte öffentlich-rechtliche Fernsehen zu. Die Besonderheit beim öffentlich-rechtlichen Fernsehen bestehen in gesetzlich geregelten und limitierten Werbeanteilen und darin, dass Werbeunterbrecher während des Programms (Ausnahme: Westdeutsches Werbefernsehen) nicht zulässig sind. Es gibt deshalb auch weniger Möglichkeiten für Eigenwerbung.

Außerdem sei darauf hingewiesen, dass die On-Air-Promotion für die Werbeaktivitäten der Sender nur eine Form unter vielen ist und im Idealfall immer im Werbemix promotet wird (Plakate, Anzeigen, Radiospots etc.).

Die Elemente der On-Air-Promotion, ihre Bezeichnungen, Längenangaben und Begriffe haben keinen Anspruch auf Vollständigkeit. Begrifflichkeiten und Anwendungen können von Sender zu Sender variieren.

On-Air-Promotion ist die Sendezeit, die Sender nutzen, um unabhängig von redaktionellen Programminhalten auf sich und ihr Programm aufmerksam zu machen, Zuschauer an das Programm zu binden oder durch das Programm zu führen.

Setzt man voraus, dass zu den Gütern des täglichen Bedarfs auch Unterhaltung, Bildung und Information gehören, sind Fernsehsender emotionslos betrachtet industrielle Produzenten einer oder mehrerer Bedarfsgüter. Und damit gelten für sie die gleichen Regeln wie für die Produzenten von trendiger Kleidung, Joghurts, Autos, Versicherungen oder Kartoffelpuffer: Produktion einer Ware, Bewerbung, Transport und Vertrieb zum Kunden.

Nur in zwei Punkten unterscheiden sich Fernsehsender dabei von den anderen Bedarfsgüterproduzenten:

- Die Produkte des werbefinanzierten Fernsehens sind für die Konsumenten in der Regel kostenlos. Sie müssen nur bereit sein, sich Werbung für andere Güter des täglichen Bedarfs anzuschauen.
- Fernsehsender sind gleichermaßen Produktproduzent und Vertriebsplattform.

Diese Vertriebsplattform ist sehr gut für Werbung in eigener Sache geeignet. Vor allem, wenn man bedenkt, dass Fernsehwerbung immer noch als eines der reichweitenstärksten und teuersten Werbemedien gilt. Kein anderer Produzent von Gütern des täglichen Bedarfs kann sich eine vergleichbare kontinuierliche Fernsehpräsenz und Imagearbeit für seine Marke oder seine Produkte leisten.

Geschichte der On-Air-Promotion

In ihren Anfängen beschränkten sich die öffentlich-rechtlichen Sender bei strategischer Zuschauerbindung und Senderprofilierung auf Frisur und Bekleidung der Ansager und Ansagerinnen. Eigene Abteilungen für On-Air-Promotion und Screen-Design gab es nicht. Fernsehdesign war das Produkt einiger weniger Weitsichtiger aus den hauseigenen Grafikabteilungen. Dort saßen talentierte Gestalter, die Spaß an Experimenten mit aus heutiger Sicht eingeschränkten technischen Mitteln hatten. Für sie war die grafische Gestaltung ihrer Sendungen eine Abwechslung zur alltäglichen Arbeit wie dem Entwurf des Speisesplans für die Kantine.

Das Fernsehprogramm war für Fernsehzuschauer und Programmmacher übersichtlich. Vollprogramm war ein Fremdwort und jeder Sender hatte einen Weckton zum Sendeschluss. Integration (Familienprogramm) statt Differenzierung (Zielgruppenfernsehen) war der unreflektierte Weg der Anfangszeit. Das Medium war für die Zuschauer so interessant, das manche Sendungen häufig die Straßen leer fegte und Zielgruppenforschung beschränkte sich auf die Zahl verkaufter Fernseher.

Die Meinung der Zuschauer wurde mit kuriosen Methoden gemessen. Der Showmoderator bat das Publikum beispielsweise zu einem bestimmten Zeitpunkt die Toilettenspülung zu bedienen und damit für oder gegen einen Kandidaten zu stimmen. Am Wasserverbrauch wurde das Ergebnis abgelesen. Ein Fernsehparadies!

Das Medium und die Zuschauer haben sich geändert. Herauszufinden, wer dafür verantwortlich ist, ist genau so schwierig, wie die Frage zu beantworten, ob zuerst das Ei oder die Henne da war:

- Ist das Programm ein Spiegelbild seiner Zuschauer?
- Verändert das Fernsehen die Zuschauer oder die Zuschauer das Fernsehen?

Zeitgleich mit dem Entstehen der durch Werbung finanzierten Fernsehsender in Deutschland begann man sich (freiwillig oder unfreiwillig) mit Begriffen wie Zuschauerquote, Zuschauerführung und Zuschauerbindung auseinanderzusetzen.

Um diesen Aspekten Rechnung zu tragen, orientierte man sich an den privaten Fernsehsendern im Ausland und deren Erfahrungsvorsprung. Auch in Bezug auf Eigenwerbung von Fernsehsendern: Trailer, Screendesign, Merchandisingspots etc.

Diese Anglizismen wurden importiert und es wurden Leuten gesucht, die solche Produkte realisieren und diesen Markt in Deutschland bedienen konnten.

Ein schwieriges Unterfangen, weil Fernseh-Design an keiner Hochschule unterrichtet wurde. Diejenigen, die nach einem Grafikdesignstudium zum Fernsehen gingen, wurden als Exoten belächelt. Es mangelte an Spezialisten, Know-how für die On-Air-Promotion und die Beurteilung ihrer Wirkung. On-Air-Promotion wurde anfangs kaum hinterfragt und als Luxus gesehen, den sich einige werbefinanzierte Free-TV-Sender leisteten.

Mit deren wachsende Erfolgen konnte es sich bald kein Sender mehr leisten, auf On-Air-Promotion zu verzichten. Die Knöpfe 1 bis 9 auf der Fernbedienung wurden zu begehrten Plätzen. Die neuen On-Air-Promotion-Abteilungen der Sender sollten einen dieser Plätze miterobern oder verteidigen.

Die Vielzahl der Fernsehangebote veränderte die Sehgewohnheiten der Zuschauer. Es reichte nicht aus, nur auf eigene Sendungen hinzuweisen. Um dem Quotendruck Rechnung zu tragen, wurde das Marketing strategisch geplant und die On-Air-Promotion wurde zur Chefsache der Programmdirektion. Nach und nach wurde ein System geschaffen, das aus bunten Bildern und poppiger Musik das machte, was heute On-Air-Promotion ist: ein durchdachtes strategisches Instrument mit dem Ziel, den Zuschauern die freie Programmwahl so unfrei wie möglich zu machen.

Programmwerbung

Mit der Programmwerbung werden einzelne Sendeformate individuell beworben. Den Zuschauern wird vermittelt, dass jeder Programmpunkt sehenswert ist. Neuheiten werden als noch nie da gewesen vermittelt („Das haben Sie noch nie gesehen"), und Wiederholungen wird der ihnen anhaftende Beigeschmack von Altlastenverwertung genommen („So haben Sie das noch nie gesehen"). Bei regelmäßigen Programmpunkten (Serien, Magazinen) wird auf Ausgewogenheit in der Zuschaueransprache geachtet, um Programm(be)kenner („auf Wiedersehen") und Programmnovizen („sieh mal an") gleichermaßen anzusprechen.

Imagewerbung

Programmwerbung muss Aspekte der Imagewerbung beinhalten. Für die On-Air-Promotion bedeutet das, Interesse an Sendungen zu wecken und gleichzeitig zu zeigen, auf welchem Sender dieses Angebot zu sehen ist. Sie muss also gleichzeitig Interesse für den Sender wecken.

Dabei muss die On-Air-Promotion die allgemeinen Imagerichtlinien der Sender (Corporate Identity) berücksichtigen. Das eindeutigste Kennzeichen dafür ist die Verwendung von sendereigenen Formaten und grafischen Elementen. Ist der Image- oder Kampagnengedanken stark ausgeprägt, ordnet sich die Programmwerbung der Imagewerbung unter. Darüber hinaus werden auch Spots produziert, die unabhängig von einzelnen Programmpunkten das Image eines Senders zeigen.

Mit Kampagnenspots („Der Sommer bei ...") wird beim Zuschauer ein Image gepflegt oder ein vom Zuschauer empfundenes Image bestätigt („Der Spielfilmsender", „Der Informationssender", „Der Showsender").

Die schwierigste Aufgabe der On-Air-Promotion besteht darin, mitzuhelfen, ein negatives Senderimage zu relativieren oder zu widerlegen.

Zuschauerführung

On-Air-Promotion führt die Zuschauer im Sinne des Senders durch das Programm. Die Zielgruppe wird im Idealfall an einem zielgruppenadäquaten Programmpunkt abgeholt und mit einem Zielgruppentrailer zu einem anderen zielgruppenadäquaten Programmpunkt geführt. Wer beispielsweise weiblich, unter

49 ist und gerne Talkshows und Liebesfilme sieht, wird nach der Talkshow einen auf sie abgestimmten Trailer sehen, der auf einen Liebesfilm drei Tage später auf dem gleichen Sender hinweist.

Zuschauerbindung

Zuschauerbindung ist das Ergebnis von Zuschauerführung. Hat sich ein Zuschauer für einen Programmpunkt entschieden, ist es Aufgabe der On-Air-Promotion, ihn zum Bleiben und/oder Wiederkommen zu animieren.

Kritische Punkte der Zuschauerbindung sind Werbeblöcke, bei denen die On-Air-Promotion die Aufgabe hat, den Zapp-Impuls und das Abwandern zu verhindern.

Glaubt man den Zahlen der Fernsehnutzung in Deutschland und setzt man ein bestimmtes Genreinteresse voraus, sind bei den Öffentlich-Rechtlichen fehlende zielgruppenadäquate Programmstrecken ein großes Problem. Jemand, der sich beispielsweise für Krimis interessiert, sieht bei ihnen vorher eine Nachrichtensendung und anschließend ein Kulturmagazin. Hier kann Ziel der On-Air-Promotion nur sein, eine Rückkehr zu einem späteren Zeitpunkt zu bewirken oder im Idealfall einen Krimizuschauer dazu bewegen, sich eine Kultursendung anzuschauen.

Für die Zuschauerbindung ist die Imagewerbung sehr wichtig. Denn Zuschauer lassen sich nur binden, wenn sie sich beim Sender und seinen Sendungen wieder finden.

Teaser

Der *Teaser* ist ein kurzer Spot von etwa fünf bis zehn Sekunden Länge für die Einführung eines neuen Formates. Er ist die erste Stufe der On-Air-Promotion und zeitlich am weitesten vom Ausstrahlungstermin der beworbenen Sendung entfernt. Seine Aufgabe besteht darin, Zuschauer im Vorfeld auf einen zukünftigen Programmpunkt hinzuweisen. Der Teaser soll keine Inhalte vermitteln, der Informationsgehalt ist entsprechen gering. Formatbegleitend eingesetzt hat der Teaser die Aufgabe, dem Zuschauer eine Erinnerungsstütze für das Format zu geben.

Trailer

Als Oberbegriff für alle On-Air-Promotion-Spots ist der *Trailer* gewissermaßen das Arbeitspferd. Er ist in der Regel zehn bis 35 Sekunden lang und vermittelt Inhalte und USP (*unique selling proposition* = Einmaligkeit) des beworbenen Programms. In der Promotion für die Einführung eines Formates löst er etwa zehn bis 14 Tage vor dem Ausstrahlungstermin den Teaser ab. In der formatbegleitenden Promotion macht der Teaser durch selektierte Informationen auf die nächste Folge eines Formates aufmerksam. Gleichzeitig soll er Zuschauer ansprechen, die den beworbenen Programmpunkt noch nicht kennen.

Vertikaltrailer

Der Vertikaltrailer ähnelt den früheren Programmtafeln. Innerhalb von etwa 30 Sekunden soll er den Zuschauern eine Orientierung durch die Programmstruktur eines Senders vermitteln. Der Vertikaltrailer zeigt zeitlich aufeinander folgende Programmpunkte eines Tages. Häufig fasst er die Programme der Primetime, zusammen. Bei inhaltlichen Gemeinsamkeiten stellt der Vertikaltrailer diese heraus („Der Samstagabend", „Der Showabend", „Der Krimitag").

Horizontaltrailer

Der Horizontaltrailer präsentiert Programmhighlights aufeinander folgender Tage. In etwa 30 Sekunden gibt er einen Überblick entlang einer bestimmten Zeitschiene („Montag bis Freitag jeweils um 18 Uhr").

Werbetrenner

Die Aufgabe des Werbetrenners ist es, den kritischen Übergangspunkt vom Programm zur Werbung möglichst geschmeidig zu gestalten.

Abspanntrailer

Im Kino kann der Abspann eines Films in seiner ganzen Länge genossen werden. Aber selbst dort verlassen 70 Prozent der Zuschauer das Kino, während der Abspann noch läuft. Für einen Fernsehsender wären das viel zu viele. Deshalb wird der Pflichtprogrammanhang genutzt, um die Zuschauer auf folgende Sendungen hinzuweisen. *Splitscreens* sind Trailer, bei denen der Abspann des beendeten Programmpunkts und der Hinweis auf das folgende Programm gleichzeitig zu sehen sind. Beim Voice Over wird eine gesprochene Information zum folgenden Programmpunkt über die Bilder des Abspanns gelegt.

Imagetrailer

Auch wenn alle anderen Trailerformate neben dem aktuellen Programm auch das Image des jeweiligen Senders transportieren sollen, ist der Imagetrailer bei dieser Aufgabe das konsequenteste Instrument. Er dient – befreit von konkreter Programminformation – allein dem Imagetransfer. Bei den Zuschauern soll er ein positives Gefühl für den Sender hinterlassen und dazu führen, sich mit dem Sender zu identifizieren. Gute und aktuelle Bilder versprechen meist ein kontinuierliches Programm auf hohem Unterhaltungs-, Bildungs- oder Informationsniveau. Der Imagetrailer versucht, den Zuschauer zu verführen, um beim Blick in die Programmzeitschriften den beworbenen Sender als erstes zu berücksichtigen.

Merchandisingspot

Merchandisingspots sind eine Sonderform des Trailers. Sie nutzen die Bekanntheit eines Formates für die Bewerbung eines anderen Produktes. Produkte im Umfeld einer Sendung werden beworben („Tatort, das Buch"). Zugleich machen Produkt und Produktspot auch Werbung für das Format („Das Buch zum Tatort").

Sponsortrailer

Eine weitere Sonderform des Trailers ist der Sponsortrailer. Als alternative Werbemethode zu einem herkömmlichen Produktspot in einem Werbeblock wird er an exponierter Stelle vor oder hinter einem Fernsehformat gesendet. Auch dabei geht es in der Regel um Imagetransfer. Produkt, Sponsor und Fernsehformat werten sich im Idealfall gegenseitig auf.

Voraussetzungen für die On-Air-Promotion

An der On-Air-Promotion sind viele Abteilungen eines Fernsehsenders beteiligt. Marketingspezialisten sind verantwortlich für die Imagepositionierung der Programmpunkte. Sie kennen die Zielgruppen sehr genau und analysieren die Mitbewerber und die generelle Imageausrichtung des eigenen Senders.

Die Promotionplanung ist für die perfekte Schaltungsplanung der On-Air-Promotion zuständig. Sie sorgt dafür, dass der richtige Trailer zur richtigen Zeit nicht nur die meisten, sondern die meisten richtigen Zuschauer erreicht. Sie weiß, welche Programme stark und welche weniger stark beworben werden müssen.

Die Art-Direktion steuert alle visuellen Elemente bei, die unabhängig vom zu bewerbenden Programmpunkt die Senderkennung (Corporate Identity) gewährleisten. Sie gibt den Spielraum vor, in dem sich die On-Air-Promotion visuell bewegen darf, ohne den Wiedererkennungswert des Senders zu gefährden. In Zusammenarbeit mit der On-Air-Promotion entwickelt und produziert sie Spots und Sendungsdesigns, um das Image des Senders weiter voranzutreiben.

On-Air-Promotion-Producer

Aus den genannten Voraussetzungen entwickelt der On-Air-Promotion-Producer das Konzept für den Spot. Nach der Abnahme durch eine oder mehrere der genannten Abteilungen seziert er Bilder, Ton und Grafiken, um sie entsprechend des Konzepts wieder zusammenzusetzen. Falls vorhandene Materialien nicht ausreichen, entwickelt und produziert er zusätzliche Bilder, Töne und grafische Elemente.

Fallstudie für On-Air-Promotion

Am Beispiel eines fiktiven Formats, das als regelmäßiger Programmpunkt eingeführt werden soll, soll die On-Air-Promotion transparent gemacht werden.

Briefing

Beim Treffen der an der On-Air-Promotion beteiligten Abteilungen (Redaktion, Marketing, Promotionplanung, Art-Direktion, On-Air-Promotion-Producer) wird ein Formatprofil als Grundlage für das Kreativ-Briefing erarbeitet: Was will ich sagen und wem will ich es sagen? Eine Anforderungsliste für Sendebänder, Presseinformationen, Logobestandteile zum Format wird erstellt. Das Produktionstiming, Abgabetermin und Präsentationstermin des Konzepts und der Termin für den ersten Einsatz des Trailers werden festgelegt.

Rebriefing

Der On-Air-Promotion-Producer fasst die Ergebnisse zusammen und lässt sie den Briefingpartnern zukommen. Dieser Schritt ist wichtig, um Missverständnisse zu vermeiden, bevor diese in der Produktion zu unnötigen Kosten führen.

Konzeption

Auf Basis der Informationen und Materialien entwickelt der On-Air-Promotion-Producer eine Konzeption. Diese beinhaltet das Kreativkonzept und die Terminplanung für die notwendigen Produktionsschritte. Hierfür sichtet er vorhanden Materialien und wählt sie aus. Gegebenenfalls müssen diese durch die Produktion neuer visueller Elemente ergänzt werden. Zuletzt stellt er die Produktionskosten zusammen.

Konzeptpräsentation

Im Kreis der beteiligten Abteilungen werden das Konzept und die kalkulierten Kosten präsentiert.

Konzept- und Budgetfreigabe

Das Konzept wird für die Produktion freigegeben. Außerdem werden Verantwortliche für die Zwischen- und Endabnahmen benannt und das Produktionsprozedere abgestimmt.

Produktion

Im Produktionsprozess erarbeitet der On-Air-Promotion-Producer Grafiken, Sounddesign, sowie Ton- und Bildmaterial und das Bildcomposing. Abschließend erfolgt in der Regel eine Sprachaufnahme und die Tonabmischung.

Abnahme

Nach der Präsentation vor den Verantwortlichen werden die Trailer freigegeben.

Start der Teaserphase

Der Teaser wird mit einer Datumsversion (z.B. am 10. September) etwa einen Monat vor dem Format gestartet. In dieser Phase kommt es nicht darauf an, dass sich die Zuschauer Inhalt und Sendedatum merken. Bei der Vielzahl der Sendungen, die beworben werden, ist dies gar nicht möglich. Durch intelligent gewählte Visualisierungen und Werbeaussagen in Verbindung mit Titel und Logo der Sendung können die Zuschauer für die spätere Trailerphase vorkonditioniert werden.

Start der Trailerphase

Da bekannt ist, dass die meisten Zuschauer ihre Programmwahl erst in der Ausstrahlungswoche treffen, beginnt eine Woche vor dem Formatstart die Trailerphase („Nächste Woche sehen Sie auf diesem Programmplatz ...“). Durch die vorangegangene Teaserphase sind sie offener für die Bewerbung des Formates. Sie wollen wissen, was sich hinter dem geteaserten Format verbirgt. Außerdem verfügt der durch die Teaser kommunizierte Titel der Sendung über einen Wiedererkennungswert („Darüber habe ich doch irgendwo schon mal was gehört“). Diese unterbewusste Bereitschaft für die Informationsaufnahme wird bei Trailern genutzt, um stufenweise Inhalte, USP und Sendedatum zu etablieren. Die Neugier der Zuschauer soll bis zum Sendetermin erhalten bleiben.In der Trailerdramaturgie ergeben sich daraus Wochentages- („Samstag sehen Sie ...“), Vortags- („Morgen sehen sie ...“) und Sendetagsversionen („Heute sehen Sie ...“, „Gleich sehen Sie ...“, „Jetzt sehen Sie ...“).

Programmbegleitende On-Air-Promotion

Nach dem Ende der ersten Formatsendung setzt die Programmbegleitende On-Air-Promotion mit einem Hinweis auf die nächste Sendung ein („Nächsten Samstag sehen Sie hier ...“). Ab jetzt wird jede Folge des Formates mit dem Raster Wochentags-, Vortags- und Sendetagsversionen beworben.

Internetquellen

Quelle für On-Air-Produkte aus aller Welt
www.promos.tv

Einschaltquoten
www.tv-quoten.de

Verband Ton- und Bildschaffender Screencreativer in Europa
www.eyesandears.net

Felix
Neunzerling

Marketing, Pressearbeit, Werbung und Promotion

Warum schauen Zuschauer sich gerade dieses und nicht ein anderes Programm an? Warum entscheiden sie sich für diesen Film und nicht für einen anderen? Weil durch das Marketing eine bestimmte Erwartung an eine Produktion vermittelt wurde und weil sich diese Erwartung mit den Wünschen und Bedürfnissen der Zuschauer deckt. Marketing ist keine Zauberei, sondern ein komplizierter Prozess, mit dem versucht wird, solche Erwartungen zu steuern und zu erfüllen. Marketing ist eine strategische Disziplin. Eine Voraussetzung für erfolgreiches Marketing ist die genaue Kenntnis der Zielgruppen, ihrer Erwartungen und Wünsche. Die Unique Selling Proposition (USP) definiert dabei das einzigartige und entscheidende Argument für die Produktion. Erst auf dieser Grundlage können die Instrumente von Pressearbeit, Werbung und Promotion erfolgreich eingesetzt werden. Erfahrungsgemäß haben vor und während der Produktion häufig solche Dinge Priorität, die der eigentlichen Herstellung dienen. Zunehmend setzt sich aber auch die Erkenntnis durch, dass Pressearbeit, Promotion und Werbung bereits während der Produktion berücksichtigt werden sollten. Ein Beispiel ist die Standfotografie. Während der Dreharbeiten ist sie eine lästige Unterbrechung, am Ende der Produktion ist der Ärger umso größer, wenn keine repräsentativen Motive für die Vermarktung der Produktion gemacht wurden.

Der Prozesscharakter der Verwertungskette

Kaum ein Produkt wird heute exklusiv für ein Medium hergestellt. Ganze Abteilungen beschäftigen sich damit, welche Synergien sich durch das Zusammenwirken verschiedener Medien, beispielsweise Musik und Film, ergeben, und wie andere Programme und Medien für die Produktion genutzt werden können. Der klassische Weg der vertikalen Verwertung ist der des Kinofilms, der nach der Kinoverwertung im Fernsehen zu sehen ist und anschließend als Video verkauft wird. Die Verwertungskette hat sich um digitale Medien wie DVD und Internet erweitert und zukünftig werden sich weitere Verwertungsmöglichkeiten durch die Breitbandverkabelung sowie die Einführung von UMTS ergeben. Ein und dasselbe Produkt wird in unterschiedlichen Formen in allen Medien erfolgreich sein müssen, um seine Produktionskosten zu decken bzw. einen Gewinn zu erwirtschaften.

Die Verwertung findet auch horizontal statt: Eine Produktion wird in einem Medium mehrmals und unterschiedlich verwertet. Einen Einblick in diese horizontale Verwertung bietet die Präsentation der *Formel Eins* bei RTL: Nach dem Autorennen, das durch Werbepausen unterbrochen wird, folgt die Analyse, die Präsentation der Highlights und die Wiederholung des Rennens – immer mit Werbepausen und Möglichkeiten zur Präsentation der Sponsoren.

Der Prozesscharakter der Verwertung unterstreicht die Schnelllebigkeit aller Maßnahmen. Instrumente und Methoden des Marketings sind einem ständigen Veränderungsprozess unterworfen. Sie müssen auf aktuelle Gegebenheiten optimal reagieren und ihnen angepasst werden. Das beschreibt die äußere Dynamik des Verwertungsprozesses. Die innere Dynamik des Verwertungsprozesses beschreibt das Beispiel der Standfotografie: Bestimmte Materialien müssen zu einem festgelegten Zeitpunkt zur Verfügung stehen, um im Verwertungsprozess zum Einsatz zu kommen.

Das neuerdings beispielsweise auch digitale oder Satellitenrechte in Produktionsverträgen berücksichtigt werden, zeigt die Dynamik von Produktion und Marketing in einem digitalen und globalen Markt.

Marketing

Beim Marketing muss

- es mindestens zwei Partner geben,
- jeder Partner etwas haben, was für den anderen von Wert ist,
- jeder Partner in der Lage sein, mit dem anderen zu kommunizieren und das Tauschobjekt zu übergeben,
- es jedem Partner freistehen, dass Angebot anzunehmen oder abzulehnen,
- jeder Partner der Überzeugung sein, dass es angebracht oder wünschenswert ist, mit dem anderen Partner in Kontakt zu treten.

Hinter diesen abstrakten Vorgaben verbergen sich einfache und plausible Mechanismen. Wenn es niemanden gibt, der eine Produktion sehen möchte, erübrigt sich ihre Herstellung und Vermarktung. Denn es gibt keinen Markt dafür. Produzieren ist kein Selbstzweck, sondern (neben der Vermittlung von Information und ideellen Werten wie Nachrichten oder Bildungsprogrammen) das Ziel jeder Produktion ist es, einen Gewinn (in welcher Form auch immer) zu erwirtschaften. Meistens geht es schlicht ums Geldverdienen. Wenn es zu einem Programm keine Alternative gibt, kann sich kein Markt entwickeln. Die Alternative besteht dann darin, den Fernseher ein- oder auszuschalten.

Diese Beschreibung unterstreicht die Komplexität des Marketingprozesses. Die Vielfalt der Medien und Maßnahmen muss sich bewähren, wenn sie in der knallharten Programm- und Medienkonkurrenz bestehen wollen. Während der Kinobesucher dazu gebracht werden muss, das Haus zu verlassen, kann der Fernsehzuschauer im Sessel bequem aus bis zu hundert Programmen wählen. Im ersten Fall ist entscheidend, dass der Zuschauer aus dem Haus und ins Kino geht, im zweiten, welches Programm er einschaltet. Mit Radio und Internet verhält es sich ähnlich, wobei das Angebot und die Konkurrenz der Produktionen weitaus größer sind.

Marketing ist eine strategische Disziplin, die das Ziel verfolgt, im Dschungel des Angebots Orientierungshilfen zu geben. Die Zuschauer sollen dazu gebracht werden, sich die beworbene Produktion anzuschauen. Voraussetzung für den Erfolg ist die Kenntnis der Bedürfnisse und Wünsche der Zielgruppe und ihre optimale Ansprache mit den Instrumenten von Pressearbeit, Promotion und Werbung. Dabei kommt der USP (unique selling proposition) eine zentrale Bedeutung zu. Sie definiert das einzigartige und entscheidende Verkaufsargument für eine Produktion. Bei einem Format wie *Big Brother* lautet die USP schlicht Voyeurismus, bei der *Tagesschau* seriöse Information und beim *Tatort* spannende Unterhaltung.

Unter Berücksichtigung spezifischer USPs liefert das Marketing klare und realistische Zielvorgaben und entwickelt entsprechende Maßnahmenkataloge. Im Mittelpunkt stehen dabei die Fragen:

- Welche Zielgruppe will ich erreichen?
- Wie kann ich die Zielgruppe erreichen?

Die Zielgruppe muss klar umrissen sein, bevor über die Wahl der Mittel entschieden wird. Der Abstimmung von Pressearbeit, Promotion und Werbung kommt dabei eine wichtige Aufgabe zu. Denn wie ein gutes Team nur gewinnen kann, wenn alle sich blind aufeinander verlassen können, kann das Marketing nur erfolgreich sein, wenn alle Beteiligten dasselbe Ziel verfolgen, wenn Pressearbeit, Promotion und Werbung exakt aufeinander abgestimmt sind. Diese Prämisse gilt für die gesamte Verwertungskette, für Kino, Fernsehen, DVD, Video, Internet oder UMTS-Programm, für Musikclip, Kinoteaser, Trailer, Flyer, Plakat, Fernseh- oder Radiospot. Immer stellt sich für die Form und den Inhalt des Marketinginstruments die Frage nach den Wünschen und Bedürfnissen der Zielgruppe und ihrer medialen Befriedigung.

Um die Marktchancen einer Produktion optimal zu nutzen, werden diese Fragen bereits vor Produktionsbeginn diskutiert und beantwortet. Im Unterschied zum Schreiben eines Buches oder dem Malen eines Bildes ist die Produktion von Filmen eine sehr kostspielige und arbeitsteilige Arbeit. Das finanzielle Risiko zu reduzieren ist eine eher indirekte, aber wichtige Aufgabe des Marketings. Deshalb können Pressearbeit, Promotion und Werbung nicht früh genug in den Produktionsprozess eingebunden werden.

Das Marketing für eine Produktion beginnt idealerweise bereits bei der Entwicklung des Drehbuchs. Schon in dieser frühen Phase können Weichen für den Erfolg gestellt werden. Allein durch das Festlegen der finanziellen Mittel für das Marketing ergeben sich zwangsläufig Grenzen, die bestimmte Strategien zulassen oder andere ausschließen. Kann die Produktion beispielsweise mit einem eigenen Team redaktionell begleitet werden und kann dieses Material später für die Berichterstattung der Presse unentgeltlich zur Verfügung gestellt werden oder lässt das Budget nur kostenneutrale Pressetermine zu? Gibt es Mittel für Journalistenreisen oder müssen diese die Kosten selber tragen? Wie sind die Budgets für Werbung und Presse oder Promotion aufgeteilt? Steht überhaupt ein Werbeetat zur Verfügung, der im Zusammenspiel mit anderen Marketinginstrumenten für punktgenaue Aufmerksamkeit bei der relevanten Zielgruppe sorgt, oder verlässt man sich bewusst oder notgedrungen allein auf die Public Relation?

In dieser frühen Vorbereitungsphase einer Produktion kann selbstverständlich noch keine endgültige Marketingstrategie entwickelt werden. Solche Fragestellungen des Marketings können für die Planung der Produktion dennoch von entscheidender Bedeutung sein. Erste Vorgaben für Pressearbeit, Promotion und Werbung sollten zu einem frühestmöglichen Zeitpunkt formuliert werden. In der Dynamik einer Produktion werden sie immer wieder überprüft und den aktuellen Entwicklungen und Erfordernissen angepasst.

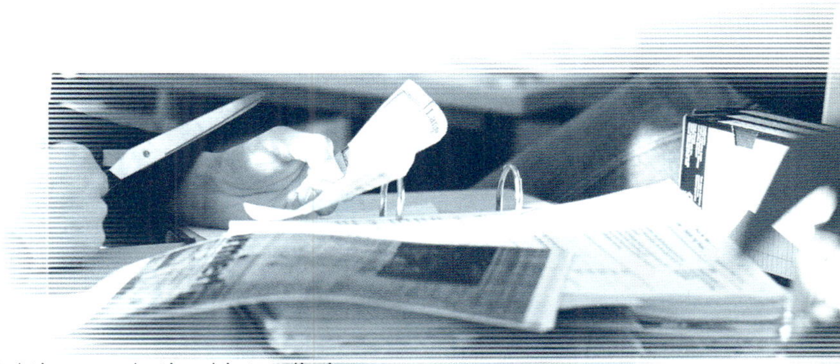

Ein interessantes Beispiel für gutes Produktionsmarketing bietet die internationale Fernsehproduktion *Bonhoeffer – Die letzte Stufe*, die auch im Kino erfolgreich war. Bereits bei der Projektfinanzierung wurde die Zielgruppe sehr genau analysiert und angesprochen. Für Mitglieder der evangelischen Kirchengemeinden ist Dietrich Bonhoeffer eine sehr wichtige Person, mit der sich viele identifizieren. Er hatte sich als Direktor des Predigerseminars der Bekennenden Kirche der Widerstandsgruppe um Admiral Canaris angeschlossen und starb 1945 im Konzentrationslager Flossenbürg. Produktion und Marketing wurden exakt auf die Zielgruppe »Mitglieder der evangelischen Kirchengemeinden« zugeschnitten. Sollte sie sich wider Erwarten erweitern, um so besser. Bei so einem speziellen Thema ist das finanzielle Risiko allerdings viel zu groß, um einen Erfolg beispielsweise beim klassischen Kinopublikum in der Kalkulation für das Marketing zu berücksichtigen. Weil die Zielgruppe für klassische Werbung nahezu unempfänglich ist, musste bereits in einer sehr frühen Phase darüber informiert werden, dass ein Film über Dietrich Bonhoeffer gedreht wird und wann er zu sehen sein wird.

Die Presseabteilung der Produktion hat sich entgegen klassischer Strategien weniger um populäre Meinungsmacher in Zeitschriften, Fernsehen, Radio und Internet gekümmert, sondern mehr um die Kommunikationsstrukturen und Informationswege der Kirchengemeinden. Denn eine kostenintensive Werbekampagne wäre ebenso wirkungslos geblieben wie etwa Interviews mit den Schauspielern. Die Person Bonhoeffer war das einzige Thema, das überzeugend war. Die Pressearbeit konzentrierte sich darauf, Kirchenvertretern in Medien Raum zu verschaffen und damit für die Produktion zu werben. Die Promotion war exakt auf diese Zielgruppe ausgerichtet und informierte in einer aufwendigen Mailingaktion jede Pfarrei über den Zeitpunkt der Präsentation von *Bonhoeffer – Die letzte Stufe* in einem Kino in ihrer Nähe.

Bei einer Investitionssumme von 200.000 Mark waren für die Einspielung der Kosten nur 50.000 Kinobesucher notwendig. Diese Zahl sieht auf den ersten Blick sehr niedrig aus. Sie relativiert sich allerdings, wenn man sie mit den Zuschauerzahlen anderer deutschsprachiger Filme vergleicht. Den deutschen Cannes-Beitrag aus dem Jahre 1999 *Wege in die Nacht* haben knapp 25.000 Besucher gesehen, *Absolute Giganten* erreichte trotz bester Kritiken und kostenintensiver Marketingaktivitäten nur 80.000 Besucher.

Pressearbeit

In einem Mediendickicht von allein zwölf wichtigen Programmzeitschriften mit einer Gesamtauflage von knapp 14 Millionen Heften, einer fernsehrelevanten Tagespresse mit einer Auflage von mehr als 80 Millionen Exemplaren pro Tag, 32 Fernsehvollprogrammen mit Unterhaltungs-, Informations- und Bildungsformaten und über 400 privaten und öffentlich-rechtlichen Hörfunkprogrammen wird Pressearbeit zu einem strategischen und organisatorischen Kraftakt. Es bedarf einer großen Professionalität und Erfahrung, um in diesem Dickicht den Überblick zu behalten und die Pressearbeit erfolgreich zu gestalten.

Pressearbeit dient der Produktion, macht sie in der Zielgruppe bekannt und unterstützt unter Berücksichtigung der Marketingvorgaben Promotion und Werbung. Pressearbeit vermarktet über die Medien die Ressourcen der Produktion, um in den Medien präsent zu sein.

Um Pressearbeit erfolgreich zu gestalten, müssen Stärken und Ressourcen der Produktion zunächst herausgefiltert, muss eine Pressestrategie entwickelt und abgestimmt werden. Was eignet sich für die Pressearbeit, was nicht? Ist das, was sich für die Pressearbeit eignet, auch für die Positionierung der Produktion von Vorteil oder arbeitet es dagegen? Kann dies zum gegenwärtigen Zeitpunkt in der notwendigen Breite kommuniziert werden? Die Pressearbeit bedient sich dabei einer Reihe von Instrumenten:

- Pressemitteilung
- Presseheft
- Pressekonferenz/Pressegespräche
- Pressefotos
- Electronic Press Kit (EPK)
- Radio- oder Audio Press Kit (RPK)
- Pressevorführungen
- Premieren
- Betreuung von Journalisten

Ein großer Vorteil der Pressearbeit im Vergleich zur Werbung liegt in dem niedrigen Investitionsaufwand. Mit relativ geringem finanziellen Einsatz sind qualitativ und quantitativ relevante Veröffentlichungen mit einer extrem hohen Glaubwürdigkeit zu erzielen. Denn die Produktion wird von einem unabhängigen Journalisten vorgestellt, der eingeführt und bekannt, vielleicht sogar renommiert ist. Darin liegt zugleich aber auch ein Nachteil. Denn die Presseabteilung führt dem Journalisten oder Redakteur nicht die Hand und erfährt erst bei der Veröffentlichung oder Sendung, wie er die Produktion beurteilt. Dann wissen es aber auch bereits alle anderen. Wenn sie nicht zielgerichtet ist, kann Pressearbeit auch zu hohen Streuverlusten führen. Die vernichtende Kritik in der *Frankfurter Allgemeinen Zeitung* hat dem Film *Ballermann 6* sicher nicht geschadet (wohl auch nicht genützt), die Meinung der *Bild-Zeitung* ist für die Zielgruppe des Films wichtiger. Ein Film wie *Heimat* lebt von der Meinung des Feuilletons, die Meinung der *Bravo* ist in diesem Fall irrelevant.

Pressemitteilung

Die Pressemitteilung ist das einfachste Instrument der Pressearbeit. Sie sollte übersichtlich gegliedert sein und die fünf Ws beantworten: Wer macht was wann wo mit wem? Das Wesentliche gehört an den Anfang, Kommentare und Erläuterungen an das Ende. Kontaktinformationen sollten nicht vergessen werden, denn es könnte ein Journalist eine Frage haben.

Presseheft

Das Presseheft ist eine Sammlung von Informationen, die – optisch mehr oder weniger aufwendig gestaltet – den Journalisten die Möglichkeit geben, sich intensiver über die Produktion zu informieren. Wie mit der Pressemitteilung wird über das Presseheft eine Auswahl und eine Positionierung vorgenommen. Was wird herausgestellt, was unter den Tisch gekehrt? Welche Themen oder Personen werden ausführlich behandelt, welche weniger, welche gar nicht? Selbst mit dem, was nicht zu lesen ist, wird etwas kommuniziert.

Pressekonferenz

Die Pressekonferenz bündelt Informationen: Wie bei einem dampfenden Kessel wird der Deckel geöffnet und die Inhalte sprudeln plötzlich heraus. Für eine Pressekonferenz muss geprüft werden, ob die Inhalte einen exklusiven Charakter haben, oder ob sie nicht auch anderweitig zugänglich sind. Wenn nicht, wird kaum jemand den Termin wahrnehmen und sich mit der Pressemitteilung begnügen.

Bestimmte Themen können auch in Einzelgesprächen vertieft werden, bestimmten Medien kann die Möglichkeit geboten werden, in einer passenden Umgebung für ihr spezielles Format Gespräche zu führen und aufzuzeichnen. Interviews und Einzelgespräche unterstützen die emotionale Bindung von Journalisten an die Produktion und ermöglichen einen intensiven Austausch über die Themen und Hintergründe der Produktion. Diese können während der Produktion am Drehort geführt werden oder nach der Präsentation der Produktion in einem so genannten Pressejunket. Dabei stehen die für die Medienvertreter interessanten Macher der Produktion vor und hinter der Kamera den Medien Rede und Antwort.

Im Anschluss an eine Pressekonferenz bietet sich ein Fototermin an. Je nach Prominenz der Teilnehmer aus der Produktion können Einzel- oder Gruppenfotos angeboten werden.

Pressefotos

Fotos spielen in der Pressearbeit eine zentrale Rolle. Deshalb sollte ihrer Herstellung und Auswahl besondere Aufmerksamkeit gewidmet werden. Denn wir leben nun mal in einer visuellen Welt. Zunächst sehen wir, dann lesen wir – nicht umgekehrt. Deshalb ist ein Bild häufig der Einstieg in eine Geschichte. Bereits während der Produktion können Fotomotive an die Medien oder über Fotoagenturen an die Zeitschriften transportiert werden oder es werden am Drehort Fototermine angeboten. Dies erfolgt in enger Abstimmung mit der Produktion, denn selbstverständlich steht die Herstellung des Films im Vordergrund. Erfahrungsgemäß entwickeln sich aus jeder Produktion nur ein oder zwei Motive, die für die Produktion typisch sind und die in nahezu allen Veröffentlichungen zu sehen sind. Diese Motive zu finden, ist eine Aufgabe der Pressearbeit. Denn nur damit ist ein für den Erfolg der Produktion nicht unerheblicher Wiedererkennungseffekt zu erzielen.

Elektronische Presseinformationen

Bei aufwendigen Produktionen wird zum Filmstart bzw. bei der Ausstrahlung ein Electronic Press Kit (EPK) erstellt. Dabei handelt es sich um ein sendefähiges Band, das einige ausgesuchte Szenen der Produktion sowie Interviews mit den Stars vor und hinter der Kamera enthält. Wenn eine Komödie präsentiert wird, werden wirklich komische Szenen zu sehen sein, bei einem Thriller werden Spannungsmomente im Vordergrund stehen und bei einem Portrait werden Szenen ausgesucht, die für den Portraitierten typisch sind. Solche Bilder kann der Redakteur in seinen Beitrag montieren und damit suggerieren, dass er mit den berühmtesten Darstellern die exotischsten Drehorte besucht hat und immer hautnah dabei war. Wer aufmerksam die Filmberichterstattung beobachtet, wird allerdings sehen, dass immer dieselben Ausschnitte zu sehen sind. Die Wiederholung bestimmter Szenen trägt – wie bei der Fotoauswahl – zur Positionierung und Wiedererkennung bei. Nur einige wenige ausgesuchte Redaktionen haben anderes Material, das sie im Rahmen eines Besuchs am Drehort selbst recherchiert haben. Elektronic Press Kits sind Teil der Produktionsstrategie unter Berücksichtigung der Vorgaben des Marketings. Das Radio- oder Audio Press Kit (RPK) ist das gleiche Instrument für das Radio. Es wird als Kassette oder als CD verteilt.

Bei der Pressearbeit für Fernsehproduktionen werden häufig auch Videos an Journalisten verschickt, um flexibler auf die Nachfrage reagieren zu können.

Pressevorführungen

Pressevorführungen sind Produktpräsentationen, wie sie in der Industrie üblich sind. Zum ersten Mal sehen ausgewählte Medienvertreter die Produktion, die so viel Kraft, Schweiß, vielleicht auch Blut und Tränen gekostet hat. Üblicherweise finden Pressevorführungen in allen regionalen Zentren gleichzeitig statt, um eine bundesweite Präsenz zu unterstützen.

Nach der Pressevorführung gibt es erste Reaktionen auf die Produktion. Dies ist der Zeitpunkt, Stärken und Schwächen der Produktion noch einmal gründlich zu diskutieren, alle strategische Maßnahmen des Marketings einer Prüfung zu unterziehen und die Pressearbeit noch einmal mit Promotion und Werbung abzustimmen. Noch können Schwerpunkte verschoben, neue Strategien entwickelt und umgesetzt werden. Nach der Premiere oder der Sendung ist es dafür zu spät.

Programmpresse

Für Fernsehproduktionen ist die Programmpresse von entscheidender Bedeutung. Sie gibt den Zuschauern wesentliche Hinweise für ihre Programmentscheidung und erreicht mit einer Auflage von knapp 14 Millionen in der relevanten Zielgruppe das größte Zuschauerpotenzial. Hier veröffentlichte Programmhinweise, Tagestipps, Portraits und Themenreportagen sind wichtige Entscheidungshilfen für die Programmwahl der Fernsehzuschauer.

Premiere

Die Premiere ist eine Mischung aus Pressearbeit und Promotion. Eine prunkvolle Premiere mit vielen Stars und prominenten Partygästen erhöht die Zahl der Veröffentlichungen. Meistens wird über Premieren im Lokalteil oder in den Boulevard-Magazinen von Zeitschriften, Fernsehen und Radio berichtet. Der Hinweis auf den Start- bzw. Sendetermin darf nicht fehlen. Die Berichterstattung hat häufig allerdings wenig mit der Produktion zu tun. Es geht um den Event an sich und der sagt wenig darüber aus, ob der Auflauf von Prominenz für die Quote oder das Einspielergebnis der Produktion tatsächlich hilfreich ist. Eine Premiere kann im Verbund mit Pressearbeit und Werbung kurzfristig starke Akzente setzten, isoliert eingesetzt ist eine positive Wirkung auf Zuschauerzahlen zweifelhaft.

Betreuung von Journalisten

Journalisten müssen aus dem Überangebot von Themen die richtigen finden und aufarbeiten. Themen, die keinen Leser, Zuschauer oder Hörer interessieren, werden sie nicht unterbringen können oder wollen. Die Aufgabe der Pressearbeit besteht deshalb zunächst darin, die Informationen aus der Produktion für das

jeweilige Medium spezifisch aufzuarbeiten und Journalisten zielgerichtet anzubieten. Dies erfordert die genaue Kenntnis der Profile einzelner Print-, Fernseh-, Radio- und Internetmedien. Wichtig ist dabei auch der persönliche Kontakt zu den Redaktionen und Redakteuren.

Bei der Pressearbeit ist der Vorlauf der Produktion zu berücksichtigen. Eine Zeitschrift wie *Brigitte* hat für das Mantelthema einen Vorlauf von zwölf Wochen, die *Hörzu* immerhin noch sechs Wochen. Der *Kulturweltspiegel* wird monatlich ausgestrahlt und wer dabei sein möchte, muss die Redaktion mindestens zwei Monate vorher von seinem Thema überzeugt haben.

Neben der inhaltlichen Planung sind auch die Dramaturgie und die zeitlichen Abfolge der Pressearbeit wichtig. Eine solche Planung kann mit der Ankündigung einer Produktion beginnen. Während der Produktion können Portraits, Themenfeatures oder Geschichten, die nur im Rahmen der Produktion überhaupt gemacht werden können (Hinter den Kulissen-Reportagen) journalistisch aufgearbeitet werden, die bei der Ausstrahlung oder zum Kinostart veröffentlicht werden. Wie entsteht eine imposante Kulisse? Wie überlebt ein Star einen gefährlichen Stunt? Viele Themen am Rande eignen sich hervorragend dafür, die Produktion, die Darsteller oder die Crewmitarbeiter vorzustellen und den Zuschauern damit zu zeigen, welch außergewöhnliche Produktion sie zu erwarten haben.

Die Qualität von Pressearbeit spiegelt sich nicht nur in der Zahl der Veröffentlichungen wider. Denn was nutzt die schönste Reportage bei arte, wenn die Zielgruppe Teens und Twens sind. Um diese Zielgruppe zu erreichen, sind ein Bericht in *Bravo-TV* oder eine Reportage im *Focus* wichtiger.

Promotion

Promotion unterstützt Presseaktivitäten und Werbemaßnahmen idealerweise ab dem Zeitpunkt, an dem über Erfolg oder Misserfolg einer Produktion entschieden wird. Promotion schafft kurzfristig Anreize zum Besuch eines Films oder das Einschalten eines Fernsehprogramms. Dieses spezielle Marketinginstrument reicht von der einfachen Verlosung von Karten in der Tagespresse bis zur bundesweiten Mediakooperationen mit auflagenstarken Printmedien oder reichweitenstarken Fernseh- oder Radiosendern. Weitere Promotionaktionen sind beispielsweise Rabatte, Give Aways, Auftritte von prominenten Schauspielern in Talkshows oder die Präsenz auf Festivals. Promotionmaßnahmen sind klar umrissen und ihre Wirkung ist gut zu kontrollieren. Im Idealfall schaffen sie mit relativ geringen Kosten einen hohen Aufmerksamkeitswert.

Möglicherweise reichen die finanziellen Mittel aber auch nur für ein lustiges Item, das dem Presseversand beigelegt wird. Damit kann beim Erstkontakt die Stimmung für die Produktion positiv beeinflusst werden. Manchmal wird mit solch kleinen Dingen ein großer Effekt erzielt. Auch Autogrammpostkarten können mit wenig Aufwand für eine Produktion hergestellt werden. Sie können bei jedem Auftritt eines Stars verteilt werden, sie können mit der Post verschickt, oder auf medienwirksamen Events verteilt werden.

Merchandising

Wenn eine starke Marke im Merchandising eingebunden werden kann, erhöht sich die Schlagkraft der Promotion enorm. Ein erfolgreicher amerikanischen Verleih hat dafür gemeinsam mit McDonald's Maßstäbe gesetzt. Bevor die Dinosaurier in die Kinos kamen, machten sie in der Kindertüte mit Hamburger und Coca Cola

den Kindern die Nase schon lang. Nur selten können deutsche Produktionen im Film und Fernsehen eine derart breite und tiefe Kooperation realisieren (siehe dazu auch den Beitrag von Julia Hansen). Die Synergien im Merchandising erschöpfen sich häufig auf »Bücher zur Serie«, »Das Buch zum Film« oder einen Soundtrack, der auf einer CD veröffentlicht wird. Weitere Lizenzen sind schwer zu verkaufen, weil der Markt begrenzt und das finanzielle Risiko für Lizenznehmer und Hersteller sehr groß ist. Häufig wird erst nach einem Quotenerfolg im Fernsehen diese Form der Promotion eingesetzt. Crosspromotion bedeutet aber, dass zunächst ein Partner (wie Mc Donald's) erfolgreich am Markt platziert sein muss, bevor ein anderer aufspringen kann.

Erfahrungsgemäß können in Kooperation mit Medien in der für die Ausstrahlung oder den Kinostart relevanten Ausgabe eines Printmediums Verlosaktionen oder ein Quiz platziert werden. Hierzu eignen sich die Filmmusik, der Roman, der dem Stoff zu Grunde liegt oder verwandte Themen. Bei auflagenstarken Medien können auch Partner aus der Reise-, Getränke- oder Unterhaltungsindustrie gewonnen werden, mit ihrem Produkt an einer Promotionkooperation teilzunehmen.

Fernsehen und Media

Alle Promotionmaßnahmen sollten den Vorgaben des Marketings folgen. Es nützt der erfolgreichen Vermarktung einer Produktion wenig, wenn aufwendige Promotionaktionen beispielsweise in nicht zielgruppenrelevanten Medien stattfinden. So ist der Auftritt von Günther Pfitzmann bei Biolek zwar interessant, wenn er aber den Großvater einer jugendlichen Heldin spielt und die Produktion nachmittags auf RTL II läuft, ist die Wirkung aber gering. Wenn hingegen Götz George bei Thomas Gottschalk in *Wetten, dass...* auftritt, wird das der Quote für den nächsten *Schimanski* förderlich sein.

Im Unterschied zu ausländischen Produktionen sind deutsche Stars vor und hinter der Kamera relativ einfach und über einen längeren Zeitraum in Promotion- und Presseaktivitäten einzubinden. Arnold Schwarzenegger kommt nur für einen Tag nach Deutschland und häufig lange vor dem Start seiner aktuellen Produktion. In dieser kurzen Zeit können nur sehr wenige Interviewwünsche befriedigt werden, von Fernsehauftritten in verschiedenen Programmen und Formaten ganz abgesehen.

Die deutsche Fernseh- und Radiolandschaft hält unzählige Formate bereit, in denen Mitglieder der Produktion auftreten können. Zum Teil werden Reise- und Übernachtungskosten von den Sendern übernommen, häufig müssen Zeitpunkt und Ort optimal koordiniert werden.

Während die privaten Fernsehkanäle sich auf die Attraktivität jedes einzelnen Programms konzentrieren und auch Stars eines Konkurrenzprogramms präsentieren, tun sich die öffentlich-rechtlichen Anstalten damit schwer. Es bedarf großer Anstrengungen, Eigenpromotion für eine Produktion innerhalb eines öffentlich-rechtlichen Senders durchzusetzen. Statt einer Stabsabteilung, die dies koordiniert (wie beispielsweise bei ProSieben), muss bei öffentlich-rechtlichen Sendern jedes Format individuell angesprochen werden.

Bereits in einem frühen Stadium – schon während der Produktion – sollte der Kontakt mit den Redaktionen gesucht werden, um eine Vorplanung abzusprechen. Denn die Promotionplanung muss mit den Schauspielagenturen oder den

Managern der Stars abgestimmt werden. Bei quotenstarken Formaten wie *Wetten, dass...* konkurrieren Stars aus der ganzen Welt, in der lokalen Radioshow am Morgen sind sie in der Regel konkurrenzlos.

Werbung

Werbung ist jede Form bezahlter öffentlicher Präsentation – ob es sich um eine Anzeige in der Tagespresse, einen Trailer oder einen Spot handelt, der für die Produktion im Fernsehen oder Kino wirbt. Immer sind damit Kosten verbunden. Werbung ist im Gegensatz zur Pressearbeit kostenintensiv. Eine bundesweite Fernsehkampagne kostet ein bis zwei Millionen Euro, flächendeckende Plakatierung wird ab 400.000 Euro sinnvoll, eine Radiokampagne über zwei Wochen ist für 150.000 Euro zu haben. Online-Kampagnen sind preiswerter, haben aber bei weitem nicht den Werbeeffekt. Es stellt sich deshalb immer die Frage, ob das Produkt die Kosten rechtfertigt. Neben dem klassischen Plakat werden für die Fernsehwerbung folgende Instrumente eingesetzt:

- Funk- und Fernsehspots
- Teaser und Trailer
- Anzeigen

Auch bezahlte redaktionelle Inhalte sind Werbung. Gerade im Kinobereich erscheinen eine Vielzahl kostenloser Zeitschriften und Zeitungen, deren redaktionelle Beiträge gekauft werden können. Die *KinoNews* ist das populärste Beispiel, manche Stadtmagazine und Anzeigenblätter verkaufen sogar ihren Titel, wenn der Preis stimmt.

Zu Beginn des Fernsehens wurde kaum für ein bestimmtes Programm geworben. Warum auch? Es gab nur einen Kanal und die Frage war nicht, was, sondern ob überhaupt ferngesehen wird. Auch mit dem Ausbau der öffentlich-rechtlichen Sender nahm die Werbung für Fernsehprogramme nicht sonderlich zu. Jeder Sender promotete sein Programm in seinem Haus.

Erst mit dem Markteintritt der privaten Fernsehsender wurde die Werbung entscheidend ausgebaut. Denn nun galt es, für jedes Programm auch Werbekunden zu gewinnen, die das Programm finanzieren. Dafür müssen Marktanteile und Quoten stimmen. Nun wurde aggressiv um Zuschauer geworben. Auf Plakatflächen, Citylights, Litfasssäulen, mit Großplakaten, im Fernsehen, im Radio, sogar im Kino wurde für Fernsehprogramme geworben. Die öffentlich-rechtlichen Sender hatten dem enormen Werbedruck kaum etwas entgegen zu setzen. Zu hoch sind die Investitionen und zu wenig Mittel standen zur Verfügung.

Eines haben die öffentlich-rechtlichen Sender aus den Werbeschlachten der Privaten gelernt: Mit jeder Werbemaßnahme für eine Produktion wurde »nebenbei« auch der Sender beworben. Neben der klassischen Programmwerbung findet gleichzeitig eine Imagewerbung statt, die den Sender durch »Meta-Marketing« positioniert. Wenn n-tv bestimmte Nachrichten oder Talkshows bewirbt, unterstreicht der Sender sein Profil als Nachrichtensender. Wenn ProSieben die Ausstrahlung eines großen Hollywood-Films großflächig ankündigt, wird sein Profil als Spielfilmsender gestärkt. Manchmal werden Image- und Programmwerbung miteinander kombiniert. Die »Ich drück Dich«-Kampagne von Sat.1 verschmolz in Promotion und Werbung, Programm- und Imagewerbung miteinander. Das öffentlich-rechtliche Fernsehen geht einen anderen Weg. Über klassische Imageanzeigen grenzen sie sich von den privaten Sendern ab und stellen das Image vor das Programm. Beispiele dafür sind die Kampagne »Köpfe« des WDR oder die Kampagne »Mit dem Zweiten sieht man besser« des ZDF.

Für öffentlich-rechtliche Produktionen ausgefeilte Werbestrategien zu entwickeln, ist nicht Erfolg versprechend. Dafür werden eher senderinterne Promotionmaßnahmen und flächendeckende Pressearbeit eingesetzt. Bei privaten Programmen lohnt sich die Frage, ob Werbemittel zur Verfügung stehen, um ein außergewöhnliches TV-Movie im Kino zu bewerben oder ob im Rahmen einer Imagekampagne flächendeckende Plakatwerbung für eine Produktion möglich ist. Weil Werbeplätze von einem Sender für ein oder mehrere Jahre gebucht werden, ist häufig nicht die Frage, ob geworben wird, sondern womit die Werbeflächen bestückt werden.

Insgesamt kommt der Werbung im Verwertungsprozess eine bedeutende Rolle zu. Sie ist zielgruppengenau, wenn sie inhaltlich konsequent im Sinne der Marketingvorgaben zum Einsatz kommt. Entscheidend für den Erfolg ist die Abstimmung mit Pressearbeit und Promotion sowie die glaubwürdige Entsprechung mit den Inhalten der Produktion.

Vertrieb

Fernsehproduktionen sind in der Regel Auftragsproduktionen. Auftraggeber ist ein Sender, der auch die Rechte zur Ausstrahlung behält. Um sich eine größere finanzielle Unabhängigkeit zu verschaffen, versuchen Produzenten, sich Teile der Rechte zu sichern. Dafür übernehmen sie auch Teile des Risikos, sie finanzieren einen Teil der Produktionskosten.

Solche Rechte können digitale Rechte sein, die Rechte für bestimmte Länder oder Kinorechte. Mit der Verantwortung der Produzenten für das finanzielle Risiko steigt auch der Stellenwert des Marketings. Denn schließlich müssen Käufer für die Produktion gefunden werden.

Für jede Form des Rechtehandels und der Verwertung gibt es professionelle Partner. Vertriebsunternehmen organisieren den Verkauf einer Produktion, sie vertreten Teile der Rechte oder alle zusammen. Es kann zum Beispiel vorkommen, dass die Fernsehrechte für ein Land bereits über ein Joint Venture mit einem Partnerunternehmen des auftraggebenden Senders vergeben sind, die Kinorechte oder die Rechte für nicht gewerbliche Präsentationen noch frei sind.

Verwertung im Kino

Durch das Fernsehen finanzierte Produktionen finden immer wieder den Weg auf die Kinoleinwand. Erinnert sei an Filmhits wie *Stadtgespräch* von Rainer Kaufmann oder Festivalerfolge wie *Angst essen Seele auf* von Rainer Werner Fassbinder. Sie wurden vom Fernsehen finanziert und finden auch im Kino ihr Publikum. Die Produzenten haben einen doppelten Vorteil: Sie erschließen sich zusätzliche Mittel für weitere Produktionen und die Vermarktung im Kino bietet die besten Voraussetzungen für einen Quotenerfolg im Fernsehen.

Deutsche Kinoverleiher suchen ständig neue Produktionen. Denn bereits finanzierte Filme mindern das Risiko im Kino. In Verbindung mit Vertriebsförderungen, die fast jedes Bundesland im Rahmen der Filmförderung vergibt, lässt sich das Risiko weiter reduzieren. Neben den vier bis fünf potenten deutschen Filmverleihern versuchen die amerikanischen Verleiher, die etwa 80 Prozent des Marktes beherrschen, auch an diesem Geschäft teilzuhaben. Dadurch ist die Vermarktung von Filmen für das Kino professioneller geworden und das Kapital dafür wurde deutlich erhöht. Konkurrenz hat das Geschäft belebt und dem deutschen Kino gut getan.

Seit einigen Jahren haben sich vom Verleih unabhängige Vertriebsunternehmen etabliert. Für bestimmte Produktionen ist es damit möglich, ohne den großen Apparat und die damit verbundenen Kosten einen Film im Kino zu platzieren. Die eigentliche Arbeit des Verleihs leisten diese Unternehmen. Sie arbeiten mit spezialisierten Marketingagenturen zusammen.

Wie viele Plakate können im Kino aufgehängt werden? Welche Größe dürfen sie haben? Werden Trailer gespielt, wenn ja, wie viele? Wird ein Programmheft vom Kino selbst herausgegeben, in dem für den Film geworben werden kann? Werden Previews organisiert? Das sind Fragen, deren Beantwortung für den Erfolg eines Films wichtig sind und die mit dem Marketing abgestimmt werden müssen. Denn noch immer ist das Kino die beste Werbeplattform für das Kino. Ein guter Vertrieb kann für die erfolgreiche Vermarktung wichtige Hinweise liefern, die mit Pressearbeit, Promotion und Werbung abgestimmt werden müssen.

Die Marktanalyse des Vertriebs ist ein wichtiger Faktor in der Wahl der Mittel und ihren Einsatz. Wenn nur eine relativ begrenzte Zahl von Kopien zum Start platziert werden kann, lohnen sich bestimmte Werbeformen wie Fernsehspots nicht. In solchen Fällen kann mit Radiokampagnen oder klassischer PR zielgenauer gearbeitet werden. Kinostarts ab 400 Kopien kommen ohne diese Werbeformen nicht aus.

Jede Woche starten vier bis acht Kinofilme in Deutschland. Aufgabe des Vertriebs ist es, den Film im Kino zu platzieren, ihm Erfolgschancen zu verschaffen. Das Marketing muss die etwa zweieinhalb Millionen Kinobesucher pro Woche gewinnen. Im Gegensatz zu den etwa 60 Millionen Fernsehzuschauern täglich ist das eine scheinbar leichte Aufgabe. Doch jedes Medium und jeder Verwertungsprozess hat seine eigenen Gesetze.

Julia
Hansen

Fernseh-Licensing am Beispiel von *Wer wird Millionär*

177,4 Milliarden US-Dollar sind in den Jahren 2000 und 2001 mit Lizenzen weltweit umgesetzt worden. Viele haben mittlerweile das lukrative Geschäft für sich entdeckt. In der Unterhaltungsindustrie, bei Sport, Mode und Musik verdient man mit der Zweitauswertung seiner Marken zum Teil mehr Geld als mit dem eigentlichen Kerngeschäft. Der Grund: Der Aufwand ist vergleichsweise gering, das Risiko niedrig und die Gewinnspanne hoch. Neben dem Aufbau einer Marke sind der Markenschutz, die Wahl der richtigen Lizenzpartner und die Sicherung der Integrität der Marke wesentliche Voraussetzungen für den Erfolg des Lizenzgeschäftes. Exemplarisch zeigt dies die weltweite Vermarktung der erfolgreichen Fernsehshow *Wer wird Millionär* und der daraus entwickelten Lizenzprodukte.

Lizenzieren intellektuellen Eigentums

Während der Aufbau einer Marke, die Produktion eines Films oder die Karriere eines Sportlers ein extrem langwieriges und kostspieliges Unterfangen mit ungewissem Ausgang ist, verspricht die Weiterverwertung einer solchen Leistung oder Marke für den Lizenzhalter einen unmittelbaren Gewinn. Eine Marke, im Lizenzgeschäft *Property* genannt, kann dabei alles sein: ein Film (*Star Wars*) ein Buch (*Harry Potter*), eine Quizshow (*Wer wird Millionär*), ein Modelabel (Calvin Klein), eine Person (Stefan Raab), eine Zeitschrift (*Elle*), ein Produkt (*Coca Cola*), eine Sportart (Basketball) oder ein Ereignis (Olympische Spiele). Die größten Umsätze im Lizenzgeschäft werden mit Comicfiguren, Modelabels, Sport und dem klassischen Markenlicensing gemacht.

Licensing meint das Lizenzieren intellektuellen Eigentums in einen geschäftsfremden Bereich und hat eine überraschend lange Geschichte. Während es in den USA schon um 1900 Lizenzprodukte von Coca Cola, Chevrolet oder Dr. Pepper gab und die erste offizielle Lizenz für *Micky Maus* 1929 verkauft wurde, ist das moderne Lizenzgeschäft erst 1977 mit dem ersten Film aus der Serie *Star Wars* entstanden. 2,5 Milliarden US-Dollar wurden mit dieser Lizenz umgesetzt.

Das Lizenzgeschäft ist allerdings nicht risikofrei und nicht alles, was sich als Marke, Film oder Show etabliert hat, ist auch als Lizenz erfolgreich. Darüber hinaus kann exzessives Licensing auch zur Entwertung einer Marke führen. Pierre Cardin ist ein warnendes Beispiel dafür, wie durch übermäßiges Licensing ein Ausverkauf der Marke stattfinden kann. Denn wenn der Markenname, der eigentlich für exklusives Design steht, auf einer scheinbar wahllosen Auswahl und nahezu endlosen Zahl von Lizenzprodukten erscheint, wird der exklusive Charakter der Marke unterminiert.

Licensing bietet jedoch für beide Partner beachtliche Vorteile: Der Lizenzgeber kann beispielsweise in der Filmindustrie die zum Teil enormen Produktionskosten einspielen und einen beträchtlichen Gewinn einfahren. Der Lizenznehmer muss nicht in den kostspieligen Aufbau einer Marke investieren, sondern kann von dem etablierten Image der Lizenzmarke, des Films, profitieren.

Von der Show zur Marke

Am Beginn des Licensing steht der Aufbau einer Marke. Im Fall einer Fernsehshow muss der inhaltliche und visuelle Charakter der Show exakt beschrieben werden, um eine Markenidentität zu schaffen. In einem *Style Guide* werden Merkmale wie Logo, Graphiken, Farben, Fonts und der genaue Umgang mit diesen Elementen festgelegt. Darüber hinaus müssen Zielgruppe und die Kermarkenwerte definiert werden. Je exakter die inhaltliche und visuelle Identität einer Fernsehshow definiert ist, desto einfacher und zielgenauer kann das Lizenzkonzept umgesetzt werden.

Ist das Markenimage geschaffen und die Zielgruppe definiert, wird die Positionierung der Lizenzprodukte festgelegt. Man hat die Wahl zwischen zwei grundsätzlichen Alternativen: Entweder man entscheidet sich für eine einfache und plakative Weiterverwertung der Marke, indem Logos, Titel und andere graphische Elemente der Show auf allerlei Unterlagen gedruckt werden (T-Shirts, Tassen, Stifte etc.), oder man lässt sich mehr einfallen und grenzt sich vom Massenmarkt der meist kurzlebigen Merchandisingartikel ab.

In diesem Fall werden die Inhalte des Fernsehformats auf andere Produkte übertragen. Handelt es sich beispielsweise um eine Quizshow, sucht man nach Spielideen, die es erlauben, das Erlebnis der Fernsehshow so real wie möglich nachzuspielen. Wichtig ist bei allen Lizenzprodukten, die Quintessenz des Mutterformats, der Marke, zu erfassen und auf attraktive Weise in eine andere Welt zu übertragen – sei es eine Welt der Spiele, der Bücher oder eine andere. Hat man eine passende Produktidee und beispielsweise ein Spielkonzept entwickelt, müssen die Konkurrenzprodukte der Mitbewerber analysiert werden. Dies ist notwendig, um zu wissen, gegen welche Produkte sich der Lizenzartikel durchsetzen muss und um einzuschätzen, in welchem Preissegment der Artikel zu positionieren ist. Kostet ein Brettspiel durchschnittlich etwa 30 Euro, ist es ratsam, das eigene Produkt zu einem vergleichbaren Preis anzubieten – es sei denn, man möchte sich preislich nach unten oder nach oben deutlich absetzen. Die Entscheidung hängt von der Wertigkeit der Marke ab. Setzt man auf eine breite Massenwirksamkeit, wird der Durchschnittspreis vermutlich unterschritten, geht es um ein hochwertiges Produkt und ein hochwertiges Markenimage, wird der Preis vermutlich höher festgelegt.

In manchen Fällen überlässt der Lizenzgeber diese Entscheidung dem Lizenznehmer und wartet dessen Produktvorschläge ab. Je mehr der Lizenzgeber allerdings in die Produktauswahl und -entwicklung einbezogen ist, desto besser kann er den Umgang mit seiner Marke kontrollieren.

Licensing beschränkt sich aber nicht darauf, ein Produkt zu entwickeln, das das Image oder den Inhalt einer Lizenzmarke transportiert. Einen bedeutenden Anteil am Lizenzgeschäft haben Promotions. Promotions sind üblicherweise der Zusammenschluss zweier Marken zum gegenseitigen Imagetransfer. Das heißt, dass zwei Marken, die entweder durch eine gemeinsame Zielgruppe oder gemeinsame Markenwerte verbunden sind, einen gemeinsamen, zeitlich begrenzten Auftritt wagen, um sich gegenseitig zu stärken. Prominentes Beispiel einer solchen Promotion ist die Zusammenarbeit zwischen McDonald's und Disney.

Die Suche nach einem Lizenznehmer

Der Lizenzgeber hat in der Regel weder die Erfahrung noch die Voraussetzungen, Lizenzprodukte zu produzieren und zu vermarkten. Ihm fehlen beispielsweise Produktionsstätten, um ein Spiel zu produzieren oder eine Infrastruktur, um die Produkte zunächst einmal in den Handel zu verkaufen.

Die Kriterien für die Auswahl eines Lizenznehmers sind von der Markenstrategie abhängig. Üblicherweise wird eine Liste der führenden Unternehmen im Produktbereich erstellt und versucht, diese für den Kauf einer Lizenz zu gewinnen. Wichtige Auswahlkriterien sind beispielsweise die Erfahrungen, die das Unternehmen in der Produktgruppe hat, eine flächendeckende Distribution und ein angemessenes Marketingbudget des Lizenznehmers.

Der Lizenzvertrag

Hat der Lizenzgeber einen Partner gefunden, wird ein Lizenzvertrag geschlossen. Lizenzgeber und Lizenznehmer einigen sich auf eine Vorauszahlung (Minimum-Garantie) an den Lizenzgeber, die nicht erstattbar ist. Zusätzlich wird eine so genannte Stück-Royalty festgesetzt, also eine prozentuale Beteiligung des Lizenzgebers an dem Verkauf jeder Produkteinheit. Die Stück-Royalty wird üblicherweise mit der bei Abschluss des Lizenzvertrages gezahlten Minimum-Garantie verrechnet. Zusätzlich wird die Laufzeit des Vertrages festgelegt sowie die Länder, in denen der Lizenznehmer das Produkt verkaufen darf.

Mit der Zahlung einer Minimum-Garantie stellt der Lizenzgeber sicher, dass der Lizenznehmer das Lizenzprodukt auch produzieren und verkaufen wird und er die Lizenz nicht nur kauft, um Konkurrenzprodukte zu blockieren. Der Lizenzgeber verdient mit der Lizenz bereits Geld, bevor das eigentliche Produkt produziert und verkauft ist. Das Risiko liegt zunächst also vorwiegend beim Lizenznehmer.

Produktion

Die Entwicklung und Produktion der Lizenzartikel erfolgt in enger Abstimmung zwischen Lizenznehmer und Lizenzgeber. Der Lizenznehmer muss vom ersten Entwurf bis zum Produktionsmuster alle Details vom Lizenzgeber freigeben lassen. Das kann ein langwieriger Prozess sein, der dem Lizenzgeber aber die Möglichkeit der vollständigen Kontrolle über die Marke gewährleistet.

Markenschutz

Einer der wichtigsten Maßnahmen beim Aufbau einer Marke ist der Schutz der Marke als Geistiges Eigentum (siehe dazu auch den Beitrag von Marc H. Oetzel). Nur wenn die Marke als Markenzeichen eingetragen ist, ist der Markeninhaber vor Plagiaten und Verletzungen des Copyrights geschützt. Damit ist man zwar praktisch nicht vor Plagiatsversuchen gefeit, man hat aber das rechtliche Instrumentarium, um dagegen vorzugehen.

Wer wird Millionär

Wer wird Millionär oder *Who Wants To Be A Millionaire* (so der Titel des englischen Originals) ist eine Ausnahmeerscheinung im weltweiten Lizenzgeschäft. Der internationale Verkauf des Fernsehformats und der Lizenzen hat Rekorde gebrochen und neue Dimensionen in der internationalen Lizenzierung von Fernsehshows eröffnet. Bis zum März 2002 wurde die Lizenz für die Quizshow in 107 Länder verkauft; 130 Lizenzprodukte, beispielsweise Brett-, Computer- und andere elektronische Spiele sowie Bücher, sind in 35 Ländern lizenziert, werden hergestellt und dort vermarktet.

Ein Grund für diesen außergewöhnlichen Erfolg besteht darin, dass die Integrität des Formats von seinem Erfinder Celador international bewahrt worden ist. Die Show ist bis ins kleinste Detail ausformuliert und die originalgetreue Umsetzung wird von einem Produktionsteam in London überwacht. Die Lizenzierung der Show und der Lizenzprodukte wird von Celador aus London gesteuert. Die Kontrolle über die Umsetzung der Show und das Image der Marke *Who Wants To Be A Millionaire* sowie die Wiedererkennbarkeit sind damit gewährleistet. Ob in Japan, Deutschland, Großbritannien, Mexiko, den Philippinen oder Island – die Show gleicht sich überall bis ins Detail.

Ein so stringentes Showkonzept macht es einfacher, ein Lizenzprogramm zu entwickeln. Hinzu kommt, dass der Spielablauf der Show gradlinig und einfach ist und er sich in viele andere Spielbereiche übertragen lässt. *Wer wird Millionär* funktioniert als Brettspiel ebenso wie als Spiel im Internet, als Buch, SMS- oder Computerspiel. Der Erfolg der lizenzierten Spiele spricht für sich: In Deutschland wurden bis März 2002 mehr als eine Million Brettspiele, 900.000 Computerspiele und fast 400.000 Quizbücher verkauft.

Bei der Lizenzierung haben sich die Macher von *Who Wants To Be A Millionaire* für die hochwertige Option entschieden. Statt also nur das Logo auf die üblichen Merchandisingartikel zu drucken, wurden Spielkonzepte entwickelt, die in Zusammenarbeit mit englischen Lizenznehmern produziert und vermarktet worden sind. Nachdem die Produkte sich auf dem englischen Markt durchgesetzt hatten, wurden Lizenznehmer in anderen Ländern gesucht. Wie bei der Lizenzierung der Fernsehshow wurde darauf geachtet, dass das Format der Produkte dem englischen Vorbild bis ins kleinste Detail gleicht – mit Ausnahme der Fragen und Texte versteht sich. Dies war (und ist) ein sehr aufwendiger Prozess, weil die Suche nach Lizenznehmern sowie die Entwicklung und Vermarktung der Produkte international und ohne die Hilfe von Agenturen und Agenten durchgeführt wird. Damit ist allerdings auch die Kontrolle über die Marke und den Umgang damit durch den Lizenzgeber weltweit gewährleistet.

Die Entwicklung der Show und der lizenzierten Produkte ist ausgesprochen vielschichtig und zeitaufwendig, weil die Leistungen einer Vielzahl von Partnern koordiniert werden müssen: Die Entwicklung des Produkts durch die Lizenznehmer, das Schreiben der Fragen durch die lokalen Fernsehteams und die Programmplanung der Fernsehsender. Um einen maximalen Effekt zu erzielen, ist es wichtig, dass der richtige Zeitpunkt für das Erscheinen eines lizenzierten Produktes gewählt wird – möglichst innerhalb des Sendezyklus der Show, nicht in der Sommerpause, sondern beispielsweise einige Monate vor Weihnachten, der konsumfreudigsten Zeit des Jahres.

Anders als viele andere Lizenzgeber hat Celador keine pan-europäischen oder weltweiten Lizenzen für *Wer wird Millionär* vergeben. Sowohl für das Fernsehformat als auch für die Lizenzprodukte wurde in jedem Land nach den besten Partnern gesucht, die das Format optimal umsetzen können.

Anhang

Herausgeber- und Autorenverzeichnis

Martin Berthoud

1983 bis 1986 Referent für neue Medien und zuletzt Leiter des Fachbereichs Hörfunk und Fernsehen im Gemeinschaftswerk der Evangelischen Publizistik in Frankfurt; 1986 bis 2002 Tätigkeit in der Programmplanung des ZDF als Redakteur; Leiter der Planungsredaktion und derzeit Leiter der Hauptabteilung Programmplanung.

Thomas Beuthner

Jahrgang 1955, ist seit 14 Jahren in der beruflichen Aus- und Fortbildung tätig. Studium an der FH Köln zum Diplom-Fotoingenieur, danach knapp sechs Jahre in der Filmaufnahme beim WDR tätig. Seit 1987 Projektleiter in der Gestaltung Film und Fernsehen und seit 2000 Segmentkoordinator Licht, Beschallung und Veranstaltungstechnik an der Schule für Rundfunktechnik (srt).

Martin Blum

Geboren 1964 in Köln; Fachoberschule für Gestaltung; Volontariat im Trickfilmstudio Wittmann; Ausbildung zum Werbegestalter im audiovisuellen Messebau; Arbeiten als freier Fotograph und Kameramann; 1989 mit Torsten Hermanowski Gründung der Vision Factory Medienkonzepte; seitdem On-Air-Promotion und Screen-Design unter anderem für RTL, VIVA TV, TM3, ZDF, ARD, Sat.1; ab 1994 geschäftsführender Creativdirector der Vision Factory Medienproduktion GmbH; Erweiterung des Geschäftsfeldes um Imagefilm, Kino- und TV-Spots; Einspieler für Messen und Events unter anderem für General Electrics, Jack Wolfskin, Saab, Toyota, Schwarzkopf-Henkel, Kaloderma, Wissen.de, Winkler und Dünnebier; gemeinsam mit RTL Gewinn des »Golden Jury Awards« der Promax Europe für die OAP-Kampagne zum »Domino-Day«; Auszeichnung beim ADC Deutschland für die CI der Vision Factory.

Leo Danilenko

Studium der Elektrotechnik; bis Mai 2000 beim WDR unter anderem als Leiter der Abteilung Neue Technologien und Systementwicklung, Chef-Ingenieur und stellvertretender technischer Direktor; Lehrtätigkeit an Universität Köln (Digitale Signalverarbeitung und audiovisuelle Wahrnehmung).

Michael Darkow

Geboren 1950 in Bielefeld; Studium der Sozialwissenschaften an der Universität Göttingen; 1976 bis 1980 wissenschaftlicher Mitarbeiter am Institut für Publizistik- und Kommunikationswissenschaft der Universität Göttingen; ab 1980 Medienreferent beim ZDF; ab 1984 stellvertretender Abteilungsleiter der ZDF-Medienforschung; seit 1988 Geschäftsführer der GfK Fernsehforschung; von 1984 bis 1988 Mitglied der Group of European Audience Researchers (GEAR) und der Technischen Kommission der Arbeitsgemeinschaft Media-Analyse (AG.MA); seit 1987 Mitglied der Europäischen Gesellschaft für Meinungs- und Marketing-Forschung (ESOMAR).

Sybille Diegelmann

Geboren 1967; Studium der Kommunikationswissenschaften und Germanistik an der Freien Universität Berlin; bereits während des Studiums Praktika und freie Mitarbeit bei verschiedenen Marktforschungsinstituten; 1994 beruflicher Einstieg als Studienleiterassistentin bei der Sample GmbH; 1996 Wechsel zur Sat.1 Medienforschung, dort als Projektleiterin überwiegend verantwortlich für die qualitative und quantitative Programmforschung; seit 1999 Leiterin des Ad-hoc-Bereiches der Sat.1 Medienforschung; seit Januar 2001 Abteilungsleiterin Primary and Program Research Berlin bei SevenOne Media.

Friedrich M. Dosch

Geboren 1955; seit 1974 im Filmgeschäft. Er arbeitete drei Jahre als Cutter-Assistent, drei Jahre als Produktions-Assistent und ein Jahr als Produktionsleiter in der Synchron Abteilung der Bavaria Film. Danach war er einige Jahre als Sound-Cutter für diverse Synchronfirmen tätig. 1984 begann er mit der Produktion *Der Name der Rose* seine Kinofilmbearbeitungen als Foley-Editor. Seitdem arbeitet er als freier Sound-Editor und Sound-Designer. Seine wichtigsten Produktionen als Sound-Designer sind *Cobra Verde, Georg Elser - Einer aus Deutschland, Homo Faber, Stalingrad, Das Geisterhaus, Mario und der Zauberer, Schlafes Bruder, Das Superweib, Fräulein Smilla´s Gespür für Schnee, Aimée und Jaguar, Long Hello and short Goodbye, Anatomie, Help I´m a Fish* und *The Calling*.

Bernhard Eberhard

Geboren 1958 in Vallendar (bei Koblenz); Ausbildung zum Versicherungskaufmann; bis 1988 verschiedene Funktionen im Bereich der industriellen Versicherung; seit 1988 selbständig auf dem Gebiet der Versicherungen rund um das Entertainment; seit August 2000 Geschäftsführer und Hauptgesellschafter der A. Huber & Co GmbH, Internationale Assekuranz-Makler GmbH.

Tania Ehrentraut

Geboren 1967; 1987 bis 1993 Studium Deutsch als Fremdsprache, Sinologie und Volkskunde an der Universität München, Magister; 1993 bis 1995 Dozentin für Deutsch als Fremdsprache an verschiedenen Münchner Sprachschulen; 1995 bis 1997 Mirag Films, Übersetzung und Abwicklung der Synchronisation eines Modemagazins; 1997 bis 2000 Referentin in der Herstellung von ProSieben; seit 2000 Referentin in der Senderübergreifenden Herstellungsleitung der ProSiebenSat.1 Media AG.

Hans Funck

Seit 1992 Avid-Cutter; bis Mitte 1995 als Cutter ausschließlich für Werbe- und Videoclips tätig; nach der Einrichtung eines eigenen Avid bei Arri TV in München im Juni 1994 konzentriert er sich auf Fernseh- und Kinospielfilme; seine wichtigsten Filme: *Der Tourist, Die Halbstarken, Bandits, Der Opernball, Todfeinde, St. Pauli Nacht, Nick Knatterton, Das Experiment, Leo und Claire, Epsteins Nacht* und *Die Hoffnung stirbt zuletzt.* Nominierungen und Auszeichnungen hat er für die Filme *Bandits, Der Opernball* und *Das Experiment* bekommen.

Hans W. Geißendörfer

Geboren 1941 in Augsburg; Studium der Germanistik, Theaterwissenschaften, Psychologie und afrikanischen Sprachen an den Universitäten Marburg, Erlangen, Wien und Zürich; erste 16-mm-Dokumentar- und Undergroundfilme; 1968 erste Regieassistenz bei George Moorse; 1969 erste Regie *Der Fall Lena Christ* (TV s/w, 90 Min.); vier Bundesfilmpreise (1970 für *Jonathan*, 1976 für *Sternsteinhof*, 1978 für *Die gläserne Zelle*, 1992 für *Der Zauberberg*), eine Oscar-Nominierung (1979 für *Die gläserne Zelle*), eine Golden Globe-Nominierung (1993 für *Justiz*), »Bambi« (1988) und »Goldene Kamera« (1998) für *Lindenstraße*; »Adolf-Grimme-Preis« mit Gold als Erfinder und Produzent der *Lindenstraße* (2001), »Bobby« - Medienpreis der Bundesvereinigung Lebenshilfe für die besonderen Verdienste um die Anerkennung behinderter Menschen in der Gesellschaft (2001).

Norbert Gerwin

Geboren 1943; Volksschule und Abschluss Handelsschule; Friseurausbildung und Abschluss mit Friseurgesellenbrief; 1961 bis 1963 Arbeit als Damenfriseur; 1963 bis 1964 Maskenbildnervolontariat Deutsche Oper am Rhein, 1964 bis 1965 Maskenbildnervolontariat Schauspielhaus Köln; Maskenbildner-Diplom der Genossenschaft Deutscher Bühnen-Angehöriger (GDBA); 1965 bis 1966 Maskenbildner am Schauspielhaus Köln, 1966 bis 1984 Maskenbildner im WDR, 1983 Austauschmaskenbildner im ORF, 1984 bis 1988 Maskenbildner mbkA im WDR, 1988 bis 2002 Chefmaskenbildner im WDR; Mitarbeit bei Werbekampagnen, Spielfilmen und Bühnenausstattungen.

Silke Häußler

Geboren 1962 in München; Theaterarbeit in München, Berlin und Hamburg; Skipperin: Kanaren und Karibik; Studium der Philosophie in Hamburg, Abschluss Magistra Artium; Journalistenausbildung in Hamburg; 1999 Fachredakteurin *Medien Bulletin*; seit 2001 Freie Journalistin und Autorin.

Julia Hansen

Geboren 1971 in Hamburg; Studium der Anglistik und Geschichte an der Uni Hamburg, Abschluss 1998: Magister Artium; 1998 bis 2000 Marketing-Assistant bei Warner Bros. Consumer Products in Hamburg; seit 2000 Marketing-Manager bei Celador International in London.

Holger von Hartlieb

Geboren 1969 in Wiesbaden; Studium der Rechtswissenschaften in München; ab September 1977 selbstständiger Rechtsanwalt in München mit dem Spezialgebiet Medienrecht, hierbei insbesondere Film-, Fernseh- und Videorecht sowie besonders Medien- und Zensurrecht (Jugendschutzrecht, Strafrecht §§184 und 131 StGB); langjährige Vertretung und Tätigkeit für verschiedene Film-, Fernseh- und Videofirmen vor öffentlichen Stellen wie Freiwillige Selbstkontrolle der Filmwirtschaft (FSK) und der Bundesprüfstelle für jugendgefährdende Schriften (BPS);

Mitglied der FSK-Grundsatzkommission, Mitglied der Untervergabekommission Filmabspiel/Filmsabsatz der Filmförderanstalt (FFA); Mitautor und -herausgeber des ***Handbuchs Film-, Fernseh- und Videorecht*** (4. Auflage, 2002).

Prof. Manfred Heid

Geboren 1944; Humanistisches Gymnasium in München; Studium der Musik (Klavier) und Mathematik in München und Genf; ab 1971 erste Schritte in der Musik- und Filmindustrie; zwei Jahre Aufenthalt in den USA, Produktionsassistent bei Firmen wie Geffen Records und Nerofilms; ab 1974 Produktions- und Herstellungsleiter bei zahlreichen Kino- und Fernsehproduktionen (*Otto – Der Film, Momo* etc.); ab 1986 Herstellungsleiter bei der Tele München Gruppe (TMG), später Geschäftsführer der Tele München Film- und Fernsehproduktionsgesellschaft; während dieser Zeit entstand eine Reihe von Film- und Fernsehproduktionen sowie große europäische und internationale Koproduktionen; 1995 Berufung zum geschäftsführenden Professor der Abteilung Produktion und Medienwirtschaft der Hochschule für Fernsehen und Film München.

Prof. Dr. Knut Hickethier

Geboren 1945; Professor für Medienwissenschaft an der Universität Hamburg; 1975 bis 1989 Wissenschaftlicher Mitarbeiter, Universitätsassistent und Privatdozent am Institut für Theaterwissenschaft der FU Berlin; 1979 Promotion über das Fernsehspiel, 1982 Habilitation; seit 1982 Radio-, Fernseh- und Filmkritiken vor allem in *epd medien, epd Film* und verschiedenen Tageszeitungen; 1984 bis 1989 Geschäftsführer der Dramaturgischen Gesellschaft; Veröffentlichungen über Medientheorie, Film, Fernsehen und Radio. Zuletzt: ***Film- und Fernsehanalyse*** (Stuttgart/Weimar, 3. Auflage, 2001), **Geschichte der Fernsehkritik** (Berlin, 1994), ***Der Film in der Geschichte*** (Berlin, 1997), ***Geschichte des deutschen Fernsehens*** (Stuttgart/Weimar, 1998), ***Medienkultur und Medienwissenschaft - Das Hamburger Modell*** (Hamburg, 2001), in Vorbereitung: ***Medium Film*** (voraussichtlich 2002).

Eric Karstens

Geboren 1966; studierte in Köln und Berlin Theater-, Film- und Fernsehwissenschaft, Kunstgeschichte und Germanistik; 1991 bis 1992 Mitarbeit im DFG-Sonderforschungsbereich Bildschirmmedien an der Universität Marburg; 1992 bis 2000 Leiter der Programmplanung beim privaten TV-Sender VOX; seit 2000 geschäftsführender Gesellschafter des Kölner Medienberatungs- und Dienstleistungsunternehmens Carus Media GmbH. Veröffentlichungen unter anderem: ***Firma Fernsehen - Wie TV-Sender arbeiten*** (mit Jörg Schütte, Reinbek, 1999).

Prof. Klaus Keil

Studierte Kunstgeschichte sowie Betriebswirtschaft und ist seit über 30 Jahren eng mit der Film- und Fernsehwirtschaft verbunden, unter anderem als Produktionsleiter und Herstellungsleiter deutscher und internationaler Film- und Fernsehproduktionen, Prokurist der Constantin TV und stellvertretender Herstellungsleiter der Bavaria Film. Er ist Gründungsvorstand des Bundesverbandes Produktion. 1989 wurde Klaus Keil zum geschäftsführenden Professor der Abteilung Produktion und Medienwirtschaft der Münchner Hochschule für Fernsehen und Film (HFF) berufen, wo er den ersten deutschen Produzentenstudiengang erfolgreich etablierte. Seit 1994 ist er Geschäftsführer und Intendant der Filmboard Berlin-Brandenburg GmbH, der gemeinsamen Filmförderung der Länder Berlin und Brandenburg. Er ist Mitglied verschiedener Kommissionen, beispielsweise Verwaltungsratsmitglied der Filmförderanstalt (FFA) und Kuratoriumsmitglied der Deutschen Film- und Fernsehakademie Berlin. Zu seinen zahlreichen Veröffentlichungen als Herausgeber und Autor gehört unter anderem die Reihe »Filmproduktion« der TR-Verlagsunion München.

Dr. Guido Knopp

Geboren 1948. Als promovierter Historiker war er nach dem Studium Redakteur der *Frankfurter Allgemeinen Zeitung* und Auslandschef der *Welt am Sonntag*. Seit 1984 leitet Guido Knopp die Redaktion Zeitgeschichte im ZDF. Er ist Autor zahlreicher preisgekrönter Dokumentationen, Moderator vieler Diskussionen und der Sendereihe *History*. Außerdem lehrt er an einer Hochschule Journalistik. Viele seiner Bücher sind Bestseller geworden. Fernsehserien und begleitende Publikationen (Auswahl): 1991 *Der verdammte Krieg*, 1992 *Bilder, die Geschichte machten*, 1995 *Hitler - Eine Bilanz*, 1997 *Vatikan - Die Macht der Päpster*; 1999 *Kanzler* und *100 Jahre – Der Countdown*; 2000 *Deutschlandspiel* und *Holokaust*, 2001 *Die große Flucht,* 2002 *Der Jahrhundertkrieg*. Auszeichnungen: 1988 »Europäischer Fernsehpreis«, 1997 »Deutscher Fernsehpreis Goldener Löwe«, 1997 »Bayerischer Fernsehpreis«, 1997 »Auszeichnung des Simon-Wiesenthal-Zentrums« (Los Angeles), 1999 »Hans-Klein-Medienpreis«, 2001 »Bundesverdienstkreuz 1. Klasse«.

Fred Kogel

Geboren 1962; Kogel studierte Politologie und Rechtswissenschaften und war während seines Studiums als freier Mitarbeiter für den Bayerischen Rundfunk tätig. Heute Stellvertretender Vorsitzender der Geschäftsführung der KirchMedia GmbH & Co. KGaA. Er verantwortet die Bereiche Lizenzmanagement, Senderfamilie und Show. Zusätzlich ist er Gesellschafter der KirchMedia Entertainment und Vorsitzender des Aufsichtsrates der Neuen Constantin Film, an der die KirchGruppe beteiligt ist. 1995 bis 2000 hat Kogel den Fernsehsender Sat.1 als Geschäftsführer Programm und Verkauf geleitet. Zuvor war er seit 1993 ZDF-Unterhaltungschef und führte 1991 bis 1993 die Geschäfte der B.E.E.G. Medienprogramme GmbH in München. Bei Radio Gong 2000 betreute Kogel 1990 den Bereich Unterhaltung. 1985 bis 1990 arbeitete er für die Neue Constantin Film, zunächst als Assistent des Filmproduzenten Bernd Eichinger, ab 1986 als Programmchef aller Radioprojekte des Unternehmens.

Mira von Kremling

Geboren 1976 in Erlangen; Studium der Betriebswirtschaftslehre in Würzburg und Dänemark mit den Schwerpunkten Marktkommunikation sowie Industrie- und Dienstleistungsmarketing; 1998 Mitarbeiterin des Kundenkontakts bei der Werbeagentur ServicePlan, München; 1999 Erstellung einer Customer Care Center-Konzeption für Barclaycard, Hamburg; seit 2000 Junior Marketing Consultant der GfK Fernsehforschung, Nürnberg.

Alexander Leschinsky

Studium der Musikwissenschaft, Informatik und Phonetik; professionelle Beschäftigung mit dem Internet seit 1992; im Rahmen eines Praktikums Mitarbeit am ersten Internetauftritt des WDR; ab 1996 Webmaster in der *Lindenstraße*; seit 2000 Leiter der Streaming Division der Geißendörfer Film- und Fernsehproduktion.

Alfred Maas

Geboren 1935, war 43 Jahre beim WDR in Köln bis zu seiner Pensionierung im Jahr 2000 größtenteils als Produktionsingenieur tätig. Er war als technischer Leiter verantwortlich für viele, auch internationale Produktionen, von der Planung bis zur Sendung. Dazu gehörten alle im Fernsehen übliche Arten, von Kinder- und Jugendsendungen, Unterhaltung und Musik, Fernsehspiele und Serien, Politik und Sport, aber auch HDTV-Produktionssysteme. Seine besondere Vorliebe galt den internationalen Experimentalproduktionen und allen als »nicht machbar« geltenden Aufgaben. Er entwarf die Betriebskonzepte und Arbeitsabläufe fast aller Studios, Produktionsstätten für Serien sowie die dafür benötigten Bearbeitungssysteme. Nach seiner Pensionierung ist er als Mitinhaber der Consulting-Firma KHC weiterhin tätig.

Felix Neunzerling

Geboren 1961, ist seit 15 Jahren in der Medienindustrie tätig. Er studierte Germanistik, Medienwissenschaften und Psychologie in Frankfurt am Main, arbeitete im Programmkinobereich, war Redakteur beim Kino Verlag in Hamburg, Leiter der Abteilung Presse- und Öffentlichkeitsarbeit der Bavaria Film Geiselgasteig und Marketingleiter der Senator Film in Berlin. 1996 gründete er die PR-Agentur ZOOM Die Medienfabrik GmbH, Berlin, die unter anderem für Buena Vista Filmverleih GmbH Germany, KC Medien und Studio Babelsberg tätig ist. 1997 folgte die Gründung der Spezialagentur STAR PR für Schauspieler-Public Relations. Als Gastdozent unterrichtet er an der Hochschule für Film und Fernsehen in München, an der Filmakademie Baden-Württemberg, am Erich Pommer Institut in Potsdam und an der Fachhochschule Berlin, Fachbereich Medienwissenschaften. 1998 erschien sein Standardwerk ***Presse und PR für Filmproduktionen***.

Marc H. Oetzel

Geboren 1972 in Leverkusen; 1991 bis 1995 Studium der Rechtswissenschaften an der Universität zu Köln; 1996 Erstes Juristisches Staatsexamen; 1996 bis 1999 Nebentätigkeit für Rechtsanwaltkanzlei Retzlik & Partner; 1999 Zweites Juristisches Staatsexamen; 1999 bis 2000 Rechtsanwalt der Kanzlei Schwarzberg Brehm Wilde; seit 2000 Rechtsanwalt in der PricewaterhouseCoopers Veltins Rechtsanwaltsgesellschaft mbH in Köln.

Volker Rodde

Geboren 1943 in Elbing (Westpreußen), Schule und Handelsschule, dreijährige Lehre zum Photokaufmann. 1963 Kaufmannsgehilfe. 1964 Soldat bei der Bundeswehr, Luftwaffe, Bildstelle, während dieser Zeit Lehre zum Fotografen. 1966 Technischer Kaufmann bei AGFA in Leverkusen anschließend Praktikant beim NDR Hamburg, Ausbildung zum Filmkamera-Assistenten. 1969 freier Fotograf und fester Kamera-Assistent bei der Cine-TV in Köln. 1971 freier Fotograf und Kameraassistent, Mitarbeit als Kameraassistenz 35mm bei den Olympischen Spielen, München. 1976 freier Kameramann und ab 1978 freier Kameramann mit eigener 16mm Ausrüstung, Gründung eines Kamerageräte-Verleihs. Seitdem freier Kameramann, Inhaber und Geschäftsführer der Firma VR Film- und Videotechnik e.K. Köln. 1999 Beginn der Lehrtätigkeit an der Medienschule Erftkreis. Mehrere von ihm gedrehte Filme haben nationale und internationale Filmpreise erhalten. 1982 Persönlicher Deutscher Kamerapreis Photokina.

Michael Rueger

Geboren 1967, Ausbildung in Design und Informatik. 1989 begann er bei BBDO GmbH (Werbeagentur) in Düsseldorf als Junior-Producer und arbeitete später unter anderem in New York für die Ridley Scott Associations. Er ging 1993 zur NDF (Neue Deutsche Filmproduktion) und war dort zuletzt als Producer tätig, bevor er 1995 zu Sat.1 nach Berlin wechselte und 1996 zum Daily Soap- und Weekly-Spezialisten Grundy UFA (Producer Development). Parallel zu seinen Arbeiten im Werbe- und Fernsehbereich ist Michael Rueger bereits seit Anfang der 90er Jahre mit dem Multimediabereich eng verbunden und entwickelte für Grundy UFA Internet-Daily Soaps sowie weitere interaktive Formate. Seit 1999 ist er freier Internet-Entertainment-Consultant und arbeitet unter anderem für RTL-New Media, BCN (Bertelsmann Content Network) und Die Argonauten. Seine Spezialgebiete sind Konzeptionen für emotionalen massenaffinen Content bei Web-Sites, Online-Games, Broadband und I-Mode.

Hans Schlosser

Geboren 1945 in Bethenhausen/Thüringen; 1966 Abitur; Studium der Ton- und Bildtechnik an der Fachhochschule Düsseldorf und der Robert-Schumann-Hochschule Düsseldorf; 1972 Examen als Diplomingenieur (FH) Ton und Bild; ab 1972 Assistent mit Lehrauftrag an der Robert-Schumann-Hochschule und Fachhochschule Düsseldorf; 1976 bis 1990 freier Tonmeister beim WDR; 1979 bis 2000 Geschäftsführender Gesellschafter der Studio 57 Ton-Bild-Werbung GmbH; 1991 bis 1997 Vorstandsmitglied beim Verband Deutscher Tonmeister (VDT); ab 1997 Fachgruppenleiter Audiovisuelle Produktionen beim VDT; ab 2000 Lehrbeauftragter an der Robert-Schumann-Hochschule für bildbezogene Tonbearbeitung.

Prof. Andreas Schümchen

Geboren 1964; Studium der Medienwissenschaft, Germanistik, Psychologie und Kunstgeschichte an der Ruhruniversität Bochum und der Technischen Universität Berlin (M.A.). Nach der Tätigkeit für den Sender Freies Berlin (Intendanz, Medienforschung und -planung) und bei einem Produktionsunternehmen in Berlin journalistisches Volontariat. Von 1992 bis 1998 Redakteur und (ab 1994) Chefredakteur der Fachzeitschrift *Medien Bulletin* in München. Anschließend Leiter des Referats Publizistik beim Adolf-Grimme-Institut in Marl und Chefredakteur der Zeitschrift *grimme*. Bis 2000 Inhaber des Büros für Medienkonzeption und -realisation Andreas Schümchen: Medienkonzepte in München, unter anderem Fachbuch- und Dokumentarfilmprojekte. Lehraufträge und Gastdozent unter anderem an der Filmakademie Baden-Württemberg, der Katholischen Universität Eichstätt und der Bayerischen Akademie für Fernsehen. Mehrere Fachbuchveröffentlichungen. Seit 2000 Professor für Journalistik an der Fachhochschule Bonn-Rhein-Sieg.

Jörg Schütte

Geboren 1964 in Hamm/Westfalen; 1984 bis 1986 Deutsche Journalistenschule München, Redakteursausbildung; 1987 bis 1992 Studium der Wirtschaftswissenschaften (Universität Witten/Herdecke und St.Gallen/Schweiz); studienbegleitende Tätigkeiten: Reporter beim ZDF und Südwestfunk; 1992 bis 1995 Aufbau- und Leitung der Programmplanung bei VOX; 1995 bis 1997 Chefredakteur bei VOX; 1997 bis 2000 Programmdirektor und Chefredakteur bei VOX; 2000 Gründung der Medien-Beratungsfirma Carus Media; seit April 2001 Geschäftsführer bei tv.nrw GmbH & Co. KG; Buchveröffentlichung ***Firma Fernsehen – Wie TV-Sender arbeiten***.

Oliver Schütte

Studierte Film- und Theaterwissenschaften an der Freien Universität Berlin, arbeitet seit 1986 als Autor für Film und Fernsehen und seit 1990 als Dramaturg. Für sein erstes Drehbuch *Koan* erhielt er 1998 den »Deutschen Drehbuchpreis«. Seit 1995 ist er Leiter der Master School Drehbuch. Er ist Mitbegründer der Development Agentur Script House, leitender Dozent der Seminarreihe »Die Kunst des Drehbuchlesens«, unterrichtet an der Filmakademie in Ludwigsburg und ist Initiator und künstlerischer Direktor des »Script!Forum«, der deutschen Drehbuch- und Stoffentwicklungsmesse. Er ist Autor der Titel ***Die Kunst des Drehbuchlesens, Schau mir in die Augen, Kleines*** und Co-Autor von ***Unternehmen Drehbuch***.

Anne Schulz

Geboren 1960 in Köln, ist Journalistin und Internet-Redakteurin bei AIM, dem KoordinationsCentrum für Ausbildung in Medienberufen in Köln. Davor war sie unter anderem im Verlagsbereich, für das EU-Parlament in Brüssel, für Weiterbildungsinstitutionen und als Theater-Dramaturgin tätig. Sie ist Co-Autorin von Theaterstücken. Publikationen im Bereich der Medienausbildung: ***Berufsorientierung für die Medienbranche, Handbuch für Multiplikatoren*** (2000, gemeinsam mit Bettina Baum), ***Berufsratgeber Fernsehen und Film***, (2001, gemeinsam mit Andrea Stein).

Andrea Stein

Geboren 1960 in Essen; nach der kaufmännischen Ausbildung im Verlagsbereich Studium der Allgemeinen und Vergleichenden Literaturwissenschaft, Anglistik und Kommunikationswissenschaft in Essen; Geschäftsführungsassistenz der West-Film Film- und Fernsehproduktions-GmbH Düsseldorf; ab 1992 Mitarbeiterin der Filmstiftung NRW GmbH; seit 1996 Geschäftsführerin des Vereins zur Förderung der Aus- und Weiterbildung in der Medienwirtschaft mit dem KoordinationsCentrum für Ausbildung in Medienberufen – AIM. Publikation im Bereich der Medienausbildung: ***Berufsratgeber Fernsehen und Film*** (2001, gemeinsam mit Anne Schulz).

Dr. Günter Struve

Geboren 1940; Studium Politikwissenschaften, Volkswirtschaft und Geschichte an der Freien Universität Berlin, Dr. phil.; Mitarbeiter im Büro von Willi Brandt; Pressesprecher der Berlin-Vertretung in Bonn; Leiter Referat »Inland«, Auswärtiges Amt; Leiter Büro Regierender Bürgermeister Berlin; Sprecher des Senats von Berlin und Leiter des Presse- und Informationsamtes; Beauftragter des Senats für Filmförderung, dort Entwicklung des Berliner Modells; Staatssekretär für kulturelle Angelegenheiten; Geschäftsführer der Berliner Synchron Wenzel Lüdecke; Geschäftsführer der Westfilm Medien GmbH; 1985 bis 1992 Programmdirektor Fernsehen WDR; seit Mai 1992 Programmdirektor Erstes Deutsches Fernsehen, München.

Volker Szezinski

Geboren 1960 in Neumünster; 1982/83 bis 1989 Studium der Volkskunde, Germanistik, Literaturwissenschaft und Pädagogik an Christian-Albrechts-Universität in Kiel; Redakteur im Print- und Fernsehbereich; 1989 Freier Mitarbeiter, ZDF, Landesstudio Kiel; 1990 Redakteur *Mecklenburgische Volkszeitung*, Rostock; 1990 Freier Mitarbeiter, *Lübecker Nachrichten*, Schwerin; 1990 bis 1992 Verlagsredakteur, München; 1992 Redakteur Programmplanung Sat.1, Berlin; 1993 bis 1994 Stellvertretender Abteilungsleiter Programmplanung Sat.1; seit 1995 Leiter der Sat.1 Programmplanung; seit 1995 Mitglied der Sat.1 Programmgeschäftsführung; seit 1.4.2001 stellvertretender Sat.1 Programmgeschäftsführer.

Stefan Thul

Geboren 1963; 1981 bis 1985: Kinotheaterleiterassistent; Studium VWL (abgebrochen); Zivildienst; Ausbildung zum Tontechniker; 1985 bis 1992 Volontariat und Aufnahmeleiter Südwestfunk, Mainz/Baden-Baden; 1993 bis 1995 Produktionsmanagement, RTL, Köln; 1995 bis 2000 Leiter Herstellung, ProSieben, München; seit 2000 Senderübergreifender Herstellungsleiter, ProSiebenSat.1 Media AG; seit 1994 diverse Dozententätigkeiten.

Johannes Webers

Geboren 1925; Studium der Elektrotechnik in Braunschweig und München; 1949 bis 1961 Entwicklungsingenieur, Meßdienst- und Prüffeldleiter bei Bavariafilm für den Bereich der Filmton-Aufnahme; 1961 bis 1975 Leiter der Abteilung Ton- und Bildtechnik der Bavariafilm; 1974 bis 1990 Technischer Leiter und Geschäftsführer der Bavaria-Kopierwerk GmbH; 1981 bis 1991 Technische Gesamtleitung der Bavariafilm; 1988 bis 1991 Geschäftsführer der Firma Bavariaprint GmbH, Videokopierwerk Berlin; Lehrtätigkeiten: 1969 bis 2000 Dozent an der Hochschule für Fernsehen und Film (HFF) in München; 1980 bis 1995 Seminare für Fachleute und Laien für Film- und Videotechnik sowie Tonstudiotechnik; Veröffentlichungen: ***Tonstudiotechnik*** (Lehrbuch, 7. Auflage, 1999), ***Bild und Tonsynchron*** (1976), ***Handbuch der Film- und Video-Technik*** (Lehrbuch, 6. Auflage, 2000, ***Audio-, Film- und Videotechnik*** (1992).

Abkürzungsverzeichnis

ABC	American Broadcasting Company
AD	Art-Director, Art-Direction
ADC	Art Directors Club
AES/EBU	Audio Engineering Society/ European Broadcast Union
AG.MA	Arbeitsgemeinschaft Media Analyse
AGF	Arbeitsgemeinschaft Fernsehen
AIM	Ausbildung in Medienberufen
AOL	America OnLine
ARD	Arbeitsgemeinschaft der Rundfunkanstalten Deutschlands
srt	Schule für Rundfunktechnik
AWA	Allensbacher Markt- und Werbeträgeranalyse
BBC	British Broadcast Corporation
BIBB	Bundesinstitut für Berufsbildung
BPS	Bundesprüfstelle für jugendgefährdende Schriften
BR	Bayerischer Rundfunk
BVK	Bundesverband der Kameramänner und -frauen
CBS	Columbia Broadcasting System
CCD	Charge Coupled Device
CCIR	Comité Consultatif International des Radio Communications (Vorläufer der ITU)
CD	Compact Disc
CI	Corporate Identity
DAT	Digital Audio Tape
DEGETO	Deutsche Gesellschaft für Ton und Film (gemeinsame Filmeinkaufsorganisation der ARD)
DFÜ	Datenfernübertragung
DMX	Digital Multiplexing
DSF	Deutsches Sportfernsehen
DSL	Digital Subscriber Line
DTRS	Digital Tape Recording System
DVB	Digital Video Broadcasting
DVB-C	DVB cable
DVB-S	DVB satellite
DVB-T	DVB terrestrial
DVD	Digital Versatile Disc
DVE	Digital Video Effects
EAN	European Article Numbering
EB	Elektronische Berichterstattung
EBU	European Broadcasting Union
EMI	ursprünglich: Electric & Musical Industries Ltd.
epd	Evangelischer Pressedienst
EPK	Electronic Press Kit
ESOMAR	Europäischen Gesellschaft für Meinungs- und Marketingforschung
FAT	elektronische Filmabtastung
FAZ	Filmaufzeichnung
FBAS	Farb-Bild-Austast-Synchronsignal
FC	Fibre Channel
FFA	Filmförderanstalt
FSF	Freiwillige Selbstkontrolle Fernsehen
FSK	Freiwillige Selbstkontrolle
GEAR	Group of European Audience Researchers
GEMA	Gesellschaft für musikalische Aufführungs- und mechanische Vervielfältigungsrechte
GDBA	Genossenschaft Deutscher Bühnen-Angehöriger
GfK	Gesellschaft für Konsumforschung
GPI	General Purpose Interface
GÜFA	Gesellschaft zur Übernahme und Wahrnehmung von Film- und Aufführungsrechten mbH
GVL	Gesellschaft zur Verwertung von Leistungsschutzrechten mbH
GWA	Gesamtverband der Werbeagenturen e.V.
GWFF	Gesellschaft zur Wahrnehmung von Film- und Fernsehrechten mbH
HDTV	High Definition Television

HFF Hochschule für Fernsehen und Film

HR Hessischer Rundfunk

ITU-R International Telecommunication Union

JPEG Joint Photographic Experts Group

KI.KA Kinderkanal

LCD Liquid Crystal Diode (auch: Display)

MA Media Analyse

MAZ Magnetaufzeichnung

MDR Mitteldeutscher Rundfunk

MPEG Moving Pictures Experts Group

NBC National Broadcasting Company

NDR Norddeutscher Rundfunk

NTSC National Television System Commitee

NVOD Near Video on Demand

NWDR Nordwestdeutscher Rundfunk

OAP On-Air-Promotion

OMF Open Media Framework

OMG Organisation der Mediaagenturen im Gesamtverband der Werbeagenturen

ORF Österreichischer Rundfunk

OWM Organisation Werbungstreibende im Markenverband

PAL Phase Alternating Line

PAR Parabolic Reflector

PBS Public Broadcasting Service

PCM Pulse Code Modulation

PR Public Relations

PVV Produktions-Vorbereitungs-Vertrag

RAID Redundant Array of Independent (auch: Inexpensive) Discs

RDF Resource Description Framework

RfinStV Rundfunkfinanzierungs-staatsvertrag

RFStV Rundfunkstaatsvertrag

RGB Rot Grün Blau (Farbraum)

RGebStV Rundfunkgebühren-staatsvertrag

RPK Radio Press Kit

RTL Radio Television Luxemburg

SDI Serial Digital Interface

SECAM Sequential Color and Memory

SMS Short Message Service

SR Saarländischer Rundfunk

SWR Südwestrundfunk

TBS Turner Broadcasting Systems

TC Timecode

TDIF Tascam Digital Interface

TK Technische Kommission (Fachgremium der AGF)

TKP Tausender-Kontakt-Preis

TV Television

Ufa ursprünglich: Universum Film AG

UMTS Universal Mobile Telephone Service

UrhG Urheberrechtsgesetz

USITT United States Institute for Theatre Technology

USP Unique Selling Proposition

VDT Verband Deutscher Tonmeister

VG Verwertungsgesellschaft, z. B. VG Wort oder VG Bild-Kunst

VGF Verwertungsgesellschaft der Film- und Fernsehproduzenten mbH

VOD Video on Demand

VTR Video Tape Recorder

WDR Westdeutscher Rundfunk

ZAW Zentralverband der deutschen Werbewirtschaft

ZDF Zweites Deutsches Fernsehen

Stichwortverzeichnis

A

B

C

D

E

F

G

H

I

J

K

N

O

P

Q

R

S

T

Ü

V

W

Z

3